100 Years
1920-2020

武汉大学信息管理学院百年纪念丛书

丛书主编　方卿　傅兴荣

世纪華章

信息管理学院教师代表性学术论文专辑

（上）

吴江　陆泉　杨思洛　主编

WUHAN UNIVERSITY PRESS
武汉大学出版社

摄影　傅玲

武汉大学信息管理学院百年纪念丛书

编　委　会

百年信管　盛世华章

——从昙华林到珞珈山

2020年，对于武汉来讲，注定是不平凡的一年。当人们还沉浸在成功主办“军运会”、喜迎庚子鼠年春节的欣喜之时，一场突如其来的新冠疫情肆虐全城。一时间，曾经繁华的都市陷入了不安与惶恐之中。然而，英雄的城市、英雄的人民并没有被疫情所吓倒，而是立即行动起来，精诚团结，众志成城，奋力抗疫。4月8日，在经历76天的“战疫”后，江城迎来初胜，得以“重启”。然而，不幸的是，这场灾难旋即在全球降临，世界又因此陷入停滞。

正是在这样一种凝重的氛围中，武汉大学信息管理学院迎来了她的百年华诞。虽然国内抗疫初胜，人心甫定，但全球疫情形势严峻，前景堪忧，“人类命运共同体”面临巨大挑战。面对此情此景，我们无心“院庆”，唯有全力以赴，共同抗疫，方为学人本分。原本规划的各种“院庆”纪念活动，选择了“让路”，转而以一种特别的方式、以抗疫实际行动为“院庆”献礼。

疫情期间，我们信管人秉承“智慧与服务”的文华精神，始终坚守岗位，各尽所能，服务抗疫大局。教师们坚守教学一线，停课不停教，同学们克服重重困难，坚持学习，停课不停学，199门课程如期保质保量在线完成教学任务。21位在校在汉干部教师，积极响应号召，踊跃参与社区“值守”72天，守望相助，服务社区居民。一些离汉干部教师，立足家乡，积极主动参加当地志愿者活动，服务社区抗疫工作。不少干部教师以及院友们，积极奉献爱心，慷慨捐款捐物。一些教师利用自己的所学所长，积极主动开展抗疫科研，发表抗疫研究论文，提交抗疫咨政研究报告，开设抗疫学术讲座。同学们更是以自己的方式服务抗疫大局，如联合发起“共抗疫情、爱国力行”主题宣传教育活动，联合开展“共饮一江水，抗疫两院情”“同心抗疫”主题党日活动，发表“同心抗疫，青年有责”致全国图书情报与档案管理学科青年学子的倡议书等。这些行动，为抗疫中的江城增添了一抹亮色，为处于困境中的人们带来了温暖和希望。在这样一个非常时期，我们信管人用自己的行动、以这些特别的方式纪念我们的“院庆”，有一种别样的意义。

阳光总在风雨后，经历劫难的江城终将迎来新生。武汉的重启，意味着生活和工作秩序的逐步恢复。学院的各项工作也将陆续恢复常态。然而，由于前期抗疫工作和当前全球疫情形势的影响，原本规划的系列“院庆”纪念活动，大多难以按原计划进行，或者改变方式举行，或者推迟，或者取消。如四场国际学术研讨会，两场以虚拟会议的形式在网上召开，一场推迟，一场取消。但是，规划中的“武汉大学信息管理学院百年纪念丛书”仍将如期付梓。丛书包括《世纪华章——信息管理学院教师代表性学术论文专辑(上)》《世纪筑梦——武汉大学信息管理学院百年纪念文集》《世纪历程——武汉大学信息管理学院百年院史(1920—2020)》《世纪映象——武汉大学信息管理学院百年图册》《文华图专珍稀史料图录》《文华图专存留文献书目集编》《武汉大学信息管理学院校友名录(1920—2020)》共七本。我们谨愿借此机会对学院和学科的发展历程做一个简要回顾，并向广大院友和关心学院发展的各界朋友简要汇报学院与学科目前的建设和发展成就。由于时间跨度长，涉及内容多，不足甚至错误在所难免。不妥之处，敬请批评。

一、从文华图专到武大信管

百年信管，缘起于昙华林，成长壮大在珞珈山。从文华大学的一个专业到独立建制的专科学校再回归到综合性大学的二级建制，从教会大学到私立学校再到公立大学，从专科到本科再到本硕博结构完整的人才培养体系，从图书馆学单一学科到“图书情报与数据科学”学科群。就这样一路走来，从一颗不起眼的幼苗得以跻身科学殿堂。期间的点点滴滴，无不诉说着学院初创、成长与发展历程中的种种艰辛和努力。

学院百年发展历程，粗线条地大致可以分为三个阶段：1920—1949年，即从专业的建立到中华人民共和国成立前为第一阶段。这一时期，从文华大学首开图书科，到建设独立的私立武昌文华图书馆学专科学校，再到抗战“西迁”的坚持与坚守，文华先贤筚路蓝缕，开拓山林，为成就学科之百年伟业奠定了坚实基础。1949—1977年，即中华人民共和国成立到恢复高考这段时期为第二阶段。这一时期虽然学科专业没有领域上的拓展或规模上的扩张，但其办学性质从私立到公立、从独立建制的专科学校到并入武汉大学的转变，却是学院百年发展史上最值得纪念的事件。没有学院性质的改变、没有融入实力雄厚的武汉大学，其后期的发展将会是一种完全不同的态势。1977—2020年，从恢复高考到成立一百周年为第三阶段。这是学院高速高质量发展的一个重要时期，学院的学科专业领域大大拓展、规模或体量迅速扩张、办学条件极大改善、学术影响和声誉不断提升。百年信管，业已初步建成具有较大国际学术影响力的知名学科和学院。

正如习近平总书记所指出的，“一个时代有一个时代的主题，一代人有一代人的使命”。百年信管，从无到有、从小到大、从弱到强，正是一代代信管人的不懈努力和开拓进取的结果。他们以实际行动践行总书记讲话的精神。百年信管之盛世华章，正是一代代信管人亲手谱写而出的！

以下是百年信管发展历程中学院建制演变的一些重要时间节点：

1920年3月，美籍学者韦棣华(Mary Elizabeth Wood)女士和中国学者沈祖荣先生、胡庆生先生等，于武昌县华林文华大学创办图书科，开启我国图书馆学高等教育之先河。

1924年，文华大学改组为华中大学。文华大学文华图书科随之更名为华中大学文华图书科。

1927年夏，华中大学停办，文华图书科单独继续办学。1929年文华图书科以“私立武昌文华图书馆学专科学校校董会”名义向南京国民政府教育部提出立案申请，同年8月获准立案。1929年9月，华中大学复办，文华图书科仍为华中大学之一科。1930年6月，校董事会决议，“本校已于国民政府教育部立案，为办事便利起见，应行独立”。同年12月，正式启用“私立武昌文华图书馆学专科学校”印章，并于1931年正式脱离华中大学，成为一所独立的图书馆学专科学校。

1938年秋，为避战乱西迁重庆。1947年，抗战胜利后回迁武昌。

中华人民共和国成立后的1951年8月，人民政府接管了文华图书馆学专科学校，并改私立为公立。私立武昌文华图书馆学专科学校，相应更名为武昌文华图书馆学专科学校。

1953年8月，武昌文华图书馆学专科学校正式并入武汉大学，迁入武昌珞珈山，成为武汉大学图书馆学专修科。1956年，图书馆学专修科改制为图书馆学系。1966—1971年，因“文化大革命”停办。1972年恢复办学，学制改为两年。1977年，恢复高考招生，学制恢复为四年。1984年，经原教育部批准，成立图书情报学院。1999年，图书情报学院与新闻学院及中文系编辑学专业合并，更名为大众传播与知识信息管理学院。2000年，新武汉大学成立，原新闻学院被剥离，原武汉水利电力大学信息管理与信息系统专业加盟，学院更名为信息管理学院。

二、从图书馆学到图书情报与数据科学

百年信管，源于文华图专初创时的图书馆学专科，期间学科专业领域逐步拓展，至今已发展成为以“图书情报与档案管理”一级学科为主体，同时涵盖“管理科学与工程”和“新闻传播学”部分二级学科的“图书情报与数据科学”学科群。学院的学科领域和人才培养范围已大大拓宽，学科影响也不再限于“图书情报与档案管理”一级学科。

目前，学院现有图书馆学、信息管理与信息系统、档案学、编辑出版学、电子商务和数字出版6个本科专业；图书馆学、情报学、档案学、信息资源管理、出版发行学、管理科学与工程、电子商务、保密管理和数据科学9个科学学位硕士点；图书情报硕士、出版硕士、工程硕士和工程管理硕士4个专业学位硕士点；图书馆学、情报学、档案学、信息资源管理、出版发行学、管理科学与工程、电子商务和数据科学8个二级学科博士学位点；图书情报与档案管理、管理科学与工程两个一级学科博士学位授权点；图书情报与档案管理、管理科学与工程两个一级学科博士后流动站。

学科建设是高校安身立命之本。只有建设一流的学科，才能建设一流的学校和学院。

信管百年，正是一部以图书馆学为起点和核心的“图书情报与数据科学”学科建设史。学院的“图书情报与数据科学”学科群，不仅是图书馆学自然发展、开枝散叶的结果，更是一代代信管人以图书馆学为核心、为起点，守正出新，开疆拓土的必然产物。曾经名噪一时的哥伦比亚大学、芝加哥大学“图书馆学院”，落下一个“关张”的结果，恰好从反面印证了百年信管学科建设的成就。正是百年来一代代信管人应时代变化与社会需求，对图书馆学学科内涵的深挖和外延的拓展，武大信管才得以傲立学科之林、立于不败之地，才能成就学科伟业，谱写盛世华章。

以下是百年信管发展历程中各学科专业建立与发展的一些重要时间节点：

图书馆学：1920 年，武昌文华大学开设图书科，仿美国纽约州立图书馆学校办学制度，招收大学毕业和肄业学生学习图书馆学；1956 年，升格为本科；1978 年，开始招收硕士研究生；1992 年，开始招收博士研究生；2005 年，获图书情报与档案管理一级学科博士学位授权。

情报学：1978 年，开设科技情报学本科专业，后更名为情报学专业，本科层次现名为信息管理与信息系统专业；1980 年，开始招收硕士研究生；1991 年，开始招收博士研究生。

档案学：1934 年，文华图书馆学专科学校开设档案管理特种教席；1940 年，开设档案管理科；1984 年，重建档案学本科专业；1999 年，开始招收硕士研究生；2005 年，开始招收博士研究生。其中，20 世纪 90 年代，在图书馆学专业曾招收过档案学方向的博士研究生。

编辑出版学：1983 年，开设图书发行学本科专业，后更名为编辑出版学。2002 年，正式招收出版发行学专业硕士和博士研究生。2012 年，新增数字出版本科专业。其中，20 世纪 90 年代，图书馆学专业陆续以“文献与出版”“现代出版”和“出版发行学”等方向招收编辑出版发行学领域的硕士和博士研究生。

电子商务：2001 年，开设本科专业，2006 年，开始招收硕士和博士研究生。

保密管理：2016 年，组建武汉大学国家保密学院，挂靠信息管理学院。同年开始招收硕士研究生。

信息资源管理：2002 年，开始招收硕士和博士研究生。

管理科学与工程：2004 年，开始招收硕士和博士研究生。

数据科学：2019 年，开始招收硕士和博士研究生。

专业学位：2004 年，开始招收工程硕士和工程管理硕士（软件工程方向）研究生；2010 年，开始招收图书情报硕士和出版硕士研究生。

三、从默默无闻到荣誉加身

百年信管，从一株幼苗已长成参天大树。学院的声誉或口碑，获得学界及社会的广泛认同，学院和学科也因此获得了无数荣誉。这些年来，学院主流学科在国家“211 工程”“985 工程”和“双一流”计划等国家高等教育重大建设战略工程或计划、教育部学科评估、国家重点学科建设、教育部“双一流”计划、各级各类教学和科研奖励计划以及各级各类人才支持计划中，均有上佳表现，取得不俗成绩，可谓“从默默无闻到荣誉加身”。

学院主流学科，连续入选国家高等教育重大建设战略工程或计划。1995 年，学院“图书情报与档案管理”学科入选国家“211 工程”重点建设学科；1998 年，学院“图书情报与档案管理”学科入选国家“985 工程”重点建设学科；2019 年，学院“图书情报与数据科学”学科入选国家“双一流”计划之世界“一流学科”建设计划。入选这些重大战略工程或计划，既是促进学院和学科更好发展的动力，也是国家对学院和学科建设的重视与肯定。

学院“图书情报与档案管理”一级学科在教育部学位与研究生教育发展中心所组织的四轮学科评估中，均取得了骄人的成绩。在 2001 年、2006 年和 2012 年的前三轮学科评估中，学科排名均为全国第一；2016 年第四轮评估结果为 A+学科。教育部学位中心组织的学科评估，涵盖“师资队伍与资源”“人才培养质量”“科学研究水平”和“社会服务与学科声誉”四大一级指标，是学科综合实力的全面反映。连续四次获得理想的骄人成绩，表明我们的学院和学科建设得到了学界和社会的高度认可。

学院国家重点学科建设，成效卓著。2002 年，图书馆学和情报学两个学科同时被评为国家二级学科重点学科。2006 年，国家增设一级学科国家重点学科，学院的“图书馆、情报与档案管理”学科被认定为国家一级学科重点学科。国家重点学科是国家根据发展战略与重大需求，择优确定并重点建设的培养创新人才、开展科学研究的重要基地，在高等教育学科体系中居于骨干和引领地位。入选国家重点学科，是对学院和学科教学与科研实力的最好诠释或印证。

学院在教育部“双万计划”建设中旗开得胜。2019 年，图书馆学和编辑出版学两个本科专业，双双入选首轮国家级“双万计划”本科专业建设点。双万计划，也称“双一流”计划，是教育部以建设面向未来、适应需求、引领发展、理念先进、保障有力的一流专业为目标，实施的一流本科专业建设计划。入选“双万计划”，是学院本科专业人才培养质量的见证。

学院在各级各类教学和科研成果奖励评选中都有不俗表现，曾多次斩获包括“国家科技进步”一等奖、“国家教学成果”一等奖、“国家教委高等学校优秀教材”一等奖、“教育部人文社会科学优秀成果”一等奖、“教育部科技进步”一等奖、“中国出版政府奖”、“湖北省社会科学优秀成果”荣誉奖和一等奖、“湖北省教学成果”一等奖等在内的各级各类教学和科研成果奖励数百项。高水平教学与科研成果奖励，无疑是学院和学科教学与科研水平的最好反映。

学院教师中 30 多人次先后入选各级各类高层次人才计划。其中，国家级教学名师、武汉大学人文社会科学资深教授、“万人计划”等国家级人才计划入选者 18 人次，省部级人才称号获得者 20 人次。一流的师资，既是保证学院和学科高水平发展的关键资源，同时也是学院凝聚力和向心力的见证。

百年信管，桃李芬芳。数以万计的信管学子在各自的岗位上勤奋工作，取得了骄人的业绩，为学院和学科带来了无限荣光。武大信管学子的这种影响，不仅体现在全国，而且在全球；不仅在本行业，而且在更广阔的领域；不仅在业界、学界，而且在政界、商界。学子们用自己的行动兑现了入学时的豪迈誓言，“今天我为你骄傲，明天你为我自豪”。

学院和学科发展所取得的成就得到了相关部门和产业界的肯定和认同，不少单位因此为学院发展给予无私的支持。1983 年，国家科委支持学院建设经费 140 万元以及学院办公大楼建设用地指标和部分建材。同年，新华书店总店无偿捐赠学院建设经费 287 万多元。2013 年，高等教育出版社、长江出版传媒股份有限公司、湖北三新书业、安徽时代出版发行有限公司和电子工业出版社等出版单位无偿捐赠学院建设和发展经费 700 余万元。2016 年，武汉新七建设集团有限公司余宝琳董事长无偿捐赠学院建设经费 500 万元。这些无私的支持，是建立在对学科和学院发展的肯定和认同基础之上的，自然也是武大信管所获得的宝贵荣誉。

学院和学科的国际影响和声誉不断提升。学院是国际顶级信息学院联盟(iSchools)首个发展中国家成员和核心领导小组成员、国际图书馆协会与机构联合会(IFLA)会员单位、美国图书馆协会(ALA)的国际成员单位，与联合国教科文组织、国际图联、美国图书馆协会等国际组织建立了长期稳定的合作关系，同美国、加拿大、德国、法国、英国、丹麦、日本等 10 余个国家(地区)的信息管理学院建立了良好的学术交流关系。学院的国际交流频密，近几年学院每年出访和来访教师或科研人员不低于 50 人次。其中，学院曾两次承办本学科领域的重要国际学术会议，即“全球顶级信息管理学院联盟年会 iConference 2017”和 ACM/IEEE“数字图书馆联合会议年会 JCDL 2020”。这两类学术年会，均是首次由发展中国家高校主办。这两次国际学术会议的成功主办，很好地展示了学院的国际形象，扩大了学院的国际学术影响力，提升了学院的学术声誉，在全球产生了非常好的学术影响。学院教师中，有国际学术期刊编委 6 人，同行评审专家 13 人。在 2020 年 QS 全球学科排名中，我校“图书馆与信息管理”学科位列全球 35 位，是入围 50 强为数不多的发展中国家高校之一，位列发展中国家第一名。

四、一点感悟

都说“十年树木，百年树人”，学科建设更是百年大计，需要守正笃实，久久为功。没有一代代信管人坚持不懈的努力，武大信管也难以成就今天的影响和声誉。图书馆学，本乃西来之学，在西方也仅是一个小众领域，影响也相对有限。然而，我们武大信管人却能将之发扬光大，守正出新，在小领域做成大学问。

图书馆学进入我国的初期，文华学人立足中华传统文化，结合我国传统的文献、版本、目录、档案之学，建构本土化的学科体系，给这门西来之学注入了强大的生命力，也充分体现了“中学为体，西学为用”的治学理念。这应该是图书馆学进入中国且得到绵延发展和不断发扬光大的关键所在。

20世纪七八十年代，信息技术的发展对于图书馆学科的影响初露端倪。当时的图书馆学系和图书情报学院又敏锐地捕捉到这一契机，及时增设学科专业，拓展学科范畴，重构学科体系。学科得以从单一图书馆学发展到更具生命力的图书情报学。这可以看作百年信管历史上的一次“华丽”转身。没有这一次转型，很难有学科今天的发展。

世纪之交，西方图书情报学院纷纷改走技术路线，学科更名、专业调整、内容重建、课程重构，图书情报学科危机四伏，甚至面临存亡危机。正是在这种极端背景下，学院完成了从“图书情报学”到“信息管理学”的“惊险一跃”，跳出了危机，为学院创造了更为广阔的发展空间。

进入21世纪，新一代信管人不忘初心、不辱使命，同心协力，将学院和学科发展推向了新的高度，初步实现了在“图书情报与数据科学”这一更大更高的学科平台上的更好发展。

我们完全有理由相信，经过广大信管人的不懈努力，武大信管的明天将会更好！

2020年5月1日

于珞珈山

序

从 1920 年武昌昙华林，到 2020 年珞珈山上的辉煌，武汉大学信息管理学院迎来了 100 华诞。百年栉风沐雨，几代人拼搏奋进。19 世纪 20 年代初，美国学者韦棣华女士，有感于当时的民众需求，带领留学归来的沈祖荣和胡庆生两位先辈共同创办武昌文华大学图书科(Boone Library School)，标志着我国近代图书馆学教育的开始。1929 年 8 月，经当时教育部批准立案，文华图书科正式更名为私立武昌文华图书馆专科学校，成为中国第一所独立的高等图书馆学教育机构。1953 年，文华图专并入武汉大学。1984 年经教育部批准更名为武汉大学图书情报学院，2001 年更名为武汉大学信息管理学院。

学院历来大师云集、精英荟萃。如今的信息管理学院已经成为拥有图书馆学、情报学、档案学、出版科学、信息管理与信息系统、电子商务、信息资源管理、管理科学与工程、保密管理、数据科学等学科的综合性研究型信息管理教育与研究机构，形成了由学士、硕士、博士和博士后以及各种形式的继续教育、高端培训、专业学位教育协调发展的教育体系。学院现有在职教师 76 人，其中教授 43 人，副教授 30 人，讲师 6 人。武汉大学人文社会科学资深教授 2 人，国务院学科评议组成员 3 人，教育部社会科学委员 1 人，国家级教学名师 1 人，享受政府特殊津贴专家 5 人，各类高层次人才 25 人。此外，还有一批知名的海内外专家担任学院的兼职教授①。

一百年来，从文华图专到武汉大学信息管理学院，几代学人筚路蓝缕，砥砺奋进。不同时期，学院都有大批学者著书立说，一部部著作、一篇篇论文，都是学者们一步步建设和推动学科发展的见证。1916 年，沈祖荣先生在 *Library Journal* 上发表论文“Can American Library System Be Adapted to China?”，是为中国的第一篇 SSCI 论文。文中介绍了中国图书馆的历史与现状，特别对中国图书馆书籍的分类方式做了调研和分析，从理论和实践的角度探讨引入美国图书馆体系的可行性，最后以文华图专为例，介绍具体做法与实践意义。据不完全统计，一百年以来，武汉大学信息管理学院在国际上共发表 SSCI、SCI、A&HCI 论文 384 篇，总被引频次达 2538 次②，在国际图书情报领域形成了较大的影响力。进入

---

① 数据来源于信管网站，http://sim.whu.edu.cn/xy1/xygk.htm。

② 数据来源于 Web of Science，检索方法为限定机构扩展(Boone Univ Lib OR Boone Univ, Lib Sch OR Boone Lib Sch OR Wuhan Univ, Coll Lib & Informat Sci OR Wuhan Univ, Dept Lib Sci OR Wuhan Univ, Sch Lib & Informat Sci OR Wuhan Univ, Sch Commun & Informat Management OR Wuhan Univ, Sch Informat Management OR Wuhan Univ, Informat Management Sch OR Wuhan Univ, Dept Informat Management OR Wuhan Univ, Informat Management Sch OR Wuhan Univ, Lib & Informat Sci OR Wuhan Univ, Sch Informat Resource Management OR Wuhan Univ, Ctr Informat Resources Res OR Wuhan Univ, Ctr Studies Informat Resources OR Wuhan Univ, Ctr Study Informat Resources OR Wuhan Univ, Informat Resource Res Ctr OR Wuhan Univ, Digital Publishing Res Inst OR Wuhan Univ, Dept Publishing Sci OR Wuhan Univ, Res Ctr China Sci Evaluat OR Wuhan Univ, Res Ctr Chinese Sci Evaluat OR Wuhan Univ, Res Ctr Evaluat Chinese Sci OR Wuhan Univ, Res Ctr Sci Evaluat)。

21世纪，信管院的国际发文量直线上升，特别是近年来，全院师生正为创建国际一流综合性研究型信息管理学院而努力奋斗，继续书写学术新篇章。近10年来，学院出版专著70余部、教材125部、译著13部；发表论文3755篇，其中权威期刊以及国外学术期刊论文450余篇。学院师生论文被SCI、SSCI和A&HCI索引收录221篇，占全校20%以上，在Springer等国际知名出版社出版英文学术著作3部①。根据中国知网，武汉大学信息管理学院的中文发文最早可追溯到1958年，截至2020年5月21日，本院共发表中文论文11029篇②。百年以来，信息管理学院的名称经历了几次更迭，在这期间，本院的学术进展也日新月异。1984年经教育部批准建立图书情报学院之前，学院论文数量处于缓慢增长阶段。到2001年更名为武汉大学信息管理学院之前，学院发文量较快增长，是科研成果的重要积累阶段。在更名为武汉大学信息管理学院之后，学院发文量呈现逐年波动增长的趋势，整体稳定在较高水平。自1958年以来，学院发文的研究主题也一直紧贴时代前沿，与时俱进，守正创新。目录学与信息组织是从1958年贯穿至今、经久不衰的热点研究主题。而进入武汉大学信息管理学院的新时期后，又涌现出图书情报教育、信息行为与服务、信息资源建设、信息计量等新的研究热点③。这些研究主题的变迁，显示了信息管理学院的百年学术历程，也从一定程度上反映了国内图书情报领域的发展脉络。

一百年间，风雨历程，成果斐然。本专辑分上下两册，均为教师公开发表的成果，2020年出版的上册收录文华图专、已故及退休教师代表作65篇。这些成果既是百年来学院科研的精华，也代表了我国图书情报与档案管理等学科的水平。文章作者多为闻名遐迩的前辈先师。其中28篇文华图专及10篇已故教师的代表作是由学院组织专家遴选而出；27篇退休教师代表作则本着自愿的原则，由本人对自己的代表作进行筛选、投稿，最后由学院组织专家遴选得出。

世纪沧桑，岁月如歌。本专辑作为学院百年院庆的系列内容之一，其顺利出版，离不开学院领导的大力支持和专家的悉心指导，更是成员不懈努力的结果。从2019年6月开始，我们专门成立了专辑编撰小组，经过确定教师群体名单、分类收集教师代表作、书稿汇编与审核、图书出版等系列环节，大家共同努力，集体攻关，尤其感谢李建民、肖希明、吴永贵、李明杰、许洁和彭敏慧老师在收集和遴选代表作方面的辛勤劳动和宝贵建议。但是，由于时间、精力和知识结构有限，又是多人、多时间段的协作，书中难免存在不妥之处，恳请各位专家同行和广大读者批评指正！

吴江　陆泉　杨思洛

2020年6月20日

---

① 数据来源于信管网站，http://sim.whu.edu.cn/xy1/xygk.htm。

② 数据来源于中国知网，检索方法为“作者单位：武汉大学图书馆学系 or 武汉大学图书情报学院 or 武汉大学传播与信息学院 or 武汉大学大众传播与知识信息管理学院 or 武汉大学信息管理学院”。

③ 曹树金，岳文玉. 守正创新：六十年来武汉大学信息管理学院学术论文研究主题发展分析[A]. 肖希明，宋恩梅. 世纪筑梦——武汉大学信息管理学院百年纪念文集[C]. 武汉：武汉大学出版社，2020.

目　录

一、文华图专教师代表作

二、已故教师代表作

三、退休教师代表作

一、文华图专教师代表作

1

教师

沈祖荣

在文华公书林过去十九年之经验

在文華公書林過去十九年之經驗

沈祖榮

作此題的動機

榮今之作此題，動機在那裡？所以鋪張自己之經驗，炫耀自已之成績嗎？讀者諸君苟以以爲榮今之目的，果在鋪張炫耀，榮就不敢言了。榮今之作此題，實在另有一種原因；在未說明此原因之先，請先舉一個例，與諸君言之。

前十餘年，榮在美國，曾赴過他們的圖書館年會，見各地圖書館任事人員，都不辭勞苦，不畏炎熱，紛至沓來，聚集一處，人數達一千以外。他們爲甚麽要這樣？他們爲什麽要開這會？初時甚不明白。迨會畢，始知他們開這會有兩個很重要的意義：

1. 訴說困難
2. 講述心得

各人將各人的困難棘手之事說出，以免他處辦事人，再蹈此種故轍，並公求一解除的方法。各人說出各人的心得成績，以爲別處辦理人取法模仿。至若交換意見，聯絡感情，猶爲餘事

榮今之作此題，心得成績，可以說一點都沒有，惟將十九年中種種困難的情形，棘手的

事件說說，作現在及有志將來辦理圖書館事業的諸君之參鏡・

十九年來之困難

文華公書林建築於一九一〇年，那時，正值中國清廷改行新政，廢科舉，興學校・武昌方面有一個興學的首領——張香帥爲湖北總督，他極力創辦學校，振興教育・除設立五，六十餘堂小學，五路高等・兩等師範外，並設農，工，商，醫，方言各專門學校・學生總數達五千以上，幾乎把武昌城變成一個學校城・先是一九〇三年美人韋棣華女士見我國文物之邦，乃竟無一圖書館・於是在文華學校內創辦學校圖書室，自任總理・至是看見中國時機很好，益加奮發她辦理圖書館的熱心，於是數次返美，募集鉅欵，在文華大學校內，建立公書林，以求稍有貢獻於此學校城・

斯時，榮正卒業文華大學，準備在公書林內任事，初以爲崇樓傑閣，館址頗爲壯觀；中西書籍，雖不敢說搜羅宏富，也可算規模粗具；辦理必無若何困難。孰意任事不久，種種窒礙，種種困難、竟層出叠見，幾乎窮於應付，誠如俗諺所謂「事非經過不知難」・

最初的難關，就是外界的譏評・

當榮之方決定就公書林職事時，親朋戚友，誰都不贊成・當面阿諛，則說「方今各處需才孔亟，以你大學畢業，何事不可爲？乃作此招護書籍的事業，不其長才短馭」？背地議論，非說某「毫無遠志」；即說某「學識平庸，不能充當學校的教員，不能做洋行的買辦或寫字，只有涸跡書叢，做書班的事業，這種整理書籍的工作，花費數元，雇一個失業的書賈擔任足矣．何以在大學畢業之後，反去做這種工作，眞是不可解」．似此熱嘲冷諷，在風氣未開的當時，固覺不堪，很難爲情；但明眼有識者閱此不過付之一笑，所以當時在我這並不爲大困難．眞正大困難，還在內部的工作．玆分別略述如下，以供諸君的研究．

分類編目的困難

余雖爲大學卒業生，顧未受圖書管理之專門教育與訓練，所以一切均很隔膜．類分書籍，編製目錄，就是取美國國會圖書館目錄卡，依樣葫蘆．由之知之，誠屬莫名所以．工具呢？除了一本已經夠資格排到古物陳列所去的第六版杜威十進分類法外，一毫沒有．而且分類又不完全依據牠：如聖經無論新約，舊約，新約的某部分，舊約的某部分，聖經註釋，聖經辭典，都標以272：聲光化電，俱歸自然科學普通書籍類，用的號碼是530．當時我們只以爲我們小小公書林，書籍不多，只須分個大概足已。那知這不可行，更改又困難——一直到現在還不能一一改正呢？至若著者名，標題等等規則，更未夢及．不知應當用完全格式，也不知同著者的書，號碼還是各有殊別；所以常時將同著者的書，分置了數處，或同著者所著幾種書，書名各異而號碼竟相雷同。標題呢？是就十大類下再分細題，如Naturl Science—Light；Natural Science—Physics……等等。有時竟會到新書一到，只寫了一個號碼，就排上書架上了，既未編目，亦未登記。當工作蘩繁之時，我們請校中學生來帮助，這更亂糟，他們寫目錄卡，筆迹不同，而且你寫的是Natural Science—Light；他寫的却只是Light，登記呢？有的很詳細，有的很疏漏。總之，一切總不一致的，根本我們自己也實莫名其妙。是時我心中所認的：圖書館管理人的職務無他，惟保藏書籍，典司出納而已。保藏既如彼，而出納方法，也非科學化的；是用流水記帳式，清查統計既不易，又很費時間。

韋女士知道肩任公書林管理責任者，非受此種專門訓練，事業必難有發展之希望，於是派命榮赴美研究。管理圖書館的職務，不就止保藏圖籍，司理借還嗎？此行赴美，有何研究？外人如是懷疑，我亦如是懷疑。既是美國，始知向日所見，淺陋已極。圖書館的工作：有行政，組織，參考，編目，經營，擴充……圖書館的種類：又有兒童的，專門的，以及利用圖書館的方法，五花八門，誠非淺易短時研究，可以窮盡之事。

留美數年，返國，滿意既經專門研究，學得一切方法，又帶回了一些工具，如美國目錄U.S.Catalogue。客特氏著者三字號碼法，Pittsburgh以及其他幾個大圖書館的目錄，則昔日所遇種種分類，編目，之困難，不難迎刃而解．乃事竟大謬不然．東西國情不同，文字亦異．我國書籍，舊以甲乙丙丁四部分門，彼則用杜威十類法，客特氏展開分類法，國會圖書館分類法．同門同類之書，我則大都依著者時代之先後排列，彼則根據著者姓名字母之順序．既有如是之差別，自未可一概因襲模仿．於是與胡慶生先生，於民國六年，根抵新法，混合中西，創爲仿杜威十類法，以類分書籍．又用 Williams 永字八筆母筆法，爲排列次序之根據，行數月覺不可行，只得仍改用筆畫多少法，凡是一切，皆是爲解決自身難題而造的，乃至今尚爲一困難，現在又改用王雲五四角檢字法，亦尚在試驗時期．

日本與我同種同文，又是圖書館事業先進的國家．在許多圖書管理上的難題。沒法解決，窮極無聊時候，曾想看一看．於是到日本在東京住一月之久，其他內地遊歷參觀月餘，想尋求一解決方法，豈圖結果，乃如求仙丹一樣，毫無所得．蓋彼於和書，各地有各地之分類，如帝國大學圖書館分類法，杜威分類法，至於中書，還是奉行我國之四庫法，僅少數圖書館，是用新法，然目錄卡均狠單簡；關於中書目錄，有的不編，有的仍用書本式，並且排列是用和文，我們一點都不能採用．返國只得仍遵舊軌進行．

書本裝訂問題

久而久之各書的分類編目，稍有一點眉目．我們想此後當再可容易辦理了．豈知又有一個難題發生．什麼難題呢？這個問題本不是圖書本身問題．而在中國圖書館竟成一大問題，就是中國書籍，向來的裝訂法，不合陳設——不能立置架上，必須臥陳，又不便檢查；更太不美觀，不耐久用，此皆諸君所深悉的．不解決則一切編目手續俱等空勞，求合於陳設，將書盡行改爲洋裝嗎？此實不可能之事．我們當時根據書之價值，書之版本，書之大小，釐定三項辦法：

1.平裝，如厚紙殼．　凡普通及價低廉之書，俱用是種裝訂法外寫白粉宋字．這是一種經濟的方法，利用館中工役，在夜間暇時無事的時間，訓練他們做這種工作．只須於他們正得工資外，津貼少數金錢，又可免他們於閒暇時間作種種不正當之娛樂，他們必甚樂意從事．較之發交外間裝書店裝訂者，經濟得多．

2.洋裝，布面．

3.布函　函內書若係薄本，並合數冊爲一本．

斯二種是發交裝書店裝訂．用何材料，印何文字，若何顏色，有裝訂書籍指導單，隨書送交裝訂人照辦．

自經這種裝訂手續，編目陳列，方算整理就緒．顧用費甚多，非年預定百分之幾的的款作此用不可．

工具的問題

「工欲善其事，必先利其器」．我們想好好的辦理公書林——就止說辦理罷，隨着，就發生工具的問題．一切工具，如目錄橱，出納檯，以及各種應用品表格……等，在英美皆有圖書館用品公司製售，在中國無有也．欲購外貨，則價甚昂貴，且不應急需．打樣雇人照做嗎，再三叮囑工人，而結果呢？終不如外貨之合標準，適用．即如印製卡片，非紙張不同，即大小寬窄厚薄各異，或格線不一致，或眼穴上下不準確．大件工作，更可想見．但在事實上和經濟的關係，只容許我們走第二條路——本館自造．在這仿造工具上，我們亦獲得一個經驗，即購製一種工具，總應製一很精確圖樣，發交工人，再三指說，計畫上並須把眼光放遠大，不要徒顧目前，須計及將來擴大時期．不然，則今歲所購製者，或數年後即不敷用．另行購製，多麼的不經濟？不特對於工具設備如是，其他非屬工具的，若分類，若編目，亦莫不應當如是．

擇購書籍的問題

智識是日新月異的，出版書籍日多一日，牠的數量眞個浩如煙海，汗牛充棟，我們要添購書籍，又無標準；什麼書宜購，什麼書不宜購，什麼書宜多購，什麼書宜少購，什麼書宜急購，什麼書宜緩購？決擇很難；並且除中華商務及少數新書出版公司外，各書售價多少，卷帙如何，都無目錄可查，花甚多金錢，而買者竟爲殘缺．後來再三請求專家的指導，徵求教職員的意見，閱者的介紹；此種困難，遂漸漸的減少．現在這件事在公書林或不成問題，以人既多，又訂有擇購方法．我們擇購書籍的方法是：根據新書店新書日多，各編刷有目錄

(1)各系主任，各教授，圖書委員會，本書林職員及各閱者之介紹．

(2)普通參考書則由主任審時代之潮流及閱者之需要自定之．

(3)各書評．

(4)出版界．

(5)美國圖書館協會書單上彼等之標號採購者．

(6)舊書目錄中之可採購者．

(7)出納股建議之應補購者．

既擇定應購之書籍，經主任審知確係書林內所無，而財力又可購置後，即由主任開具書名，填寫訂購卡，交圖書委員會審查．然後通函訂購．

助理的缺乏的困難

最初學校經費有限，書林只欵一個獨人掌理，不似今日之有數同事．這種獨脚戲制的圖書館，在今日還很多．即大學校圖書館之初辦的，亦或不免有此情形．分部分股，分任工作的事，在當時曾未夢及．工作綦繁，很難辦治，後來有了胡慶生由美國研究圖書館學返校，又加了一二個助理，雖然分去一大擔，可是還不夠分配．

在工作緊急不能辦了的時間，我們將機械的工作，如寫書籤，書片，目錄卡等，交請學生帮助，按月或每小時給資若干津貼他們．今之在各處圖書館任館長或其他要職之文華圖書科卒業生，有幾個他們從事圖書館事業之志願，即於彼時養成，豈非數利之道嗎？

可是利用學生，固一善法，但須有詳細的分派工作的記劃．因爲請學生，是揀他們在日間無課的時間．這種時間，每次只能有一小時之久；在此空閒時期前後，學生又各有課．彼等按時至書林內服務，誠所謂噹噹而來，噹噹而去．且又有數人所作工作又不一樣，像這樣若不預先將請彼等要做之工作準備，則彼等來時，無可事事，就要虛糜學校金錢，花費他們光陰．在他們既走之後，又必得將他們所做的工作清檢一下，有無錯誤，或留示學生，或徑代改正．

在寒暑假期中，學生有許多純粹爲公書林盡義務，做工作的，他們來時，至少總有三五人．他們這樣的熱忱，我們得了他們不少的帮助；但是有時一書經三數人手編目或抄寫，就難免有錯誤之點，此種錯誤，一直保留至今，尚未一一改正，故苟再遇此種情形，當派人巡視指導，工作完畢後，尤宜淸査改正．

分配工作的問題

在沒有助理人的時節，我們愁的是工作太煩累．但一到有了幾個助理人時，分配工作又成了我們的一個難題．

理想中有甚多的職員，畫分全館工作爲若干部，人專一職，如北平北海圖書館，淸華大學圖書館的分配工作法，法固周善；但在一般小圖書館，如文華公書林，僅僅是大學的一部，人力財力都不夠，分配工作的方法，萬不能仿照他們，和他們同．雖不能和他們相同，然亦不可不支配一下以專責成．因爲小圖書館職員雖少，職務手續，工作步驟，仍與大學圖書館相埒．事多人少，工作就當格外緊張，寸陰不可虛糜．

我們分配的方法：係經長期精細的考驗，就各館員的特長，分派他擔任某一項工作，或二，三項工作；並且是永遠擔任該項工作．或以爲館員永遠擔任某項工作，必致使他感覺乏味，我們的經驗覺得不然：久專一職，容易熟練，熟則能生巧思，同時發生興味．再者彼既專任一職，則於該所任職發生之困阻，自竭思盡慮以解決之，由此努力中亦發生興味．若夫工作時時調易，館員對於此部工作，方有頭緒；調此他部，必又忙無所措，不知怎樣辦理，日惟汲汲於學習該部辦事手續，規程，更何能發生興味呢？且工作常時交移，未免有難銜接之處，對圖書館進行，對館員個人，都非得計．不過願於本責之外，略習他股工作，這也是很好的，因此於各股工作的聯絡的效率，可使增大．

我們重專工，我們更重工作一貫，各部都是聯絡一氣的．

書架公開與書籍借還問題

書架公開否？這在各圖書館辦法上是不一致的．這件事在本書林也成為一個大問題；因這問題，也發生了不少的爭執：公開嗎，難免書籍有遺失的事情．不公開嗎，又背近代圖書館原旨．韋女士是主張應採公開制的，可是有許多人——即如當時翟校長，他們都很反對．韋女士覺得行公開制雖不免有書籍損失的事，可是對於閱者利益要大，終毅然決然的行了公開制．這麼一來，翟校長死時，遂遺命將他的遺書送贈上海聖約翰大學圖書館，文華公林書犧牲了不少．

關於借還書籍，各處圖書館的辦法，大致相同．但有一兩事，可以特別提出說說：

教員或閱者向圖書館介紹要買的書，大都係他們急待參考的；訂購往返，頗費時日。既到館後，編目分類，共經十六，七種手續。彼等屢次到出納股詢問，在書未到前，自易答覆；若夫書已到後，彼等連來詢借數次，皆過書的編目手續，未曾完畢，不能借出，必滋誤會。所以我們有時對於某教員或閱者介紹購買之書，旣到館，與原訂購卡並發單校對完畢，纔蓋公書林私有章後，即發通知單，通知該教員或閱者來館閱覽或借出，不必俟編目完畢後。

借書過期不還，這是各圖書館很普通的一個病象。若任其過期嗎？則人人過期，馴且久假不歸，辦理很是困難，而且又難周轉，這是不可稍忽的。我們對於這件事，也照別館辦理的方法：

將借書逾限未還者的借書卡，依逾期的長短，一來復，二來復，或三來復，或一月，分陳四處。在借限將滿日，發期滿單通知借者還書，或聲明續借。逾一來復，發逾期第一次通知單催索；逾兩來復，發第二次通知單；逾三來復猶未還來，就專函催索；至一月，就專人索取。至於逾期罰金，也同他圖書館一樣是要向借者徵收的，不過這很易使人對於圖書館發生惡感，我們也是觀勢而行，不對於學校職教員，學生方面，我們感覺得最重要的。是要能與教員合作，得他們的諒解或扶助。

上所述皆內部工作一切，茲再略講引人利用圖書館及擴大圖書館事業問題：

門可羅省的公書林

公書林初成之後，一切設備規模粗具，這時第一要務，就是要人前來閱覽，以符輔助教育的宗旨．不料那時來館閱書的人，寥若晨星，幾乎門可羅雀，眞是大大的失望．於是引導誘掖的工夫，不得不極力研究．我們就從文華本校入手，引一些學生前來閱覽．口講指畫，如學校內的教師；應接周到，又好像旅社的堂倌，不圖學生們來的，不過翻閱幾份日報，讀幾遍雜誌．茫然而來，轟然而去．我們向無圖書館，學生沒有在圖書館精心研求的習慣，這也難怪他們．

經過這次的失敗，我們又改變方針，去運動教員．請他們鼓吹學生到館閱書．並將與各教員所教授有關係的書名，揭示出來，以便他們前來參考．又要求教員將所出的論文題，先行告知我們，我們，就將關乎那論文的書籍，參考材料，檢出陳置一處，以使學生不費翻尋之勞，而得逢源之樂．像這樣辦理得教員之贊同，頗收效驗，學生很多自動到公書林來查閱圖書的，不似從前雖招之亦不肯來矣！

公書林應用範圍的擴張

本校學生閱書的興趣，是漸漸的引起了；但是韋女士募建公書林的性質，不是專爲本校的，於是第二步工夫，不可不做．第二步工夫是什麼？就是要使武昌各官立學校，都到公書林來閱覽．這個題目狠大，範圍甚廣，殊非易易．我們鑒於在文華的前功，於是不運動學生，先去運動校長和職教員，請他們勸令學生到公書林來閱書．韋女士每季一次拜會彼等，談及設立公書林的意義，當時他們都一律的以應酬語回答，說：『貴校這樣的熱心公益，設立公書林，我們非常欽佩，容日必定令學生前來觀光』．口裏是這樣說，究竟令他們學生來了沒有？可以說沒有，顧或偶有少數學生來，但都是自動的來的，並不是由於校長的勸命．後來我們過細調查，他們不來的原因：大概都是不明了圖書館的眞象．他們想：天地間安有這好的事，他們從美國捐錢來買書，給中國人讀，恐怕當中總含有別的臭味，不是招攬學生的方法，就是作引人入教的階梯，這非子虛之談，當時武昌各校的管教員，確有抱這種心理，發過這樣議論的．

這運動各校長的方法，既遭失敗，於是韋女士又變方針，舉行大學擴充演講，敦請中西名人，或道過武漢的專家，在公書林定期演講．先期分送入座劵各校，請他們的學生們，都來赴會．像這樣的會，每月總要舉行二次．每次在演講之先，就引導一些學生，縱覽各處書籍，解說公書林的性質．像這樣舉行演說會，經數年之久——直到民十五年革命軍底定武漢之後，宣傳演講之機關既多方止，才把藉公書林爲招攬學生，引人入教的流言，漸漸消解了．現在各學校來公書林閱書的比前要踴躍得多了．

分館及巡廻文庫之設立

各學校來公書林閱書的人，雖然漸有增加，但是韋女士還以未能普徧為恨．公書林地位僻在武昌城東北隅，來閱書人之少，這也是一種原因．韋女士鑒及這點，於是又設立分館於長街適中地點，以便人就近閱覽．又興巡廻文庫，將各種適用書籍，每五十册至一百册，裝箱分送各欲借書學校機關陳列，以便就近閱覽．他們起初不致收納，恐怕一有損毀，要負賠償責任．經向他們再三聲明，說書籍之損失，若非出於有心．並不負賠償之責；這樣才得他們認可．現在用巡廻文庫的，在民國十五年時，有二十三處，不特是武昌城內學校，就是附近的各地的學校，團體，以及遠道郵便所在，也有巡廻文庫的往還

圖書館事業之鼓吹

在我們竭力設法引領武昌各校學生到公書林閱書的時期，也曾想到當時的人們，多不知道圖書館之需要，不知道應用圖書館．引領學生利用圖書館的工作既畢之後，我們於是又積極從事這種工作，設法宣傳，鼓吹提倡．與基督教青年會全國協會合作，製造各種儀器，揭示於人，使人明了今日之圖書館，非如昔日官府之藏書樓；今日圖書館所藏書，是要供公衆閱覽的，而非作書蠹之運動場，大餐館．又用設計法，具體的方法，並携美國贈送之各種關

於圖書館之各種展覽品，至國內各大城市遊行演講圖書館事業之重要組織並經營大概．意著圖書館事業之至今日，不敢說當時舉動，或曾生萬分一之切効，如今日圖書館學專家，有少數當日也曾聽過胡慶生先生和榮的此種粗俚不堪之演講．

文華圖書科之舉辦

更進，我們知道僅僅有宣傳，依然不足以發展圖書館之事業，尤要在有專門人材善辦此種事業．韋女士感覺此種需要又得美國一般人士財力之贊助，又於一九二〇年——胡慶生先生返國後第二年，創辦文華圖書科，作華中大學一分科．以應這種需求，這件事前華中大學校長孟良佐主教韋卓民先生，很費了一番心血經營．

一九二六年，中華教育文化基金董事會，也覺得國內圖書管理人材缺乏，承中華圖書協會諸同志不棄，介紹委託本校負責訓練，每年給補助金一萬元本校，於是遂有補額之設立，而學員較前發達矣！不過我們深覺我們工作不滿，時時總希圖書館界同志先進之引導．

最後的幾句收場白：

文華圖書科季刊將刊第二期，同學們徵文於余，爰拉雜寫此付印之．文中所述，固皆前塵往迹，現在已是時過境遷了；可是此情此景，尚有見於今日各公共各學校圖書館中．故敢

寫出，以供現在及有志將來辦理圖書館事業諸君之參鏡．以求諸高明之郢教，作解決的方法

再所望祝的：以上所說，皆文華公書林十九年來榮等辦理中之困難情形．現在中國圖書館的花，還未開得燦爛紛披，有志後事圖書館事業的同志們，希望不要因爲這一派難話，生出畏難和退縮的心．現在因時局的變遷，社會的進步，榮前覺得是困難的，在國內同志或早設法解除了；即或尚有一，二種困難，諸君只要抱一種普及教育的目的，服務社會的熱情，勇敢，耐煩，奮鬥，前進，未有不迎刃而解的．努力！灌開圖書館界的鮮花！

2

教师

胡庆生

中学图书馆几个问题

⊙中學圖書館幾個問題

沈祖榮
胡慶生

鄙人等承戴君志騫，陶君知行，謬相推重，囑令於此次會議時對圖書館教育組，提出關係中學圖書館問題，與諸君共同討論，須想出一種適宜辦法，要中學校可以實行者。鄙人等素乏經驗，再四堅辭；既不獲命，只得勉強效勞。若所貢獻不副所望，乞爲原諒！但有一言不得不預先申明，今鄙人等所提出與諸君商量者，係辦理中學圖書館幾個問題；既欲研究此問題，則全國中學校之數目，共有多少，亦不可不先言之。

據前數年教育部第五次統計表所載如左；

中學	三五〇	男生十萬三千七十三人
師範	一九五	女生八千零五人
農業	四一	共十一萬一千零七十八人
工業	二一	教員八千六百三十八人
商業	二三	常年經費

其他　三六三　洋八百五十七萬五千零九元

共九百三十二所

以上所述中學既如此之多，而中學圖書館其數目又有幾許．似此情形，應當到各處調查現時中學圖書館實在情形，方能陳述　奈我國向來無此種統計；縱然有之，所有報告事項，恐亦不甚眞確．茲之所述，乃就平日旅行數省或得諸傳聞，或目所親見．其已所設置之圖書館．其數不多．是以提出討論．

第一　中學是否需要圖書館

今之中學教育何以要辦圖書館．因學生之往中學者，其目的有二：一在升學．一在自謀生計；卽辦理中學者　亦當抱定此目的．方不辜負學生來學之意．試問今之中學校　果能達到此目的否？鄙人等不敢斷定．如據外人所　批評我國中學教育，不外三現像，其現像如何？試述之如下：

（一）中學所施之教育，乃課室教育．此種教育，除卻黑板無學問，一下講堂無功修。在校一日，即照例上課一日，有時離開課室，即荒廢學業，前功盡棄矣：此等中學教育直是夭亡的教育。

（二）課本教育，此種教育不論課本之新舊，亦不問課本之優劣，依歲舊樣，照本宣科，凡課本以外之學問，皆茫然不知。此等中學教育，直是井蛙的教育。

（三）但憑師授，不自研究，此種教育先入之言為主。自修之功全無，不問師說之是非，而一味盲從。教師之於學生，猶養娘之於孺子，飢固飼之；即不飢，亦飼之，哺則食之；苟不哺即不能得食。此等中學教育，直是餧飯的教育。

以上三種教育，只算是片面的，非完全的；既非完全教育，倘長此以往，中學學生將來出學可必其升學乎？可必其自謀生計乎？如不能升學，不能自謀生計，則所學果何所用乎？況學生當中學時代，正屬青年時期，易生危險者，在此時期，而最有進步，亦在此時期。何以故？記憶力強，理想力富；苟能於課室本師說之外，更為中學學生闢一座閑暇讀書之所，俾伊等從游其中，養成嗜學之性質，提起讀書之興味，是何也？賴有圖書館也；然則圖書館之對於中學，其不可不設也，章章然矣．

大凡中學學生之求學貴自動，不貴被動．如有圖書館；則學生便宜參考，乃自動矣．瀏覽流覩，可自尋入學之門徑，探源問津，亦自得求學之道路．由是工具熟習，學有根柢，將來可以升學，可以自謀生計．此種教育，眞能終身繼續，不至離開課室教育；卽形夭亡，可以旁證曲引，廣見博聞，不致囿於課本之範圍，而見等井蛙．縱有時須教師指導，然求之不已，自有心得．如食物然，可以消化，不致成爲．餿飯的流弊．

由上所述觀之，圖書館非辦不可．然而辦理中學者，居然不辦，抑又何也？料想其理由如下：

（一）教育的當道，雖知其緊要；然對於圖書館眞關係，尙不十分明瞭．是以偏重別項教育，而輕視圖書館教育，以爲比較上似可從緩辦理．此種教育家雖不甚多，然亦復不少．

（二）學校的當局，迫於潮流之趨勢，與新文化之影響，明知圖書館是一種應有的設施，居然因循退縮，并不打算如何進行，由是掩耳盜鈴，僅懸掛一塊圖書館的招牌，以飾外觀，作爲應潮流之點綴，自欺欺人，純是敷衍。

（三）或因困於財力，而不明瞭適當辦法，夫圖書館規模之大小，可視金錢之多少以爲轉移，不明乎此，故亦不能積極進行，僅於學校之內，另置一閱報室，備幾種雜誌，幾種報章而已，校中并未籌措一定圖書購置經費。

以上三種人，第二種係完全敷衍，固難望其進行；至於第一種與第三種是涉於人才與經濟問題，是經濟一節，亦當加以討論。

第二　問題爲中學圖書館之經濟如何維持

竊念擬辦一事，非財不行，是經濟誠關重要，故當於經濟上爲切實之計畫，現時一般質問者，謂辦中學圖書館須籌若干款項方可開辦；蓋圖書館之開辦本無一定，如欲辦應有盡有的規模綫度，則房屋宜高大，光綫宜明亮，書籍宜宏富，設備上宜整齊，十管理員宜完全。此種圖書館至少經費，亦需數萬元。由此言之，令人望而生畏 束手無策。然而天下事不可一概論也。九仞之山，基於一簣。大則大為；小則小為，必欲先籌數萬元始開辦中學圖書館，恐終無辦理之一日，鄙人等從長計畫，務須實際可以施行者 於是按學生名額以為經費之規定。如學生數目自一百六十至二百名者 約略計之，開辦費至少需洋六百元。茲將用途分配，列之於左：

開辦費總目	共洋六百元
(一)設備費	一百三十五元
(二)書籍費	二百六十元
(三)薪資	一百八十元
(四)雜費	二十五元

至於常年經費暫定三百元，不在此內。

開辦費細目

(壹)設備　共洋一百三十五元

(一)出納檯一張　十二元

(二)閱書桌四張(每張供六人用)　共三十二元

(三)椅櫈各十五把(共三十把)　共二十四元

(四)書架一乘(可貯書六百本)　十五元

(五)館員辦公桌一張　八元

(六)目錄片盒子一具　八元

(七)借書券盒暨掌書架子等　共五元

(八)目錄卡片(一千張)　四元

(九)書架目錄片(五百張)　二元

(十)借書券(五百張)　三元

(十一)信筒書片借書日期紙條等(各五百張)　共五元

(十二)二千册圖書總計簿　三元五角

(十三)橡皮圖章　一元

(十四)筆墨暨日期圖章標目紙條卡片等　共八元

(十五)信紙信封郵票等　共四元

以上所列設備費，計一百三十五元。

若第一至第五所需各件，校中本有，可以借用，則可省減設備費八九十元，臨時酌定可也。

(貳)書籍

參考書

康熙字典或中華大字典　四元

詞源(兩種)　十四元

韋氏英漢詞典　二十四元

河南教育公報

漢英辭典	二元
英文成語辭典	一元五角
中國人名大辭典	八元
白話辭典	九角
國語字典	五角
新文化辭典	四元
英文字典	六元
中華國文典	一元
家用百科全書	四元
科學大綱	十二元
中國年鑑	三元
中國地圖世界地圖	六元

中華圖書館幾個問題

九

健身遊戲運動游戲規則等　五元

中學所用幾種教授法　十元

中學所用參考書　二十五元

小說類　二十元

文存類　八元

文學　五十元

雜誌共九種　三十元

教育二種　普通二種　英文二種

學生一種　小說二種

日報兩種　二十四元

（叁）館員薪資　於館員人才選擇問題內，尚須加以討論。

館員須用人兼理（每月十五元）　共一百八十元

（肆）常年經費　共三百元

（1）添置書籍　每年一百元

（2）裝訂雜費　每年二十元

（3）館員薪資　每年一百八十元

以上所列開辦費，至少須六百元；又以後常年經費至少須三百元。此種經費如何籌措，既辦理中學校對於此種款項，應設法提出。如萬做不到，則有如左之方法：

（一）列入學校預算案照學生數目每學期每人擬派洋一元

（二）應規定爲學校的例費（如健身費理化室費之類）

（三）學生公費購書

（四）學生樂捐購書

（五）學生畢業紀念捐

（六）學年開游藝會籌捐

(七)舊生或其友人紀念捐

(八)學校特別紀念時籌捐

第三　館員選擇問題

中學圖書館既已設備，非同藏書樓僅事保存．乃所以供學生之研究，使學生利用書籍．領略其中之趣味．此種圖書館範圍．雖然較小，而其中之職務與普通圖書館無所區別；不過服務之人．稍有不同．簡單言之．如指導用書的方法．規定借書的手續，選擇主要的書籍，編製適當的書目，考察學校的情形，俱關重要，實缺一不可也，

以上種種職務果何人能充當乎？

(一)專門人才已受圖書館教育訓練，而富於經驗者．如欲圖書館收絕大的效果，當然用此種人才．無奈經費有限．恐難羅致．

(二)校中教務處主任，或熱心圖書館之教員，有願稍盡義務者，使兼理之．

(三)師範學生或中學畢業生，稍有圖書教育之訓練者．亦可充當之．

（四）學生助手，學生中有與此種性質相近者，亦可充當此職；但須由主任或教員指導之。

以上四種，除第一種不計外，其餘三種，或係兼理或係學生充當．故每月津貼或薪資十五元 其數雖微，實因圖書館初辦職務簡單，閱覽時間又短．故暫時規定，如此而已．上言學生助手，須選擇學生中品學較優者爲之，或再送入鄰近規模較好之圖書館，實地練習一二月，或至暑期所開之夏令圖書館研究所者，學生助手亦可因此練習．如因財力及其他事故之障礙，上列所計畫都做不到，或可請就近專門圖書人才來校指導，如此辦法，可以漸成熟手．由茲進行，可臻發達．

第四 問題

何人能選擇圖書館之書籍，其選擇法又何如？中學圖書館已有設備，亦有經費．苟無書籍．仍不能稱爲書館．蓋圖書館所最寶貴即是書籍；惟書籍浩如煙海，中學圖書館經費有限，對於書籍只能選擇，不能搜羅；不然徒花金錢，而且多費手續，故要選擇精確；至於選擇之人，若是專家當然負選擇之責：不然，或教務主任暨各科負責之教員等 總之無論何人，其選擇書籍，不外以下之幾種原則：

(一)依學校性質爲轉移 例如農業工業商業各學校，其所選擇書籍必合乎農工商之作用；至於普通學校其選書方法，須對於學校課程特別應用的等項，以爲標準。

(二)視學生程度爲棄取 中學書籍理想不宜過高，須學生能自領會者。文理不宜太深，須學生可以適用者。凡背棄人倫道德，或描寫下等社會傷風敗俗，誨盜誨淫小說等編 不可購備 總以引起學生高尚心思，讀書趣味爲原則。

雖然選擇 事，言之甚易，行之甚難。誠以我國缺乏選擇書籍之工具，(外國於書籍選擇精當爲各種圖書館用，例如中學校圖書目錄，或小學圖書目錄，分門別類，加以批評，界線明瞭，我國無有)。至於書坊刻本其目錄未經選擇，純以圖利爲目的，無從確實之評斷 雖有名目，不知內容，皆須從頭觀覽 方知意旨所在。惟在座諸君，皆

經過此種困難，深望本組編製有價值批評之目錄，以貢獻圖人，爲選擇書籍之指南，

第五　問題

用何法引導學生利用圖書館　因圖書館之書籍是閱覽品，非陳設品　務須想出方法俾學生等樂於觀覽，助其興會。

（一）標明新書的名目　例如圖書館新購到特別書籍，即標明於圖書館之揭示處或開列書單發送於各教員處，令其注意；併將此書陳列案上，便於瀏覽。

（二）關於時事問題　例如家庭問題，婚姻問題，婦女開放問題等。圖書館對於此類材料，或得諸報紙，或見諸雜誌，或取諸書籍，亦書明揭出。俾學生感觸，相率研究。

（三）關於功課　例如學生預備課程或作文時，館員詢問各教員，對於此種問題，所需之書籍，或參考材料，預先檢出，候學生來館時，供其應用，免得耽擱時刻

（四）利用學生會社作圖書館施行教育之機會　因學生喜愛組織會社，或開演講會

及辯論會，往往缺乏材料。館員此時宜搜集此種材料，供其應用。

（五）館員引導用圖書館所編製目錄及用參考書的法子。往往學生一入圖書館，如五花八門，不知所擇。閱覽之心，因此畏阻，此皆由於不善用目錄，一種流弊。是以館員每日須費點時間，引導學生善用目錄，及知用參考書的方法。

以上所述是否有當？尚望同會諸君，匡其不逮，是則鄙人等之所厚望也。

（錄新教育）

3

图本一

裘开明

世界民众图书馆概况：中国

中國

裘開明著
（哈佛大學和漢圖書館主任）
（前中國廈門大學圖書館主任）
章新民譯

CHINA

By A. Kaiming Chiu, Ph. D.
Librarian of the Chinese-Japanese Library,
Harvard University
Formerly Librarian of the University of Amoy, China.

註：作者應向他的好友和同工，馮漢驥先生，爲他所給予的意見及指示，深致謝忱。馮先生曾任武昌湖北省立圖書館館長，現以交換館員的資格任職於哈佛大學圖書館。

中國向以宏富的朝庭藏書及家族藏書著稱於世。在最初朝代時朝庭藏書的館閣只供宗室，臣宰，知名士子之用，降至宋元明幾朝，國子監及各州省所藏均公開於一般學者文人。遜清乾隆高宗皇帝敕一般學者蒐集當時重要圖書纂四庫全書抄寫七部，分藏七閣，其中三閣特建在人文薈萃之區供衆閱覽。一般學者文人也可以借閱各省書院的藏書。

除了這些官家藏書還有很多私家藏書及寺院藏書，這些藏書在一定限制之下能讓專心研求的士子閱覽。就是在今日以私家藏書供衆閱覽的遺制仍然在於中國。在昔日各種藏書雖然不是對於一般人是"公開的"，但對於受敎育的人，即學者文人，是公開的。無論甚麼人要經過科擧的典試以入士者階級不受任何限制（在淸代只有幾類人，如理髮匠，優伶等，是例外）然而這些藏書館閣只是往昔珍貴記載儲藏之所，而不是傳佈有用的書籍於民間的樞紐。這就是以往把圖書館叫作藏書樓的原故。圖書館一名詞，指新式的圖書館而言，是在本世紀之初現代圖書館發軔的時候流傳到中土的。

經過甲午中日戰爭及庚子拳匪之亂等慘痛以後，中國士大夫始感到敎育普及的重要。學者羅振玉氏在1902年（壬寅）首倡一種全國民衆圖書館及博物院的系統。

1905年（乙巳）朝庭下詔廢科舉廣興學校，同年湖南省在中國創立第一所民衆圖書館，天津南京相繼設立。1909年（已酉）又頒佈條例建立京師圖書館並在每省省會建立省立圖書館。該項條例且規定了府縣民衆圖書館漸次設立的程序。

1911年（辛亥）革命起。前一年教育部已經頒佈關於全國通俗圖書館之提倡，組織及行政的條例。至此復頒佈關於他種圖書館之設立的條例。這兩項條例，成爲創建無數通俗圖書館的根據，直到國民政府成立新條例纔取舊者而代之。

民國五年中央通過條例規定，凡是出版圖書呈內政部版權處登記者，須向國立京師圖書館送存一部。同年教育部令行全國各省縣特別注重蒐集保藏書籍，抄本及其他有關鄉土沿革文化的史料，凡應存於各本地圖書館的文献都在蒐藏之列。

民衆圖書館運動因國內興起的三種改革受了强大的激盪。第一爲民國六年所倡的文藝革命及復興動運，其目的乃在推行白話爲寫作的工具。其次，民國八年學生運動繼起，以喚醒民衆了解新國家觀念爲標榜。再次，民國九年平民教育運動隨之而起，要教授目不識丁的民衆能讀能寫千字課本，幷獲得做公民基本知識。有了這三種運動，於是白話體的通俗雜誌和書籍出版之多，猶如雨後春笋，民國三年在郵政局正式登記的雜誌僅367種，到了民國十年有921種，民國十四年有1,323種——十年之內增加約百分之二百六十。

在這個時期之中，有一位中國圖書館運動的大導師出現，那就是已去世的韋棣華女士（Miss M. E. Wood），武昌文華公書林及文華圖書館學專科學校的創辦者。公書林在1910（庚戌）卽已建造並正式公開閱覽。韋女士竭其才力籍閱覽室，巡迴文庫，大學推廣講演諸端以使公書林有所效力於衆。民國九年她首創第一所中國圖書館學校於文華大學（即今之華中大學）

余日章博士，爲韋女士早年的高足，提議美國若能把庚款的餘留部份退還中國，其中一部可以用作介紹現代式的圖書館於中國，韋女士於是依定這個意見擬定一篇請求書，獲得一百五十位中國朝野名人簽字於其上，繼在民國十二年八月中華教育改進社開年會時經全體通過贊助。

這個請求書是在是年九月呈於美國大總統的，在同時一併呈上的有六十五位旅華美僑所簽具的請求書。韋女士親到華府以備有人對於該項請求書的咨詢並協謀該案的通過，在華府逗留六月之久，在這個期間之內她曾拜謁八十二位參議員及四百位衆議員。結果參衆兩院通過一案予大總統以全權退回庚款的餘留部份（6,137,552.90金元）與中國。

在議案通過之後，民國十三年中華教育文化基金董事會成立，由中國董事十人美國董事五人共十五人組織之，專管退還的庚款。

為要向中華教育文化基金董事會建議圖書館經費是有效的用途起見，中華教育改進社特請一位美國圖書館協會的代表來中國調查圖書館現狀。本書的編者鮑士偉博士被選為該會的代表，鮑博士在民國十四年四月二十六日到六月十六日的來華期間內參觀了約五十所圖書館，作公開講演約五十次，遍歷十行省十四大城，他備受圖書館界，教育界，及政界人士的熱烈歡迎。

因中華圖書館協會的請求及鮑博士建議的力量，中華教育文化基金董事會特撥五十萬金元，在北平建設國立圖書館一所，新立的國立北平圖書館於是乃開始建造於北海附近政府所撥的地基之上，在民國十六年全部工程總完成，並在是日正式開館。這所圖書館是基金會所擬在全國各大城建設的五六所模範圖書館中的一所。

近幾年來，上述的意見及計劃，包括鮑博士建議在內，工人和農人已有了普通覺悟，自民國十六年以來，通俗日報，雜誌及書籍的出版增加特多。

在國民政府民國十六年成立於南京之後，教育制度中的一種新奇設施，即大學區制，曾一度試行。大學院成為最高的教育行政機關，取以前教育部的地位而代之，大學院設五司，其中有一司為文化事業司，掌管全國圖書館事務。這是在中國有史以來第一次凡屬圖書館事專司處理並聘專家執掌之。

大學院雖然存立一年之後至民國十七年復改為教育部而圖書館事務交社會

教育司管理，但是這次對於圖書館的注意影響後來圖書館的訂定。大學院在民國十六年所頒佈的圖書館條例到現在仍然有效。

民國十八年教育部另頒佈特別關於圖書館的條例以補充之。

在這個時期之內，有一件關於通俗圖書館運動重要的事就是商務印書館的萬有文庫的編印。這個文庫，仿中國叢書的舊規，是世界名著，中文創作或譯作的通俗本的結集。

這個文庫現正在分期印刷。第一期有書籍一千〇十種，分裝二千册。其中書籍乃由專家所組織的委員選擇的，有很多的歐美名著也在被選之列。

全部文庫完全是按修改杜威分類法類分的。并且在每册書的後面印有索書號碼。隨文庫發行的有一套約三千張的目錄卡片，上面印有索書號碼及序列號碼，教育部及內政部在民國二十一年十月合令每省爲各縣市圖書館購備萬有文庫一部。

現時在中國有七種不同樣的圖書館，玆列如下：

1.國立圖書館

首推國立北平圖書館；爲宣統元年（1909）所創建的京師圖書館及民國十六年中華教育文化基金董事會所設立的北海圖書館合併而成者。該館在北戴河，卽中國北部的避暑處，設有分館一所，現正在北平市內籌備設立一所模範兒童圖書館及其餘的分館。館內的流通部是爲一切民衆設的通俗圖書館。

另一所國立圖書館爲故宮圖書館，是在民國十四年開館的。該館所藏乃將紫禁城裏面各宮殿裡面的圖籍抄本蒐集在一處而成的，現仍在組織供衆應用。這所圖書館本爲一所參考圖書館，藏有很多中國古本及抄本書，其中有些是以前朝代的御批本。

南京的國學圖書館在大學院曇花一現時代曾被改爲一所國立圖書館。但以後復改爲江蘇省立國學圖書館。現在中央政府正籌設一所國立中央圖書館於南京。

2. 省立圖書館

中國現有二十八行省，每省至少有省立圖書館一所，有幾省有兩三所。這些省立圖書館類似美國的州立圖書館，受政省府的供給直轄於省教育廳。

省立圖書館通常設在省會，若不止一所，其另一所就設在另一大城裏面。有時一地不止一所省立圖書館，那末其中就有一所通常專作參考之用，其餘的就規定爲"通俗圖書館"，備有新的及較爲通常的書籍。

大半省立圖書館的藏書乃由昔日科舉時代書院所藏改組而成的。有很多的省立圖書館也曾受私家藏書捐贈的惠益。

概而言之，省立圖書館藏有爲研究漢學用的較爲重要且較珍貴的圖籍。近十年以內大半省立圖書館已着手收藏科學及關於西方文化的書籍，多數設有流通部，備有內容充實的名著及通俗圖書供借出之用。有數館並且設立了分館及通俗閱覽室。不少的省立圖書館全部的藏書都可以出借。

3. 縣立與市立民衆圖書館

差不多每一城市以及多半的縣區現在都有圖書館 。 這些圖書館可分爲兩類：（1）公立的，用公款維持（2）私立的，由私人捐助。牠們所收藏的通俗書籍比較省立圖書館所收藏的要多些，較合於平民的需要。據中華圖書館協會在民國二十年秋間編的統計所載，這類圖書館共有九百二十一所。這個數目離實際還遠。通常縣立圖書館沒有合格的受過充分訓練的館員。

4. 通俗圖書館，書報閱覽室，平民識字處。

這些組織是民國十九年平民教育運動的產物，凡可利用的房屋都拿來作牠們的館舍，如廟宇，住宅，廢校址祠堂及公所等。通常這些圖書館不大，每所藏有幾千册書籍，閱覽室裏面只有現行的雜誌和報紙，另有幾册參考書如字典等。

平民敎育處是中國教育系統中的新創設，按條例所規定的這樣一處應設九部包括一個圖書部在內。法令規定的每縣在某區以內應設一個這樣的敎育處，爲附近鄉村來的人民，作爲一個實驗的機關。

據一九二八年的統計，那年有一百八十五處這樣的組織，三百二十一所通信圖書館，一千四百零二個書報閱覽室。

5. 兒童圖書館及小學圖書館

爲兒童設立的圖書館在中國尙在幼稚時期。據圖書館協會調査所載，在一九三一年只有五十四所這様的圖書館，但是這些圖書館并不包括許多省立圖書館及市立圖書館所設的兒童部在內。

6. 中學及大學圖書館

中學及大學圖書館在中國算是管理最良好的圖書館。只有在大學圖書館裏才可以算眞正找到澈底訓練過能辦事的管員。

有幾所圖書館正在辦推廣事業，最早及最著名的例子爲武昌文華公書林，前已敘述。

7. 會社及政府機關圖書館。

這些都是專門圖書館，每所專作一種或數種相關的學科研究參考之用。據最近統計所載，一九三一年會社圖書館有四十五所，政府機關圖書館有四十三所。

8. 中國各種圖書館增加的統計，一九二五至一九三一年。

類　別	民14年10月	民17年10月	民18年12月	民20年12月
1.國立			2	2
2.省立			47	49
3.縣立及市立			878	921
4.通俗		(321)✶		
5.書報閱覽室		(1,402)✶		
6.通俗敎育館圖書部		(185)★		
7.特別圖書館(多數爲兒童的)			41	54
8.學校			387	413
9.會社			38	45
10政府機關			35	43
總數	502	642	1,428	1,527

✶錄自敎育部編社會敎育統計。其餘錄自中華圖書館協會在該時期所出版的會刊，其中所載的全國圖書館調查表。

最早的圖書館協會爲北京圖書館協會，在一九一八年卽已組織。第一個全國圖書館組織是在一九二一年，中華敎育改進社內成立的圖書館組。在牠的鼓勵和指導之下，在各城市及各省成立了不少的地方圖書館協會。最終的結果爲一九二五年六月二日，中華圖書館協會在北京的成立。本書的編者曾以美國圖書館協會正式代表的資格列席於中華圖書館協會的初次會議。

結至一九三二年六月底止，中華圖書館協會會員數如下：

名譽會員	32
機關會員	233
個人會員	402
總　數	667

中華圖書館協會自民國十四年起即印行一種圖書館學季刊，現已出至第六起；另外印行一種兩月一次的會刊，現已出至第八年了。其餘幷印行幾種關於中國書目的著作及幾種國學論文及文學論文的雜誌索引。

中華圖書館協會有支薪的書記一人，會所設在國立北平圖書館裏面。

全國協會曾作四次全國圖書館的調查並函促各地圖書館成立各地圖書館協會，現各地圖書館協會約有五十，其中僅一半爲全國圖書館協會的機關會員。

有兩處最活動的兩個協會，卽北平和上海的的圖書館協會。北平圖書館協會在一九二四年即起始印行一種合刊，接續又印行了幾種有用的聯合目錄及指南。

上海圖書館協會已印行一種圖書館學叢書並發行一種定期的特刊，有幾個會員現正創辦一個圖書館函授科。

昔日的中國圖書管理者大都爲學者，目錄學是他必讀的學科也是他求學的工具。管理圖書者應具有各門淵博的學識，特別包括中國經學和史學在內。保藏圖書的知識幷未嘗輕視。孫從添（生於十八世紀）在他所著的藏書紀要裏面（是書一八一零年首次刊行）論藏書之法極其精細。

歐美圖書管理法多由日文傳入我國。在一九一三年日本圖書館協會所編印的圖書館經營法被譯成中文。當時有美國傳敎師當中的圖書館學專家敎授中國學生以管理現代圖書的方法。其中有幾位後來留美供圖書館學，返國後復以之傳授國人。第一正式圖書館學校一九二〇年在武昌文華大學（現爲華中大學）開辦的。韋棣華女士居是校之首，而以她的曾在美國受過訓練的兩位學生爲敎授。到一九三一年底止，該校有畢業生七十人，其中六人爲女生。

金陵大學也設了圖書館學系，有許多師範學校及大學有短期的圖書館學課程。圖書館學暑期班自一九二〇年二月在北京初辦之後，在各地開辦的也不少。所收的學生有五十至三百人之多。

4

图本一

查修

图书馆教育组：中文书籍编目问题

第九卷第一二期

圖書館教育組

中文書籍編目問題

查修

（一）

中文書籍編目裏，問題至多。總其名曰中文書籍編目問題；但這問題之所以能到重要的地步，還正因爲牠的內容裏包涵了有無數的小問題在。這些小問題的急須解決，已迫若燃眉，解決他們不了。中文書籍編目卽永無河淸海晏的日子。中文書籍編目在我國歷史裏，向沒有人提出來做個重大問題研究。卽或有人曾感覺到牠已成了一個重大問題，但其中的小問題，紛如亂絲，一切都急須解決，恐怕從前的人也沒有覺得像我們今日能感覺得到的這麼多。我現在將這人所不大注意的一件事情，提出來；幷且還要認眞的說是個重大問題，該沒有人要罵我神經過敏了吧。自漢劉向，劉歆的別錄，七略起到現在，中文書籍編目已過了二千多年的歷史。時間的悠長，恐怕與世界各國那一門學術比，也不見得會有愧色。照說在今日二千多年以後，則甚麼方法，甚麼規則，都應完完全全製好了。誰也不應該再來七嘴八舌，掉文弄墨，說甚麼大問題裏還有小問題了。可是我們若下一點心思去研究中文書籍編目已往的成績，則我們恐怕可以立卽說中文書籍編目已成了重要問題，我們應該趁早解決去。

自別錄，七略以下，這二千多年來，已往學者對於中文書籍編目的成績，已有了幾百種。其中精心結構，考證的周密，敘述的明潔，好處也很足令人佩服，不能一概抹煞。不過在別錄，七略後，荀勗，李充的四部；也不過是將別錄，七略的七類縮爲四類。實際上并沒改良了多少。王儉的七志，阮孝緒的七錄雖然所有的類別與別錄，七略的不相上下，但就編目言，也沒有甚麼特別的改革。不但如此，荀勗，李充的四部辦法，自唐以來，就好像轉上了風車一般，在中文書籍編目裏，總是繼續的活動。不管公家編目，私人編目，都自甘情願去圈入四部的軌道內。一千多年以來，四部的辦法簡直可以說是中文書籍編目的主人翁。生殺之權，都操在牠手裏。近年來國人與西書接近，漸覺得新出書籍，有爲舊法涵藏不了，鈎奇鬬勝想製新法。但終久又總逃不了四部的軌道。且四部法自四庫全書的蒐集以後，勢力格外澎漲。編目家的思想，愈被支配得乾乾淨淨。中文書籍編目到了這個地步，差不多可說不成問題。稍微有點心思要去改良中文書籍編目的，至此也好像水盡山窮，再無發展雄才大略之餘地了。

四庫全書總目提要是乾隆以四海之尊的威力，提倡藝文的盛意，命在朝野的大儒臣集成的。在我國歷史裏找不出第二部是曾經過了這樣偉大力量編製成功的。現在我們可以拿這部書來做中文書籍編目，可不可以成爲一個重要問題的試驗。

四庫全書總目提要的大功用，是要將所有的四庫蒐集的書，能於最短時間內，給閱者以準確的記載幷得書方法。現在我們就可以反過來問問，若我們要找一本書，四庫提要能給我們以最快最適當的捷徑麼？四庫的書，都是按類排列。甲以爲某書可入這類。乙以爲某書也可入那裏。關於歷史政治的書，則歷史類，政治類裏，都可以放。像這樣的情形，何止盈千累萬。找書籍按類別，於時間工夫上，最不經濟。歐美新式編目法，都已擯棄這種理想。就算四庫的分類法是很好。但單祇有四大類，就能網羅世上一切書麼？我們再試看四庫類別的內容，則大類別與小類別，彼此沒有一定統系。類別的複分，沒有一定的線索。類別前後位置，也沒有固定的標準。且大小類別，沒有伸縮的餘地，叫編目者可自由增減，也並沒有類別彼此挪借利用的機會。此外類別的牽強附合，濫不堪言，子部簡直是雜貨攤。四庫提要講分類則疵陋太多，講目錄亦排列無緒。講究一門，已氣直喘了，還硬要將分類與目類淆爲一談，這也無怪要全體格外糟糕了。四庫提要一切敘述，記載，不爲不佳。但目錄之用是要給人以曉得書籍的捷徑。那些敘述，記載，不怕再怎樣精美；但苟沒有貢獻閱者的最捷途徑，則亦多少等於廢物。按四庫提要法，編目書籍放在架上，也不能有位置相對的規定，可以令閱者一目了然。甚麼符號也沒有。在提要裏找得著一本書，架子上應該在那裏找得著，沒有甚麼標記，可做溝通的使者。自唐代到現在，四部辦法，一直傳流下來。雖有以上的種種困難問題，不能不急求解決，但澈底的改良，歷史裏尙找不出一個。社會習慣勢力之浩大，與夫創造天才之難得，於這種地方，也可見一斑了。

(二)

四庫全書總目提要硬要閱者找書，必循乎那些編纂提要者腦子裏所想得到的類別去設計；否則一輩子找不著，結果弄得分類毫無統系，目錄毫無捷徑。二下各自不能盡其職於萬一。分類是一種學術，目錄又是一種學術，雙方各有存在之必要。現在我們不講別的，祇要將美國杜威所編的杜威書籍十類法一查，則可知分類辦法自可完完全全獨立。再將美國國會圖書館所出目錄片一看，則目錄辦法又能完完全全獨立。杜威的分類法，搜羅廣博，編製得體。其間雖然不無小，疵但在實用方面，書籍在無論怎樣大的一個圖書館裏，一排列起來，則線索頭緒，絲毫不紊。以十進的類別，伸縮自如。不論大圖書館也好，小圖書館也好，都可應用。且分類與書籍排列，有一套順次序的號碼做標記，檢查再方便也沒有了。書籍有了號碼，在排列上一輩子不能凌亂。舉凡四庫提要裏所主張的分類法裏一切困難，都廓清淨盡。就實際上言，分類法所應趨的道路，再沒有勝過這個的了。至於美國國圖書館所出的目錄片。考證周密，敘述明潔。以各書的最小爲閱者可以藉之得其所需的記載之門徑爲最小單位。閱者若祇知道書名，則有書名片。若祇知道著者名，則有著者片；若祇知道屬何科目，則有標題片；若要書籍中那一部分，則有各種的分析片。 舉凡這一切可以得著所需要的記載之門徑，無不兼收并用。 而其最大好處，則尤在這些小單位的排列，是按英文字母的統系。 祇要能念英文，則檢字自然知道。 不管張三著的書也好，李四著的書也好，祇要找書門徑可以放在同一個字母底下，就都可以在那字母底下找著。 閱者儘可以不知道分類者所秉的是甚麼眼光。 但找起書來，則祇要有一點文字上的常識，就够了。 這算是多麼方便的事情！ 外國方法的好處，已叫我國歷來奉爲圭臬的四部辦法，望塵莫及。 不敢昌言攻擊舊法者，現在可以稍壯勇氣了。 進一層再看一看西法，其成效既已有口皆碑，則我國人又爲何不應該急起直追，將我國書籍編製辦法，重新估量一番，重新整理一番，重新改造一番呢？

要想中文書籍編目改革，談何容易。 新的方向是往那一邊去才始有收實效的希望呢？這問題的沉重，誠不啻有千鈞之力了。 以我個人的眼光看，中文書籍編目裏第一步必做的，就是要將分類與目錄完完全全分作兩件事。 打破四庫全書總目提要以分類及目錄淆爲一談的觀念。 然後再研究分類應採取那種辦法，目錄應趨向那條途徑。 庶幾乎頭緒不亂，運用自如了。

(三)

現在請先言分類辦法。 自從四庫全書總目提要所主張那樣爲世人所寶貴的分類辦法，不能不有蹋臺之勢以來，國內圖書館專家，就盡量去採取西法中的卓出者爲解決分類中文書籍

新教育

分類的工具。　近年來因鑒於杜威書籍十類法有全世界可以應用的趨勢，就很有人要想法子利用過來，對付中文書籍。　但中文書籍有很多情形，與西書不同。　純粹的採用杜威法，絲毫不能補助。　而一方面，四庫提要勢力還正在運演。　拋棄這方面，則似乎於事實上不無放心不下。　本乎這種理想，就有人要下工夫去製出一些改變的杜威書籍十類法。　其已經製成者，　現在已有好幾種；　但可惜方向走的還不能十分準確。　杜威書籍十類法現在已出到第十一版了。　其內容包羅萬象，　結構博大精密。　現在世界上已不知有多少的圖書館，都是用了這法來分類書籍。　現在我們若想改步換形，依法泡製，試問以我們的力量，時間，才能，我們能夠創出比杜法還好的麼？　即使這層辦得到，但杜法已經有了幾十年經驗上的保證。　改變的仿杜法的能否應用，已不能不成疑問了。　放著杜法不去採取應用，而去向空空洞洞改變的杜威法著想，這豈非誤入歧路？　杜法的不能完完全全適用中文書籍分類，這是自然的事。　不過怎麼樣應用來就能適用，這裏面一點訣竅，就要看各人才能的高低了。　杜法有一點絕妙處，就是類別能伸縮自如。　還有好多號碼是未曾有甚麼類別。我本著伸張杜法及應用那些未用的號碼，就將中文書籍完完全全用杜法分類。　試驗以來，結果也還不錯。　那本杜威書目十類法補編就是本著這理想製成。　但其中應該修正的地方，還有很多。　用一個漢字代替號碼，於排列上終不免沒有困難；不過對付中文書籍編目裏分類問題，方針既已像這樣以杜威原法為根據的定妥，則識者向前去辦，闢出新的途徑，比我所循著前行的還要好得不知道多少倍，則無論甚麼人，也是不能限量的了。

四庫全書總目提要於閱者可以藉著找得書籍的途徑，不能分析出來，成爲小單位。 閱者祇知道著者名，則沒有著者名的途徑。 知道書名則沒有書名的途徑。 找書必按著編纂四庫提要者腦子裏一切主觀的類別，這於實際上是何等困難的事！ 就目錄言，改革四庫法也已急不可待了。 閱者的知識，是誰也不能說應屬那等的。 知，愚，賢不肖，社會上人，色色都有。 圖書館是爲社會設的。 圖書館目錄的目的，卽是使那些人得書有最捷途徑。故爲色色人找著書容易起見，則凡是可以找著書的線索，都應該錄下。 美國國會圖書館所出的目錄片，其上載有各種製片的標題。 如應不應該製書名片，及別種標題片，等等，都淸晰異常。 圖書館編目者就可依照各地情形去做甚麼目錄片。 故解決我國書籍目錄形式問題，其應由賬簿式，而改到卡片式，似乎應該說第一步最要緊的了。 不過卡片衆多，祇能存貯圖書館內。 其不能來館閱書的，則必似乎沒有機會專攻向上了。 解決這層困難，我看也沒有甚麼頂難。 現在有好多書籍，是用活葉式裝釘。 時時都是新的。 舊法賬簿式，將所有各色材料，都埋沒於類別的底下。 且釘得牢緊。 新的不能加，舊的不能去。現在茍用活葉式辦法，無論甚麼材料，都可析成小單位，而按字排列。（漢字排列最難。現在有很多學者正在專心研究，恐怕不久就有新法發表）。 美國的那爾森百科全書 (Nelson's Encyclopedia) 卽用活葉式的裝釘法的。 牠裏面所有各篇，都按英文字母排列。 新的需加，或舊的需去，就或者在原來那頁上緊湊一點，或去其舊的而加入新的；或卽另加頁數，以彌補不足。結果永遠總是新的。甚麼補編，續補，都可不要。實際上檢查按字去找，閱者儘可不知道甚麼東西是分類，著者是那朝代的人。找著目錄，則這些問題自然有答覆了。不過經濟不充裕的圖書館，就能製成好片子目錄，都已很不容易，那能還有餘暇去管甚麼釘成的活葉式目錄。故目錄的形式，經濟不充裕的圖書館最好莫如用卡片式。經濟充裕的圖書館，則儘可將卡片式同活葉式，二者兼收并用了。

(四)

中文書籍編目問題的大體，已如上述。現在就要進一步來研究因編目而發生的各問題了。

我國書籍，部部有其特別情形，本本有其特別狀況。編目起來，差不多要用教育家對付個性的眼光來實用。近來出版書籍，書名清晰，著者姓名，記載詳細。出版年，出版地，及出版者，等等，都可在書中找得著。編目者不必費甚麼工夫，在目錄上都可很不費勁的錄下。但大多數的舊書，則情形不同了。書名可以有好幾個，著者名可以不必載，平常稍微不小心對付，則好像墮入五里霧中。故爲愼重起見，對付舊書的問題，頂好是在舊書進圖書館的時候，仔細考查一下。一來可以免得上當；二來可作編目時候的預備。

平常人以爲在購求上不必怎樣特別注意，購求與編目也是沒有甚麼相干的。可是在實際上，購求時候的考查清楚，編目的工夫則很可省去不少的了。

購求時候，有很多方面必須注意。 稍微不愼，卽貽誤匪淺。 有時圖書館要的一種，而書商則易以非常之像的來代替。 要的祇一種，而書商則與該書有連帶關係的連同送來。麻煩之極。 有時書商所送來之書，總名一點不現，但書則完整無差。 在這種地方不查清楚，則一輩子放心不下。 我國舊書，常有補編，續編之刊行。 在購求時候，不考查清楚，則編出來的目錄，祇不過是叫人家去念不完整的書籍。 此外書籍中雜沒有雜有他種，苟不考查清楚，則編目時又須費一層重複手續。 書籍的版本，是怎麼樣，值不值得在目錄片上特別注重，舉薦閱者去專攻，或參考，或瀏覽。 舉凡這一切小點，都是購求裏最須注重的；而亦可以直接與編目以絕大幫助的。 平常人以爲購求是多麼容易的一回事，這也無怪書商要奸詐百出了。

購求問題這難關已渡過，就到了書籍要經過編目的手續了。 不過在購求與編目之間，還有一層緊要手續，時時是在大圖書館裏，不能不舉辦的。 這層手續，就是購置目錄的編製。 這種目錄的製法，就是將每部要購求的書底，書名，著者，板本，代購者，價値，是否贈送，購期，收期，備註等等項，塡寫在卡片之上。 這些卡片都是按字排列，故已經購求，但尙未到館，以及到了館，尙未編目的書籍，都可在這種目錄裏查著。 購求與編目間的查書問題，有了這種目錄，就可完完全全解決了。 書籍來館後，經了登錄手續，書籍爲圖書館所有物，就此證實。其登錄號碼也就此塡在購置目錄之上。故書籍經登錄後；一輩子不編目，也不要緊。反正在購置目錄上，其登錄總數已足證明該書是不獨已經購求而且是圖書館的所有物了。等到書籍目錄已經編製成功，查書可以利用書架或正式目錄的時候，則那部書籍的購置目錄，可以取消。免得多出來，反累贅不堪了。

(五)

中文書籍目錄的編製底大概形式，及目錄編製前的預備，一切問題，都已討論過了。現在就又要進一層來研究編製目錄，其間所必須經過的一切手續問題了。目錄是爲閱者用的。各圖書館都可就當地情形而定決甚麼手續應該要，甚麼手續不應該要。不一定要劃一。故討論手續問題，也頗煩難。現在爲討論本問題有實際方面根據起見，且讓我將北京清華學校圖書館裏，中文書籍編目裏所必經過的一切手續提出來，做個整個的實例：

(1)鑑定書名　中文書籍有好多，書名百出。絕對不同的書名，如揅經室外集卽四庫未收書提要；彷彿相像的，如高安三傳合編卽朱文端公三傳；差別很少的，如增訂叢書舉要完全不是叢書舉要。諸如此類，很多，很多。

(2)鑑定版本　書籍版本不同，就不能算爲重本。分類時候給號碼，就必須有所差別。如漢袁康的越絕書，有明仿宋刻本，古今逸史本，漢魏叢書本。漢魏叢書有程榮，何允中，王謨三刻。何多於程。王多於何。今所通行的爲王本。似這一類的，不計其數。編目有時遇著不容易看出甚麼分別的地方；則雖然進退兩難，但其究竟是怎樣，是無論如何，也得查淸楚的。

(3)分類書籍　分類中文書籍，最好莫如用杜威書籍十類法，前面已經論過。杜威書籍十類法裏有好多不恰當的地方。　分類時候，最要小心；否則要改良的時候，牽動一大些號碼，又是麻煩之極。

(4)查著者姓名　新法編目，每書的檢查號碼有二排。　上排爲分類號碼；下排爲著者號碼。　著者號碼的產生，就完全看著者姓名是甚麼。　不過我國著作家往往不肯將其姓名明白寫出。　有時候用別名來代替。　有時連別名都不能在書的本文，或序言，或跋，或凡例裏找得著。　給著者號碼，著者姓名是應該找出。　爲在目錄片上叫閱者可以知道著作者是誰，著者姓名更應當查出。　絕不能因難查而隨便了事的。

(5)查著者號碼　著者號碼，怎能得來，自然頂好要有著者號碼表。　這表是怎樣編製成，就是個很難的問題了。　現在國中可以令我們稍微能滿意的，就還算廣東全省教育委員會所出的一種純用數碼的。　數碼人人會用，於實際應用，頗爲方便。　不過其中謬誤的地方，還有很多，如有許多字尙未添進；數碼排列，輕重不勻；字的筆畫數有的算多了，有的又算少了；數碼用法規則過少。　前在東方雜誌第二十卷二十二至二十三號拙著的『編製中文書籍目錄的幾個方法』文裏，我曾提出六條用法規則。　現在本著友朋的指教，及自己研究所得，已將六條縮小範圍成爲四條了。

(6)上書背上透光漆　清華學校圖書館裏的中文書籍，都是要用我試驗成功的一個法子裝訂。　書籍裝訂後，都能直立架上。　在黑墨或白粉字未能寫在書背上之先，我們就先上一層透光漆 (white shellac) 美國 Library Bureau 及 Montgomery and Ward Co. 均有，以備日後字不用時，將透光漆一擦，字也可不現了。

(7)寫書中的檢查號碼　檢查號碼寫在書中，則該書應該排在何處，有根據可靠；且與册裏有了檢查號碼，則該册是甚麼也可查對出來。　此外登錄總號亦應記在每册裏面，以備日後考核。

(8)寫書背上書名　書背上的書名，若寫得好，則燦爛光輝，美觀異常。　書的主要名用大字，其內中的各部爲使閱者容易尋找起見，則可用小字。

(9)寫書背檢查號碼　書籍的排列，找書的捷徑，及借書還書的標記，都以這一點爲根據。

(10)上書背上第二次透光漆　爲免除所寫上的黑墨及白粉字剝落起見，這層手續最關緊要。

(11)寫書片　在書籍借出，或收入的手續上，有了這種片子，書籍的失落，就可無慮了。

(12)寫書袋　有了書袋粘在書籍封皮裏面，則書片可不致遺失了。

(13)粘書袋或『此書不能借出館外』片　爲能借出之書，則書袋自應粘。爲不借出者，則書袋及書片都不必製，祇要將『此書不能借出館外』片粘上作標記，借書檯上就可不必狐疑不定，不知道應該不應該借出的了。

(14)製書架目錄片　這種目錄片的第一大用處，就是在將架上所有的書，都可叫人看見一目了然。第二個大用處，就是能使編目者時時翻閱，免致給檢查號碼時，有自相矛盾的發生。

(15)製正式目錄片　使閱者檢查而藉之得所需要的書，就是這種目錄的功用。

(16)校對以上所編製成的種種　爲免除錯誤起見，校對手續，最關緊要。

(17)排列書架目錄片　排列這種目錄片，是按檢查號碼的大小。與我國舊式目錄按類別排列一樣。不過這種目錄，有數碼作排列的統系。於檢查上，方便得多了。

(18)排列正式目錄片　排列這種目錄片，是要按閱者檢查最方便的統系的。按字排列，像西洋辦法，自然是理想中最好的。但字的排列，按字典式，不容易找。按字音式，很困難。其餘如用筆畫式，比較起來稍好一點；但不滿意人的地方，還有很多很多。現在國內有很多學者正在研究，恐怕不久有較好的方法發表，我們姑拭目以待。

(19)製目錄的導引片　爲減少閱者檢查目錄的煩難起見，導引片的編製，有極大功效的。其形式可參看美國 Library Bureau 所出的各種。

以上各手續辦完了，然後就可將書籍排上架子。編目難題，不管解決了或未解決，至此已可算暫爲結局了。

（六）

中文書籍向來採取線裝法裝釘。排列起來必須平放。其大毛病據我所能觀察得到的，有下列各種：

(1)平放架上，抽取困難。

(2)封皮紙張鬆薄，易於破爛。

(3)書籍排列，外觀不美。

(4)書本過薄，容易遺失，且易錯亂。

(5)蠹蟲最易滋生。

有了這許多的困難，我就在中華教育改進社第二屆年會時，就提出『書籍裝釘改良案以一件在圖書館教育組會議討論。討論的結果，以事屬專門學識，一時不易解決，就通過請主席指派本組會員組織書籍裝釘分委員會。主席當指派下列諸君爲該委員會委員：

馮陳祖怡，朱家治，裘開明，許達聰，查修。

當年會正開的時候。各會員都忙個不了。後來會畢，各委員又分散各處。總沒有一次機會大家可以集攏來聚談磋商。信扎往返，躭誤不少時間。好容易才始將各委員的意見彙集。現在且讓我藉這機會，將他們的意見報告一下：

(1)新出版書的裝釘應採：

(甲)堅固西式裝釘。

(a)硬布面或硬紙面。

(b)直立式。

(c)背上燙字。

(d)著作者，出版年，出版地，價目，及版權等字樣，應排在內封面(title-page)之上或之後。

(乙)普通裝釘，以備一般平民及學生的購用。進行方法，即由中華教育改進社圖書館教育組函國內各書局本上列標準試行。

(2)舊書改釘，應採下列各項：

(甲)硬布面，或硬紙面。

(乙)薄本併成巨册。

(丙)直立式。

(丁)圖書館已有書籍，可斟酌經濟情形：

(a)送書局改釘。

(b)雇工改釘。

珍重書籍，爲保存原來面目起見，可不必改釘。

進行方法，卽由中華教育改進社圖書館教育組採國內圖書館最優辦法公佈。

中文書籍裝釘，也是一個很困難問題。 在清華學校圖書館裏，也經過了五六次的改革。到現在才始可說差强人意。 盼望國人還能再費心神，發明更好的，則我們都必受賜不淺了。

（七）

以上所討論的，還不過是中文書籍編目裏問題的幾個。 幷且這幾個，也限於篇幅，不能充分的討論。 講分類法，不能把整個的分類法都搬出。 講目錄法，不能把目錄法的規則全寫出。 這是我自己不能不抱歉的地方。 編目問題裏還有一個最重要的問題恐怕誰都不能說容易解決的。 這就是漢字的排列。 我從前曾用英文做了一篇『中國字排列法概略』。祇能指出各法的缺欠，而不能創造新法。 漢字排列，不但是圖書館界中人亟求解決；並且是無論甚麽人的一個切膚問題。 信扎，公文，帳單，契約，等等，都是要法子排列的。現在這問題，是當務之急了。 國內學者對於這方面有甚麽貢獻，請趕快發表，讓我們大家好追隨罷。

無論解決甚麼問題，其下手辦法，總是很不容易的。方針要拿得準；心神要拿得定；眼光要拿得遠；處理要拿得淸。近世科學發明，給了我們以無價之寶的一個科學方法。這方法已有人介紹過，我在這裏不必多說。中文書籍編目裏，有許多難題，難關口，我本個人的經驗，敢說用科學方法解決得了的。現在我對於本篇的結語，就是：大家要解決中文書籍篇目問題，不管大小，則非用科學方法去對付不可。

5

图本一

桂质柏

大学图书馆之标准

大學圖書館之標準

桂質柏

吾國歷史上之大學，最早謂之上庠，謂之辟雍，最後謂之國子監。清光緒二十八年張百熙奏定學堂章程，分大學院，大學專門分科，大學預備科三部。二十九年改定學制，稱通儒院，「以能發明新理，著有成書，能製造新器，足資利用，爲目的。」（註一）自民國成立以來，教育部修大學令；宗旨以教授高深學術，養成碩學閎材，應國家之需要。近年以來，公私大學之創設，不下數十處。其中名與實符者，固屬不少，而設備簡陋，或有其他作用者，亦不鮮。故第十屆全國教育會聯合會在河南開封聚會時（民國十三年十月十一日至二十八日）曾議決呈請教育部嚴定大學設立之標準案；但未具體指定標準爲何。（註二）大學設立之標準，雖無成文之規定，然圖書館却佔一重要位置，其關係至爲密切，而不可忽也；蓋現代新教育之趨勢，注重於學生之自動。教授上亦漸由教科書制度，趨於講授制度；由教授室制度，趨於實驗室制度。大學圖書館既爲包羅一切教材之地。其職務功用等，實如理科之實驗室，工業之製造場，不惟可以練習考察其課室所授之功課，而博覽群書；並可由同化作用，收觸類旁通之效。現在吾國較稱完備之大學，雖云設立圖書館者不少，然大半數尚缺而未備，或備而少精神組織。迹其根本理由，雖因新舊教育變遷太速，以致毫無歷史上之準備；亦因圖書館本身缺少標準。未設圖書館者，不知如何辦法，每逡巡而不前；即已設者，亦多囿於昔日藏書樓之習慣，不能充分蒐集有益圖書，以最經濟之方法及時間利用之。大學圖書館究竟有何標準，此吾人從事教育界者，所應考慮者也。

標準之用，在增進效率，定效率之大小，須依統計。正確之統計，使複雜之情態，而筆之於書，理亂爲整化，繁爲簡；使人民一覽而知。昔日考核及判斷某事業之成功，全憑少數人主觀之見解，以作非科學之斷語。現在大學圖書館組織日漸複雜，事業繁多，如欲考核之結果有根據，能證實，同時能指優劣之所在，而謀相當之改革，不得不搜集統計。

大學圖書館之事業，能使用統計者，可簡而分爲四大部：（一）藏書多少問題；（二）書籍流通問題；（三）經費問題；（四）館員問題。請申言之如下：

（甲）書籍之多少問題

孫總理曰：「知難行易」。大學圖書館卽在求知，既知之矣，行自不成問題。現今大學圖書館最發達之國家，美國可引來作爲一例。該國著名之大學，對於圖書館原料之搜集，莫不視爲要圖，或以備教授之研究，或以備職員之參考，或以備學員之瀏覽，或以備校內外之諮詢。茲將美國五大學府二十五年來之學生數及書籍數列表於左：（註三）

年	加州大學 University of California		哥倫比亞大學 Columbia University		康乃爾大學 Cornell University		意利諾愛大學 University of Illinois		雅禮大學 Yale University	
	學生數	書籍數	學生數	書籍數	學生數	書籍數	學生數	書籍數	學生數	書籍數
一九〇〇	二、〇〇一	八〇、三二四	三、九二三	二九五、〇〇〇	二、〇三〇	二二五、〇三三			二、五一七	六五八、〇〇〇
一九〇五	二、六三三	一五一、三三一	四、四六四	三七五、三三五	三、〇〇一	三一一、八九七	三、三二六	七四、三二六	二、九九二	八二一、四八〇
一九一〇	三、三七八	一九八、三三一	五、三三三	四八九、〇一四	四、〇四四	三八三、六九六	四、四七一	一五七、八三六	三、三一三	八五三、四五〇
一九一五	五、八六一	三〇四、六六二	七、三七三	六二六、八四四	五、一六五	四五五、一三九	五、四八六	三〇〇、五九二	三、三一〇	一、一八八、九三九
一九二〇	九、九一七	四一三、八二四	九、二〇四	七六一、四四八	五、四五四	六三〇、六二〇	八、五四九	四三四、三七〇	三、一三八	一、三八三、三五五
一九二一	一〇、八八七	四三九、四八三	九、九四三	七九七、一〇六	五、四一七	六五五、〇八六	八、七三九	四五一、七三三	三、三三三	一、四七一、〇三八
一九二二	一〇、七〇三	四七二、六八七	一一、一八八	八三三、〇八九	五、四七二	六七一、三五二	九、五三八	四八〇、五九五	三、四五五	一、五一四、七一七
一九二三	一〇、七八九	五一一、二五九	一一、八二六	八六三、六七二	五、二五三	六八八、六八六	九、七二九	五〇五、五六七	三、七八四	一、五八二、一〇三
一九二四	一〇、五九六	五四四、四四九	一三、一九〇	八九三、一四七	五、三四四	七一〇、五八五	九、九〇六	五三一、六四一	三、九五七	一、六四四、五一六
一九二五	一〇、六七七	五七〇、五四四	一三、六〇六	一、〇三四、四三三	五、四五二	七二四、四五二	一〇、六八五	五五九、六一七	四、四四五	一、六九七、三三三

小而言之，在一九二五年，雅理大學（Yale University）每學生平均可用三百八十餘冊；康乃爾大學（Cornell University）一百三十餘冊；哥倫比亞大學（Columbia University）七十五冊；加州大學（University of California）五十餘冊；伊利諾愛大學（University of Illinois）五十餘冊。吾國爲文化發達

最早國中之一，兼爲印刷事業之發祥地；教育部應可須令大學圖書館，最低之書籍數；及以後仍須逐年加增之規定。於是中國大學前途不無裨益。

(乙)書籍流通問題

圖書館爲藏書之所，僅可適用於疇昔。多集圖書而善於保管之，卽已盡辦圖書館之能事矣。然至今日，則迥不同。非但謀保管得法，並須求於流通，以啓發學員求智識之熱心。照近代之趨勢，書籍之流通愈多，則愈顯明圖書館之功用。茲特具體分析討論關於流通之事項如左：

(一)每年借書總數（由日至月，由月至年。）

(二)每年借書人數。

(三)每日開館之時間。

(四)每星期開館之日數。

(五)每學年開館之日數。

(丙)財政問題

吾國多數大學圖書館，皆創設未久；卽各類基本書籍，及初級設備，亦未盡具。如欲一時籌措巨欵，在事實上，爲不可能之事；是以其圖書設備與館員之增加，全賴逐年之添置；故每年圖書館之經費佔全校經費中之百分數，乃一緊要問題。素來我國大學圖書館之經費，其數甚微，卽此區區少數，亦或不

能按時如數支撥;或爲收支人員中飽,或被軍政當局挪移。整頓之方法如左:

(一)圖書館之經費,須列入全校經費預算表中,且確定佔全校經費中之百分數。(註四)

(二)圖書館之經費,每學員每年平均多少。

(三)圖書館之經費中,應以百分之多少購買書籍。

(四)圖書館之經費中,應以百分之多少作爲薪金。

(五)圖書館之經費中,應以百分之多少作爲雜用。

(丁)館員問題

圖書館之職員,上自館長,下至各部辦事人員,負有重大使命,與一圖書館之良窳,胥有密切之關係。不獨學識經驗俱重,且須專司其事,實力進行;不得稍涉浮濫,致有貽誤。往往常有視圖書館之職員,無足輕重者,以致多數館員,不諳圖書館學,待遇因之菲薄;結果敷衍塞責,圖書館之事業,等於虛設。如欲我國大學圖書館之進步,理應注意以下數點:

(一)館長之學識經驗及酬報。(註五)

(二)館員之學識經驗及酬報。

結論

統觀吾國圖書館,原爲補助教授,促進文化之機關;影響社會至深且鉅。惟關於以後如何發展之法，尚未有若何具體之討論。本文之作，只爲解答本問題之一種嘗試，性質既屬草創，未盡之處，當所難免，邦人君子，辱而教之，則所厚幸。

（註一）見朱經農等編教育大辭書上海商務民國十九年第三八面

（註二）見歷屆全國教育聯合會議案分類彙編第十一屆全國教育會聯合會事務所民國十四年第四十二面

（註三）見 George Allan Works, College and university library problems (Chicago, American Library Association, 1927)，p. 120 A.

（註四）美國大學全年經費超過百萬元以上者，多以百分之五爲圖書館經費；譬如紐約哥倫比亞大學在一九二五年全校經費爲六百六十五萬六千七百八十三元，而圖書館之經費則爲二十六萬三千五百六十一元，如全年經費不及百萬者，圖書館之經費之百分數，理當增高。此項統計，對於一大學內之歷年比較，尤有功效。

照美國圖書館協會最近之調查，尋常大學圖書館，多以圖書館經費中百分之六十爲書籍，裝訂，雜費等，百分之四十爲薪金。參見 American Library Association, A Survey of libraries in the United States (Chicago, American Library Association, 1926), vol. l, p. 201-12.

（註五）概而言之，美國大學圖書館長之地位及待遇與一學院之院長相等。非特學識優長，經驗豐富且須辦事有方，館員均受其支配，多由校長試校董聘任之。其首先任期爲一年或三年，期內如成績可觀，以後之任期，即爲永久性質。回顧吾國大學圖書館長，其地位及待遇，較一學院之院長，大有遜色，以致有時圖書館之行政不能統一，效率因之減少。爲今計，一面須提高圖書館長之地位及待遇；一面尤宜注重圖書館長之學識及經驗，雙方進行，再觀以後效率何如。

6

图本三

田洪都

图书馆行政问题

圕行政問題

田洪都先生講
劉loan珙記錄

I 圕名稱的解釋

圕（Library）由拉丁文 Librarium 來的，意為 belonging to books.

A. 英文的解釋

"A collection of books, pamphlets, etc., kept for reading and consultation;especially, such a collection arranged to facilitate reference, as by classification and indexing.

B. 中文的解釋

圕是搜羅人類一切生活及思想的記載為目的，用最科學最經濟的方法保存牠們整理牠們，以便社會上一切人的使用的機關。

II 圕的種類及其功用

其種類可分為三，則學校圕，通俗圕與專門圕是也。

此三種圕的功用，在原則上實質上一樣，細分之則不甚相。同大則開發國家的文化，促進社會的文明，小則啟迪個人的智識，涵養個人的德性。

A. 學校圖書館

重在養成學生的自學能力，讀書的嗜好，與守秩序，愛護文物的美德。

B. 通俗圖書館

在造成一種讀書的環境，適應社會上一般人的求知的需要，並養成保持讀書的嗜好，以增進社會的文明。

C. 專門圖書館

預備給專門學者在研究上種種的便利，蓋有專門的問題，必須要有某種書籍供為參考；但個人的設備及經費有限，所以設立專門圕以供研究。

III、我國中學設立圕的需要

中國的大學都有圖書館的設備，但中學大多數尚付闕如。大學需要圕，中學更需要圕；大學應該有圕，中學更應該有圕。試看本校（燕大）每年考進來的新同學，不知道如何利用圕，對書籍的愛護不易有好的結果，經過解釋指導後才慢慢的明白了。我們學校的學生有來自各省的，也有來自各國的，外國人比較中國人守規矩守次序，因他們的家庭的教育與我們的家庭的教育不同，外國的學生從小就有訓練，小學有人指導如何利用圖，在中學時有指導如何利用圖的課程，在大學第一年亦有指導如何利用大學圖的課程，他們愛護公物，按時還書，不是茫然無所知。中國中學大多數無圖，只讀課本，餘下時間就玩耍，教師除教材外不再研究，若有圖，好學生于課外可多得知識，並于學校行政管理方面有帮助，另一方面可使教員多多研究。天津的耀華中學，北平的育英中學會考成績所以優良，圖館的設備較優，的確是不無影響。

IV 館務組織

組織

館務的組織要以圖的大小，事務的繁簡，經費的多少而定之。在小的圖更不妨一人兼數事；較大的圖內或一事用數人。然在普通館務上來講不外乎採訪，編目，典藏，閱覽，參考，裝訂等工作而已。

館員

為要達到工作上最高效率，必須各部人員能分工合作，經濟時間，所以圖書館用人最要注意。

圖行政及工作之順利端賴館長之指揮得宜，故為館長者，須為圖書館專家而又有高尚之教育及人格，並曾經長久之訓練，富有經驗，判理明晰，遇事遇物能應付而有着。

館員方面亦應有圖學之訓練，並備有各種學術的常識，在品性上應和藹謙恭，誠懇勤快，在工作方面應思想精密，頭腦清晰，有不憚煩雜不避瑣細的精神。

圖內的工作是一種事務性質，每事的頭緒都很多，有的可由記錄中得知，有的只能靠辦理的人記憶。希望他能久於其事，所以對於用人上務須先時選擇妥當，可資倚重，不要時常更換，俾收駕輕就熟事半功倍之效。

V. 圖書與經費

圖書的來源以選購為主，此外可以徵求，交換，寄存，捐贈，等方法補充之。現所出版流行的圖書，可說是汗牛充棟，要以有限的經費去買這些成千成萬的書籍，實是不可能的事，所以在搜集選購時應注意本圖需要的圖書，一面也應量入為出，估計經費的多少而購多少圖書，萬不可隨意亂購。關於某知課程有關的書須購若干，其類中之何種書須先購，何種書可以為某類書之代表作而當採購，某類書將要出版的約有幾種而須留一點經費以為添購之用，這都是選購圖書以經費為標準所宜注意的問題。

VI. 館舍建築

校舍不敷用之學校可將圖書陳列於學生自習室中。校舍足用者可指定數間作圕之用。若經費充足能另建館舍者在設計時應注意以下數點：

1. 館舍應建在學校較中心處。
2. 地基應在凸高而乾燥處。
3. 館舍之方向最好是坐北向南。
4. 閱覽室應減少行人之煩擾。
5. 閱覽室應易於監視。
6. 日光充足空氣流通。
7. 應有防火設備。
8. 應便於淸潔掃除。
9. 預先設計備有可能發展的地步。
10. 閱覽室中之一切設備（如棹椅書架等）應高低適宜。
11. 當設計時工程師應徵求圖書館專家意見參考之。

以上各點不過是在圕建築上應注意的幾條原則而已，若是要建一專門圕時，自有其專門圕設備上應注意之處。

VII 結論

今爲時間的限制，不能同諸位詳細硏究關於圕的一切問題，甚覺歉憾。以上所談的不過心中所要說的十之一二。諸位若是有問題質問時，可隨時駕臨鄙人辦公室提出討論，最所歡迎。鄙人僅爲全國基督教教育協會整頓教會中學圖書館起見，草擬中學圖書館最低限度設備之大綱，特分贈諸位以作一部分之參致。

附中學圕最低限度設備之大綱

一　組織

組織須依學生人數多少，學校經費狀況及館內職務繁簡而定。茲按不同之情形，暫定爲五級：

（1）學生名額不滿百人者：　設主任一人——由富有圖書館興趣之教員兼任，每日可酌減其教學之時間，以便從事圖書館之工作。助理數人——請學生於課暇担任。

（2）學生名額不滿二百人者：　設主任一人——由富有圖書館興趣之教員兼任，半日教學，半日辦理館務，助理數人——請學生於課暇担任。

（3）學生名額不滿五百人者　設主任一人——同前，館員一人——中學畢業或有同等之能力充任，秉承主任專管一切館務，助理數人——請學生於課暇担任。

（4）學生名額不滿千人者：主任一人——曾受圖書館學訓練者充任，館員二人——中學畢業或有同等能力者充任，秉承主任辦理一切館務，助理數人——請學生於課暇担任。

（5）學生名額在千人以上者：主任一人——同前，館員二人——同前；助理數人——同前，（學生名額每增五百人時則增加受過圖書館學訓練之館員一人或普通館員二人）。

二　館舍及設備

（1）校舍不敷用之學校，可將圖書陳列於學生自習室中，於圖書館主任指導下，供諸學生以及教職員閱讀。

（2）學舍足用之學校，可指定二間至五間課室作爲圖書館，內須設備閱覽桌椅，書架，出納櫃，雜誌架，佈告板，目錄櫃及其他辦公必需傢具與器皿等。

（3）圖書館閱覽室之容量最少須能容全校學生名額十分之一，而每人約佔九至十六方尺之面積。

三　經費

（1）來源：由學校經常費項下撥支，其比數不得少於全校經常費百分之五至十五或學生及教職員另交圖書費每生每季一元或五角，教職員每人每季二元五角至三元。

（2）支配：

圖書	70
消耗	5
裝訂與修理	10
用具	4
文具	6
臨時	5。

四　職務

（1）選購圖書：依圖書館經費之多寡再參照趙傳家先生所編之中學圖書館最低限度書目，與臨時之需要或其他各種書目選購之。

（2）整理圖書：規模最小之圖書館如學生名額不滿百人之中學，最低限度亦須編製書目錄；規模稍大者須盡力編製卡片目錄，編法愈詳愈好。

（3）流通圖書：圖書規模無論大小於出納典藏須採取一定之方法並訂立規章，以免遺失或淩亂。

（4）指導：甲　對於學生　—每學期之始圖書館主任須選定適宜之時間，講述並指示全校新生利用各該校圖書館之方法或應守之規章。

乙　對於職員——圖書館主任館員學生助理等凡未受

過圖書館學訓練者，於公餘之暇聯絡當地其他中學圖書館職員，選擇相當時間商請本地或左近之受過圖書館學訓練者作有系統之講演以廣知識而謀進展。

五 建議

建議另聘專家編製中學圖書館手冊以供各校圖書館之參考

中小學事務上的實際問題

孫惠卿先生講
蔡穗純記錄

事務為學校行政中最紊亂，最難處理適當的一件事體。嚴格來說，現在各學校所辦理之事務，均未合相當標準。所以實在有研究之必要。茲略述己見，以供大家之參考：

（一）事務有廣義及狹義之分

中學行政多分教務，訓育，事務，三課，分担各項職務。日在小學則不分課。舉凡庶務，會計，文書，書記，各事均由事務員任之。若論及廣義之事務，則包含上述各項事宜，而狹義事務，則只論庶務之一部，會計，文書，書記等則均除外。今日之所報告者乃中小學之庶務事宜；實為狹義之事務問題。

（2）中學事務與小學事務之區別

A.組織方面：

（a）中學——黃河以北各中學多三權分立。訓育，教務，事務分掌校中各事。江南班級較少之中學，亦有訓教合一，設一教導主任。但事務主任及事務員則仍舊分掌會計，庶務，繕寫等事。

（b）小學——小學事務是包羅萬象的。庶務，會計，書記，工頭⋯都是事務員的職責。有時更須兼授功課。北平市小學，凡是四班者，照章得設事務員一人。

小學更有行校務分担制者。即將校中一切職務分由各教員任之。

B.職務方面：

小學事務較中學事務為難。中學因事務分掌，一人所負責之範圍較小，處理自易。更以中學事務員之薪金約在〣〇或〤〇元之間，以其報付地位而言，尚認真選擇，不難得適宜之人材。小學事務員職務繁雜，報酬月僅得〢〇元，以少數之金

7

图本四

皮高品

经书分类的研究

經書分類的研究

皮高品

一 經書分類的問題

甲、清以前的經書分類。經書的分類自戰國至清幾是一致的以六經爲一類。所不同的祇是六經的次序，範圍，與名目不全然一樣。茲列舉五家的經書分類，做說明：

(1)劉歆七略的六藝略：易、書、詩、禮、樂、春秋、論語、孝經，小學。

(2)王儉的七志：經典釋文謂以孝經爲首。

(3)歐陽修等撰的新唐志：易、書、詩、禮、樂、春秋、孝經、論語、讖緯、經解、小學。

(4)鄭樵的通志藝文略：1.經類：易、書、詩、春秋、孝經、論語、爾雅、經解。2.禮類。3.樂類。4.小學類。……

(5)四庫：易、書、詩、禮、周禮、儀禮、禮記、三禮通義、通禮、雜禮、春秋、孝經、五經總義、四書、樂、小學：訓詁、字書、韻書。

劉歆七略於六經之外加入論語、孝經、小學。王儉七志以孝經居先與七略次序不一樣。新唐志六經次序與七略一樣，但孝經在論語之前，又加入讖緯與經解。鄭樵是第一人把禮、樂、小學列於經類之外的。四庫的分類與以上各家也不一樣。自漢經學家。目錄學家的經書分類雖然不是完全一致，但沒有一家主張完全拆散的。

民國以來經書分類的三個主張。前二十年杜定友氏出版一本世界圖書分類法，首先打破歷代對於經書的傳統分法，主張把六經拆散分類。他的理由：易經是講哲理的，應當分入哲學。書經是史書，分入歷史。詩經分入文學。禮經分入禮俗類。樂經入音樂。春秋分入歷史。杜氏現又出版一部三民主義分類法，因沒有看見這部書，不知他對於經書分類的主張有沒有詳細的說明。

隨後劉國鈞氏在他的圖書分類法主張經書拆散分類與不拆散分類兩可說。他的理由是甚麼，因沒有說明，不能臆測。

拙作中國十進分類法，主張經書不可拆散分類。

大概的說，民國以來經書分類的主張，有上述三種：拆散論，拆散或不拆散論，不拆散論。

二 經書不可拆散論的理由

六經成立的由來。經，班固白虎通訓爲常，劉熙釋名訓爲徑。左傳：「夫禮，天之經，地之義，民之行也」。中庸：「唯天下至誠，爲能經綸天下之大經，立天下之大本」。後世尊書之可以垂教萬世者曰經，如佛教稱經，律，論三藏爲經，基督教稱新舊約爲經等是。我所說的是專指儒家的六經，或稱六藝。莊子天運篇最先稱六藝爲六經。「孔子謂老聃曰：丘治詩書禮樂易春秋六經」。這是六經的名稱之所由始。太史公述六藝自序曰：「孔子垂六藝之統紀於後世。」又曰：「中國言六藝者，折中於夫子」。孔子世家贊曰：「言六藝者，皆出於夫子」。這是以六經爲孔子之經。劉歆七略以周官爲周公作，鄭玄以周官爲三禮之首，朱熹謂周官非周公不能作，章學誠則謂周公集六經的大成。亦有以六經的集成不是周公孔子者。但都把六經看作一部整個的書。

秦火以後，六經不無散失。漢武求遺書於天下，設置五經博士。孔壁經出，係爲古文經。古文經云者，以孔壁諸經寫以古文也。五經立於學官的，都是今文，古文於後漢哀平之世，纔得立於學官。自是古今文之爭，千古不息，而一經說至百萬餘言矣。

靈帝因慮五經謬誤遺脫，乃於熹平四年詔諸儒正定五經，刊於石碑，即是後世所說的熹平石經。魏正始亦立有石經。石經有一字三字之別。一字石經，唐書藝文志稱今字石經，唐以隸爲今字也。三字石經是以古文，篆，隸三體書法寫刻者。熹平石經與正始石經，何者是一字，何者是三字，至今尚是未定之點，仍有待於將來的發現與考證。唐開成石經亦是一樣，恐怕年久失去五經真本，也刻石太學。唐石經所刻的是十二經。孟子之未刻入，是本陸德明經典釋文之例。後經乾符時修造，後梁的補刊，北宋的添注，顧炎武指正誤字甚多。孟蜀石經始有孟子列入，是爲十三經。清乾隆所立石經，以唐石經爲張本。上文也都以六經爲一部整個的書，未有析散者。由石

乙，歷朝治經的態度。中國學術皆原於六經，自戰國已然。諸子著述，雖各趨極端，而所考信，據論雖非辯，皆以六經爲的。漢武設置五經博士，經師講授，蔚成專門學科，其所爭者，祇在今學與古學。漢儒大都今學，傳古學者僅杜賈馬鄭數人，但皆博學通儒，尤以馬融鄭玄爲最。馬融編注九經，爲古學之總匯。三禮三傳，皆其手定，二千年來無有變易。康成兼通古今，而以古學爲正傳。所注周易，毛詩，儀禮，禮記，論語，孝經，尚書大傳等，今古雜糅。古學得以專行，爲後世所宗者，康成之功也。漢儒治經，必守家法，且皆訓詁章句之學，兼雜災異讖緯之言。董仲舒的春秋繁露，鄭玄的緯書注都是。晉人注經，傅會鑿空益多。唐儒撰諸經義疏，而家法亡。宋以經義取士，用理學解經，盡反漢法，所以有漢學宋學之分。宋儒疑經最勇：歐陽修之疑十翼，蘇軾蘇轍之毀周禮，朱熹之疑周禮，古文尚書，詩序。鄭樵之疑詩序，左傳，都是。尤以朱熹的三傳弟子王柏爲最甚，每以脫簡爲辭，竄改補綴經文。比方，合舜典於堯典，合益稷於陶謨，等等。元明注經均本宋學。清儒治經重考據。顧炎武，閻若璩，等創導於前，惠棟，戴震承繼於後，樸學大興。戴東原校勘以識字爲本。他說：「經所以載道，所以明道者，詞也。所以明詞者，字也。學者由字以通其詞，由詞以通其道。……宋儒譏訓詁之學，而輕言語文字，是猶渡江河而忘楫也。」

民國以來以歷史的態度治經，作結帳式的整理，而以爲學術對象，一掃二千年來治經之遺習。宋朝治經方法雖不是一樣，但都以六經爲一家之學，不單是以六經爲一部整個書也，何可離析碎裂，強納近今圖書各類？茲更舉詩經爲例以資證經書不可

析散論。詩經原是一本古代詩歌的總集，從漢至清把這本書註疏成爲一本非文學的書。今分幾點來說明。

漢時說詩者有齊魯韓三家，其後有毛詩。鄭玄作毛詩箋，毛詩係專行於世。齊詩亡於魏，魯詩亡於西晉，韓詩亦亡，傳於世者，祇有外傳，而又不全。魏王肅說毛詩與鄭玄不同。於是朱毛，鄭，王之異同評。至宋歐陽修作毛詩本義，蘇轍作詩解集傳，都懷疑毛詩。鄭樵作詩辨妄，朱熹作詩集傳，王柏作詩疑，評擊毛詩特甚。至清閻若璩作朱毛詩說評擊詩集傳。要把詩經回復到毛傳鄭箋。魏源作詩古微評擊毛傳，要把詩經回復到齊魯韓的三家詩。姚際恆作詩經通論，從朱熹之說評擊三家詩，毛傳，鄭箋。這些傳、箋、注、疏、都離不了「麟趾之化」，「騶虞之德」的說法，而聚訟評擊，幾皆辯序之文，與詩經文學無涉，你能說這些書是在研究詩經的文學嗎？這是一點。

再看歷朝傳註詩經的內容是怎樣。舉例來說吧。召南鵲巢一詩原文：「維鵲有巢，維鳩居之，之子于歸，百兩御之。」毛詩序說：「夫人之德也。國君積行累功，以致爵位，夫人起家而居有之。德如鳲鳩，乃可以配焉」。鄭箋說：「鵲之作巢，冬至架之，至春乃成。猶國君積行累功，故以興焉。興者，鳲鳩因鵲成巢而居有之，而有均一之德」。朱熹詩集傳說：「南國諸侯被文王之化，能正心修身以齊其家。其女子亦被后妃之化，而有專靜純一之德，故嫁於諸侯」。他又說這首詩的意與周南的關雎一樣。這樣注釋詩經，是把詩經當作文學嗎？漢書儒林傳云：「六學者，王教之典籍，先聖所以明天道，正人倫，致至治之成法也」。他們是在把六經當作修身齊家治國平天下的工具書呢。這是第二點。

還有一點，經學家不但不把詩經當作文學研究，像王柏還把詩經中最美的幾首作品删掉。比方：召南的野有死麕，邶風的靜女，鄘風的桑中，衛風的氓，王風的大車，鄭風的有女同車等等凡朱熹認爲淫奔之詩的，全部删掉。但是評擊他的，不是根據文學的觀點，而是以經的立場斥責他。像四庫總目斥他說：「柏何人斯，敢奮筆而進退孔子哉。」

一部極美麗的文學書，被注疏成爲美刺王侯的道學書。難怪朱熹也不相信，詩序說：「古人作詩，與今人作詩一般，其間亦自有感物道情，吟詠情性。幾時盡是譏刺他人。只緣序者立例，篇篇要作美刺說，將詩人意思盡穿鑿壞了」。但他在詩集傳序裏面又說：「詩之爲經」，「人所以爲萬世法程而不可易者也」。歷朝經師都以經治經。治詩經是如此，治其他各經亦復如此。而傳注六經的書，又以千萬數。怎可不仍成經部，立爲專類嗎？

何況章學誠說六經皆史，章炳麟也以六經爲史呢。關雎三章，章太炎的疏解與各家特異。三家詩以關雎爲畢公作，刺康王之失。毛傳只爲正風之始，美后妃之德。詩集傳說不能尊美后妃，而要本於文王。章氏說關雎歎文王與紂之事。君子指紂，淑女指鬼侯之女。獻於紂，女不喜淫，乃醢鬼侯，脯鄂侯，拘西伯。我們能聽從章氏的說法，把詩經分入歷史嗎？分入文學不可，分入歷史不可，分入政治，哲學，道德均不可，是則經書不可析散分類矣。

說文月刊　第四卷　合刊本

三，經書的次序

六經的次序有：詩書禮樂易春秋與易書詩禮樂春秋二種的不同。詩書禮樂易春秋，今文學家謂孔子手定。史遷以前幾都是這個次序。今引錄數家如下：

(1)禮記經解篇：「溫柔敦厚，詩教也。疏通知遠，書教也。廣博易良，樂教也。絜靜精微，易教也。恭儉莊敬，禮教也。屬辭比事，春秋教也。

(2)莊子天運篇：丘治詩書禮樂易春秋。

(3)莊子天運篇：詩以道志，書以道事，禮以道行，樂以道和，易以道陰陽，春秋以道名分。

(4)荀子效儒篇：詩書禮樂春秋。

(5)春秋繁露玉杯篇：詩書序其志，禮樂純其養，易春秋明其知。

(6)史遷述六藝之序曰：詩書禮樂易春秋。

今文學家都嚴守這個次序而不亂。

易書詩禮樂春秋這個次序始自劉歆的七略，爲古文學家所宗。漢志以下幾都是這個次序。陸德明經典釋文說是依六經著述早晚爲先後的。他說：周易雖文起周代，而卦起伏羲，故易爲七經之首。文古尚書，既起五帝之末，理後三皇之經，故次於易。毛詩，既起周文，又兼商頌，故在後舜之後，次於易書。三禮：周儀二禮，並周公所制，宜次文王；禮記雖有戴聖所錄，然忘名已久，又記二禮闕遺，次於詩下，樂經滅亡既久，今亦闕焉。春秋既是孔子所作，理當後於周公，故次於禮。左邱明受經於仲尼，公羊高受之於子夏，穀梁亦後代傳聞，三傳次第自顯。

今古文學家都嚴守各自的次序，不相引用。中國十進分類獨類分六經之所以採用古文學家的次序的，乃爱分類依時序次之例。

今文經：詩止齊魯韓三家。書止尚書二十九卷。禮止高堂生十七篇。樂止制氏。易止易經上下二篇。春秋經十一卷，春秋傳止公穀二家。論語：齊二十二篇，魯二十篇。孝經一篇。

古文經：易經十二篇。尚書古文經四十六卷。毛詩。禮逸禮，周官，禮記，(無古今文之分)。樂有大司樂章與樂記。春秋古經十二篇，春秋左氏傳。論語傳二十一篇。孝經古孔氏一篇。

西漢以前祇有六經五經的名稱。自七略列論語，孝經，爾雅爲經後，後世係有七經，九經，十經，十二經，十三經，十四經，四書五經之稱。七經之名始於後漢書，七經有三：1後漢書：詩書禮樂易春秋論語。2.宋劉敞撰七經小傳：尚書，毛詩，周禮，儀禮，禮記，公羊傳，論語。3.清康熙御纂七經：易書詩春秋三禮。九經之名始於馬融，九經有二：1.易詩書三禮三傳。2.易詩書禮春秋孝經論語孟子。十經之名始於宋（劉宋）史百官志：周易，尚書，毛詩，禮記，周官，儀禮，春秋左氏傳，公羊傳，穀梁傳，論語孝經(論語孝經合爲一經)。十二經之名始於唐開成石經：易書詩三禮三傳，孝經，論語，爾雅。十三經之名始於孟蜀廣政石經：加孟子於十二經。宋史經籍加大戴禮於十三經稱十四經，四書之名始於朱熹的四書集註：取禮記的大學，中庸加上論語孟子，于是於四書五經之名稱。

依據上文，經書的範圍有經，有傳，有記。六經是經，齊魯韓毛左公穀是傳，大小戴記是記。爾雅原是字書，七略列入六藝，唐志四庫列入小學類。中國十進以之屬語言文字類，不列爲經，從唐志四庫也。

經書分類詳表，是中國十進分類法090類。本類係以經書的經，傳，記全部書籍爲對象，自無分於今古文也。

8

图本四

严文郁

目录学与“事”同“人”的关系

翻譯

目錄學與「事」同「人」的關係

嚴文郁譯

一、目錄學與事

有人謂目錄學僅僅是「文獻名錄的研究」，不必論其廣義方面。即使這種定義是對的，但是我們還是不能撇開它與其他事物的關係不談。

很明顯的，在廣義目錄學中佔有主要地位的營業問題，也是從事目錄工作者不可不研究的，因為書籍總要出版之後才能編目。換文，書業與書目兩方面的技術和方法是相互為用的。但是目錄學偏重於智識方面的材料，而不須採用製造書籍普通的或藝術化的——所用技術的，科學的，實際的及審美的——諸方法。書業有流傳書籍的功用，所以與目錄學有密切的關係。各種各式的文獻目錄，均是書商的營業工具，此外也有專為書業而產生的營業目錄。

很多論目錄學史與原理的著作，對於書籍的印製討論得甚為詳盡，甚至以之為主要內容。然而令人詫異的是書的銷售問題在這些著作裏却被忽略，縱使談到，也不過作附庸而已。若說書業與目錄學顯然不同，難以連帶討論，並不足以解釋這種武斷的劃分吧。書籍的製造與銷售在任何廣義目錄學者中是應該保存或是全部予以刪除的。

圖書館最後的目的在書籍蒐集，保存與分配，故書籍的知識形成了圖書館員的職業條件。自然許多其他事物只需與書籍有關係的，也都要拿來研究。但書籍的知識並不概括圖書館行政，認為一個優良的目錄學者必是一個好的圖書館員，那是謬論。有獨立性質工作的圖書館學，編目僅是其中一部份，其與目錄學之關係的深淺正如同書業與目錄學之關係一樣，初無二致。至於圖書館或圖書館學之史的研究，則終與狹義的目錄學無關。雖然，也有同時討論這兩方面的，已往此種現象甚是普遍。編製圖書館藏書目錄的條例與編製普通書目所用條例，尤其論書的著目，有許多地方相同，要研究其一就不得不涉及其他，至少是比較論列，所以目錄為二者之間形成一個橋樑，書籍是二者的共同對象。

鑑賞派的藏書家，專以書籍本身及其處理方法為目的，並無任何其他企圖。目錄學家，書業商人，及圖書館家也許皆有此書之癖，不過程度稍有差別。鑑賞派的書目著重特種書的選擇與描寫。此種學問在昔與目錄學中目為成熟。雖然如此，鑑賞派究有玩物喪志之嫌，所以關於它的討論不是目錄學中有決定性的部分。在上列三種人的工作範圍內，書目是由，同時也是來。鑄字學，與目錄學是兩個獨立的問題，而非相叉的問題，故其通常關係僅限於印刷的技術方面。

現在進而討論目錄學與各種科學的關係。目錄學與文獻史的關係比較與上述各方面的關係要密切而完整些。文獻史完全轉載了書籍裏所記載的東西——上自史學書籍，下及用書籍形式表現出來的人類思想，文獻史與目錄學有他們的差異。書目所關切的只是書名的列舉及書籍的外形，即包括內容的物質形體。Ebert 稱書目爲文獻史的資料來源，也就是說它是文獻史的敍論彙集，它爲文獻史提供些許材料。

它們的關係僅不止此。有許多書目包含着內容探討甚至批評，因此它們的組織方法與分類編年式的文獻史常採用者幾乎一樣。在此種情勢之下，二者是互相交替的。十八世紀的文獻史與優博的書目，並即以此點爲人稱許。現在各種年刊所設有週期性的文獻書目，不獨是補充的，並且有代替文獻史的功用，自然那些書目是有時間性的。在文獻史中，只有文學史還保存着，而記錄普通式特殊科學的文獻史則因數量與工作艱巨而逐漸減少了。書目與文獻史有一差別就是後者從文字出品中選取一部分與它有關的資料而已。

目錄學與文獻史的密切關係還不僅指示二者都可修正或代替其一種科學，同時也顯示出目錄學與其他各種科學的基本關係。文獻史本身不是單獨與孤立的，不過它包括各種特殊科學的某些部分。文獻史的對象即使僅限於純文學，也只形成語言學的研究部分。所以很顯然的目錄學與所有的科學都有多多少少的連帶關係。書目將屬於各科的出版資料，列爲表格，作爲各門科學的歷史的與統計的參考，此外它還供給各種科學以未來發展的必需根據。目錄學是各種科學的補助科學，各種科學又將新的材料供給目錄。此處又可看出兩界的相互作用。再則編製某種書目錄，對於該科的知識是不可少的，因爲對該種材料的搜集，著錄與整理　總言之，對該種書刊的評價與利用，都需要該項知識。

至於歷史科學，書目常爲重要，不論是原著的或間接的資料。叔本華說過：「書籍是人類的紀念碑」。書籍是歷史的主要來源，若是 Flavian 的羅馬史一書不存在，羅馬帝國的史實要顯得渺茫些。就史學論，目錄學是一門富有生命的補助科學，其重要性可與古字學，編年學及封誥學相比擬。

哲學是值得特別考慮的，因爲其中的「論理」及「倫理」學問，合起來影響到書刊的分類整理，但是這種影響也不可過於重視，因爲像哲學的百科全書式的分類系統的項目，固可爲書籍分類採用，但這常是不易辦到的。雖然如此，哲學與目錄學因此種關係結了不解之緣，並且二者的關係之密切較與任何科學爲甚。

目錄學與各種科學多少有此關係，此點事實，可以幫助解答：「目錄學是科學麼」這個問題了。最初人們也許很容易把它看爲與化學或物理學具有同樣意義的科學，可是注意到眞正科學可求之於哲學系統中的時候，人們不免要大爲驚奇。所以如果將目錄學當爲一種科學，而不加以解釋，也並非不十分適當的。如普遍把科學一名詞應用到廣義的目錄學上面，Brussels Institute 已經替我們開了先例，用盡理由和方法，將狹義目錄學定爲一門科學。

反對把科學這名詞應用到目錄學的人們，並非書目的編纂者，乃是使用目錄的學者們。這些人始終將目錄學看爲一種技術。但那些爲目錄學辯護的人並不能舉出有力的理由證明它的科學性，而只是一種樸素的虛榮心的驅使。他們以爲這樣就可提高目錄學和他們自己的身價，更可以攻擊「編目錄的職業是可不學而能」者人之偏見。

因爲關於科學的定義，主張很不一致，所以目錄學的科學意義問題，也不能得到肯定的解答。無論如何，目錄學是處理可以學習的東西，如康德所謂，它是有理論作根據，經過組織的知識；或是附和其他的思想家，說目錄學有個實際作用，亦即社會作用。曾有人假定科學的特性就是它能夠設立一些可以處理未來事件的法則。

很明顯的，目錄學是缺乏最後這個條件的。這些高超的目標越過它的範圍。即使目錄學所處理的是書籍的資料和內容，卻與普通知識仍是無關，相反的，有許多目錄不知不覺的是以其本身爲最後目標的，至少鑑賞家的目錄是如此。目錄學需用本身的通則，是不可否認的。目錄學不是一種非科學的技術，而是一種有條理的學問，這就是它被承認爲科學的最大理由。

在技術上講，目錄學有三部分，特別可以稱得起科學的。第一要算書籍鑑賞學，此學先得有其基本的條規，其次，除掉書籍的考據方法外，還要有其術語。類別目錄也有人稱之爲科學，這不見得是對的，因它只是個別科學的工具。這種錯誤的判斷是常有的。書名按分類整理或是按字母順序，同樣的具有什麼科學意義的表現。如果一種目錄對於印刷史，進而對於文獻史的研究，對於一書批評方面，選擇以及內容探討，作者專輯的審查，以及該書在學術上和文化上的地位之確定等等問題，意是特別重要具科學價值意義重大。Mouter Nijhoff 的奇圖書目與 Estreicher 的 Bibliografia Polska 即是此類目錄的代表。

最後，所有一切書目，甚至於包括非類別目錄，凡是經過一番選擇而編集的，都可稱爲科學的，這種選擇的正確也是有討論的餘地的。

準確性並不能決定目錄學的科學性，非常詳盡正確的 Deutsche Bücherverzeichnis 並不比簡略的 English Catologue 更科學些或是不科學些，德國書目不過表現一種更可靠與熟練的技術罷了。

一般說來，沒有一種科學的定義，可以應用到目錄學而不須加以詮釋的，「知識」和「研究」二個名詞引用到目錄學上都嫌太高，尤其當我們考慮到目錄的用意的時候，目錄學是一種科學和其實際應用的混合物。

幸而目錄學的科學性沒有得到結論，文化事業並不一定靠它有否科學的標誌，而大多才家全怕提到科學這個名詞。Xen Oghow 和 Moltke 同意「書誌學」是一種有限制的科學，Jakob Burchardt 認歷史叫最不科學的科學。

不論叫目錄學爲科學還是藝術，一種技術還是技能，或是許多常識的和，全無分別。若果認爲目錄的編製方法只需要識別而不用理解，只有實際而無理論，那麼狹義的藝術一名詞是可以用到目錄學身上去的。如若一定要將藝術的名詞用到目錄學上面去，這個「黑色藝術」的文說只可稱之爲「灰色藝術」了。目錄學價值的估定，並不受名稱的影響，但其重要較目錄學的稱謂與地位的決定尤甚。只有目錄學價值的認認，才能引起實際的推斷。

二、目錄學與書之關係

目錄學價值的估計不應該只根據它和人事的關係。它與這些事物發生關係的媒介是出版物，所以將它的某個意義作爲最後

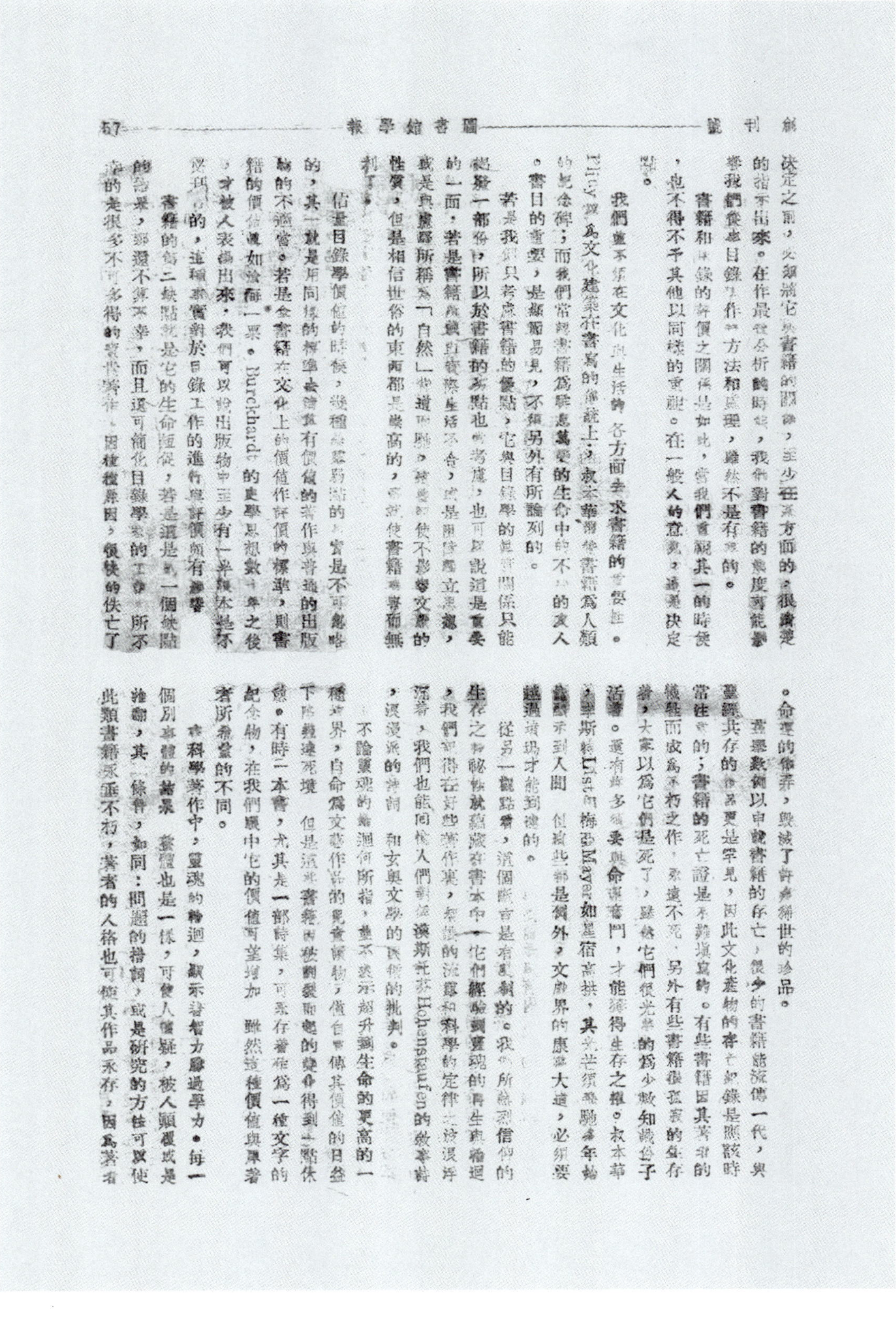

創刊號 —— 圖書館學報 —— 57

決定之前，必須瞭解它與書籍的關係，至少在某方面的，很會變的指示出來。在作最後分析的時候，我們對書籍的態度可能影響我們從事目錄學工作的方法和處理，雖然不是有意的。

書籍和目錄的評價之關係是如此，當我們審視其一的時候，也不得不予其他以同樣的重視。在一般人的意見，通是決定點。

我們並不孫在文化與生活的各方面去求書籍的重要性。Flicy說為文化建築在書寫的傳統上；叔本華稱書籍為人類的紀念碑；而我們常說書籍為時思萬變的生命中的不朽的友人。書目的重要，是顯而易見，不須另外有所論列的。

若是我們只考慮書籍的優點，它與目錄學的真實關係只能總發一部份，所以於書籍的劣點也要考慮，也可以說這是重要的一面，若是書籍與真實生活不合，或是用偉大思想，或是與盧騷所稱為「自然」者違背，雖要知使不影響文學的性質，但是相信世俗的東西都是崇高的，必須使書籍和學術無利了。

估量目錄學價值的時候，幾種劣書顯著的事實是不可忽略的，其一就是用同樣的標準去評量有價值的著作與普通的出版物的不適當。若是全書籍在文化上的價值作評價的標準，則書籍的價值真如滄海一粟。Burckhardt的史學思想數十年之後，才被人表揚出來。我們可以說出版物中至少有一半根本是存沒現的的，這種事實對於目錄工作的進行與評價頗有影響

書籍的第二缺點就是它的生命短促，若是這是一個缺點的話，那還不算不幸，而且還可簡化目錄學家的工作。所不幸的是很多不可多得的當世著作，因種種原因，很快的佚亡了。命運的作弄，與滅了許多稀世的珍品。

書籍數與以申說書籍的存亡，很少的書籍能流傳一代，與靈魂共存的作品更是罕見，因此文化產物的存亡紀錄是應該時常注意的；書籍的死亡證是不難填寫的。有些書籍因其著作的犧牲而成為不朽之作，永遠不死，另外有些書籍很孤寂的生存著，大家以為它們是死了，雖然它們很光榮的為少數知識份子活著。還有許多要與命運奮鬥，才能獲得生存之權。叔本華，李斯特Liszt和梅耶Mayer如星宿高拱，其光芒須經過多年始能照到人間，但這些都是例外，文學界的康莊大道，必須要越過墳墓才能到達的。

從另一觀點看，這個斷言是有諷刺的。我們所熱烈信仰的生存之神秘就蘊藏在書本中，它們經驗到靈魂的再生與輪迴，我們可得在好些著作裏，智識的法則和科學的定律之證明浮沉著，我們也能同情人們對於霍亨斯托芬Hohenstaufen的敘事詩，浪漫派的詩詞和玄與文學的真誠的批判。

不論靈魂的輪迴何所指，並不表示超升到生命的更高的一種境界，自命為文藝作品的見重於世，僅自留傳其價值的日益下降幾達死境，但是這些書籍因被翻譯而得的變作得到一點休憩。有時一本書，尤其是一部詩集，可永存著作為一種文字的紀念物，在我們眼中它的價值可望增加，雖然這種價值與原著者所希望的不同。

在科學著作中，靈魂的輪迴，顯示著智力勝過學力。每一個別專體的結果，整體也是一樣，可使人懷疑，被人顛覆或是推翻，其「條件」如同：問題的措詞，或是研究的方法可以使此類書籍永垂不朽，著者的人格也可使其作品永存，因為著者

□將其特殊的個性□廣大的意義遺留在其作品中。勒辛Lessing的 Laokoon 今於我們還是有益，雖然它現在的價值與當時人的價值不同。

當知識工具變成藝術品時 這就代表美化的成功，因此蒙孟森Mommsen的羅馬史和布克哈特Burckhardt的文藝復興時代文化史成爲德國文學的巨作，展開更新穎更豐美的生命。反之，相反的情形也是有的，那就是藝術的里程碑變爲學術的紀念石，所以內容有同樣價值的書籍，因其美化發展的程度不同，影響到他們生命的久暫。

有時候這種幻想的力量要降低。「那些作品還生存着？」的問題是應該予以確切的答覆的。生存並不指在文學史中 在專門學者的培養之下，在特別開明人物的集團裏，而是指在一般受過良好教育的人士，稽古右文的觀念中。有些書籍我們僅知其名，更有些僅其章句被人記誦。我們要時常記住哥德一八三〇年寫給 Zelter 論 Emilia Galotti 信上所說：

在現階段的文化中，它不再有何影響，如果我們從審的方面去觀察，我們尊敬它如同尊敬木乃伊一樣，因爲它代表所保存的人物的高尚和古昔的尊嚴。

魏蘭 Wieland 克洛卜斯托克 Klopstock 勒新 Lessing 赫德 Herder 諸人，去今已經百年，而他們的著作還有那些存在？莎士比亞的戲劇和喜劇中還有若干存留在受過教育的人們的心中？佛斯麥相信，只需要有七本哥德的選集，就可在荒島上住上四個星期，我們敢高聲說，簡直像觀演一樣，有那麼一天，雖然是一個長到不可計算的時期，書籍中最偉大的名著也要消滅，詩歌的花冠也要變成塵土？會不會有一種文字 直到人類生命的最後一天，還沒有死去？假使有的話，汗姆萊特 Hamlet的自殺，唐阿吉德 Don Quixote's的愚蠢，安德洛馬 Andromache 的煩惱，和格萊青Gretchen的快樂將何以處置？但丁所鼓吹的地獄的恐懼會消除嗎？巴士的歌曲『Song of the Parei』要成爲永久的禁書麼？

當我們回到目錄學的本題來時，我們就不由得要問：有時間性的作品是否使目錄失其重要？

在此要考慮到的三個因素：就是書籍對於學術工作貢獻的功用。我們知道書籍的重要性隨着學科的不同發生差異 書籍雖能供給直接的資料和思想。但尚有其他要素也當予以考慮，所以不特須要考慮書籍的用途，更重要的是考慮它的使用方法，從它所「予」的與所「取」的作一比較。Burckhardt心存偏見，和Taine完全無偏見地將文藝價值降低爲調查資料。有一件事可以抵消上述不幸現象的，就是從最高明的名家作品中——其地位所寄託的作品——產生許多旁人的著作，其價值雖不可取原著者的地位而代之，但是能予原著內所載的智識以生氣，這一點也可叫它自己成爲不朽之作。有的時候書內的事實與參考價值對許多人是不重要，但其陳述的清晰與高妙，討論範圍的寬泛與廣大，思想，智力和見解的豐富，簡言之，著者的人格，對此種人對此書的內容還要重要些。若是至高的智慧——直覺——是通達知識的大道，則書本的學問就要在它帳幕所寄託的基礎上發生動搖。過於誇大直覺的功績也是危險的，因爲這條大道不是用書籍敷設的，直覺與見地所給予的識力同景色不是從辛辛苦苦所編的資料能得到的。

著作是讀者吸飲智識的源泉，赫德的 Ideen 是一高貴的文典，因爲它是最高的科學幻想，創造的天才與資料的參考是需要連續起來的的。

這許多考慮是否警告我們不可過於重視目錄的價值？目錄的發展與科學的進步是否表現二者有因果關係，致使我們認爲前者是產生學術名著的先決條件呢？

上述各種討論表現目錄的眞實價值。高瞻遠矚是第一必要的條件，凡庸的方法不是大學者所屑用的，我們是否還能記憶Burckhardt的希臘文化史因爲未會引用研究方式而被人認爲不科學的悲哀嗎！

雖然在些書籍的價值微小和生命短促，但書籍旣然存在，我們就得發現它們，它們是否眞正生存著，而能否生存到千萬年後無關係，但是不可忽略它們，隨意處置也是有害的。對於它們我們須有立場，不論是使之有益或是使之無害，我們須加以調查，俾便整理。

目錄之於書籍，正如 Ariadne 給 Theseus 去到迷陣中的引線，和指南針之於航海術。目錄提綱，整理大量的書籍，再進而詳述之。「一切書不須目錄而增書反而須要」一語是有事實證明的，如果說目錄的重要與書籍的重要成反比例，未免過甚；但說目錄的重要與書籍的數量成正比例，則比較近於事實。

三、目錄學與人類

以上所討論的只是關於書籍的精神方面。如果我們把書當作單純的商業貨品，或是當書者所愛好的對象來看，那麽我們又可得著一些新的性能，從此觀點去考察目錄學的各種關係，至少要注意到它與人的各種關係，研究目錄的和利用目錄及書籍的人們。

目錄學家

這些關係與目錄學家的精神有密切的連繫——四個條件是這種精神所必備的，這些條件，即令是偶爾編輯目錄或是爲完成某種工作的一部而不以編纂目錄爲滿足個人興趣的人，也是不可缺少的。第一個條件：必須對於書發生一種興趣，而此興趣不是純粹爲了知識，也不是愛好書籍，而僅是把書看作一種商業品。第二個條件就是調整。所謂編輯目錄的意思，就是去其糟粕。第三個條件是博雅。從小處講這固不必重視，但從較深處來看，如將其時代然，博雅與瞭解分類及其次序，準確，耐性的涵義有同等價值。第四個條件是必須有收藏的動機；目錄學家分理論的與實際的兩類。

誠然，這些條件與許多不屬目錄學性質的條件揉合的成分不同，所謂非目錄學性質的條件如：商業立場，審美興趣，批評感，學術野心，語文與專門科學的特長，以及百科全書知識的增進等等。

編製目錄的目的，可以決定目錄學家所需這些條件的成分。若是編者的興趣完全在書名方面，而對於書的內容不發生興趣，那麽這個目錄本身就是最後的目的。哥德曾說過：「收藏家是幸運的，」目錄學家應該是個收藏家」。收集動機對於所討論的問題有很大的影響是很普通的。初見時好像再沒有別的東西比簡單的書名還要乾燥無味些，但是閱讀書名所得到的滿足有時與讀樂譜的感覺不差上下。讀目錄所得精神的收穫與目錄的體例和構造也有關係。比如分類目錄是容易滿足初學者的需要，讀者從目錄所得到的滿足，具有較高的意義，它可以幫助讀者洞察知識的史實。範圍較廣的目錄可以滿足人各方面的知識，如百科全書似的。但這些論述卻不能滿足特殊的目錄學家如Ebert 諸人，他們可以僅從目錄學家的觀點觀察書籍 以德國人所有的沉着和嚴淡的天性，從閱讀目錄所得到的快樂，較之閱讀全部文學作品還要大些。同時也不能包括富於熱情的人如Antonio Panizzi 來賦予敵人的氣質，陶醉於 Bologna的地方藝文志，甚至狂熱得擁抱其編者。

或者很少的目錄學家肯作「爲收集書名而從事收集」的努力，當真以此爲其工作的主要動機的也爲數不多。最後，編輯的索引是可影響著錄方法的。目錄學家大體可分作許多種類；正如目錄一樣，鑑賞派的目錄就是其中最貴譯的一種。學術氣息，審美意識，商業觀念，單獨的或混合的籠罩著這種景象的風格。崇敬書籍的態度高到對書籍的處理不知採取何種政策，這是此類目錄學家的特質。他們不需要加入任何會社，如書業公會，圖書館學會或是任何學術文化團體。至於尋覓書籍的方法，他們不受任何政策的束縛。目錄學的另一方面，曾使許多講實際的人，與多數不成熟的目錄學家感到興趣。

在商業目錄的階層內包括鑑賞家與學者。編製商業目錄的人從不重視書籍的智識內容，而僅僅注意其經濟價值，他們只知道別人的理想如何變成他們的利益就夠了。圖書館員站在目錄學家的立場也是如此，當他們編製一種目錄時，個人並不具有特殊興趣，而只認爲是自己職業的一部分工作而已，他作這種工作，其目的在供應大衆的需要，若是他是個公開反對書籍者，他必較一般書賈還不願從事目錄的編製些。不過目錄學不能算爲或爲一種職業，它能專屬的工作相當爲會，並非每種目錄學都具有特殊目錄的性質。書賈與學者都可編製鑑賞家及嗜書家的目錄，圖書館員除處理書目錄外，也可編製鑑賞家與嗜書家的目錄。惟鑑賞家於專心致力于一種目錄 ，即鑑賞派目錄。如果他無編那種目錄，當他從事這種工作的時候就不是個鑑賞家了。但是編輯鑑賞派目錄不是一種專業。

嗜書癖並非目錄工作的必要條件，只要對書籍發生任何一種興趣就夠了。這個觀念用於專門學術的目錄學家尤爲確切。學術的，民族的，與教育方面的科學和知識的需要，是助他們成功的條件，他們的批判能力，在選擇與評價出版物時所需要的必須得着高度的發展，他們必須具有分類的興趣，並且必須熟悉知識領域的分野。他們的工作與有專門學識不辨；因此專門學者認此種目錄學家的代表。他們有種強烈的規避感覺。他們認爲從事目錄工作是學術工作中最低級的一種，不過是真正學術工作的準備工作。真正學者須負起目錄編製的責任，因爲這種工作非常重要，也只有他才能勝任愉快。

有許多學識淺陋之士，他們的學識不足，不能從事學術研究工作，也許因爲他們不能把握學科的要領，而又欲對於學術有所貢獻，或是個人虛榮心的驅使，所以作起目錄工作來。此種人爲數當不在少。雖然，真正的學者在目錄學發展的初期，就有驚人的貢獻。編目錄的 Gesner 曾爲目錄學者下堂堂之令，哲學家 Leibniz 也是如此。

至於目錄編製的各種不同的用途，由於晦淡的目錄學的著作上，多少加上一些豐富而有些氣的陰影，雖然目錄學之瑣碎的，靜止的，微寒的，貧瘠的本質是易於爲人注重，但我們不

創刊號　圖書館學報　61

類於其中發現香檳人品，伍錄學者，才子，幻想家，實行家，理想主義者及實幹主義者，隱士和俗人。我們發現海德爾堡 Heidelberg 地方的 Nikolaus Trubner，一個具有美國理想的德國人，他以被稱譽為新大陸上第一個目錄學家為榮；Friedrich Leypoldt 德國符騰堡 Wurttemberg 王家眉戶的兒子，因為具有十九世紀中期的夢想和幽荞，被驅逐出了鄉境，畢竟在美國文化中心得到地位：他秉賦德國人的徹底性和安格魯撒克遜族的精神，孜孜不已的作到了美國最偉大的目錄學家。此外還有 Antonio Panizzi 從一個平凡的 Carbonaro 一躍而為英國最重要的一個圖書館的主管人，無疑，一時的傑出人物，一個熱心大同主義者，能與 Palmerston 為友，具有 Cavour 的政治思想的實驗家。這些人雖未曾業化但實際作了目錄工作的先驅，誰能為他們是書呆子呢？

這些人不免迂闊，我們試看德國最大的目錄學家的肖像，即知他們胸中具有雙重人格，其他努力目錄工作的人，多少也是這種情形。Friedrich Ebert 於嚴肅之外，還有清晰與敏銳的頭腦。這些優點使他在他所選擇的事業中負有盛名。不過我們覺得他眼光夠遠大，思想的精密還不夠；最後，只有迂闊書獃子參半的人，由於過份的狂熱，才肯說："Bibliographia non habet ororem nisi ignorantem." 如此過於裝飾目錄是書狂於目錄者的特質。雖有 Peignot 宣稱目錄學為「科學的科學」的說法未可厚非。凱旋牌坊的設計是須要按步去作的。

讀者大衆

根據 Ovid 在其 Tristia 中所發的問題說大衆的眼光去體察地觀察目錄學，已是不可能的事了。因為這種觀法僅使目錄失其重要，況且在學術的工作中這種作法也不僅限於目錄的功用。要想在浩如煙海的典籍中使文化工作更為前進與實際，無論理想家或實際家，學者和文化人，都得接受現代目錄學的觀念。所遺憾的，雖然可貴利用的目錄學知識最太少，但是通曉斯術的人還是偶然的，並非有系統的。正如 Bernheim 和 Langlois 所稱，凡是開始研究一種學問而對該項知識最淺之的人，需要目錄也最多。國家的和私人的目錄學與日俱增。但是目錄工具有系統的研究還是不振，目錄學的課程，以大衆興趣而言，是不死不活狀態，須要改進，這種課程應列入大學及研究討論班的課程中，使學生儘量吸收乾燥的材料是應該的。啓發是主要目的。最好引用書名時示以實物。不過這種辦法限制了參加的人數。詳細地分析目錄學的各部分，但不需要。詳細的討論，如比較德國與美國目錄中各名作家的作品排列的不同處，更屬枝節，因為這種工作不直屬於專題研究的領域，一般人沒有時間追求那種知識，而大衆對於此類知識不感興趣或無耐性，所以凡願在目錄學有所成就的人，必須從大處着眼，概括的參考與啓迪足夠初學者之用，大衆必須明白目錄學是須深加研究的，而它的使用，皆有益的，最需要時間的。最有益的．大家不僅要知道目錄的使用法，甚至編製它的困難，以及編製方法，都要知道。若是目錄學不過於重視他的工作，他應該記住，讀者大衆所持的意見是相反的。Deschamps 認為「目錄是世界代價最小而又為人重視的苦力工作」，輕視目錄的價值造成這的原因，大概由於目錄方法發展太多的緣故，同時讀者大衆不瞭解目錄也不無關係，目錄學家雖很自負地處塑文要材料，在純形式上做儀式工作，追求智識的調停，從書名得取快樂等；都是被人取笑的資料。但這些訕笑豈盡無理？

是否所有的目錄學家都被認為作歸納工作的人或是學研呢？他們可以不朽者是否因為他們僅能強記而不能深思？是否其他的學術所需的智力成分，與較諸目錄學的為高？卽令是如此，卽令它是俗人的產物，一種學術是否因此而建立起優越的門閥呢？

（George Schneider：Theory and history of Bibliography Pt.one,,Relationships.）

9

图本五

徐家麟

论图书馆作业之学术化与事业化

論圖作業之學術化與事業化

徐　家　麟

近年來常有一大問題，時縈迴於我圖界執業者之腦際者：厥爲圖學術事業究竟爲何？處今日民生凋敝，百端不景之情況下，尤其處國勢危急如我中國者，是否圖尙能不失其所依據？圖尙能就其地位上，有何效能，得致其貢獻之一端。吾人治圖學術，從事圖事業者，鑒於當前國計民生方面問題與困難之嚴重，圖學術事業，對茲種種作用不彰，影響微渺，遂致疑於圖本身作業：以其爲無價値，無內容，將無所謂，亦無所用其，圖學術事業；因而對此感覺彷徨者，沮喪者，玩忽者，俱莫不有之。是爲圖學術事業根本之問題，設聽其不治，乃足以流爲圖學術事業之致命傷者也！茲事體大，欲遽求得一解答方案，誠不易易。此文之作，意在對此問題有所申述，並貢獻一得之愚，就圖作業理論與實際，有所探討，而試言明圖作業應如何謀學術化與事業化；藉以爲圖作業覓得一哲理依據，與圖實學事業，得相互表裡，相得而益彰者。願出以就正於本界諸君子，並存爲個人工作與思考參證之資云。

言圖作業之性質,就中外數千百年演進之經過論之,與其謂之爲學,無甯謂之爲術;卽退一步承認其爲學,與其謂之爲專門之學,無寧謂之爲輔助附庸改訂之學;抑且遲至近年始稍稍在組織有研究之實際。惟其如是,故圖作業,迄今於多處猶未能儘量發展,本身亦未能確切成爲一專門之學。至吾人在此時,可比較指陳圖學術事業爲如何如何者,則以食諸美國圖界諸先進研究努力倡導之賜爲獨多。愚才疏學淺,未能見其大,竊以爲卽若美國如火如荼之圖事業,及在彼已經着手研究之圖學術,吾人對之,似仍未能遽認爲滿足,更未可以自餒,自限,自暴,自棄,不盡其在我,就我中國之圖作業,對此學術事業不謀有所貢獻;意以爲對圖本身求進益,卽對我國圖學術事業求改進,一舉固可以兩得也。今繼續討論圖作業之理論方面者。

間嘗聞人言:圖作業,按實論之,原無哲理根據,無研究內容,無實驗方法,無實施作用,無核計標準者。此其言之過分,我圖界中人不難予以答辯;然而就本界事理言,其足發吾人深省者,亦正不少!今吾人對此作業,旣已肇治之矣,又旣已從事之矣,基於我圖界所揭櫫智慧與服務兩信念,復證諸古今中外治此學,從事此業,諸前修時賢之事功,寧於此種種,不有所依據創獲而可以昭示有衆者?所足怪者,何以自人類有史以來,卽有圖書之設施,而迄今圖學術事業仍未曾確切成立者?吾人試尋繹此中究竟,覺應責諸我圖界自身者實多,責諸外界者當少也。何則?圖作業歷千百年,遍萬千里,只不過如是如是,吾人今茲所認取之問題,所假借之事理,前此或未盡發生,或未盡成立也。近世新興學術事業至夥，意者我圖學術事業亦不失爲其一焉。于此，既已語及圖作業多爲術少爲學，抑且爲輔助附庸改訂之學等等議論，吾人亦即可就以言何以謀改進之者，且同時亦得謀所以改進我國圖學術事業而適應我國家人民當前需要者。以不欲本文過長，故對凡斯之論述，緣何可予以成立者，都不作詳細之詮釋，只於下方解答此問題時爲略敷陳之。讀者欲知其詳盡，取美國支加哥大學圖學研究院出版之圖季刊，第一卷，第一期，其中威廉遜氏著研究在圖作業中之地位及韋勃爾氏著設立支加哥大學圖學研究院之旨趣及其進行研究圖學術事業之計劃，兩文讀之，可也。

圖工作多爲術少爲學，其結果於圖學術事業爲有利亦有弊，于此亦不具論。惟圖工作既爲輔導文化教育學術事業之作業，其能學術化與事業化，自爲計之得者。而欲求其得爲專業，得儘量發揮其效能，得取得其應有地位，此亦誠爲刻不容緩者。換言之，圖學術事業本身充實，進展，無論在我圖界，在外界，胥能交受其利，可得而相輔相成也。竊以爲謀圖作業學術化，其道蓋有兩端：一則曰，自圖自身已有之學術予以整理，累積，系統，實驗，發揮之工作；一則曰自圖學術以外相關之學術，予以溝通，印證，引用之工作。而言方法則除應用圖治學方法外，更須儘量應用科學方法，及各科獨具有效之方法也。謀圖作業事業化，其途徑在以圖學術所獲得之成績，所啓示之方案，爲工作之張本，更以現代圖服務，免費，公開等高尙原則爲實施之力量，進而儘量與其他事業，謀所以借鏡，所以協作者，以達到共存共榮之境地，及其他諸端也。我中國圖界更於此勿忘懷我國家過去之光榮歷史，與夫現時之困乏危機，及將來之力量與使命者：於治圖學，從事圖作業之種種切切，謀在精神及心力理方面，畀我國一健全之國家，一明達振奮之民族，在物質方面，積極供應我國家一切建設與開發之需求，更謀使我文物光華之中華文化，得見夫承先啓後，閎中肆外之景象，一湔我方今無國家，無民族，無文化之恥辱！則我國圖學術事業將不期其改進而自改進，吾人可再無所用其致疑于圖本身作業也已。蓋誠能如此，圖學術事業之理論與實際方面，將俱已有長足之進步，我圖將不復仍爲無哲理根據，研究內容，試驗方法，實施作用，核計標準者焉。凡此諸端，其涵義至繁，惜於此未能一一明晰言之，僅能於下方申言其意趣若干事，以見其一斑云。

圖學術自身方面之最富學術意味者，就吾人習知者言，可舉目錄學，分類學，讀書選書書評學，等等以代表哲理方面之材料；可舉編目學，參考學，圖館經營學，序列檢字索引學，等等以代表專門學術方面之材料；以次及其他。我國目錄學，肇自遠古，考鏡條別，其陳義甚高，非學究天人，未易語此；泰西目錄學，亦極繁博之大觀。分類學涉及學術之表裏，兼及於社會意識，組織，與事業，美國布里司氏所著知識組織論中已詳言之；試擷取此說以推衍圖之理論依據，必可得妙義不尠，無疑。關於書與讀書及文藝批評，其處理實事，經中外歷代學人文士著論發揮之者，誠多至汗牛而充棟，設更益以近世哲學，心理學，社會學，教育學等關於此之理論，而以圖對於書籍選擇傳佈之理論,以折衷之而求至當,於是圕之如何居間媒介於書於讀者於理智之中之奧竅,當可得比較確切之理系,亦爲事理之必然者。次論及專門學術方面之材料,必可從圕編目學,序列檢字索引學等等檢取無盡者,此其意義爲我圕界素所洞悉,茲亦不贅。再言圕學術事業之整個,其學理方面之研究,可與教育學與教育事業之整個相比擬而有餘,則美國現代大哲學家杜威氏所著之教育學探原一書,可取而復按也。今爲節省篇幅計,亦未能於此引証比照焉。由此觀之,自圕作業本身着手以求其學術化,其道固非莫由已也。自圕以外學科求材料,以充實圕學術事業內容一端,論者以爲如哲學,政治學,史學,法學,社會學,統計學,社會服務管理學等等俱皆各有其貢獻。故圕學術之前途,固不虞其不能蔚爲大國也。不觀夫圕對化學之研究,其貢獻大而關係深,而化學復可代圕作業解答多個化學上之問題乎。夫吾人于此,固可以執一而論其餘也。抑且吾人於此,更勿須以圕學術,始終不能脫離成爲輔佐改訂之學爲可羞。夫某一專門學術之形成,其程式豈非由漸蛻變,並與其他學術,相互爲用相輔相成而得成立者乎?如邏輯,如數學等,固爲基礎之學,然而究極其成爲此類基礎之學術者爲數蓋甚寥寥。如醫葯學術,如戲劇學術等,其爲綜合改訂之學術甚明,然而此固無害于醫葯學術戲劇學術等也。故曰,吾人勿須以圕學術爲輔佐改訂之學術爲可羞也。陳述圕作業學術化之途徑,姑止于此。

前言之:謀圕作業學術化,其方法除應用圕治學方法外,更須儘量用科學方法，及各學科獨具而對此有效之方法。其義云何？請於此申言之。我圖界日浸淫於圖分類，編目，參考，序列，排檢，閱覽，推廣諸工作中，對於凡此各項工具之活用，方法之創制，自必有深切之了解，豐富之經歷。意者，即舉此一切，綜錯而變化之，自可演得我圖獨具之治學方法，其勿乃無疑！吾人嘗謂治目錄學乃爲治各學術之鎖鑰，而吾人習知之圖學，其爲治學之鎖鑰，與夫一切如錐，如鑽，如階梯，如顯微鏡，如平準儀，以及其他之工具，自更勿俟煩言！吾人研求圖學術，必須應用吾人之方法，亦自彰彰明甚！於此言應用圖治學方法，意蓋在是。至語及科學方法，其爲物也，至太至高！爲用也，至繁至博！近世凡百學術，經其洗鍊琢磨，固無一不已成爲光明燦爛堅實可寶之學術者也！科學方法爲何？并如何應用科學方法？於此未能論列，但吾人可曉然於圖學術事業，歷千百年，未經科學方法之應用，遂爾對於國家社會乃可沒落成爲一種無足重輕之設施，反之，設圖作業，得即早就圖學術化事業化方面，作科學方法之努力，亦從而可斷言，圖學術事業必即早得以成立滋長！事理如斯，誠爲信而有徵者也。於此，美國威廉遜氏嘗三復爲言，我圖界中人，常少有科學方法之訓練與素養，或者我圖界中人，竟無多人能勝任此圖作業應用科學方法以求學術化事業化之大業！不竟太息道之。在我中國，科學未臻發達，科學方法未見多應用，有科學習性之人，自更必寡少。於是我中國圖界是否有其人焉，出而任此艱鉅，以締造此適合我國需要之堅實圖學術事業，或亦可成爲一問題焉已；對此之答覆，我圕界各個人士俱有此權利與義務，惟願我中國圕界，今而後能人才輩出，可媲美於歐美圕最盛時期之故事也！關於圕界利用其他學術界之方法以治事一節，如調查社會，便可採用最善之社會調查法，如應用統計，便擇取最精之統計法，如其他，其道甚多，其例甚夥。我圕界於此取之不盡，用之不竭，有其大用得大成，有其小用得小就，是亦勿庸詳說者也。總之，方法之作用甚宏，價值綦重，欲謀圕學術化事業化，能不措意於方法之運用者，未之能信者也。

設圕作業，已經學術化，成爲一專門學術，其得以同時幾於事業化之域，必爲毫無疑義者。旁徵諸其他各專門學術事業之事理，吾人卽可以思過半焉。今不多對此論述，更言其他數事。其一，我圕界諸同仁，向服膺圕作業爲服務之作業之旨，其熱忱毅力，早已可與傳道殉教之士相比擬，其事功亦多至不可勝計，盡美矣，又盡善矣，於此誠人無間言，吾人可益自奮勉者也。再者，圕自古至今，其改進之道，在經濟立場及服務立場兩方面，蓋在日趨於免費及公開兩項原則上。歐美國家社會，旣已策勵行之，其成效已大著，吾人亦望我中國政府社會人士，亦能維持此免費公開辦法於有利而無弊，日有起色而無低減也。夫此殆爲現代圕所放之兩朶異葩，得日益發皇光大，亦爲文化教育學術事業之幸福已。關於此項經濟與服務立場，吾人雖亦嘗惑於何以凡百事業與學術，俱有其權利與義務，公與私，人與我，經營與資本之權衡，獨圕似只有義務無權利，有公無私，有人無我，有經營無資本？訓至圕遂日處困窮中，希冀僥倖得財東之賜予，及政府之恩賚，以求苟活，日處勞役中，以奉獻圖書於所謂事業家，學術家，公民之臺前，而不知羞，其結果，圕事業本身，或乃於以竭蹶，執業於圕者，或乃於以毀棄諸事態；然亦常有以自慰曰，是勿乃時間之問題？且俟圕作業已經專門學術化，事業化，國家社會已臻治理，民智已經大開，圕之地位，自必提高，此類圕困難，當必能得相當之解決者也。噫，圕學術事業所要求於吾人之學養，固每每如是！要之，論圕事業化之事例與意義，本至繁賾，其獨提出圕服務，圕免費公開為言者，以現代圕開宗明義及歸根結底之精神，蓋卽在此數事也。我中國圕事業之進展，其將亦以此為依據乎。

以上略述圕作業得由漸改進入於學術化事業化之義之大較，並隨略提及我中國圕界於此所更應努力者。關於依據本文所陳述各點，而擬具此項具體圕作業，以為吾人治圕學及從事圕工作之參照之部分，當另詳專篇云。

10

图本五

董明道

现代公共图书馆之特征

現代公共圖書館之特徵

董明道

我國圖書館事業，發源極早，如周之守藏室，漢之石室蘭臺，宋之崇文祕閣，遼之乾元，明之弘文，清之四閣，公家藏書之制，行之已垂三千年○私人藏書，如宋之方龍鄒王，明之諸藩，及淡生，天一，絳生，汲古諸家，在數百年來，亦皆赫赫有聲○所惜注重皆在收藏方面，不能如今日的圖書館兼及圖書之活用○故於社會民衆，不發生若何的關係，亦無若何利益○

現今教育的宗旨和方法既變，圖書館亦改以前專收藏典籍爲點綴品之舊習○不但注重蒐集一切有用的圖書，而且注重有用的圖書之流通與效用，惟一的目標，是要使館中一切的圖書，都能按着一定的秩序陳列，並且用科學的方法，以增進圖書的效用○使社會全體民衆，皆能使用圖書館以得利益，以館中的圖書，一冊不至於虛置○圖書學專家，鮑斯偉博士，在他的「美國公共圖書館」一書中，曾說：「今日圖書館的職責，是要使館中每本圖書，找着他的顧主，社會全體民衆，個個得着其閱讀之圖書；並且謀閱者與圖書之結合」○故今日的圖書館，時常貼廣告標語，舉行讀書運動與講演會，以引導社會民衆來館閱書；更用各種方法謀閱者的便利○其進化之特徵：

（一）公共事業化

今日出版書籍浩繁，以一人之力而設立圖書館，誠非事實所能；如合衆人之力而設立之，則輕而易舉○故今日的圖書館，多以社會舉辦爲原則○昔日的圖書館，蓄書如蓄珍玩，故屬私人事業；今日的圖書館，爲社會文化機關之一，社會民衆皆得享受其利，故應由社會設立，或由政府設立，此今日圖書館所以必由不公開的藏書樓而變爲公共事業之一也○

(二)自由開放

今日的圖書館，既是社會公共事業之一，對於閱者，自不當收費，或加以其他限制，無論貧富貴賤，皆可極自由地來圖書館，尋求其所悅讀書籍；館中指導閱覽之法，極其周詳○一切設備及組織，極其完備○目錄索引，極其整齊，取閱的手續，極其便利，布置極其整潔○且富有家庭式，使閱者在館中，不感覺若何的不安○室內的陳設，舒適雅潔，隨時給閱者一種美感，與高尚的思想○其謀閱者之自由與便利，蓋無所不用其極○

(三)閱者範圍之擴大

現代的圖書館，爲閱者設想，無所不至，不但使昔日所謂的寒士，得利用圖書館；即農、工，商，兵，以及任其他業務者，亦求其能利用圖書館○當圖書館購置圖書之時，絕無重彼輕此之弊，各類圖書，總求其平均增加，如實業辭典，統計年鑑，度量衡圖表，廣告學術，商品學，各種報告年表，輪船火車交通圖，輪船火車開行時間表，各種公牘，旅行指南，以及其他各種各類圖書，無一不在購備之列，而且設立參考部，爲社會民衆詢問之機關，答復各種困難講話，以作民衆的良師顧問○又謀及兒童的便利，而設立兒童圖書專館，或在圖書館，設立兒童閱書室，並爲此養成專門人材，以指導兒童閱覽，應兒童的質問，又用種種的談話，使兒童閱書的興趣增加。由以上幾點看來，今日圖書館閱覽者的範圍，實在擴大不少○

（四）開放書庫

以前的圖書館，其書庫多係鎖閉○閱覽者，須就目錄檢出所要的書，向館員索書閱覽，閱者絕不能到書庫自取，今則不然。圖書館多實行開架式、開放書庫，使閱者親就書架，任意取閱，免除許多麻煩的索書手續，撙節若干的時間○或以爲實行書庫開放，不免有損失書籍之慮，殊不知所得實過於所失○因爲實行書庫鎖閉之時，閱者須先檢查目錄，尋求其所要的書名，及號碼等，記之閱覽票　或索書箋，交給管理人，待至數分鐘，或數十分鐘後，始得書籍到手○然有時一觀其書籍的內容，與預期的內容大異，則將返而另求閱覽票，或索書箋，復施行前述的手續，別尋他書○更有時，屢次失望，以致虛廢光陰甚多○要知來館閱書者，有二種人：有來要求其所欲閱讀之一定書籍者，亦有無一定目的，而來隨意翻閱者，倘若書庫鎖閉，他必定不能得着適當的書籍，引起他讀書的興趣○甚至有時有人，欲閱讀最淺書籍，而怕使他人知道，以爲恥辱，因此不欲向管理員索取其所欲閱之書○實行鎖閉書庫，既有此種種弊害，故今日之圖書館，多實行書庫開放，書庫開放，已成爲現代公共圖書館必要的條件了

(五)實施借出制

無論圖書館辦理如何精良，若不實施書籍借出館外閱讀之制，閱書的人必定不多○對於社會，不能發生若何利益○讀書原來以在家庭內細心研究爲原則○今日的圖書館，雖能處處爲閱者着想，館中一切佈置設備，務求與家庭適合，但閱者身處其中，總不免感覺與家庭不同○今日歐美各圖書館中，每日來館借書之人數，日逾數百；其所以如此發達者，以其實施書籍借出館外閱覽的原故○我國的圖書館，今亦有實施這種制度的，惟多數圖書館，尙不能破除限制館內閱讀之舊習，有人以爲，借書出外，不免有遺失之慮，但實施借出制，與實行書庫開放同，社會對於圖書館所獲的利益，實超過所遺失之書籍○由上海最近辦的通信圖書館的統計，我們便可以明白了○上海通信圖書館，管理方法中對於借書出外，極其便利，僅憑借閱圖書的書面一紙，即可借書出外閱覽，每月所遺失之書，不到借出之數百分之五○由此可見社會民衆，對於還書的信用，並不十分缺欠○我國圖書館，亦不應因爲遺失，而不實施借出制○借書出外閱覽，不但對於閱者有極大的便利而且對於文化進步，有極六的輔助○

(六)設立分館與巡迴文庫

昔日的圖書館，多不公開閱覽，書庫多鎖閉，而且限制借出館外閱覽○今日圖書館，不但在此種事上，完全採取開放主義，而且更用各種方法，以謀閱者與書，愈趨結合○故今日的圖書館，除實施公開書庫，與借出制外，還在人煙稠密的與離圖書館較遠的地方，設立分館，或代辦處，或將汽車，運書到鄉村，及工人住所去○社會多數的民衆，朝夕工作，很少時間，來圖書館，而且路途太遠，往返需時○圖書館爲要使這一班的人，都有機會享受圖書館的利益，於是設法將書籍送到他們手中○因此，現代的圖書館，於總館之外，選擇幾所適當的地方，設立分館或代辦處，更用汽車，裝運書籍，到鄉間與工廠附近的地方去，每日周巡一二次，使工作很忙的農民與工人，可以不費多少時間，得享使用圖書館的利益○

（七）應答民衆的詢問

現代圖書館的參考部，多設詢問處，應答民衆一切的詢問，如民衆欲閱關於謀事的參考書，或舊雜誌，而不知其各種名稱時，可向詢問處詢問，而要求圓滿的答復○又如遇着某項困難的問題，或要檢查某項表格，或統計，詢問處亦可代閱者檢查，或解答之○在歐西各國，閱者可不到圖書館，僅用電話，或書面，向圖書館要求檢查某項統計，或解答某項困難問題○

（八）容納民衆的意見

今日的圖書館，不但應答民衆的詢問，而且接受民衆的意見，以作改良圖書館的參考○現代的圖書館，多設民衆意見受納箱○如閱者希望閱讀某新刊圖書，而館中尚未購置，以及館中種種應該改良之點，民衆均可投書入箱內，於一定期間，圖書館將箱內意見書取出，然後詳細

審查，若其意見，合乎情理，又為圖書館的能力所能舉辦，必有以副投意見書者的希望○

（九）利用廣告與宣傳以引起民衆閱書的興趣

我國的圖書館，每日閱書的人數很少，這大概是因為一般的民衆，對於閱書缺乏興味○圖書館無論辦理如何良善，倘若不利用廣告，與宣傳，看書的人，總是很少的○今日 書館，為謀圖書館事業的發達，以及閱書的人數增加起見，就不得不利用廣告與宣傳的能力，喚起民衆、使他們瞭解圖書的內容，而增加他們閱書的興趣○故今日的圖書館，每每編印種種目錄，年報，以及圖書館小史，概況，或擬定新的擴充計劃，公佈於社會；每日將館中新到書籍目錄，在當地的日報上發表；有時圖書館，可在街市上，張貼關於發展圖書館事業的標語；或舉行講演會，講演或討論關於圖書館實際問題，或映放有益的影片；有時圖書館可送一種請貼到人家裏，或公共機關去，表示歡迎閱者的意思；並且常常將內部事務，組織，借閱圖書的手續種種，給他們報告；有時在城內旅舍，及公共的所在，圖書館亦可張貼標語，發給傳單，使一切無事的人，可以來圖書館閱書，如此，不但對於該個人有極大的利益，而且對於文化方面，亦有所補助○

（十）謀圖書館與學校的聯絡

今日教育的方法及目的，與以前不同；以前的教師與學生，以為能將教師所授的知識，辨細紀憶已足，而不知應用各種參考書籍○今日辦教育的，與學生，已經知道專靠教師所授的知識，是不夠的○於是參考的設備，爲今日辦學的人，所注意的一事○今日圖書館，極力設法，購備適合於學校教師與學生的參考書籍○間或派員赴各校訪問，希望其師生來館利用其參考書，和其他書籍○有時或請學校的教師，來館磋商，徵求其所希望的書籍的意見，以備選購書籍時的參考○有時招待學生來館參觀，並給他們說明圖書館的利用法，圖書閱覽法，目錄使用法，種種○且容許學生單獨借出閱覽，或由學校借出，陳列學校閱覽室，使學生閱覽，並按一定時期掉換○此種方法一行，學校實受惠不少，而圖書館之活用亦於是乎擴大○

（十一）用種種方法謀閱者的便利

今日的圖書館，爲閱者着想，實在無微不至○除用上列各種方法，謀圖書館普及於社會全體民衆外，更用種種方法以求便利閱者○如附設食堂，用極廉的價目，售給閱者○附設化粧室，以備閱者化粧之用；購備雨具，供給閱者，或附設文具店，供給閱者文具用品○其謀閱者種種的便利，誠可謂無微不至○

總合以上所列舉近代圖書館的特徵，足見我國的圖書館事業，極應設法改良，以期與世界各國圖書館事業，同時並進○愼勿故步自封，以阻遏社會文化之向上也○

11

图本七

钱亚新

类名标题目录

類名標題目錄

錢亞新

依類名標題卡片排成的目錄，叫做類名標題目錄。它的功用能回答館中有否關於—人—地—事—物的圖書。例如有否關於甘地之書，則在甘地類名標題卡片中，可求得之。又如問有否關於圖書館學之書，則由圖書館學類名標題卡片內，可答復之。他如—地—事—物，莫不如是。除此以外，尚能補救分類上的不足。因爲類分一本圖書，尤其是混合內容的，只能將該書放在一個類目，表以一個分類號碼，如吳澤霖新中華社會學和社會問題，僅能分入社學，或社會問題的類目裏，但類名標題卡片，則可兼二者而有之。

一、類名標題的種類

1. 以性質分　類名標題是以名詞做成的，所以它性質上的分類，也可如名詞一般，分爲特有普通和抽象三種：

A特有類名標題　以特有名詞做成的，其中包括：

(1)人名　如孔子，梁啓超，戴傳賢；Ford, Henry; Lamb, Charles; Washington George 等屬之。

(2)機關名　政府機關如中國—外交部；U S. Dept of Commerce；學校如大夏大學；Columbia University；會社如中國化學社；League of Nations 等屬之。

(3)地名　洲名如亞洲 Asia，歐洲 Europe；國名如中國 China，英國 Great Britian；省名如江蘇省，N.Y.State；市縣名如上海市，宜興縣；鎮名如吳淞鎮，丁山鎮等屬之。

(4)時名　如春，夏，秋，冬；勞動節，雙十節；中秋，重陽；明—萬曆，清—道光等屬之。

(5)書篇名　如詩經，四書，檀弓，禹貢；Bible; Koran 等屬之。

(6)事物名　如雅片之戰，Opium War,1940-1942，五四運動，五卅慘案；木星 Jupiter 金星Venus 等屬之。

B普通類名標題　以普通名詞做成的，其中包括：

(1)表個體的　如假日 Holidays; 圖書館 Libaies 人 Men; 樹 Treees 等屬之。

(2)表文體的　如人名錄 Directories; 戲劇 Drama; 雜誌 Periodicals; 故事 Stories; 研究和教學 Study and teaching 等屬之。

(3)表質料的　如木材 Wood; 金 Gold; 米 Rice; 麵包 Bread; 水 Water; 空氣 Air; 養氣 Oxygen 等屬之。

(4)表集合的　如社會 Societies; 家庭Families; 字母 Alphabet; 軍隊 Armies; 森林 Forestry 等屬之。

C抽象類名標題　以抽象名詞做成的；其中包括：

(1)無形的名物　如道德 Ethics; 運命 Destiny; 生活 Life;

(2)學科的名稱　如哲學 Philosophy; 數學 Mathematics; 建築學 Architacture: 編目法 Cataloginy; 游泳術，Swimming; 書法 Writing 等屬之。

(3)事物的性質和狀態　如貧窮 Poor; 美麗 Beauty

(4)人事的動作　如公正 Justice; 勇敢 Courage; 責罰 Punishment; 愛情 Love; 友誼 Friendship 等屬之。

2.以形式分　類名標題以形式區別，可分爲字和詞，修飾，倒置，加註，成語，聯合，和再分的七種。

A字和詞　(Noun or single word headings) 以一個字

或幾個字形成一種意義的類名標題。如：

金 Gold　　建築學 Architacture

米 Rice　　編目法 Cataloginy

鹽 Salt　　家庭 Families

麥 Wheat　　木材 Wood

B修飾的(Adjective headings)以形容詞冠於名詞前形成的類名標題，如：

社會問題 Scoial problems

職業教育 Vocational education

英國戲劇 English drama

中國文學 Chinese literature

C倒置的(Inverted headings)以形容詞倒置名詞後形成的類名標題(註一)，如：

幾何學，立體的 Geometry, Solid

歷史，古代的 History, Ancient

地理，商業的 Geography, Commercial

圖書館，大學的 Libraries, College

D加註的(Qualified headings)以(A)(B)兩種類名標題後加註而括以括弧形成的標題，如：

波士頓(跳舞) Bosten (Dance)

東方問題(巴爾幹) Eastern question (Balkan)

東方問題(中亞細亞) Eastern question (Central Asia)

東方問題(遠東) Eastern question (Far East)

E成語的(Phrase headings)以成語形成的類名標題，(註二)如：

婦女當做著作家 Women as authors

學校當做社會中心 Schools as social centers

盲人用器 Apparatus for the blind

兒童在文學上的地位 Children in literature

F聯合的(Compound headings)以兩個名詞聯合起來形成的類名標題，如：

教育和國家 Education and state

宗教和科學 Religion and science

心和身 Mind and body

國際法和國際關係 Interational law and relations

G再分的(Subdivition headings)以一種類名標題再以他種類名細分形成的類名標題，如：

鐵路—財政 Railroad-Finance

農業—中國 Agriculture-China

音樂—雜誌 Music-Periodicals

中國—歷史—革命 China-History-Revolution

二、類名標題的選擇

1選擇的根據 我們需要一個類名標題表，來做選擇的根據，正如需要一個分類表來做類分圖書時的根據一樣重要。茲介紹幾個重要的類名標題表于下：

A中文之部 成爲專著的類名標題表，在中文裏尚未發見。就是翻譯西文的也沒有。散見于旁的書本中及書目上的，有：

(1)類名表(註三) 這個類名表共含六百餘個類名。重要的類名標題，大概是有了。中小學的圖書館可以採用，再加之以擴充，或許可以敷用的。

(2)國立中山大學圖書館中日文圖書目錄類名標題(註四) 這是中國字典式目錄的第一本，其上約有二千左右的類名標題。雖說其中有許多類名標題，如法令與法規之並用，商業—歷史—中國與中國—商業—歷史之互見等不合類名標題法的原則，但究竟可以供吾人參攷的。

(3)標題表(註五) 這表約有一千左右標題。其排列以近人陳德芸七筆檢字法一丨，丿乚乀亻爲次。凡可以國別，科別，時別之標題，均註明之。人名，地名，物名概未錄入。每標題下並依杜定友圖書分類法及革命文庫分類法表以類碼，及參見或見等。此表雖形簡單，但編製方法上，頗有採美國國會圖書館類名標題表之格式。

B西文之部 成爲專著的類名標題表，在西文中很多。茲擇其大者而言之，有：

(1)美國圖書館協會類名表(註六) 這本類名標題表是集美國各圖書館的大成，係積數十年的經驗，耗無數人的心力，通同合作而編成的。這是一本有系統的著作，所以自一八九五年出版以後，美國各圖書館採用的不一而足。據一九二七年出版的美國圖書館調查錄(註七)上所載，在十萬冊以下藏書的公共圖書館，都是採用這書爲根據的。較大的公共圖書館，有三十三個採用它；少於五萬冊的大學圖書館，採用它的是占大半數；五萬到十萬冊的，近乎一半；較大的大學圖書館，則有八個完全是根據這書的。於此可見這類名表的勢力很大。表中並載有參攷類名標題。共發行三次。最後一次是一九一一年，篇幅共三九八面，約有八千左右類名。自一九二九年來，此書已絕版。

(2)栖爾類名標題表(註八)　代美國圖書館協會類名標題表而起的，這是其中之一。這本類名標題表是根據九個代表的小圖書館所用的類名標題而輯成的。現已發行到三版。第一版是一九二三年；第二版是一九二六年，第三版是一九三三年。我們當採用第三版的，因爲與第一二版相較，不但改了許多地方，而且加增不少新的材料。

在這書的導言上，編者曾說明它的目的，範圍，用場，以及與美國國會圖書館的詳細的類名標題表的關係。因此採用這書爲根據時，當圖書逐漸加增，即可依後者而擴充之。所以這實是一本很好的工具書。最近一版上所加的一篇類名標題使用法，尤當參攷。

(3)美國國會圖書館類名標題表(註九)　這本書是根據美國國會圖書館三百萬冊藏書所採用的類名標題而輯成的。它包括一切知識的類名標題。不過人名，機關名，社會名，條約名，會議名，植物學和動物學中種屬名稱是省而不載的。

關於再分的類名標題只限於一類名的顯著的或特有的。如文體的再分標題，人名錄，雜誌，會社等可應用一般的，書中省去，印有專冊。國體下的再分標題，只限於時代方面，詳細的分析，也有專冊的。

參攷方面，只載『參見』而不載『見』，這沒有上兩種完備。

大半的類名標題下，附有美國國會圖書館分類號碼。碼後又加以詮釋，指示該類名標題是應用於分類法上的那一部分。這些詮釋語與類名標題是不同的，我們不要把它們混而不清。因爲類名標題下附有分類號碼，這類名表就可當爲該分類法的索引了。

這書初版是一九〇九年，至一九二八年發行第三版。共一五三五面，每面以一五個類名標題計，約有二萬餘。爲了要加增新的及改變舊的，每月還發行補編。這些補編積之既久，即爲第四版的根據。另外還有三種小冊，值得在此介紹的。

再分類名表(註十)　內分爲三部(a)分於國名省名之下者；(b)分於市名之下者；(c)分於普通類名之下者。

附有地方性再分類名的類名標題表(註一一)

語文類名標題表(註一二)

據美國圖書館調查錄(註一三)　所載，有十一個較大的公共圖書館及十五個較大的大學圖書館採用這書做根據。它的勢力似較美國圖書館協會類名表不及，但因它所搜羅的新名詞甚多，兼之在美國國會圖書館所發行的卡片上載着，將來自然而然要推行各處的。藏書不多的書館圖，如其完全採用它爲根據，那可不必。當爲一本參攷書，這是很爲適當的。

2選擇的原則　有了類名表就有選擇的根據，但藉此還不能解決選擇類名的問題，正如有了分類表還不能解決類分圖書的問題一樣。因此我們需要若干原則，以資應付，這對於編製類名表時，尤爲重要。

A關於普通的原則

(1)選用能代表同類圖書內容的名詞爲類名標題　所選的類名標題，要能代表同類的圖書，而非代表某一本書。例如，現在有本張子和新論理學，自然我們可以選用「論理學」這類名爲其標題。明天却來了一本屠孝實名學綱要。看了書名，選用「名學」爲其類名標題，誰也不能否認吧！到了後天，又來了一本潘梓年譯邏輯。「邏輯」這名詞，用來做這書的類名標題，是多末切當啊！不錯，以「論理學」來代表新論理學，「名學」代表名學綱要，「邏輯」代表邏輯，的確對到十二萬分，但是這三本書的內容是同的，果眞如此各自爲政，在類名標題目錄裏怎樣能排在一起呢？既不能排在一起，就失掉這種目錄的功用，也就違犯了上面的原則。因此我們該選用「論理學」「名學」「邏輯」三者之一，來代表它們的全體。怎樣選呢？

(2)選用常用的名詞爲類名標題　這條原則當分爲兩方面說：第一是常用與不常用的分別。例如上面所舉三個名詞，因爲「名學」嫌舊，「邏輯」太新，兼之前者來自印度，後者音譯西文，較之「論理學」應用的機會，不論在書報上，學校內都要少，所以該採用後者。第二是常用與專門的分別。例如西文中 Osteology 與 Bones 相較，前者是個專門名詞 (Techn'cal term) 後者是個常用名詞。爲一般閱者檢查的便利起見，與其採用 Osteology，無寧選擇 Bones 爲佳。

(3.選用最具體的名詞爲類名標題　這條與分類法規中嚴格的歸類一條，最爲吻合。例如匡文濤立體幾何要覽，我們可以選用「科學」爲其類名標題，但不及選用「數學」較佳。「數學」雖較「科學」爲具體，但選用「幾何學」爲其類名標題，豈非更爲具體。然「幾何學」又可再分為「幾何學—投影」，「幾何學—非歐幾里得」，「幾何學—解析」，「幾何學—立體」，「幾何學—平面」等等，則將此書選用「幾何學—立體」，自然是最為具體了。

不過使用這條原則時要注意一件事，那就是先要問一問選擇的根據，及藏書的多少。例如以栖爾類名標題表為根據，選用「幾何學」即可；如以美國國會圖書館類名標題，那就可用「幾何學—立體」。又如所藏幾何學一類的圖書不多，那無容採用「幾何學—立體」，如在一個科學圖書館內，選「幾何學—立體」，就為必要的。

(4)選用複數的名詞為類名標題　這條原則，與其說是應用於中文編目，無寧說是應用於西文為佳。因為中文裏的名詞本身是沒有單複數的分別，而西文中表個體的及集合的普通名詞，可變化其語尾，由單數而為複數的，如：

Canal, Canals　　Mirror, Mirrors

Holiday, Holidays　　Potato, Potatoes

Island, Islands　　Socity, Societies

Letter, Letters　　Trade-Union, Trade-Unions

為什麼要選用複數呢？因為可以包括一切。例如 Cana'l 這名詞，是指一條運河，如巴拿馬運河，但是用了 Canals 那就不管它是巴拿馬也好，蘇彝士也好，交通的運河也好，商業的運河也好，軍用的運河也好，一切可以包括無遺了。

不過複數與單數對於一個名詞的含義有分別時，則當各別採用的，例如 Alphabet 和 Aipha bets, Theater 和 Theaters 等。

(5)選用科學的名詞為類名標題　在西文中，有許多名詞形式雖同，但譯成中文時，當看它的用場而有所差異的。例如：Edcation; Educations-China; Education-Dictionaries; Education, Compulsory; Educalin of children，第一個當譯為教育學；第二個教育—中國；第三個教育—字典；第四個强迫教育；第五個兒童教育。由此可見 Eduoatin 一字，可有教育和教育學二種意義。他如：

書目 Bibliography　　目錄學 Bibliography

簿記 Bookkeeping　　簿記學 Bookkeeping

財政 Finance　　財政學 Finance

地理 Geography　　地理學 Geography

歷史 History　　歷史學 History

法律 Law　　法律學 Law

圖書館 Libraries　　圖書館學 Library Science

社會 Societies　　社會學 Scciology

上面所舉各例，大概前者具體的，記載事實的，後者抽象的，表明學術的。遇到這種兩兩相對的機會時，如採用後者，可單獨使用的；如採用前者，則其前後必加些東西變爲再分標題方可，否則，這些類名是太空泛不能成立的。

（6）選用加以修飾語的名詞爲類名標題　我們不能把不對文的名詞來表示圖書的類名標題。但有時單體字和集團字的類名標題不夠用，不得不選用這種類名標題。例如關於心理學這一科，開始本來只有普通心理學，後來把它應用於教育方面，於是產生了「教育心理學」，應用於社會方面，產生了「社會心理學」，應用於醫學方面，產生了「病理心理學」。這些教育心理學，社會心理學，病理心理學已成爲專門的學問，我們就該採用它們爲類名標題。其他關於各國的語文，如「中國語」「中國詩文」「英國語」，「英國戲劇」等，國別的修飾語，也不該刪棄的。

（7）選用加以倒置語的名詞爲類名標題　這條原則應用於西文方面爲要，上文業已述及。這種辦法，當覺得需要將同類的圖書放在一起以資保持着一種論理上的排列時，應該採用的。例如美國國會圖書館表類名標題中的Geometry下，有：

Geometry

Geometry, Analytie

Geometry, Descriptivc

Geomctry, Defferential

Geometry, Enumerative

Geometry, Kinematic　see　Kinematc geometry

Geometry, Line　See　Line geometry

Geometry, Non-Euclidean

Geometry, Plane

Geometry, Projective

Geometry, Soeid

又如Photograrhy下，有：

Photography

Photography, Aerial

Photography, Architecture

……………………

Photography, Ballistic

Photopaphy, Biological

……………………

這種類名標題選用時，有三種優點：(a)能將一個主題各方面的圖書放在一起；(b)能將散佈於書架上異類的圖書貫串起來；(c)能使檢查的人容易收集。這種標題，於我國文字的習慣不合，以致不便引用，甚爲可惜。

(8)選用聯合的類名標題　這種標題，大概可分爲相類，相關，相反的三種。尤其是相類的一種，如「銀行和銀行學」，「勞工和勞工階級」，「國際法和國際關係」，是形影相隨的，一種圖書的內容，雖說會只討論一方面，如鄭斌平時國際法，但標題仍可用聯合的一種的。

(9)選用成語的類名標題　上面這種標題，有時還不夠用，那末可以選用成語爲類名標題。這條原則，應用於西文方面較中文爲多。

(10)選用人名爲類名標題　個人的傳記，以被傳者爲類名標題。這種標題，在中西類名標題表中，大概除特別幾個人外，是不完全錄出的。自傳也同此例。如陳作樑譯甘地；明耀五譯甘地自傳，均以「甘地」爲類名標題。

(11)選用書名爲類名標題　關於一書的研究，可以選用該書名加「研究」二字爲其類名標題，如胡樸安詩經學，其類名標題爲「詩經—研究」。如其是研究一書中的某種問題，如清閻若璩四書釋地，其類名題標當爲「四書—地里」。

(12)選用再分的類名標題　著錄於某種類名標題的圖書，等到相當的數目，約三五十冊時，爲排檢的便利，內容的分析起見，就該把它用其他的類名來再分。例如：

染料和染色

染料和染色——棉紗

染料和染色——羽毛

染料和染色——化學

染料和染色——絲綢

染料和染色——羊毛

這種再分類名標題，僅限於以類名再分類名。如類名標題以地域文體時代分的再分類名標題，在下文討論。再應用此種再分類名標題，如無需要時，可以省略。當添置時，則不僅新的要加，就是舊的也當重行攷察一下的。

(B)關於地域的原則

(1)類名分以國名者　關於科學的，技藝的，經濟的和教育的類名標題，再可以國名分之。例如：

植物——美國
教育——法國
實業——中國
農業——英國
工會——德國

(2)國名分以類名者　國名再可以歷史的，地理的，政治的，行政的，社會的類名分之。例如：

法國——歷史
德國——遊記
美國——政治和政府
英國——海軍
中國——社會生活和風俗

(3)省，市，城等名分以類名者　假使有許多圖書討論一省，或一市，或一城，那末這些省，市，城可以其他類名再分如(A)節(12)例。不然，可以省卻。

(4)本地藏書　某地方的圖書館，對於鄉賢的著作，或關於本地的著作，每每收藏特富。在相當的範圍及需要內，可以地方名再分以各種類名如下：

上海——地質
上海——古蹟和名勝
上海——藝術
上海——廟宇
上海——鳥類
上海——人名錄

(C)關於文體的原則　這裏所謂文體，與任何分類法中的文體，極其相同。不管是那個類名標題，都可用文體來再分的。在西文中最普通的是：

Addresses essays, lectures.— Bibliography.—Biography.—Collected works.—Collections.—Dictionaries.—Directories.—Drama.—Fiction.—Handbooks, manuals, etc.—History, —Outlines ,syllabi, etc.—Periodicals.—Poetry.—Statistics.—Stories.—Study and teaching.

我們使用到中文方面，可以略加修改如下：

詩歌—講演和論文—雜誌—故事—報告—研究和教學—戲劇—傳記—統計—綱要—字典和百科全書—書目—彙編—歷史—選刊—一覽—小說—人名錄—手冊

(D)關於時代的原則

(1)用於歷史標題者　不論是洲，國，省，城等，均可用「歷史」來再分，由於上數條原則，是無疑的。但歷史後再可分以時代，如分類法中各國歷史分以時代一般，時代的分法，可以(a)年代表之；(b)史事表之；(c)朝代名表之。例如：

法國——歷史——革命，1789—1799

美國——歷史——1783—1865

美國——歷史——內戰

中國——歷史——清

中國——歷史——民國

(2)用於文學標題者　各國文學及其各種文體，如法國小說，法國戲劇，中國小說，中國詩歌，中國詞曲之類，都可用時代再分的。例如：

法國文學——十六世紀前　法國小說——十六世紀前

法國文學——十六世紀　法國小說——十六世紀

法國文學——十七世紀　法國小說——十七世紀

法國文學——十八世紀　法國小說——十八世紀

法國文學——十九世紀　法國小說——十九世紀

法國文學——二十世紀　法國小說——二十世紀

這種以時代再分的標題，排時當以時代的前後爲次序。

三、類名標題的著錄

1.正著錄

A一書內容包括一種主題者，以該主題之相當類名標題爲正著錄。例如：盧保華相思詞，其類名標題是「中國詞曲—民國」；張子和新論理學，是「論理學」。

B.一書內容包括多種主題而並重者，以其第一主題之相當類名標題爲正著錄。例如陳博文中日外交史是述及中國與日本兩國相互間之外交，其正著錄以「中國—外交」爲之。又如陳日章京鎮蘇錫遊覽指南，其正著錄以「南京—指南」爲之。

C.一書內容包括多種主題而有輕重者，以其主題較重者之相當類名標題爲正著錄。例如戶田海市商業經濟概論，以其着重於商業，故其正著錄以「商業學」爲之。又如陳啓天應用教育社會學，其正著錄以「教育學」爲之。

2. 副著錄

A. 一書內容包括多種主題而並重者，以其第二後之各主題相當類名標題爲副著錄。 例如「日本—外交」之爲中日外交史，「鎮江—指南」，「蘇州—指南」；「無錫—指南」之標京鎮蘇錫遊覽指南的副著錄即是。

B. 一書內容包括多種主題而有輕重者，以其主題較輕者之相當類名標題爲副著錄。例如「經濟學」之爲商業經濟概論的副著錄，「社會學」之爲應用教育社會學的副著錄即是。

C 一書內容之分析類名標題爲該書之副著錄。例如：廖世承教育心理學，「教育心理學」爲其正著錄，但此書共分兩編，第一編爲學習心理，第二編爲兒童心理。「教育心理學」對於這書的書名雖能適合，但於兒童心理，似乎不無遺漏。如將「兒童研究」來表第二編之類名標題，那末對於「教育心理學」言之，即爲其副著錄了。

凡下列各種圖書，都可作分析類名標題的.

(1)論文集而有分類價值的；

(2)合傳；

(3)對於虫魚鳥獸給以各章的博物書；

(4)各地的歷史和地理混合的書；

(5)具有特種問題的普通書，假如南菲的礦業一書，中有一章是討論金鋼鑽，則金鋼鑽即有分析的必要了。

3 參考著錄

A 普通的　這種參考著錄的措辭要明顯而簡潔，要能自然地去聯合各不同的部分，以資對於類名標題的範圍，做個引言。例如：

書目

個人或各科的書目見該人名或該科再分以「書目」之類名標題下，如「梁啓超—書目」；或「歷史學—書目」，BIBLIOGRAPHY.

For bibliography of a person or other subject see name of thas subject, subhead BIBLIOGRAPHY, as WASHINGTON, GEORGE, pres. U. S 1732-1799—BIBLIOGRAPHY; or HISTORY—BIBLIOGRAPHY.

字典

各種語言或各科的字典見該語言或該科再分以「字典」之類名標題下，如「中國語—字典」；或「建築學—字典」。

DICTIONARIES.

For dictionarles of any or other special suhject see name of that subject, subhead DICTIONARIES, as ITALIAN LANGUAGE—DICTIONARIES; or ARCHITECTURE—DICTIONARIES.

語言

關於任何語言的著作，見語言前加以地方性之類名標題下，如「英語」

LANGUAGE.

For works on any special language see name of that language under its local adjective, as English LANGUAGE.

文學

各國或各地的文學，見文學前加以國別或地方性的類名標題下，如「中國文學」，或「北方文學」。個人的著作，見該著者名下，如「郁達夫」。

LITERATURE.

For literature of a speciai locality see name of the literature under the local adjective, as FRENCH LITERATURE; or the name of the locality, subhead LITERATURE, as SOUTHERN STATES—LITERATURE. For work of an individual writer see name of that writer, as Ruakin, John, 1819—1900.

詩歌

各國或各地的詩歌，見詩歌前加以國別或地方性的類名標題下，如「中國詩歌」，或「北方詩歌」。個人的著作，見該詩人名下，如「李白」。

POETRY.

For poetry of a special locality see name of that poetry under its local adjective, as ENGLISH POETRY; or the name of the locality subhead POETRY, as WESTERN STATES—POETRY. For works of an individual poet see name of that poet, as Arnold, Matthew, 1822—1888.

中國詩歌

個人的著作，見該詩人的名下，如「李白」。

ENGLISH POETRY.

Fof works of an individual poet, see name of thaı poet, as Arnold, Mathew, 1822—1888.

公立學校

關於各城鎮的公立學校之著作，見該城鎮名再分以「公立學校」之類名標題下，如「上海市—公立學校」。

PUBLIC SCHOOLS.

For works on the public schools of cities, towns, etc. see name of the placə, suchead PUBLIC SCHOOLS, as CHICAGO—PUBLIC SCHOOLS.

教學法

各科教學法見該科再分以「研究和教學」的類名標題下，如「算術—研究和教學」。

TEACHING.

For methods of teaching any special subject see name of that subject, subhead STUDY AND TEACHING; as, ARITHMETIC—STUDY AND TEACHING.

B見著錄　這種著錄的功用，在乎使目錄中不用的類名標題去見用的類名標題，以便閱者能從多方面找得同一的材料。

(1)關於意義的

(a)同義字之不用的，須作一見著錄去見用的。例如：

名學　見　論理學　Ornithology s:: Birds

邏輯　見　論理學　Nite: s:e Saltpter

(b)反義字不用的須作一見著錄去見用的。例如

反基督教　見　基督教

Intemperance see Temperance

(2)關於形式的

(a)修飾的類名標題，當將其修飾語倒置於名詞之後，作一見著錄，例如：

Education, Vocatonal se: Vocational Education

Libraries, Hospital see Hospital Libraries

(b)倒置的類名標題，當將其修飾語顛置於名詞之前，作一見著錄，例如：

Solid Geometry sed Geometry, Solid

Industrial efficiency see Efficiency, Industrial

(c)聯合的類名標題，當將其後部作一見著錄，例如：

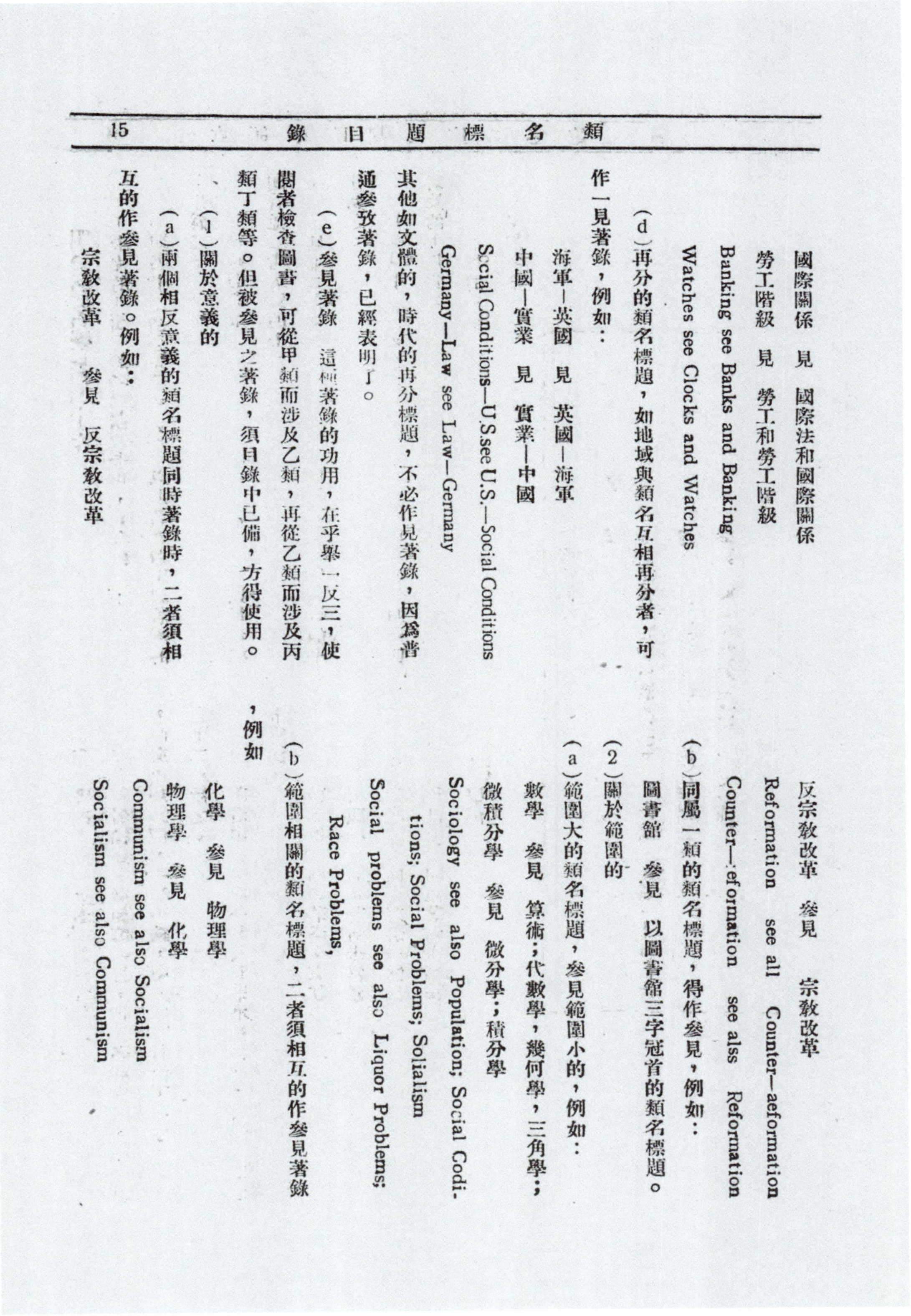
類名標題目錄 15

國際關係 見 國際法和國際關係

勞工階級 見 勞工和勞工階級

Banking see Banks and Banking

Watches see Clocks and Watches

(d)再分的類名標題，如地域與類名互相再分者，可作一見著錄，例如：

海軍—英國 見 英國—海軍

中國—實業 見 實業—中國

Social Conditions—U.S.see U.S.—Social Conditions

Germany—Law see Law—Germany

其他如文體的，時代的再分標題，不必作見著錄，因爲普通參攷著錄，已經表明了。

(e)參見著錄 這種著錄的功用，在乎舉一反三，使閱者檢查圖書，可從甲類而涉及乙類，再從乙類而涉及丙類丁類等。但被參見之著錄，須目錄中已備，方得使用。

(1)關於意義的

(a)兩個相反意義的類名標題同時著錄時，二者須相互的作參見著錄。例如：

宗教改革 參見 反宗教改革

反宗教改革 參見 宗教改革

Reformation see all Counter—aeformation

Counter—:eformation see alss Reformation

(b)同屬一類的類名標題，得作參見，例如：

圖書館 參見 以圖書館三字冠首的類名標題。

(2)關於範圍的

(a)範圍大的類名標題，參見範圍小的，例如：

數學 參見 算術；代數學，幾何學，三角學；

微積分學 參見 微分學；積分學

Sociology see also Population; Social Codi-tions; Social Problems; Solialism

Social problems see also Liquor Problems; Race Problems,

(b)範圍相關的類名標題，二者須相互的作參見著錄，例如

化學 參見 物理學

物理學 參見 化學

Communism see also Socialism

Socialism see also Communism

四、類名標題的卡片

1 卡片的種類　類名標題的卡片，共有四種：

A 類名卡（Subject cards）以類名標題正副著錄的卡片爲之。

B 普通參考卡（General reference cards）以類名標題普通參考著錄的卡片爲之。

C 見卡（See reference cards）以類名標題見著錄的卡片爲之。

D 參見卡（See also reference cards）以類名標題參見著錄的卡片爲之。

2. 卡片的寫法

A 類名卡

（1）書碼　同正著者卡寫法（註四）

（2）類名標題　開始第一行，自書名線寫起，用紅色，西文或用大楷，一行不夠，中文由下行退下一字，西文退下二格續之。

（3）著者項　另起一行，自著者線寫起，餘同正著者卡寫法。

（4）書名項　同正著者卡寫法

（5）出版項　同正著者卡寫法

（6）篇幅項　同正著者卡寫法

（7）附註項　同正著者卡寫法

（8）舉例

109.2		哲學—歷史
H499	胡	適
		中國哲學史大綱；蔡元培序　上海，商務，一九二七
		冊一，六七市分，洋（北京大學叢書）
		附錄：諸子不出於王官論，一〇面

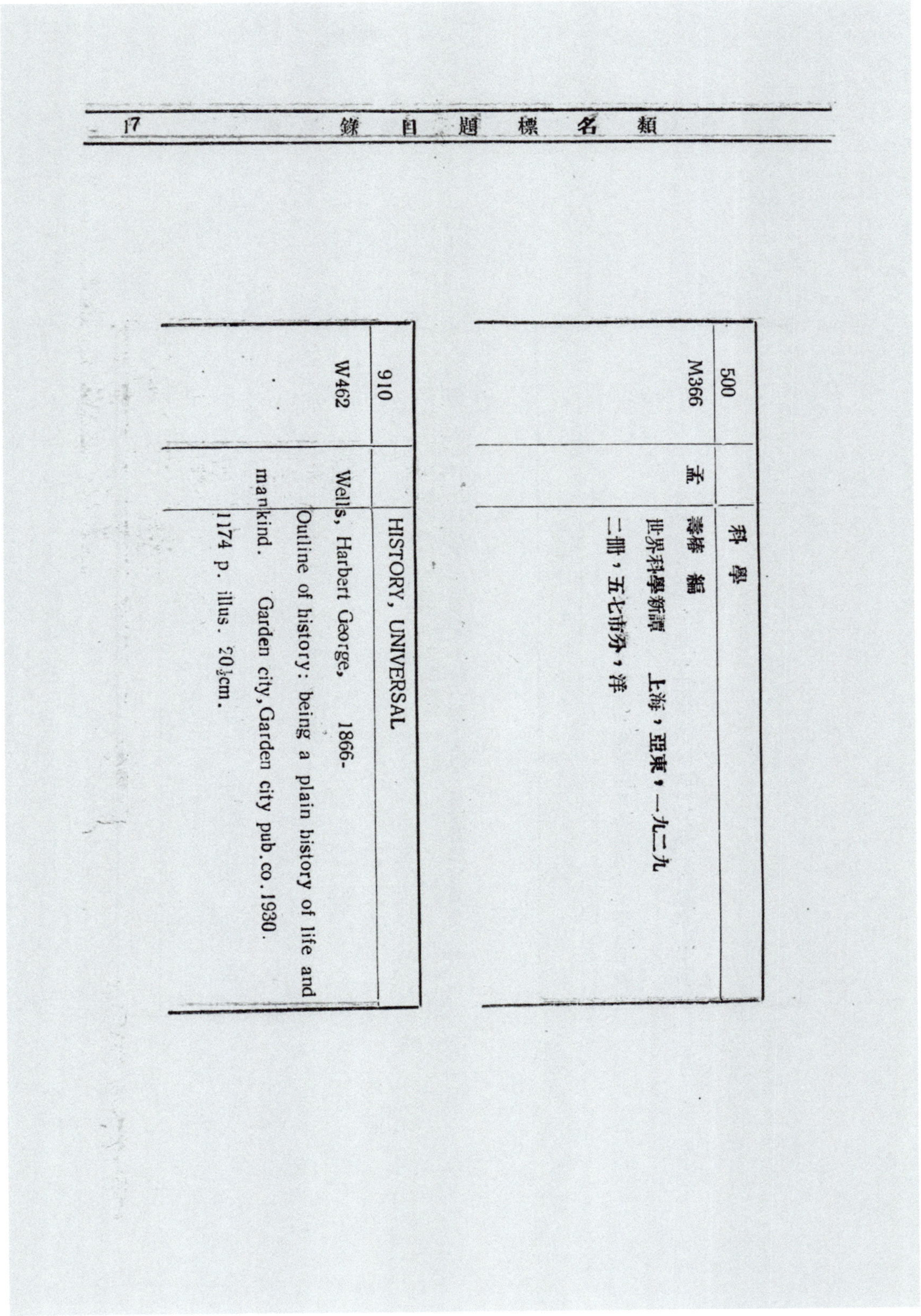

17　類名標題目錄

500
M366
科學
孟　壽椿　編
世界科學新譚　上海，亞東，一九二九
二冊，五七市分，洋

910
W462
HISTORY, UNIVERSAL
Wells, Harbert George, 1866-
Outline of history: being a plain history of life and mankind. Garden city, Garden city pub. co. 1930.
1174 p. illus. 20½cm.

540		CHEMISTRY
Sm51	Smith, Alexander, 1865- College chemistry; rev. by James Kendall. rev. ed. N. Y. Century, c1929. 759p. illus. port 21½cm.	

B 普通參攷卡

(1)類名標題 開始第一行，自書名線寫起。

(2)說明 空一行，自書名線寫起，一行不夠，由下行著者線寫起。

(3)舉例

		字典
		各種語言或各科的字典，見該語言或該科再分以「字典」 之類名標題下，如「中國語—字典」；或「建築學—字典」

		DICTIONARIES
	see	For dictionaries of any language or other special subject name of that subject, subhead DICTIONARIES, as ARCHITECTURE - DICTIONARIES.

C 見卡

(1)第一式　此式係常用者

(a)不用的類名標題　開始第一行，自書名線寫起。

(b)見（See）　跟(a)空二字或四格書之。

(c)被見的類名標題　下一行，自著者線寫起。

(d)舉例

		名學　　見
	論	理學

ORNITHOLOGY　see
BIRDS.

(2)第二式　此式係威斯康星圖書館學校所採用者

(a)不用的類名標題　開始第一行，自名書線寫起

(b)說明語　空一行自書名線起寫；一行不夠，由下行著者線寫起。被見之類名標題，即包括在說明語中。

(c)舉例

名學
在本目錄中關於此名類標題的圖書，可由「論理學」名類標題下查得。

ORNITHOLOGY

To be found in this catalog nnder BIRDS.

D參見卡

(l)第一式 此式常用於卡片目錄中。

(a)類名標題 開始第一行，自書名線寫起。

(b)參見(See also) 跟(a)空二字或四格書之。

(c)被參見的類名標題 下一行，自著者線寫起，每個標題另換一行。

(d)舉例

數學 參見

算術

代數學

幾何學

三角學

微積分學

LEGENDS,	See also
	FABLES
	FAIRY TALES
	MYTHOLOGY
	ROMANCES

(2)第二式　此式常用於書本目錄，卡片目錄，亦可採用的。

(a)類名標題　開始第一行，自書名線寫起。

(b)參見(See also)　跟(a)空二字或四格書之。

(c)被參見的類名標題　下一行，自著者線寫起，各類名標題中間隔以分號(；)，連續出之。一行不夠，下一行仍自著者線書之。

(d)舉例

數學	參見
	代數；微積分；算術；幾何學；三角學

LEGENDS. See also
FABLES；FAIRE TALES；MOTHOLOGT；
ROMANCES

(3)第三式　此式係威斯康星圖書館學校所採用者

(a)類名標題　開始第一行，自書名線寫起。

(b)說明語　空一行，自書名線寫起，一行不夠，由下行縮後一字或二格續書之。

(c)被參見的類名標題　下一行自著者線寫起，每個標題，另換一行。

(d)舉例

數學
關於此種材料並可由下列各類名標題下查得
算術
代數學
幾何學
三角學
微積分學

女師學院期刊第二卷第二期 24

	LEGENDS.
	Material on this subject will also be fonnd under
FA	BLES
MO	THOLOGY
FA	IRE TALES
RO	MANCES

附註

(註一)倒置類名標題，在西文中頗覺便利而形式亦無奇異，但在我國文法上，似乎不大妥當○因爲這種語法，不合我國的習慣○所以凡西文的倒置類名標題，應用到我國來，可變爲修飾類名標題，如商業地理，大學圖館，或變爲再分標題，如幾何學—立體，歷史—古代，似較妥善○

(註二)成語類名標題，中文中如倒置的一樣不合習慣○我們愈少應用與中文類名標題目錄裏愈好○

(註三)杜定友 新中華圖書館理法，附錄面二一到三八

(註四)梁格編 國立中山大學圖書館中日文圖書目錄 廣州，中山大學圖書館，一九二八○

(註五)何多源 圖書編目法：標題表 廣州大學圖書館季刊，卷一 一九三二○

(註六)American Library Association List of subject headings for use in oictionary catalogs. 3rd ed. Chicago, A. L. A. 1911.

(註七)American Library Association A Survey of libraries in the United States. v. 4. p. 90-91 Chicogo. A. L. A. 1927.

(註八)Sears, M. E. ed. List of subject headings for smell libraries. 3rd. ed. N. Y. Wilson, 1933.

(註九)Mac Nais, M. W. ed Subject headin gs used in the pictionmany Catalogues of the Library of Congress. 3d ed. Wash. Govt Priht. off. 1928 1535 P.

(註一〇) U. S. Library of Congress, Catolog division. Subject subdivisions: (A) under names of countries, states, etc., (B) under names of cities, (C) under general subjects. 6th ed. Govt Print. off., 1924.

(註一一) U. S. Library of Congress. Catalog division. Subject

headings with local subdivion: (A) headings with indirect subdivision, (B) headings with direct subdivision, and (C) list of local divisions (states, provinces, etc) to which subdivision is always direet. 4th ed. Gvvy. Print. off. 1925,

（註一二） U. S. Library of congress. Catalog divisioh. Literature Subject headings and language subject headings with list] for Shakespeare collections. and language headings. 5th ed. Govt. Print. off. 1926.

（註一三） 同（註七）

（註一四） 這裏所謂正著者卡，指著者卡中之正著者而言。其寫法當在另章中討論，茲不贅述。以下提及正著者卡，仿此。

參考書

沈祖榮　中國編目中一個重要問題

圖書館學季刊　三卷一二期　一九二九

杜定友　新中華圖書管理法　第二十九課　第三十課

黃星輝　中文編目之標題問題

圖書館學季刊　三卷一二期　一九二九

愛克斯　簡明圖書館編目法；沈祖榮譯武昌，文華公書林，一九二九

Fellows, D : Cataloging rules P 38-45　N. Y. Wilson, 2926.

Mann, M. : Intradnction to Cataloging, and the classification of books. chap. 9—10　Chicago, A. L. A. 1910

12

图本七

毛坤

档案序说

檔 案 序 說

毛 坤

檔案之名稱性質及其意義

檔，音黨，亦音當。玉篇，木床也。類篇，謂横木框檔。框即檔，乃所以安置門窗架格之屬者也。案與桉按均通。說文謂為几屬。几案為人所憑之物，故引伸轉變為凡可以依據之物，亦稱曰案。古書用案字者，多案治，案理，案察，案考，案驗，案據，連用。故案字有治理察驗，考據依從等義。其詳見辭通所引。檔案連稱，則以此種成案或例案，多庋於框檔木架之上也。楊賓柳邊紀略謂：邊外文字，多書於木，往來傳遞曰牌子，以削木片若牌也。存儲年久者曰檔案，曰檔子，以積累多，貫皮條掛壁，若檔故也。然今文字之書於紙者，亦呼曰檔子牌子矣。是也。官署案卷，清初稱為檔子，內閣設有漢檔子房。例案，中華大字典謂，今稱例案曰檔案，以庋案卷於檔得名。康熙字典引正字通，凡官府興除成例及獄訟論定者皆曰案。案牘，辭源，官中文書也。公文，辭源，公文謂官員及官署之往復文書也，亦稱公文書。官書，辭源，官書公文也。周禮掌官書以贊治，又公家所刊所藏之書。呂祖謙白鹿洞書院記，國宗尊右儒術，分之官書，命之祿秩。又今稱公家所頒法令等書曰官書，亦曰官文書。

西文相當於中文檔案一辭之字，亦有數字。(1)阿愷夫斯，Archives 標準字典釋曰，阿愷夫者，保藏檔案各件之所也。尤指足以考證歷史之公共文書。並云與此字意義相近之字有：(2)年鑑 Annuals，年鑑者，每年之紀錄也。(3)編年史 Chronicls，編年史者，以年月為綱，以事實為目，而繫屬於其下也。此兩者之為書，皆缺乏特別某點選擇及懲前毖後之眼光。(4)史書History，史書者，選擇分類各種史料，而以其關係重要為根據者也。阿愷夫斯，乃公共之記錄，可以為年鑑，可以為編年史，可以為其他行事之記錄。(5)言行錄，Memois 言行錄者，個人生活之記錄也。（6）紀念品 Memorials，紀念品者，不僅錄諸文字者，即其他實物，亦可包含在內。阿愷夫斯，可以包含法律之記錄及簿册。(7) 契據 Muniments，契據者，在法律上人可依據之以保證其權利者也。韋氏字典牛津字典述阿愷夫斯之義與此略同。大英百科全書對於此字所述甚少，僅曰阿愷夫一字，通常多用其複數，阿愷夫斯而用以指儲藏載記憲章及其他文件之屬於國家社會家族者之地方；然近日常用以指示載記憲章等之自身矣。而檔案之說明，乃在於載記 Record 一字之下。韋氏字典釋載記曰，凡記錄公共團體或官府某時代之官家文件，謂之載記。大英百科全書及芮伊 Rye 氏之倫敦圖書館指南，釋此載記一字，皆引英國官檔局 English Public Record Office 一八三八年保存檔案法規中所規定之義，曰：載記者，案卷 Rolls，記錄 Records，令狀 Writts，書籍 Books，議事錄 Proceedings，法令 Decrees，法案單據 Bills，委任狀 Warrants，開見報告 Accounts，文件 Papers，及其他一切英國有公共性質 Public Nature 之打口門 Documents 也。打口門一字，綜合字典譯爲官文書公文等。標準字典釋爲官文書者，凡足以傳遞消息或證據之手稿或印刷品皆官文書也。如法律或政治檔案是也。大英百科全書釋打口門曰，嚴格言之，在法律中凡足以用爲證據或證明之書寫的或印刷品的物品，甚至碑文牌記，凡可以閱讀如圖像照片印鑑等，皆可供打口門之用。廣泛言之，此辭乃用以表明凡書寫或印刷之文件，足以供某種題材之消息或證據者是也。普通稱 Public documents or Government documents 爲官文書或政府檔案。

英人金肯生 Hilary Jenkinson 所著檔案管理法 A Manual of Archive Administration, 1922 乃專門研究檔案管理之書。其解釋檔案則又較以上所述各說更爲落實。彼以爲欲明檔案之意義，須先明檔案之性質。何爲檔案，金氏以爲檔案有 Record 及 Archives 二字可用。Record 一字論其通義，過於廣泛；論其專義，則又太專，常人不易了解。Archives 一字。各國語言均喜引用，故今亦採用之。其字本義乃指儲藏公共文件或歷史文件之地，其後乃引伸爲檔案之本身者。揆其性質約有以下諸義：(a) Archives 者，即 Documents

也，爲官務中之一部份，而藏以待參考者也。（b）凡爲一官務而製作之文件及包含於一官務之文件皆檔案也。譬如於報上剪下一與某項官務相關之紙片，而與該項官務文件置於一處者，日後亦是檔案。(c) Document 之定義：在無論何項材料上之所有寫稿，所有以寫字機器所作成之字體，及所有以機械式之鉛字木字銅版等重新製成之字體，再加所有其他各項實體之證據，無論其包含於檔案之字順或數號中否，成爲其一部份者，或爲附件者，或可極有理由假定其爲一部份或附件者，均是。(d) 私人或團體所作成之集件，在其職守內之官務或事務檔案中者。(e) 文件用以保存於檔案室中者。(f) 置於無汚點之檔案室中者。要之檔案之性質，第一是無偏無頗。第二是眞實可靠。但檔案室如被破壞時，須防其有僞造。故檔案必須在某種完善可信之檔案管理系統中傳下者方爲可靠。經過私人及不完善之檔案保管室收藏者，即有流弊。（近閱圖書評論，見繆鳳林先生評王芸生氏之中國六十年來與日本中，有數函件，云不足可靠，蓋即此種檔案非出於正式及完善之檔案保管處所傳下也。）最後金氏下檔案之定義曰：檔案者，其作成乃爲自己行政過程中之用，而隨即保存於其自己之檔案室中，爲該項檔案之負責人或法定之繼承人，自己參考之材料者也。（檔案非爲後人而作，非爲歷史而作）。

由以上種種論說，對於檔案有各種不同之觀點，試分析言之：

自時間言。有以爲凡一切公文案件，自收到以至於其存在之日，均爲檔案，有以爲須一切公文案件，現已完全不用而移於他處以存儲者，方謂之檔案。如清軍機處檔案，內閣檔案等是。吾人今自管理及實用之觀點言之，主張前說。以後之討論，皆以此爲範圍。　自空間言，有以爲須政府機關之公文案件，方得謂之檔案。有以爲凡政府機關公共團體企業組合之公文函件，均可謂之檔案。吾人今自管理及實用之觀點言之，主張後說，以後之討論，皆以此爲範圍。換言之，即吾人對於檔案之範圍無論自時間或空間言，皆取廣泛之義也。

檔案之目的及功用

徐旭先生保存例案議有云：（見北京大學社會科學季刊第一卷）例案也叫

做案卷，凡各衙門所藏的冊籍訴訟稿件往來的公文全包括在裏面。如果歷史家眞曉得搜集牠批評牠利用牠，牠那裏面材料的豐富，紀錄的翔實，遠不是什麼奏議檔案紅本所能比擬的。他并舉出四種重要的關係。第一與文字史的關係，第二與器物史的關係，第三與風俗史的關係，第四與經濟史的關係。并云，例案就是人民生活的反射并且比較的爲一種忠實的反射。如果專修廟堂史，則檔案中史料好，欲求民間情況則例案好。徐先生係將中央檔案稱爲檔案，其功用是可以爲修全國史書，即所謂廟堂史之材料。地方檔案，稱爲例案，其功用是可以爲民間生活史之史料，總之不外檔案者史料也之見解。美國歷史學會出版一書曰，地方檔案之保存。亦曰，地方檔案最關重要，以其確爲人民實際生活之寫照也，義與此同。清章學誠校讐通義外篇，有州縣請立志科議。其目的亦無非在於積數十年之久，則訪能文學而通史裁者，筆削以爲成書(志書)。梁任公中國歷史研究法有云：歷代官署檔案，汗牛充棟，其有關史蹟者千百中僅一二，而此一二或竟爲他處所絕不能得。檔案性質本極可厭，在平時固已屬諸高閣，聽其蠹朽。每經喪亂，輒蕩無復存。舊史紀志兩門，取材什九出檔案。檔案被採取者，則附其書以傳；其被擯汰者，則永永消滅。而去取得當與否，則視其人之史識，其極貴重之史料，被史家輕輕一抹而宣告死刑以終古者，殆不知凡幾也。二千年間史料之罹此冤酷者，計復何限。往者不可追矣，其現在之運命，亦危若朝露。吾三十年前在京師，曾從先輩借觀總理衙門舊檔鈔本千餘冊，其中關於鴉片戰役者便四五十冊，他案稱是。雖其中多極可笑之語，然一部份之事實含在焉，不可誣也。其中尤有清康熙間與俄法往復文件甚多，其時法之元首則路易十四，俄之元首則大彼得也，試思此等文件在史料上之價值當居何等？今外交部是否尚有全案，此鈔本尚能否存在，而將來所謂清史者能否傳其要領於百一，舉在不可知之之數。此可見檔案之當設法簡擇保存，所關如是其重也。梁氏對於檔案之觀點，雖認爲有重要與不重者，然其所謂重要者，亦全在乎史料上之價值也。檔案之有歷史上之功用，吾人固不否認。但吾人之所以保存檔案，若謂全爲後人而爲之，全爲史料之故而爲之，則殊不盡然。檔案之本身乃爲事務進行中傳達彼此之意見，堅固彼此之立場，便利彼此之工作；吾人之所以保存之管理之者乃供給上述種種之參考也。檔案本身之功用及其現在之功用，乃檔案之第一要義，歷史性質及供他人研究之用者，乃檔案之第二意義也。至於私人之偶獲檔案，以爲古董；及博物院之以檔案爲美術品而陳列展覽之用者，更非吾人所謂保管經營檔案重要之意義矣。因此吾人於保管老檔之法，盡量研究外，對現行新檔保管之法，尤特爲留意焉。

檔案保管人與檔案保管機關

檔案之本身含有公證二字在內。公者言其文件曾經多人參加，證者言其文件在法律上有證明某事之價值也。因是保管檔案之人，及保管檔案之機關，亦須在公務上或法律上有根據，方可眞正稱爲保管人與保管機關而不影響於檔案之眞僞。譬如余今作一文，不能稱爲檔案，而借錢契約可以爲檔案也。則試分析此契約，於債權者與債務者之外，必尙有一公證人或保人。否則其錢不還時，各說一詞，卽不能解決。又債權者持此券當然有效，設另一人持此券，則其有效與否，須視債權人與另一人之間有否法定之手續以爲斷。故今所謂檔案保管人，第一須有學術上之資格，方可對於檔案物質上之護持，及人事上之護持，兩方面曲盡其力。第二須有法律上或地位上之資格，方可護持檔案，不致爲大力者負之而趨，兼以取信於現在及將來。換言之，卽保管人須爲保管機關人員之一部份。至於保管機關之情形，可有種種不同，然其前後彼此移轉交替之間，必須有法律上之根據則一也。考檔案所在之處，有卽其處之所製造者，有僅爲其處之所有者。前者稱爲 Archive making, 後者稱爲 Archive owning 而此製檔者與有檔者又各有不同。(a) 產生此檔案之行政組織現尙存在進行者；(b) 一新的行政組織繼續進行其同樣之工作者；(c) 其行政組織存在作用而其檔案部份已停止作用者；(d) 行政組織及檔案作用均已停頓而合併或轉移檔案於他機關者。

中國過去檔案之大概情形

歷代政府檔案，皆係該代之重要史料，然而大抵須編輯成書，方能流佈。其以散帙原文傳世者，除淸代時間距今較近外，極爲罕見。即經纂編成形之官書，迨該代正史出現後，亦多失傳。如高氏史略有唐二十二朝史錄，晁陳二家書目有元豐廣案百卷，嘉祐御史臺記五十卷國朝會要總類五百八十八卷，明文淵閣書目有經史大典七百八十一冊，太常集禮稿百冊，大元通利四十五冊，均未見傳本。歷代地下之發現，如汲冢書，據晉書束晳傳所載，大凡七十五篇，無可稱爲檔案者，且皆已佚不可考矣。燉煌石室所出，據各家所載，亦以寫經爲多，間有一二契約官事之文。安陽龜甲，所述皆當時祭祀禱告之文，可稱爲殷商之檔案。餘尙無特殊之發現也。

淸初內閣檔子房，爲存儲檔案之所，并責內閣專司其事。天聰三年設文館於盛京，十年改文館爲內三院，一曰內國史院，一曰內秘書院，一曰內弘文院。內國史院即專司編纂起居注實錄等事。順治二年以翰林官分隸三院，俱改內閣銜，稱內翰林院，內秘書院，內弘文院。十八年復改內國史院，內秘書院，內弘文院，裁翰林院，康熙九年仍改內閣，另設翰林院如舊制。詳見大淸會典事例卷十一。

淸之內閣，其執掌仍如明代之內閣。明史職官職謂：內閣凡上達之詔誥制書冊文，下達之題奏表章講書狀文冊揭帖，皆審署申覆。淸初檔案，自盛京移入北京，即由內閣編纂保管，歷代不絕。其一切舊檔，皆在內閣大庫中。至淸宣統年間，內閣大庫滲漏，大學士張之洞奏請以大庫所藏書籍設學部圖書館，其舊檔則主焚銷，後經學部參事羅振玉之請，能免焚銷。民國初年，移於午門歷史博物館。若檔冊實錄存貯之所，吾人所知者，有瀋陽故宮，北平故宮，及分散於歷史博物館，北京大學，中央研究院歷史語言研究所等處。

遼寧舊檔，有滿洲實錄，崇謨閣滿文舊檔案，滿文老檔等。北平故宮檔案整理刊行者，有淸太祖努爾哈赤實錄，文獻叢編，史料旬刊，淸代文字獄檔，淸軍機處檔案目錄等。其他午門歷史博物館所存檔案，民國十年頃因經費支絀，曾將檔冊八千餘麻袋售於紙商同懋增，以爪造紙。羅氏見之，乃以四千元購之。後歸江西李盛鐸。民國十八年國立中央研究院以二萬元購回，存歷史語言研究所，整理後印有明淸史料十冊。尙有淸太祖太宗實錄聖訓未印。餘存於歷史博物院者，蔡元培先生請歸北京大學，設北京大學明清史料研究會整理之。已整理就緒者，有清太宗實錄十六冊，清太宗聖訓底稿殘本十六冊，明季兵部題行稿等。其間保存者之整理出版者，博物館有滿清入關前與朝鮮交涉之史料，羅振玉輯有史料叢刊等。

故宮博物院之檔案，據其報告有云：檔冊中如乾清宮實錄大庫，皇史宬之清代歷朝實錄聖訓起居注，經南三所硃批諭旨留中奏摺題本，宗人府玉牒內務府檔案，及軍機處檔案等，約千餘架。輿圖畫像及冊寶各千餘件。明代玉冊尤有存焉。

歷史語言研究所之檔案，據其十八年報告有云：內閣檔案原為清代內閣大庫所藏。清內閣在雍乾以前為國家庶政所自出之地，在雍乾以後尤為制誥典冊之府，所存檔案，皆當時構成史蹟者自身之敘述。又清初纂修明史及三朝實錄，搜集啓禎兩代案卷。瀋陽陪都舊檔，并為內閣所掌。清宣統元年大庫室壞，此項檔案由內閣移交學部。民國二年教育部設歷史博物館，即將此項檔案移入。十年歷史博物館因經費短絀，遂將此項檔案大部較破損者售出，輾轉為客居天津之李木齋氏購得。本所成立之初，即思利用此項史料為研究對象。十七年十二月由北京大學教授馬叔平氏介紹，開始與李氏接洽購回，旋議定以一萬八千元為代價。蓋即李原付價亦歷年為此所付之遷移房租等費。十八年五月本所由廣州遷至北平始預備接收，并勘得歷史博於館午門西翼樓為堆存整理之所。七月由教育部將該館撥給本院委託本所管理，八九兩月經編輯員徐中舒率同書記尹煥章將平津兩處檔案陸運存午門樓上，同時并修理午門東西廊房，購置用具為整理之預備。九月底由研究員傅斯年編輯委員徐中舒並招雇書記六人工人十九人初步整理。……………此項檔案與北京大學研究所國學門及故宮博物院所存者，其整理工作難易相差甚遠。大概北京大學所存者，皆內閣檔案中較整齊之案件；故宮博物院所存軍機處檔案，不但整齊，且有目錄可檢，而此項檔案數量既鉅約十六萬餘斤，由歷史博物館售出時即已破碎，及輾轉遷移之後，更加零亂不堪。

清軍機處檔案，乃軍機處所抄錄清代內外章奏及上諭等之存稿也。先是內外奏章均由內奏事處送呈皇帝閱覽，覽畢交軍機處抄錄副本，將原件發還，所抄之件存方略館，民國成立仍存原處。迨民國三年國務院呈請大總統將此項檔案移置於國務院集靈囿。民國十五年復由國務院將此項檔案與方略館及楊守敬觀海堂圖書撥歸故宮博物院整理。……移置景山西大高殿內，計圖書五十五架，檔案大小七十五架，圖書貯於前殿，檔案貯於後殿，移後由院中文獻部整理。此項檔案兩次搬遷，極爲淩亂，乃先按其朝代年月逐漸整理。計自雍正初年至宣統末年，所有檔冊摺包共庋四十九架。凡檔冊七千九百六十九本，摺包三千五百三十五包，約八十餘萬件。其詳目見軍機處檔案編年目錄。按軍機處舊檔，自雍正以來二百年間，軍事機密，皆具於是。軍機處事原屬內閣，自雍正間設軍機處後，內閣權勢遂衰。趙翼簷曝雜記云：軍機處本內閣之分局，國初承前明舊制，機務出納悉關內閣，如唐翰林學士掌內閣之制。雍正年用兵西北兩路，以內閣在太和門外慮泄事，始設軍需房於隆宗門內。

清昇平署檔案，昇平署爲清代內庭演劇之地，乾嘉時代名曰南府，道光七年始改此名。此檔原存海鹽朱氏，今歸北平圖書館，都五百三十冊，計十四種。至德周明泰有清昇平署存檔事例漫抄，幾禮居戲曲叢書第四種。燕京學報第一期，有朱希祖先生整理昇平署檔案記可參看。

民國以來仍立都北京，故所有政府檔案悉存北京。政府南遷後，北京政府各部檔案，一時未能南移，故各部多設有北平檔案保管處。今已漸次移京合併整理矣。近自內政部成立行政效率委員會以來，對於公文函牘力擬改革，故整理檔案之聲日甚。在行政效率半月刊上，關於檔案之文亦時有發表。其中以甘乃光先生之公文檔案連鎖辦法，最爲具體可效，一時各地仿行學習者不絕焉。

西洋檔案之大概情形

西洋各國之檔案管理方法，多較我國進步，故其所存檔案甚多。即一國一省一城一鎮之檔案，言其詳，亦匪易事。茲不過就其大概情形言之。大美百科全書 Records, Public 下有云：古代對於檔案之保存甚鮮注意，惟帝王酋長之行事記載，確曾保存之。由尼尼微及巴比侖之泥版書可以見之。 the Clay tablets of Nineveh and Babylon 但其中之所記載，多偏於軍旅之行踪，王朝之炫曜，而法律及影響於公衆之事件則甚少。然文化進步，法律日繁，製定保藏，於是眞正之檔案生焉。當時之法規佈告等，多書於羊皮紙及堅固耐久之材料上，或榜於通衢，或傳令州縣，以曉諭百姓，故西歷三百零三年之羅馬法律被於十二木牌之上，置之公共場所 Forum，以展覽之，所謂十二表法是也 Twelve Tables。中古時代法律亦多書於羊皮紙上，存於官廨，惟判案及田契等尙無系統之記載。法國爲首先保存管理司法檔案之國家，法國北部之洛爾曼人，遂傳其法於英格蘭。

大英百科全書 Record 下有云：管理檔案有集中與分儲二法，而各有優點，至今討論未決。多數之歐洲國家，美國，坎拿大，南非洲，皆效法國之所爲，採取分儲法。法國者，管理檔案首倡之國也。概言之，各國雖多分儲，而亦大抵皆有一集中儲藏關於全國之文件。英格蘭及威爾斯則爲行集中法者。

英國一八三八年之法律規定全國各地分藏之檔案均集中一處，設檔案主任管理之，該主任復薦舉二人以助清查。并製定適於公衆之名詞。此法并賦權於王，凡前此檔案中未有之官檔，均可有權聚集之。後并將前國家文件局 Old State Paper Office 舊檔，移入官檔局 Public Record Office。惟關於印度之文件仍舊不移。此後倫敦官檔局，分爲二部，司法檔及國事檔。後者包含舊國務院各部之檔，前者分高等法院檔 Chancery，及度支部法院檔 Exchequer 二部。高等法院原隸屬於王室，故其內容爲皇家文件 Royal Letters，公檔 Patent Rolls，秘檔 Close Rolls 等。均起自約翰王之世，公檔各加蓋國璽，公開送達保存者。秘檔多封固送達保存者。公檔內容爲封地，封爵，封官，封主教，復官，賞賚，以及各地疆域分合之詔諭等。此中早年之檔，并有關於外交方面之文件，如公使之職權，與外國議和之函件條約等。後發覺其不妥，乃改入國事檔中。秘檔內容異常複雜，大抵私人函件及較爲關於私人性質者爲多。其前管理員哈代氏，Sir Thomas Hardy 曾述其內容，謂關於守約，停戰，求助，徵稅，復地，籍產，受朝，修建，宮室，造幣，皇室，內務府事務，俸給，刑獄，等令文，以及議會之開閉，軍事之調動等詔令，遣致外國君相之文書，布告，禁令，権酷，造船，徵兵，讓餉，田賦等冊，均有之。

度支部法院檔中最早最著名者，爲威廉王 Williarm the Conquer 時代所製之英格蘭陸地測量簿 Domesday Bock，度支部當中，分上院檔，即査賬檔，及下院檔，即收賬檔。上院檔又分爲度部收償局，及王室收償局二部。度部檔以官員之俸給賬項爲主，王室檔以國家用費賬目爲主，下院檔大抵關於人民教會及其他各地巨室賬目者。

關於普通法檔，其中最早而有名者爲理査王至亨利王時之宮庭檔。Curia Rigis Rolls 其餘皆歷史公私訴訟之重要案件，如庭對檔，Coram Rege 公訴檔 Crown，陪審檔 Assize，等。

關於國家文件，前已言之，頗有一部份入於高等法院檔中者。國家文件局成立於一五七八年，後合併於官檔局。中分內務檔及外交檔二部。後又添設殖民地檔。迨殖民局成立，殖民局檔遂轉移於殖民局保管。內務檔之內容，爲王室政府收發之函件，及委任狀，命令等。外交檔以有關係之國爲次，內容如各公使之函件條約議和等。

至於檔案之出版，一八零零年特成立一王家委員會。專力於官檔之印刷與分配。印出之物雖屬不少，但因編製及索引不良，殊無多大用處。官檔局所辦理而出版者，成績遠過之。此外學術團體，如派普檔案會，Pipe Roll Society 及塞登會，Seden Society 對於檔案之批詳解釋，亦頗有成績。凡學者若非專爲對證原跡者，則已可以不必求閱原物，印出之檔案，已足供研究之用矣。

按英國官檔局，收藏最富，管理亦至有條理。賈士比著有官檔局藏檔指南一書，最爲詳盡。第一卷論法檔。第二卷論國家文件及公共部檔。芮伊氏倫敦圖書館指南中，有管檔局中之國家檔案一章，亦可供參。其中有云：此種檔案均含有官務之性質。所存之檔，前後有八百年之久，世界各國所存之檔，所包時間之長，內容之備，未有能過之者。其內容可歸爲以下六種：

(1) Records of the Chancery and Exchequer and Courts of Law (King's Bench, Common Pleas, High Court of Admiralty, etc., including those of the Justice Itinerant and the Clerks of Assize) down to

the establishment of the Supreme Court of Judicature.

(2) Records of the Supreme Court of Judicature, namely of the Chancery, King's Bench and the Admiralty Divisions, and of the Clerks of Assize.

(3) Records of special, local and abolished jurisdictions, such as the Courts of Requests, Star Chamber and Wards, and of the Palatinates of Chester, Durham and Lancaster, and of the Duchy of Lancaster and the Principality of Wales.

(4) Records of the Copyright Office, Stationes's Hall.

(5) Records of the State Paper Office, Comprising the Domestic, Colonial and Foreign series of the Secretaries of State.

(6) Records of Public Department.

在十二世紀以前之檔案，存者較少，自十三世紀起，多量完備之檔，逐漸保存。如 Chancery Rolls 等，其中之 Patent Rolls 繼續保存直至現在。中世紀之檔案，保存最多者，為 Chancery 及 Eechequer 之各部，及 Kings' Bench, Common Pleas and other Courts of Law 其中多為法律的及行政的。因早年之 Chancery 及 Exchequer 為政府之主要行政機關，其法律方面之功用乃後來所發展者。但在十六世紀之時，Secretary of State 卻為政府之主要行政機關，故自此以往 State Paper 遂日加多。自1780年以往，State Paper 合併於 Hcme Office, Foreign Office, Admirrlty, Colonial Office, War Office and other departments, 直至現在尚是如此。國家各部皆移其不復現用之檔案於官檔局。官檔局如此繼續增加文件，以至不能容納，現已有檔件四千萬件以上，有二十六英里長之書架矣。

官檔局有研究室三，一室為研究歷史者之用，一室為研究法律者所用，一室為政府各部之代表持有某部之特別許可証以研究近日之檔案及不公開之檔案者。凡欲研究一八零一年以前之檔案者，可以照式填就請求書，經局中秘書允許，免費取得閱覽證。若為外籍人士，則須其國之公使館之介紹信。局中并印有小冊，載明各種閱覽規程及抄檢檔案之用費表。閱覽室星期及例假外每日上午十時至下午四時半開放。

其展覽室 The Museum of the Public Record Office 在 Catalogue of manuscripts and other objects in the Museum of the Public Office by Sir H. C. Maxwell Lyte 一書中言之最詳。其地原為 The Chapel of the House of the Converts 一二三二年亨利第三所建以為猶太人之信耶教用者。後改為 Chapel of the Rolls。但自黑帝華王第一放逐猶太人之後，此地已成空名。一三七七黑帝華王第三乃以之給與 Keeper of the Rolls of Chancery，直至一八三七年始行退還於王室。現有之建築成於一八九五年乃就原址加添，凡從前之有歷史上或藝術上之價值者，概保存勿失。其所以選此為檔案之展覽處，亦即取其有歷史及藝術上之價值也。展覽櫥櫃甚多，計：

櫥A. Writs, Charters.1094—1311.

櫥B. Charters, Diplomatic documents, Seals. 1281—1455.

櫥C. Illuminations, Bindings. 1185—1495.

櫥D. Five Plea Rolls of the Court of Kings' Bench in the Tudor Period.

櫥E. Early Tudor documents. 1489—1509.

櫥F. Specimens of treaties, illuminated manuscripts. 1500—1535.

櫥G. Drawings, Seals, 1559—1625.

櫥H. Small seals, Indentures, Tallies, Curiosities. 1229—1616.

櫥I. Naval and Millitary Papers. 1782—1815.

JJ. A document stamped with two specimens of the first issue of New South Wales stamps, the two Penny『Sydney View』issue of 1850.

櫥K. Oriental letters. 1583—1766.

KK. 保存不善，致有損壞復經修補之檔案樣本。

櫥L. Diplomatic documents 1621—1814.

LL. Correspondense relating to Colonial Postal issues of 1859

櫥M. Some very interesting American and Colonial Papers. 1621 1820.

臺子上 A Collection of Autographs.(墨跡)1366—1790.(凡一百餘件)

補充櫥局中1918年以後所獲得之珍品。

此外於其中之牆上框架中尚有若干重要檔案展覽於是焉。

關於美國之檔案，大英百科全書 Record 下有云：『美國各邦公檔藏於國會圖書館，各邦之檔各邦自藏之。此外邦圖書館中之檔案部，國家歷史委員會，國家歷史學會皆有研究檔案者。美國歷史學會致力於此方面之工作最多。惟美國歷史遠在其成為獨立以前，故有甚多之材料須向歐洲求之。最重要者如英倫官檔局檔及殖民局檔等是。安德氏Andrew 曾將官檔局，大英博物院，牛津及劍橋大學圖書館，英國元老院及其他藏檔之處之關於美國部份者編成目錄，頗便參考。大美百科全書 Record 下有云：美國仿英國之法，自開國以來，即保存公檔，世界各國保存檔案，未有如美國之注意之甚者。凡各邦之田地產業均應留下記錄。法庭之記錄則由法庭書記保存之。各邦法規則由各邦官吏保存之並以公諸人民之查閱。聯邦政府保存獨立宣言及各邦間與聯邦政府間之檔案。各邦各縣各市均有保存檔案之設備。依習慣法，保存於政府當局中之檔案，人民無絕對之權求閱。譬如關於產業之記錄，不能僅以研究尋求材料之理由而求閱，除非實際與此事有關係之方面方可。然美國檔案之准人民查閱者，限制仍較他國為寬』。

美國對於聯邦政府及各邦各縣之檔案皆有詳細之調查與報告，使尋求材料者得知何處有可資參考之檔案，甚為便利。譬如W. G. Leland 等編之 Guide to the archives of the Government of the United States in Washington，1907. 對於中央檔案，分部敘述甚詳。每部每局述其行政之組織，歷史之變遷，重要之檔案等。計分：白宮，邦政部，財政部，戰事部，司法部，郵傳部，海軍部，內政部，農業部，商工部，內政委員會，國內商務委員會，司米生院，大理院，高等法院，參議院，衆議院，國會圖書館，國際局等篇。每篇之下又各依其行政組織而加以區分。關於各邦之檔案，各邦均有指南，如 the Historical Department of Iowa 有 Reports on the public archives。C. C. Stiles 有 Public archives: amanual for their administrataon in Iowa。O. C. Coy 有 Guide to the County archives of California. American Historical Association 有 Report of the Public archives Commission of A. H. A.

蘇格蘭之重要檔案儲於愛丁堡之 General Register House。高等法院及度支院尙藏有其自己之檔案。愛爾蘭官檔局立於一八六七年。國家文件局雖受官檔局管轄，但仍爲一分別之機關，愛爾蘭之重要檔案有五百卷之多，却在倫敦。南非及坎拿大亦各有其檔案。

世界各國管理之法，以法國爲最早最善。--八七八年時卽以定下周詳之計畫而歷代守之不渝。國家檔案分爲三部。歷史部，行政部，立法司法部。均儲置於巴黎蘇比院Hotel de Soubise。各部保存其本部之檔並從前之各省舊檔及革命後之行政檔。各部受中央統制，用一致之分類法排列。此外則有市政檔，鄉村檔及醫院檔。此種檔案大部份均經精密之淸點。除用最嚴格合理一致之方法管理外，並有一文獻學校 Ecole de Chartes 作科學之硏究。仿爲之者甚多，然未有能與之比擬者也。

其他歐洲大陸各國管理檔案之法，多仿法國。瑞士與荷蘭於其州縣及都城皆有貯藏檔案之機關。德國舊檔Reichsarchiv一九一九年已爲新政府接收儲於Pastam 。各邦亦各有其邦檔，普魯士邦除主要檔案儲於柏林者外尙有十六七處置檔之所。市檔如Frankfurt 及 Cologne等地者皆有極大之價値。意大利有十七處檔處，歸內政部統轄。伐梯堪 Vatican之檔另行獨立。關於檔案之出版，荷蘭國最堪注意。廿世紀初成立檔案出版委員會，內有著名學者十八爲委員，每年聚會三四次以指導處理檔案事宜，其工作之價値早已超出Netherlands之外矣。

檔案經營法之內容

余讀美國歷史學會檔案委員會十三十四各次報告，見V. H. Paltsits 所擬之 Manuel of Archival Economy for the use of the American Archivists, 其所列之目次爲導言，檔案與政府之關係，檔案之公開應用，檔案法規，檔案館之建築，檔案館之設備，檔案館中之熱氣光潔，檔案館之保護與保險，管理之規程與則例，人員之組織，登記之方法，編目，分類，裝訂與修補，用具紙張墨水打字機及帶子，政部各部局與官吏之借出法，出版抄錄編輯印刷影印，檔案博物院及展覽，檔案要籍解題，全書索引等章。余今就所搜集之材料，國內之情形，及本校學生之需要。擬編以下各章。

通論章　論述檔案之意義，性質，功用，及中外檔案之大概情形，等事。

函件章　論述立排法及如何應用於一切機關企業文件之排比等事。

公文章　論述國內各機關現行之新舊各種管檔方法，及今後吾人應如何規定收發，分類，編目，儲藏，出納方法等事。

舊檔章　論述陳舊檔案之接收，保管，清查，排比，修補，刷印展覽等事。

官書章　論述官書之獲得，分類，編目，收運，等事。

館務章　論述檔案館之建築，設備，用具，組織，人員，等事。

13

图本八

曾宪文

儿童图书之分类与编目

兒童圖書之分類與編目

曾憲文

兒童圖書館事業，素不爲我國人民所重視。近數年間，歐美諸國，難在努力提倡，求其發展，而吾國人猶置不過問，殊非求進步之道。前數期中，余已將兒童圖書館事業，略爲討論，但關於分類與編目手續，尙未分別詳述，故特補作此篇。此篇文字多取材於梭亞氏夫人 Mrs. Horriet Price Sowyer 所編圖書館及其內容「Library and Its Contents 書內之「兒童圖書分類與編目」Classification and Cataloging of Children's Books 及「兒童圖書編目」Cataloging Children's Books 兩篇。但其中有與中國國情不合者，則刪去而略加更改，庶求適用於中國兒童圖書館，並備國人參考焉。

我國各公立圖書館，雖間有兒童部之創設，但佈置簡陋，管理乏人。而於整理圖書與分類編目等事，更無規則之可言。故書籍一任散佚，殊與創辦之宗旨相違。吾人不欲辦圖書館則已，苟欲辦圖書館，則對於分類編目等項，宜特別講求，以期館內秩序井然，閱者日益增加，方能洩盡圖書館之能事。

人常謂兒童閱覽部，雖宜與成人圖書部分別組織，而所製目錄卡片，當與普通應用目錄裝置一處。此種辦法，固屬簡便，而實則錯謬。蓋兒童圖書館內之分類與編目，多處不能以對成人之眼光對待之，因兒童之幸趣，閱書能力，均與成人迥異。苟參合而並置之，則如以長者之衣，加諸幼童，非但不而使其溫暖，而反令其傾跌。是兒童圖書部一切事務與設置，當與成人部分別者也。分類編目亦所當然。

（一）分類

據「分類」二字之意義而論，辦理手續，頗覺簡易，因無論何種事物，一入人之視線，則立知其屬於何部何類，書籍當亦同然。但自西化東漸，圖書館學已成一種專藝。書籍分類，非但手續綦繁，且必有專門學識者，始能勝任。玆特將分類法略爲一談：

書籍分類，但有定理，而無定法。惟須因地制宜，以求適合于環境。今且將各種分類法略爲比較，加以討論：

杜威 Dewey 分類法　依杜氏之法，兒童書籍，可用三種方法處理：

1. 將圖書館所有兒童圖書，完全與成人書籍分開。每本以一J字標識，另置一處。單獨組織一兒童部，其中書籍畫片等，則除少數省略處，完全依照渠所著十進分類法分類。

2. 將兒童圖書用J字標明，以類分聚，置於成人書籍各大分類之後。如951爲中國歷史，則J951爲兒童之中國歷史，置於普通中國歷史之後，日本歷史952以前，與成人圖書平行排列。

3. 兒童圖書以J字標明，但仍照成人圖書分類。而依分類號碼之順序，與成人圖書，雜置架上。

今照上列三種方法，作一比較，則第一種最好，蓋兒童書籍，自無成人前往取讀。雜置一處，適足以增館員與閱者找書之不便。且閱室既已分開，則書籍尤宜分置，俾兒童能自往書架上取書，以養成獨立之性質。

以J字爲 Juvanile之縮寫，故英美圖書館多用以標識兒童圖書。如美國佈魯克林Brooklin兒童圖書部之圖畫書，則以P字爲表記，因英文圖畫書籍 Picture book 之首字爲P故也。如在中國，則可以「兒」字或「童」字表明足矣。

開特Cutter分類法

開氏分類，亦如杜氏，僅以一J字標識兒童圖書。其餘則仍依該氏所作之 Expansive Classification 分類 F66 爲中國歷史書，則 JF66 爲兒童中國歷史書。L66 爲自然科學書，則 JL66 爲兒童自然科學書。餘均照此類推。如小圖書館人員過少，經費不足，對於兒童分類，不能過事講求，則將故事及文學書籍以J字區分，用著者號碼排列之。

布魯克林 Brooklin 圖書館分類法

或依杜氏或依開特氏，但分類時，將圖畫書籍，以P字標識，置於一處，然後依書籍之大小及式樣排列，因此種圖畫書籍，本無分類之必要也。

綜上述三種方法，似均不能完全適用於吾國，故吾人處理兒童圖書館時，不能不稍事變通辦法，以求便于適用．兹特將分類特應注意之事項，略爲分述：

A 書籍宜依深淺分別排列：兒童年齡不齊，知識各異，故圖書館應將書畫依意義之深淺分置．集淺易者，以應最小兒童之需．稍難者，爲年長兒童閱讀。如雜置一處，則不獨兒童及館員尋找書籍時，感覺困難．而較高深書籍之威儀，亦因此喪失．故最淺易之書籍，當分別置于較矮之架上，俾兒童自往取閱．此類書籍，可不採用標題，但以一單獨字母或漢字標誌之可耳。

B 兒童各類書籍，宜用不同之方法處理：

1. 神話故事書—幼小兒童所最喜閱之書籍，莫過于神話小說之屬，故圖書館館員，亦當將該類書籍，歸集一處．依杜氏分類法，此等書籍，可列數部，如 398, 291, 292, 293, 及小說部．苟欲求整理之便利，兒童之適用，則不如另備一特架，誌以特殊號碼．如此，則兒童找書時方便多矣。

2. 科學類書籍—如某圖書館，備有兒童科學淺易書本，則館員宜以之分作兩類。一類專列普通科學—即一書而包括各種問題者：如理化，生物學，植物學等。一類則列專門科學—即一書僅編一種特殊工作者。第一種可用 500 爲分類號，第二類用杜氏之專分法號碼，例：植物學 580，動物學 590，餘者依次而分．致于電學，可列入 600 內，因電學頗近實用科學也。

每類再分法號碼之下，更可細分，如動物類590以下，復可分小部—596蟲類，597魚類，598鳥類，所以如此細分者，因有數種書籍，所包範圍太廣，不得不照杜氏分出，以便檢查。

3.文學書籍—兒童文學書籍，如依杜氏分類法，則歸納於800類之各部，然從事此類書籍之際，以用開特Cutter之分類法爲最宜。既屬文學，自無再分之必要。僅給以一類號碼則足矣。排列時，可依著者號碼，或其他較善之手續均可。

4.兒童詩歌—詩歌本爲文字之一種，在普通圖書館分類時。必將該類書籍，併於文學。但當整理兒童書籍時，可將詩歌與普通文學，分別排列。再以兩種號碼類別之。 1.詩歌集820 2.個人詩詞821。

5.個人及集合傳記—兒童圖書館所有之集合傳記，可依杜氏分類之條例，以之列入920, 921, 922等等。至於個人傳記，則可用一特類標誌之，或依英文字Biography之首一字母B亦可。倘集合傳記不用杜氏法，則亦可用C.B.——Collective Biography二字爲標識。如以爲C.B.二字，倘不能表明其傳記，則可將各類人物傳記，分置於每類之下：如美術家置美術類，化學家置化學類是也。

6.歷史與遊記—杜氏十進分類法，以歷史與遊記合置一類。至今尙屬最大問題。因此種分類法，頗不合論理故也。至于兒童部之歷史與遊記，則斷不宜混合一處，兒童知識淺陋，分

類以愈清晰愈好．管理者當將歷史與遊記，各給分類號碼，分開排列，又不能過遠，如是，則兩類書之關係不斷，而界限分明，

7.小說—兒童最喜讀小說書籍，故分類時，館員宜特別留意．如能依類分別最善，因兒童來館借閱小說時，必先詢種類，而鮮有注意著者姓名者．如此，則對於管理上，增加助力不小，如某校附有兒童閱覽室，則該校之教員學生，必常往閱書，是不獨對於館員省時省力，而於閱者亦方便多矣。然故事書籍，分類亦屬至難之事，設館中人少，無暇及，則亦可將館內所有小說書籍，合集一處，然後依著者號碼順序之．

（二）編目

我國兒童圖書館，雖已漸有創設，然於整理書籍編製目錄等手續，尙未見有規定之條例。今且將布魯克林圖書館兒童部，書籍之編目法，略加討論。

兒童書籍之所以急須編目者，其目底有三：1.爲教員及兒童家長之應用。2.爲館員與助理者之檢查。3.爲兒童本身之便利。當教員或兒童家長至圖書館尋求材料時，必先請查目錄，然後再向館員索求或架上取閱，書籍是兒童書籍須目錄以爲嚮導者一也。幼小兒童單獨前來閱書，則館員可代爲檢查目錄，然後擇以相當書籍與之，此兒童圖書館之須目錄者二也。總之，簡明清晰易找之目錄必與閱者及館員以莫大助益。遇事不須思索，只往目錄處一查便足，省時省事。誠圖書館萬不可少之工具也。

對於稍長兒童，圖書館員可向其解釋目錄用法，以便自己尋求書籍，而養成獨立性質，俾將來長成時，知找書之門徑，對於圖書館發生興趣。兒童書籍之編目，猶兒童書籍之分類，可與成人者同。然據教育家考察，兒童興趣及嗜好，究與成人迥異，故編製目錄，不宜施以同等手術。以下討論兒童書籍編目及應用卡片：

目錄格式—歐美諸國，對於兒童部書籍目錄，原無確定之格式。有僅編一著者卡與書名卡爲目錄者，有以書籍名單抄下爲目錄者。但據經驗及討論之結果，則字典式之目錄，最爲適宜。

卡片—平常圖書館所用之卡片，兒童圖書部，亦可採用，不必另備。

著者卡—著者卡上，最好載以著者之通用名稱。至於僞名省名等，不宜多用。蓋兒童腦力簡單，不能以繁雜之事物而擾其心思。無論書之首頁爲著者眞名假名，編製目錄者，可照用之。

書名卡—兒童部目錄內之書名卡較著者卡，反爲重要。普通編製書名卡時，以省略爲妙。然兒童部之書名，則不可省略。書名必求明晰，即詳細之註解，亦不可省去，因有註解，則兒童一見，即明瞭該書之內容。總之，書名以清楚明顯爲佳。遇有意義不明顯者，當備簡略之註解，於書名下。

至於書名，著者，出版地，出版人，出版年，版次，册數，插圖，叢書註。皆可依普通編製目錄法編製之。此種麻煩手續，依理本可省略，但有時稍長之兒童及兒童之父母教員，欲翻閱目錄，以資參考，故便時均須註出。

標題卡與標題分析卡—兒童所需用之標題卡，與普通所編製者無異，然在兒童圖書館，尤爲重要。兒童部目錄內亦應有分析之標題卡，此類卡片，以從簡爲佳。凡標題之首一字與書名卡之首一相同者，標題卡可免作。

叢書卡—兒童目錄中可製兩種叢書卡：

(1)由叢書名而將書籍歸聚一處者。

(2)如多本書籍關於一題或一事，而可以類聚者。

編譯等卡—編譯等卡，平時可免去。遇必需時，編製數張亦可。

(三)　選擇標題

選擇標題，本屬編製手續中之一部，然因其地位重要，故提出另述：在編製字典式目錄時，選擇標題，切不可忽，如所選之標題，非常合宜適用，則所備之目錄，當助益閱者不少。

兒童目錄，在簡略而不在繁複，在選擇標題時，亦需特別注意此點。編製者，可依下列方法，作爲標準。

(一)不妥善與不顯著之標題，不宜採用。

(二)不能引起興趣之標題，可以免用。

(三)兩種標題有同等意義者，採用較適之一。

(四)不宜製太多之「見」與「參見」卡。

書籍既歸所屬，繼則指定所採用之標題，然後編製目錄。但兒童部所採用之標題，不可過於細微，先宜試用總題，待書籍增加時，再行擴充其範圍。

歷史，地理，與遊記，風俗數種，可採用再分法之標題。如分類時已採用各國分列之制，則再分標題，切不可減少。例如中國—歷史，中國—地理與遊記等。

小說傳記亦略與普通者同。如小說，傳記與某國有特別關係者，可直接類別於該國。如美國—小說，美國—傳記。綜之，兒童書籍當分配適宜，佈置合法，使兒童幼小之記憶力，不致混雜，但求便於應用足矣。

14

图本八

徐家璧

图书馆专业之研究

1930. 3.　　文華圖書科季刊　　2卷. 1期.

圖書館專業之研究

徐 家 璧

I 緒 言

新興圕的業務，如今在中國，總算發達得很迅速的·牠的重要和牠的地位，人們都由漸的認識清楚了·但是還有大多數的人，沒有了解牠，明瞭牠，這是很可惜的一樁事·更有一般人對着圕，還是存着一種舊觀念：以為牠不過是個放書籍有處所，牠不過只是為某機關的時髦附屬品而已·他們看着圕和文化是兩件絕對不相關的東西·所以因之努力圕事業的人，也不過只是為人們守書的，管書的，拿書的，收書的一件呆笨的機器而已·在旁觀的人們，都以為他是無用的，他是吃的舒服安逸飯，他是有一樁極平易的事務·那些自命為有學識的大學問家，總是視圕業務，為他們職事最下層的途徑·他們以為學問大了，書籍當然是可以容易管理的，還用得着去受訓練嗎？縱然要學，一兩點鐘，也儘夠了，還值得進專科學校去研究嗎？像這種無聊的批評和鄙視，是社會上普通一般的現象·在較好的批評，就是說，圕是較高尙

的半教養半服務的社會機關·老實說，這些歧視，完全是誤解了圕的使命·

在前一二十年，歐美圕，也曾經有過和同樣的鬥爭·歐美的人民；也是把圕看着爲落伍的職業·在他們的心目中，只承認牧師，醫士，律師和教員是專業，其餘都是很低下的了·但是經過一番的決鬥，圕界，是大獲全勝，————社會上的人民，到底還是要承認圕事業是一種極莊嚴的專門事業，牠是文化的中心，牠是教育的助手！因爲如此，歐美圕的進步，到了二十世紀，自不用說，是一日千里了·現在這個漩渦，已是轉到了我國。我們的態度，應該是如何呢？是接受圕事業爲專業的口號，還是去抑制牠呢？我看要去接受並光大牠就可以，若說是抑制，恐怕終久也是失敗的呵！這並非是圕界一種無理壓迫社會的狀態；實在是現在的情形和將來的趨勢，是定要如此的呢·去年全國圕協會第一次年會會議中，曾經有人提出這個議案，但是可惜當時沒有充分的時間去討論，以致將牠忽略過去了·我盼望圕界的同志們，應該對此加以注意才好！

II專業的釋義

在未解說圕事業爲專業之先，我們先得要明瞭一項專業，究竟要包含些什麼。

A.字典中"專業"之定義

各字典中專業的定義，有如下述：

(1)　專業就是或人自認爲已了解而從事的某種事業或

職業；嚴格些說，就是根據於某項專門科學或學術，以導引，指教，他人之職業，或根據於此種科學，以謀他人福利之技藝。以前神學，法學，醫學三者，是特認爲專業的．但後來科學和學術，逐漸的可以應用到其他各部的業務，所以別項的職業，也就同享專業的盛名了．專業一詞的本義，是指或人對某特項的學術，有公認的成績，和尋常的技能不同；是指和事物可以應用來給與他人以職業，和單只是一人的職業不同．眞正狹意的專業，頭一項資格試驗，就是要看牠是否已經得着成例和習慣的認可，或是人們特許牠，或是大有權威的學者認定牠了．———近世英語大辭典(Century dictionary and cyclopedia)。

(2).專業是一種大抵含有高等普通教育．或有同等學識的職業，牠所用的是智而不是力．所以凡有專門學術，或類似成績，或特殊訓練的職業，如編纂，演劇，工程，著述等，都可稱爲專業———標準英語大辭典(Standard dictionary)。

(3)專業是除純粹的農工商等之外，某種自認爲已了解而專心努力之事業；或某人自認其已有某種特殊學科或技藝之訓練，以指導或服務他人者———韋氏最新萬國英語大辭典(Webster's New international dictionary of the English language)

(4)專業是一種自認爲專精和從事的職業；

(a)一種根據於某項專門科學或學術，以謀他人福利之技藝的職業。

(b)在廣義方面言之，凡人藉以依靠爲生活的職業，都可稱之爲專業。

現在普通用來，是指着比手藝或技藝，在社會活動上較優越的職業而言。———麥氏最新英語史原大辭典(Murray's New English dictionary on historical principles)。

以上字典中專業一詞的定義，亞當斯博士(Dr. E K. Adams)已經在她的大著婦女之專門事業(Women professional workers)(一九二一年麥倫公司發行)中，給了們我一個節略如下：

各字典對於專業之定義，實際上是相同的，雖則各個所用的文字不同。牠們都指明專業的語源，是着重在某職業的公衆性和活潑性。牠們也特別提示到專業因是特殊訓練和社會認可，而所要擔負的社會責任。牛津字典，引用毛銳司(Frederick Denison Maurice)在一八三四年的話說：專業是一種根據於某項專門科學或學術，以謀他人福利之技藝的職業。在英國，專業是特指那項承認「人當做人」的職業，於是牠就和那只供給人外界需要的普通手藝不同。

字典是將專業和他項的職業消極的劃開。專業並不是純粹的農工商，然而也許與各科有關。牠不僅只是技巧

1930. 3.　　文華圖書科季刊　　2卷 .1期.

，是研究和考察，也不僅只是爲謀個人利益的一種職業·專業一詞的舊義：說牠是用智不用力；現在因爲科學和機械工程專業的興起，這項原理，巳是過去的事了，不過用智來管理指導各部工作，是比以前更爲强烈些。

B.專業的標準

專業的標準，其說不一·亞當斯博士，在她分析學者的專業中，發見到下列各點：

「要知道某專業人材的特點，我們最好先從史蹟上的學者專業，如醫學，法學和神學裏面去探求·三者都包括：

(1)有長期特殊的訓練和准備，如此可以使得所學的，越是精密些·

(2)有公認，或考試，登記，授職等法定的認可。

(3)有加入保障專業的品質和行動的專業協會或會社，爲會員的資格，

(4)有一種在社會並且對於社會必然的負責職務·

(5)有永久將本專業作爲畢生職業實施的可能，並且同時可以靠此得着相當的生計。」

其次，佛拉勒博士 (Dr. Abraham Flexner) 對於眞正的專業，也規定了六項標準，如下：

「(1)專業所包括的，純係智力作用，負有重大個人的責任。

(2)牠們的根基，是建設在科學和學術上面·

(3)牠們所採取的科學和學術的材料，是向着一個實

用明確的目標進行·

(4)牠們有可用敎育傳授的，一些專門手術。

(5)牠們有獨立自治的趨勢·

(6)牠們在牠們的旨趣上，越漸是有利他的精神。」

其次，湯利敎授(Professor R.H. Tawney)，在他的掠取性之社會(Acquisitive society)一書中，也曾經說過：

「在現形社會狀態之下，實業和專業的差別，是極坦白而明顯的·實業唯一的要點，是在股東所得的金錢報酬，而專業的實質，是在加入的人們，是爲着生計。他們的成功，是以他們的服務去衡量，並不是以他們所獲得的爲標準·他們或者可以像一個有幸運的醫生一樣，成爲富有，但是他們專業的眞義，無論是爲他們或爲民衆，都不是以賺錢的多少爲準則的·他們的準則，是在健康，平安，學識，紀律等·他們所依靠爲生的，是他們的事業，但是他們並不以進項的增加，認爲完全圓滿·」

再次亞當斯博士又說：

「專業人士，無論是積極的或是消極的，總是與社會和組成社會的人羣的利益進步相關·牠們首要的關涉，是在「人當做人」，如是凡執專業的人，都在他現在的工作上，使着這種觀念可以生存·廣而言之，他總是個人性學家。」

一九一九年在底特律(Detroit)開專業聯合會議·那時所規定參與會議的資格是：

「凡執專業之男女人士，或現有對於社會個人服務者，方可與會」·

III·圕事業與此等定義標準之比較

現在我們可以應用這上面一些的定義和標準，來審定圕事業，是否合於專業的資格·若是合當，那自不用說，牠是和其他的專業相平行居於同等的地位了·

但是在我們採用字典中，對於專業的定義，爲我們的原則之先，我們一定要對於承認字典中的定義，加以合當的理由才是.美國大理院,在關於美國政治方面的第五欵法律項第一百六十八條內，已經確切認可近世英語大辭典所給與專業的定義，這個可以在美國政治報告（U.S.Reports），第二百六十六期內見着·其餘如標準的,韋氏的和麥氏的字典,所給與我們專業的定義，雖沒有任何國家，在法律上認可，但是牠們確是英語內，大有權威的作品，所以也很可靠的·把以上字典中；所給與我們專業的定義記住，我們可以知道圕事業，是能受以下試驗。

A.字典的試驗

（1）圕事業，是根據於某項專門科學或學術，以導引，指敎，他人之職業，也是根據於此種科學，以謀他人福利之技藝·

（2）圕事業，是與社會服務有關，並且是在社會對社會承負有責任的位置。牠的工作是教育服務，和供給可以利用作參考的材料。

（3）圖事業的首要關涉，是在「人當做人」。牠所注重的是他們智力和道德的修養，而並不是在他們的外界的需要和機遇。

B.專業標準的試驗。

若是我們用上述佛拉勒博士的專業標準，來審定圖事業，我們可以知道牠是與他所釐訂下的六條完全相合；而且同時可以受湯利教授所提出的試驗。自然的圖事業的成效，是用牠所給予人的服役來衡量，而並不是用牠所獲得的來衡量的。

亞當斯博士，也曾指出所謂原有的三項學者專業的特質。我們也可以就此查看牠們也是否是圖事業的特質。

（1）圖事業包括有長期的特殊訓練和准備。其目的是在對於所學的，越是細緻精密些。

圖學教育，可述如下：

圖學學校入學資格，是需要有局部或全部的大學教育，或有與高等普通教育相等的學力的。

高等普通教育，按着近世英語大辭典的定義，是一種寬闊廣博的教育。孟祿氏教育辭書(Monroe's Cyclopedia of education)，是這樣的將他描寫出來：

「在一個完全以階級制度組成的社會裏，高等普通教育的成分和目的，都可以明白的舉示出來。但是自從社會問題產生，平民思想發展，科學智能應用到人生生活以來，這個指定，是愈加不易的了。高等普通教育，已經形成在任何文明社會裏面的人民應有的教育；這種教育，既得之後，就可以發展個性，增加幸福，造福社會。」

雷坦教授(Professor John H. Latane)，在一九二一年十二月十七日份的學校與社會 (School and society) 裏說有教育的人，應當有下列的標識：

（1） 有文化和普通的知識。

（2） 是有語法的能力。

（3） 有觀察與反省之能力.

（4） 有證實的創作性和獨立判斷及進取.

（5） 有社會責任性.

（6） 有永久對人生大處的信心—— 理想主義。

（7） 有坦白性(知識的誠實).

合於專業資格的圖事業，不僅只需要高等普通教育作牠的要件，並且與各科書籍及人羣思想，發生關係的圖工作，也就本身是一種高等普通教育．牠是既寬闊而廣博趨向於自由主義化的．牠的結果是有受過相當教育的人的特質．

從事於專業的圖學家，大都是受過圖學學校的訓練的，否則，他們定是以他們的非常的天才得到成功的．他們也許是曾經受過類似事業的訓練的，如教學，社會服務，科學工作等，或是憑在某認定為優美應用新法的圖內長期的工作和經驗得來的，不然，定不能稱為專家．

最新萬國百科全書（New international encyclopedia），第十九卷第二百四十一面至二百四十二面載有一篇論到專業教育的論文。牠對於圖事業，有以下的陳述：

「與教學相關最切的專業，便是新興的圖事業．圖學教育，在美國可作代表的學校，有十一所出名的學校連同大學附設的學科．（一九二二年的統計如是）紐約州立圖學專科學校和伊利諾瓦大學圖學學科，祇收大學畢業生肄業．這二所學校訓練的時期，都爲兩年；畢業時，可得圖學學士學位。」

又大美百科全書（Americana），第十七卷第三百八十一面至三百九十三面，於圖管理法與圖學教育一題之下，有這樣的陳述：

「在近幾年來，世人對於圖園地和牠的作用，發達得是這樣的迅速，以致圖管理法，已經是形成了，爲一種公認獨立的科學。牠的問題，既是這樣的廣博，於是很有需要專設學校，爲重要的圖訓練人才的要求。

「有些圖學學校，入學資格，必得要大學畢業得有學士學位者才可，還有些，牠是附設在大學內正式的一科．

「美國圖學教育，正式有系統訓練的開始，是在一八八七年一月五號紐約市哥倫比亞大學圖學學科成立的時候。牠是多虧杜威博士（Dr. Melvil Dewey）的苦心經營而來．兩年之後，在一八八九年，這科遷移至奥爾巴尼（Albany）城，改名爲紐約州立圖學專科學校（現在哥倫比亞大學已重設圖學

1930. 3.　　文華圖書科季刊　　2卷. 1期.

學科，是乃美國最完善之圖學學校·）自從這所先鋒學校創辦之後，接着也就產生了五種圖學的經理處；（1）圖學專科學校；（2）館佐訓練班；（3）速成科；（4）大學及中學學校內所附設之圖學學科；以及（5）其他傳習所等·」

圖書館學教育與其他專業教育比較，可述如下：

圖學教育在與其他專業教育比較時，以下的引證，是很有趣味的·

亞當斯博士對於普通一般專業的教育說：

「無論何處較有名望的專科學校，入學的資格，至少必須要在大學二年級修業完了的，同時牠們都希望着最好全是大學畢業生，雖說現在像這樣資格的限定不多，但是趨勢是如此呢。當今沒有一種職業，是可以稱爲專業的，如果牠所根據的是比絕不可減最低限度的高級中學教育，還要少些·此外，一個沒有受過高等普通教育和最良好的專門訓練的人，是決不會享受有專業責任的人的權利·」

以下從大美百科全書第九卷第六百二十二面至六百二十三面的摘錄，可以說明以上說的三種學者專業的教育·

「……………直到一八九〇年之後，人們才深深地感覺着法學教育。僅只藉學徒制，在這複雜日增不已的法學卷帙中，是不夠應用的。當時也承認若是想執法的有充分的陶育，必須要使他們在特殊的大學校裏附設的法律學院去研究不可·這種覺悟的結果是現在共有一百二十二所法律學院，學生

（81）

在二萬以上，受業的學生，雖說入學的資格，只限有一年，二年或三年大學學程的人，然而約在每四人之中，有一人是已獲得大學學位的·

「醫學教育，在約翰何布金大學（John Hopkins University）沒有創設醫學院於一八九三年之先，也是沒有達到很高的程度·現在是共有醫學學校一百所，學生約計一萬七千餘人·他們大抵於六人中，有一人是已獲得大學學位的·醫學教育，通常的訓練期，是爲四年·

「…………神學學校，在一九一四年，是有一百七十六所·受業學生，約計一萬一千人；每年畢業生，約計二千·神學學校，大抵都是獨立的學校，其附屬於大學的，只佔最少數而已·入學資格，多是須要在大學畢業獲得學位的·牠的訓練期，普通是三年·」

以上已經將圖學教育，說得詳盡了·現在再將學者專業的其他各特點和圖事業相比，可得以下各點：

（1）　圖職員的資格，要國家和各省的檢定統一運動，這種聲浪，是一天高似一天了·

（2）　圖，無論是在各市各省和全國，都有牠們專門的組織與會社·

（3）　人們對於圖事業，所給予社會的服務，是由漸的認爲不可少了·

（4）　參加圖事業的人，並不是僅只爲着要生活，而乃是一般尋求專業的學者，爲着畢生之事業而來的。

從上述各點看來，圕事業，無論是依普通或特殊的試驗，都認定是專業無疑了。

IV　圕事業認爲專業之史蹟

百科全書是代表現代社會思想的，我們可以先從牠們的裏面去探求圕事業的地位。在以下各引證中，都是承認圕事業爲專業的。

A.　百科全書之確認。

最新萬國百科全書中說：

「與教學相關最切的專業，便是新興的圕事業。」

大美百科全書中說：

「在近幾年來，世人對於圕圖地和牠的作用，發達得是這樣的迅速，以致圕管理法，已經是形成了爲一種公認獨立的科學。牠的問題，既是這樣的廣博，於是很有需要爲造成人材的專設學校的要求。

「圕事業被認爲專業，以及今後圕界同志，須要實行團結努力合作，是使圕學教育真正有進步的第一要點。在一八七六年美國圕協會的產生，是對此方面真正作建設工作的一個例證。」

孟祿氏教育辭書第四卷第十四面也說：

「美國圕事業，到了一八七六年，成功爲一種有組織的專業之後，全國的圖，在質量兩方面都才大有進步。（在一八五一年只有六白九十四所圖，圖書約計有二百二十萬册；到了一八七六年，除了圖學校之外，公共圖已是增加到三千六百四十七所，圖書約計有一千二百三十萬册。）如是圖界的人員，不得不新創統一的，經濟的和有效率的管理方法。在協會前十年或十五年的集會中，大都討論關於圖的手術和行政的問題，如編目法，分類法，出納法，上架法之類。圖學學術，都係一般乾燥無味不能生情的科學。幸而整個的專業，對於牠們都羣策羣力，加以考慮和深思，於是這些難題，才得順遂的解決了。因爲如此，近二十五年的圖事業，才得在質在量輕便的得到現在的成績，同時圖的功效，是愈加擴大了。」

B. 其他有權威出處的確認。

美國政治社會科學學會年鑑第一百零一卷（一九二二年五月），所研究的是專業與商業倫理之比較觀。其中第六篇所討論的是專業的倫理觀，並且討論的是敎員，圖職員，牧師和社會服務人員的倫理標準。

亞當斯博士的婦女之專門事業一書中，有一章是講到圖和博物館的工作。在此圖事業，是再三的認定爲一項事業。

麻薩諸塞（Massachusettes）州的專業和社會事業的統計，有圖事業一項。

紐約州州政府委員會，給予圖界頭三級的職員，以專業人員的證章。

坎拿大吏治考試委員會報告書（一九一九年九月份第七百八十七面）內，圕事業，是列在專業一組之下。

一九一九年在底特律開專業聯合會議，特請有密西根Michigan）州立大學圕館長，美國圕協會代表，畢先生(Mr. W. W. Bishop）演講。他並被選爲大會執行委員會委員之一。（見工程新聞報「Engineering news record」第八十三卷第十八期）。

C. 美國政府的確認。

美國政府也曾在各時各地，認定圕事業爲專業之一。牠的事實，舉要如下：

(1) 美國吏治考試委員會的確認。

政府圕職員的考試，是列在專業一組之下。並且給與這些職員所要塡的格式，都是和其他專業的，科學的，專門的，學術一樣。

(2) 美國商業部調查局的確認。

在其一九二一年按字順排列的職業索引中，圕館長，是列在專業一項之下。（見原書一百六十三面）。館長的助手和雜役，館佐和聽差等，都列在半專業職務一項之下（見原書一百六十五面）·

(3) 美國勞工部移民管理局的確認。

有一次有一位新不列顛約翰大學的女士，在紐約公立圕任事。末後她忽然是要被逐出境了，但是法庭的判决，承認她是執專業的人，不與普通的工人受移民案的約束一樣。於是圕界的地位，因了她這回事，愈是穩定了。

(4) 聯邦整理委員會的確認。

(a) 在一九二十年聯邦整理委員會的報告中，關於薪金整理一項，圕事業，是列在科學的，專門的，專業的及其他輔助的工作之下。(見原書第二篇第三面)·

(b) 美國衆議院，所通過的勒巴克議案(Lehlbach bill——衆議院第八千九百二十八條議案)，圕事業，是屬於專業及科學事業一項之下。

(5) 美國效率局的確認

美國效率局行政公告第三千五百六十七號內的職業表有云：「行使普通或特殊的圕專業的。」這就可見得牠是承認圕事業爲專業無疑了！

以上各面，已經將圕事業，從各方面的考察，都證明得牠是一項專業。本文所列舉的引證，也都是深可信靠無容疑義的。所以這件事，是已經成了公認。我們若是再去討論，豈不是多麼呆笨麼？中國圕事業，現在是在生長的時期，雖說還有一般老朽份子，站在我們的線上，然而這都是達到光明的園地，必須經過的現象，我們何用去管他們呢？我們只要認定了我們的事業是專業，努力向前幹去，也不是可能達到歐美圕，現在的狀況嗎？

V　結論

作者寫這篇文字的動機，是看着現在我國圖界的沉寂。一方面人家不認識我們，以致妄加批評。一方面自己太不振作，氣盡力竭的，眞像到圖工作，是走錯了道兒似的。所以結果是敷衍，把牠當作一塊踏脚石而已，但是認眞考核起來，圖事業是不是這樣膚淺呢？是不是這麼無所貢獻呢？我想當然不是。所以我根據了這一點，才草成這一篇拙論。

圖界的同志們，快快振作起來吧！要知道我們的責任，是如何的重大呵！民衆希望着我們的，是多麼的深切呵！我們要本着肩負專業責任的精神，把整個的圖，貢獻給民衆，貢獻給國家，給世界，那才眞算是盡了我們的職務了！

（完）

15

图本八

吴鸿志

档案整理方法

檔案整理方法

吳鴻志

（一）檔案是些什麼

檔案是些什麼？簡單言之，可以說是把由日常事務所產生的文件，保存起來以備參考的就是。檔案的涵義甚廣，若干性質不同的東西都包括在內，如法院的記錄，政府秘書處的案件，使館的公文，商業機關的文件，甚至於私人的信札亦得稱爲檔案之一種。檔案在量上，不論多寡，沒有數目的規定；在時間上，不論今昔，亦無年代的限制。

公文通常仍然在用的時候不稱檔案，須俟其任務告一段落擱到一旁時，然後方能稱爲檔案。檔案是些『死的文件』最好的解釋，莫如把管檔員與古生物學家分於一類，較把他與生物學家置於一處更爲合適。但是最主要的一點，就是這案公文的過程，必須曾經有一次被採用過，並且這案公文的出處，必須是從一個機關的來源。檔案本身原有其一貫的系統，在其系統的次序上，可以反映出此檔案出處的某一機關所負的任務及其經過的歷史。

檔案在一方面與公文的區別，是在後者當時仍然在手頭要用；在另一方面與稿件抄本和史料的區別，是在後面三者的搜羅，其發動的原因，往往繫於外界的環境所促成。現時可以給檔案一個概括的定義如下：

『檔案包括一案或二案以上當時不用的公文，每案公文增加機關或私人處理日常事務的保管，並自成一個有組織的系統，反映出機關的組織與歷史。』

任何一批文件，既可包括某一機關屬下的某局某科所產生的案件，又可包括從前存在的別一機關的職權現由該機關承接者的公文。例如政府某一院部的文件，它的各司各科的案卷固然應該包括在內，就是臨時所產生的各個委員會的卷宗，以及從前存在現已取消的各院部會的文件，而其執掌現由該院部繼續執行者，也應包括在內。

公文的性質，完全以其機關組織的情形而定。通常卷宗皆有一個主要的『連鎖，』其餘的案卷，皆算附件。法庭的判決記錄，董事會的議事日程，財政機關的歷年簿記，政府秘書處的登錄簿與來往文件夾子，這些皆是他們各個機關文件的連鎖。這樣的連鎖，我們稱爲『主要的記錄。』一個大機關應有能包括所有一切部門的一個連鎖，這些部門不必同樣重視，須視其各部門在那個機關整個組織中所佔的地位而定。

信件可用各種數目字或其他的記號來代表類別的次序，把這種記號附錄在信件的邊緣，遇有查對與某案有關的材料時，則便利甚多。刑庭的記錄，是根據犯人進院的日期與起訴或傳喚的先後爲次。至於民庭的文書，其排列的關係，依案件的先後爲序，而將原告被告的呈文排在一處。倘檢查任何一宗未被重排時所拆散的案卷，皆可得到與上面相同的結果。凡曾經最後審核過的帳目，皆能由其簿記按圖案騎，尋出與這批帳目有關的各種收據與憑單。所以每宗文件皆有其固有的序列，倘若主其事者不察，貿然從事，結果非把原有條理分明的次序弄亂不止，則檔案的意義，亦將隨之而失了。

（二）怎樣整理

I. 原則

現代的管檔員對於檔案的排列，首先着眼於其性質如何爲原則。至於各種用途，不論屬於歷史的經濟的或法律的，在管檔員看來，其重要性尙在其次。他首先關心的，是文件的本身，首先注意的，是預防破壞或混亂原有的系統。關於整理檔案的幾條法則，都是由於古今若干檔案專家以其歷年的經驗所得來。第一個廣汎的原則如下：

『文件原有的組合必須保存。』

這條法則是法國檔案管理專家德威利氏 (De Wailly) 於一八四一年所定，用以防止將來有人把國家的檔案紊亂。原因是起於一七九四年道腦氏 (Daunou) 曾用他的分類制度來整理國家的檔案，結果分得一塲糊塗，後來繼任者所遇的困難甚大。所以德氏定了這條法則，用以防止一知半解之徒，再犯破壞國家檔案系統的危險。任何人如有處理大量文件的經驗，對於這種道理自會煥然貫通的。但是不幸得很，這種眞理的認識，常有被人考慮採用別種制度的效果如何所動搖或忽視然而事實上除去上面所提及的原則外，其他任何制度皆不應在考慮之列。

爲要易於明瞭這個原則的緣故，我們可以用一個事實來說明。例如：一封信及其匯票通常不屬於相同的一組，所以不應當分在一處。寄信者自會將寄出去的匯票的存根排列起來，成爲他辦公室中的文件之一；同時這封信除非半途遺失或退回，也將成爲收信者的案件之一。例如由南京教育部秘書處給北平北京大學寄來一信，內附千元匯票一張，那這張匯票的存根，就是教育部秘書處的檔案之一，而這封信則成爲北京大學的文件之一了。這很明白的，這兩個連鎖在兩方的歷史沒有毀滅之前，無論如何是不能併合或混亂的。還有一事值得注意的，就是一個機關與其屬員或負責當局往來的信件，不能因爲人員更動或業務轉移爲理由，而不加以保存或毀滅。

倘有離開原來組合的一案公文，我們如要定規它固有的位置，那就要看這件公文的性質如何了。例如：一件付款的憑證在已經付賬並消賬以後，既可以在付款的機關保存，也可以在轉移到審核的機關那裡存放。即如此類性質的文件，不論存在這兩個機關的任何一方，皆是一般通常的現象。我們由此可以得另一結論如下：

『在全案公文未經檢驗、原有關係未曾明瞭以前，不能確定其次序。』

這條定律的目的，極關重要，因爲在預防時機尚未成熟便有率爾從事的情形發生，以致有傷失文件的歷史性，或有發生意外錯誤的可能。

II.　方法

這裏所討論的方法，是從假設原有次序未曾被人動過的文件着手。原來存放的位置，既未曾有過移動，甚至極小的遷移都不曾有過。整理的第一件事情就是查驗文件是否有無次序，倘若是有次序的，則不同的各案，必須予以檢視，並詳加記述，在其性質與關係尚未完全明瞭以前，原有的次序不可稍加改變。當這步工作做完目錄製成時，然後把文件裝置起來，置於書架上面。至於排列的次序，用任何形式皆可，但必須要顧到實用，方便，並且易於記憶。爲便於查考起見，大的部門不妨再分小類，但不可使其原來的次序含混。

從一個合乎邏輯的排列着眼，第一步就要決定誰是這案中的主要記錄。主要記錄通常存在於收發文件簿，或其他的記錄中。倘若要在這些主要連鎖中參見別的部門，應將別的部門當做附屬連鎖排列，如依這樣的方法整理，則所有足資參考的材料，皆可一一顯示出來。不能因爲貪圖便利的動機，以致防碍參考資料的應用。採取適當的排列，須視文件的性質而定。例如：一個機關的收發文件簿後面，接着應將信件，呈文，報告，會務記錄等排列起來。假使某局是一財政機關，應當將流水賬當做第二個主要記錄，在這些流水賬下面，應將發票收據，以及其他各種憑單分案排列。倘若某一機關的會計科，有單獨的辦公處所，並自有其來往的信件，則必須將其分案排列在相同的主要記錄下面，不應將會計科的信件和總機關的普通信件置於一處。此種同樣的辦法，必須應用到這個機關下面最小的一組一股，所以就其排列的系統上，自可一目了然這個機關的整個組織，與其各部門間相互聯帶的關係。

我們前面所論及的，是根據於主要連鎖完全是一樣性質的假設。當然這種性質決不會一成不變的。就如由正式行政方面的命令，變更一個機關的一部分組織，或者更動一個負責的首領，再或者增減一個機關的職務或權限。遇到此種情形發生時，主要連鎖既可分成小類，又可從組織改變的起頭，另成一個新的連鎖。採用的程序，通常須視主要文件形式上改變的程度大小而定。倘若一本記載會務的議事錄，是以一本書信謄錄簿來替代，則必須清清楚楚的從一個新的連鎖另外開頭。如祇是業務性質的交遞的變遷，則僅需要一個連鎖的小類就够了。

如給每個連鎖一個號碼，表明它是屬於那組文件的位置，這在尋檢方面是很感方便的。凡包括同樣來源的一切連鎖，每案文件可以給一個案號，至於單獨一册一夾或一捆的連鎖，皆可繼續給以號碼，普通一件檔案可以給三個號碼，第一個號碼是指明屬於那個部門，第二個號碼是表示屬於何種性質的文件，例如報告信件記錄等，第三個號碼是代表屬於第幾册或第幾號。這號碼給予尋檢案件者實有甚大的便利，不獨查檔方便，就是歸檔也不易發生錯誤。

如製定一個排列的分類表，感覺它的部門號碼太大，倘不能用以達到參考的功用時，則需另外再分小類。遇到此種情形，須如下面的規定：

『在排列的性質與原則沒有明瞭並記錄下來以前，原來的册數，次序，或成捆的文件，務必不要分開。』

有許多原來順序收集的文件，除去由日期的指示，稍可尋得一點排列的次序外，別無線索可尋，然而說不定在這大量的廢紙中，尚有若干重要的文件在。在此種情形下，證明維持原來的次序是毫無用處的。有種在表面形式上便能序列的文件，可以將它們與別種文件分開，至於選出之後，可以單獨給予號碼，使其易於尋檢。不過做這步工作時，務必要非常小心，不要損失任何原來次序的形跡。例如：我們假設有一批賬目的憑單，內中大部分包括費用的正式賬單與銀錢收據，所有這一切同樣的文件，僅有日期不同的分別。可是在這些文件當中我們尋出一封沒有日期的信件，內中載有極有興趣的消息或者別種在歷史上有價值的事件。倘若我們移動這封信件的位置，必須留心記錄它是某一賬目的信件或附件之一，在某某兩件憑單的某某日期之間，並假定它是那些憑單當中某一時期由某人接收的信件。

有些順序收集的與成捆的文件，在彼此之間連接的關係未曾明白以前，決不能憑一已的判斷，將其分散。倘若我們一時將對於我們自已感有興趣的文件取出，後來則將無法証明它是出自何處，屬於何種時期，解決這類問題時，遇到外表雖然沒有關聯的文件，但爲保持它們原有狀態，使其相互關係維繫於一處，這是管檔員應有的任務之一。

倘若有一大批案件，完全毫無次序性質又非常類似，將如何處理？第一件事情就是以樹立主檔爲目標。凡裝訂成册的記錄與未拆散的成套的文件，皆應將它們從雜亂中尋出，然後一一加以檢視，記上臨時規定的號碼，載於同樣大小的紙片上，並附以簡短的記述。如果記載與排列得當，部門相同的，每張紙片自然會聚到一處。在利用號碼的辦法之前，有一個簡單的節省時間的方法，就是按裝訂的形式相同的來區分。這步工作做完之後，餘下的文件，再開始採用分類的方法，依紙片上的記錄，把同樣的按時間先後序列，遇有殘缺的與覆本的文件，一概加以註明。這種排列紙片的初步工作，可以有機會把相同的連鎖證明出來而不致含混。這樣做去，定能確立若干連鎖的範圍，並可知道是否完全，彼此的關係怎樣。在這步工作做完之後，所餘無類可歸的文件，應詳加細閱，說不定其中有許多或能得有適當的位置。最後所餘的文件，必須再給予更加精密的考察。

從文件本身的証明，斷定它們是否出於同一機關。倘若大部分是類似的，而是由於不同的各宗案卷的混合，則必須採用上面已經申述過的方法，各宗之間，一一加以區別。當這步工作完結的時候，然後才能顧及其他的雜件，指定它們是從那卷那宗或那個連鎖分離的，至於其餘不能確定指明的文件，必須單獨分述。

有種工作是繁難的，如文件不是直接由某一機關出來，而是檔案庫中存放的文件，有一部分經過整理，但其來源並不能準確的指定。這首應要注意的，必須不可率爾變更固有的排列的方法，不然，這些文件有全部損失的可能。倘若原有排列的次序是一個壞的方法，可以另外重行製成一個合理的排列制度，應當將它抄在紙上。如後來發覺文件本身需要重排，必須製成準確的表格，藉它可以查檢在舊的方法中已經知道的任何一項文件。預備這類的工具是非常吃力的，但可保險在新的工作未完成以前，決不會毀壞舊有的排列方法。在同一檔案庫中或辦公室中的文件上面應當一律蓋印，作一顯明的標記，日後關於它們的來源，方不致發生問題。

（完）

16

图本八

陈颂

图书馆之任务与其在中国之地位

圖書館之任務與其在中國之地位

陳頌

西諺有言曰：「文明之要素有三，曰家庭，曰學校，曰教會」蓋人類之生存，端賴家庭之撫育，學校之訓練，道德之薰陶，長始能爲世用。迄乎近世，思想日新，學術日進，宇宙變化，層出不已，苟究其淵奧，窮其意旨，冀吾人知識，與歲月同進，不落伍于學潮激進之中，則非有供給新文化之機關不可。故圖書館應時以生，成爲今日文明之重要原素，近五十年來，歐美各國，對於圖書館事業之促進，莫不精殫竭慮，不遺餘力以爲之。今試觀各國大都會圖書館種類之多，藏書之富，建築之偉峨壯麗，管理法之精益求精，則其於一國之關係可想。茲略述各國最近圖書館事業之一斑，以見外人對於圖書館事業之經營，實有令人驚歎而猛省者。

(一)美國—現今世界圖書館最發達之國家，首推美國。據最近調查，該國巡迴文庫之總數，達一萬八千以上。其藏書在一千册以上之圖書館，約八千餘所。而十萬册以上者，亦有七十三所。美國之國立圖書館在華盛頓，藏書百餘萬册，能容閱者數千，每年用費約一百二十餘萬元。其下更有州立郡立市立村立圖書館萬餘，雖窮鄉僻壤，亦有圖書館之設，而私人與學校設立之圖書館，尚不在此內焉。

(二)德國—德國圖書館事業，居世界第二位。共計藏書十萬册以上者，有六十八所。二十六聯邦內，均有邦立圖書館。其中以普魯士王立圖書館爲最著。建築壯麗，藏書一，四〇〇，〇〇〇册，每年經費，約三十七萬元。其下有國民圖書館與學校圖書館甚多，在歐洲各國中，當以德國爲巨擘。

(三)法國—法國大圖書館計四十二所，以國民圖書館爲最著，藏書三，五〇〇，〇〇〇册。其下有市立圖書館三百八十餘處，通俗圖書館二千九百八十三所。其附設於小學校內之圖書館，約一萬六千處，均實行公開制度。

(四)意國—意大利之公共圖書館，與學校圖書館，均由教育總長直轄之。共計十萬册以上之圖書館三十五所。國立圖書館以費地坎那爲最著名，規模既大，歷史亦長，在五六世紀時，即已聞名，此蓋爲世界最古之圖書館。

(五)英國—英國圖書館，發達極早，尤以公立者爲最著。據一九二〇年調查，已有一千三百四十一館，近年以來，日益發達，即就倫敦城一而言，計有圖書館八十一處。而其國立之博物院圖書館，則列世界第一。書之富，藏達四，〇〇〇，〇〇〇册。

(六)日本—日本圖書館事業之發達，雖不及歐美諸國。然較之我國，則進步遠甚。近年以來，該邦人士，對於此事，提倡甚力。一面從事擴張，一面培養人才。據十三年調查，日本全國，共計有公共圖書館九百四十三所，私立圖書館六百九十八所。其常年經費，公立者爲七一七，〇四四元。私立者爲二三四，九七七元。

綜上所述，可知圖書館已爲現代各國所重視，認爲一國文化之先聲。然其發達之迅速，實有下列兩因：

(一)人類生活與古籍之增進—人類社會之初，一切知識，行爲，活動，均根據於經驗之結果。其一部分則由各個人從環境學習而來。及社會日進於文明，人羣間之關係，乃日益密切；活動之範圍，乃日益擴大。於是傳達思想之媒介，不能僅恃口授與實物，故印刷品應運而興。現今文明之資產，大半儲藏於書籍；藉文字之力，將前人經驗，傳之後人，復由後人改良而繼續傳之，故文明愈演而愈進。時至今日，吾人研究一切藝術，均由學習而不由行爲，由紀錄之經驗，而不由口授之經驗。蓋紀錄之經驗，乃集千萬人嘗試之結果，經千萬人之批評與審訂。而口授之經驗，則不免誤訛叢生，貽害後學。故今日社會之各種事業，幾全爲讀書者或智識階級所主持。一切較高地位，均由專門訓練人才所充任。昔日之專恃乃祖乃師之衣鉢者，漸無立足之地。故今日教育之趨向，爲引導人羣之興趣，以入於書本。夫圖書館既爲保存書籍，與宣傳文化之惟一機關，則其發達，實爲應時之需要。

(二)印刷之進步—人類之學術，賴有文字以宣傳明矣。自印刷術精，言論權張，於是競標異職，發爲宏論，而書籍乃日出月增，浩如烟海。雖其中良莠並出，然有裨益於世界文明者，亦屬不少。苟無圖書館爲之抉擇保存，則難不遭遺佚。前人心血之精華，神志之付託，一任湮滅，無復留傳，可悲孰甚！且在文明不斷之進程中，保存書籍，原屬要務，蓋不特供當時之閱覽與參考，抑亦爲後世之資鑑也，

近世有稱圖書館爲國民終身學校者。蓋教育之廣義，在乎使一般民衆之智力，繼續發展。學校不過爲教育之初步，苟一出學校，即與書本絕緣，則不久思想落伍，流爲鄙俗。故一人之事業，不在乎有限之學校教育，而在乎出校以後，有繼續不斷之努力，向上發展。故人往往於出校以後，學問增長，反勝於求學時代。但欲求終身智力生長之機，則舍圖書館外，別無良地。玆述其對於各界之效能，以明其於社會之關係焉。

(一)圖書館爲平民學習場——一國之文化，胥賴民衆知識之開發。故謀普及教育，爲現今各國之要圖。今日中國之學校教育，尚未均等。中人以上之子弟，雖可蒙其恩澤。而貧寒之士，則常有失學之感。圖書館教育則不然。無階級之分，貧富之別，凡有志向學者，皆可登館求學。試觀古今之聖哲賢豪，何一不由勤研苦習而後成名，固未嘗恃師資與學校也。即令將來教育普及，人人有由小學而大學之機會；然在校時期，究屬有限。以後應付世界一切事物，解決切身問題，純恃有自修之精神，故圖書館實有補救學校教育不足

之功。美人有稱圖書館爲平民大學者，徵諸事實，確亦相符。

(二)爲高等教育或專門人才研究之所─數十年前，教育之觀念，與現在頗相出入。以前學生，惟知拘守課本，崇信教師，一字一句，皆尊若詔命，莫敢或違。及近五十年來，思想解放，知前此授學之法，實背教育原理。於是由注入式一變而爲啟發式，而自學輔導而道爾頓制，學生自動作業。在大學校中，尤爲顯著。學生課程，既由自擇，而教員職務，僅在指導，俾學生於其興趣相適之科門，略知塗徑，然後自身努力追求，反復探索，及至見有獨到，發揮而光大之，便成新學。蓋自動研習，收益較易，此近日科學家，發明家，文學家，藝術家……之產生，遠超昔日者也。惟此種教授法，端賴圖書館之輔助．蓋圖書館爲一切學問之淵源，人類知識之寶庫，孳生不息之文化學術，輸入無已，實爲研究學問之惟一機關。故現今各國大學，均不惜巨資，致力於此。除備有關於學校課程及應用參考書籍外，凡新出報章雜誌小册及一切有裨於高尚生活之圖畫樂譜影片，莫不收集，以供教授學生課外之消遣，有時更與其他圖書館流通書籍，以增大其服務範圍，而求較多數人之利益。蓋大學生爲一國知識界之先驅，未來之國民領袖。故大學校圖書館之設，尤爲重要。

(三)圖書館爲農工商之指導處─圖書館與教育之關係，前已言之。而其與農工商界之關係，亦非淺鮮。近世各國，實業發達日益千里。考其原因，則由政府倡導之力。蓋各國均有工商圖書館之設，關於最近世界經濟潮流，貿易情形，勞工問題，交通狀況，統計表冊之種種印刷品，莫不收備，凡欲探悉貨價起落，投資方法，以及各處工商農林發展程度者，皆可於此類圖書館求之。人民有此良導，則其經營企業，焉有不興，其國焉有不強者。我國爲實業落後之國家，工藝不興，商業不振，各種制度，均極舊觀。於世界商戰激爭之中，幾有一蹶不振之勢。苟欲立求改革，則圖書館之設立，誠屬要舉。

(四)圖書館爲軍政界之參謀處——凡計劃一國之軍政大事者，賴有靈便之消息，精確之調查，充分之史料。故美國現有法政圖書館三百五十餘所。而于歐戰時期中，更添設隨營圖書館千餘。聞威爾遜總統赴歐參與國際聯盟時，曾帶隨身參攷書十餘箱，然則政治生活與圖書館關係之密切，亦可想見。

(五)圖書館爲高尚之娛樂部——娛樂爲工作之調劑要素。吾人勤勞一日，必有適當地點，一換環境，恢復精神。苟無適宜之所，則弊害叢生。蕩遊賭鄙，無所不至。故公共圖書館特備有趣之書畫，以供閱覽。有時且演放電影，設立讀書會，演講會，辯論會，文學會，科學研究會，新文化運動會等，以啟發思想，提倡高尚娛樂，故謂圖書館爲美善之遊樂園，非過詞也。

由是以觀，吾人可知圖書館之功用，至高且大，是以歐美建設之圖書館，種類繁多，載籍夥夠。至其設備之完善，服務之精神，殊非吾國人夢想得到。夫圖書館之目的，既在普及教育，宣傳文化，故公共圖書館之設，須謀全社會全民衆之利益，於採購書籍，經營館務，均不能偏重一方。現各國之公共圖書館內，設有參考部，成人部，兒童部，婦女部，博物院，而其分館之巡迴文庫，則有學校部，工廠部，監獄部，醫院部，鄉村部，盲人部等。且此種圖書館建築之宏麗，設備之舒適，裝點之雅潔，館員之殷勤，無一不引人入勝。故各階級各種類之人，皆樂就之。或以爲研究之所，或以爲詢問之處，或以爲遊樂之園，或以爲精神修養之地。而十九世紀以來，各國對於圖書館之行政管理方面，均極力求進。以前圖書館國立本位之方針，已一變而爲州立本位，再變而爲市立村立本位，蓋文明日進，則圖書館之需要亦愈切。於是不能不縮小本位，增加數目。昔日以保存古籍爲目標者，今則一變而爲公開閱覽式，再變而爲書架開放式，再變而爲書籍流通式。蓋圖書館之惟一任務，在使書籍致用，而不在書籍封鎖。故現世圖書館之特徵，爲均等機會，使人人有閱覽之自由。講求管理，引導興趣，使書無閒置。換言之，即以最經濟方法，使最良最新之書籍，流通於最多數人民，收最大之効果。然則歐美各國之所由興，其來有自矣。故處今日之世，一人不能離書籍而有精神生活，一國不能無圖書館而有精神存在。我國爲文化先進之區，故圖書館事業，開刱頗早。周之外史，漢之白虎，東觀，唐之集賢院，宋之崇文閣，明之南滙，清之四庫七閣，皆國家圖書館之濫觴也。至於私家藏書者，亦復代有其人。其最著者，如唐李泌之鄴架，宋司馬溫公之讀書堂，明范欽之天一閣，毛之晉之汲古閣，清阮元之文選樓。可知我國圖書事業，早具端倪。惜官立之藏書閣，要皆禁門深鎖，非帝王名貴，莫敢一近墻垣，窺其內實。而私家之藏書者，則僅供個人玩好，子孫誦習而已。故書籍以不入藏書樓爲幸，一入藏書樓，則永遠錮禁，無復流行之望。故此等藏書樓，與一般民衆之教化，頗少影響。及清宣統時，歐風東漸，我國政府，鑒於此項建設之重要，乃令各省設立圖書館一所，於是圖書館之名詞，始見之於我國社會。民國四年，教育部復公佈圖書館令，於是圖書館在我國，始成爲一種教育行政。但我國之所謂公共圖書館者，多因經費支絀，遇事遷就。又以缺乏圖書館管理專門人才，故對於建築設施，書籍選擇，編目方法，出納手續，以及內部一切行政，均不講求。至於如何而推廣圖書館教育，如何而引起閱者興趣，如何而增大服務範圍，更復茫然不知。故雖有一二好學之士，前往就學，而求書之困難，與乎管理員之疏慢，莫不令人意沮，裹足不敢復入，是豈我國政府舉辦圖書館之意義乎？

至於我國圖書館之辦理得法者，則當求於各大學中。如清華圖書館，東南孟芳圖書館，天津南開圖書館，廣州中大圖書館，北京高師圖書館，武昌文華公書林，規模均稱完備。私人或機關附設圖書館之著者，則當推上海之東方圖書館，與北京松坡圖書館。無錫縣立圖書館，自經侯君改革，亦有蒸蒸日上之勢，在我國公立之圖書館中，可居首位。

十數年來，各地大學，皆知以擴充圖書館爲要務。而海內歸國之圖書管理專才，如沈，戴，洪，杜諸人，又復熱心倡導。於是國人對圖書館之態度，非復如前此之冷靜。是我國圖書館界之一線曙光也。自民國七年，武昌文華大學創設圖書專科，而我國圖書館人才乃漸出。民國八年戴君志騫，又組織夏令圖書館員講習所於北京，其課程實習，雖嫌簡少，然於全國圖書館界之助力，實亦甚大。民國十一年七月，中華教育改進社在濟南開第一次年會，圖書館教育組對於前途之發展計畫及改良意見，均有提案，並詳加申討，且於是時成立圖書館教育研究委員會，附設於中華教育改進社中。自是以後，圖書館教育，乃視爲新教育問題之一重要部分。及民國十二年夏，中華教育改進社第二屆年會時，戴君又提議組織各地方圖書館協會。民國十三年，北京圖書館協會，首先成立，並通函各地同志，以相策勵。及各地圖書協會組織就緒，乃於十四年四月成立中華全國圖書館於滬瀆。其主要宗旨，爲研究圖書館學術，發展圖書館事業，謀圖書館界之協助。自是我國圖書館界，乃有精神之聯絡。嗣後更將各會員研究心得，探討結果，定期出版，名爲圖書館學季刊，是爲圖書館界之通訊機關，抑亦圖書館事業之宣傳品也。此外尚有中華圖書館協會會報，及各處圖書館月刊，論文小册，通行於世。蓋我國研究圖書館學者，日益踴躍故也。十四年六月，中華文化教育基金委員會，爲處置美國第二次退還庚款用途，舉行第一次年會，議決文化事業，暫從圖書館入手。嗣以舊京爲人才薈萃之地，宜有大規模之圖書館，乃與國立京師圖書館，商議合併，建國立北京圖書館於北海，定開辦費一百萬元，每月經常費五千元。現建築雖未完備，然已於十五年三月成立，此爲我國現今之惟一大圖書館，然較之美國國會圖書館，其規模猶不及二十分之一焉。

現我國革命告成，訓政伊始。而提倡教育，宣傳文化，尤爲急務。蓋今日爲科學昌明時代，凡舉辦事業，均須根據學理，任用專才。惟學理與專才，更須借重於書籍。故圖書館之設，實爲一切事業之基礎，建設聲中之首着。今年五月之首都全國教育會議中，圖書館界專家巨子，對於發展圖書館事業計畫，曾作種種提案。其議案之重要者，則爲籌設國立中央圖書館及全國圖書館之發展步驟大綱兩案。中央圖書館已決議設於新都南京，建築費及設備費暫定一百萬元，請國府撥二五庫券二百萬元作爲基金，以其利息供常年購書及行政費。其中設圖書，研究，出版三部。圖書部主藏書及公開閱覽事項。研究部主研究圖書管理及訓練圖書館應用人才。出版部則主印行孤本及編製各種目錄及索引。而對於全國圖書館發展步驟，則議決辦法三項．

(一)培養圖書館人才。此項可由政府設立專門學校，或由各公私大學，辦理此科。

(二)完成全國圖書館系統。此項第一步則爲成立中央圖書館籌備處，規定國立圖書館及各地方圖書館辦法，並督促其進行。第二步則爲調查各省區現有圖書館狀況及經費。

(三)完成圖書館行政系統。此項由大學院頒佈圖書館指導員任用條例。各省須設指導員，任視察及監督各圖書館事務，並解決管理上一切難題。如該地圖書館事業不發達時，則指導員須負組織新圖書館之責。

今年大學院草訂訓政時期施政大綱內，亦有圖書館一項，其建設計劃，期之三年

(第一年)1.調查全國圖書館，通俗圖書館，兒童圖書館狀況，並力加整理2.釐定圖書館條例3.籌設中央圖書館，兒童圖書館。4.培養圖書館需用人才。

(第二年)1.實施各種圖書館條例2.建設中央圖書館。

(第三年)繼續促進中央圖書館及各地圖書館之發展

綜上所述，是我國政府對於圖書館事業之進展，確具熱忱。苟能本此計劃，實事求是，則將來進步，不難逆料。茲者中華圖書館協會，擬於明年一月二十八日，在首都金陵大學舉行第一次年會。屆時宿學專家，聚集一堂，於圖書館界之種種問題，自有適當之解決，非初學者所敢置詞。但竊以爲中國今日之圖書館事業，尚在萌芽時代。第一要着，爲提倡此項教育。

茲擬定辦法如左：

(一)用演講及文字宣傳，說明圖書館之任務及其重要，使一般人民，了解圖書館之性質，而對圖書館發生興趣。

(二)在中等或大學校，添設圖書一科，以培養學生之好書習慣，且致以運用圖書館之方法。

第二要著，則爲建設中國圖書館學。吾國以前僅有藏書樓而無眞實之圖書館，故欲研究圖書館學者，不得不求之國外。但一國之國情不同，書籍性質亦異。我國舊有之分類編目諸法，既不適用，而西洋者又不可全部採倣，以貽削足適履之譏。且我國文明，發源極早，舊籍甚多。苟欲保存國華，使成有系統而便研求之學問，則非圖書館界之繼續考究與嘗試不可。

圖書館事業在中國之急待擴充，已無疑義，惟祈海內同志，齊心戮力，共策進行，使我中華民國，於最短期間，成爲圖書館化之區域。全國人民，有嗜書好學之美尚。則不獨造福於吾國吾民，亦抑世界文化事業之一部分也。

十七年除夕脫稿

17

图本九

张葆箴

中国图书馆运动

中國圕運動

張　葆　箴

一　引言

圕對社會文化所負偉大之使命，各國已經公認，無須諱言.試思一國文化之得永久進展及保留，全賴有空間及時間之原素之維繫；所指之空間乃指整個之文化，決非單一民族之口頭傳說，或個人之記憶，得傳於後世者，必靠多人之心血，將各時文化之結晶淸析記載，始不致將整個之文化湮沒淨盡；故先祖發明製作書籍，以供後世子孫之閱讀.更進而言之，吾人若祇有一時代之書籍，或某地域之書籍，則仍不能將前人賜遺之寶藏完全蒐集，故必須有廣大團集之偉力，而將全社會之大部書籍收羅一所；並更可網羅與吾人文化有關之他民族之記載，以資借鏡，方可供參考之致用，亦可作保留文化之總機關.以上之二點卽圕所負之使命，亦卽圕對文化上之空間及時間之供獻.

既了解圕之重要，故我國近年來圕運動及其將來之趨勢，凡關心文化事業及研究圕學之志士，須明析以便勇敢加入是項文化之新工作，而促成其實現，以挽救文化行將淪喪之中國.

二 中國圕之過去

我國古代以學歸官府，故書籍之掌管設有專官供職，但亦有傳流於民間者，故書籍之歸宿分二大支流，一歸官府一在民間；吾國類似圕之創設見於史乘者，始於公元前六世紀，周之王室文庫以老子爲柱下史，蕭何收御史律令建石渠閣，漢劉向檢校祕書，向卒子歆繼其業，總括羣篇撮其指要著爲七略，至此方有專門研究以書籍爲對象之科學，是後之載於史乘者，歷歷可數.惜國人多重保存而少進取，至今反遠遜乎後進之歐美諸邦，而瞠乎其後，恥孰大焉！

古代藏書雖爲少數貴族階級之專利品，但對吾國文化有極大之供獻.因以國家之力經營大規模之事業，則可事半而功倍，故藏書之所，多爲當時學術研究之樞紐.

前曾云我國書籍收藏，除官家之蒐集外，仍有傳流於民間者，如漢書載有匡衡借書之一節.由是可證平民之貯藏書籍爲數亦復不少.又如唐代李泌建鄴架等.但藏書之盛却起於宋代以降，究其源由於印刷術之發明.以其爲個人精力所搜羅者故多非公開，然亦間有例外，如明毛子晉晉孫蔚等，集於其門者恆逾百人，私人尚有若是之毅力，圖新運動可謂於此發端焉！

三　草創時期

政府對圖之法令

自民元年來，國人巳漸注重圖，政府方面亦時有關於圖法規之頒布，最先具體之法規，爲一九一五年十月所頒布之通俗圖規程十一條.

其權定之法規雖覺簡單，較之歐美之詳明周備，雖尙瞠乎其後，但巳具明文又堪稍慰．惜因民國以來，社會政治之不安致使方萌芽之運動受莫大之影響，政府無暇及此，結果於圖規範之頒布，未能多見，據所得如下：

(一)民四年十月，教育部頒布通俗圖規程十一條.

(二)民四年十一月，教育部頒布圖規程十一條.

(三)民五年三月，教育部通令一則.

(四)民五年十一月，教育部通令一則.

(五)民九年五月，內務部通飭各縣立圖公文.

(六)民十五年教育部訓令.

(七)民十六年十二月，大學院公布圖條例十五條，

據已往所得政府關於圖法規之頒布，雖爲量尙少，但對圖整個之建設巳有相當之功効，自民四以來，各地蠭起建立公共及通俗圖.

各地圖之建設

各地所建之圖，皆遵政府頒布之法規爲標準，未建者亦

多勉力建立，多數學院私人藏書樓，亦多捐資以供民衆及公共圕之建設，如江西省圕及天津直隸省立圕之創立是．但大多圕，皆由當地教育機關出而主理，並撥給教育費扶助之．

至於民元以來圕之建設，沈祖榮君之『民國十年之圕』一文載之甚詳，簡括之如下：

民國元年以來卽有梁任公之創立松坡圕，後來陳獨秀組織市民圕於廣東，惜未成而能；但武昌文華公書林賴韋棣華女士之努力，已卓然可觀．一九一六年又有清華學校之學校圕，繼起有東南大學孟芳圕，由齊督獨捐資十五萬元而成，爲中國先時之最大規模圕，後有南洋大學之圕及無錫縣立圕，繼起有北京大學，燕京大學，北京高師，南開大學，金陵大學，湘雅醫學，及齊魯大學等，皆於民國十年之際，相繼而建設者．

韋棣華女士之勞績

韋棣華女士雖爲美人，自一九〇〇年因探弟來華後，卽留居武昌文華大學，熱心文化，如茲者凡卅一載．見中國圕之落後，竭其精力專爲『發展中國圕事業』，造福我國，其功實非淺鮮．中國圕事業之有今日，多賴女士之奔走及努力所賜．女士之在我國，正如義人哥利支之在英國博物院圕然，以彼等皆異邦人而造福隣邦也，其熱心及毅力，實足爲吾輩後學之師表，綜女士一生之事業可分數端如下：

一　建設文華公書林

女士自來華後，卽於文華設有小範圍之閱覽室，後因需要增加，遂歸國募欵而建今之公書林，新館落成於一九一一年，是圕可稱爲吾國最先創設之學校兼公共圕，可爲全國之典型．除對民衆公開外，另設有支館數所及巡廻文庫，以供遠道之不得就館而閱讀者，其對吾國文化供獻之誠，如斯可見其概矣．

二 造就圕專門人才

一九一四年，女士遣沈祖榮君去美專習圕學，復於一九一七年，派胡慶生君繼之，歸國後，委以協助女士之工作，如茲者凡十餘年，更賴之而指導吾國新萌芽之圕．

一九二一年，女士商請文華大學當局增設圖書科，造就我國圕專門人才，十數年來，其收效頗巨，卒業生之工作遍地，成績優良，莫非出其門下也．直至今日，是校尙爲國內之惟一圕學專科學校．

三 退還庚欵與圕

關於退還庚款以建築及發展圕事業之議，最先提出者乃女士也．民十一年女士發起是議，當卽奔走中國各地，建議國內名人而協商之，次年韋女士爲是事返國，以我國之提議案建議於美國國會，奔走數月，後得美國國會委員議決，以退還之庚欵，作爲發展吾國教育文化事業之用途，而交中華文化基金委員會支配之．今之文華圕學專科學校，北平圕之建築及其經常費，以及其他文化教育事業之創辦，多以是欵爲後盾．推究之，皆賴女士游說之功．今女士雖逝，而其精神長存，永堪贊頌！

四　新運動之展望

圕之建立及其組織

歐美各國各種圕之名稱，其門目之『專業化』已臻完備，惜吾國則尚在草創時期，凡百事業有待舉辦，故他國已成立者，而我國則尚付缺如，今將我國已有之各種圕述之如下：

公立圕

所謂公立圕，即由政府機關之管理與供給而成立之圕，其目的乃供給社會全體民衆之閱覽也．

民國四年後，各地因政府之提倡，多改當地之書院，官書局，或共公場所，爲公立圕．其書籍有由當地人士之捐送者，亦有收集固有之官書而成者．

是類公立圕有收費者，有完全自由閱覽之分．

（一）　國立

我國國立圕，於民國元年北京政府成立後，仍清末所停辦之圕原書原址，名爲京師圕，委江叔海氏爲館長，經營不數月而條理大備，賴彼極力之收聚購置，各省之贈送，終於藏書漸豐，整齊有序．民五年呈請以全國新出版書籍，立案於內務部者，悉以一部奉館庋藏，厥後遵章贈書者不少，故新籍雜誌及橫行文字始漸得入藏矣；繼因國事不振之影響，故館務之進行日窘，適以美國退還庚子賠欵，設中華教育文化基金董事會以董理之，因得分庚欵餘潤；後以館址頗爲狹隘偏僻，規模亦不宏大，故以開辦費一百萬元（建築六十五萬元購書費二十五萬元預備費五萬至十萬元），建築新址於北平北海公園旁，近者常年經費及設備費十四萬元，購書費美金三萬五千元，又國幣十萬元，蔡元培爲館長，袁同禮副之；其所辦最有價値之事業不少，如調查民國十五年後新出版書籍，及編製北平各圕之聯合目錄，出版圕學之刊物，以及其他等等，極盡國立圕之職責，而成爲全國圕之先導；細思幾經波折之國立圕乃底於成可慶也！

（二）省立

民元以降，省立圕之成立逐漸增多，其藏書亦較豐富.

（一）南京國學圕設於同治五年，江蘇省立之有大規模之公開圕自此始．該館書籍一得之丁氏八千卷樓，不下十萬卷；一爲范氏月槎書籍，不下四千五百餘種，宋教仁書六七十箱，又薛一鶚家藏名人手札七十六册，書畫八箱，徐乃光所藏四百四十五件，其後淮南江楚書局等所儲木板，亦存於是館焉.

（二）江蘇省立蘇州圕，創於民三年，名爲江蘇省立第二圕，館中藏有存古堂書籍，十六年增設兒童閱覽室.

（三）湖北省立圕創於張文襄督鄂時，儲藏頗富，十七年計書籍十萬餘册，計四庫七萬餘册，新中文書籍一萬餘册，西文書籍二千餘册，日文七百餘册，黨義一千餘册.

（四）此外如陝西省立圕，藏書多至廿餘萬册；江西及安徽省立圕，亦頗可觀；山東及河北之省立圕，組織亦稱完善，又如浙江省立圕，藏有文瀾閣四庫全書一部；據中國圕協會十八年第三次訂正之全國圕調查表，共有省立圕四十七所.

（三）地方立

地方圕卽指縣立市立或鄉立等圕而言，其關係地方教育文化甚大，我國圕運動尙在草創時代，對此尤須加以注意，據中華圕協會十八年調查，凡八百七十八所，較十四年約增三倍有奇，可稱我國新運動之美好現象，其中尤以河南浙江陝西甘肅河北等省之進展爲更可觀.

此外仍有所謂宣講所，民衆教育館，廣智館，閱報處，民衆閱覽處，全國不下數千所，但其設備皆未合圕之條件及規模.

私立

私立圕卽蛻化於我國古來之藏書樓，自民元年以來，私人捐資建築圕之風尙大起，如江蘇東南大學之齊孟芳圕，雲南東陸大學之東陸圕，蘇州奚蕚銘氏捐築之蘇州圕，馮平山氏建景堂圕，四川鄧晉康捐建廣東晉康圕，南開大學之盧木齋圕，皆全國熱心中國新圕運動之贊助者.

學校圕

在新運動中，學校圕佔最重要位置者，以各大學圕之成效爲最著. 我國教育當局亦頗注意及此，大學院於各大學立案條件中，規定須有一完備之圕方爲合格，實爲圕運動之好現象，我國學校圕可由下列數方面述之.

（一）大學圕

（甲）國立大學圕　國立大學圕之經費來自國家，故可有大規模之建設，藏書最富者爲北京大學，約廿萬册，現由該校文科主任馬玉藻氏擔任，次爲淸華大學圕，其建築宏大，數年來努力收聚書籍，幾駕乎北大之上，部立交通大學圕藏書數亦不少.

(乙)私立大學圕　私立大學圕,因有相當之背景,及創設之人才,故著成效者亦多.如厦門大學圕,南開大學圕,藏書甚富,又如大夏大學復旦大學大同大學光華大學等圕,亦在不斷進步之中.

(丙)教會立大學圕　教會大學圕,於中國亦有特殊之地位,其中最著者為武昌文華大學公書林,發展最早,且為中國圕人才從出之所,次為上海聖約翰及南京金陵大學,北平燕京大學圕亦為可觀.

(二)　中學圕

在中國各中學幾皆設有圕,但規模皆非宏大,因陋就簡,未能盡量發達.據十八年中華圕協會之調查表,中學圕及師範學校圕,為數百餘所.

(三)　小學圕

小學圕在先時可謂絕無僅有,近年方漸被注意.但因經費人選時局等等關係,多未能設備周詳,然多設有閱書廚,或提倡兒童閱書組閱書會讀書會等.至於兒童圕之建設尚屬罕聞,然兒童部之設為數亦有可觀,如國立北平圕,湖北省立圕,天津市立圕,宜興縣立圕,以及其他皆附設兒童部,附近之小學兒童多就而閱讀之.

此外據中華圕協會十八年調查所得,尚有會社圕卅八,機關圕卅六,專門圕四十一,公司圕二.綜上所述可得下列表:

圕之類別

- 公立—國立—省立—地方立
  - 市立
  - 縣立
  - 鄉立
- 私立
- 學校
  - 大學
  - 中學
  - 小學
- 機關
- 團體(會社)
- 專門
- 公司

圕各種標準分類

- 以內容分
  - 紀念圕
  - 科學圕
  - 特殊圕
  - 黨化圕
- 公開閱覽與否
  - 公開圕
  - 非公開圕
- 維持方法
  - 公立圕
  - 私立圕
- 閱讀之主體
  - 成人圕
  - 兒童圕
- 空間
  - 固定圕
  - 巡迴文庫

- 閱覽方法
  - 閱覽圕
  - 出借圕
- 收書方法
  - 專門圕
  - 普通圕
  - 國民圕
- 借書之制度
  - 開架式
  - 閉架式

中國圕數約爲一四二八所，再查十四年圕協會第一次報告，全國當時僅有五百零二所，至十七年調查，爲六百四十二館，三年增一百四十館，至十八年驟增七百八十六館；其中新疆蒙古西藏各地，尙未計入，連年內亂外患相加之中國，而有若是之結果，實爲優美之現象．換言之，若吾國百業盛興，政治入軌，則其結果將更不可測度也！

圕之內部管理問題

一　編目上之改進

圕編目錄事項，西文書籍已有美英兩國之圕協會審定規則，可供各圕之採用；我國直接採用雖已收成效，然最大之困難，以中外書籍之體裁形式迥異，故不能不另立新法，而融合中外，至今尙紛然無可歸綜，未定編目之規則．圕協會年會席間，雖有編目委員會之委任，但如規則之釐定，類名標題之編製，皆非一時少數人所能奏效者；今有杜定友氏之圖書目錄學，及裘開明之中國圖書編目法等，或能於萌芽時代之中國圕，不無少補．此外有文華公書林之中國編目規則草訂，希能於訂正後早日出版，通行全國.

二）分類法之改進

中國圖書分類自古有七略四部二大系統，七略去今已遠，四部分類幾遍用於全國，而爲圖書分類之正宗．然自新式圖書介紹入中國後，圕所收書籍，遠非四部類例所能包，舊法已不能盡容新學術，雖書目答問之增叢書爲第五類，但時代之要求，四部之法已成末路，故我國圕各據所需而自立分類法，有沿四庫舊制而稍加增益者，有將舊籍依四庫分類，而將新籍依杜威十進法分類者，有修改杜法者，更有另創新法者；如民六年沈祖榮君之中西混合分類法，仿杜威書目十類法，民十一年有杜定友氏之世界圖書分類法，民十三查修氏杜威分類法補編，民十四年桂質柏氏杜威書目十類法，後有王雲五氏之中外圖書統一分類法等．新法雖多，但尚無一法可爲全國之師表．誠如紹期先生所云『即以美洲而論圕之用杜威分類法者，迄今頗覺困難，況我國與美國文字大相懸殊乎！』民十八年劉國鈞氏編製之中國圖書分類法，爲中國分類法中較爲上乘者之一．

以上爲中國圕分類法之大概，此外著者號碼編製法，排檢法等等，亦各有相當可記之進展．如國音字母第一式第二式排檢法，杜定友形位排檢法，萬國鼎母筆排列法，張鳳形數檢字法，王雲五四角號碼檢字法，陳德芸檢字法，以及其他等等，各有被採用者，希來日有研究成功者，能統一吾國之排檢法，如西文之 ABC 無攻擊之餘地然！

三　書架制度

書架制度可分兩種，一爲開架制一爲閉架制．開架與閉架二制失書之比較，於歐美諸邦已有相當之報告．細查之，則知開架式與閉開式二者之比較所差無幾．若以書籍之散失言之，如鮑士偉氏云『圕之於書籍，猶工廠之於煤之燒燬，理當然耳』，以效率而言，則開架制收效較大．我國最早採用開架式者，首推武昌文華公書林．

圕之經費

一　圕經費之來源

中國圕經費之來源，除私立及團體機關各由所屬之機關擔負外，至於國立省立地方立圕．大都由國省地方之教育經費內支撥，但無外國之由當地指定所收稅款之百分數，以作圕經費之例．學校圕則多由學校經費內支用，然亦有對學生收相當之圖書費，以輔經費之不足者．

二　圕經費之支配

圕中經費總數之支配問題，在鄰邦已設有相當之標準，至如現時通行於各國之標準百分比則如下：

項目 百分比 國別	薪俸	圖書	雜費
英國	45%	31%	24%
美國	46%	21%	33%
日本	50%	30%	20%

百分比 項目 / 圖別	薪俸	圖書	雜費
無錫公立圕	49%	28%	23%
清華學校圕	40%	50%	10%
江西省立圕	52%	30%	18%

上圖可略知中國圕經費之未能有一定標準,其變度極大;在新運動中希能調查全國圕之經濟狀況,綜合而成一適合之標準比例,以便各圕之採用.

我國圕之歷年經費,年有增加,然以四萬萬人口計而其經費之少,較之歐美相差不可勝數,我圕界當力爭而努力於是途!

圕館員之地位及待遇問題

一　圕館員之地位

歐美及日本各國圕人員,於社會上所處之地位,已被社會及政府正式之承認.但在我國,圕人員於社會所處之地位,向不爲人所重.歷年來除國民政府現行法規上教育類第四十七頁,有對圕館長之資格規定外,別無所聞.且國立或省立圕人員位置,多成爲政治上活動地盤,實新運動中之阻礙.

二　圕館員之待遇

查圕館員卽爲公共機關之公僕,則其待遇須權利義務均等,於本章第三節圕經費之支配比例數中,可知薪俸之百分比,爲40%至50%,以之與隣邦所定之百分數相比,雖相差無幾，但吾國圕經費之全數極小，故職員中亦有不能維持其生活者，況常有停薪之恐！職員而有身家之顧慮，安能企聚精會神以努力其事業，

除薪俸外，尙有工作時間問題．八小時工作，爲國民政府規定勞動法之標準時間，我國圕工作時間，有自六小時至十二小時之差，實有改良之急需．

此外如恤養問題，女職員特別假期問題等，在草創時期，所應加以注意者，以其於圕作業效率，及鼓勵圕事業，有莫大之關係．吾人當本『事半功倍』之一語，而規定人員之待遇細則，不特增加其工作之專誠，而圕事業之進展，亦可漸宏大其範圍也．

關於圕事業之組織

一　圕協會之種類

我國圕協會之歷史爲期甚短，全國圕協會成立於民國十四年，各省之圕協會最早亦成立於民十三年，如北平圕協會，天津圕協會，上海圕協會，開封圕協會，浙江省會圕協會，廣州圕協會等是，至於蘇州濟南兩地之圕協會，則成立於民十四年．

圕協會之組織，與一國圕運動有莫大之關係，以其爲指導一國圕方向之一種組織，我國圕協會自組織以來，雖僅數載，但已出有會報，記載全國各地圕之消息，出有圕學季刊，以作國內圕界研究學術之機關，此外曾開辦暑期講習科，調查全國圕事業現況，對吾國圕界造福甚夥，對各地圕協會聯絡，頗收

效果.

圕教育

一　暫時講習班

我國圕學教育,可稱幼稚已極,短時間之講習班,亦常有開辦者,雖所學無幾,但聊勝於無也,今略舉數處如下:

(一)民九年夏北平高師圕講習會.

(二)民十一年春廣東圕管理員養成所.

(三)民十二年夏南京東南大學暑期圕講習科.

(四)民十三年夏四川成都圕學演講會.

(五)民十四年夏中華圕協會暑期學校圕科.

(六)民十五年夏蘇州華東暑校圕學科.

(七)民十六年夏漢口武漢教育廳暑期圕學科.

(八)民二十年夏武昌教育廳暑假圕學科.

(九)民十九年秋至二十年夏武昌文華圕學專科學校講習班.

二　大學之圕學科

文華大學

文華大學於民國九年,由韋棣華女士主持創設圖書科,並聘有沈祖榮君胡慶生君任教授之職,入學資格須至少修畢大學本科二年級者,今我國圕界人才多出於其門,民十八年由教育部立案,成為國內唯一圕學專科學校,並得中華教育文化基金董事會補助,民二十年又特設圕學講座,聘請新由美歸國圕學博士桂質柏氏講學.

國民大學

上海國民大學於民十四年，曾設圖學系於教育科內，有杜定友等教授，並請劉衡如李小緣沈祖榮洪有豐等，擔任臨時講演，但不久即行停頓，為圖學教育之一厄運！

金陵大學

南京金陵大學，亦設有圖學課，由劉國鈞氏主持.

五　將來進展之管測

對圖界之希望

圖界之作業者，乃圖基本之組織，故整個圖之組織建全與否，全賴圖人才及其進行若何.

一　組織之完備

語云『不以規矩不能成方圓』誠哉是言也，圖何獨不然，故有組織方可產生有生命及有權威之機關，然後方能產生強有力之分子，最要之組織如下：

行政方面

各圖之組織須求一致，如其經費之支配，選任館長之標準，圖館員之資格，圖之設備用品規程等，須井然有序，以謀圖之發展步驟.

學術研究方面

各地應組織圖學會，其目的在研究圖學之專門化，對圖學各科之難題，共同磋商以謀解決，而促圖學之進步.

圖管理人員方面

『分工合作』為近者採用科學方法處事之一語，其成效非可忽視者，全體人類尙須有合作之精神，推而至一單獨機關，豈不更當取是途乎！故吾圕界人員仿互助之道，而扶植今方興未艾之新事業，並須精心研究，以謀改進之策，對閱覽人尤當持和藹之態度，以引其快感．

二　圕界之聯絡

圕與圕之間，需用友誼之態度，聯絡之精神，共同研究各項問題，管理應用科學方法，不應獨採自裁之方式，現代圕旣以收聚圖書以供民衆之閱覽爲目的，故當用客觀之方法，以處理之，他如分類編目等，更不宜隨意自造，而無根據，均當細心研究，明其利弊，俾得完善之成效而已．

對於政府之希望

政府對圕近者稍加注意，但進一步，希望政府詳訂圕規程與法令，以促進圕事業；規定圕經費，而資助所設之圕，使之有發展之望；建設圕行政機關，以督促監察其工作；並多設圕學校．

對於社會之希望

圕之對象爲書，而書之對象則在致用於社會，綜之可謂圕之一切，全爲社會羣衆而設也；換言之，欲圕之設備完善，以供其需，社會人羣當負其責任之大半，如美之威而遜公司，及英之聯合商業公司，對圕書籍之出版，可知彼邦人士對圕襄助之熱忱，吾人其效之！

六　結論

我國之圕運動草述如上，以一切皆在萌芽時期，故未能使人盡皆滿意，但在草創之中國，提倡圕學教育者日漸踴躍，造就圕人才者熱心栽培，徵求圕人才者，日漸其多，人民對圕認識較深，捐資捐書者不乏其人，有若是之現象，圕界當竭盡心力，以貫澈圕對人類應盡之義務，促成圕由保存趨於使用，由貴族趨於平民，由深奧趨於實用，由主觀趨於客觀，由形式趨於精神，由機械趨於專門，使社會羣衆視圕如學習處，訓育院，娛樂場，顧問所，保藏庫，而有不可須臾而離之勢．

吾國近年經濟實力之困難，欲全國徧設模範圕，決非短時間所能實現者．但關人才方面，無論委員館長職員，皆應委有圕學知識者．如人員不敷時，亦宜擇有相當經驗及學識者，以貢其職，吾國圕前途之希望將莫大焉！

參考書目

沈祖榮　中國各省圕調查表，新教育五卷一，二期合刊，　商務，一九二二年　一九一至二〇〇面

沈祖榮　民國十年之圕，新教育五卷四期，商務，一九二二年　七八三至九七面

王祖彝　京師圕回顧錄　中華圕協會會報七卷二期　一九三一年　六面

馬宗榮　現代圕序說　商務，一九二八年　六三面

馬宗榮　現代圕經營論　商務，一九二八年　二〇六面．

李小緣　全國圕計劃書，圕學季刊二卷二期，　中華圕協會一九二八年，　二〇九至三四面

中華教育文化基金董事會報告，圕學組共六次　一九二六至二九年

中華教育改進社第一次年會報告，圕教育組，　新教育五卷三期，　商務，一九二二年　五五五至六一面

國民政府法制局編　增訂國民政府現行法規，教育類，圕條例　商務，一九二九

四六至四七面

毛　坤　目錄學第八章收藏　武昌文華圖書科學校，一九三〇年　三一面

劉國鈞　中國現在圖書分類法之問題，圖學季刊二卷一期，中華圖協會，一九二八年　七三至七七面

金敏甫　中國現代圖書概況　廣州圖書協會專刊，一九二九　面九至十二，六十三至六十四

中華教育文化基金董事會第六次報告　二十年　十四面

Bostwick, Arthur E. Reports of A. E. Bostwick's mission. 16p.

Chow, Chambers, Treasuer of Finance Campaign Committee. Triple Anniversary Celebration of Miss M. E. Wood; Circular letter. May 16, 1930. 4p.

Friedel, J, H. Trianing for librarianship. Phil. Lippincott, c1921. 224p.

Hu. Thomas C. S. Library training in China. p.17-30 Article III of Libraries in China. Peping, L.A.C. 1929.

Seng, Samuel T.Y. The First annual conference of the Chinese library association. District of Hankow; the newsletter, Feb-March, 1929.p6-8.

Tai, Tse-chien Professional education for librarianship. N. Y. Wilson, 1925. 259p.

Wood, Mary Elizabeth,comp. The Boxer indemnity and the library movement ni China. 38p.

18

图本九

李钟履

图书馆与儿童

圖書館與兒童

李鍾履

兒童事務之歷史——兒童室事務之類別——指導讀閱——年齡之標準——青年書藏——圖畫公報——展覽——故事時刻——異論——規則　立誓反同盟會——兒童部

圖書館對於兒童採取特別之態度，已認爲現代圖書館理想中特點之一。然亦守舊圖書館家所極力反對者也。美國公共圖書館有實行服務兒童者，英國評論者則譏爲荒誕狂妄已極。依彼等之意見，圖書館僅可供愛好之者及自動利賴之者之用，原無兒童之地位，以苟不教之以圖書館之功用及示之以如何可自圖書館尋求快樂與利益，兒童則概不思覓圖書館也。但圖書館苟一旦認爲教育設施之一部，則此種守舊態度絕難存在。學校亦然。高級教育固可偏重自動，而初級教育則顯然不可，是故訓練兒童首重指導與管束。圖書館如誠欲加惠之，則須導之於圖書館，而教之如何利用。美國公共圖書館感覺此事之重要，概較他國爲早，但在一八九零年以前，實際上圖書館對於兒童之特別設施則尚乏有系統之努力也。特別設施之重要，美國中西部較其東部知之爲先，而現代兒童室之產生，亦多賴開架制度之採用。較舊之圖書館多有不知兒童書籍之地位者，其於成人則供以歷史科學及小說書籍，至於兒童有欲讀兒童故事者，則令其借閱或購買，而往往購買一事爲兒童財力所不及，即使購買，亦不過「下等小說」(dime novel)耳。

最初幫助兒童之法，至少亦有四種，即兒童隅，兒童專館，兒童閱覽室及類似現代之兒童室。與學校合作一事，亦可謂爲第五種。此類事務則恆歸兒童部管理。但茲不論之。課程之加減及變易，自能影響兒童之使用書籍良多，謂爲第五種方法，孰曰不宜？

兒童書籍最初加入閉架式圖書館時，無須特別管理方法，以借閱書籍悉依成人借閱書籍之手續也。但自採用開架式，情形遂不同矣。兒童小說亦分類別置，兒童亦稍與成人隔離。然因其非小說書籍，仍與成人者合藏之，故兒童仍有時混雜於書架之間，不免仍擾亂成人，致生怨言。因此引出自然方法，即將一切兒童書籍，悉由成人書藏移出別置於兒童小說之旁，闢一兒童隅，使所有兒童均聚於一處。繼此者，即特備一室，或至少一閱覽室，專爲兒童之用。亦有試驗別設兒童圖書館者，紐約阿格拉公開圖書館之五號路老支館 (The old Fifth Street Branch of the Aguilar Free Library in N.Y.) 即其例也。但此支館與其多數同類者然，仍演成一種普通支館，兒童與成人之分離仍甚顯明也。兒童專館之設，有時似因不願將開架式之兒童室與開架式之成人圖書館同置於一所樓房之中。波羅珂林公共圖書館及泊薩狄那公共圖書館，(Brooklyn Public Library and Pasr dona Public Library)在波若斯夫區 (Brown svills distriet) 均設有兒童專館。此二專館之設，皆因館舍不敷分配，其他關於兒童圖

㊉是文乃鮑士偉博士 (Dr. Arthur E. Bostwick) 所著「美國公共圖書館」(The American Public Library) 中之第六章，故凡文中云「圖書館」，但未加類別者，則概指公共圖書館也。 譯者識

書館之歷史材料亦可自第二章中得之。

兒童事務之末步，即係將一切兒童專室悉歸一部管理，此事後有討論。頗值吾人注意者，即使兒童部實際上猶如專館之趨勢。此種趨勢亦漸顯明矣。此種兒童部概有其自己之書籍，流通目錄，統計與職員，但多尙不能劃分如是之淸也。即此部特居一室之處，書籍亦可在總出納處借還，或在兒童室借而在總出納處還。兒童室尙有無兒童目錄者，或竟不備兒童書架目錄者，亦有一切事務俱自管，惟註册則仍歸總註册處辦理者。至於職員，則多不能專置，充其量雇一助理員以司其事而已。除此而外，則或由總職員中選派，或全體輪流掌管不等。

事務之未能分如涇渭，非盡不善也，亦有其正當之理由焉。例如，館舍甚狹，尤其支館館舍，兒童與成人各據室之一端，出納處居於其中，此一出納處則頗足兒童與成人之用矣。其他活動，亦可適當。惟如上述各事分別管理之趨勢，則顯然無疑，在大圖書館中，尤易形成。

兒童之別管，以免妨礙成人，雖爲一種重要原因，固然亦祗係一種理由，然往往全部成人閱者之喪失兒童，則誠爲原動力。兒童之驅出成人，猶如劣幣之頂替良幣所喻，或非盡當，然實情頗然，以兒童概不畏囂亂，而成人則二者皆懼，於是難免發生上述之結果也。

圖書館之敎育使命，如經認淸，則兒童之別管又獲一有力理由焉。例如一旦監督兒童讀閱之事，變爲重要，吾人立知此事之必須分開兒童及需要專門人才之管理。

別管成爲事實，事務亦須重分，依美國公共圖書館之良好兒童部而論，大抵有以下七種，或僅實行數種，或完全實行不等。(1)家用書籍之流通，必經管理與指導。(2)如在普通閱覽室，然書籍及雜誌之使用。(3)參考事務，此多與學校課程有關。(4)應付極幼兒童，其法概用圖畫書籍。(5)展覽陳列圖畫公報及其他事項，此等事悉與課程互相關連。(6)對某種兒童羣衆講讀故事。(7)敎導如何使用圖書館。

欲行上列七種事務，兒童室書籍之精愼選擇，乃當務之急。然亦關於現代圖書館行政之最難問題也。論之者，意見紛歧，莫衷一是。有謂除道德觀念不良之書籍外，凡兒童欲讀者悉應置備者；有謂凡無文學價值之書籍均宜擯絕者。關於不收悖道德書籍固無相反之意見，第其範圍與標準則頗不一律。例如有不收此等書籍者，如 Tom fawyer 及 Huckleberry Finn；有反對兒童所嗜好之人類故事，其內容顯示古代凶狠無情不顧人類之痛苦及敘述頗極粗鄙者；有拒絕一切戰爭故事者；等等意見，遵循爲難。質言之，選擇兒童書籍者，如不收有人反對之書籍，則可購者必無幾矣。然亦不無折中之法，此法亦多爲人所採用，即已有人編成數種兒童書目，以作選書之基本工具。如復有評之者，大抵因此種書目往往非男子所編，故不滿耳。男子之意見，往往不能加入，誠係一種憾遺。但趨勢則逐漸傾向於精美詳細，善良及詞句之自然與簡潔，而避免感覺主義，錯誤人生觀念，粗俗及種種不經情形也。此種趨勢固一部分受婦女之影響，如謂其已影響過甚，然亦未見有何大害。吾人須知圖書館不過社會中供給讀物之一種處所而已，圖書館館長有時以爲圖書館之選書便可壟斷民衆讀物之供給，其實則惟有驅逐閱者別走門路而已。假設擯棄某種兒童書籍之原因祇爲增大自購書籍或借用書籍（尤堪非難之表樣）之聲價，則此種舉動誠不利於自己之計畫而易引人之批評。壟斷民衆讀物之正確方法，即係本閱者之願望而定去取。兒童之嗜好，苟能培養高尚，使其喜善惡惡，愛自然憎造作崇道德卑感覺，則所希望之結果已獲得矣。管理得當之兒童室現多如斯辨理，故掌管兒童室之助理員其事務則概有助於選兒童書籍者之事務。是以二者必須互相爲用，而後方有成效也。

書架上書籍之多寡，極應注意。兒童室書籍苟有增加，其流通亦必增加，他種書籍之增加與其流通其相應之速則不能若是。是故在廣大城市之中兒童閱者衆多之兒童室，往往供不應求也。但在實際上一般人士恆謂書籍滿架乃良好之現象，架無存書乃惡劣之象徵，是誠言之謬者。夫選書不本乎閱者則用者必少，用者少則書必滿架，如選擇適宜則流通必暢，流通暢書縱博又安得存於架上哉？然此亦不得認爲事務之必須情狀也。往往規則之遵守，讀物之改良，書癖之培養，多因架常滿書而增易，惜總不若架常空虛爲愈耳。

至於指導兒童閱讀，介紹書籍於兒童，及引導兒童於書籍等事之方法，親身之接觸與教誨，則爲最有效者。除此之外，兒童室必須自備目錄，此種目錄必須適合兒童之用，簡易標題之採用，即其顯例。更須使兒童明瞭其意義與價值，及鼓勵其使用。

此種教導之法在數圖書館中已順序實行，但與學校課程則多有關連。學校按時將各班學生派至圖書館，圖書館則按時教導之。初級教導如分類排架使用參考書籍，（如字典百科全書索引等）使用普通書籍之目次與索引等亦常加入。他如書籍形體之構造及如何處置之等事，亦偶爾教及。在位於學校內之支館中，此種事務則頗覺簡易。

每一兒童心意之傾向與其智慧之需要，宜設法以核實之。往往借出之書籍完全未閱者恆佔八九，而仔細讀其一部者不過一二，於此種流通記載中，頗可得良多兒童心意與需要之線索。惜圖書館人員尚不十分注意之耳。改善之法，端賴兒童室內之精當帮助及誘導規則一事，亦極重要。兒童室雖不必使其過於寂靜，致令兒童感覺無味，然秩序紊亂，亦易有此同弊。此室之助理員，如係溺愛兒童者，恆爲最不合格者。凡易感動兒童而其感動又係極正當之感動者，其威權如以和言悅色出之，兒童必能領會與服從之。

兒童室書籍之正當用途，在家使用固係其中之一種，然不便在家讀閱者，亦自良多。此等兒童圖書館宜鼓勵之使其在館中讀閱。兒童閱覽室猶如成人閱覽室，亦常備雜誌數種，專爲在館中閱讀之用，而不供出借之。使此種兒童閱覽室在小圖書館中，無非指書架所圍之隙地。在較大圖書館中則或指此種隙地或指另一空處不定。設係另一空處，則可按閱覽室管理之。至於出納處之有無，則不一定。如有，其惟一之通道即流通處。閱者可任意自架上取閱書籍，並可自尋處所讀閱，惟在欲攜之歸家時，方須辦理借書手續。在此種情形之下，兒童顯然必須經過出納處始能得出，如無出納處流通處即無通道。如此則祇能由外廳出入。兒童閱覽室雖亦備有若干不能外借之書籍，但流通架上之書籍，苟非預先在出納處辦妥一切手續，則不能在其中閱讀。兩種方法，均具利益。然兒童室名人有反對兒童閱讀處不在出納處監視之下者，以爲如此監視上必生困難。其實如爲兒童特備一處讀閱，其已借妥之書籍，假使書籍非置於此等處所原無監視之必要，僅維持該處之秩序可耳。其利益固自顯然也。如有兒童參考書藏，尤其與學校課程有關者，無論其多寡，最好置於出納處之隣近。雖可置於他處而有專人以管理之，然總不若在出納處監視之下爲愈也。

上列之第四種事務，即應付極幼兒童亦自然須在出納處之近處。在昔未實行兒童與成人分別管理之時，圖書館則概定一年齡標準。換言之，借書證祇發與兒童在規定年齡之上者。年齡之標準，普通爲十歲至十二歲，其意當謂在十歲以下之兒童，尙無利用圖書館之能力也。然自兒童室產生，於是乃知此種明確而固定之限制，絕難生效。年僅八齡即能讀閱與利用書籍者正多，而歲已十三竟無此能力者亦復非尠。再者圖書館如實行敎導兒童讀閱，最好使兒童及早養成造臨圖書館及於選擇書籍上聽從館員指導之習慣，固不可使尙不能讀書之兒童讀書，但圖書館如有精美五彩圖畫書籍以供流通，則極幼兒童亦未嘗不可領借書證也。在紐約公共圖書館中「Newyork Public Library」每一兒童室卽有其爲年幼兒童愼選之彩色圖畫書藏，專供在館內之用。往往此類書籍僅在一定時間給與兒童閱看。選擇此類書籍之時，必須十分審慎，圖畫必須精美而爲著名畫家所作者，然後可取，如孟飛爾，柯潤及皮耳等，(Boutet de Monvel, Walter Gane and Howard Pyle.」皆著名之畫家也。除此種特藏之外，尋常亦有供借閱之圖畫書籍，以便極幼兒童之使用。

兒童常常攜其弟妹來館，又恆係令伊等照管者，故不能令其弟妹離開。每見此等幼小兒童悶悶坐於凳上，以渴望之眼光注射於其所不得使用之書籍，最易使圖書館當局心軟而取消其年齡之限制也。聰明不在年齡，故圖書館亦不應有年齡之限制。

然圖書館內年齡之限制，仍須存在，惟加以區別者，僅分兒童與成人可耳。良以位置既分，書藏復異，借書證又不同，胡爲乎不別之哉？但小圖書館則恆忽略之。兒童之轉於成人部，普通概依年齡或學程，又或依此二者，但轉移資格已及非經要求不必立轉之說，亦通爲人所贊成。惟普通章程則多係兒童至升中學或十四歲時，即認爲已及轉移之資格，亦有圖書館以十五歲甚或十六歲爲限者，更有館長隨意轉移者。凡此種種，多有例外，例如圖書館往往有隨意允許持兒童借書證而借成人書籍者，更有自由增加成人書籍於兒童書藏中者，然其用意則一也。

圖書館之業已採用或試辦「青年書藏」(intermediate collections) 者，頗爲繁夥。此種書藏所容者，既非成人圖書，復非兒童典籍，乃居乎二者之間者也。至其藏置之處所，則常在兒童室，有時甚或不分，加以「青年」(intermediate) 字樣，依類而排列之，亦有設於成人室者，更有數處特闢一室者，尤其在供中學參考之用時。但設「青年主任」者（intermediate librarian）則寥寥無幾耳。

兒童室展覽圖畫或圖解物品之法，可有數種，不過首先須知兒童室一非美術展覽室，二非博物院，故不可使其完全變成二者之一也。然同時圖畫及物品則均可引起兒童對某種事物之興趣，及指引其意志於所望之方向。於此可下一明確之斷語，曰，凡暫時之展覽，均極美好，即壁懸圖畫亦難逃出此例。他章自有專論，茲不贅述。日人謂圖畫之能引人入勝者固極浩博，然日日觀之，則減其效率矣。誠哉斯言也。

吾人習見之圖畫公報，首値吾人之注意。此種刊物晚近已斷爲無用，以其製造頗耗寶貴之光陰，不若將此光陰用之於他種事項，以求更佳之效果也。圖畫公報之虛費過多時間，誠無疑義。製作者設非美術專家而冀獲美術出品者，其結果頗難美滿。最精之公報即簡單而易作者，余曾見一以黑波銳斯托板（Bristol boord）爲地，套成白色之精緻花邊公報，其所費之時日定必非尠。如將尋常花邊貼於紙板上，其所費不過數分錢數分鐘而已，且亦不遜於前者也。公報須名實相符，換言之，即書籍目錄之加圖解，以引人注意者，其圖解必須生動，以激人之留意。然目錄之本身及其編製之法，尤須特別重視。恆見公報之目錄模糊不清，或未加考慮，或毫無可取，然其圖畫則煞費心力矣。

製作頗費時間，且結果優良之美術公報，單獨論之，吾人絕不能認爲無用也。是類公報，往往爲具有美術能力者自動所作，故頗堪利用。但如以圖書館人員作之，則所費通頗不貲也。

圖書公報與刊物收藏，二者無論爲紀念特事或週年而備，或祗爲激動羣衆對某種讀物之興趣而設，然均須常常補充之。凡圖書館之有頗多支館者，此種展覽品則可在各支館輪流展覽。博物院物品亦然。如亂收之則爲益殊小。小市鎮中，如無地方博物院，圖書館如有空處，本地礦物昆蟲或禽類之長久收藏，恆有利益。但其展覽則通以偶爾關係某種問題時爲最佳，此種展覽可與展覽同類圖畫時同時舉行，亦可藉講說故事而特別提出。至於展覽品之蒐集方法，頗爲繁夥。如本地有實業組織或大博物院，亦可完全由此等處所借用，例如自然歷史博物院（Museum of Natural History）數年以來，即依此法而借給紐約公共圖書館各支館展覽物品。爲證明此事之可能性計，玆特述其借給各支館之北極展覽物品一事。此種展覽品內有各種眞正哀斯基馬器皿與服裝物件，二剝製之北極小熊，一美麗皮衣，一眞實雪車，即皮瑞大尉（Lieutenant Peary）爲其「雪兒」（Srowboby）所造者，及極多北極照片。有時爲選妥之兒童講述北極故事，（北極探險記及哀斯基馬傳奇）並有一助理員着皮裝以爲附加之展覽品。凡此種種，皆英國人士認爲荒誕者也。然其結果則頗能引其隣近兒童（哀耳蘭及意大利兒童）對於北極之極大興趣。故關乎北極探險之書籍，其流通遂乃大暢。此種展覽之效力於本地教育上，常生永久之影響，似非他種方法所能比並者也。

須注意者，展覽時並無實書之加入也。然展覽之目的，則爲推廣書籍之流通，不若是則展覽失其意義矣。設展覽與書籍之關係，非因免强而生，則應以頗易生效之法而激動兒童之利用書籍。往昔敎育部在紐約城各圖書館舉行演講會時，（在一九二六年停辦）每次演講後圖書館即開放半小時。演講者於開會時概皆向聽衆聲明關於所講題目之書籍概可於散會後在圖書館借得。此等演講固已推廣同類或相關書籍之流通而無可懷疑，但講後即來借閱者幾等於零。在某一演講後，如此借書者罕有逾乎二卷或三卷者，亦有時講後已逾數星期，尚乏一書出借者。雖然圖書館則應置充分相應之書籍以備展覽或演講後不時之需也。但立刻將書籍遞於觀衆或聽衆有時雖能使其喜悅滿意然有時亦能違忤其意，故不可不慎也。

論及講說故事，與上述情形亦同。圖書館中所講故事之目的，固爲引起兒童對書籍之興趣，但達此目的之法亦自良多，固不必代某一書籍宣傳或類似强逼兒童使用之也。優良故事必能引起慾望，當此效既生，僅供給能滿足其慾望之書籍可已，何須他事哉？往往連續講說之用意，無非爲造成一種情狀，而在此種情狀之下，則頗易於指引兒童於良好之書籍，亦往往爲激動關於某類書籍之興趣，或關於新異著者之興趣，如此，則此種故事之講說，概如爲兒童未識之著者之作品作引言矣。

圖書館爲兒童講說故事一事，論者意見紛岐，甚有以爲苟非完全不當，即徒耗時間者，如某某圖書館所講之故事，誠値此種批評。然苟以適當人員，按一定步驟行之，則頗有助於現代兒童室事務之進行，似無疑問也。

遴選兒童爲其講說故事及選擇故事以便分別應用，均爲要事。每組兒童不可過多，（二十至四十最爲適宜）因此遴選成爲必須之事。如以蒞臨與否爲表示兒童在圖書館行爲優劣之象徵，則缺席罰欵等事非爲善法，「先來後到」之分別亦非良計，最佳之法，即按掌兒童室者之意見遴選其以爲最能領會某一故事之意義，並能由之而獲大益者，但同組兒童之年齡與學級，則顯然須相差無幾也。往往選擇之事請教員行之頗爲適宜，尤在將欲講說之故事其範圍與學校課程有關之時。

講說故事之能否發生效力，當然須視講說者之人品與能力如何。人非盡能講說故事也，故自以爲有說書天才之信仰者無論對於成人或兒童，絕不能即認爲確有此種天才之證據也。今日之例行故事時刻，乃爲美國四分之三公共圖書館正式事務之一部，僅最小公共圖書館尙爲例外。故事期間有一週舉行一次者，有一月舉行一次者，不等。在暑期中圖書館之講說故事雖有于戶外活動內舉行者，但館中通常停止。偶爾亦有以無線電廣播故事者。

圖書館爲兒童別設專室一事，批評者之異論亦有合理而値吾人之討論者。其以此種運動爲荒誕狂妄者，雖引若干有名無實之蠢愚瑣屑事項以爲證據，然亦絕難證明其論之是也。此種謬評，姑不深論。茲依美國公共圖書館所實行者而論兒童事務之眞實弊病。第一，凡爲兒童所作之事，如不具明確之了解兒童時期乃係暫時者及永久或成人時期之準備者，則頗需極審愼之考慮。凡與年齡相若之兒童接觸已有年者，莫不思兒童爲另一種人，猶如水流中石旁之波紋，吾人觀之似頗穩定而不變，實不知此種波紋固爲細微急流所組成者也。處於兒童室中，吾人是否忘記現在之兒童即將來之成人，兒童文學與爲兒童舉行之展覽及講說之故事，是否促進兒童於成人時期，抑圖阻止之不使其前進，是誠嚴重問題。能明瞭此問題並能領會其嚴重，亦必能圓滿答覆之矣。較大之兒童自開架式成人圖書館所可得之利益固較自僅備極幼兒童書籍之兒童室所可得之益利爲多，然亦未始不可將最宜彼等之成人書籍斟酌置於兒童室，以供彼等之用也。明晰了解將逾髫齡兒童之希望與需要，乃兒童室必需之事，是故現代圖書館咸重視之也。

每一兒童室可應備若干公認爲老幼咸宜之人學名著，如斯克蒂（Scott）及狄克斯（Dickens）所著書籍之廣爲人所閱讀者，此外如不甚顯著但敘述頗佳結構極精並無過度藻飾之成人小說書籍，亦可酌量加入。繁不勝收之兒童書籍內個人冒險小說亦有頗多宜於成人與兒童二者之用者，亦宜權宜增置特備年長兒童之用。專爲兒童所作之精良類書今尚缺乏，故往往購置著名成人書籍以補充之，乃爲妙法，各種事物之敘述如簡潔直接，則兒童愛之甚必逾於愛同類之專書也。

圖書館之監視兒童不過甚乎？使兒童自尋所需不較指示之爲愈乎自己發現之樂乃智能上之最樂者也。例如兒童偶獲一曠世傑作，以爲人皆不之知也，於是讀之而敬之，而愛之，此書必爲其終身智能上之特別財產矣。假使爲人所介紹，並已述明其價値者，則所得之結果定不若是美滿。其故蓋因因須讀此書而令其讀之，其激起之厭憎猶如雅典人因厭於聽阿瑞斯泰（Aristides）永遠呼爲（鐵面）（The Just）因而投票驅逐之也。此之異論頗爲切實，並特適於近日希圖在圖書館施行學分讀閱一事學門與學分在學校教育中或爲必不可離者，然圖書館則應極力遠避之。再者爲嘗試發現之快樂。亦非絕對必使搜索者萬事皆憑偶然也，設有人告我以捷徑並知在一小時內必有高山之美景立現余之目前，則此人預先與余之快樂，何異於余偶然行至時所得之快樂哉？故吾人亦可本此而爲兒童預備文學上之驚奇圖書館，如欲與兒童以最甜蜜之智慧快樂，則確應如斯辦理也。書籍浩博管理完善之兒童室，可與兒童以探討及發現之機會。

學校教員對於圖書館之兒童事務往往別有一種異議，乃謂圖書館與兒童若干課外讀物，致分其對功課之心力，有誤學校課程匪淺，娛樂固屬必須，然祇能限於身體方面，若夫圖書館則慫慂兒童，利用其眼目以讀閱，行使其心神以領會其所讀閱，不然則兒童或正在野外遊戲也。余確知有一教員爲此特懇切致函其鄰近之圖書館，請其午時將兒童室關閉。

觀夫上述，則圖書館與學校須切實合作之理由業已顯明。但所謂合作者，非係使來館之兒童不利用圖書館也，兒童之需要智慧娛樂與身體娛樂，二者固無可疑，但二者須平均分配而不可或缺其一也，關於學校兒童娛樂書籍在某一時期之可供借閱者，其數量經與兒童之教員及父母磋商後，圖書館可斟酌限制之。學校兒童晝間在圖書館逗留之時間，亦可加以規定，如謂兒童正當利用圖書館，即能影響正式教育方法及兒童思想之正當進展，是不僅爲謬論，且亦頗危險之論調也。

於此吾人可介紹一觀念焉，此種觀念或尚有不明瞭者。夫「兒童室事務」與「兒童事務」非必一事也，大圖書館如有相當設施，則除兒童室以外並能施行頗多兒童事務，如供給學校書籍也，設立寄存處也，等是供給學校之書籍完見全爲兒童之使用。即寄存處之書籍兒童用之者亦復非尠，成人借出之書籍兒童多能接近之，當亦讀閱良多。再者許多大圖書館之流通多藉發書站以推廣，其中一部即係關於兒童者，發書站之兒童部，亦應如支館然，設一主任，觀此則兒童室所行之事務，固不能代表圖書館兒童事務之總部，但正式兒童事務，則此室悉括之也。兒童室主任如不忘此二事：即兒童亦可使用本人所轄以外之書籍，及兒童多亦可用完全本館以外及本館不關之書籍，伊之事務必有條理而能獲較優之成績也。

至此尚未論及兒童室之規則及其方法，然亦不必過事討論也。兒童室之規則，雖不必不應類似教室之規則，但當然亦不可無嘈雜之聲，自屬難免，然苟係「圖書館聲」（library noise）亦不必禁止也。「圖書館聲」者何？即借還書籍所發之聲，或自書架選擇書籍所發之聲，甚或偶爾談話及評論之聲，非任意跬踱之聲或談論無關問題之聲也。因恐成人爲此種「圖書館聲」所撓擾，故將兒童室設於樓之別一層上，或以避聲壁隔之也。

對於圖書館內規則，及家庭中保護書籍之最大幫助，大概以使兒童有享有及負責之精神爲佳。養成此種精神之法甚多，最有效者當推自己註册一法。其法即使兒童自將姓名塡入註册簿內，姓名須在願守館中規則及願愛惜館中物件簡單誓詞之下，在簽名之前必須令其高聲朗讀一遍，此種簡單儀式，往往能生頗大效果。組織「圖書館同盟會」亦係尋求此種效果之法，且往往確能得此效果。其會員簽名於上述誓詞之下，並各佩一徽章。雖然，組織兒童同盟會，俱樂部或其他會社必須審慎之監督也。極奏效之男女青年文學研究社，往往組織上與兒童室互相關連，其於引起及維持對於良好讀物之興趣頗爲致力。但此等會社需要適當之管理，固非敷衍了事者所克奏效也。爲主任者，如乏指導此事之能力與時間，最好不强爲之。

至於兒童室之形狀，位置及設備，當然須以圖書館之大小，事務之狀況及行政之方針等爲轉移。凡此種種，本章前數節業已論及，茲不重述。書架之位置如能隣壁最佳，不必拘於形式，以方便適用爲宜。設一壁爐頗爲有用。室如狹小，備一平面書臺以作出納之用即可。如按完全隔分制管理之大室，則須備成人出納處及應用之器具，如註册所用者等。如兒童過衆，不易約束時，可以不能攀遞書籍之高玻璃將出納處與外部隔絕。但此種過慮，在一般兒童室內多不必須也。

兒童事務在大圖書館創組單獨兒童部，並設主任以司行政之前，已有相當之進展。雖兒童事務進行頗爲順利之圖書館，實際上悉已採用別管制度，但此種分部別管之組織，今尚不能得圖書館家一致之贊成。其困難在難免交錯之分類及權式之劃分。兒童部主任，無論稱爲部長監督或經理，自然不僅有管轄兒童室內一切職員之權，且亦有統治其他處所一切掌管兒童事務者之權，以此等人亦支館或兒童部之職員也。意見之生，固較他種設施事務爲稍易，然苟以仁愛忍耐之心處之，則意見必能消滅也。井井有條之事務及以專家且能負責之主任，別自管理之可能，皆爲分部制度之明證，故各大圖書館館長皆爲其所動也。

19

图本十

于震寰

图书馆选择书籍之原则

圖書館選擇書籍之原則

于震寰

圖書館採擇書籍之一問題，含有三重事實：曰書之本身，曰用書之羣衆，曰圖書館之資力。此三重事實，乃杜威（Mevil Dewey）氏爲美國圖書館協會所製標語之基本概念，其言曰：至善之讀物，供大多數之利用，費極微之代價，（The best reading for the largest nnmber at the least cost），時在西歷一八七六年，此會方成立不久。此語深切選書問題之三方面，故至今言此問題者，仍多祖述之。就此研究之結果，於是可以草定採擇書籍之幾許原則。

甲　適用於各方事實之一般方略：

1　依獲得品質最極高尚之圖書供諸大多數羣衆而支配圖書館之款項。

2　保證每書圖書館能資爲利用。無論現在與將來，此書可供諸學術之咨考，可供諸興感力量，可供諸娛樂游藝。

3　確定一種採選之政策，非證明其有誤宜永爲執守，訪購即嚴循此政策之軌道，直至更完善之政策重行訂定爲止。

4　採擇書籍代表人文在物質上，心理上或道德上發展之努力。

乙　選取至善書籍之一般方略：

5　建立評衡一切書籍最適宜之軌範，而努力使事實與之接近。

6　利用軌範宜出之以機敏，而於固有之價值估量其內容。

7　以獲取各種題材之至善書籍爲目標，但不可因置一平凡之書籍而躊躇不決，此等者寧可供讀，美善者則另論。

8　至善書籍之複置勝於多量之收羅。

9　庋藏典要與標準之書籍，永當取其最足炫目之版本。

10　採選在於正端之用途。一書不得簡而言曰善，必曰善於何事。凡一書籍必有所發揮。如其善止於無害而已，則當問其致用上何如也。

11　發展鄉土史之寬集，此項當自世界上任何地點搜致館中。

12　眼光務宜開展，勿聽少許頑固者視某書或有弊害之意見；勿忽於檢審倫理上之疑難，戒除偏頗之好——如私人，文學，經濟，政治，宗教——採擇當取無所不容而毫無成見，所包括各方面須使公允；關於門戶，宗派及宣傳形式之書籍，至多備可於實用上需要時求置之。

13　小說倘足爲標準之作，勿遽棄絕之；小說之教育價值，並不弱於消遣上之效率，乃現今創造藝術之重要體制也。

14　購置適於圖書館之卷冊，外形與內容同等重要；如動人而經久之裝訂，紙葉及印刷是也。

15　求瞭然出版家之出品與特性；求瞭然著作家之作品與階級；求瞭然書價及其榮値；要之，當瞭然書之一切。

丙　選取供大多數羣衆之書籍一般方略：

16　放開眼光研究圖書館所服務之羣衆，分析其欲望，偵察其病態，備其所乏，足其所需。研究之道，在盡力擴展個人之交識，瞭然羣衆一如瞭然書籍，然後藉接觸，記載及調查，可演解羣衆之要索。

17　設計滿足羣衆需要之選書步驟，而仍須注意羣衆智能之發展與增進其全系統之學識。

18　履行爲讀者而選書之主律，汝所借重之書籍，亦必爲他人所借重。一書無弊害於汝者，又何疑其流毒於爾之鄰？如汝急需於一書，其他讀者亦必同情。

19　置備當供諸實在與潛伏兩種用者。盡力滿足前者之普通或特殊願望；兼需預料彼後者將生之願望。

20　知名之團體，無論任何階級，或爲貿易，或爲職業，又或爲娛樂，各有其擴展之一種自然興趣者，皆當供應其需求。

21　愼毋添置現在或將來皆無需要之書籍，但典要及標準之書籍不在此例。

22　過抑不適當之攻擊，認知緘默之用者。幾許人常願能滿足其各項欲望，而固執其所介紹之獨嗜書籍；不激烈之份子其權利固猶在也。

23　專家及羣衆領袖所要索之書籍，當於財力允許之下盡力購置。

24　毋競競於大部書，期刊或某門類書之配置完備，除非深覺其有正確之需要。

丁　選擇費極微代價之書籍一般方略：

25　以施行合作之方法而節約資力，由當地起，至較大之區域，以至全國。

26　未經一次請求之書籍，不便購置，或恐因而反奪却圖書館中需要更大，更爲佳良之書籍購置力也。

27　保持預算不得超越，依洽當而不過於滯板之比例，如所分配維持利用之。

28　購書須依附於圖書館所決定之門類或取爲特點者，除維持與發展上有完全之解決。毋舉辦特別文庫或其他新培植。

29　選書時不可忘却圖書館中業經入藏之資料。

20

图本十

陈鸿飞

佛教典籍分类之研究

佛教典籍分類之研究

陳鴻飛

一　史要

古來研究佛經目錄者甚衆。據高僧傳所載「自漢魏迄晉經來稍多。而傳經之人名字弗說。後人追尋沒測年代。安乃總集名目。表其時人。詮品新舊。撰爲經錄。衆經有據。實由其功。」祐錄載「爰自安公始述名錄。詮品譯才。標列歲月。如典可徵。實賴伊人。」又載「大法運流。世移六代。撰著羣錄。獨見安公。」是則撰集佛經目錄之始。蓋起於東晉之道安。（註一）然其書失傳。已不可考。其後雖有釋僧叡。釋道流。竺道祖。支敏度。釋琮。釋彌充。釋道慧。釋道憑。釋正度。釋僧紹等。（註二至十）各有編纂。然亦皆失傳。直至南齊建武間。楊州律師僧祐撰三藏記錄十五卷。爲現代存有經錄之祖。（省稱祐錄）按該書自序有云。「昔安法師以鴻才淵鑒。爰撰經錄。訂正聞見。炳然區分。自茲以來。妙典間出。而年代人名。莫有銓貫。…」又云「敢以末學。響附前規。率其管見。接爲新錄。兼廣訪別目。括正異同。」可知祐之著述。實私淑安公。且以續補安錄爲自任。故安錄雖亡。猶可從祐錄窺其梗概。又自述全書組織云。「一撰緣記。二銓名錄。三總經序。四述列傳。緣記撰則原始之本克昭。名錄銓則年代之目不墜。經序總則勝集之時足徵。列傳述則伊人之風可見。其全書目錄分類如下表。

- 祐錄
  - 撰緣記—（卷一）先敍印度佛經結集傳授源流次敍三藏八藏等名稱次論胡漢譯經音義異同。
  - 銓名錄
    - 卷二
      - 新集經論錄
      - 新集異出經錄
    - 卷三
      - 新集安公古異經錄
      - 新集安公失譯經錄
      - 新集安公涼土關中異經錄
      - 新集律部錄
    - 卷四—續撰失譯雜經錄
    - 卷五
      - 新集抄經錄
      - 安公疑經錄
      - 新集疑經錄
      - 安公注經及雜經志錄
  - 總經序
    - （卷六至十一）此六卷名爲序集錄四十二章經至千佛名號各書之序
    - （卷十二）此卷名雜錄亦錄各書序而祐所自作者爲多
  - 述列傳—（卷十三至十五）此三卷名爲傳

上列祐錄先分爲四大部。更以卷數之不同。分爲八大門。門下更分細目。如銓名錄組下。共有四門。其第二門（卷三）下。更分四目是例。

按祐錄分類。雖爲空前佳作。實不如後此諸家分類之完備。故不詳論。祐錄之後。繼有李廓錄（註十一）與寶唱錄。（註十二）之創作。惜皆失傳。故亦不論。獨隋開皇十四年法經等所撰之大隋衆經目錄。亦稱法經錄。較爲完備。其分類亦多可取。茲論之如下。

此書爲開皇十四年大德法經等二十人所撰。名曰大隋衆經目錄。蓋其時佛學已達全盛時代。此二十人者又皆一時之選。故能斟酌條理。漸臻完善。其書由兩種分類。縱剖橫剖組織而成。一曰以書之內容本質分類。二曰以書之流傳情狀分類。今將兩分類。合併爲一表示如下。

1 一譯…只有一譯本者
2 異譯…有二次以上之譯本者
3 失譯…不知譯人姓名者
4 別生…節本別題者

（於大部中抄去別行者）
5 疑惑…來歷不明可疑者
6 僞妄…决定爲僞書者
7 闕本…舊錄有目而無經本者

法經錄
- 1 大乘
  - 甲修多羅藏（卽經）
  - 乙毘尼藏（卽律）（詳分與甲同）
  - 丙阿毘曇藏（卽論）（詳分與甲同）
- 2 小乘
  - 甲修多羅藏（詳分與甲同）
  - 乙毗尼藏（詳分與甲同）
  - 丙阿毗曇藏（詳分與甲同）
- 3 抄集錄
  - 西域聖賢
  - 此方諸德
- 4 傳記錄
  - 西域聖賢
  - 此土諸德
- 5 著述錄
  - 西域聖賢
  - 此土諸德

按上所列法經錄。先將佛敎典籍分爲五大類。一曰大乘。二曰小乘。三曰抄集。四曰傳記。五曰著述。其於大乘及小乘類下。更以書籍體列之不同而分爲一譯異譯失譯別生疑惑僞妄六項。而於抄集傳記著述等類下。更分西域此土兩項。此法非僅使經律論三者釐然分明。且可將當時佛敎一切典籍包括無遺。而納於科學方法中。誠空前佳著。

然時代遞降譯經日衆（註十三）法經錄漸有紬用之勢。於是費長房之長房錄與道宣之內典錄（註十四）及智昇之開元釋敎錄等相繼而出。內典錄係道宣七十歲時之作。其書集法經長房兩派之所長而去其所短。更有爲系統的且合理的組織。全書爲錄者十。爲卷者亦十。然不如後出之開元錄分類之精密。故擇開元錄以代此二者識錄之如下。

開元釋敎錄
- 正錄（總集羣經錄）卷一至十
- 別錄（別分乘藏錄）
  - 有譯有本錄卷十一至十三
  - 有譯無本錄卷十四至十四
  - 支派別行錄卷十六
  - 刪略繁重錄卷十七
  - 補闕拾遺錄卷十七

疑惑再詳錄卷十八
僞妄亂眞錄卷十八
大乘入藏錄卷十九
小乘入藏錄卷二十

上係分類大綱表其大綱下又可詳分若干目若干項茲將有譯有本錄之細目列表如下

- 有譯有本錄
  - 菩薩三藏錄（即大乘）
    - 菩薩契經藏（即大乘經）
      - 般若經新舊譯
      - 寶積經新舊譯
      - 大集經新舊譯
      - 華嚴經新舊譯
      - 涅槃經新舊譯
      - 五大部外諸重譯經
      - 大乘經單譯
    - 菩薩調伏藏——即大乘律
    - 菩薩對法藏（即大乘論）
      - 大乘釋經論
      - 大乘集義論
  - 聲聞三藏錄（小乘即）
    - 聲聞契經藏（即小乘經）
      - 根本四阿含經
      - 長阿含中別譯經
      - 中阿含中別譯經
      - 增壹阿含中別譯經
      - 雜阿含中別譯經
      - 四含外諸重譯經
      - 小乘經單譯
    - 聲聞調伏藏（即小乘律）
      - 正調伏藏
      - 調伏眷屬藏
    - 聲聞對法藏（即小乘論）
      - 有部根本身足論
      - 有部及餘支派論
  - 聖賢傳記錄
    - 梵本翻譯集傳
    - 此方撰述集傳

依上所列智昇之開元釋敎錄。先將佛敎典籍分爲兩大部。一曰正錄。即羣經總錄。有如杜威分類法中之總類部。或曰普通部。二曰別錄。言藏錄之含有某種專門性質者。別分爲七門。一曰有譯有本。二曰有譯無本。三曰支派別行。四曰删略繁重。五曰拾遺補闕。六曰疑惑再詳。七曰僞妄亂眞。末附大乘小乘入藏錄二卷。每門之下。更分若干目。如有譯有本門下。分大乘小乘傳記三目。目下更分細目。如大乘目下。更分經律論等項。項下更分小項。如大乘經項下。更分般若經新舊譯寶積經新舊譯等七小項是例。可知智昇之開元釋敎錄。經論分類。益加精密。蓋前此僅以大小乘分類。茲則大小乘經律論又各分類。而於子注亦加詳明。在佛數經錄中。可謂爲集大成者。其後圓照撰貞元新定釋敎錄三十卷。殆全襲其文。僅增新譯數家而已。

宋代經錄已佚。惟祥符景祐兩錄曾見引於元王古之大藏聖敎法寶標目卷首王古標注及慶吉祥等奉敕撰之至元法寶勘同。爲元代經錄之鉅著。就其書爲提要。頗述經典之內容。晚明智旭、閱藏知津頗師其意。雖僅抄錄經論篇目。而義類詮次。則可使學者知法海之津。

其他書籍之載有佛經分類者亦多。如阮孝緒佛經錄分五部。（註十五）隋志四部集部下佛經分四部。（註十六）鄭樵通志藝文略釋家類分十部。（註十七）濟生堂藏書目集部下釋家類則分爲十八部。（註十八）惟所論者皆不如以上專家者之精詳。故從略。

近來學術發達。典籍日繁。分類益爲重要。從事探研者亦不乏人。據所知其較爲詳備且合於科學者。有下列七家。

一　頻伽精舍主人分類法

二　日本縮藏經分類法

三　王文山分類法

四　陳子彝分類法

五　支偉成分類法

六　王雲五分類法

七　劉國鈞分類法

一　頻伽精舍主人分類法

按頻伽精舍主人（註十九）自聞佛法。信願堅宏。手寫華嚴。精持日課。閱日本弘敎院小字藏經。喜其尋誦利便。而猶以齒長者苦費助。於是據日本弘敎書院所刻者爲稿本。慘淡經營。歷四年之久。縻金十有五萬。方克畢事。由中國圖書公司承印。民國二年印成。其書共一千九百十六部。八千四百十六卷。訂四百十四冊。總爲四十函。合宋藏元藏明藏清藏及高麗藏本而校刊之。其分類大綱如下。

大乘｛
1 華嚴部
2 方等部

- 頻伽法
  - （一）經
    - 小乘
      - 3 般若部
      - 4 法華部
      - 5 涅槃部
  - （二）律
    - 大乘
    - 小乘
  - （三）論
    - 1 印度大乘宗經論
    - 2 印度大乘釋經論
    - 3 印度大乘諸論釋
    - 4 印度小乘論
    - 5 印度撰述雜部
    - 6 附外道論及疑似經
  - （四）祕密
    - 錄內—卽日本槇山寶藏院所刻祕密儀軌
    - 錄外
      - 1 享保
      - 2 享和
      - 3 十五經
      - 4 四部儀軌
      - 5 疏論
    - 知律
      - 1 經疏部
      - 2 論疏部
      - 3 懺悔部
      - 1 三論宗
      - 2 法相宗

- （五）雜
  - 此土撰述部（中國）
    - 4 諸宗部
      - 3 華嚴宗
      - 4 天台宗
      - 5 淨土宗
      - 6 禪宗
    - 5 傳記部
    - 6 纂集部
    - 7 護教部
    - 8 目錄部
    - 9 音義部
    - 10 序讚詩歌部
  - 日本撰述部
    - 1 天台宗
    - 2 眞言宗
    - 3 臨濟宗
    - 4 曹洞宗
    - 5 黃檗宗
    - 6 融通念佛經
    - 7 淨土宗
    - 8 眞宗
    - 9 日蓮宗
    - 01 時宗

按頻伽經錄先將全藏經典以性質之不同分五大類。經律論祕密雜。每類之下更分若干門。如祕密藏下更分錄內錄外知律三門。門下更分細目。如上表所載。且其分類法非僅以典籍性質分。

且採區域分類法。如印度撰述部。中國撰述部。日本撰述部下只載六門。即天台、眞言、臨濟、曹洞、黃檗、及融通念佛經。然按弘錄（註二十）日本撰述部下載其初祖著述不流布於世者有六。即三論宗。成實宗。法相宗。俱舍宗。華嚴宗。及律宗。其流布於世者有十。頻伽錄只載其十中之六。未知何故。茲將頻伽錄未載之四部。一曰淨土宗。二曰眞宗。三曰日蓮宗。四曰時宗。一併採入。而以口標之。以待來日研究。

二日本續藏經分類法

日本續藏經。（註二十一）爲日本中野達慧所編纂。其內容頗佳。且對於中國（支那）撰述。載列尤詳。謹錄之如下。

日本續藏法

- 一印度撰述
  - 甲經部
    - 1 華嚴經部
    - 2 方等經部
    - 3 般若經部
    - 4 法華經部
    - 5 小乘經部
  - 乙律部
  - 丙論集部
  - 丁密經軌部
- 二支那撰述
  - 甲大小乘釋經部
    - 1 大乘經華嚴經疏部
    - 2 大乘方等經疏部
    - 3 大乘方等經疏部
    - 4 大乘法華經疏部
    - 5 大乘涅槃經疏部
    - 6 小乘經並聖賢撰集疏部
  - 乙大小乘釋律部
    - 1 大乘律疏部
    - 2 小乘律疏部
    - 3 疑似雜僞律疏部
  - 丙大小乘釋論部
    - 1 三論宗著述部
    - 2 法相宗著述部
    - 3 天台宗著述部
    - 4 華嚴宗著述部
    - 5 眞言宗著述部
    - 6 戒律宗著述部
    - 7 淨土宗著述部
    - 8 禪宗著述部
    - 9 禪宗語錄通集部
    - 10 禪宗語錄別集部
    - 11 史傳

(12附（其他）

三王文山分類法

南開大學圖書館主任王文山君於民國十四年編纂南開大學圖書館目錄。其於佛教分類一項頗爲詳明。誠近代所罕見茲列表（註二十二）如下。

- (一)佛教通詮
  - 1 目錄
  - 2 綱要
  - 3 字典
  - 4 論文演講
    - 護教
  - 5 雜誌
  - 6 會社
  - 7 教觀法
  - 8 融通
  - 9 雜類
- (二)佛教哲學通論
- (三)佛經（一切經類及音義校勘等）
  - 1 音義文字上註解
  - 2 校勘板本之學
  - 3 巴利一切經
  - 4 梵文一切經
  - 5 中文一切經
  - 6 藏文一切經
- (四)佛教內部典章制度寺院習慣
- (五)佛教對外宣傳事業
- (六)佛教史
  - 1 佛
  - 2 通史
  - 3 印度佛教通史
  - 4 中國佛教通史
  - 5 日本佛教通史
  - 6 蒙藏佛教通史
  - 7 緬甸佛教通史
  - 8 暹羅佛教通史
  - 9 其他各地佛教史

- 甲小乘
  - 1 上座部
  - 2 一切有部
  - 3 成實部
  - 4 俱舍部
  - 5 正量部
  - 6 大衆部
  - 7 說出世部
  - 8 其他各部
  - 9 史
- 乙大乘
- 律
  - (1 經

王文山法

- (七)印度佛教(宗派及專論)
  - 丙因明
  - 丁法性宗
    - 2馬鳴
    - 3龍樹
    - 4提婆
    - 5世親
    - 6清辨
    - 7智光
    - 8其他諸師
    - 9史
  - 戊法相宗
    - 1經
    - 2彌勒
    - 3無著
    - 4世親
    - 5陳那
    - 6安慧
    - 7護法
    - 8其他諸師
    - 9史
  - 己密宗
  - 庚淨土宗
  - 辛大乘叢書及雜類
    - 1小乘各論
    - 2三論宗
    - 3嚴華嚴宗
  - 壬其他宗派
- (八)中國佛教(宗派)
  - 4天台宗
  - 5法相宗
  - 6律宗
  - 7淨土宗
  - 8禪宗
  - 9密宗
- (九)日本佛教(宗派)
  - 1三論宗
  - 2法相宗
  - 3律宗
  - 4天台宗
  - 5真言宗
  - 6禪宗各派
  - 7淨土宗
  - 8日蓮宗
  - 9其他各宗
- (十)其他各國佛教宗派

按王文山君佛教分類綱要。係依照杜威十分法而創作。分佛教典籍爲十大類。即總論。通論。經典。教內制度。宣傳事業。佛教史。印度佛教。中國佛教。日本佛教。及其他各國佛教。更類下分門。門下分目。仿耶教分類之例而成。頗合實用。誠佛教典籍十分類法之祖。又其內容精詳。非深究佛學者不爲功。然其缺點亦正由此而生。如既採用十分法。則勉强拉湊十數。因而輕重失置。引人評議。如佛教對外宣傳事業。在一般佛錄中並非重要。而今則標爲大類。與經典居同等地位。是其輕重失置之點。又如佛教史與佛教制度。亦皆居大類。誠有按設非善之憾。是美中之不足也。

（四）陳子彝分類法（註二十三）

佛學
- （一）總論
- （二）經
  - 大乘經
    - 1 華嚴
    - 2 方等
    - 3 般若
    - 4 法華
    - 5 涅槃
  - 小乘經
    - 一根本四阿含經
      - 1
      - 2
      - 3
      - 4
    - 二四阿含以外之小乘經
- （三）律
  - 大乘律
  - 小乘律
- （四）論
  - 大乘論
  - 小乘論
- （五）祕密
- （六）諸宗
  - 1 華嚴
  - 2 淨土
  - 3 禪宗
  - 4 天台
  - 5 三論
  - 6 法相
  - 7 密宗
  - 8 律宗
  - 9 日本諸宗
- （七）雜類
  - 1 護教
  - 2 讚頌
  - 3 別集
  - 4 懺悔
  - 5 寺院
  - 6 筆記語錄
  - 7 纂集
  - 8 紀

（五）支偉成分類法（註二十四）

佛學類

- （一）經
  - 大乘
    - 1 華嚴部
    - 2 方等部
    - 3 般若部
    - 4 法華部
    - 5 涅般部
  - 小乘
- （二）律
  - 大乘
  - 小乘
- （三）論
  - 大乘
  - 小乘
- （四）印度撰述部
- （五）祕密部
- （六）懺悔部
- （七）諸宗部
- （八）傳記部
- （九）纂集部

（六）王雲五分類法（註二十五）

- 1 華嚴
- 2 方等
- 3 法相

佛敎與佛經

- （一）經
  - 4 淨土
  - 5 密敎
  - 6 般若
  - 7 法華
  - 8 阿含
  - 9 其他
- （二）律
- （三）論

（七）劉國鈞分類法（註二十六）

- （一）總論
- （二）經典
  - 大乘
    - 1 華嚴
    - 2 方等
    - 3 般若
    - 4 法華
    - 5 涅槃
  - 小乘
- （三）論疏
  - 大乘
    - 印度撰述
    - 支那撰述
  - 小乘
    - 印度撰述
    - 支那撰述
- （四）規律
- （五）儀注

- 8 叢集
- 9 史傳記

佛教

- （一）經
  - 大乘
    - 1 華嚴
    - 2 方等
    - 3 般若
    - 4 法華
    - 5 涅槃
    - 6 五大經外諸經
  - 小乘
    - 1 長阿含經
    - 2 中阿含經
    - 3 增壹阿含經
    - 4 雜阿含經
- （三）律
  - 大乘
  - 小乘
- （四）論疏
  - 大乘
    - 印度撰述
    - 中國撰述
  - 小乘
    - 印度撰述
    - 中國撰述
- （五）祕密
  - 1 錄內
  - 2 錄外

佛教

- （六）佛教
- （七）宗派
  - 1 三論宗
  - 2 法相宗
  - 3 華嚴宗
  - 4 天台宗
  - 5 淨土宗
  - 6 禪宗
  - 7 其他
- （八）教會及組織
- （九）教化流行史
- （十）傳記

茲依各家之論另草一法列表如下用者可按各地情形酌加符號無論數字或字母皆可

- （一）總論
  - 1 目錄
  - 2 綱要
  - 3 字典辭典
  - 4 論文講演錄
  - 5 雜誌
  - 6 社會報告
  - 7 教學

3 知律

（六）宗派
- 1 華嚴宗
- 2 淨土宗
- 3 禪宗
- 4 天台宗
- 5 三論宗
- 6 法相宗
- 7 密宗
- 8 律宗
- 9 其他宗

（七）
- 1 護教部
- 2 序讚詩歌部
- 3 僞妄亂眞錄
- 4 寺院制度
- 5 融通
- 6 圖表
- 7 其他

附註

一、東晉寧康二年。釋道安著有綜理衆經目錄一卷。省稱安錄。乃集前人所有之經錄。及當時所有佛經之全部綜合而整理之。故名曰綜理衆經目錄。據祐錄所載。想見其內容厥有五端。（一）純以年代爲次。（二）失譯者則白爲篇。（三）摘譯者亦則白爲篇。（四）嚴眞僞之辨。（五）註解之書則白部不與本經混。

二、釋僧叡姚秦時人。道安弟子。受學鳩摩羅什。爲什門首座。因撰次什譯諸經。爲二秦衆經目錄共一卷。爲經錄冠朝名之始。

三、釋道流竺道祖東晉時人。著有衆經錄四卷。每卷一錄。計魏世錄目一卷。吳世錄目一卷。晉世雜錄一卷。河西錄目一卷。乃道流草創不幸病卒。同學竺道祖續成之。故稱道祖錄。

四、支敏度東晉成帝時人。總校羣經。合古今目錄。撰成經論都錄一卷。

五、釋王宗南齊武帝時人。著有衆經目錄二卷。三寶紀卷十一云。武帝世釋王宗抄集衆經。依事類撰有似數林。……又撰大小乘目錄。是則大小分類法肯自宗始。

六、釋彌充南齊時人。著有釋彌充錄一卷。

七、釋道慧南齊時人。著有宋齊錄一卷。

八、釋道憑北齊時人。著有釋道憑錄一卷。

九、釋正度未詳爲何時人。考三寶紀卷六及卷七皆云見釋正度錄。

十、釋僧紹梁天監年人。著有華林佛殿衆經錄四卷。

十一、李廓北魏永熙間人。著有魏衆經目錄十卷。省稱李廓錄。其書雖佚。然自長錄考知其分類大綱如下。

1 大乘經律目錄

2 大乘論目錄

3 大乘經子註目錄
4 大乘未譯經論目錄
5 小乘經律目錄
6 小乘經論目錄
7 有目未得經目錄
8 非眞經目錄
9 非眞經論目錄
10 全非經愚人妄稱目錄

十二．寶唱錄。爲梁天監十七年沙門寶唱奉敕撰。其書分類。意求詳細。惜分析太繁。又無系統。且失於瑣碎。共分十四門。大乘經。小乘經。先譯異經。禪經。戒律。疑經。註經。數論。義記。隨事別名。隨事共名。譬喻。佛名。神咒。並於大小乘經下分有譯人無譯人兩項。有譯人無譯人下更分一卷多卷之別。其爲繁雜無意。

十三．費長房隋開皇年人。撰有歷代三寶記。亦名開皇三寶錄。省稱長房錄。在現存諸經錄中。號稱該博。書凡十五卷。初三卷述佛教沿革。佛法東流。翻經次第。次九卷詳記歷代譯師所譯經典。次二卷爲大小乘入藏目。後一卷則仿馬班二史之例。自爲序傳。而以歷代經錄附。

十四．道宣唐麟德年人。著有大唐內典錄十卷。省稱內典錄。全書爲錄者十。爲卷者亦十。如下。

1 歷代衆經傳譯所從錄卷一至五
2 歷代翻本單重傳譯有無錄卷六至七
3 歷代衆經分乘入藏錄卷八
4 歷代衆經舉要轉讀錄卷九
5 歷代衆經有目闕本錄卷十
6 歷代道俗述作注解錄卷十
7 歷代諸經支派陳化錄卷十
8 歷代所出疑僞經論錄卷十
9 歷代衆經錄目終始序卷十
10 歷代衆經應感興敬錄卷十

十五．梁普通中處士阮孝緒撰七錄。其六爲佛經錄。分五部。戒律。禪定。智慧。疑似。論記。

十六．隋書經籍志四部論集下有佛經類。類下分四門。經。律。論。記。門下更分爲於目。如經門下分大小乘經。雜經。雜疑經。律門下分大乘律。小乘律。雜律。論門下分大乘論。小乘論。雜論。是也。

十七．鄭樵通志藝文論釋家類。一傳記。二塔寺。三論議。四銓述。五章鈔。六儀律。七目錄。八音儀。九頌贊。十語錄。

十八．澹生堂藏書目明祁承㸁撰子集六釋又分十八門。一大乘經。二小乘經。三宋元續入經。四東土著述。五律儀。六經典疏註。七大小乘論。八宗旨。九語錄。十止觀。
十一警策。十二銘述。十三提唱。十四淨土。十五因果。十六記傳。十七禪餘。十八文
集附續收。
十九●瑜伽精舍主人。—按哈同氏歐司愛君妻迦陵法國人。購某滬上並倣構祇園
營精舍一區。額曰頻伽。故稱頻伽精舍主人。
二十●弘錄—日本明治。間東京弘教書院僧徒。以高麗藏本及宋元明藏本。校其異
同。又增以其國古抄本為諸藏所不載者。用活字板印行。為目錄者稱為弘錄。
廿一●日本續藏經見叢書書目彙編第六十面。
廿二●按南開大學圖書館目錄。佛教項下。係依杜威分類號碼排列。如２９４為為
佛教。２９４１為佛教哲學通論。茲為清晰起見。改書為表。
廿三●中央大學區立蘇州圖書館編目主任陳子彝。於民國十八年編中央大學區
立蘇州圖書館圖書分類法一冊。其三七〇號碼為佛學。
廿四●江蘇省立第一圖書館館長支偉成編國學用書類述一冊。獨闢佛學為一大
類。
廿五●東圖書館館長王雲五著中外圖書統一分類法。其廿２２〇號碼為佛教。與
經原書係依號碼排列。今改書為表。
廿六●見劉國鈞編中國圖書分類法十五面。

附錄（一）

關於佛教分類之名詞釋義。
依揩書筆畫多寡為次序。
其筆畫同者則依點橫直撇排列之。
一畫一切經。（術語）佛教聖典之總名。或曰大藏經。省曰藏經。
一乘經。（經名）法華經也。此經為主明一乘法者。
三畫三論（書名）。三論宗所依之論藏。
三論宗。（流派）依中論十二門論百論而立之宗。故曰三論宗。
大藏經。（術語）見一切經條。
大乘（術語）梵語摩訶衍譯言大乘。大者對小之稱。乘以運載為義。以名教
法。即大乘也。
大乘宗。（術語）佛滅後諸宗紛起。其求作佛者為大乘宗。
大乘經。（術語）明作佛道法之一切經典也。
大乘律。（菩薩）菩戒經等是也。
小乘。（術語）梵名希那。對大乘之稱。求佛果為大乘。求阿羅漢果辟支佛
果為小乘。
小乘經。（術語）說四諦十二因緣之理。詮空寂之涅槃者。十二部經中唯存
九品。四部之阿含經等是也。
小乘律分別律四別僧戒等是也。

四畫方等（術語）台家有三釋。一謂方者方正。等者平等。中道之理方正而生佛平等也。一謂方者廣之義。等者均之義。一謂方者方法之義。等者平等之理體。

方等部（術語）說方等時之諸經方部類也。

方等經（術語）大乘經之總稱也。

天台宗（流派）隋智者大師所立名天台宗。此宗以法華經爲本經。以智度論爲指南。以涅槃經扶疏。以大品經爲觀法。因而明一心三觀之妙理也。

五畫外道（術語）於佛教外立道者。爲邪法而在眞理之外者。

七畫戒律（術語）五戒十善戒乃至二百五十戒等。防止佛徒邪非之法戒也。

八畫法相（術語）諸法一性殊相。殊別之相由外可見。謂之法相。

法相宗（流派）八宗之一。爲窮明萬法性相之宗。故名法相宗。

法華（雜語）法華經也。又法華宗也。

法華經（經名）妙法蓮華經之略名。

阿含（術語）小乘經之總名。新稱阿笈摩。舊稱阿含。

九畫律宗（流派）戒律爲三藏三學之一。通於諸宗。而唐南山宣特依五部律中之四分律。弘通戒律。故稱之曰律宗。卽日分律宗也。

律（術語）譯言法禁制之法也。

十畫涅槃（術語）梵音。作泥日。泥恒。涅槃那等。舊譯爲滅。滅度。寂滅。不生。無爲。安樂。解脫等。

涅槃經（經名）有大乘小乘二部。

涅槃宗（流派）依涅槃經而弘布佛性常住之旨宗也。

眞言（術語）梵語曼怛羅。是如來三密之隨一語密也。總名法身佛之說法。

眞言宗（流派）聖位經曰『眞言陀羅尼宗者。一切如來祕奧之教。自覺聖志修證法門。』依之而稱爲眞言宗。

般若（人名）曰般賴若。三藏法師名。譯曰智慧。

般若部（術語）大別一切經。總稱諸之般若經曰般若部。

般若經（經名）說般若波羅蜜深理之經典總名也。舊譯曰般若波若蜜經。新譯曰般若波羅蜜多經。

祕宗（流派）眞言祕密宗也。

祕密（術語）祕爲祕奧之義。言其法門之深奧也。密爲隱密。言不容易示人也。佛說諸經各有祕密之法。

祕密宗（流派）密教之宗旨。卽密教也。

祕密經（術語）眞言宗之經典也。

十一畫淨土（界名）聖者所住之國土也。無五濁之垢染。故云淨土。

淨土宗（流派）佛教之一派。以普賢爲初祖。主於念佛往生。

僞經（術語）漢魏以後翻譯爲盛。僞似之經論雜然而出。不可不辨。道安疑經錄序載之頗詳。

十二畫華嚴。（流派）本爲經名又以名此經文爲所依之宗派及其法門者。

華嚴部。（雜部）對於般若部而即藏經之分類名大方廣華嚴經及別出並支派之經也。

華嚴經。（經名）大方廣佛華嚴經之略名大方廣爲所證之法佛爲能證之人。證得大方廣理之佛也。

十三畫經。（術語）梵語修多羅。譯意又曰契經或曰經本有二意一曰三藏之一。對於律及論而言即佛所說之敎法也。一曰十二部經之一。對於祇夜優婆提舍等而言。

經律。（術語）三藏中之經藏與律藏俱係金石之直說。經爲敎常道者。律爲制惡事者。

十五畫論。（術語）十二部經中有優婆提舍。譯曰論佛自論問答而辨理也。而佛學弟子論佛語議法相與佛相應者亦名優婆提舍。

論疏。（術語）賢聖之述作爲論。人師之解釋爲疏。

十六畫融通。（術語）彼此混同而無差別曰融。通達無不疑曰通。

禪宗。（流派）以禪那爲宗故名禪那。或譯思惟修。或譯靜慮爲思惟眞理靜思念慮之法。原爲三學六度之一。

二十畫懺悔。（術語）止觀七日「懺名陳露先惡悔名改往修來。」又四明之金光明經文句說三曰「懺悔二字乃雙主二音梵語懺摩華語悔過。」悔過之譯。不叶本義。懺摩者請他忍恕之義也。

附錄（二）

參考用書

梁啓超……佛家經錄在中國目錄學之位置（見圖書館學季刊一卷一期首篇）

沈乾一編——叢書書目彙編２３１〇３面

楊守敬編——增訂叢書舉要

南開大學圖書——中西圖書目錄合編

頻伽精舍主人——大藏經（目錄部）

劉國鈞編——中國圖書分類法

陳子彝編——圖書分類法

王雲五——中外圖書分類法

馮承鈞——大藏經錄存佚考

丁福保編——佛學大辭典

支偉成——國學用書類述（佛敎部）

21

图本十

吕绍虞

图书馆生活的十年

圖書館生活的十年

呂紹虞

呂先生前任大夏大學圖書主任兼圖書學教授，現任鴻英圖書館主任仍兼大夏大學教授，中華圖書館函授學校校長，爲我國圖書館專家，著作甚富。本文係呂先生從事圖書館的經過，頗饒興趣，亟爲刊出，以供有志從事圖書館事業的青年參考。——編者。

是民國十八年的春天，我第一次踏進圖書館界，到母校大夏大學圖書館服務。那時大夏地址在膠州路三〇一號，大學本身基礎尚未穩固，圖書館的規模，自然也小得可以，合閱覽室，書庫，辦公處不過兩間房子，我就在這裏面工作了一個學期，非但毫無興趣，而且感到非常苦悶。八月間就不告而別。十九年春歐愧安校長再邀回校，勉强的返任舊職，老實說，心裏是多少有些不痛快的，可是這一次竟和圖書館結了不解之緣，豈是我始料所及呢！

原來有一次偶然發現了一本武昌文華圖書館科季刊，展閱之下，恍然領悟圖書館乃是一種專門事業，圖書學也還是一種專門的學科。我從小學而中學，由中學而大學，圖書館也去過不少次，但祇是去借幾本書或者隨意看看日報雜誌而已，並不會瞭解圖書館的意義，就是十八年在圖書館服務，也以爲這種平凡的事情，任何人都能做得，對於圖書館還是一個不瞭解。我國圖書有史已久，新式圖書館事業的發展也有二三十年，圖書館的專著與刊物也已出版有好幾種，可是我憒然不知，這祇好怪自己的孤陋寡聞了。

自從認識了圖書館的本來面目，我對於圖書館的興趣一天濃厚一天，同時受了杜定友馬繼華兩位先生及友人的鼓勵，決定去武昌文華圖書館科，以期獲得正式專門訓練的機會，經過了一次嚴格的入學考試，幸而錄取了。這已是二十年的秋季，我在大夏服務也已有兩整年了。

武昌文華圖書館科，是國內唯一的著名的訓練圖書館專門人才的機關，開辦於民國十年，創辦人爲美國韋棣華女士。初名武昌文華大學圖書館科，旋改稱武昌華中大學文華圖書館科，現在改爲武昌文華圖書館學專科學校，招收大學修業二年期滿的學生，但投考的很多爲大學畢業生，施以二年的專門訓練。十五年起經費係由中華教育文化基金董事會所補助，在校學生每人可得津貼國幣二百元。近來兼辦幾次講習班，招收高中畢業生，訓練一年，以養成普通及中學圖書館人才。歷屆畢業學生，凡百數十人，分在國內外各大圖書館服務，成績很好。

民國二十年是我國遭遇空前大水災的一年，長江流域，洪水汎濫，沿江各地，盡成澤國，哀鴻遍野，慘不忍聞。更不幸的這一年又發生瀋陽事變，陡使全國局勢，陷入嚴重狀態。很多親友，勸我暫緩行程，靜侯演變，再作道理，我因爲不願錯過這個機會，決然去鄂。

最使我不能忘懷的是大夏當局的至意、他們在學校財政困難之下，給我幫助，並且備函保送，約我兩年後再回母校。

兩年的光陰，本來也不能算短，可是一霎眼就過去了。現在回憶這兩年的生活，眞是津津有味，文華的園地很大，環境是多麼的淸靜幽雅，確是讀書勝地。課餘到黃鶴樓蛇山公園等處去玩，要是高興的話，就過江到漢口去看電影。全校師生一共不過二十餘人，朝夕相處，感情很深，現在勞燕分飛，各自西東，已無重溫舊夢的可能了。

在學時編纂過一本中國教育書目彙編，姚名達著中國目錄學史（商務二十七年五月出版）三三八頁上說本書「前半爲分類目錄，詳析爲四十類，後半爲書名及著譯者混合索引，頗便檢尋。」何多源著中文參考書指南（商務二十八年四月再版）四三六—七頁上說「此目收中國所出版之教育書籍約一千八百七十餘種，每種載書名，著譯者，出版處，出版年各項，全書分二部，上部爲分類目錄，下部爲書名及編譯者混合索引，此書爲研究中國教育者工具書之一，惜無提要，且著錄未能一律，間有連出版年月及出版處亦不具載者。」這本書是成於課餘，爲時間及參考資料所限，自難期其完善，而且這又是我初次編輯的產物，苟能稍有助於研究教育者的參考，也不說是不枉費心力了。畢業論文是譯的勃朗女士的圖書館利用法，已由商務印行。

二十二年八月去平參加中華圖書館協會第二屆年會之後，九月初第三次到大夏圖書館服務，這時大夏圖書館在馬繼華先生指導之下，顯示着很大的進展，館舍獨立了，藏書增加了，目錄也大部完成了。我以爲一般大學生，甚至一般教授，未能充分利用圖書館，一方面自然是他們自己的損失，另一方面也未始不是圖書館的損失，這學期曾爲新入學的學生，講演過幾次利用法，並作實際的指導，可惜此後沒有繼續進行下去。

大學圖書館的組織與管理與公共圖書館截然不同，和中小學圖書館也有分別，因此潛心於大學圖書館的研究，以爲設施上的參考，要使大學圖書館能够眞正成爲大學的心臟。美國芝加哥大學圖書館學研究院教授蘭達爾博士說：「要一個大學圖書館有良好的成績，那一定是在館員，行政當局及教授方面同樣有一種信仰——認定圖書館對於大學及其工作的重要的一種信念。」現在辦理圖書館本來是不很容易的事情，不過我們絕不因此沮喪，我們仍然在本位上盡最大的努力。二十三年印發大夏大學圖書館指南，二十四年四月創刊大夏圖書館報，二十五年出版大夏大學圖書館概況，普通參考書目，教育研究室書目，期刊目錄，西文圖書館目錄。這些都是爲便利教授與學生的閱讀參考而編印的。當時大夏當局有建築新圖書館的計劃，我特地趕譯了美國普林斯敦大學圖書館長吉羅德先生所著的大學圖書館建築學一書，由中華圖書館協會出版，以供當局的參考。大學圖書館的建築，要能適應圖書館的需要以至大學需要，決不是建築師個人所能爲力的，可惜我不及參加新圖書館的建築計劃，因爲我於二十五年秋已轉職鴻英圖書館了。

大夏開設圖書館學課程，時在民國十九年，由馬繼華先生担任講授，二十三年春季學期起由我稱任。我是缺乏口才的人，當大學講師，也是破題兒第一遭，在開始的幾個星期那眞是有苦說不出，往往花費了許多時間預備着充分的資料，以爲講授一小時總是綽綽有餘了，不知道怎麼一來，到了講堂，已經忘記了大半，那眞可有些慌張呢！

第三次在大夏圖書館服務，到二十五年秋，轉瞬又是三年了，最後一年因爲馬繼華先生赴京就任教育部秘書，圖書館對內對外事務，全由我一人負責，我不知道對外的問題，有這樣的複雜，而應付又是那樣的不易，事非經過不知難，原是一句至理名言，一年以來，心力交瘁。適於此時克誠先生邀往鴻英，辭意遂決。別矣大夏，我雖然離開了你的懷抱，但無時不在殷切的惦記着，特別是與我有五年歷史關係的圖書館。

鴻英是一個純粹參考性質的圖書館，原名人文，二十二年四月葉鴻英先生慨捐國幣五十萬元，才改定今名，以資紀念。專門搜藏中國近代史料，日報剪貼，全國只此一家，並無分出，雜誌索引，也是開山鼻祖，自十九年刊行以還，風行各地。我在最近之上海圖書館一書內，有比較詳細的介紹（先後在文匯報上刊登）這裏不再贅述了。我和鴻英發生關係，遠在民國二十四年三月，那時克成先生托我兼編索引，正式就職鴻英，是在二十五年秋，到現在也正有五個年頭了。

二十八年秋再兼大夏圖書館學教授，中華圖書館學函授學校也於此時創辦，登報招生，入學者頗爲踴躍。

我從事於圖書館，自十八年起到現在，中間除掉到文華研究二年不計外，剛巧十年，這十年裏面，沒有離開過上海，祇在二十三年夏應浙江第四學區社會教育暑期講習會聘，到甯波去講演過一次，講題爲圖書組織法。杜定友先生說：「冷如青氈的圖書館事業，不容現代青年有留戀的餘地。圖書館生活在中國的艱苦是可想而知，假如我對於圖書館事業沒有興趣，也許中途早就改行了，此後如無特殊原因，我還是願意追隨諸先進之後，爲圖書館事業努力到底，中國圖書館事業的前途是光明的。歷年撰述合出版的專書及在各大日報刊物上發表的論文，總數當在百數十萬言，固然很多是不盡成熟的作品，但於提倡圖書館學推動圖書事業上，或者不無些微幫助。我並希望有赴美深造的機會，將來也許能够多有一點貢獻（最近在美友人曾邀去美工讀，因外匯關係，一時猶難出國，望洋興歎，徒喚奈何而已）。

22

图本十一

汪应文

综论读书方法

綜論讀書方法

汪應文

最近我利用導師制集體訓練的機會，出了一個座談式的題目，叫做：「我的讀書方法和我最愛讀的書」。參加座談的有四十個專科一二年級的學生。他們和她們的程度是高中畢業，而再來這個學校研求圖書目錄之學的。這個題目多少含有一點測驗性。第一，是看他們和她們平日讀書，注不注意方法，所採用的方法是對還是不對；第二，是看他們和她們的課外讀物是些什麼，各個人的興趣在那一方面。此外還有一個附帶的作用，就是使那些原來不甚注意讀書方法的，因準備參加此次的座談，而不得不求教於古人和近人，使自己也懂得一點讀書的道理，將來服務圖書館時，也知道如何輔導別人讀書。

這次座談會的情緒很是熱烈，甚至因某一點意見不同而引起爭辯的，所以結果相當滿意。現在我只把讀書方法這一部份，根據座談紀錄，予以分析綜合。再加上一番首補與貫串的工夫，凝成一篇有建設性的結論，發表在這裏，藉供關心此一問題的人士參考。

為什麼要注意讀書方法？

現在隨便作那一件事體，都要注意方法，讀書自不能例外。注意方法的人與不注意方法的人比較，一個是事半功倍，一個是事倍功半。注意方法的意義就是要求合乎經濟原則。讀書能注意方法才能費力少而收效多。古人所謂「博而寡要，勞而少功」以及「幼童習一經，白首而後能言」，都是指讀書不注意方法所發生的弊病。

我們過去也很少注意方法，舉其最大的毛病就是讀書的目的沒有認清，讀書沒有計劃，不知道安排讀書的時間和空間，不採取適當的閱覽方式，對書籍沒有正確的態度，讀時囫圇吞棗等等，所以結果沒有甚麼心得可言。這些錯誤我們是應該及早糾正的。

—126—

要認清讀書的目的。

一般人讀書的目的分析起來，可得六種：（一）爲修養人格，陶冶性情而讀書，（二）爲增廣知識，擴大眼界而讀書，（三）爲謀職業上的便利，與事業的開展而讀書，（四）爲娛樂身心而讀書，（五）爲解決臨時所發生的疑難問題而讀書，（六）爲排遣無聊，消磨時間而讀書。這裏面只有第六種目的是不正當的。

至於我們學生讀書的目的可分爲兩方面：（甲）課內閱讀與（乙）課外閱讀。課內閱讀的目的（一）爲將來服務社會而讀書，（二）爲解決個人的生活而讀書，（三）爲獵取文憑裝飾門面而讀書，（四）爲讀書而讀書。至於課外閱讀的目的（一）爲輔助對於功課的了解而讀書，（二）爲完成教員指定作業而讀書，（三）爲課餘消遣而讀書，（四）爲充實自己的常識而讀書。以上除甲（三）志趣卑下，甲（四）毫無所爲，都算不得是讀書的目的外，其餘的目的都可以說是很正當的。

這些讀書的目的都是隨着年齡，興趣，物質環境與時代趨勢而改變的。但是讀書總有一個終極的，不可改變的目的。這個終極的不可變的目的是什麼呢？朱鼎甫先生說過「夫讀書何爲？所以學爲人也」讀書的目的在做人，做一個怎樣的人呢？朱柏廬先生說過「讀書志在聖賢」，這句話是很對的。聖賢就是完人－具備完美人格的人。讀書的眞正目的是在作一個完人。不過完人的內涵是有時代意義的，古之所謂完人與今之所謂完人不同。今日的完人就是一個有大智大仁大勇以造福國家與人類的革命志士。所以讀書的眞正目的就在革命，在利人而不在利己。靑年十二守則中的「學問爲濟世之本」也合着這個意思。

讀書要預立計劃。

「謀定後動」這是軍事家的口頭禪。讀書雖沒有用兵那樣嚴重，而道理卻是一樣的。沒有計劃就沒有準備，一切茫無頭緒。莊子說：「吾生也有涯，而知也無涯，以有涯隨無涯，殆矣！」沒有準備的人，雖有志讀書，而其結果終不免陷於「以有涯隨無涯的境地」，這是非常遺憾的事。

在進行讀書之前，我們每每感覺有三個問題必須解決：（1）我所要讀的是些什麼書？（2）這些書那一種應該先讀？那一種應該後讀？那幾種可以同時讀？（3）我能夠在多少時間以內把這些書讀完；讀完這部分以後又怎樣？所以我們須立計劃，一定要針對着這三個問題，那就是讀書要立程序，要有選擇，要定期限。茲將這三件事條列如下：

（甲）立程序——立程序。就是循序而進，不能躐等。關於這一點，在學生期間的課內閱讀是沒有什麼問題的，因爲由小學而中學而大學，各年級應讀些什麼書，已經是由教育行政當局和學校或教師規定好了的，祗須按步就班，照着規定的書籍去讀就對。但是在課外閱讀以及出了學校以後，這個問題就不免要發生，而且需要自己去謀解決了。大概立程序要本着以下這四個原則（一）由淺入深（二）由本達末（三）由內及外（四）由博返約。

「由淺入深」這是人人知道的事。不必多說。什麼叫做「由本達末」呢？就是先讀本書，然後才能讀其他有關本書的書，梁任公先生說過：「……試問連史記沒有讀過的人，讀崔述考信錄，懂他說的什麼？連尚書，史記，禮記，國語沒有讀過的人，讀崔述史記探原，懂他說的什麼？連史記儒林傳，漢書藝文志沒有讀過的人，讀康有爲新學僞經考，懂他說的什麼？」就是這個道理。「由內及外」也許有人認爲是杜撰，原來古人著書立說，總喜歡分內篇外篇。大抵內篇是主，外篇是輔；內篇是專心致志的所在，外篇是行有餘力的事業。我們讀書要由內及外，就是要辨別主輔的關係，要認清分內與分外的事業。譬如學化學的，應該以化學的書爲主，有關化學的輔翼的書籍次之，然後才能夠涉及其他的書籍。「由內及外」還含有一個意義，就是「由己及人」。譬如本國的文字都沒有弄通，而習外國文；國父的三民主義還沒有讀過，而高談馬克斯列寧主義，都是未見其可的事。「由博返約」也是老生常談，大概老生常談的話總含有若干真理。爲學如砌金字塔，基礎愈寬愈厚，塔頂才能愈高愈尖。讀書是爲學的主要手段，所以一定要博覽羣書，才能養成一個人的偉大器識。但是泛濫無歸也是要不得的，一定還要能專精一種。以前的「博」就是爲了後來的「約」。博而不約的人是常有的，約而不博的人却很少見。現在有一部分教育家嘗病現行大

—128—

學校有制度祇能造就專家，不能培養通人。這句話我們不敢苟同，因為不經過博是絕對不能約的，不是通人的專家，算不得專家。

（乙）有選擇——古人說「開卷有益」，這句話如果用以勉勵人閱讀有益之書是可以的，如果解釋為「無論讀什麼都有益處」，那却未必然。世界上眞正有益身心的書並不甚多，而無益有害之書却隨處皆是，所以讀書貴有選擇。選書的道理古人今人談得很多，並且還有著成專書的。大概說來，以選書的標準和選書的方法為最重要。選書的標準又分讀者個人的觀點，和書籍本身的條件二項，玆分述如下：

讀者個人的觀點就是書籍之是否入選，決定於（一）是否合於自己的閱讀程度。有許多書，大家都交口稱贊牠們為名著，倘若為「名著」二字所眩。購求到手而不能閱讀，徒供裝飾，這是毫無意義的。（二）是否合於自己的需要。需要分一般的與特殊的兩種。一般的需要如為學作人的道理，處世接物的方法，日用起居的常識，地方及國內情形、世界大勢，以及有關一個現代公民應該具備的知識的書刊，當然可以入選。至於特殊的需要，就是看那本書對於我所習的學科，或所從事的事業有無幫助，如果是有幫助的話，雖然一刻看牠不懂，無妨收集留待將來隨得的時候再看。（三）是否合於自己的興趣。許多人選書，都是隨自己的興趣，而興趣又是隨時隨地而不同的，隨興趣的結果往往造成泛濫無歸。我們並不否認「興趣」對於選書的重要，不過興趣有高級低級之分，選書的時候總要力爭上游才好。譬如喜歡讀武俠小說的，白玉崑的三俠五義，大仲馬的三個火鎗手，都可以入選，而海派文人的什麼女俠紅蝴子、綠林奇俠傳之類，就是低級趣味的東西。（四）是否合於自己的經濟力量。一本書的價值如何，從牠定價的高低上也可以看得出來（當然也不能一概而論，古書的翻刻本，以及名著的普及本或學生用本，定價雖低，而並非不可讀之書）所以寒士們讀書儘可利用圖書館，如必欲自備的話，儘可忍痛出高價，買一本算一本。否則貪圖便宜，買些不甚名貴，或雖名貴而印刻紙張惡劣的書，不獨無益，而且有害。

書籍本身的條件就是書籍之是否入選又決定於（一）著作者（廣義的包括編者，譯者，注釋者等人）。著者的資格，聲譽，政治背景，以及對於該書題材的準備，著述該書的目的等，是決定一本書可否入選的最重要的因素。

—129—

在西文書的版權頁上，通常要把著者的學位，經歷以及其他著作介紹出來，讓讀者知道。政治背景不同的人，每每於其著作中或明或暗地表示不同的立場與觀點，而誇張與偏見又是屢見不鮮的毛病。題材的準備是否充分，著述的目的是否正大，可以分別從一本書的序言，目次，參考書目，以及抽閱其中某一章節就可以看得出來。（二）出版家。除了由著作人自行出版的書籍外，一本書在未出版之前尚須經過出版家的選擇。有地位的出版家是不輕易讓一本書問世的。當然我們並不相信有地位的出版家所出版的書是好書，而無地位的，或初出茅廬的出版家所出版的書是壞書。不過大概地說來，有地位的出版家拆濫汚的地方總要少些。一般人買商品都有這個經驗，所以也可以用之於選購書籍。（三）版本。一本書，尤其是沒有版權的古書常有許多不同的版本，而且每每因版本不同而內容也大有出入，如商務的百衲本二十四史，就與五局合刻本不盡相同。張之洞說過：「讀書不知要領，勞而無功；知某書宜讀，而不得其精校精注之本，亦事倍功半。」所以版本的選擇也是選書時的重要工作之一。不過我們選擇版本時，第一不要墮入古董家專求宋版元刊的魔道，第二要辨別重版與重印的不同（出版商欺人，每稱一書為再版三版四版甚至數十版不等，其實不過是將以前之紙版取出，重印一次，內容並未經著作人訂正增刪的）。（四）印刷。一本書的字體的大小，插圖的有無，紙張的優劣，裝訂的好壞，對於選書也有很大的關係。以前上海各石印書局以有光紙印的蠅頭小字說部，不知把多少兒童變成了近視眼。插圖的有無對於科學書是很重要的，而裝訂的好壞對於一本書的生命也很有影響。普通的小說，教科書之類我們不一定贊成要有很好的裝訂，但是有參考價值的書却非要精裝不可，否則就經不起幾次翻查了。

選擇書籍的入手辦法不出以下五種：（1）請教於良師益友，（2）問業於學者專家，（3）查閱古今中外之著名選書目錄，（4）借重報紙雜誌上所刊之書評（但書商的廣告不一定可靠），再加上（5）個人的實施觀察，根據以上所列的標準去購求圖書，大概這個問題就可以解決。

（丙）定期限——程序立定，書籍選好以後，就要決定期限了，因為凡是一個計畫，必須依限完成；而在訂立計畫的時候，就要把時間預算在內。我們通常所習聞的某某三年計畫，五年計畫，十年計畫等，當然也可以施之於讀書。但是我們並不是說三年五載計畫完成之後，書就可以不再讀了。三年五載不過是達到某一階段所需要的時間，做學問是要有階段的，所以讀書要來一個三年或五年的計畫，而學問又是無止境的，所以第一個三年五年計畫完成之後，跟着就有第二個三年或五年的計畫出現，直到鞠躬盡瘁，死而後已。

一個人的事業也有失敗於知而不行的，而知而不行的最大原因不出「惰怠」，「畏難」與「無恆」三種。定期限就是克服這三大敵人的有效方法。有了期限可以使一個有志讀書的人隨時鞭策自己，督促自己，使他不致陷於失敗。當然也祇有有志讀書的人才能夠立計畫，無志讀書的人雖然定出期限，而這三大毛病依然是不能醫治的。

定期限又分兩方面：第一限定若干時間讀完某一部書，第二限定若干時間讀完某一組別的書。而後者的期限又是以前者的期限累積而定的。一本書限定若干時間讀完，大概要根據書籍的性質和自己的閱讀能力，生活環境，以及可能利用的時間而定。書有不同，各人的情形也不同，所以期限不能固定。元人程端禮訂了一個「讀書分年日程」，現在我們看來似乎太機械，但是他以當時的讀書人為對象的。我們今日定期限，師程氏的意則可，而完全遵照他的方法則不可。

立程序，有選擇，定期限這三件工作是不可分的。譬如我們有志讀史，應該先讀中國史還是先讀外國史呢？讀中國史，應該先讀近人所著的通史，還是先讀編年體的司馬溫公和畢秋帆的正續資治通鑑呢，還是先讀紀傳體的二十五史呢？讀二十五史應該由明史上溯，還是由史記開始呢？這是「程序」問題。再如讀二十五史時，宋齊梁陳魏北周北齊書是否可以不讀，而以李延壽的南北史代替呢？新舊兩唐書，新舊兩五代史，新舊兩元史應該並讀，還是祇讀其中一種呢？二十四史應該採五局合刻本，商務百衲本，還是開明的縮印本呢？這是「選擇」問題。再如中國史與外國史全部治完應該需多少時間呢？研治中國史第一步讀些什麼書，這些書需多少時間讀完呢？第二步再讀些什麼書，又需要多少時間呢？如果初步讀溫公的通鑑和畢沅的續通鑑，這兩部書各需若干時日讀完呢？這是「期限」問題。這三個問題一定要在立計畫的時候全盤考慮到。

要妥當地安排讀書的時間和空間。

古人有四時讀書樂的詩歌，所以讀書是春夏秋冬咸宜的。學校裏面放暑假寒假，其本意並不一定是爲了氣候的關係，而是行政上與功課上需要告一段落。現在敎育部規定寒假不得超過兩星期，暑假也要盡量縮短，就是基於氣候並不影響讀書，而光陰却不可浪費的原故。實在說來，如果能够在盛暑中找一個比較幽涼的所在讀書，在嚴寒時能够傍火擁被，閉門讀書，倒是人生較難得的樂事。大概一個好學的學生，總善於利用他的寒暑假，在他整個的讀書計畫中，寒暑假的時間每每佔最重要的地位。

學生在求學期間，作息的時間是由學校支配的，但是每日空暇以及例假的時間，却應該由自己支配；再出校以後，讀書的時間也要自己去安排的。自己所安排的時間，如果能够做到如在學校時按照功課表上課一樣，那麼生活才算有條理，而自己所訂的讀書計畫也可以順利地實施了。關於自行安排讀書的時間要注意三樁事（1）本己的工作（2）身體的健康（3）書刊的性質。在上課時閱讀課外的書籍，在辦公時偷看報紙雜誌小說以及其他書籍，都是不對的事。在吃飯或飯後看書，容易傷腦，在深夜看書也有損目力。連看幾個鐘頭，而不稍休息，也有得神經的危險。至於書籍的性質和閱讀的時間也有關係，譬如練習外國語，最好是在清晨，讀報紙最好是上午，讀小說以及其他軟性刊物最好先睡前等是。

讀書的空間（環境）有人很講究，也有人認爲無關重要，尤其不應該以空間的適合與否，作爲讀書與不讀書的條件。這兩種說法都有相當的理由。我們每個人都希望讀書要有一個好的環境，如果能在家裏面闢一間書房，明窗淨几地讀書，當然是最合理想的事。但是這種清福不是一般人所能享受的，尤其在戰時，更談不到這層。一個有志讀書的人，隨處都可以讀書，像曾文正公在軍務倥偬之際，像國父在奔走革命之中，並沒有離開書本。不過讀書的地方雖然不應該苛刻地選擇，而「安靜」與「衛生」這兩個條件却是必要的。在聲音嘈雜的房間裏，很難叫人安心讀書，在光線太强或太弱，空氣不流暢，臭味很濃厚的所在也不合衛生。有人鼓勵人家在電車上，人力車上，或汽等上看書，這話是不可妄信的。因爲車行震動最容易傷耗目力，不過坐輪船躺在艙房的床上看書倒是可以的，而躺在床上看書，却要注意兩件事，第一要光線調和，第二要枕頭墊好，讓腰部以上與床面成十五度，很舒服地貼在

—132—

床上，那就好了。

六種讀書的方式

讀書的方式歸納起來，大概不出略讀，瀏覽，抽讀，精讀，熟讀和溫習六種。這六種方式是要與書籍的性質，和本人的讀書計劃相配合的。這六種方式可以同時採用，但是甲所要瀏覽的，也許是乙所要精讀的。所以方式也不可拘泥。現在我們把這六種讀書方式列舉如下，並對各個方式提供一點意見。

（1）略讀——在一本書初到手的時候，我們不及細看，或者一時還沒有準備去看牠，那就暫爲略讀一遍。略讀時祇須讀一本書的序跋或導言，目次，凡例，或其中某一章節就够了。從序跋或導言中，我們可以認識這本書的大概內容，著者著述該書的動機，經過，以及所希望於讀者的是些什麼。從目次中，我們可以看出這本書的整個結構，以及牠所能給予我們的東西在什麼地方。從凡例中，我們知道讀這本書的方法，以及讀時應行注意之點。從某一章節中（大概專揀個人比較熟悉的部份去看一看，揀擇時可借助於目次或索引），我們可以測驗這本書著者的思想如何，見解如何，以及文章如何等等。略讀在選書時非常重要，就是書購求到手以後，也是很重要的。無論對於什麼書，在瀏覽，抽讀，精讀，熟讀之前，都應該經過這個程序的。甚至讀報紙，我們也要先看看各版大標題，副標題和子題。這也是一種略讀。

（2）瀏覽——瀏覽就是不必花什麼腦力，不平順順地看下去的意思。一個人的瀏覽書大概要佔他一生中全部所讀的書百分之八十以上。瀏覽愈多，愈能成其「博」。像報紙，雜誌，小說，遊記，傳記以及其他與所學無甚關係的書，都是瀏覽的書。不過讀此類書時，也須每遇到好多與自己治學有關或個人深感興趣的重要材料，我們應該記下來，以備不時之需。所以在瀏覽時最好預備點紙條或卡片，把這些材料作成標題索引，依次排列，這也是損利人利己的事。如果認爲這事麻煩，就將紙條夾在書裏面，微露一端在書的天頭上，或竟將書角折入，以便將來翻查（如果是報紙上的文章，就將所需要的那部份剪下來分類粘存爲好）。

—133—

（3）抽讀——抽讀大抵施之於參考書或工具書，如字典，辭書，目錄，索引，年鑑，統計之類。工具書的文字多半簡潔，一字一句都很重要，所以讀時不可大意。否則用典錯誤，貽笑大方，出處不明，令人迷惘，而數字不確，亦足誤事。再文人學者從事著述時，亦每藉目錄與索引之助力，抽讀與某一問題有關係之各書，所謂各書其種類當不限於參考書和工具書了。不過這一類的抽讀，一定要審慎，切忌斷章取義。

（4）精讀——這是最主要的讀書方式。近人所標榜的心到，眼到，口到，手到四種工夫一定要用於這方面。精讀不是隨便施之於任何書的，大概與讀者個人所習學科最有關係的書，如教科書，學科基本書，教師指定讀物，以及個人認爲有益學行的必讀書，都要採精讀的方式。精讀的書雖不必求其能夠背誦，至少要能記憶其概要。留下不可磨滅的印象。要想記憶牢固，僅僅心到，眼到，口到還不夠（喜歡默讀的人，不必誦唸出聲也可以，但練習外國語文的書籍則爲例外），手到一項最是要緊。如讀時遇最重要處加圈點或橫線，在書葉的邊沿上作標題，加數碼，以及劃上其他特殊記號；在書葉的天地頭上加眉批或脚注（脚注即foot notes之直譯，多施於西文書上）；讀時校改其訛誤字句（對古書最好闕疑，切忌妄改）；抄錄其要點，或最有意識之文句；遵照作練習或答覆著者所提出之問題；遇不可解處則記錄於日記簿或紙條上，以便以後查考其他書籍，或請教師友；讀後作劄記，作後案，作書評等等。都是幫助記憶與增進理解的必須採取的方法。能夠這樣，才算是精讀，否則與瀏覽沒有什麼區別了。

（5）熟讀——所謂熟讀就是要能夠背誦。需要熟讀成誦的書不多，大概是古今人的好文章，詩歌，格言，以及科學上的公式定律等。年紀輕的人記憶力强，所以需要背誦的東西，最好趁年輕的時候讓他（或她）們多裝點到腦筋裏面去。將來才不致受人家「腹笥儉窘」的譏笑。中年以上的人，記憶力漸差，但是也不能說絕對地不能背誦，多讀幾遍，或把文章中的轉灣抹角處勾標起來，使容易發生聯想，都是幫助背誦的方法。

（6）温習——孔子說「學而時習之」又說「温故而知新，可以爲師矣」。所以祗讀新書，而對於已經讀過了的書則束之高閣，其結果是等於不讀。需要温習的多半是上面所列精讀和熟讀的書。不過温習之道，並不限於把讀過了的書拿出重讀一遍，因爲「習」字還有實地操作的意思含在裏面，所以練習，試驗，仿效，力行都算得是温習

—134—

，雖然形式上略有不同、而實效是一樣的。我們之所以讀書，而讀書之能夠獲益的，也就在這個地方。

讀書人對於書應有的態度

一個讀書人對於書應有的態度有下列四種：

（一）要誠懇——讀書就是與古人和現代人作精神之交。古人不可見，今人也不容易見，但是我讀他們的書的時候，就如聞其聲，如見其人了。對待朋友要誠懇，所以讀書也要誠懇。誠懇出之於內心，而表現於外的就是敬事，敬事就是專心地認眞地去作那件事，如果讀書時心不在焉，或者是把書作爲混時間，引瞌睡的工具，這就是不敬事。不敬起於不誠，「不誠無物」這是一定的道理。

（二）要謙虛——謙虛的對面就是驕傲和自滿。驕傲的人總是以爲自己的對，而別人的不管好壞，一概是不對，自滿的人腦子裏面先就裝滿了成見，別人的話是水潑不進的。我們每見有不少青年小伙子，讀了點馬列主義與唯物辯證法之類的書報小册，就認爲「道在是矣」，此外便無學問，對於其他書籍，不是批以封建社會的陳腐思想，就斷定爲資本社會的醜惡意識，（在辛克萊的眼中，莎士比亞的作品，簡直成了臭狗矢）而自己却在坐井觀天而不自覺，這種人眞是世界最可憐的人。

（三）要思索——書是人作的，人家所說的話，不一定句句都是對的，也許在當時是對的，現在就不一定對了，也許在那個環境中是對的，換一個環境就不一定是對的了。所以我們讀書不能無條件地全盤接受。我們要一邊讀，一邊思。孔子說過：「學而不思則罔，思而不學則殆」，能夠思，才能起懷疑，能懷疑，才能提出問題，有問題才需要謀解決，能解決而後才能有改革，有發明。人類文化的進步，就靠這一點。

（四）要同情——讀書是和古人今人親熱地晤對，不是板冷酷的面孔問案子。問案子是不免要吹毛求疵的，讀書如果存着吹毛求疵的態度，嚴格的說來，那簡直沒有一本書是可讀的，孟子說過「讀詩不以文害辭，不以辭害意」，所以我們讀書要以意逆志。這種以意逆志的態度，就是同情心的表現。這樣才算是著者的知己，也就是善於讀

—135—

了。

其他應行注意之點

（一）應知道愛惜書籍——大概一個讀書人都有愛惜書籍之心，而愛惜的方法卻不可不講：1讀書之前須當洗手（如果手本乾淨，當可不必）；2放書時應該先拂去桌上的灰塵；3不可置書膝上，如果要拿在手上看的話，應該雙手捧着，要平持之，容易損害書脊；4看書時不可食物，以免油污或食物殘滓存留書頁中，致引虫鼠；5揭書時應以拇指食指從地腳邊掀起書葉，（西文書以中指從天頭右端掀起書頁），切忌以指甲亂抓；6書看畢時，應以書簽爲標記，以便下次續讀；7書架或書箱應當於高爽通風，與日光雨淋不能侵犯之處，久雨之後應該取出曝晒（西文書以厚布裝訂者須可風乾）8架上或箱中之書應時時翻動拂刷，以免生蠹魚及積留灰塵……這些都是讀書人應有的常識。還有愛惜書籍不僅限於自己的書，從別人處，或圖書館中所借來的書，也應該一樣地愛惜。

（二）應多利用圖書館——書籍數量之多，普通人，尤其是寒士限於財力，不能一一購置的，即令是大富豪，可以盡量地購置，但是也有許多書是私人所不能購求的，所以我們要多多利用圖書館。好多人因爲買不到書，便棄性不讀，這不能成爲理由。圖書館中不僅能供給你所需要的書，並且還可以代你找專家學者替你解決疑難的問題，貢獻你的參考資料。啟示你的治學門徑。不過在中國圖書館設立還未普遍，合於理想的圖書館尤爲難得，所以現在我們讀書人，爲謀本身及子孫的福利起見，應該提倡與贊助圖書館運動，推進圖書館教育。

—136—

23

图本十一

李景新

图书馆学能成一独立的科学吗?

圖書館學能成一獨立的科學嗎？

李　景　新

（一）序說—從科學的體系說到圖書館學

知識如淵藪，孕育萬有，包羅宏富，若不爲剖析，執簡御繁，成各種之科學，立簡單之概念，就無從研討，古人所謂窮理致知，今人所謂科學方法，同是此理，恰如荀子所說：『同其所同，異其所異』，即墨子所說：『彼，彼止於彼；此，此止於此』。勃郎（Brown）氏說：『人類感需要而行種種的分類是和人類的呼吸同樣自然而且必要』。原來事物之分門別類，是爲人類的自然底天性，無論怎樣的野蠻人，也會區別巖石和植物，更能進一步區分植物爲樹和草，換句話說，無論怎麼樣的野蠻人，都能把類似或同樣的東西，與其相異者分離而統括放在一塊地方的能力，這是毫無疑義的事實，同時這種作用，漸趨於複雜，終至施之於宇宙間的萬象萬物，故辨性質，分異同，實爲分類的眞諦。從縱的方面說，也可把一切事物，分爲過去現在與未來。如人類底進化，分成幾個階段：先由原子電子所構成。由原子依化學愛力結合而爲分子，由分子組成爲細胞，細胞爲已有生命的個體的起點。所以人類的全軀，爲細胞的集團，而構成整個的生命的活動。細胞也有各種不同，有共同性的細胞與差異性的細胞，共同性的細胞所組成的物質與差異性的細胞所組成的物體，自然不同，故宇宙中有人，動物，植物之分；非人，非動物，非植物之別，又如生物學者，先將其所欲處理的生理界，大別爲植物動物二界；植物學者又把植物分爲顯花植物，隱花植物二大部門；動物學者，又把動物分爲有脊椎無脊椎二門；此爲生物學上的分類，但這樣的分類方法，並不限於生物學，其他一般的科學的分類，莫不如此，最初想把各種學問，分成種類來研究，當首推蘇格拉底所建關於人類行爲的科學，就成立了倫理學，和柏拉圖所創研究萬物之根本的內面的實在之科學，就成立了哲學。但是他們所分的學科，都是「偏而不全」。至於把所有的學問，成一個有系統的分類，在那個時代，還是要以亞利士多德爲代表，他是第一個注意科學各有其個性存在的人。他實行分別彼此的性屬，著出各科學的論理。他主張人類的學問就是知識，故把人類所有的知識大別爲三，更各加區分即：

Theoretical Philosophy { Physics / Mathematics / Metaphysics }

Practical Philosophy { Ethics / Economics / Politics }

Productive Philosophy { Poetics / Rhetoric / Arts }

他又主張論理學，是定個種知識之關係範圍和基礎的，僅僅是得到知識的手段，不能成爲爲一種哲學，所以不能放在分類表內。亞利士多德以後，雖然有數派學問家出來批評，另分門類，但都是不能够擺脫亞利士多德的範圍另外創造一個完全新的分類法，所以亞利士多德的分類，在歐洲學問系統中，支配了一千年之久，沒有一個人能夠改換的。

當十六七世紀科學正萌芽的時候，人類的思想，漸漸覺悟，一般學問家如培根，笛卡兒，霍布斯（Thomas Hobbes）洛克等，都想把所有的學問，創造一個有系統的分類，以便研究，但是他們的見解，不是對於學問的範圍，沒有弄明白就是把各科的關係，沒有劃淸楚，所以分出來的類別，多是缺而不全。其中比較上可以代表這時候學問家的眼光的，再沒有出乎培根的分類之表上。他的分類表列之如下：

- 人類學問
  - 記憶史學
    - 自然
      - 管轄（為人所支配）……術……機械的　實驗的
      - 錯誤（法則外之畸形）……變化生成（異形怪物）
      - 自由（規範的定律）……萬物之生成
        - 天文物理學　地文學
        - 物之物理學
        - 生理之種類
    - 政治
      - 政治的·純粹政治史
        - 記憶
        - 古物
        - 成文史
      - 文學
        - 學問
        - 技術
      - 教會
  - 想像詩學
    - 劇
    - 物語或勇士語
    - 比喻（寓言）
  - 理性哲學科學
    - 神學……啓示
    - 自然哲學
      - 神……自神然學·天使與精靈之天性·
      - 自然
        - 推理的
          - 物理學（物質與第二次原因）
            - 具體
            - 抽象
          - 形而上學（形式與末次原因）
            - 具體
            - 抽象
        - 操作的
          - 機械學……
          - 魔術……
        - （具體、抽象、機械學、魔術）數學
      - 人
        - 政治哲學（權利內之標準）
          - 交際
          - 實業
          - 政治
        - 人類哲學（人類學）
          - 醫藥運動等
          - 論理學
          - 倫理學

把這個表仔細一看，便知道培根的分類標準，是根据於心理的精神作用，但是記憶，理性和想像三種活動，在今日心理學上，已經有了大變更，且今日心理學上所注重的感情和意志二作用，又沒有涉及，其他混雜錯誤之點，不勝枚舉，所以培根的分類，根本上便不大合理。

十八世紀時代一般學問家，多是在一部分的哲學上做工夫，關於科學全體的分類，不大十分注意，不過科學的意義，已經大大的推廣，各學科的範圍，比較以前，更覺得分析到稍為清楚。

到了十九世紀上半期，科學的分類，便和從前所分的大不相同。和近代適用的極相接近，在這個時候，各國學者的分類，發表出來的很多，極緊要的不外乎柯列基（Coleridge）惠衞兒（Whewell）孔德三人的分類，現在分別列表如下：

（1）柯列基（1772—1834）的分類表

- 科學
  - 純粹科學
    - 形式的——文法學　論理學　修辭學　數學
    - 實在的——形而上學　倫理學　神學
  - 混合科學——機械學　水動學　氣壓學　視光學　天文學
  - 應用科學
    - 實驗哲學　磁電學　熱學　光學　化學
    - 音響學　氣象學　測地學　美術
    - 自然史學　實用藝術
  - 複雜科學——歷史　地理　辭典學　等等

細看上表，便知道這個分類，注重主觀的心內作用太過，因之客觀的現象，就不能夠調和。

（2）惠衞兒（1794—1862）的分類

惠衞兒是十九世紀上半期學問極博的一個人，在所著的『科學之哲學』一書內，提出科學分類的新法，他所注重的，是根據各科學的根本思想之觀念，把科學分作七種：（一）數學（二）機械學，（三）化學，（四）生物學，（五）心理學（六）史因學（Paletiological Sciences）（七）神學。這種分類，是把諸科學的範圍以內之理論，拿出來表示諸科學之關係，真算是一個創舉。但是不根據分類的對象物的性質，專注重有關此對象物之思想的性質。換一句話說，還是脫不了主觀的思想，所以把倫理論理學形而上學等，都不能列入，以致全表遺漏太多，不能不說是美中不足。

（3）孔德（1768—1857）的分類

孔德對於科學的分類法，在十九世紀有一個極大的貢獻，為科學分類中開一個新紀元，他主張分類的原則，統共有三種：（一）當根據所欲分類的對象物之性質，（二）當自單純進於複雜，（三）當自獨立至於依存，近來分類的人還是奉這三個原則爲標準。他照這三個原則，承認基本的科學有六種像：

（一）數學（mathematics）　（四）化學（Chemistry）
（二）天文學（Astronomy　（五）生物學（Biology）
（三）物理學（Physics）　（六）社會學（Sociology）

而第七種最高的科學是德行學，這七科相連，成一線的級數這種分類，就各科學發展的次序說，生理學未必是全由物理化學演出來的，天文學未必可以離開物理化學，自成一個基本科學，物理學又未必全是依賴天文學，所以孔德的分類，還是不十分的合理。

十九世紀下半期，科學非常發達，一般研究科學全體的人，都以從前簡單的分類，不能包括一切，想求得一個精密的適用的分類，所以當時各國學問家，貢獻到世界的分類表也非常的多，其中最著名的如斯賓塞，詩爾斯（Charles Shields 1825）開普斯（Alfred Capus 1847-1900）三個人的分類，現僅列斯賓塞的分類表如下，可看這時候，他們對於科學分類的觀點。

斯賓塞贊成培根的樹枝分類的觀念，反對孔德的階級分類的觀念，分所有的科學爲三大枝：他的詳細分類表可以大概舉之如次

科學
- 抽象的科學——
  - 性質的……論理學
  - 分量的……數學
- 抽象的具體的科學——
  - 關於物體運動的……個體物理學
  - 關於分子運動及同質分子之集合的……分子物理學
  - 關於異質分子之集合和運動的……化學
- 具體的科學——
  - 關於恆星及行星的……星學及星原學
  - 關於地球的……地質學及地原學
  - 關於生物的……生物學及生物起原論
  - 關於生物之適應和境遇之能力的……心理學及心理起源論
  - 關於生物建造公團之關係的……社會學及社會起源論

彌勒（John Stuart Mill）對於上表曾下得有一個批評說：『這個分類法，不是根据於事物的互相關係和性質來分類的；是根据我們觀察事物的方法之差異來分類的，所以不大相宜』。換一句話說，就是棄客觀的，而用主觀的，其用的方法失之太偏。

自斯賓塞以後，以分類表之名出現於世的有一八七〇年的培因(Alexander Bain 1818-1903)分類表。其他，馮特（Wilhelm Wundt)於一八八九年，斯得拉爾（August Stadle）於一八九六年公布極精細分類表。近數十年來，推理科學一日進步一日，應用科學一天發達一天，於是研究學問全體的人，尤其明白從前的科學分類，不能够概括全體的缺點，所以貢獻有種種新的分類法，這種種新的分類法比較好些的，有湯姆生（J. Arthur Thomson）於其所著『科學之緒論』內所主張的，有賀里（H. H. Horne）於其所著『教育哲學』內，所主張的，及皮耳生（Karl Pearson）所主張的三種分類法，其中尤於皮耳生所分類的最爲精細，現在僅列皮耳生的分類，以資參考。

皮耳生所著『科學之文法』內發表他的分類法，主張因人類使用知覺之方法不全，於是科學全體，可以分作二大類，把研究區別之法式的，叫做抽象科學；研究知覺之內容的，叫做具體科學，各科內所屬的細目，有如下：

- 抽象的科學
  - 時間空間之特別關係
    - 時間之結果
      - 分量的一
        - 運動學
        - 物體變形之理論
      - 性質的一觀察及表示之理論
    - 空間之位置
      - 分量的一測度幾何學　三角術等
      - 性質的一畫法幾何學
  - 識別上之一般關係
    - 分量的
      - 分量變化的一函數　計算　微分　積分等
      - 分量一定的一
        - 算術 代數 測量 誤差法
        - 公算法　統計學等
    - 性質的一論理學　言語學　方法學

- 具體的科學
  - 物理的科學
    - 精確物理的科學
      - 以太物理學
        - 分子內之會合……光 熱 電 磁
        - 分子內之活動……放射能等理論
      - 原子物理學……論化學 光學分析等
      - 分子物理學……音學 結晶學 水機械學 氣體運動說
      - 個體物理學……機械學 行星學 太陰說
    - 概括物理的科學
      - 化學 鑛物學 地質學 地理學
      - 氣象學 地球與行星系之無機的進化說
  - 生物的科學
    - 位置關係的
      - 生物之地理的分佈
      - 生物對於境遇及氣候之慣性等
    - 時間的關係
      - 不循環生長的
        - 種之一般進化
          - 生命之生成
          - 種之起源
          - 自然淘汰及雌雄淘汰等
        - 人之一般進化
          - 社會的制度
            - 古物學 古代傳說
            - 及宗教國家法律等之史學
          - 心的能力
            - 言語學哲學
            - 科學文學等之史學
          - 體格
            - 頭骨學
            - 人類學等
      - 循環生長的
        - 形體及組織——形態學 組織學 解剖學等
        - 長成及生死——發生學 遺傳論等
        - 能力及活動
          - 物理的—生理學
          - 心理的—心理學
            - 物—本能論
            - 人—
              - 團體—社會學
              - 個人—心理學

皮耳生的分類法，就狹義的科學主義來判斷他，把各科目包括無遺，總算是空前的。但是否定形而上學和神學，就是美學和倫理學，也沒有相當的位置，還是予人批評之隙。

著者所以把過去的科學分類說了一大堆話放在本題的前面的緣故，就是想証明各時代學問家對於科學的分類，尙未曾進於完善的領域而且分類的標準不能調和，有偏於主觀的，有偏於客觀的，因此，科學的分類就有畸形的發展。

有人以爲圖書館學在過去的科學體系中沒有佔一席位置，就看圖書館學不屬於科學範圍之內而否定爲不是科學的親生子。這種論調，稍具有近代科學眼光的人自然加以駁斥。諸君把以前的分類表，仔細看來，便知道最重要的哲學，有時似在科學表佔一位置，有時似便沒有位置，那末，哲學就不能入科學的範圍嗎？在希臘時代，所有的學問，都叫做哲學，所以到了培根，還是把自然科學列在哲學之內。我們絕不能以過去的科學分類找不到『圖書館學』這個名辭，就作圖書館學是科學的私生子。在數十年以來，科學範圍之推廣，有一日千里之勢，於是科學這個名詞，都當作能得有系統的精確知識講，因之科學，就包括所有的學問，圖書館學當然不能例外。更有人以爲圖書館不過是藏書的所在，有好的管理法就成了。這或許有片面的道理，但圖書館事業，並不如此的簡單。圖書的收藏，圖書的管理，圖書使用，圖書館的組織，圖書館的建築，光線的配置，空氣的調度，無一是非屬於科學的範圍。換句話說，圖書館的管理，是科學的管理，圖書館的組織是科學的組織，圖書館學的研究，就是科學的研究，不信麼？請再看下面分解。

（二）　圖書館學在近代科學中的位置

1．　科學的本質

我們要知道圖書館學在近代科學中究竟有無位置或佔有甚麽位置？不能不先知道科學是甚麽東西？在圖書館學中受過他的影響，又是甚麽樣的情形？也是研究圖書館學的人，不可不知道的。

「科學」是什麽東西？實不容易下一個固定的界說，向來的學問家，都有多方的解釋，科學的範圍，也是各國不同。『科學』這個名詞，在德文的Wissenschaft，包括得有自然人爲各種學問，如天算，物理，化學，心理，生理以至政治，哲學，語言，各種在內，英文的Science,却偏重於自然科學一方面。如政治學，哲學，語言等；平常是不算在科學以內的。考Science 一字，源出於拉丁語 Scire ，是求知識並兼作物有手段即擅長的意思，拉丁語的「科學家」就是長於作物之人的意，所以「科學」這個名詞，在拉丁的時候，與其說他是注重知識一方面，不如說他是注重技術一方面，到了中世紀以後這個原的意思，就漸漸改變了。由注重技術一方面，轉注重知識一方面。

平常講科學大概情形的，不說科學只會實驗發明，做出無數的新奇火車輪船飛機以及各種新異葯品，純粹是一種功利的學問；就說科學只會觀察試驗，利用歸法，研究一切有形的物質，完全是一種物質的學問，照這樣講來，是把科學的範圍看得太狹了，科學的價值看得太輕了。那些絕對的鄙脈科學的人，且不必責備。就是相對的尊重科學的人，還是十個有九個不了解科學性質，他們只知道科學研究所當結果的價值，而不知道科學本身的價值。他們只有數學幾何學物理學化學等等概念，而沒有科學的概念，他們以爲只有化學數學物理幾何等等，纔算科學。以爲只有學化學數學物理幾何等等，纔用科學。殊不知所有政治學，經濟學，社會學等等，只要說得上一門學問的沒有不是科學，我們若不拿科學精神去研究，便做那一門子學問也不成。（註一）一些科學家因爲脫不去主觀的感化之影響，就免不了種種偏僻之見。二十世紀科的與精神還沒有得到他的皮毛，我們要除去這種誤解，還要把科學本體的主義略爲說說。

「科學」這個名詞，在近來應用的時候，有廣義和狹義的分別。就廣義來說，是照觀察實驗和分門別類，以研究一切精確知識的學問之總名。像形而上學神學和一切精神物質的科學，都是包括在內。就狹義來說，是用觀察實驗的歸納法，研究自然界有形的現象，求得精確知識的學問之總名。像天文學，地質學，生物學，理化學等，都是狹義的科學之專名，湯姆生（J.A.Thomson）教授說：『爲科學下一定義，非易事也。今姑以科學爲根據觀察試驗，及就觀察試驗所供之與件而反省所得之有統系之知識』，至於「科學的」。是一種廣義的形容詞，就是說無論是那一種學問或事業，如果他們的情形，都是合乎有系統的道理，便可以說是「科學的」。「科學的知識」這個名詞，就是指普通的和有類別的常識。所以湯姆生教授又說：『則所謂科學常識者，凡深造有得之研究家，能取其觀察試驗而再爲之，并加以精細獨立之考究，無不可爲覆按。是故科學非他，卽可覆按，可互曉，不加私見，不雜感情之智識也，然各種科學亦非可以一概論』。（註二）

從思想方面說，科學的本體，也伴着時代的大輪轉了幾轉，當十六七世紀法蘭西斯培根提倡科學的時候，所標的旗幟本來是對於考察宇宙間的事物，必先須用五官的觀察，想證明這個觀察所得的事實，是不是眞確，再必須用精確的實驗，根據實驗所得的合理之結果，然後才承認眞理。到了後來，應用這個研究學問的方法，就漸漸推廣，譬如到了十八世紀，科學的意義，就是大改變了，大多數的人都說科學，是以系統的方法，研究眞理的總名稱，所以郞爾夫（Christion Von Wolf 1679-1754）下科學的定義說：『凡有統系而探其原理的教訓，吾都叫做科學的』，這是表明科學所研究學問的範圍不專限於物一方面，在十八世世已經可以証明了，因爲這個原故，到十九世紀科學當陽的時代，宗教和哲學都借用科學的方法，研究他們自己的範圍，再推到十九世紀上半期以後，科學的普通假說，像『能力不滅』『物質不滅』『宇宙合理』『自然之法則是普遍的』等等定律。一切常說的『時間』『空間』『勢力』『物質』『原因』『結果』等概念，都已深入人類的腦筋，同時又受了法國孔德（Auguste Comte 1796-1857）實驗哲學的影響，於是當時一般科學家都主張科學的能力，可以支配自然界，可以預料將來的事情，可以指揮道德，可以怡養性靈，在那個時候科學的發達，可以說是登峯造極了，所以歐洲人都稱那個時代是一個科學當陽時代。近數十年來，科學思想又更進一層，就是不專根據於常識的概念，另外又創造分子，原子，電子，以太等新學說，以解釋宇宙存在的究竟知識。這原子電子以太等種種東西，純是推理的科學，這種科學，無論是甚麼顯微鏡，都是觀察和實驗不出的，完全逃出自然科學範圍之外。所以科學的思想之新趨向，一方面是創造推理的科學，並且容納形而上學。一方面對於自然科學，定嚴格的範圍，專限於在觀察和實驗上做工夫，以成立近來所叫做的『科學主義』。所以近來科學的特性，就科學的意義標準說，不外下舉三件：（註三）

(一)主張科學主義的，專研究事實的現象，和眞的眞理；注重推理科學的，也是根據事實的情形，來創造學說，換一句話說，就是凡屬宇宙以內的原理，都要以事實爲基礎。不可以空想爲臆斷。

(二)求得眞理的方法，必須注重有系統的觀察實驗計算測量歸納法等等。

(三)推測未來的現象，必須根據已知的現象之法則和原因。換一句話說，就是凡事都要根據於已知的情形。等到計算定妥了之後，才進行一切計畫，由這樣做去，便可以免一切危險，就是我們中國「人定勝天「的說之另一種解釋。

就科學的精神爲標準說，科學的特性，在注重發明創造，求眞理，實行眞理，求眞知識，求眞有系統的知識，以增加人類的幸福。

什麼是科學的方法呢？談到科學的本體問題就不能不說科學的方法，假使不談科學的方法，還是不了解科學是怎樣一回事。因爲要懂得科學，須懂得科學的構造，要懂得科學的構造，須懂得科學構造的方法。湯姆生教授把科學方法分成四個步驟：第一步爲搜集事實。第二步則爲對於事實爲確實的紀錄，第三步則爲排列與件使成可用形式。第四步爲發現無數同類現象中同一之點，即所謂定律是也。任鴻雋先生於科學方法講演中對於科學的方法的分析，頗爲詳盡，現在依他的解釋摘要如下，以供參考。（註四）

(一)觀察　這項手續是搜集事實入手的第一步，凡是耳目口鼻手五官，對於一切事物的感覺，都叫做觀察，不過實行觀察的時候，所用的五官感覺，必須精確，然後所搜集的事實，才是眞確，沒有錯誤。從前有一段故事，是大化學家徐塔耳（Stall）初入講堂，拿一杯極鹹的水，自己用中指，先放入水內，再把食指放入口內，試給學生看，同時又叫全堂學生，照樣試驗，於是學生個個把食指放在水內，再又放入口內，個個都是愁眉綴眼，鹹得難堪。徐塔耳說我說你們平常觀察不仔細，你們不相信，你們不見得我放入水內的是中指，放入口內的是食指麼，這眞是證明觀察要精確的一個極好的例子。

（二）試驗　這項手續可說是搜集事實進一步的方法，不過這個搜集事的手續，是用種種人爲的設備，把想觀察的意義，反覆證明，變成更精確的事實罷了。

（三）分類　已經觀察實驗之後；就有了正確的事實，那麽我們可不可以歸納起來，立一個天然現象的通則呢？但是事情沒有這樣快，中間還要經過許多階級，第一就是找出事實內面的同異之點，然後把他相同的事實，分類的排列起來，這段分類的手續，在科學方法中，極爲重要。因爲事實要是不分類，就不相聯屬，成了一盤散沙，科學知識，最重要的是在有統系，這個統系的性質，就是由分類得來，而且許多科學，重要的部分，全在分類，若是不行分類的方法，那麽化學內的『週期律』恐怕永遠不能夠推出來了。

（四）分析　事實已經分類之後，若是很簡單，就可以歸納起來，若是很複雜，還是分析一次。這個分析的意思，是要把複雜的現象，分成單簡的觀念，以便於歸納。譬如聲音是個複雜的現象，若是分析起來，就可得：

1. 發音體之顫動，
2. 顫動之傳導於介質，
3. 耳官之受動與音感之成立。

所以這音的現象，可以分析成「動」與「感」的兩個觀念。這兩個觀念，在現在可算最簡單不能分析的了，我們分析的工夫，可以暫止於此。後來科學進步，或者還可分析那是不能限定的。

（五）歸納　歸納的作用，不是專把所有的事實，概括起來，做一個單簡的公式。是要由事實的特性以推到通則，由事實的已知，以推到未知。譬如我們看見水受熱就成氣，冷却就成冰，有氣液固三體的形狀。又看見水銀也有這三體的形狀。再看見許多別種物件，原來是固體的，加熱就成了液體，更加熱就變成了氣體。我們把這樣的事實，就可歸納起來，簡單言之，凡是世界上的物質，都可以變成氣液固三體。不過有溫度和壓力的變更之關係罷了。照這樣說來，科學的歸納法，是先有事實，然後有通則。這個通則是由事實裏面找出來的。比較哲學上的演繹法，純粹憑虛空的條理，以爲推斷就有天壤的分別。

（六）假說　經過了歸納以後所得的結果，若是事實很明瞭，我們就可以叫做確論。但是科學內極明瞭的事實很少，每與歸納之後，所得的結果，意思多有不大明白的。我們把這個不大明白的結果，不敢叫做確論。只有叫他做假設，以便後來再行推演，得更明瞭的解釋所以假設當是一種猜度，但猜度須有要點引子，才算不是瞎猜。所以靠得住的好假設，必須合乎下列的三個條件。

1. 必須能發生演繹的推理，並且由推理所得結果，可與觀察的結果相比較。

2. 必須與所已知為正確的自然律不相牴觸。

3. 由假使所推得之結果，必與與觀察的事實相合。

講到這里，我們可以批評培根原來的歸納法，何以不合實用，因為他主張實驗太過。得了事實之後，就去列表分類，求他們的異同，要在異同之中，發明通則，却不知道用假設，由演繹的一方面，再生出許多試驗，使事實的搜集越發齊備，結果的意思越發明白，所以現在歸納法內的假設，也是很緊要的。現在科學的方法、和極端實驗主義不相同的地方，就是因為這個假設一步，可以用點演繹法的好處。

（七）學說與定律　假設經過了許多證明以後，和別的通則，毫不相抵觸，就可以抬高一級，叫做學說。譬如『電解說』現在物理化學上的重要學說。所以能夠成為學說的原因，就是因為化學上電氣當量等實驗。把這個假設證明得顛撲不破。由是學說是經過證明的，可以引用來證明別種事理。假設是沒有經過證明的，只可以作為解釋事理，不能作為證據。假設與學說，既是為研究方便起見，拿來解釋事理的，所以沒有一成不變的理由。因之法拉第(Faraday) 說：『書內所有的學說，不過是科學家想到的百分之一，其餘的許多，都是因為不合事實，隨生隨滅了』。這真是可以表明學說的價值之名言。定律是由事實內面，老老實實歸納出來的，毫沒有人為的意思，攙雜在內。譬如『質量不滅』『能力不滅』『萬有引力』『定比例』『倍比例』諸定律，都是直接簡明，說明一切事實，並且所說的事實之情形是『何事』不是『何謂』事實的結果，到了定律，就現在的知識，可以說是永遠的不變了。

上面關於科學的意義來歷思想特性方法等不過是提要鈎元，把科學本身的情形，說說罷了！若是詳細的探討，那就非三言兩語，就算完結。不過我們研究圖書館學的人，對於科學本體問題，不能不有一種了解罷了！不然的話，就無異「盲人騎瞎馬！」

現在我們已知道科學的本體是甚麽。那末，我要問一問，圖書館學是不是科學？圖書館學能否有資格够上科學的範圍以內的學問？圖書館學在科學中究竟佔有什麽位置？所謂圖書館科學又是什麽東西？這都是在下面所要詳細探討的問題。

2. 圖書館學的意義

（一）圖書的意義及其起源，什麽叫做圖書？著者曾在『圖書館釋義』一文中下一定義說：『綴合小量或多量有空白的紙帛，不問其用筆寫或印版而有圖或文字者，盡叫做圖書』(註五)從廣義說，幾是以符號來記述人物動態的都可謂圖書。自其形式上說，就包括甲骨文，鐘彝陶器文，竹木彫刻均，金石文，土塊(Clay tablet)文，皮寫文及一切圖書書籍期刊表冊法帖等等均是。

人類最初的生活，極爲簡單。在那個時代恐怕還是由動物到人類那第一階段上，所以一切自然器官之進化，思巧之想像特別地遲緩。他們除了找食物充饑外，別無所司事。但宇宙的大輪是時時刻刻旋轉的，人類的生理上，生活上，思想上不能不隨環境而增進，來適應他們底需要。譬如當太古原人的時代，由赤身裸體，進一步就裁縫衣服；由飲食生物，進一步就發明烹廚；由穴居野處，進一步就營造房屋，由各地不道往來，進一步就漸造舟車。可見凡是屬於人類的生活問題，沒有一件不是日日求進步的，日日求改的。人類精神上，思想上知識上，學問上的求進步，也是一樣，人類因有多方面的設計和應付，這就自然要練習出日益發達的思考器官的腦，得着愈益豐富的經驗和知識。所以由感覺到記憶，想像，注意，思考，判斷，推理等等機能都不能充分發達起來！久而久之，就覺得單靠記憶與口耳傳聞，就易發生錯誤與遺忘，於是就不能不靠些工具來作幫助代替記憶，於是有結繩記事，有符號的記錄，文字的產生，圖書的形成，就是從那種需要所結的果。所以圖書的意義，進一步說就是千萬年人間知識的總和的記錄。有此記錄，觀念才有增加，概念的系統得到正確。思想的擴充，也日益無窮，有了圖書，人類的思想，行動，經驗，并知識的活動之各種記憶得到保存。所以無論文野的人莫不有記錄，不過有程度高低之差而已。

圖書形態的進化與其材料有密切的關係，材料的利用，又有用其環境而有差異。考各國各民族所用的記錄材料，有屬於鑛物質的，有屬於植物質的，有屬於動物質的。

(1) 屬於鑛物質的——我國最著名的有鐘鼎彝器等金石文，其中所記鐫鏤刻之文字，多屬於永世不朽的國家法典，帝皇言行，墓標，碑銘之類。開化較早的國家，像埃及以色列民族等亦多以鑛物質做他們記錄的工具。古代格拉底地方石材缺乏，所以多用堅固的粘土爲之。做成片塊，軟質時候，即以尖筆刻文字於其上。然後曝晒於日光之下，或入窯燒之，而成堅固之片塊，這就是今日所稱的「瓦書」這種瓦書(Clay tablet)美國學者 Hilprecht教授，在尼泊爾之巴比倫城的山崖中掘出數千，都排列於架上，秩序井然，約爲耶穌紀元前三千年左右的作品。

從埃及及包含北亞尼美尼亞一帶地方，有一種護符流行，起源甚早，這種護身符多用精緻的美玉，刻象形文字於其上，文字與亞拉伯相似，多屬於符咒之語。印度最初的圖書館，有銘記，聖名，咒文，及斷片零塊的經典等，其記錄材料多以碧玉，瑪瑙，縞瑪瑙，紫水晶，鐵鑛，硬玉並其他稍劣的珊瑚等刻成小片，書文字於其中。與是等同種的護符(Murulman amulets) 則多書於金銀鐵等，其珍貴神聖可知，這種護符，多懸於耳朶，帶於頸項或配置於武器馬具中，以作驅魔護身之用。

古代希臘羅馬的浮彫並凹彫的寶玉，多刻有簡短之錄記及彫刻家的氏名。也有用金剛石的，不過彫刻頗爲困難，故不多見。

(1) 屬於植物質的——

a. 樹皮　最初的圖書，多有用樹皮寫的，樹皮易得而軟且可善爲保藏。拉丁的liber本來就是樹皮之意，同拉丁語的codex 本來是樹幹。後來才有圖書的味意。又英語的Book一字，也是由Beech tree 而來的。

b. 樹葉　印度古代讀書，多用樹葉爲書寫的材料。所謂「貝葉」即用貝多羅葉所寫成的圖書。貝多羅(Patra)是樹葉之義。即古來印度一般所常用的多羅樹葉(Tala-patra)。印度的多羅樹(tala)屬於棕櫚科的植物，學名叫做 Borassus flabelliformis。印度，緬甸，錫蘭，馬來等地多有培植。樹幹七十餘尺，葉，扇狀形長約十呎。組織緻密，表面平滑。代紙書寫，甚爲適宜。做的方法，先把樹葉切成一定的形狀，而晒乾之，然後用小刀像錐之類所用的用具，作成字畫，再閬墨於其小溝中卽成字。或以墨汁而用筆書之。幅寬二寸餘，長一尺五寸，兩端穿一穴，以通絲帶，把數十葉成一束，以免散亂錯簡之虞。也有用木製板而挾成的，故有『梵夾』之名。日本法隆寺所傳的貝葉，爲世界最古的貝葉抄本之一，今已成爲帝室的珍物。

c. Papyrus古代埃及人，因爲紙帛尙未發明，他們賴以記事的工具，就是在尼羅河畔，所繁殖的蘆葦，這種蘆葦，希臘人叫做柏皮羅 Papyros，羅馬人叫做柏皮拉（Papyrus）。葦莖的內側，有堅忍的薄膜，剝成纖細長片，就是希臘語所叫做的 Bubros 了。這種柏皮羅，縱橫重合，能調製適當，就變成美麗精緻的抄寫材料。大英博物館所藏的Papyrus卷物，已屬紀元前三二三年的作物。

關於書寫的術語，無論希臘語，拉丁語，或近代的歐洲語，都由 Papyrus 的卷物而來，像英語的 Paper，德語的Papier都是由希臘語Pepyros而來的。而希臘語的 Papyros又是埃及尼羅河畔蘆葦的草名。這樣說來，歐洲的圖書材料實起源於植物質了！

至於拉丁語的Charta一語，是從希臘語的Chatus而來的，所謂Chartus，卽Papyus 的單葉，譯成中文，即一枚，一張或一幀的意思。拉丁語 Charta，就成爲法語Charte並Carte的語源。英語的Card又是由法語Carte所產出的。

我國古代的書寫的材料也有多用植物質，而且起源甚早。像簡策之類。左氏傳序疏謂：『單執一札謂之簡，連編諸簡，乃名爲策』。蔡邕獨斷謂：『禮曰，不滿百文，不書於冊，其制長二尺，短者半之，其次一長一短，兩編不附』。释名謂：策字同筴，蓋將衆竹簡連貫編綴之意』。

（3）屬於動物質的——我國文化開闢最早，古代圖書的形態，雖今無傳本，然於安陽甲骨之發現，就可知我國的圖書記錄已遠在商周。那些甲骨文，都是我們研究古代書寫起源的最好資料。

羊皮書(Parchment)——什麼叫做羊皮書，嚴格言之，就是以羊皮爲原料而所寫成的圖書。羊皮書的起源已遠在耶穌紀元以前。德國政府探險隊曾在Asia minor的Peigoman 城發見一 Raval library。此圖書館始經營於第一Eumenes才開始建築。中藏羊皮書甚多，這種羊皮紙 Parchment 光滑匀淨，二面可書，且可保存，經久不壞。

又有一種犢皮紙(Vellum)，世人每與混爲一談，其實是兩種東西，但其裝法都是一樣的。犢皮紙最優良的莫若小犢皮，尤其是用小犢的腸壁膜所作成的最白且薄，可用來描寫極巧緻的小像。

羊皮紙或犢皮紙，其使用雖極早，但認爲有書寫材料的眞正價值的，還是屬於紀元前二世紀以後。蓋當時書寫材料，多用埃及的 Papyrus，且其原產地埃及有大宗的輸出，所謂價廉物美，誰也喜歡用的。但在紀元前二世紀的前半之頃，Peigoman 王Eumenes二世，遭埃及蕃王之嫉，如從前受Papyrus的供給，現在己斷絕來源，這樣一來，文化的發展自然受很大的打擊，於是Eumenes乃還其智力發明羊皮紙以代替 Papyrus，而抵制埃及貨，這是羊皮紙使用的起源。羊皮紙的製法，先洗滌生皮而使之平勻，再摩擦而成光滑然後書文字於其上。製造羊皮紙最著名的地方，就上面所說的 Peigoman城，拉丁語的 Pergamena，英語的Parchment，都是從Pergoman而來的，這語的原意本是即：『Peigoman 所作的材料』之意，羊皮紙的使用，雖在紀元前二世紀，但印刷術發明以後，還是繼續使用。(註六)

自紙帛和印刷術發明以後，圖書的形態底進化，日臻完善；圖書的本質進展，亦益形豐富。到了現在、全世界的圖書數目，據愛文司基的統計，已有二千百萬部，這樣看來，圖書出版的數目，殊足驚人。這也可表明世界文化進展的神速哩！

(二)什麼叫做圖書學？

a.名稱的由來 關於『圖書學』一語，在英語和這語的意義差不多的爲Bibliography及 Bibliology二語。這兩語譯成中文，很不容易找一個適切中肯的書語句。所以二語，都有數種的譯文。按綜合英漢大辭典，前者譯爲目提要，書籍解題（列記古今書籍之著者，出版年月記載要項等）著書目錄，書目。後者譯爲聖書學，書籍目錄，書目提要。Bibliography一語，原出自希臘語，包含有書寫之意。此用法直到十八世紀之頃。例如一七六一年所刊行之Fenning 的英語辭書(English dictionary）對 bibliographer 下一定義說：『書物書寫又書寫的人』而此語『書物的書寫』底意義，是由『就書物而書寫』的意義轉移過來的。不久！就流行於法國。今日法人仍叫做『Bibliographe』譯卽著作者或典籍記錄學者。而Bibliographie 一語，則含有典籍記錄學之義。一七六三年所出版 de Bure的Bibliographie instructive 則用後者的意義。這種新的意義的用法，英國尙未普及，直到十九世紀之初，狄丁(Thomas Frognall Dibdin）纔用此語。而Southey 對之，則以爲用 bibliology 一語，較爲適切。但後來 bibliology 一語，仍敵不過bibliography 的勢力。然而此語，雖佔優勢而通行，但其範圍甚狹，蓋此語只限於寫本，尙未包含印刷，製本，插畫，蒐集等事項。大英百科辭書關於此項執筆者，將此語用於圖書校對，鑑定的技術，書目的編纂並解題目錄等意義。德語Bucherkunde 亦主用書史記錄的意味。但與bibliography一語，不無幾分差異。

圖書學一語，原用於日本，我國用『圖書學』這個名辭，也是從日本而來的。我國自古以來，都用目錄學而不稱圖書學。其實用「目錄學」這個名辭來形容研究關於圖書的一切知識，是不很適宜的。不如用『圖書學』這個名辭來得中肯切題 。所以本文就不客氣的用圖書學而不用目錄學 ，也是爲了這個緣故。

b.圖書學的定義　各國學問家，都各有各的說法，全不一致。考世紀字典，韋氏字典，標準字典，牛津字典以及英美的百科全書，所下的定義，大概是說：圖書學就是研究圖書的材料，著者，印刷，版本，時代，裝璜，採集，以及他的內容，體裁分類，歷史等等的科學。賀恩在他的圖書館學概論下一定義說：『圖書學簡單來說，就是關於圖書評述的事。詳細來說，就是研究關於圖書的一切知識。細分析之有四要端(1)關於組成書籍的材料；(2)關於著者在書中所論究的內容；(3)關於書籍版本的優劣及其價值；(4)關於書籍分類的位置等都是』。英國祁開森說：『圖書學(Bibliography)這個名詞！就廣義方面講，是指「書的記載」Writing about the book，和書的內容，至少初是不相關涉的。書的內容是好，是壞，或是平庸，都與圖書學家無關。假使我們可以這樣說的話，他不是書倫學家Book-ethicist，而是書種學家 Book-ethnologist。圖書學家應當研究書的版次。特點，出版地，印刷時代，字體，圖解，版之大小，校勘，裝訂，藏者，分類，收入何叢書，印刷人，及見於何目錄，他所注意的是書的客觀的對象，而不是書的內容的道理，圖書學是記述書籍的科學或藝術，或科學藝術兼備的學術。』（註七）

我國古來學者，對於圖書學的義意，也有各種說法。宋翔鳳說:『自目錄之學興，而今載籍存亡之數，可得而參稽，凡師儒學術盛之源，亦有所考鏡』。(鐵琴銅劍樓書目序)這樣解釋，未免太泛，唐釋智昇開元釋教錄謂：『夫目錄之興也，蓋所以別其僞，明是非，記年代之古今，標卷部之多少，摭拾遺漏，删夷駢贅，欲使正教論理，金言有緒，提綱擧要，歷然可觀也』。這可說是進一步的見解。近人洪有豐氏在他圖書館之管理與組織一書中，下一定義說：『目錄學者，關於圖書實質形式方面有專門之學也。實質內容與著者，形式則版本是也。內容如書中旨歸要略，及是非所在，其關係是項學術者如何。著者如其略歷，著書時期，及學術之派別純駁如何。版本如出版所，時期，其版本有幾種，格式大小，頁數，行數，字數，裝訂，紙料，及其他關於版之考證等優劣之比較如何。皆應知之事也』。這可以說，比較能得其眞義的解釋。本文根據各家意思，下一極簡單的定義說：『圖書學，就是研究關於圖書的一切事項的學問』。

c. 圖書學的範圍　我國學者向來都喜歡用目錄學而不用圖書學上面經已提過。其實目錄學的範圍，實不能包括圖書學的一切知識，目錄學不過是圖書學的一部分罷了。漢書劉向傳：『校中秘書，各有條目』，漢書藝文志：『向輒條其篇目』。校書而寫出條目篇目來，便是後來所謂目錄的目了。漢書藝文志：『每一書已，向輒條其篇目，撮其旨意，錄而奏之』。由這就可知道目錄的原意，就是『條其篇目』，推而廣之，便包括『撮其旨意』，近來學者才把目錄這件東西，擴大起來，成爲一種學，王鳴盛的十七史商榷：『目錄之學者，學中第一緊要。必從此問途，方能得其門而入。然此事非古學精究，質之良師，未易明也』。乾嘉以後『目錄學』便堂堂皇皇地掛起招牌來了』。甚至包含研究關於圖書的一切知識。所以毛坤先生說：『目錄學者研究書籍之內容與其形式之學也』（目錄學）嚴格說起來，委實名不符實。目錄學只可以說：『講究編製圖書目錄的方法的學問就是目錄學』。這是目錄學的任務與範圍。至於圖書館學呢，眞可謂是包括關於研究圖書館的一切知識的學問，河生謂圖書館學研究的範圍包含四個要點：

（1）論究書籍的歷史，包括一切書籍產生的歷史——如著述史，印刷史，出版史等是。

（2）論究書籍的收藏包含書籍的搜集，保存，以及書籍在藏書庫中的組織等是。

（3）論究書的著錄，凡學者藉以由此研尋之各種的目錄都是。

（4）論究書籍的應用，凡著者學者工作的方術如閱讀，參考，編制書目，整理筆記，預備稿件付印著是。

Alfred W. Pollard 編輯主任所編纂圖書學叢書（Books about books）則分爲(1）寫本（Books in manuscript）(2）古刊本（Early printed books）(3）圖書館的裝飾（Decoration of books）(4)裝本（Book binding)(5)書籍的圖版（Book plate）(6)集書家（The great book collectors）等數卷。其所採的範圍，有獨到之處，但不完備罷了。

詳細來說圖書的範圍應包括：(1)記錄，(2)印刷術，(3)形態，(4)書影，(5）稿本，(9)典藏，(7)著目，(8)分類，(9)編目解題，(11)校讀，(12)評論，(13)應用，(14)修理等等。

（三)圖書館的意義起源及其略史　什麽叫做圖書館？著者曾在圖書館釋義一文中下一個臨時的定義：『圖書館，是蒐集古今中外有益的圖書館，妥善保藏之；使公衆由各人的知識慾望，用最簡單的方法，經濟的時間，得自由閱覽研究的教育總機關』。換一句話說：圖書館就是一個發揚文化，保存文化的機關。

無論那一個開化較早的民族，莫不有他們的圖書，已有圖書，自然有一保藏圖書的所在。這個所在就是圖書館，這就是圖書館起源。我國文化有深邃的歷史，原始的圖書館，雖無從論斷，然於清光緒二十五年，河南安陽的洹水的南，所掘的龜甲，其中刻有文字甚夥，這種甲骨文，可說是中國最初的圖書的形式。論者謂據眞本的竹書紀年，洹水之南，卽盤庚故都，殷的故墟。又考查其所記的東西：都是當時帝王的廟號從太甲到武丁，及其臣伊尹的名，都記載在上面。那麽：這些龜甲，是殷代的故物，自無疑義，而我國古代圖書，是以甲骨爲材料做的，更無疑義。這些甲骨保存的所在，自然也可以叫做圖書館。從這樣說來，我國最古的圖書館，恐當推用甲骨記錄的時代了！

周時有春官，宗伯，外史等，掌三皇五帝的書，有地官，司徒，土訓的官，掌道的地圖，道的地慝，誦訓，掌道的方志，道的方慝。地圖，是山川原濕的圖。地慝是記載如瘴蠱這類事物的書。方志，是記形勝事實的書，方慝，是記傳說的禮俗畏惡的事的典籍。從這樣看來，這時候的圖書，既蒐集於一定的地方儲藏，設專官管理其事，且似有計及於圖書分類的情態。秦始皇下令焚詩書，後世的人，遂謂經這火災而後，秦的典籍，悉被泯滅。其實秦始皇所燒者，不過民間所蒐藏，博士所藏的，仍保存如故。且卽民間所藏，也未蒐完燒盡，尙有一部分存而未失。沛公到咸陽，蕭何獨先入，收藏秦丞相御史的圖籍文書。漢高祖卽帝位後，廣蒐民間的遺書，而藏之內府。惠帝時，廢止挾書的禁令大收篇籍，以開獻書之路。武帝時，定藏書的策，設藏書的府，任寫書的官，圖書館的事業益的發展。成帝時，使謁者陳農求遺書於天下，使劉向父子校中秘的所藏。向輒條其篇目，撮其旨意，錄而奏之，以成別錄。哀帝時，使向子歆繼其父業，歆遂總括羣篇，書其綱要，而成七略，七略者是類別圖書的名稱：卽輯略，六藝略，諸子略，詩賦略，兵書略，術數略，方技略。(見漢志)開圖書分類法及目錄學的端緒。

王莽之末，天下大亂，內府圖籍，多遭散失。及光武卽帝位，常篤好文雅，遷都洛陽時，其經牒秘書載車三千餘輛，安帝時，旣詔五經博士校定東觀五經，諸傳記及百家藝術。恆帝時，置秘書官，掌禁中圖書祕記，明，章的世，帝王均尊崇學問，尤重經術故負帙從遠方來的鴻生鉅儒，不可勝數。石室蘭臺，益被充實，又集新書書於東觀及仁壽閣，使校書郎班固，傅毅掌之。班固根据劉歆的七略，作成藝文志，這是今日所傳目錄學書中最古的典籍。

董卓移都關中，吏民擾亂，辟雍蘭臺，宣明及鴻都所儲藏的典冊文章遂散失；其縑帛圖書，小則製為滕囊，大則連為帷蓋。王允收而西歸的，不過七十餘乘，且因道路的艱險，復散失其半，其後經長安的亂，兩漢的儲藏，幾乎泯滅殆盡了。

到了魏晉南北朝時代，圖書事業，亦甚發達，有魏秘書郎鄭默的中經，其後秘書監荀勗更因中經而著新簿，分書籍為甲，乙，丙，丁四部，開四部分類之門。及至於晉，有秘書，中，外三閣，這都是當時的官立圖書館，晉李充依荀勗的新簿校毆羣書，只以甲乙為次，而沒略其衆篇的名。東晉的官立圖書館有東觀，仁壽閣及秘閣，南北朝時代，宋有聰明冠，齊有學士館，帝有文德殿，華林園，北齊有仁壽，文林，後周有虛門麟趾，這都是當時官立的著名圖書館。

隋唐時代——隋文帝開皇三年，秘書監牛弘上表奏請分遣使人蒐集異本，規定借書一冊的人，賜絹一疋，其書校寫完後，歸完原主。於是民間的珍書奇籍，漸次出現。文獻通考稱初西京嘉則殿有書三十七萬卷。除複重猥雜正御本三萬七千餘卷納於東都修文殿，又寫五十副本於東都觀文殿。藏書之富，由此可見一班。

唐太宗時，詔置弘文館，使五品以上的子孫而善書者為書手繕寫。於是聚集了四部的書都二十餘萬卷，弘文館外，更有崇文館，昭文館等都是唐室的皇家圖書館，其所藏圖書，以甲，乙，丙，丁為順序，而陳列經史子集四部。於正本外備有副本，其卷軸約軸帶帙籤，皆異色以別之。這可見在唐的時代，已甚講究圖書保藏利用的方法。其後遭安祿山和黃巢的亂，各種圖書，又多散失。

五代時，兵連禍侍，內外相殺，君臣相賊，德教至於廢滅，圖書事業。因以不振。

宋代的圖書館——宋太祖尊儒好學，遂詔募集亡書，蒐藏之於昭文，集賢及史館。次別建崇文院，移三館的書以充實之。其所藏的八萬卷。又別建秘閣，擇三館眞本書籍萬餘卷及內府古畫墨跡藏於其中。即玉海所云，或曰秘閣藏圖書，國學藏經典，三館藏史傳。眞宗時，龍圖閣藏太宗御書。玉宸殿，四門殿則藏經史的書。玉宸殿在太淸樓的東邊聚八千餘卷，又以秘閣過狹，以內庫的西庫爲秘閣的分閣。其後王宮失火，崇文秘閣均被焚燒，藏書散亡甚多，其被救的一部分遷藏於右掖門外，謂之崇文外院。

仁宗時，新建崇文院。景祐元年，又以內府藏書謬濫缺殘，命李淑，宋郊，王堯臣詳定其存廢，命王堯臣校勘，命類編目這種目錄，凡六十卷，所含典籍，都三萬六百六十六卷。賜其名叫崇文總目。神宗時，改崇文院爲秘書省，徽宗時，改崇文總目爲秘書總目。從太祖經眞，仁，英，神，徽宗迄欽宗止，宋的藏書凡六千七百又五部，七萬三千八百七十七卷。其後靖康的亂，宣和所儲，蕩然無存。及高宗移蹕臨安，乃建秘書省於國史院，蒐集新舊典籍四四萬千八百八十六卷。寧宗時，又傳一萬四千九百四十三卷，較之崇文總目爲多。又宋代既盛行刻版的制，藏書較易，故秘書閣之外，全國各諸州學都各建有藏書閣，像今日學校所附設的圖書館。宋代官家圖書館外，私家藏書也甚多：司馬溫公聚書於讀書堂，李公擇儲籍於白石庵，尤袤有遂初堂，莊蓼唐藏書八萬卷，這都是中國著名的私家藏書。

遼金元圖書館——遼太宗握政權後，先取去晉的圖籍曆象。興宗時，着手編纂史書。道宗時，詔求乾文閣缺本，而命諸儒掌校讐。

金太祖代宋，攜宋的圖書與大軍北還。章宗時，詔求遺書，置宏文院又詔譯寫經書。泰和元年，出資廣蒐集天下藏書。又設專官，使掌經籍。

元時，改宏文院爲經籍所，徙平陽經籍所於京師。又移江南諸郡的書版，臨安秘書省的書籍，及杭州等處的書籍板刻於京師。文宗時，設藝林官庫，以儲藏書籍。私家藏書，元時無鋁，倪瓚有淸秘閣。

明代的圖書館——明洪武時，大將軍徐達入元都，先取圖籍送至南京，又詔四方求異書，設秘書監掌其事。明成祖時，移藏南京書籍於文淵閣，命楊士奇編纂文淵閣目錄。又以文淵閣的書殘缺不全，命禮部尚書鄭錫選精通典籍者四出，以重價蒐集珍書異籍。於是文淵閣聚書籍二萬餘部，約百萬卷。刻本居十分之三，抄本佔十分之七，典麗堂皇的偉著永樂大典，就是於永樂時，姚廣孝等在文淵閣所編纂而成的。

又宋，元，明三朝之時，國學及郡縣學中，皆藏官書。士人皆得入內閱覽。

私人藏書頗多。朱睦㮮有萬卷堂。山陰祁氏有澹生堂。江陰李氏有得月樓。錢叔寶的懸磬室，楊五川的七檜山居，趙汝師的脈望館，皆有名的私立圖書館。這幾處的藏書後多歸於虞山錢牧齋的絳雲樓。其後歸於述古堂及毛子晉的汲古閣。此外，寧波范欽天一閣，浦陽鄭氏的御書樓，湯鉄崖的萬卷樓，何良俊的清森閣，金陵黄稷虞的千頃堂，鈕氏的世學樓等，皆明季的聲聞南北的私人文庫。

清代圖書館　清帝入關，特聚宋金元明等版的圖書於昭仁殿，御題爲天祿琳瑯。又命侍臣編纂天祿琳瑯書目。乾隆三十七年，開四庫全書館。徵求天下的書，以編纂四庫全書。其書經十六年而後成。合計一千二百八十三部，七萬六千七百五十七卷，三萬六千二百七十五冊，全書鈔寫共七份，特建七閣以藏之，北平文華殿後的文淵閣，盛甯前行宮的文溯閣，熱河避暑山莊的文津閣及北平圓明園的文源閣，這四閣，稱內廷四庫，又於江蘇揚州的大觀堂建文滙閣，鎮江的金山寺建文宗閣，浙江西湖的孤山聖因寺建文瀾閣，後的三閣，許可民衆登閣閱覽。咸豐年間，英法聯軍入北平，燒圓明園，文源閣失。太平天國的變起，文滙文宗兩閣被燒。今只有文淵閣及文溯閣的面目燦然如故。自九一八年後文溯閣的珍藏已爲日人掠去！這不能不說是我國文化結晶之一大損失。文津閣的藏書，現藏於國立北平圖書館。文瀾閣的書，因太平天國的變，也多散失，幸得杭人丁丙及章氏的鈔補，已完其帙，移存浙江省立之圖書館中。

光緒三十一年湖南省設分立圖書館，我國始初用圖書館的名。（這個名稱也是日本傳過來的）其後天津南京等地繼續設立。宣統時，詔令各省設置圖書

館，於是保定，山東，河南，陝西，浙江，蘇州，廣東，廣西，吉林，黑龍江等處，次第籌建圖書館（註八）

清代私人藏書甚盛，徐乾學的傳是樓，黄丕烈的百宋一廛，汪士鐘的藝芸書舍，楊氏的海源閣，常熟瞿鏞的鐵琴銅劍樓，周仲漣的水月亭，陸心源的皕宋樓，孫建谷的萬卷樓，盧文弨的抱經樓，錢塘丁氏的八千卷樓，江陰繆荃孫的藝風堂等都是有名的私家圖書館。（註九）

民國成立以後，外受歐西文化的影響，內因新思潮新文化的激盪。圖書館也如雨後春筍，蓬蓬勃勃地發展。各處所設立的圖書館有公立，有私立，有學校圖書館，有團體圖書館，有專門圖書館，有兒童圖書館等等。由藏死書的機關進而智發人們知識發揚文化的機關。這都是我國近年來圖書館發皆的好現象。

外國圖書館的起源當以巴比倫埃及，希臘及羅馬等地爲最早。據史家及考古學家意見。多以爲古代圖書館的起源與僧侶寺院有密切關係。蓋古代的僧侶，多讀書究學，以發揚他所傳的教義。那時節，教權高於政權，上至帝王，下及百姓，一切的言行舉動，莫不繫於神治之下，且僧侶最有學問，所以記述君王酋長的言行動作，幾惟僧侶的職責。而保藏這些記錄的又是僧侶的事。這一來，保藏的地點，當在寺廟中，古埃及的圖書皆亦皆設於寺廟Diodorus Siculus 謂埃及僧侶於其藝書之中述往事，記王政。巴比倫人及羅馬人的史實亦藏存於寺廟之中。我們再從中古時代歐洲寺廟中所藏的經典和近世各寺廟所藏的經典，都足證明外國圖書館是發源於宗教的寺院。

a. 最早的圖書館　有一位美國學者 Hilprecht 教授，在尼泊爾之巴比倫城的山崖中掘出土屋數間，其中土架上藏有象形文字（hieroglyphies）寫成的土版（Clay tablets）數千，爲耶穌紀元前三千年左右的物。這圖書館附屬在寺廟中與寺廟學校相連。其版書依類排置，分室歸架，各有條目，且內容繁富，好像爲寺廟學校用的參考圖書館。此項發現尚在較後，其最早發現的是德國 Layard 氏於一八五〇年發現一個屬於敘利亞王的圖書館，其中藏有諸神名表，敘利亞王的詔史，戰史，天文星相宗教歷史以及字典學校讀物之類，其內容的豐富，實不亞於尼泊爾的圖書館。並有排列，分類，編目等管理方法。

b. 希臘的圖書館　關於希臘圖書館史料甚少，我人苦無從探討。 Gellius 謂Peisistratus 爲供給書籍於雅典的第一人，他必有圖書的庋藏，如果屬實，那末希臘在紀元前 540 時似已有圖書館了！到了著名哲學家亞里士多德時，就有他自己的私家圖館。（334B.C）藏書甚富。其子孫恐這些圖書，爲侵略者所奪取，於是移藏於屋壁中。後爲 Teios 的 Spellicon 發現，已經水潰塵污，遂移於雅典。紀元前八十二年 Sulla 再把這有名的書藏於羅馬，並切以分類，編目，供給當時的希臘名流學者參考之用。

c. 亞力山大城的圖書館——亞力山大城當時學術的中心，學者雲集。多利買第一受 Demertrius of Phaleron 的建議，遂創立一大圖書館，附有博物院，多利買第二繼續完成其工作。位隣 Serapis 廟的Seanpeian 圖書館，也是多利買第二所完成的，規模宏大，建築堂皇，羅馬教堂而外，世無與比。而Zenodotus就是當時第一位圖書館長。多利買二世以後，收藏遂少，發展亦微。迄至紀元前四十七年該圖書館竟不幸燬於 Julius Caesar 的軍隊。

d. 柏加門的圖書館　柏加門圖書館，爲德國政府探險隊所發現。 Peigomon城在 Asia minor, 該圖書館健於高山之上，離海面千尺，山頂爲台，台凡三層，皇宮在上層，二層爲雅典廟，圖書館聯之。該圖書館始經營於第一 Athalus, 但到了Eumenes 第二才開始建築。 Eumenes 不單熱心於圖書蒐藏，且是羊皮紙Parchment發明的第一個。

e. 羅馬的圖書館——當希臘柏加門等圖書館興盛時候，羅馬尙未開化，日事戰爭，無暇學問。到了紀元前三百年時，拉丁文學才正萌芽發展。當時有一位柏加門學校出身的學者名叫 Crates of Mallos, 他是最先研究希臘學術的，他居羅馬時，Quintus metellis 受其影響，始在羅馬建築一個柏加門式的圖書館，名叫 Portius metelli, 後Augustus 改稱爲 Porticus Octauiae。館分兩麿，一爲拉丁的，一爲希臘的。於是與雅典的廟，柏加門的圖書館鼎立而三。

當愷撒即帝位時，即計劃建立一公共圖書館，羅馬學者Tereatius Varro 爲之蒐集排比。惜圖書館尙未完成而愷撒就逝世了！繼帝位者名叫 Asiniui Pollio 於其 Illyrian 之役，戰勝歸來，遂建立一公共圖書館於 Suentine 山。（39B.C.）開歐洲公共圖書館的先聲。

Licinius Lucullus於東征歸來，集其所獲的圖書建一大圖書館，書籍之美收藏之富，震耀一時。此外尚有私立圖書館甚多，爲羅馬文化，開一異彩。約在 360—370A.D. 時，羅馬已有二十八個公共圖書館，那時節，圖書館發達，由這可窺見一斑。

中古時代，學術文化，不絕如縷。各國圖書館因連年兵災散失不少。而圖書館的發展，也由地中海向外伸張，如土耳其，阿拉伯，愛爾蘭，英格蘭等國，都於這個叫做歐洲黑暗時代，建立他們的圖書館。就中尤於一般修道士爲宗教熱忱所激動，莫不致力於經典的鈔寫，書籍的保藏，校讐，裝訂，粉飾。黑暗時代能得保存一線的曙光，而文藝能得復興者不能不算是他們的功勳。

自文藝復，印刷昌明時代，圖書也逐漸增進。法，德，英，意，奧，美各國，都有國立規模的圖書館，藏書都在十萬冊以上。直到今日，各國的圖書館，無論公立，私立，團體的，專門的，比比皆是。這可以說是圖書館的黃金時代了！

從各圖書館的進化的功用說，大可別爲兩個時期：一是保藏時期；一是活用時期。

(一)保藏時期　人與別的動物所差異而稱爲人爲萬物之靈的緣故，人類有記錄，也是其中最大的一個理由。別的動物，也許有思想感情的傳達，又其體驗或有傳入後代的可能。但以符號文字作成圖書而傳之後世子孫者，這乃我們人類獨有的特點，人智愈益開通，文化的曙光，也日益擴大，記錄的方法，也層出不窮。圖書是受前代經驗之集產，以資傳達文化而發揚光大者。故無論何人，凡是眞理，幸福，知識學術或信仰的熱烈的追從者，必定是書籍的愛好者，這樣看來，保藏圖書，是人類生活中很自然的事。蓋因保藏圖書，就是保存祖宗前人的思想學術和文化。我國圖書的保存，遠肇周代，前已說及。不過簡單的說，以前的藏書，都是藏死書或是帝王的玩物，對於普通民衆生活思想學術，全無關係，且爲文化發展的最大壁壘。不過，在這時期的圖書館，雖然祇是保藏，不能活用，但是對於保藏的方法，很是講究圖書館的建築，圖書的蒐藏，分類，著目，校訂整理，都有相當的成績。

(二)活用時期　這時期的圖書館最少包含『收』『藏』『用』這三種使命。怎樣的收？怎樣的藏？怎樣的用？都是當前的大問題。圖書館的建築，管理，組織，圖書的收藏，分類，編目，出納，參考圖書的應用等等問題，都須合乎科學化，决非馬馬糊糊得過且過便算了事。像今日各圖書館，蓬蓬勃勃，都是猛烈的增進。現在我國大小圖書館，計有一千餘所。日本的圖書館歷史，比較簡短。自明治以後，有紅葉山文庫，淺草文庫等。後來在東京街上野公園，成立帝國圖書館。現在日本的圖書館，已有一千餘所。歐洲各國，都有數千所。美國大小圖書館，約一萬以上。藏書的豐富。最多的如英國的大英博物院，法國的國民圖書館，美國的國會圖書館。都在三四百萬册以上。這樣豐富的圖書，在收藏用的三方面，倘若不能得到一個科學的方法，不能增進人類的幸福，也是藏死書，對於人類文化是沒有貢獻的。

參考書：——

1. Encyclopedia Britannica. 14ed. V.14. P.1—27. "Libraries"
2. The New International Encyclopedia. 2nd. ed. V.11. P.61—73. "Librraies"
3. Richardson, E. C. Biblical libraries; a sketch of library history from 3400 B.C. 10 A.D. 150 Prin. Univ. press, 1914. 252p. illus.
4. 英國薩賚基著　西洋圖書館史略　毛　坤　譯民23年　本校小叢書本
5. Peck, H.T. Harper's dictionary of classical literature and antiquities N.Y. Harper, 1897. P179—180. "Babylonia."

(四)圖書館學的意義價值範圍及其方法

a..圖書館學的意義　想明白圖書館學是否一種獨立科學，須先審辨了解圖書館學的意義，意義不明，則概念必欠明白。圖書館學是一個新名詞，在中國，恐怕祗有十多年的歷史！在外國，也不過是近代的事。圖書館學這個名詞，在外國書中，雖然發見於百年前（一八二九）；（註十）但是成為專門的學問也不過是近數十年的事。圖書館事業的發軔，雖遠在數千年前，但那時節，圖書館還是在保藏時期圖書着重保藏而不在乎用，所以總使有編目，分類，校讎，修補，裝璜的事，但這都是圖書館以內的事。我國向來的目錄學，校讎學都有圖書館的意思，但不能算是圖書館學這些不過是圖書館學中之一部份罷了！一般人對於圖書館學沒有明白的了解，對於圖書館學的研究，不肯下一番精深的探討，所以雖有數千年深遠的圖書館的歷史，還是不能發達。近十數年來，圖書館已由保藏時期進而到了活用時期，人們對於圖書館的認識也有相當的明瞭，圖書館不是藏死書的所在，却是教育人們發揚文化的機關，在社會上有獨立的性質與學校教育社會教育並駕齊驅，都向着提高文化發揚文化的路上走！

從前的圖書館，是一藏死書的所在，祗是一種附屬的機關，從沒有獨立的性質。怎樣的編目，怎樣的分類，怎樣度藏，就是從前圖書館的事。在一般人眼光看來，圖書館，實祗有幹這些事——那麽當然不值得研究，更不配談上一個『學』字；祗能稱爲技藝，不能稱爲科學。但現在的圖書館的任務，日益擴大，圖書館的意義也不僅爲一種活的教育機關。所以從今日的立場說圖書館學的意義，是包含人類知識學問的記載關於人類的歷史和精神文化及物質文化兩方面的一切事項。人類沒有記載，就沒有文明，沒有進步。可見保存和應用記載是很重要的事。於此，可以把圖書館學下一定義說：

「圖書館學是人類學問中的一部份。是以有系統的科學方法，專研究人類知識學問及一切動態的記載底產生，保存，與應用；使牠成爲教育化，學術化，社會化，科學化的一種科學」。簡單的說：「圖書館學就是以科學方法研究關於圖書館的一切事項的學問」。

b. 圖書館學的特質及其價值

圖書館學對於人生的貢獻　凡是一種專門的學問能否有成立一個專門科學的可能！須要看它的原理和價值有了怎樣的程度。其價值的程度的高低，又要看它實施於應用時所發生的效果爲衡。這又要從哲學和科學兩方面去估計了。假如我們現在要問，爲甚麽一定要這樣呢？那末，我們就要論到了「假使」在圖書館科學的任務了，假設圖書館科學不是專研究人類知識學問及一切動態的記載底產生保存與應用的，那末圖書館科學就沒有成立的可能。反之，假設圖書館科學在人類各種知識活動中，都佔有必要的位置的，那末，圖書館科學就有成立的必要了。從這種演繹的推理不是幻想的，不是臆斷的，我們認為所推得的結果，和事實正相吻合。

人生的需求，有屬於精神的，有屬於物質的，在前者，圖書館就是人們修身養性發人格的場所。在後者圖書館能給人們有高深的知識技能，去適應生存。英儒 Richardde Bury 論圖書館與人生有密切不可分離的關係，他說：「這些先生，他教我們不用鞭笞，不用規章，不罵人，不遷怒，無需衣服，無需金錢，假使你走近他的身旁，他們是清醒的，假使你去向他問訊，他們將無隱蔽，肝胆相照，假使你同他發生了誤會他們决不生氣，假使你太過愚笨，他們又不會嘲笑你。所以圖書館的寶庫，是較任何富有，更有價值，而無他項事物可以並美」。蓋因書籍殆與生命有同等的價值，書籍是生命的動力，靈魂的結晶。在一個悲慘，冷酷，消極，頹唐枯澀的人生中想獲得生命的動力，靈魂的糧食，圖書館就是一個大寶庫，而圖書館學就是要研究怎樣可使人們得到寶庫珍物的學問。

圖書館學對於文化的使命　想知道圖書館學在文化上所負的使命，須先明白，什麽叫做文化？文化二字，為現今社會的時髦語。然其意義，殊為曖昧；又因人而有各種不同的解釋。文化二字原為德文 Kultur 的譯語。譯 Kultur 為文化，係對 Civilization（文明）而稍示區別也。考 Kultur 一語，係由拉丁語 Cultura 轉化而成；而 Cultura 出自 Cultus，Cultus 又出自 Colere。（含有維護勞瘁措意諸義）而Cultus一語，實含有兩種重要意義：其一為Cultus deorum 一語所表示的，意謂因遵守宗教的義務而勞瘁；實即拜祭神明之義。其二為 Cultus Agri 一語所表示的，意謂因獲得生活的資料而勞瘁；實即耕作土地之義。而在原始時代之一切的經濟的行為，與宗教的行為，又常息息相關；尤以農業方面為然。故Cultus一語，遂含有耕作與崇拜兩義。及至生活日進社會益繁，土地耕作以外的事，遂漸增加；而昔之耕作與崇拜有連帶的意義的，至此遂變而為單純耕作 Cultura agri, Agricultura了！至Cultura一語，則土地耕作的原義進而為動植物的培養；展轉變遷，更進而有心的培養，或精神的修養諸義。在中世紀時，既已與今日所謂文化概會之包含物質的精神的二者，大體一致，於此有須注意的，德語 Kultur與英語 Culture，同由拉丁語 Cultura轉化而成；但在德，則其意義發達至與今日所謂文化概念者相等：而在英法，則僅取義於耕作培養，以及精神的修養而已；至如廣義的文化概念，通常則以 Civilzation 一語表示之，而與德之 Kultur 等量齊觀。

考 Civilization 一語，也是由拉丁語轉化而成拉丁語 Civis 係指市民的事而言；由此而有形容詞Civilis 意指市民的權利，及其政治的地位而言。降至中世，有所謂 Civitabilis（形容詞）的，意謂付與市民的身分之資格而言；由此形容詞，而有名詞 Civilisatio，蓋所以區別市民的身分，與貴族僧侶之特權的身分之特性也。由此可知 Civilization一語，實由Civilis或Civilisatio輾轉產生。依其原語來說，實有市民的地位，市民的權利，以及具有市民的品格，教養諸義。換句話說：『乃以政治的法律的生活，及道德的教養，爲其中心概念。較之 Kultur 以宗教生活及自然之支配與利用爲中心者自覺大異其趣。而 Civilization 的概念，在文藝復興時代以後，始漸發達，究其原因，不外近人對於中世紀的宗教的Kultur概念的一種反抗；而以近世的國家觀念，或市民的國民觀念爲中心而發達罷了！從這，我們便可知道Kultur概念，而離國家而存在；而 Civilization 概念，則與國家觀念，須臾不可離也。當十八世之初，Kultur 與 Civilization 即已相抗並行，到了今日而 Kultur 一語，就包含精神的生活和物質的生活。所以我們用英文的 Culture 譯作文化，而 Civilizaiton 一語則譯爲文明。什麼叫做文明，那就非本段所欲談的，所以索性把牠擱置不談。現在所要說的就是什麼叫做文化？梁任公說：『文化者，人類心能所開積出來之有價值的共業也』。（見他講演集的什麼是文化）張君勱說：『文化之爲物，發之自內，由精神上之要求，見之於制度文物，其性質爲自我的獨立的』。（見東方雜誌的歐洲文化之危險及中國新文化之趨向』其實，用幾句話，語來形容或說明一種學問，是不可能的，且最容易陷於臆斷的毛病。惟便於研究而獲得其中心觀點起見，也不防有一個簡單的界說。

由經驗的實在來說：『文化云者，乃吾人於既成社會中，欲達人生的目的，所發生諸種的行動，以及此等行動的產物，而由這認其有普遍的效力的總體之謂」。蓋由哲學的見地說：「則文化者，乃人類由歷史的發達所實現之絕對的價值之總體」。我們想考求前人所留的文化，最重要的來源就是圖書。圖書是數千年間關於人類文化結晶的記錄。假使全世界所存的圖書俄然滅盡，其結果如何，雖非我們所能想像，然而文化的進步，當受莫大的阻碍，毫無疑義。那時節，所依賴的，唯各個人的記憶，口耳的傳聞，然而單靠記憶，容易忘却，口耳傳聞，更易生錯誤，想把歷代的文化而永遠保存而傳達後世者惟圖書是賴所以圖書館學在文化上所負的使命最少有下列三點：

(一)保存文化　文化學術思想所寄托的就是圖書。圖書館是保存圖書的唯一機關，所以牠就是保存文化的機關。

(二)發揚文化　圖書館是發揚文化最重要的工具，傳佈圖書，可使一地方的文化，普及各處。一時代的文化，永留世間，現世文化的進步，無非是靠圖書流通所使然的結果，圖書館除流通圖書之外，還有各種推廣事業，可以補助文化之普及。

(三)調和文化　現在是新舊文化，東西文化相抵觸而辨論最熱烈時候。有主張全盤西化，有主張建設本位文化；有以爲西方文化是動的，中國文化是靜的。管它是新是舊，是中是西，我們如果想調和這種種不同的文化，首要研究過去的文化。圖書館是保存文化的機關，所以研究文化，必須瀏覽文化的結晶——圖書，况且圖書館的保存圖書，不限民族，不限文字，不限國界；無論古今，無論中外，凡關於文化的，均力蒐藏，務期其繁富完備，當此溝通世界文化，促進國際學術合作的高潮中，圖書的傳遞，是其中最主要的媒介物。

要之，圖書是人類在文化上種種生活和活動的眞相記錄。我們要明白人類過去文化的眞相，來帮助我們决定爲文化而奮鬥的途徑，可以使我們不至於再走到錯誤路上去。我們要明白過去現在人類文化的眞相，來做我們創造新文化的參考，就是圖書館科學的研究，得到知已知彼的功用，我以爲這或者就是圖書館科學的目的和價值，亦就是我們應該研究圖書館科學的理由。

圖書館學在學術上的位置　學術兩字，是中國原有的名詞，非外國名詞的譯語，舊義無嚴明的界說，有連着作一義解的，有分着作兩義解的。就其作用來說，大約學是偏於知的方面，術是偏於用的方面。所以從前學術的內容，甚爲廣泛，有時將仙佛神道卜筮星相等類，都算入學術之中。如此的解釋，決不適用於現世的學術眞精神，從今日的立場說：「有秩序有組織的知識就是學術」。換句話說，便是廣義的科學」與德文的Wissenschaft相當。這裡所說的『廣義的科學』和陳獨秀氏所謂『廣義的科學』迥不相同。（新青年第七卷五號陳氏所著『新文化運動是什麽』？）並非專指『社會科學』而言，一切純粹科學，都包含在內。哲學宗教亦在其中。

學術進步的順序，一曰思，二曰辨，三曰証，四曰用。思想是學術的生命，辯論是學術的靈魂，証驗是學術的筋骨。我們要從這四方面探討過去的學術而求學術的進步。首在研究，那末，研究所依靠的利器就非靠圖書不可，如果做著成一部中國學術史之類的書，沒有圖書參考就無從說起。然而個人經濟力有限，想以有限的經濟而博覽羣書，勢必不能，此圖書館尙焉。有圖書館然後可以博覽羣書，參考引証，所以圖書館不啻是學者的養成所，而且圖書的流通，可以傳佈學術，發揚學術，使學術的進展，不受時間空間的限制以達到『學術無國界』的境地。

圖書館學在教育上的位置　圖書館可以輔助教育的進展，已成爲一天經地義，無可否認的，不過常人每以圖書館爲教育的附屬物。這種輕視圖書館和不明瞭圖書館學的人，在這圖書館科學正在萌芽時代，當屬意中事，從前的圖書館只是藏死書，自然對於教育沒有多大的關係，但今日的圖書館首在致用，尤其是在於分門別類深入民間，如兒童圖書館，婦女圖書館，流動圖書館等等的設立，不論勞資貧富，不論大小男女，老少，賢愚，及任何職業的人都有讀書的機會。學校教育往往是有時間的，圖書館則無時間性的限制，學校教育是有地域限制的，圖書館則無空間的限制。所以圖書館對於灌輸人類的知識技能，陶養道德栽培人格，比較任何教育方法，都來得普及。凡年少失學的人，都可以繼續他們的教育。凡工商各界，可以利用圖書，以增進他們實際的知識和經驗。近來各國圖書館學專家，莫不積極提倡國際間的大圖書館，更打破了人種階級和國界種種的限制，這一來，圖書館的重要性，已不是在教育的範圍中，更不是教育的附屬品而巍然造成一獨立的科學城了！

關於圖書館與教育關係問題可參考：

(1) 杜定友：圖書館通論，民17，商務。

(2) 杜定友譯：圖書館與成人教育，民22，中華。

(3) 王文培：近今圖書館教育的趨勢，見教育叢刊6:9—14頁民12,中華。

圖書館學與各科學的關係

圖書是人類知識的結晶，而圖書館學又是研究人類知識結晶的科學，所以凡屬人類知識的科學都與圖書館學有密切的關連，本來無論何種科學的目的都是求知識發現真理，謀求人類的幸福，各種科學都有相互的作用而無分離的孤立，後來所以有分門別類各建重鎮的緣故，一方面是爲人類知識已由單純而複雜，一方面全爲研究者便利研究起見就有分工的必要了。

圖書館學不單是與他科學有密切關連我們更可以說圖書館是其他科學的管家。是科學家的研究所，無論研究任何科學必當具備圖書，參考羣書，而其研究結果所得的成績記載又必須交到圖書館來保管，所以我說圖書館實爲各科學的管家就是這個緣故。

現在將圖書館學與各種科學的關係列圖如下：

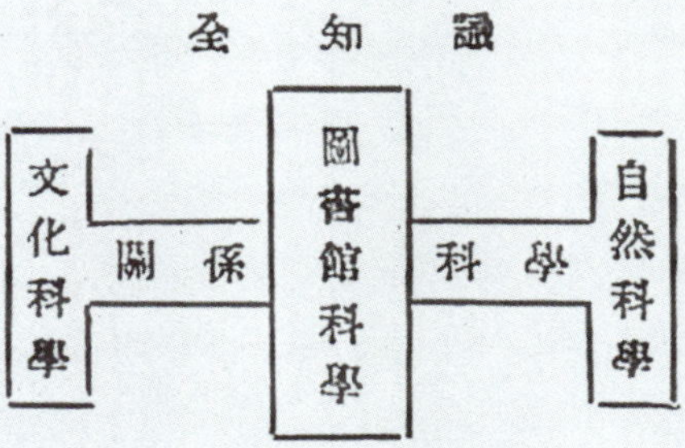

C. 圖書館學研究的範圍及其方法

圖書館學所研究的範圍，從狹義說，就是研究圖書館的整體，從廣義說，就是研究圖書館爲及和圖書館有關係的科學，現在試列表如下，以見其大概：

- 圖書館科學
  - 歷史的圖書館學
    - 1.圖書學史
      - 書寫史
      - 分類學史
      - 印刷史
      - 編目學史
      - 裝璜史
      - 校讐學史
      - 收藏史
      - 書影學史
      - 目錄學史
    - 2.圖書館史
    - 3.圖書館學史
  - 系統的圖書館學
    - 1.理論的圖書館學
      - 圖書館學的原理
      - 圖書館學研究的方法
      - 圖書館學的目的與價值
      - 圖書館學和其他科學的關係
    - 2.實際的圖書館學
      - 1.行政論
        - 組織 建築 法規
        - 設備 管理 館員訓練
      - 2.經營論
        - 選購法 交換法 筆記法
        - 登記法 互借法 打字法
        - 分類法 廣告法 標目法
        - 編目法 出納法 修理法
        - 收藏法 索引法 裝訂法
        - 陳列法 編纂法 校讐法
        - 統計法 翻譯法
        - 參考法 書寫法
      - 3.形式論
        - 兒童圖書館
        - 學校圖書館
        - 專門圖書館
        - 特別圖書館
        - 機關圖書館
        - 團體圖書館
        - 公立圖書館
        - 私立圖書館
        - 個人圖書館
        - 流通圖書館
        - 巡迴文庫
        - 紀念圖書館
        - 其他

上表所列科目不過是其大要而已，此外尙有應該研究的科目甚多如古器物學和輔助科學以及圖書館種種推廣事業（包括圖書館運動，如圖書館協會及會議，圖書館國際合作運動等都與圖書館與密切關係的）。等等。

明眼人從上表一看，便可知道圖書館學，應有獨立的資格自無疑義。

圖書館學已屬一獨立科學，旣如前論，而硏究圖書館學的方法，亦不可不知。凡稱爲一種科學，就必有歷史的，系統的硏究方法；以求得一種知識，圖書館學即所以硏究圖書館學之根本原理及其應用者也，其硏究若僅限於目錄分類方法，書籍排列方法那幾種機械的事，决不能洞識夫原理原則。故必用科學的硏究法，方才成功。

所謂科學的方法有四。

（一）發生的方法　由天演的眼光看起來，無論什麼東西，都有一段發生和進化的歷史在。所以我們着手究究任何問題，要使他格外成功具體的系統的知識那就非用發生式的方法硏究不可。這種方法，本是生物學上硏究有機體發生的各時期的經過的一種方法，現在却不能逃出這個範圍。用這方法最少有三個好處：

1.明白圖書館眞正源始的史源

2.明白圖書館進展過程中的嬗變及其功用。

3.從圖書館的進化可以知道人類文化的活動相眞。

（二）史料的蒐求與鑑別　無論其爲自然科學爲文化科學，罔不恃客觀所能得的資料以爲其硏究的對象。所謂史料，即人是類思想行事所遺留的痕跡。各科學所謂史料就是圖書館，所以圖書館學硏究所依賴的史料不是別的就是圖書的本身，古今圖書雖散失不少而今日所有的，仍浩如煙海，繁若列星。圖書館的使命是收藏用，可見收集圖書是第一步最重要工作，圖書有現存的，有湮沒的，有散失的，所以我們除收集現存的圖書外，仍須發見各種湮沒或散失的圖書，如敦煌古籍之發現，巴比倫Clay-tablet等古代文籍之發現都是治圖書館學家最重要的工作。

第一步是蒐求第二步就是鑑別了！這裏所說的鑑別法也就是歷史的鑑別法

什麽叫做鑑别法？正如梁任公所說『正誤辨僞，是謂鑑别』（見中國歷史研究法第五章）

鑑别法在實際上可分作四項工作：

1.註解的鑑别——即是確定作者的概念。

2.忠實的鑑别——即是識别作者還是已經扯謊了，還是已經忠實地說了，藉以確定在各點上的他的信仰。

3.精確的鑑别——即是考驗作者還是錯誤的，還是已經正確地觀察的，藉以確定這些爲他所已觀察的外表事實。

在這里應當添加一個預備工作——來歷鑑别，這個方法爲研究古代資料卻是渺茫的而且困難的，爲研究現代資料便是極容易的。所謂來歷的鑑别即日期，地方，著作者的姓名與品性都往往附在資料本身上，大概在十九世紀，自從印刷所與書目彙編的正式組織以來，這些註明都是很確實的，除非他是莫須有的反動刊物的話，更不會和從前一樣造出一些可懷疑的資料來。然而還有要作了許多細微的僞造，與故意的錯誤，尤其是在發行的確實日期與眞實著作者的姓名中間。當人家少有方法來把牠們校正的時候，對於那些大概已知的事實祗好採用這些說明了，一本書雖然刊著一九零一年出版的日期，不應當便斷定牠不是在一九零零年曾經發行的。

（三）分析與綜合　所謂分析卽將所得的史料和所組織的事實分解直到了其不可再分的質素。今欲求圖書館學的原理原則，先須分析圖書館學的史料和事實，審其原因結果的關係，以知其有此結果，必生於彼原因。而明其史實和動作的範圍，方法及應用。能够這樣的研究，就可以達到一個成功的圖書館學家，譬諸醫之治病，必先診視病狀，有何原因，有何徵候，有何現象，——分析，設使沒有錯誤的地方，則施葯才能够發生效力，研究圖書館學也是這樣，不先行分析，則不能發見原理原則，僅行分析，實不能說研究方法卽算了事，必再行綜合，將前所分析者，再合一爲體，以明其全體的關係，定其結果然後施之以實行才能够成功。

（五） 圖書館學的史的發展

我國向來有目錄之學，研究的人也很多；素來掌理圖書館的人，也大多都是目錄學者。隋書經籍志序：『古者史官既司籍籍，蓋有目錄以爲綱紀。體制湮沒，不可復知。孔子删書，別爲之序，各陳作者所由，韓，毛二詩，亦皆相類，漢時劉向別錄，劉歆七略，剖析條流，各有其部，歆即古之制也』。目錄學是圖書館學之一部份，可見我國圖書館學之研究已遠在漢代了。史記載李耳爲周守藏史。那時代所謂守藏史即今日的圖書館長。這史料如果可靠的話，那末，李耳可算是我國第一位圖書館員。

自劉向子成別錄七略以後，就有班固的漢書藝文志。漢而後，魏秘書郎鄭默制中經，晉秘書監荀勗因中經更爲新簿，分爲甲乙丙丁四部，總括羣書。自此而後中國的目錄學分類學校勘學在中國學術史上都佔有重要的位置，這也可以見中國圖書館學研究上的好現象。

在外國，圖書館學的研究自然是在於圖書館建設最早的國家，如巴比倫埃及等國。當時的文獻史籍多藏於寺廟中而掌管圖籍的人多爲高級的僧侶，從Hilprecht 教授在尼泊爾巴比倫城所發掘的古圖書館言之，那時代的圖書館已有分類，編目排別等方法，這種種方法也可以說是圖書館研究起源之始，而且當時任館長之人又是一般博學之士。如被認爲第一位圖書館長之 Zenodotus 是一位碩彥，他任館長職時曾辨僞本，去重複，編荷馬之詩，其對於圖書館學有相當的研究可知。

圖書館學成爲專門科學底研究，也並非一朝一夕的事。考其歷史，最先提議設立圖書館學校的，是 M. W. Schutingen。他在1829年，著一篇論文，討論圖書館學教科書問題（Essay at a Complete Textbook of Library Science）可見當時圖書館學這個名詞，已經有了，不過當時還不是一種專門學問，祇是拿圖書館內的管理法，訓練一般館員練習生，使他們對於所事，能勝任能了。

整個圖書館科學底研究可算是近百數十年的事。從圖書館的管理法進而至於學理上的探討，美國最早的圖書館學校，最早的要算1886年哥倫比亞大學內所設立的圖書館學校，由杜威博士兼任校長，該校的教授，一面注重學理；一方又兼重實習，其修了全部課程的，得受圖書館學士位（B. L. S.）若後更從事究究五年，而有功績可考的，得受圖書館碩士位（M. L. S.）。

其後于1893年 Illinois 大學又成立圖書館學校，其教授，更日進完備，各地大學因起而倣效，燦爛的圖書館學研究史愈從此奮起；至今美國這樣的學校美達二十校以上云。

參考書：

（1）Tai, Tse-Chien, Professional Education for Librarianship. 1925. N. Y. Wilson.

歐洲圖書館雖極發達且藏書甚豐，但對於圖書館科學作專門探討的，不如美國來得熱烈，而圖書館學校也比不上美國之發達。

日本至今尚無完備的圖書館學校，祇有附設於東京上野公園美術學校及帝國圖書館和圖書館協會主辦的講習所而已。其教授除圖書館學外更添授文化科學與自然科學等科目爲其特色。

我國的圖書館學校最早的就是韋棣華女士所手創沈祖榮先生所努力辦理的本校了，後來有廣州北京和北京高師上海東南大學所設的暑期講習所或圖書講習會等，然而直至今日，除本校仍然繼續辦理外，其他什麽講習會訓練所都已壽終正寢了！

本校科目除關於圖書館科學的基本知識教授外，尚增授古器物學，考古學，簿記學，統計學，民衆教育學，軍事學及日，英，法德等各國文字，大體說來，是着重兩方面一是圖書館學的學理；一是圖書館學的實習。近年來爲實施實際教學起見，尤着重實習工作方面。實習固然要緊，然太過偏重實習而忽略學理上的探求，對於圖書館科學的研究就容易陷於外强中乾，而圖書館學的研究，更無進步的可言，實習是以原理爲依歸，沒有根深蒂固的原理組織，實習怎樣能夠有良好的結果呢，這是實習不能太走極端的一大原因，本校如能够一方面擴充設備。一方面博取參考材料，則最近的將來，必能夠在中國圖書館學研究上開放一朵美麗鮮艶的花！

參考書：——

註一　梁啓超：科學精神與東西文化（科學第七卷第九期）

註二　湯姆生：科學大綱（漢譯第三十八篇）

註三　黃昌穀：科學槪論

註四　任鴻雋：科學方法演講（科學第四卷第十一期）

註五　本校季刊第六卷第三期

註六　Orcutt, W. D. Master makers of the book. N.Y. Doran. 1928

Horne, T. H. An introduction to the study of biblography. Lond. Cadell, 1814.

Mckerrow, R. B. An introduction to bibliography. Oxford. 1927.

註七　Ferguson, John. Some aspects of bibliography. （耿靖民譯：目錄學槪論，文華圖書館學專校小叢書，民二三。）

註八　關於淸代圖書館的興衰沿革狀況可參看：

譚卓垣著：淸代圖書館發展史。

註九　楊立誠：中國藏書家攷略。民十八，浙江省立圖書館。

註十　見 Plummer F.K. Training for Librarianship, A. L. A. 1923. P1.

24

图本十四

张遵俭

中西目录学要论

中西目錄學要論

張遵儉

目錄學一辭，與國人初不陌生，實係我國學術中極早發達之學問，歷代學者對之均非常重視，視作治學門徑。前人說：「不讀破天下書，不能治漢書藝文志，不讀漢書藝文志，亦不能讀天下書。」又說：「目錄之學，學中第一緊要，必從此問途，方能得其門而入，然此事非古學精究，資之良師，未易明也。」均是此義。

目錄學（Bibliography）在西洋亦是一門大學問，發達頗早。十九世紀中葉歐美公共圖書館運動（Public library movement）勃興，圖書目錄爲用日廣，學者不徒專注目錄學，更且致力於編目法(Cataloguing)之研究，此於目錄學實爲駢枝。清末京師圖書館創設之後，各省縣圖書館相繼成立，西洋圖書編目法傳入中土，波引初期，未遑融會，乃與舊已發達之目錄學扞格不相通，如是者垂二三十年。

編目法着重目錄學之致用方面，舊日學者將編目法包括於目錄學內附帶研討，不成其爲獨立之學，初亦不加重視。

以言目錄學之範疇，最宜借用章實齋氏之解說：「辨章學術，考鏡源流。」此二語言簡義該，實可謂爲不易之定論。章氏生當清乾嘉之世，彼時學術思想受清廷之拑制桎梏，畸形發達，學者放棄清初顧（炎武）王（夫之）黃（宗羲）顏（元）諸家經世性命之學，羣致力於校勘。目錄學在彼時有過一個黃金時代，其內容於考證，校讐，板本，鑒藏之學，兼容並包，而特精於板本。

所謂「辨章學術，考鏡源流」者，實在近乎學術史的任務。按照四部分類法，目錄隸在史部，本卽着重其專史之性質。張爾田云：「目錄之學，其重在周知一代學術，及一家一書之宗趣，事乃與史相緯。而爲此學也，亦非殫見洽聞，疏通知遠之儒不爲功。乃世之號目錄家者，一傳再傳，寖失其方。頗宋千元，標新炫異，其善者爲之，亦不過吾所謂鰓鰓於寫官之異同，官私著錄之考訂而止。剖析源流，以爲綱紀，未之有也。」此說明目錄學之學術史的任務，注重「周知一代之學術，及一家一書之宗趣，」「剖析條流，以爲綱紀，」而不應以「考訂官私著錄」自限。考歷代目錄家，除近於「玩物喪志」之鑒藏家與書估而外，大都循乎斯旨，以爲依歸。比如世人目爲疏陋不職，謬誤叢多之四庫全書總目，其敍錄提要之撰述，雖云館臣衆多，非出一手，然仍自成一編簡略完整之學術史，固不得以蕪雜偏執少之。

舊日目錄家治目錄之學，其工作固自爲編目工作，其編目亦自有一定之體例，不過殊不措意此種體例之繁簡精粗。古之編目，謂之簿錄，簿錄羣書，體例大別有二：一有解題，一無解題。四庫全書總目目錄類敍云：「鄭玄有三禮目錄一卷，此名所昉也。其有解題，胡應麟經義會通謂始於唐之李肇，案漢書錄七略書名不過一卷，而劉氏七略別錄至二十卷，此非有解題而何。……今所傳者，以崇文總目爲古，晁公武，趙希弁，陳振孫並準爲撰述之式。惟鄭樵作通志藝文略，始無詮釋，併建議廢崇文總目之解題，而尤袤遂初堂書目因之，自是以後，遂兩體並行。」有解題之目錄，至四庫全書總目爲大備，規制具在，可供參考，然於簿錄準則，亦未定有成法。

張西堂論書目之體例，實具七端：一曰序例，二曰總序，三曰小序，四曰名目（書名篇目卷數），五曰解題，六曰總結，七曰附註案語。舊時目錄體例，大致如此。

圖書目錄可以大別爲兩類：一曰著錄書目（Bibliography），此又可分爲總目，專目，選目，雜目四種，如班固漢書藝文志卽是總目，梁啓超國學入門書要目卽是選目，丁福保說文目錄卽是專目，朱士嘉官書局書目彙編卽屬雜目。另曰收藏書目（Catalogue），如四庫全書總目，國學圖書館書目均是。

著錄書目不受空間限制，編製此宗目錄時，舉凡世界上所有之某類書籍爲吾所知者皆得採擇錄載，初不必問其庋藏何所。譬如張之洞任四川學政時，因「諸生好學者來問應讀何書，以何本爲善，偏舉既嫌挂漏，志趣學業亦各不同，因錄此以告初學……」所以編錄書目答問一書，列舉四部要籍，供學無門徑者之參考，此目所收，固不必爲某一圖書館之收藏。此種目錄恆爲治學指針，亦謂之學術目錄。又如清史藝文志，舉凡有清一代之公私撰述，悉爲著錄，藉明此一時代文化學術之淵源興替，備後世之稽考，此之謂「史志」，自亦不必爲大內書庫之簿錄也。

收藏書目受時間空間之限制，指一定時間內某一圖書館或收藏家的藏書目錄而言。此宗目錄編製之目的極爲簡單明顯，只供此一時地來館閱書之閱覽人按圖索驥而已。然而完善之收藏目錄，固不徒足供人「即類求書」，抑且便於「因書究學」。蓋便於檢査自爲目錄之主要性能，然實以達到治學指導之水準爲最終最高之目的，近代目錄家實應對此兩者平均重視。簿錄之方式則可有繁簡之異，便檢查者謂之「書目」，各圖書館自錄多屬此種，錄載書名，著者，版本，圖卷等項，著錄簡明，恆以卡片載之。學術性較高者謂之「書志」，詳密精審，每著錄一書，必具載篇目，解題，考證，案語等項，率經刊槧印行，藉廣流傳。

目錄學最早之專書，世推劉向別錄，劉歆七略，現兩書並皆亡佚。章宗源隋書經籍志考證云：「班固因七略而志藝文，」此謂漢書藝文志，大體上據七略爲藍本，而爲史志所昉。以後代有繼作，如隋書經籍志，唐書藝文志，均是。不過史志之修，多據前代目錄，任意抄謄，旣未能盡收自古以來一切圖書，又非爲當代確存之數，此皆由於古時典籍流佈爲艱，撰輯者以一人數人之力，見聞不廣，難有力作。益以唐初設局修史以來，館臣受命纂述藝文，不過虛應故事，聊備一編。明史稱一代佳史，然藝文志王鴻緒序，坦然承認其玩忽之態度，王氏之言曰：「爰取士大夫家藏目錄，稍爲釐次，凡卷數莫考，疑信未定者，寧闕而不詳。」如此，其爲目錄之價値自見。以故歷代史志，多有續補，率經證解。夫以史志之重要，而多非出於目錄學專家之手，不亦憾事。

西漢藏書，在天祿閣，向歆錄略，卽此皇家圖書館之收藏目錄。魏氏代漢，其藏書在祕書內外三閣，鄭默始制中經，荀勗因中經更爲新簿。南北朝之世，篡亂相尋，惟中祕藏書，仍著爲目，如劉宋謝靈運四部目錄，梁劉孝標文德殿四部目錄。隋統一後，聚書頗豐，牛弘撰有四部目錄。唐興購募遺書，置令繕寫，蒐聚之富，曠代未有，開元中輯爲羣書四部錄二百卷。北宋採輯遺亡，藏書在三館祕閣，備載於崇文一目：崇文總目六十卷，分十九部，著錄圖書二萬六千六十九卷，慶曆中翰林學士王堯臣歐陽修等奉敕撰，今尚傳世，爲我國公藏書目存本中之最古者。宋南渡後，藝閣凋零，中祕所藏，非復崇文之舊，陳騤等撰有中興館閣書目七十卷。明代藏書在文淵閣，輯有書目。滿清入關，綴輯遺文，縹緗之富，超越前朝，四庫目成，分貯七閣，紀昀等撰有四庫全書總目二百卷，其體例迄仍爲各圖書館編目者法尙採擇。

私家藏書，盛於彫板印刷術發明，書籍傳刻逼及民間之後，其錄爲目者，今存者以宋晁公武郡齋讀書志，陳振孫直齋書錄解題爲早。尤袤遂初堂書目從鄭樵說，廢去解題，無所詮釋，然爲辨別起見，冠板本於書名之首，如「舊監本禮記」，「川本大字舊唐書」，開目錄記載板本之例。明代私藏，首於東西，黃氏千頃堂，祁氏澹生堂兩目，類例蕃殿，黃氏千頃堂書目，更卽爲明史藝文志之所本。清代經學振興，學者摒棄宋學，返乎兩漢，羣經古籍，傳寫數千年，魯魚亥豕，必所不免，詰屈聱牙，誦讀爲艱，學者求通古義，勢必先通古訓，於是轉求於名物訓詁，措意於隻字單句之間。乃不得不有校讎，校讎必聚衆本，板本之學以興。淸中葉朝野酣於承平，搜金石，究板刻，別開板本學鑒賞一派，蔚成風氣。自茲以降至於淸末，目錄學一辭，幾專指版本而言，顧廣圻，鮑廷博輩，均以板本名家。書志撰述，多出名手，最稱精善，如錢氏述古堂，黃氏士禮居，丁氏八千卷樓諸目均是。民國以來藏書家，其目錄或所自刊，或由他訂，亦多不脫鑒藏派講求板本之窠臼，近人書志，以傅氏藏園，潘氏寶禮堂兩目爲優，寶禮堂書目，訂定於張菊生之手，每一書下，分敍錄，板式，宋諱，刻工，藏印等類特徵，類例完善，超邁前賢。

其在西洋，希臘羅馬時代，已有圖書館之創設，亞力山大（Alexander）圖書館聚書之富，爲史家所艷稱，至其書目編製之法，則已無由稽考。中世以降，古騰堡（Johann Gutenberg）藉受中國彫板印刷之啓示，發明活字版，一四五六年「四十二行聖經」（The 42-line

Bible)行世以後，圖書流佈甚廣，圖書館更多增設。在初時亦如吾國舊制，其藏書部次類居，取便檢查，初無一定之分類系統。一五四五年，蘇黎世(Zurich)人格斯納(Conrad Gesner)，博學多聞，搜訪最勤，成圖書總目(Bibliotheca Universalis)之巨著，惜乎天不假年，未有續作，此爲歐西目錄學專書之嚆矢。嗣書籍傳佈滋多，目錄爲用日廣，乃衍爲系統之分類目錄(Systematic catalog)，然分類綱目，各家皆各不同，亦皆非精審詳明。十九世紀初年(一八一〇)布魯涅(J.C. Brunet)之圖書目錄(Manuel du libraire et de l'amateur de livres 1810)問世，以圖書撰人爲排列之序，附有主題索引，類例嚴整，後之檢字目錄(Alphabetical catalog)，殆均取法於此。

西曆一八五二年，英國曼徹斯特(Manchester)圖書館之創設，可稱爲近代公共圖書館運動之濫觴。越二年，德國柏林設置公共圖書館。我國則始於清光緒二十九年(一九〇三)浙江圖書館之興辦。公共圖書館運動傳入美洲，蓬勃發展，闢空前未有之局面，圖書館學與目錄學因以發達，圖書館學之建立始於美國，目錄學之閎揚亦自茲始。此後，分類目錄引用至於斯土，稱曰 Class catalog。分類目錄行後，杜威(Melvil Dewey)創爲十進分類法，相輔益彰，此爲晚近最完善之科學化的圖書分類法，組織之精密，或且絕後。國際圖書館協會比京大會，修正杜威法，加添助記符號，更倡使世界各國圖書館界援用。檢字目錄引用至於美國，增補而爲字典式目錄(Dictionary catalog)，取撰人，書名，標題目錄，混合排列，查檢稱便。歐洲復汲引之，於分類目錄中羼行標題之法，稱爲主題目錄(Stichwort Katalog)。

編目法之講求，實肇始於字典式目錄通行之後。其在往時，不論中外藏書之所，概僅備簿册目錄，圖書分類排列，以備稽檢，著錄方式，亦不需何成規。諸凡定書名，考著者，審板本，核圖卷等事，皆書名目錄，著者目錄暢用後引起之問題，而此卽編目規則之所規定者。大英博物院印本書錄(Catalogue of Printed Books in the British Museum)卷帙繁富，體例精當，卽定型於圖書館界偉人，大英博物院圖書館之功臣，帕尼齊(A. Panizzi)之手。近在英美，各圖書館編目皆循英美圖書館協會編目規則(A. L. A. Catalog rules, 1908)爲準繩。在德國，則另有德國圖書館字典式目錄規則(Sass, Dale: Instruktionen fur die alphabetischen Kataloge der Preussichen Bibliothalten.)。歐美規模較小之圖書館，亦有兼採費羅氏編目規則(Fellows, Dorcasi Cataloging Rules with Explanations and Illustrations)者。

我國公共圖書館運動始於清季西學輸入之後，而盛於民國。注重科學管理之圖書館學於焉傳入。其興革之大端有二：一曰編目法，次曰分類法。

編目法可得而言者甚鮮，中文圖書編目規則之參酌西法編訂印行者，有劉國鈞氏中文圖書編目條例草案及裘開明氏中國圖書編目法等書，均稱完善。各圖書館中文圖書編目當年僅有一相當重要之辯爭，卽書名爲主抑撰人爲主之問題，近時亦已趨於解決。蓋在圖書目錄中，西文恆以撰人居前，稱某氏撰某書，是以撰人爲主。中文慣以書名居前，稱某書某氏撰，是以書名爲主。此實由於中外習慣不同而然。國人稱道某書，類首舉其書目，閱書人記憶之中，亦恆僅憶某書之書名，而不必並識其作者，如「論語注疏」一書，係十三經注疏中之一種，閱書人多能稔其書名，然此書撰人「邢昺」之名，在吾人記憶中，當不若書名之熟悉。戲曲如「西廂記」，說部如「兒女英雄傳」，其書名幾於家喻戶曉，作者誰何，知之者或當較尠，凡此均不過習慣使然之一例而已。本乎此，晚近我國目錄家乃拒採西洋以著者目錄爲主之成法，而以書名目錄爲主。然吾人於編次西書時，仍宜順應西洋編例，以著者爲主，概國人利用西書目錄者，必已受有西方文字訓練，對於西文書，自亦必順應西人思考之習慣。觀夫譯成國文之西書，題名亦有從西例者，如「范氏高等代數學」，「達夫物理學」等是，諸如此類，亦不過順應治西洋科學者之思考習慣而已。

分類法之講求實始自目錄學發生之時，圖書序列於目錄中，其最自然之順序即爲依類部居。圖書爲人類智識蘊藏寄托之所在，圖書之分類自不出乎智識分類之範圍，且亦必隨智識分類之發展而發展。舊日我國圖書分類始源於西漢末年劉歆之七略，此書梗概見於班固漢書藝文志，是爲「七分法」之祖。兩晉以下，行七分法之著者有南朝宋王儉七志，梁阮孝緒七錄，宋王堯臣等崇文總目，宋鄭樵通志藝文略，宋尤袤遂初堂書目，明祁承㸁澹生堂書目，清孫星衍祠堂書目，清章學誠和州藝文志等，而鄭樵章學誠尤爲劉班之功臣。七分法後有四分法，始行於魏晉，而奠定於唐初所修隋書經籍志。隋書經籍志分立四部，大類雖較七略減少，而小類該括無遺，其所以返七爲四者，以兵家與數術方技之學，在兩京之世，受朝廷汲引，見重一時，永嘉亂後，其書已多不傳，隋志作於漢志之成七百年後，併其燼餘之書於子部亦事勢所必然。隋書經籍志自序曰：「遠覽馬史班書，近觀王志阮錄，」可見其實以四分爲體制，七分爲內容者。隋志以後，有唐宋元明諸史藝文志，自宋以降，公私藏目大都取則四部，鮮能越隋志範圍，而清乾隆間欽定四庫全書總目更集其大成。乾嘉以後百餘年間，鋟刻之風大盛，叢書刊刻流行，書目答問遂出叢書於子部，增四以爲五，實亦不過四分法之增訂而已。西學輸入以後，書籍種類激增，四部分類法捉襟見肘，遂有人就舊法稍加變通，添立子目，容納新書，如江蘇省立國學圖書館，即曾致力於此。然此制究屬勉強，不能統馭新興學術，迨至歐美圖書館學傳入中土，遂乃倡採西法。近代西洋圖書分類表之結構，大概分兩部份，一部份爲文字，一部份爲符號，符號有兩種：一種字母與數字並用（如美國國會圖書館分類表），一種純用數字（如杜威十進分類法）。我國新編各表均師用西制，大體上不出兩家窠臼，不過以文字爲符號，吾國無西文字母之便利，干支紀數，苦不敷用，故現行王雲五、杜定友、皮高品，劉國鈞諸氏之表，在體制上皆摹倣杜威之法。

我國目錄學受西洋圖書館學激蕩，二十餘年來頗多更張，在初期一部份人盲目接受西法，難免囫圇吞棗，迨經十數年之融會消化，曩之異說紛紜者，今乃多成定論，原則上之大辯難多趨解決，所餘者不過若干技術上之小問題，實無足重輕。然四庫總目纂輯迄今已二百年，而國運又臻隆盛，學術又極昌明，圖書事業隨之而蓬勃發展，目錄學術因之精研深究，實吾人意料中事也。

25

图讲一

邢云林

集中编目法与合作编目法

集中編目法與合作編目法

邢　雲　林

記得有人說過：「凡目的相同的事，若能合作，其利大，其益廣，」圖書館的編目，按各圖書館大體上說是差不多。很有合作的可能與必要。平常老想設計一個妥適的方案，把合作與集中編目的辦法，加以提倡。但是有很多的地方很困難，總亦沒有想到好的辦法。今年買到一本 Sharp 作的編目法，全書共廿四章，關於編目各方面討論的很詳細，是最近英國出的一本比較可人意的書。在此書第十六章中，曾論到此事，有的地方譯者認爲很好，可以作爲合作編目運動中的參考。所以摘譯其大意，偶爾譯者不能己於言時，間附案語，望讀者，勿以饒舌見怪。再者譯者，深欲研究編目合作，倘有見教，極表歡迎。

廿六・三・廿八・於燕大。

原書名

Sharp, Henry A.

Cataloguing, a textbook for use in libraries. London, Grafton. 1935. 15/-

關於此事的歷史與美國方面，暫且不談。此處可以指明「集中」與「合作」兩個名詞的義意，在圖書館編目法上講來並不十分一樣，雖然他們很有關聯，亦常被人混作一談的，在一個大圖書館的組織中，編目的工作常是集中的方式而不是合作的方式。編目合作的成立，其情勢是：有好多的圖書館分担并維持一個中心編目機關的費用或工作，從這中心機關，各圖書館可以享受應得的利益，而各圖書館於自己的編法，可以自由辦理，無須與此中心機關一模一樣。（譯者案：集中編法是在範圍內的全體合作，這種辦法，比較容易施行，合作編法是一部的工作集中，這種辦法既無法統制，又無範圍，利益雖大，施行匹難。）

合作編目的成功或失敗，多半依賴着參與的圖書館間，於編目的規則與所用的著錄上，有無一種共同的趨向。（譯者案：此語極是，欲施行合作編目，非有統一規則作爲根基，不能進行順利，願吾國盡力合作編目者，三服斯言。）在英國到如今尙沒有合作編目的事，大部分的原因，就是英國圖書館學家還未採取這種初步而必須的步驟。除非有了這種基本同盟共守的規定，合作編目的計畫絕不能收效，因爲所希求的，根本不劃一，不一致，故勉强合作，亦不合適。

合作編目，各參與的圖書館，必須委託一個中心機關，這個中心機關，必須有力量能够實行大家共守的方針，一致的編目法規，籌措款項，永久推進。這些事情與聘請編目人員，比較尙是容易。實際應該決定的問題，是怎樣搜求圖書。完全購買，不經濟，不是好法。除非有法律規定亦很難希望書店把他們出版的書，完全贈送。就讓能够贈送，這些書的安置立刻卽成問題。所以很顯明的事實，祗有政府機關，能够依法敎書店每出新書必呈繳一本的圖書館，担任這編目中心才能成功。在英國這種責任應歸大英博物院，就同美國由國會圖書館担任是一樣的。（譯者案：搜積書籍的確是一個大問題，如果這個中心編目機關，搜積力小，所編的片子當然不能完備，更沒有效率可言，合作的圖書館勢必感到諸多不便。所以這種合作編目，是一種大事，担任這中心機關者，必須有人，財，勢三種大的力量，才能够舉辦。在中國方面當然非國立圖書館沒有力量來担負。國立北平圖書館近來發售片子，盼望將來於合作編目有偉大的成功。）

大家必須有一同意的編目規則，其中最重要的幾點是：片子大小，質料一律；著錄次序，與著錄條目之多少須相同。目錄正片與副片分別單行預備，是極困難的。所以目錄片宜用正片作本位片，在正片上寫清預計副加各條，如編者，著者，標題等。這樣，洽是美國國會圖書館開始這種工作所訂立的方法。

這樣的一種計畫，其利益極爲明顯，凡參與合作的圖書館都可以省減一大部份編目的工夫。利用省出的時間作其他的工作以外，并可得到較好的標準目錄。

關於這種事務的成立與維持，不但參與的圖書館，就是編目機關的本身，他所担負的費用，是極嚴重的因素。在美國，這種事情，實際上是優於自給的。單就參與的圖書館而論，一種書的片子都行備齊，費用約由三辨士到四五辨士，連同往返寄費都包含在內。……………然而最好的一點應當指明的。編目的費用都是由國會圖書館自己擔負，因為無論怎樣，編目的事是必須作的，發售片子的事務，不過是他們副業，一舉而兩得的事。從這一點上可以看清這種事，如果以純粹商業眼光，來向各圖書館收取片子的費用，那是不能成功的。（譯者案：這段說的很透澈，節省財力，是最要緊的。如果合作，較比單獨進行，仍為費錢。那嗎這種事就不用提倡。非得這編目中心機關，既不以此謀利生財，又不因此特耗財力。各參與合作的圖書館，既不費錢，又感便利的情形下，這事才可舉辦。達到這種情形，並非難事，祇看大家有無決心。）

英國沒有這種辦法，并不是不明白這事的利益。實際的說，巳經作了不少變態的合作目錄，用為互助。近來成立的圖書館區，正在編輯的目錄彙編，與非小說圖書聯合目錄，都是很有價值的合作的表現。

己經說過，這種事不是商業的成功，所以中心機關，似乎應是一個用註冊法收集圖書的圖書館，大英博物院乃是天然的一個合適的中心。

在一九二七年敎育部出版的英格蘭與威爾斯公共圖書館視察報告中，很明顯的注意到，這個合作編目的問題。預計開始工作僅預備器具，即需一千鎊。當時若有六百圖書館加入，一千種書所用的片子費，不過十八鎊多錢。

這種辦法，直接受惠者是圖書館，但是出版家，書店，敎員，學生等必覺得這種片子對於他們亦很有用。他們可以買他們所喜悅的科目的整套片子，如此他們花錢不多，還可得到一種標準書目。（譯者案：合作編目的利益，推廣起來，實在可以普及到讀書界全體，圖書館不過是主動者之一而已，這事關乎文化進展，至大且鉅。）

關於合作編目的利弊，在報告中說的很清楚，頂好就他的定識檢查一下。

報告中開始即論到公共圖書館，沒有合作而生出來的兩大缺點，第一是各區域的圖書館圖書不足，無法互助，第二是目錄編製，耗費資財。關於第一項，現在已有組織，取得聯絡，已經改善。關於第二項。現在只有空言討論，仍然一如往昔，并未解决。

報告中宣佈每個圖書館，各自編書，并不顧到同是一本書而各圖書館都為他費事，耗時傷財，實在可惜。這種事實各圖書館當局亦都承認，這個從他們回答「你們願意有一個中心機關供給印好的卡片嗎？」可以見出。（譯者案：一種書由一個地方編好，大家應用，一勞永逸，誰不贊成。我想圖書館界若無進步則已，如有，合作編目必然成功。）

反對合作編目論調亦有，歸納言之，可分為三大部：

（一）用的編目規則，種類多而不同。

（二）恐怕奪去館員一部份可貴的工作，并減少對於書的性質與內容的認識。

（三）這種辦法的用費，加上買片子的來的遲緩，必使這種方法不適用。

第一個異議，就實地的經驗，尚有眞理，但是這個理由不能駁倒這種辦法完全不適於用。第二個可以拋開不談，因為偏於理想，館員愛利用時間，有很多的事可作。例如搜積專題書目，作分析目錄等都應舉辦。因為差不多編目人的工夫都用在編新書上去了。第三個異議，用美國為証，可以完全駁倒。有時曾買二十七種書的卡片，有二十三種在五天之內，卽行買到，其餘的有兩種未印，一種是英國書在美國未註冊，祗有一種未說明原因。

關於這些種異議，有一個很簡單的試驗。如果買片子用的時間比自已作片子等的時間久，那麼這種方法，根本就不適當。若以現在美國國會圖書館印片說，除了幾種例外，已經證實買片子比自己作效率快。

美國許多專門圖書館自己排印片子，供給國會圖書館特買。這種辦法更可減少有書而買不到片子的事情。

J. E. Walker 在 Library Association Record 曾發表一篇關於集中合作編目的文章，研究報告中提議的方法，并討論此法成功途徑中的困難，大意是：

（一）有許多的圖書館用 活葉目錄（Sheaf） 所以片子 對於他們沒有

用。就讓能够爲他們用簿紙印刷，貼黏的工作必然很大，活葉容量亦必減少百分之二十五。（譯者案：中國根本無人用這種目錄，所以沒有這種困難。）

（二）收藏的圖書不必每本自編，因此編目人的薪俸方面可以節省若干，如果這種想象可成實事，吾們必得利益。他的計畫是這樣，將編目所省出的時間來作讀書指導，書目，或別的帮忙讀者的事，以及早先因爲時間不充足，未能作的事。

（三）大英博物院與國會圖書館的情形幷不相同。報告中曾說過，國會圖書館無論如何必須作片子以完成他們的卡片目錄。所以發售片子是發售附產品。但是大英博物院不用卡片目錄，所以他要擔任這種事，大概仍須重新排印，再加上注釋等的更改，當然有所困難。……（譯者案：這種情形與中國差不多，但應及早辦理，恐怕日後更是積重難返。）

（四）存儲印好的片子，必用一個大的地方。這一點必須注意。Walker說這個地方須能容片子千萬張以上。

不要疑惑這人反對集中編目的方法，他曾說過：「吾們很同情集中編目法是吾們現時極需要的方法。」幷且說：「担任這事的機關沒有再比國立圖書館合適的」。他不過深明這種方法有許多的困難。然這些困難都可以解決。

以前亦說過，差不多圖書館家都很信，需要一個中心編目機關。就讓大英博物院亦願意承担這種責任，尙有許多的事情應當注意，方能得到美滿的結果。

公共圖書館的創立與進程已有一世紀之久，在此時期中，編目的規則，當然各有各人的見解，難趨一致，這些矛盾的意見，在這種辦法首倡時必須糾正。

合作編目亦有有一點商業性的，圖書館協會出版的雜誌標題索引，就是明例。這個索引的成功大部皆仰仗着全國的館員合作。……………

H. W. Wilson Co. 出版 Standard catalog series 供給人們很多的有價值的材料，同時使吾們信任這個工作除去合作方法外，沒有別法可以成功。

大概在歐洲合作編目的成績當屬德國，在一九〇四年德國教育部從事編輯古代經籍志（Gesamtkatalog der wiegendrucke）得到世界的學者的合作，所以每種書都有提要，表明本書之特點，共印四開本十四冊，至有三七〇〇〇餘種。

其次是普魯士圖書館聯合總目（Gesamtkatalog der preussischen bibliotheken）全書依著者序列，其樣式近於大英博物院之總目錄，一九三一出版第一冊，一九三四出版第六冊，A部尙未出完。（譯者案：中國編目的合作，不是沒有，北平方面已經有了顯明的成績，惟其範圍仍小，發展太慢，是憾事耳。）

有的書店如 Messers Harrap, The McGraw-Hill Pub., H. W Wilson Co. 與 Columbia University Press, 都印片子隨書售賣，但有的不大合用。不是因爲片子未有鑿孔，就是大小不合乎標準，更有的顏色忽黃忽綠，不能一律。若用他作選書的根據，尙是不惡。威爾遜公司的片子格式編法，都是一樣，這是各出版家應該彷效的。

……………………

現在已經知道合作與集中編目兩法的分別，集中編法，差不多大規模圖書館應採用此法，大概分類編目等事務，統由這一個中心機關執行。

集中辦法的利益很明顯。(一)可以避免重複工作，(二)可以前後一致，貫澈始終。(三)可使同一管理區的目錄一樣的精良。他的大缺點，可以說只是減少了館員學習他們的基本工作的機會，但是這種缺點可以設法彌補的。

滿差斯特 Manchester 實行的集中編目法，可視爲這個方法的典型。小說不用集中編目，參考書亦用別的辦法，大概他們辦法是這樣的：

(甲)辦法：圖書登記後，卽轉交編目員，編目員將書分爲兩大類，(一)未編過的。(二)已編過的。然後再按下邊手續辦理。

(1) 將第一類每種書妥爲分類編目，草擬片稿，一俟編完，然後蓋一「首次編」及日期於稿上和書名葉後。

(2) 編畢後，將書交給聯合目錄總冊註冊員，他們給每種書再作一片，在片子右角蓋上「首次編」的圖章，在無妨碍的地方寫上增添的本數，何館收藏及日期。

(3) 將第二類書與聯合目錄總册一一查對，看看有沒有實在相同的，如果相同，就交給註册員登錄，手續與第二段所說的一樣，如果有一點不同，仍須再編，作法與第一類書一樣。

(4) 每天下午四時，就把每天所編的書裝在箱裏，分發給各圖書館，并備清單載明册數作者等項，作爲收書的憑證。

(乙)編完後：

(1) 編完以後，館員就作著者等片，然後按類序列。

(2) 編目稿片仍由編目員保存，用備排印彙刊，彙刊每雙週發刊一次，分寄各圖書館公佈。

(3) 用書名葉後所記「首次編」的日期，在雙週上，很容易於此書的著錄，照著彙刊內的著錄抄下來，就可成爲各館的基本目錄，此外作否著者或其他的片子，則在乎各圖書館的自己主張。

(4) 在相當時候還出版補遺。補遺的用處，專爲公佈補編的各館從先收藏的書籍，這種補編愈作愈少。一俟各館目錄完全一致後，即可停止此事。

(5) 各圖書館必須細心注意發的彙刊的分類及條目，如館中的與彙刊不同，務必改正。

(丙)將來計畫：將來於可能時，連同圖書發給目錄片一套，前邊計畫就是這種發展的張本，片子上記清部數，並應作的副條，這種片子中央機關印好，書碼亦在此處寫妥，然後分發，所以全區的目錄都是一樣，（譯者按：這種集中的辦法，雖然不是十分精實，很值得吾們效法。若欲施行圖書統制，似乎省市立圖書館的當局，對於這種辦法應該努力。）

26

图讲一

喻友信

图书馆法律论

圖書館法律論

喻友信

(一)緒論

世上一切的事物，莫不因環境所趨使與夫人類研究之結果，而逐漸演成之。推究其目的，端在求其適應人類社會環境所需也。凡百事業，應興而起。圖書館乃近代之一大新興事業，但在我國尚屬幼稚，要非我國現下環境如此也。觀諸歐美僅就圖書館一點而言，將數十百年前，儲藏書籍之處所發展至如今日之圖書館，將其毫無值得注意之書棧研究至今日成爲科學之一，誠非人類祖先想像所能及之。況圖書館之爲學，其容量較任何科學爲大，蓋其包括一切學術于其中也。圖書分類法，即其明證。館員之類分圖書，若無各科常識，雖云對各項學科無須精通，但最低限度亦須知其梗概，藉便類分書籍于何科學類下，於此可見圖書館學範圍之大也。但圖書館學與圖書館事業均爲相輔而發展，有今日複雜之圖書館事務而悉心探討其原理與方法，以作處理館務之南針，始有今日之淵博圖書館學。因有完善之圖書館學，始可照其學理實驗之以事實，於是圖書館事業得于理論與事實兼顧之下穩定發展。社會如有何種需要，不可不供應之。至英美圖書館達到今日之地位者，原因自非單純，實乃其社會情形造成之。彼邦政府詳細制定各種圖書館法規，獎勵圖書館事業，將其納入國家行政軌道，以圖事業進展，誰曰此非國家造成之主要因素。法律乃國家規定人民行爲之規則。夫吾人生于社會中，不可無規則；否則社會之秩序，不免擾亂，社會生活，將不可能。所以行爲規則爲社會生活之要件，是法律規定人民生息于社會中之一種指導。惟國家可具有此種威權制定法律，統治人民。國家爲求善於治理計，遂有各種法規之制訂，俾人民得以遵循。故國家舉辦或推行任何事業，易如反掌也。英美圖書館之所以有如斯之長足進展，其主因當歸功於彼邦政府善於制定圖書館法規，對於遵則獎勵之，違則處罰之。夫圖書館之建設，首在經費，如在英美圖書館法規中有獎勵人民捐贈之風氣，有由政府規定徵收圖書館捐稅，有由政府公費中規定撥助之，無論在直接或間接方面，在在促其實現圖書館之建設。如有違背圖書館章程者，小則警告，再則罰金，大則拘送警所或法院，依法判處徒刑。回顧我國何嘗不有圖書館法規之頒布，其中又何嘗不有獎勵之條例，然其進步所以遲緩，原因固然複雜，容在後面分析之。其顯著者即在圖書館法規不完善。換言之，政府未有直接推進圖書館事業之策劃。蓋政府威權至大，如能登高一呼，頒布推進圖書館事業之法規，以備國民遵循之標的。我國圖書館雖在人之後，何難趕上？前吾人早知圖書館有保存與宣揚文化之功能，教育之對個人與夫文化之對國家，關係至鉅，尤在國難有增無減之際，豈能忽視之？本文之作，意在檢討圖書館法規與圖書館事業之互相關係，供諸圖書館界先進之參考，俾來日重訂法規時，不無參考之小補焉！

(二)英國圖書館法規立法大要

英國圖書館事業雖云不及美國，但其公共圖書館法令之頒布於英格蘭與威爾士兩地者，最初於一八九二年。翌年復又修正之。法律是無時不在進化中，為求圖書館法規合時化，於一九〇一年及一九一九年先後重訂兩次法規公布矣。於一八九八年圖書館處分條例又經頒布矣。而蘇格蘭最早頒布公共圖書館法規於一八八七年，復於一八九四年，一八九九年及一九二〇年前後重訂三次。至於愛爾蘭之公共圖書館法規最早於一八五五年頒布，復於一八七七年修訂之。以後於一八九四年，一九〇二年及一九二〇年亦先後重訂之。於一九二四年始行另訂圖書館法規頒布於北愛爾蘭。此種條例係專施行於愛爾蘭北部各地之圖書館。

政府公布法令，必須經過相當程序，始可稱為合法，否則必遭人民之反對，亦不得視為法律也。英國係聯邦政府，故各邦立法手續不同，不可不注意之。英國領土及其屬地分散各處，而各地社會風俗人情自然不能盡同，但國家立法，又不可忽略地方社會人情，是故英國聯邦政府欲制訂法律施行於全國各地，事實上似有不可能。所以政府擬訂一種模範法規，俾各地方政府斟酌當地情形加以修訂，而利施行。所謂模範法規者，即公佈而不能施行之法令，如草案之類是。茲將地方政府遵照模範法規而重行厘訂之立法手續分述於后。

在英格蘭威爾士及愛爾蘭北部各縣採用是項法規，僅須經過縣議會通過，即可施行。英國各都市當局採用斯法雖由會議議決即可，但舉行之方式各不相同。在英格蘭與威爾士只須經過普通議會，在蘇格蘭自治城邑須先將擬採行之法規於一個月前公告於衆。其後會議通過之條例至少刊登一種報紙上，俾其在地方上流行，人民得以知曉。至愛爾蘭與蘇格蘭同，不過其通過之議案必須黏貼於各公共場所。

在英格蘭和威爾士對於通過採用之法規，必須手繕二份分別呈繳教育部及衛生部長。在愛爾蘭 Irish Free State 須將其原通過議案送繳至地方行政長官，在其北部各地，即須呈送內政部長。

圖書館稅率

在歐美各國徵收圖書館稅，形成人民必盡之義務，而在我國尚屬創闢。欲期事業之發達，恒以經濟而定，可謂此其圖書館發達之主要原因之一也。地方機關徵收之圖書館稅率大抵照財產如土地，房屋，機器等項估價每年收入若干。至如財產上所需之修理等費概可在收入項下除去，所餘爲實得估價，即以稅率徵收之。物主與租用者雙方均須付稅。例有房屋一棟，估值總數爲六十五鎊，除去其他修理雜費外，每年實得收入爲五十二鎊。如縣政府依每鎊應徵收各項捐稅爲十先令，則此十先令中之二辨士即爲圖書館捐，此爲屋主應納之費。而該房客如應估計之總數爲每年二十六鎊時，依照稅率徵收捐稅，其中八先令八辨士即爲圖書館費用。此種稅率大抵都如此抽捐，不過亦有例外。如 Glasgow 地方，對物主與租用者平均徵收捐稅。爲徵收便利起見，大抵圖書館稅率爲每鎊收一辨士或二辨士。至一九一九年圖書館法規頒布後，規定圖書館稅率至多每鎊徵收一辨士爲最高比率。

有由圖書館捐稅外，對於圖書館之開支，在蘇格蘭得由縣長或自治區議會另外付給之。愛爾蘭亦同，但在其北部各鄉鎮圖書館行政最高機關即縣議會。對圖書館之開支不由縣欵圖書館項下撥付而另行徵收之數有與縣或鎮徵收稅率相等。於一九二五年十月一日起，凡在愛爾蘭自由區域內鄉鎮圖書館行政機關，即爲縣議會。故關於圖書館一切事務均歸該會負責處理之。於是該會得宣布其區域內稱爲圖書館區。故圖書館一切費用，概由該區負擔之。

一九二〇年以前英國立法，對於其全國各地圖書館稅率每鎊不得徵收一辨士之規定，但除倫敦城外。溯自歐戰後，物價高漲，人口亦增，如照原稅率徵收不足開支圖書館費用，更不能言及增進圖書館事業，於是又限每鎊收三辨士爲最高率。

圖書館委員會權限

每一圖書館區得設一委員會管理全區圖書館事宜。委員會分有兩種性質：（一）爲報告委員會（Reporting Committee），（二）爲介紹委員會（Recommending Committee）。但報告委員會有執行之權，而介紹委員會僅有審查提案之權。地方最高行政機關爲使彼等得以自立，有意予以自治權限，故大多委員會均屬報告委員會。惟蘇格蘭圖書館委員會職權最大，有處理財政土地建築物貸借批准規則之權。綜觀英國歷次公布之圖書館法規，但均不能單獨運用之，或者甲法規係補充乙法規，或須與其他法規幷用之。故對各法規所授予委員會之職權與委員會運用職權時，時有抵觸，頗難分曉。例如 Westminster Case 關於出售房屋一案。此圖書館原用稅收抵押借欵建築館宇一所，於歐戰時爲 Food Ministry 所佔，但圖書館第一層仍舊開放。戰後，其餘各部因該縣議會議決停閉，以作擴充市政廳之用。其中參考書均已遷出而圖書館委員會訓令于左近另覓館址，暫時應用。不料縣議會否決另設新圖書館。但此圖書館經費係由地方當局供給之。於是納稅人將此案訴於法院，請求裁定 Westminster City

Council 不得將原爲圖書館建築之房屋當作別用。結果判決縣議會敗訴。而縣議會不服提起上訴，結果仍維持原判決案。此案全文載在 Library Association Record 一九二四年三月份，或 The Times 同年一月廿一日報。更可由此一句話中窺出英人對於圖書館之如何的重視：“Once a library, always a library, unless a better one is provided.”

圖書館帳目與稽核

諺云：『金錢萬能』，誠然，一切事業，無錢不能舉辦。所以錢之爲物，極爲重要。圖書館之收入與開支相符與否，或支付是否適當，有關圖書館之生命最鉅。英國政府有此法規之公布，並且規定甚嚴。自然各館須備有帳簿，所有收據均須保存，以便稽查帳目。在英格蘭與威爾士查帳員共有三人，其中二人係由當地公民選出，其一爲市長所派之查帳員。其他各地多由衛生部委任之縣查帳員稽核之。圖書館各種開支，大抵規定於法令中，如稍有不合該規定中之開支，查帳員有否認之權，此外圖書館之帳目得隨時受當地納稅之人民檢查，並且圖書館得將每年帳目印出，人民可依其價目購買之。在蘇格蘭各圖書館之帳目須將其摘要刊登於日報中。至於圖書館收入與支出不平衡時，得轉入來年預算中。

在英格蘭與威爾士各館得向外界借債，惟須先經衛生部核准。例如圖書館隸屬於縣區者，亦須經過區議會同意。圖書館借欵須具備下列二種條件：(一)借欵須有固定之用途，否則不得舉債；(二)借欵年限不得超過六十年，借欵與利息須分期歸還，或每年撥出規定數目作爲償債基金。此種借金於法規中有抵押之規定。借欵之用途與分還之時期，亦有規定如下：

(一)借欵用作地址或土地上者，歸還期限五十年至六十年；

(二)用作新建築者，得於卅年以內歸還之；

(三)用作舊建築物或設備等項者，廿年至廿五年；

(四)用作圖書或能移動用具者至多十年為期。

在蘇格蘭圖書館借欵無須經過政府批准手續但所借之欵總額不得超過圖書館稅收四分之一，期限以廿年為限。還欵辦法每年至少照所借總額抽還五十份之一並須以稅收為擔保品。

圖書館章程之訂定

政府頒布之法令，乃屬普遍性。但各館有各自特殊環境。為求善於管理計，國家之法令誠可用之於大問題。至於微細事務問題必須要有章程規則之擬訂，庶可適合各個圖書館之情形。於是圖書館法規中有規定各館當局自行擬訂章程之權。概言之，此種章程之範圍，不外乎必須要有此數項規定於其中者；(一)關於全館之管理問題；(二)保護圖書等物不受損害；(三)如有人遺失圖書等物必須設法保證賠償之；(四)對於不守館章犯有不正行為者規定館員或館役有權令其退出館外。對於犯章處罰至多每次不得罰過五鎊。茲將英國圖書館普通規定章程中必須具備各條列下，以資作為模範章程。

本章程依照一九〇一年頒布之『公共圖書館法規』第三條規定訂立之。

(一)閱覽者不得在館高聲閒談

(二)閱者不得故意妨碍他人使用本館

(三)閱者不得携犬入內

(四)閱者不得侵入其不應到之本館部分

(五)閱者不得在館燃燒火柴與紙煙或其他類似之物

(六)閱者不得汚毀本館各物

(七)如有違犯本館章程者每次應受〇〇〇〇處分

(八)不守館章者得令其退出之

(三)美國圖書館立法概況

美國為新興圖書館學發源地，其圖書館事業自有使吾人值得之注意。因而美國圖書館法律亦有同等重要。美國圖書館立法大抵以下列數點為原則(一)比較立法(二)試行强制設立圖書館；(三)由政府酌予扶助與監督(四)完全自動不受捐稅限制。因而有與英國圖書館立法相似。美國係合衆國與英國聯邦治相同，故聯邦政府未有頒布任何圖書館法規，僅有關於徵收圖書課稅條例一種及其直轄設立之圖書館管理規則而已。總而論之，美國圖書館法大別之有三種，(一)聯邦政府法，此法僅能施行於國立圖書館或對全國而言；(二)州立法規，則為各州所立之法規，以本州為有效；(三)市立法規，即以市為施行範圍。依照美國憲法所定各州均有完全立法權。至於市立法規有與英國圖書館區採行其法規相同。吾人須知美國專有通行全國之圖書館法規，而英國亦然。所以各州自行擬訂法規負責管理其州內圖書館事宜，於是美國圖書館法甚為複雜。

考美國圖書館立法之起源，最早為 South Carolina 於一七〇〇年通過保護私立流通圖書館規則。嚴格言之，此當不能稱為圖書館之法，不過其後各州相繼訂定管理公私立圖書館規則。其次，顯著動向即有學校區域圖書館之建設。以美國學校法規規定各學校均須設有圖書館不可。並按照其教育系統有學校區之設立。既然各學校設立一圖書館，於是又成為學校圖書館區域矣。最早完成圖書館區者即 New York 州於一八三五年建設矣。此種圖書館不僅專為學校兒童之用，因有州政府之津貼與其徵收捐稅為基金，對於在學校區域內之住民均可使用其圖書館，公開閱覽。如果謂其為圖書館運動，不如認其為當時教育系規定應有之斯項設備。至一八七七年，其他廿一州均已先後通過斯項法規矣。但因當時各地基金缺乏，加以管理不良，其時館長皆由校師輪流擔任，結果圖書淪散，計劃卒歸失敗。

經過此種經驗，始知改進圖書館立法。于一八四九年，New Hampshire 州立法部通過一法律規定各都市必須建設與維持圖書館。斯即美國最早之圖書館法規。都是 Massachusetts 州亦有同樣之法律于一八四八年專爲施行于 Boston 城。迨至一八五〇年始通行全州。最早制定圖書館法規以徵收地方稅爲建設公共圖書館者厥爲 New Hampshire 州，其條例中最值得吾人稱讚者即在其全州內各地方政府均可酌量徵收圖書館捐稅，未有明白限制之規定。其條例總則部分規定由捐稅維持設立之圖書館之職權一項，後爲全國四十二州採行矣。于一八九三年該州又通過一法律規定各鎮每年以估值每卅元抽收一元州稅供給處鎮作爲儲建公共圖書館之用。所以 New Hampshire 全州各鎮是必須徵收圖書館稅。現今美國徵收圖書館稅，通而言之約在估值每元收二三米爾左右。每一米爾(Mill)值一分之十分之一。

于一八九〇年 Massachusetts 州公布一全州圖書館委員會專以促進倡設圖書館及改良全州圖書館爲宗旨。該委員會以五人組織之，委員由州長委任，任務爲指導全州公共圖書館事宜。其他各州，亦先後仿效之。至一九二一年另有一種圖書館委員會盛行於州七州，惟其組織略與前不同，委員有五六人，但均須圖書館專家。Colorado 州則有二種圖書館委員會，其一專爲扶持巡廻圖書館事業。Massachusetts 州圖書館委員會創設於一八九〇年，迨至一九〇〇年全州一〇五個城鎮僅有七處尚未設有圖書館，可謂委員會工作成效最爲顯著者也。但有數州將此種委員會工作由州立圖書館或州教育廳代行之。現在美國各州大都有此種趨勢，惟 New York 州此種集中工作顯有進步。一九二三年由州津貼公共圖書館三萬八千元，給予學校圖書館者計十萬八千元。

美國爲求圖書館事業穩固之發達，於是有圖書館學校之設立，而期其造就專門人才，辦理專門事業。圖書館學校首先設立者當推紐約州立圖書館學校，創于一八八七年。現今美國大學中設有圖書館學科者，約有十餘所，此外尚有其他圖書館學校多所。其中所授課期限約自一年至四年不等。各大學于暑期開設圖書館學講習班者亦甚多。有州立大學規定修畢圖書館學程者得授予圖書館學士學位，亦有授予文學士學位。更有大學設有圖書館學研究院修畢得授予圖書館學博士學位。我國今已有數人榮得圖書館學博士學位。由中學至大學研究院在美國均有圖書館學課程之開設，可謂業已完成圖書館學教育系統矣。

關於鄉村圖書館事業爲美國近二三十年之圖書館新政策。雖然於一八九八年以前，即有數州憲法已有鄉村圖書館計畫之規定，但未有極積進行。至一九〇九年 Califonia 州始正式通過是項法律。現今已有二三十州均有此種立法。不過此種法規未含有强迫性，乃係一種倡導性質之法規。

美國圖書館立法約言之有三種性質；第一點即其圖書館納稅限制問題。有如數州如 New Hampshire 州對於稅率無限制規定。其他各州對於稅率若無最高限制，即有最低限制，均有明白之規定。亦有各州都市依其經濟狀況而定稅率，于一九二二年美國圖書館協會採納圖書館稅收委員會之提議，以人口計每人最低須納圖書館稅一元。爲求充分發展圖書館計，亦有數州圖書館稅率超過一元，並且其成績頗有可觀。

第二各州圖書館法律分別太大。而圖書館法律大抵不外乎規定圖書館當局之職權與其任務，如類似英國法規例如 Texas 州圖書館法規于一八七四年通過如下：

『不論何縣得依市政府之規定設一公共圖書館，並得自訂規則處理一切。』

此種法規之規定表面上如此簡泛，實予以地方當局有充分之自由建設圖書館。但處在美國環境下，可謂上策。一旦用之于他國，功效未必盡然也。

第三，法待上有館員須受檢定之規定。如紐約州立大學依一九二三年教育法規規定圖書館服務之標準及如何使其發生效力。因此在紐約州內各圖書館表及館員必須檢定之。檢定合格後，發給證書。一種爲館長證書，其一爲館員證書。但證書之發給標準根據普通教育專門教育及經驗之程度而定。此事由圖書館委員會指派三人組織檢定委員會辦理之。至於考試委員會由大學行政職員一人及圖書館專家二人組織之在 Wisconsin 州於一九二一年已經公佈檢定條例，規定組織一檢定委員會，委員共五人圖書館專家二人州長委任一人大學校長選派教授一人州立圖書館委員會一人。證書共分四級依其學業經驗發給之。於一九二三年一月一日起，凡在二千人以上之鄉鎮擔任圖書館長者，必須要有相當之證書。

(四)加拿大圖書館立法鳥瞰

加拿大地處美洲，三面環水，僅南部與美國毗連。其政治組織採用聯邦制，最高機關爲國會。本爲英國屬地，由英總督代握政權。歐戰後，徵得美政府許可，現已由自治而進於獨立，惟未完全恢復其國家自由。以其國家地位而論，在此簡略的論文中無叙述之閑地，然其圖書館立法與其他各國不同，自有其特點，不無介紹之價值。

加拿大圖書館事業要以 Ontario 一省最爲發達，蓋其已執加拿大全境公共圖書館之牛耳矣。於一九二四年 Canadian Digest 四月號登有一文謂加拿大之 Winnipeg 一城有居民二十八萬二千人，而有三十五所公共圖書館。但英國一城有二十三萬居民只有七所圖書館，兩相比數，差之奚遠。再從一九二三年 Ontario Library Review 八月號得知該省各地公共圖書館共有四六六所，若與其他各省比之，則 Alberta 七所，British Columbia 五所，Manitoba 五所，New Brunswick 五所，Nova Scotia 十三所，Quebec 八所，Saskatchewan 十六所。加拿大共分有九省，每省有一省議會，各省行政立法完全獨立，議長有全權處理一切事務。Ontario 省於一九二〇年公佈一公共圖書館法規，以後各省悉皆採仿 Ontario 立法例。

於一八五四年加拿大即已頒布一種圖書館普通條例矣。其中規定各縣議會須於每一學校中設立一圖書館。於每一都市中設一公共圖書館，專門圖書館數所，並須在市府管轄下各公共機關設立圖書館。由其條例中可以窺見當時加入已知提倡圖書館。然於一八八二年 Ontario 省仿照英國條例廳訂一公開圖書館條例，提倡用徵稅辦法設立圖書館，並規定其最高稅率，公布於其仝省各省之圖書館自應由各省負責促進維持之，但可由政府酌予津貼，並須由政府派員視察之。

Ontario 省於一九二〇年所公布之圖書館法規其特點與衆不同者約而言之如下。該法規第一章規定各城鎮鄉各學校區域得設圖書館。其設立程序須經當地有選舉權者六十人（通常卅人）具名呈請設立。呈請時須附有地方政府通過及當地有選舉權者同意之所擬訂圖書館規則。至於一切管理問題均委諸公共圖書館委員會負責辦理。此委員會由縣長一人及當地機關教育機關互選八人組織之。此委員會有完全獨立性質。每年於九月至六月中，每月集會一次，以多數出席為法定開會人數。委員中如犯有刑事罪者，或連續三次開會不到者，得自動除消其委員資格。此項規定尤為通常習慣所未有者。當時立法者規定此次，用意甚佳，功效亦甚昭著。蓋圖書館為教育最高機關，及教化人民之所，故身為圖書館委員，行為自應端正，否則焉能教化他人為人之模範？再圖書館係一種教育慈善機關，圖書館經費之來源得之匪易。如委員有不正行為，易生貪污公欵之事。故對圖書館委員有此項規定，不但此可以作為圖書館委員之警語，亦可防範於未燃也。委員會對於圖書館賬目一項，須受地方機關之稽核。每年開支必須呈報地方機關（Local Coucil）。如有圖書館負債，此項不敷之數得由地方抽收公共圖書館特別捐，但稅率最高限制以人口計每人不得超過五角。設使地方機關不充抽收捐稅，委員會可以提出由有選舉權人民投票表決之。委員會有權制訂規則處罰不守館章之讀者，而圖書館必須絕對公開，但對非當地人民而使用圖書館者得酌量收費。每年須以一定公式呈報教育部。

（五）非洲好望角圖書館立法之一角

非洲文化素稱低落，至今其偏塞之地，仍渡中上古時代之生活，全洲大都作為歐人之殖民地矣。以吾人眼光視之，其文化本無述及之價値，但因作者為使讀者有整個圖書館法律印象起見，上自文化最發達之國家如英美諸國，下至如非洲無開化之民族中圖書館事業，似有連鎖的敘述，俾供國人之參考焉。

非洲要以南部文化較為開通，尤以好望角（Cape of Good Hope）一地堪資代表。按好望角初於一六五二年為荷蘭殖民地。至一七九五年轉屬於英。於一九一〇年得英之准允，始宣布為自治領土，稱為南非洲聯邦。但於一八一八年由其地方政府公佈一法令在好望角創立一公共圖書館，並於一八三六年通過一法規，規定凡在其屬地以內無論出版任何書籍均須呈送一冊給好望角公共圖書館。其他南非洲各地公共圖書館均以獨立捐贈性質圖書館（Subscription Library）兼代公共圖書館事務。而由聯邦政府給予相當津貼，皆以此種原則設立公共圖書館。至於其較大之縣城，則多由市政府當局捐贈基金來維持圖書館，於是此種圖書館之閱覽部及參考部必須公開於衆。近來其聯邦政府已着漸將此種輔助費減少，而交由各省議會商酌立法，以為發展圖書館之張本。但現尚未有正式圖書館法規頒布，惟其圖書館之法有趨向英國法例之勢也。

(六)中國圖書館立法之沿革

我國為世界最古文化之邦，因而圖書館之起源較任何國家為早。昔日之圖書館與今日之圖書館固迥然不同，其簡陋之情形，當可為吾人推想而知。遑論其有圖書館立法。自海通以還，歐美之圖書館事業傳來，而我國始知改良圖書館。時在清光緒年間，可謂我國圖書館復興時代。宣統元年十二月學部奏請擬定圖書館通行章程共有十九條，於宣統二年始行頒布，此為我國首次頒布圖書館法規也。觀其條例不難而知其為倡導創設圖書館性質。其中規定搜求度圖書頗稱詳盡。對於圖書館建築設備之規定，亦屬衛生經濟化。其缺點自非幸免，要以不能以今之視者也。

民國肇興圖書館事業進展其速，顯與閉關自守時代之圖書館若二事。今則圖書館公開任人閱覽，對國家人民之供獻與夫圖書館之服務精神，誠不可湮沒。因以前頒布之條例不合現時採用，於民國四年十月前教育部頒布通俗圖書館規章十一條，此為提倡平民教育之外鋒也。同年十一月又頒布圖書館規程十一條，其改進之處雖多，惟其中第九條規定圖書館得酌收閱覽費一項，為前所未有也。良以我國圖書館事業時在發軔之始，人民尚多不明瞭圖書館，對閱者徵費為數雖少，而對圖書館收入亦屬有限，但影響圖書館事業前途頗大也。五年三月前教育部通令大意謂凡國內出版書籍，均應依據出版法報部立案，而立案之圖書均應以一部送京師圖書館庋藏，以重典策而光文治。但於十五年間，前教育部訓令各縣，凡書店出版及私人著述圖書應以四部送各省教育廳署，由廳分配，以一部呈府轉撥國立京師圖書館，一部逕寄國立編譯館，一部存各省立圖書館，一部存入該地方圖書館。十九年三月二十八日又頒新出圖書呈繳規程六條，大意與前同。美國於一八四六年即有此項規定。在國家方面，此舉有助國立圖書館發展，固屬偉大，能將全國出版物滙集一所，俾資比照國家文化，表揚國家精神，更屬重要。在個人方面，不僅奉公守法，亦為人民應盡之義務，且能為個人保存著述。十六年國民政府大學院成立，十二月二十日公佈圖書館條例十五條。其改進最為顯著者，即第八條對圖書館長資格之規定有三：(一)國內外圖書館專科畢業者；(二)在圖書館服務三年以上而有成績者；(三)對於圖書館事務有相當學識及經驗者。政府所以要有此項立法者，因鑑圖書館乃專門之事業，非普通人所能擔任此項工作，必須受有圖書館專門訓練者始克合格為圖書館長。其有第三點之規定，要以我國目下情形，圖書館人才缺乏，不能不有該項補救辦法。如我國圖書館事業達到相當進展，政府立法不致有此伸縮性之規定，則圖書館事業必須絕對任用專門人才辦理也。十九年五月十日教育部依據前條例略有增減，訂定圖書館規程十四條公佈施行，此為我國最近之圖書館法規也。惟其第五條對於公私立圖書館停辦時，須呈報機關備案核准之規定。此為以前歷次頒布之法規所未有之規定。當此我國正謀圖書館如何之發展，期其普遍之設立，現有之圖書館尚感不敷應用，遑論准其停辦哉？考圖書館停辦之主要原因，不計感受經濟困難一途而已。然公立圖書館都為各省市縣所設之圖書館，既能創設圖書館於先，豈有不能維持於後之理乎？地方政府雖有時經濟窘迫而停閉一圖書館，對其經濟上亦無大補，蓋今日我國之地方圖書館範圍甚小，年需經費有限也。至於私立圖書館停閉之原因，亦以經濟結据爲主。況圖書館建設經年耗費金錢爲數定多何忍因一時經費窘迫以至停閉？縮少行政範圍則可，至於停閉圖書館似有不可能也而地方教育機關，亦應予以扶助爲是也。

綜觀我國歷次頒布之圖書館法令凡五次，每次法規中對於處罰一點未有規定於條文中，可謂有償而無罰之法規也。若使法令能發生實際上效力，不可無罰之規定蓋罰可以促進事業之主要因素也。

前所述者，均爲中央法令而我國各省地方政府未聞有是項法令：如英美各州以中央法令爲藍本，參照各地方情形刑製訂圖書館法規藉便易於實施。爲求眞實發展圖書館事業，端在地方督促提倡最爲有力。集團愈小發揮力量則愈大，故中央不如省，省不如縣，不外鞭長莫及之意義也。今後努力我圖書館事業，期在地方政府制有相當法規以爲提倡圖書館之基礎也。

(七)理想中之將來圖書館法規

今觀前述各國圖書館法規，各有優劣，尤以我國圖書館法規似乎缺點略多也。諺云：『不以規矩，不能成方圓』是法規猶如規矩也。故圖書館立法之優劣，影響圖書館事業，關係至鉅且大，焉能忽視？就作者以坐井觀天之知識，擬就我理想中之將來圖書館法規之不可少的原則，備供有心研究圖書館法規者之參考焉。

第一圖書館種類之決定。圖書館有公私立之分而公立圖書館中，又有公共圖書館，民衆圖書館，通俗圖書館，學校圖書館等等。公共圖書館中又有省立圖書館，縣立圖書館，鄉村圖書館之別。學校圖書館有大中小學校圖書館之不同。私立圖書館如私法人或私人之機關團體個人所設圖書館之類是。在圖書館定法時，即須先決定圖書館種類，因其種類之不同，而其性質亦異，於是圖書館立法當要隨其種類而變更也。

第二圖書館設立之手續，

(a)私立圖書館董事會或公立直轄上級機關權限之確定;

(b)圖書館成立之最低限度,即在何種程度下得稱圖書館;

(c)董事會與公私立圖書館呈報上級主管機關之程序。

按私立圖書館之設立,例有董事會爲主管機關,其組織權限及其關于財產資金收入不可無明白之規定,一則其權限之運用有範圍,二則可免紛爭,不致誤用職權,因而圖書館之推進得上軌道矣。即公立圖書館之直轄主管機關,對于其圖書館之職權,亦宜有所規定。至其呈報立案備案之法令手續已有規定(a)及(c)二項在現行圖書館規程第二三,四十一,十二各條均有規定。現今我國圖書館,小者僅藏書數百册書報,置一二管理員于其中佔用房屋一二間,此亦稱圖書館。而有館藏圖書達十萬,館員十數人,建有偉壯館宇者,亦稱之謂圖書館。兩相比較,相形見拙。圖書館成立之成分,究竟如何,宜有最低規定,如藏書册數,館員人數,館宇及設備之規定。使一圖書館之成立,即有一圖書館之價值,更可免一般敷衍塞職之弊。再者書肆亦稱圖書館,宜禁用之。

第三圖書館經費之保障與獨立。夫圖書館之存在,不可一日無經費,而現今圖書館無論其爲公立或私立之圖書館經費都未有獨立,即經濟權操之于圖書館之外,不嘗圖書館之生命爲他人所握。有得圖書館之發展最大因經濟權不能獨立,即無保障。圖書館經費之多寡,修由他人支配之,影響圖書館前途,不但至爲重要,且亦危險。然視行圖書館法規中第四條及第十二條,對于經費一項均由自理,未有明文劃分經濟權,故宜於來日法規中應行明白規定之。圖書館之收入與開支,其帳目須規定得隨時受主管機關稽核帳目,並須於每年度有帳目之報告,且須絕對公開。

第四圖書館行政必須有獨立權。圖書館行政可由其主管機關規定大綱,以爲圖書館工作之目標,但圖書館行政權必須保持獨立性,以利工作進行。此在公立圖書館方面尚不感到十分行政上困難。惟學校圖書館行政莫不多操之於學校當局之教務長之手,館內一舉一動須秉教務長之意。吾人須知圖書館乃一專業也,故非門外漢可以管理也。

第五，圖書館處罰之規定在外國莫不有 Library offences act，如英國於一八九八年即有此項法令公布施行。若使事業進步，必不可少『處罰』策其後蓋有償有罰庶可促進之我國素來有斯項法令之頒布，僅各館各自規定對於借書逾期不還有罰款之規定而已。至於涉及其他不正犯罪行爲，則無條文可以依據。有處罰之規定，正所以保護圖書館也。吾人一面在提倡扶植圖書館事業，一面能不保護之？是所以於來日圖書館法規中至少有一項處罰之規定。上所述者，乃指圖書館閱者而言，而對辦理圖書館人員之工作上優劣，亦宜有償罰之規定。

第六規定公立圖書館經費之來源。查我國各省均已沒有省立圖書館。惟省以下之各縣鎮未設圖書館者要佔十分之八九，然其已設者，不過視爲點綴而已。考其原因經費無固定之來源。今我國政府正擬普及平民教育，尤以普設圖書館爲當務之急。除各省立圖書館經費應規定由省經費內撥付外，對各縣鎮，則須規定由縣政府或鎮地方當局在公費項下指定圖書館固定經費來辦理圖書館，或由在地方捐稅項下附加圖書館捐。抽收稅率，則由各地商酌辦理，至多不過百分之五爲宜。如此則地方圖書館庶幾有復興之望焉。

第七規定古書珍本不得出口。按圖書乃文化所寄托，關係國家文化至鉅，不得賣與外人，致流傳外國，應令海關嚴禁出口，藉保國粹。而於民國十八年中華圖書館協會在京舉行第一次年會時，已有李小緣君等之此種提案，表決通過，惜於茲已七載，仍爲一議案矣。此應列入來日法規中。

第八圖書館長及館員應須聘用受有圖書館學訓練者，至少在目下因人才缺乏，但館長必須有圖書館學識者方爲合格，如現行法規中第八條第一二兩次之規定。

前列八項爲作者理想中之我國圖書館法規中不可少的八項原則。自然遺漏之處必多，祗待讀者加以補充，期其完成我們理想中的地步，更希望這個理想能有一日將其實現出來變爲事實，誠吾圖書館界之大幸慶也。

廿五年十二月十二日寫於上海東吳法學院圖書館

附參考書目

(一)楊家駱編:圖書年鑑上册 民國廿二年出版

(二)教育部編:第一次中國教育年鑑 民國廿三年在開明書店出版

(三)立法院編:中華民國法規彙編第六册 民國廿二年在中華書局出版

(四)中華圖書館協會:第一次年會報告 民國十八年出版

(五)李蓉盛著:中國圖書館立法之研究載在文華圖書科季刊四卷二期中 民國廿一年六月出版

(六)Sanderson: Library Law. Lonbon, Edward, 1925.

(七)Ferguson: American Library Laws. Chicago, A. L. A., 1930.

(八)Edge: General Law for Librarians, etc. Gravesend, Philip, 1934.

(九)A. L. A.: Library Legislation. 1934.

(十)Yust: Library Legislation. 1921.

(十一)Hewitt: Consolidation of the Law Relating to Public Libraries and Museums. 1931.

(十二)Hewitt: Summary of Public Library Law. 1932.

(十三)Hewitt: Law Relating to Public Libraries in England and Wales. 1930.

27

图讲一

舒纪维

儿童读物及其分类之商榷

兒童讀物及其分類之商榷

舒紀維

一月前，鄭曉滄同志在中國出版月刊二卷二三合期，出一全國兒童圖書專號，事前曾囑撰一論文以充篇幅，比時以事忙，未克報命，及讀寄來之刊物，引起不少興趣，今撰此文，以贖前愆，希愛好讀者，近而教之。

本來，兒童讀物，究沒有一定標準，已經刊行者，在質和量兩方面，均不見佳。當然，各地圖書館，對於收藏兒童讀物，漠不關心，固是一種罪過，可是出版界不熱心兒童讀物之創作，恐亦負有相當之責任吧？據中國出版月刊社之調查，統計全國各地出版界截止本年九月底，先後所發行的兒童書，約四千三百餘册。期刊僅數十種，如此看來，兒童讀物在全國圖書上之地位，豈不是滄海之一粟嗎？

但是，我們想以後兒童圖書，在量的方面，使其有無量數的增加，在質的方面，欲其切實而適合於兒童之需要，我們必先對於兒童圖書本身上之價值，同時有肯定之認識。不說別的，無論何人，皆非生而知之，乃學而知之。能讀書必先識字，而況人類智識之啟發是逐漸的，是演進的而非革命的，所以兒童讀物確是人類求智識之預備，沒有好的種子，絕無良的果實，沒有良好的兒童讀物，那能造就優美的人材呢？現在我且說：

（一）兒童讀物之標準

談到此題，恕我不是行家。此地的敘述，只是一味的外行話。不過我敢肯定的說：兒童讀物是沒有一定標準的。在某一國家，為適合國情，注重科學知識。凡是關於神怪迷信，含有宗教意味的兒童書，當皆在所不取。同時另一國家，因為是宗教立國，所定的標準，一定與前者相反。但在我個人的意思，我認為兒童的天性是天真的，無邪的，不帶任何色彩的。若是含有某種目的，去定兒童讀物之標準，直是愚民政策，不啻摧殘兒童教育。那麼兒童讀物，須以何者為標準呢？因為兒童首先是須識字的，識字且讀書的基礎，也可說為讀書之工具。根據漢字心理研究，去創造兒童讀物，大致是一個很好的標準吧？什麼是漢字心理研究？此有專書，更不是非行家所能徹底講出的。大概說起來，書上字的筆畫多寡，與排列方式，直接間接影響兒童學習的難易，關係甚大。有時筆畫少的難學，筆畫多的反倒容易，據一位教育心理學家實驗報告，他說筆畫最多的是十七畫，而最難學的却是十三畫的。不過字的組織，亦不無關係。據說在十畫以下的字，無論其組織若何，却比較容易。十畫以上的字，則須看其組織如何，而定其難易。容易的條件有三：（1）組織是整個的如「田」「園」等字，雖然筆畫很多，但比較容易；（2）全是橫直畫不夾雜斜撇的，如「青」「禁」等字，比較容易；（3）兩邊對稱的字，如「華」「門」等字，都很容易。困難的條件也有三個：（1）一字分為兩半，而兩半的筆畫相差很多的字，自然科學，如「劉」「亂」等字是；（2）一字分為兩半，又各分為上下兩部，而又不完全是橫直綫組成的字，如「疑」「穀」等字，也是很困難的；（3）組織相似的字如「戌」「戍」「戊」等字，太易混淆，也難於學習。再談排列的方式，有的主張橫行，有的主張豎行，到底那種排列較好，這也是很難說的。杜佐周曾用幾何圖形橫豎排列，來試驗中外學生，結果是橫的較豎的好。Carr 也曾做了種種實驗，他證明橫豎排列的好壞，全係習慣的關係，並非其本身的問題。沈有乾曾用照相的方法，來觀察眼球的運動，以眼球一轉一停的廣度，來測度一秒鐘能看多少字，他發現豎的比橫的好。周先庚則說排列的好壞，不是簡單橫豎的問題，而是偏旁與偏旁，上段與下段接觸的問題。所謂時空連續的問題。他研究的結果，是自右向左橫排最好，自上向下豎排次之，自左向右橫排最劣。綜合言之，橫排好的結果較多了。那麼依定以上所說的，去編製兒童讀物，作為一個標準，實能減少兒童學習的困難，豈不是極經濟的一件事嗎！

（二）兒童讀物的分類與編目

目前各地圖書館，附設有兒童圖書部者，尚寥若晨星。卽設有之，而辦理完善者，幾無一所。究其原因，不外有兩點：

（1）兒童圖書館設施的範圍，甚難有固定之標準。照理說起來，兒童圖書館，不僅是補助兒童教育的，牠對於成人教育，民衆教育，社會教育，具有同樣的功能。換句話說，兒童讀物不僅是專給兒童們讀的，就是沒有受過初等教育的成人，也都是很適合他們的需要，絕沒有覺著太淺近而不屑於讀的事。所以辦理一所兒童圖書館，與辦小學教育，意味有些不同。因為學校對於學生，有年齡的限制，圖書館對於閱者，絕無這個界限。假使成年的人，跑到兒童圖書館來看書，圖書館館員，豈可下逐客令嗎？故辦理兒童圖書館的方針，應有兩個：一方面是對于兒童，另一方面還是要應付成人。而兒童尚有低中高年級的區別呢！

（2）兒童讀物難以編目：關於兒童讀物，不編目吧！於理似有不合，且亦不易管理。但是編目起來，實在困難。第一，兒童讀物之分類，迄今沒有實用的分類法；第二，兒童讀物，皆近於小冊子之類，但是還要把牠當作普通書的看待，與成人用的書，有同樣的編目手續。關於兒童讀物分類的文字，已見的不多，最近有陳獨醒的一篇「兒童圖書分類法的初擬」載在中國出版月刊二卷二三合期全國兒童圖書專號上。陳君只把大綱擬定，細目尚待公佈，茲照錄如右：

○○○總類
一○○圖書館學
二○○讀書法
三○○百科全書
四○○叢書
五○○字與辭書
六○○雜誌刊物
七○○新聞紙類
八○○年鑑
九○○一般

一〇〇教育總
一〇教科書
二〇公民教育
三〇家庭教育
四〇性教育
五〇職業教育
六〇道德教育
七〇體育教育
八〇特殊教育
九〇一般

二〇〇社會科學
一〇三民主義
二〇經濟
三〇政治
四〇法律
五〇社會問題
六〇社會機關
七〇童子軍
八〇風俗
九〇一般

三〇〇自然科學
一〇算術
二〇生物學
三〇物理學
四〇化學
五〇天文學
六〇地質學
七〇動物
八〇植物
九〇一般

四〇〇應用技術
一〇生理衛生
二〇醫藥
三〇農業
四〇工程
五〇製造工藝
六〇化學工藝
七〇商業
八〇交通
九〇一般

五〇〇藝術類
一〇劇本
二〇歌曲
三〇遊戲
四〇書畫
五〇手工
六〇裝飾
七〇圖案風景
八〇音樂
九〇攝影

六〇〇歷史類
一〇人類生活史
二〇世界史
三〇中國史
四〇中國革命史
五〇中國國恥史
六〇世界名人傳
七〇中國名人傳
八〇兒童傳
九〇一般

七〇〇地理類
一〇世界地理
二〇世界地圖
三〇中國地理
四〇中國地圖
五〇世界遊玩
六〇中國遊玩
七〇兒童遊玩
八〇遊覽指南
九〇一般

八〇〇文學類
一〇詩文
二〇童話
三〇故事
四〇小說
五〇寓言
六〇神話
七〇笑話
八〇傳說，謎語
九〇一般

九〇〇語言類
一〇國語
二〇國音
三〇文法
四〇會話
五〇演說
六〇國際語
七〇初級日文
八〇初級英文
九〇一般

以上就是陳法之大綱。陳君在大題上已經清白表明是初擬的一個分類法。所以在以下我所寫的，只是小小商量，決不是什麼批評，這是我要預先聲明的。上述的根本原則，不待言是由杜威十進法翻來，故我的觀點，亦是依杜

事匯　兒童讀物及其分類之商榷　三

的意思，去證一下。第一，除五百號外，每類十進至最後一位，皆立「一般」門目，但下無解釋，不知是否各類中之無類可歸者，悉入此門，還是另有作用？杜氏列教育爲社會科學中之一門，於情於理，尚無不合。陳法則將其獨成一類，當然是重視教育的意思；也許因爲兒童讀物屬於教育的書太多，不得不如此辦法，這乃是我的設想。若是把牠放在社會科學類以後，就自爲一大類，恐於分類法之邏輯原則，稍强一點吧？歷史與地理分爲兩類，這是與杜法相異的地方。但是置歷史於地理之前，此乃更異之點，語言與文學，各成一類，與杜意同。語言置於各學之後，又是一個特異的辦法。先有語言而後文學，照說意思不大訛謬吧？其次各門，大致是依照杜法的順序，惟在歷史類中，史在前，傳記在後，戲劇不入文學，而入藝術，則是小有不同之處了。

在兒童讀物分類法亟待編製的時候，陳君因時代的需要，而不辭勞苦擬定了一個辦法，這是陳君平常努力圖書業之成績。陳君在原則上根據杜威十進法，這一點我個人是極端贊同。因爲杜法是簡而明晰的分類法，而況是兒童讀物，其分類法當然必須簡當，而不能複雜的。所以值得紹介一下，希望陳君繼續努力，予以十分補充，將來完成，貢獻實在很大。

其次安徽省立圖書館管女士，對於兒童讀物分類，亦有一個方法。管女士說「我們的分類方法，既不是卡特氏的開展法，也不杜威氏的十進法，因爲這兩種方法，在兒童閱覽室方面，書籍有限，尚不能盡用，或入書籍，範圍廣泛，在本館普通閱覽室內，儘有的了。我們兒童閱覽室的書，不必與其盡同，我們只要把適合小學兒童程度的讀物，拿來分類就夠了。所以我就根據我們現有三千冊的書，分爲三大類，每類又分九節，共便是三九二十七節。一其程序爲：

壹，普通類

一　書目。
二　黨義
三　社會，史地
四　常識，衛生
五　算術，自然
六　工美，音樂
七　童子軍，遊戲
八　叢集
九　雜誌，掛圖

貳，文學類

一　國語，小說
二　故事，神話
三　童話
四　詩歌
五　笑話，謎語
六　戲劇
七　書信，筆記

八　圖畫書

九　外國文學

叁，史地類

一　人類史

二　世界史

三　中國史

四　雜史

五　世界地理

六　外國地理

七　中國地理

八　遊記指南

九　傳記

以上就是曾女士的分類法。(見安徽省立圖書館兒童書目序)，曾女士列表的原則，已經聲明過，既不甚根據卡特，也不是依照杜威，乃是獨創新材，一手編成的。她這樣編製的意思，當然有她的標準和理由，別人是不得而知。不過把牠分爲三大類，第一爲普通類，第二爲文學類，第三爲史地類，牠的邏輯上順序，與杜法倒不相違背。但與卡氏的意思，就有不同了。其次再說其中各門，有些略似杜法，如三爲社會，五爲算術等。大致說起來，完全是任意的，毫無假借的地方。我既不是杜氏的信徒，也不是卡氏的崇拜者，所以對於此法，不敢妄加指摘，而況轟動一時的美國國會圖分類法，亦是任意編製成功的(注)。不過我覺得假如某圖書館分類法，是採用杜氏的，牠的兒童讀物分類法，似乎與杜法大同小異，較爲方便。若是採用卡氏或國會圖的，理亦同乎此。現在中國各地圖書館，採用杜法的居多，即或稍有更變，但亦不脫十進的原則。故我把上表各門的次第，稍爲顛倒一下，但仍保留其原來形式，惟在文學類中增小說一門。敢質之於曾女士：

壹，普通類

一　叢書

二　書目

三　社會

四　童子軍，游戲

五　算術，自然

六　常識，衛生

七　工美，音樂

八　叢集

九　雜誌，掛圖

貳，文學類

一　國語

二　童話

三　詩歌

四　戲劇，對話

五　故事，神話

六　笑話，謎語

七　書信，筆記

八　圖畫書

九　外國語

F　小說

叁，史地類

一　世界地理

二　外國地理

三　中國地理

四　遊記指南

五　傳記

六　人類史

七　世界史

八　中國史

九　雜史

我這樣更動一下，本無特別用意，只是儘量謀適合杜法而已。如在史地類中，先地理而後歷史。文學類中小說門，另外提出，使其獨立。或歸并入故事門亦可。但與國語門列而爲一，覺有不大相宜，至於列三爲詩歌，四爲戲劇，五爲故事等，無非皆是尊重杜氏的意思。普通類中將黨義與書目，二者對調，理成近是。再史地門應并入史地類以免重出迭見之弊。總之，我不是修正管女士的分類法，因爲我不曾增加或刪減項目，不過我看她的排法純是任意的，所以我也任意的順序一下。至於誰排得對，這个是需要討論的啊！

最後，說到兒童讀物編目問題，有人主張是不編目錄，無論卡片式或書本式的。他的理由是兒童大半不會翻檢目錄，這話誠然不錯，在目前中國，就是成年的人，也不會用圖書館，何况是一般兒童。但是我們要知道，編製目錄，並不是專爲閱者翻檢的，重要的還是爲着自己清查書籍時的方便。因爲無書架目錄，則無從點查書籍，計算損失。所以兒童讀物，最少限度亦要編製書架或分類目錄。有了這個東西，書本式目錄，自易於產生，且可隨時增減卡片，符合入藏。至於編目條規，詳簡格式等，似與成人讀的書，無若何差別。不過假使每本書只製一張卡片，以書名爲主，倒是很合宜的事。以上所提到的，僅是隨想隨寫，成此一篇毫無系統的東西，對於兒童讀物發生興趣的閱書，倘希有以正之。

參考材料

艾偉漢字心理研究

中國出版月刊二卷二三期

安徽省立圖中文書目第六冊

（注）見本刊四卷一期拙著L.C.分類法之鳥瞰

一月二十二日寫完于安徽大學圖

28

图讲二

程长源

档案整理法述要

檔案整理法述要

程　長　源

整理檔案有三種意義，一種是以檔案當作史料的整理，如北平故宮博物院的整理檔案，他的使命是從檔案中整理出來加以一個有系統的寫述，或者將各項同類之檔案搜集一處，當作史料的保存，所有的檔案是完全含有歷史的價值的，整理時儘不在乎排檢的方法。一種是管理檔案的方法不良，檢查參考費時，而加以科學方法的改善，使編排恰當，易於查閱，藉以增進行政效能；此種檔案的整理，屬於現在各省市縣之行政機關的檔案整理，他的整理目的在於方法，不覷檔案內容之重要性如何，將一切檔案均付同一方法的待遇，所以其整理的目的是要檢查準快。一種是整理檔案當作研究性質的，此種整理檔案他要包含上述二重責任，一方面須努力管理方法的研究，一方面又該注重史料史蹟的保存，此種整理檔案機關，帶有幾分學術研究的意味，如行政院檔案整理處武昌文華圖書館學專校是。

上述三種整理檔案情形，除各省市縣整理檔案須加以未歸檔送遞辦核之公文處理外，餘均指歸檔後之檔案而言。但整理檔案最重要的條件是整理方法的決定和內容的選擇及審訂，檔案內容的選擇審訂是屬於史料整理的一派，暫勿加以討論。至整理方法，也就是管理的方法，各人的主張雖各有不同，而其大體歸納起來，不外三種；一種是分類編目的管理，一種是以檔案內容主題之字典式排列（Information files）的管理，一種是以公文歸檔先後編號的管理，三種管理法各有利便，茲要術之如次：

(1) 分類編目的管理

以分類編目的方法去管理檔案，這是最完善而容易解決種種困難的方法，此方法是現在的一切大小機關沒有一個不採行的，其各機關有所不同者也不過是分類項目的不同，編目形式的不同而已，在原則上總是分類編目的管理。分類則依各個機關自己所有的檔案分為若干類項目，此類項目之分類標準，大多數根據各該機關事務組織而定，如幾科爲幾項，幾股爲幾目是。編目則多採用書本式，卡片目錄爲新近改進的機關所試用，按編目的原則，書本目錄必須經過卡片編製的手續，而前者所述之書本目錄，實均未有經過卡片排列者，只按類將收到之公文先後著錄爲目而已。分類編目的管理，必先有二個先決的條件，第一是要有一個分類表作分類之根據，第二是要有一種補救分類錯誤的辦法。前者分類表的完成，又有三種條件，一是分類表符號，二是分類表內容的隸屬，三是分類表的形式。分類表的符號，有主張用中國數字的，有主張用阿刺伯數字的，有主張用拉丁字母的，有主張混合兼用的，這在我個人，以爲多不在乎，因爲每一個檔案分類表，祗能合自己該機關管理分類的應用，只要自己利用便當，不論採取何種數字當符號代表均可。分類表內容項目的隸屬，現在各機關有兩種主張；一種是絕對根據內容的性質分爲類項目，如編查戶口屬於保甲，保甲屬於地方自治，地方自治屬於民政，其分類表隸屬關係如下：

類——民政
　項——地方自治
　　目——保甲
　　　細目——編查戶口

一種是以類項爲分類之單位，項目下就依所有檔案的多寡而定了，如前者，保甲及保甲編查戶口的檔案均多，其類項目關係如下：

類——民政
　第一項——地方自治
　第二項——保甲

或者：

類——民政
　項——地方自治
　　第一目——保甲
　　第二目——編查戶口

按上述二種主張，前者合於分類原理，後者却也有其事實上的理由。分類表的形式，各個整理檔案者各具有一種意見，有主採用拉丁字母的展開法，可以無窮盡的增加類碼，但反對者似乎太洋化了，而且很不清析易記，繼之就有人主張採用十進法，此法能有一種形式分類的（Sub-divisions）助記，但也有許多人反對，其理由一是凡各個檔案均須分爲九九進，二是太抄襲杜威；前者的反對理由，十進法不一定要絕對的九、九項目，儘可讓他六、七、八項目均可，餘留擴充之用，多則可於『九』數字其他項目下再細分，反對的理由就可解決。後者反對的理由，我們只要認爲某種辦法是好的對的，而値得採取的，就抄襲也無妨害，比不妥善而自己創制的辦法總要勝於一籌。第二個條件是如何去補救分類的錯誤，因爲檔案分類管理，唯一的根據是分類目錄，但是分類檔案每每有二種容易錯誤的地方，即分類一時的觀念不同，主張不同，不易將檔案類碼前後絕對的統一，而官署檔案又大都根據辦核科股的分類，分類既不歸一，檢查就要發生歧誤，故必須編製機關、人名、地名、事件名等索引以資輔助，如單只編製分類目錄一種，其法決不能稱爲完善也。

(2) 以內容主題字典式排列的管理

以檔案內容主題排列的管理，此法在歐美多採用之，在現今中國行政機關，恐怕尙未有仿行，推其原因有二：一是外國文字大都把某事的主題(Subject)放置語句之前的，不像中國的句語在主題上每每加以動詞，例如『禁烟』，英文爲 Opium suppression,『選書』，英文爲 Book selection, 因爲能把事件的主題排置前面，則能增進檢查上的正確。一是外國文字檢字只須依字母的次第，不論何人均能排能檢，方法甚易，不像漢字排檢之困難。此種管理法，如果方法用得妥善，那我相信比任何方法均要利便，反之，則比一切方法均要壞；在未採用此種方法以前，必須解決的就是標題取捨的依據和選擇一種檢字法，標題方法與圖書館編目同，但其標題範圍要較大，使帶有分類排列的意義存在，例如：

社會教育——民衆教育館
　　　　——民衆學校
　　　　——識字運動
　　　　——識字運動——識字宣傳
　　　　——識字運動——文盲調查

能照此標題形式排列，其歸類則不分開，使同類屬的檔案仍排置一處，於事理方面較爲適合。但標題大了，容易使檢查者想像不到，必得多製引見，例如：

文盲調查　見　社會教育——識字教育——文盲調查

民衆學校　見　社會教育——民衆學校

這樣，在檢查上意念的分歧就可解決了。至檢字法一項，現在已多至八九十種，因各法各具有其得失之由，可隨用者儘選一種，最普遍者爲筆劃檢字法，最快者爲四角號碼。編排的方法宜以檔櫃皮藏，用紙摺器（Folder）裝排，某事檔案能成一卷者爲專檔，單獨零星之件，裝入雜檔，雜檔列前，專檔在後，不需要任何目錄之編製，檔櫃本身的排列就是一種大規模的檔案字典的排列，其採用時，須將歸檔之標題有所記載，以便根據。鄙見以爲此法不能應用檔案很多之政府機關，因爲一種字典式的排列，勢必將每科每股的檔案散佈開去，而現在又沒有一個具體的標題標準可準繩。如學校社團法團及其他文化機關檔案不如行政機關之多者，實以此法爲便利。

(3) 以公文歸檔先後編號的管理

以公文歸檔先後逐漸編製號目而當作檢查的管理法是一種無具體辦法中的一個過渡辦法，此法必須要編製索引的工作，否則決不能成爲一種管理法，其最便利者，厥爲編目手續簡易，排架整齊，不妥的地方是不論檢查何卷均須先查索引。此法上海市公用局首先採用（見上海市公用局業務報告民國十八年七月至十二月），湖北省政府相繼仿行，輔助檢查的索引有二種，一種分類索引，即在分類目錄中檢出排架庋藏之總號目，再按號向卷架取檢；一種文號索引，即用收發文號碼去對照總號目，此法能成功的地方在於行政機關檢閱檔案多爲新近歸檔之件，如援引各機關整理檔案之用，其法實不能妥善也。

二、已故教师代表作

1

1957 年

廖延唐

建国以来我国图书馆推荐目录工作的评述

我国几年来，在党的领导下，随着我国图书馆事业的发展，推荐目录的工作也逐步地开展起来，到目前为止，很多公共图书馆都进行了这一工作。

图书馆的推荐目录工作是一件细致而又繁重的工作。目前我国图书馆中编制推荐目录的人才还很缺乏，但有些公共图书馆如山东省、上海市等图书馆都积极地进行了这一工作，并且已经摸索出了一些经验。这说明，我国有些公共图书馆对推荐目录教育人民群众的积极作用，已有了相当深刻的认识。

图书馆的任务是以丰富的图书资料为教育广大人民群众和我国的社会主义建设服务，这些任务的完成，书目工作起着巨大的作用。

随着我国社会主义建设的日益发展，广大人民提高科学知识和文化水平的要求日趋迫切，图书馆在完成提高人民科学知识和文化水平的任务中，必须进行相适应的推荐目录工作。为什么要这样做?

1. 公共图书馆接触的读者面很广，读者所提出的问题也是多方面的，若由馆员一一地来回答，在时间上和水平上都是不可能的；同时，在许多读者所提出的问题中，有时是带有普遍性的，因此就要求图书馆编制带有普遍性问题的推荐目录，以便使馆员能够很好地回答读者的咨询。

2. 公共图书馆的读者是多种多样的，如水平不同、爱好不同等，这就要求图书馆来满足读者要求的多样性。在满足读者这些不同的要求时，图书馆的卡片目录是可以起很大作用的，但它却不能及时地、完善地解决读者所要解决的一切问题。原因自然是多方面的，但卡片目录的局限性也是其中原因之一。例如，卡片目录只是反映本馆藏书，对于报章杂志的论文则不能及时地反映到目录中来；卡片目录虽然也可以集中反映某一门类的书籍。但所反映的书籍深浅程度不一，不便于读者挑选；卡片目录不可能广泛用在馆外作为书籍宣传的工具，等等。因此，必须编制推荐目录。

推荐目录的巨大意义还在于它以最新的科学知识和适合于广大群众需要的现实的书籍，及时地在群众中进行宣传和教育。所以推荐目录的发展，也反映了我国科学文化的丰富性。

推荐目录所反映的是最现实的、最有思想性和最有教育意义的书籍。因此，在编制时应挑选最优良的书籍，从而集中地、概括地说明所要推荐的主题。在这里就要求把有关这一题目的马列主义著作、党和政府的决议和领袖的言论首先加以推荐。

编制推荐目录还必须注意它的用途和推荐的对象，只有在明确了用途和对象以后，才能够选出为读者所欢迎的，并能为读者所理解的有益的书籍，推荐目录也才能够达到它教育读者的积极作用。

几年来，我国公共图书馆为提高人民的文化和科学技术水平曾做了很多工作，其中推荐目录工作也取得了很大成绩，在编制方法和内容上也在逐步改进。据不完全的统计，自1951年至1955年10月，各图书馆已经出版的目录参考资料有262种，其中推荐性目录有70种。

北京图书馆自1951年以来很重视这一工作，曾编制了不少推荐目录，其中有许多是结合纪念性展览会、讲演会和报告会而编制的，如“马克思诞生一百三十五周年纪念展览”“孟德斯鸠逝世二百周年”“安徒生诞生一百五十周年”等。这些推荐目录对教育读者都起了很大作用。

山东省图书馆在推荐目录方面作了很大的努力，在编制方法上也取得了一定的经验。该馆为了更好地对读者进行辅导阅读工作，曾有计划地进行了推荐目录的编制工作，先后编制了推荐目录十多种，读书计划数十种。推荐目录涉及的范围也比较广，有为干部政治理论学习而编的，如“学习联共(布)党史”各章推荐书目、“我国发展国民经济的第一个五年计划”和“学习政治经济学”等推荐目录；有为辅导农村读者而编制的，如“农业合作化的方针政策和办法”“怎样当好农业生产合作社社长”“学习积肥、保肥和施肥”等推荐目录。这些目录都积极地配合了读者的学习并使他们掌握了一定的科学知识。

上海市图书馆在推荐目录方面也作了很多工作，例如在配合农业合作化时编制了“农业生产管理工作”“农村党团组织工作”等推荐目录；在配合肃反运动时编制了“红色保险箱”故事会推荐目录；为了提高工人文化水平也编制了一些推荐目录，如“工厂通俗读物介绍书目”等。

上海图书馆、南京图书馆、湖北省图书馆等都进行了推荐目录的编制工作。如上海图书馆所编分辑出版的“图书目录”中系统地介绍了中国新文艺作品、苏联文艺作品、高尔基著作等。南京图书馆和江苏省文艺、南京市文联联合举办了多次的文艺讲座和报告会，并结合这些活动也出版了一些推荐性目录，如“海鸥”“西厢”等；在纪念“五四”青年节时也编制了“培养青年共产主义道德品质”推荐目录。湖北省图书馆为配合农业合作化曾编制了“迎接农业合作化运动的新高潮”推荐目录。

从上述情况看来，我国各图书馆对推荐目录的工作已有了相当的重视，并且取得了一定成绩。但由于我国图书馆事业还很年轻，各图书馆对推荐目录的编制尚缺乏一套有系统的办法，同时，书目协调工作还很缺乏，因此，在推荐目录工作上还存在着一些问题。

有必要指出，各图书馆所编的目录参考资料，一般都是参考性目录多于推荐性目录，文艺书籍目录多于其他门类书籍目录。据1951年至1955年10月的262种书目材料看来，有130种是属于参考性的。据不完全的统计，北京图书馆所编的79种书目，其中有62种是属于参考性的；上海图书馆所编的40种书目，其中19种是属于文艺性的；天津市人民图书馆所编的17种书目，其中有10种是文艺性的；南京图书馆所编的48种书目，其中18种是文艺性的。

产生参考性目录多于推荐性目录的原因，一方面是由于我国图书馆的目录工作，一开始就和国民经济建设紧密地配合着，为了满足有关部门的需要，图书馆编制了各种有关文献资料目录。从图书馆的基本任务来说，这当然是对的。另一方面是由于有些图书馆对自己本身的方针任务不够明确，因而忽视了图书馆对广大群众进行教育的能动性，没有认识到推荐目录在提高人民文化科学水平，在宣传党和国家的政策法令和提高群众政治觉悟等方面的积极作用。

去年在全国图书馆工作会议上，文化部社会文化事业管理局所提出的报告中指出："人民图书馆事业有两项基本任务，一项是向广大人民群众广泛流通图书，传播马列主义理论，进行文化教育工作，以提高他们的思想政治和文化水平，动员他们的社会主义建设的劳动积极性；一项是向科学研究工作者提供图书资料，促进科学的迅速发展。"同时指出：两项任务有时可能强调某项，但二者都不应有所偏废。图书馆如果要很好地完成前一项任务，推荐目录扮演着很重要的角色，它可以打破图书馆工作的"墨守成规"，加强图书馆与读者的联系，加强图书馆在读者工作中的主观能动性。

图书馆过多地编制文艺书籍目录，是由于对满足读者要求的片面理解所造成的。图书馆不能因为满足读者需要而放弃了图书馆工作的能动作用，必须注意读者阅读趋向而有意识地加以阅读上的指导。

关于纠正过多编制文艺书目的问题，希望今后各图书馆除了配合讲演会、报告会和提高读者阅读能力而编制文艺书籍推荐目录外，不要过多地编制一般性的文艺书籍目录。文艺书籍的宣传可以结合政治学习和群众性运动来进行宣传，如山东省图书馆在学习"联共(布)党史"第十章推荐目录中，就宣传了《索特》(列昂诺夫著，董秋斯译)、《时间呀！前进》(卡达耶夫著，林淡秋译)等文艺书籍；南京图书馆在"培养青年共产主义道德品质"推荐目录中，就推荐了《勇敢》(薇拉·凯特玲斯卡雅著)、《海鸥》(尼·比留柯夫著)等文艺书籍；湖北图书馆在"迎接农业合作化运动的新高潮"推荐目录中，就推荐了《不能走那条路》(李准著)、《运河的桨声》(刘绍棠著)、《春种秋收》(康濯著)等文艺小说。这样，一方面文艺书籍有力地配合了政治学习和群众性运动，另一方面，也使文艺得到多方面的反映，打破了文艺书籍宣传形式上的呆板化，同时，也使其他较为理论的推荐目录形式更为多样化，内容也更加充实、更加活泼了。

编制推荐目录的基本要求，在于所编目录能反映现实，所挑选的书籍富有思想性和指导性，而且符合读者的文化水平。也就是说，所编的目录要能产生启发读者和教育读者的作用。要达到这一基本要求，推荐目录的编制方法是值得慎重考虑的。兹分以下数项来讨论我国图书馆所编制的推荐目录：

1. 主题问题

主题是推荐目录中书籍所阐述的中心问题，也是读者所阅读的中心内容。推荐目录的主题应积极地反映现实生活，应配合党和政府的政策和广大群众特别是工农群众的文化技术教育来确定主题。在确定主题前必须研究读者，了解读者的爱好，这是推荐目录能发生作用的重要基础。主题确定后，表现主题的方法是很重要的，题目的名称必须明确具体，能够反映出主题的目的。要用文艺手法来进行题目的拟写，使题目具有吸引力，绝对要避免题目的说教性和含糊不清。

我国各图书馆编制的推荐目录，有的主题的挑选和表现手法都是很好的，有的还存在些问题。如山东省图书馆编的“做一个坚强的更有益于人民的人”“要了解农业生产合作社的组织管理办法和它的优越性请读这些书”“从苏联文艺作品中看苏联人民怎样建设社会主义”；又如湖北省图书馆编的“迎接农业合作化运动的新高潮”，这些主题都富有现实意义，也很明确，题目都不含糊生硬。其他如山东省图书馆编的“充实天文知识”“请阅读有关我国集体农庄和农场的书”“斯大林全集与选集”，这些主题的选择和拟写，就都有值得商讨的地方。第一个题目显得太平板，没有吸引力。第二个题目显得含糊不清，也缺乏吸引力，因为这样一个笼统的题目根本就没有办法给读者一个鲜明的概念；此外，从题目上看，似乎是有关我国农庄农场管理的书，而目录里所列举的只是五本小册子，一共只有145页书的内容，而且都是介绍性的。编者要读者有系统地、有计划地去读这几本书有什么大的意义呢？第三个题目更加笼统了，编者还不厌其烦地收录了六卷斯大林全集，还有些选集。这样的题目很难在读者中发生作用，因为这个主题没有触及任何具体问题。就是馆员本身在利用这个目录时，也难以明确推荐对象。

2. 用途和对象问题

我国过去各图书馆编制的推荐目录，比较突出的缺点是用途和对象不明确。推荐目录的用途和它推荐的对象是否明确，决定了推荐目录的使用程度。一种推荐目录，不可能既适合于专家又适合于一般文化水平的读者。如果目录里有深浅相差悬殊的书籍，这种目录的推荐意义就不大，读者的收益也小。

我国图书馆过去编的推荐目录很多有上述毛病，如湖北省图书馆编的“迎接农业合作化运动的新高潮”，这个目录选书是比较精要的，一般的都符合推荐对象的要求，但其中也有过于深奥和没有必要收入的书，如在“收益分配和财务工作”一项中，推荐了于光远等编的《论半社会主义的农业生产合作社的产品分配》一书，按这本书是着重从经济理论方面来分析研究农业生产合作社产品分配的某些客观规律，产品分配的形式、实质，各形式之间的比例关系和产品分配与再生产问题的。这种书纯粹是研究性的，决不是一般文化水平的农民群众所能理解。又如在同一项下收入了《北京市蔬菜产销结合的经验》一书，按这本书是分析北京市蔬菜产销矛盾的，并提出了解决这种矛盾的方法。这本书对城市解决蔬菜问题有参考价值，对农民来说也用不着去研究这问题。像这类书籍收入这个目录，显然是不符合本目录推荐对象的需要的。

山东图书馆编的读书计划和推荐目录在用途和对象上也存在一些问题，如该馆编的读书计划“怎样学写作”，看来是给具有一般文化水平的初学写作者用的。但在这个目录里介绍了《在延安文艺座谈会上的讲话》等十六种书籍，另外还有《文艺报》上的两篇论文，十六种书籍两篇论文加起来共有3087页，这样庞大的数字，叫一个初学写作的人怎样能完成这个计划呢？即就该目录中《中国新文学史稿》(上下册，王瑶著，共583页)一书来说，在综合大学的中文系里，就需要学一年时间。还有目录中的《新文学教程》(维诺格拉多夫著)、《中国小说史略》(鲁迅著)都不是初学写作者一下就能理解的。

在该馆编的推荐图书简目第六种第一分题“中国古典文学名著”目录里，从中国最早的诗歌总集——《诗经》起，中间有《论语》《孟子》《庄子》《楚辞》等一直到清代的《聊斋志异》共三十三部大著作，里面是诗词歌赋、戏曲小说无所不包，可以说，没有一个读者能适用这个目录，因为一个具有初步古典文学知识的人，不可能从这个目录里得到什么具体的启发，而一个具有高度古典文学修养的人，凭这样一个对各专题研究门类(如《论语》《庄子》《孟子》等)只列一个书名的目录，又有什么大的帮助呢？在第六种另外十三个分题内(如《西游记》、吴敬梓及其《儒林外史》、《红楼梦》等)，都分别收集了各分题的资料，更在第一分题中又把其他分题的书籍，如《西游记》(吴承恩著)、《儒林外史》(吴敬梓著)、《红楼梦》(曹雪芹著)又重复著录了一遍，这是没有什么意义的。

在每个分题下面，所介绍的书籍论文深浅也是很不一致。在“水浒传”这个分题下面，有登在《中国青年报》上的对《水浒传》作一般介绍的文章《谈水浒》(载不凡作)，也有专门论著，如《论金圣叹评改水浒传》(何满子作，115 页)、《宋江三十六人考实》(余嘉锡作，80 页)。这种情况是很多的，这里不一一列举。还有，在一个分题下面，所收的论文，很多是争论性的，于是，在推荐目录里就出现了有这样意见的文章，也有那样意见的文章，如《谈谈水浒》(张默生，西南文艺，55：3)、《对张默生先生谈谈水浒的意见》(贺明远，西南文艺，53：12)、《对贺明远同志的文章的几点意见》(张默生，西南文艺，53：12)。这种情况在其他分题内还是有的。在推荐目录里收上这样多的争论文章，就变成参考性目录了，但就参考目录的要求来说，这几篇文章又显得太少了，这样一来目录的作用就不大了。

从上面的例子可以看出，编者在编制推荐目录时，没有很好地考虑目录的对象和用途。推荐目录应该有明确的对象，所选的书籍不能超过对象的阅读能力。不能设想，一个推荐目录既适用于专家，又适用于一般文化水平的读者。由于目录的用途不明，对象不清，目录辅导读者的效果也就大大地降低了。

3. 选书问题

选书问题是和推荐目录的对象、用途问题紧密地联系在一起的。只有在明确了推荐对象、了解了他们的兴趣、需要和文化水平的基础上，才能精确地、有目地的挑选图书。在没有熟悉图书和了解读者以前，所推荐的图书必定是距离读者的需要很远的。

我国各图书馆编制的推荐目录，在选书问题上还没有很好地掌握标准，对推荐目录必须首先反映马列主义经典著作这一点也注意得不够。如山东省图书馆编的“斯大林著作及阐述斯大林学说”，便没有反映毛主席的《最伟大的友谊》一文。上海图书馆、山东省图书馆、济南市图书馆，在编制“培养青年共产主义道德品质”推荐目录和读书计划时，列宁关于青年共产主义教育的经典著作《青年团的任务》一文都没有收入目录和读书计划中。

从有些目录看来，编者只是在发现书名与所推荐的主题差不多就收入目录中了，至于书中的内容是不是重复，版本是不是新的，书中的内容深浅如何，这本书的主要用途如何，就很少去考虑，以致造成目录内图书内容重复，深浅程度相差悬殊，版本陈旧等现象，这些现象都降低了推荐目录的积极作用。

山东省图书馆编的“斯大林著作及阐述斯大林学说”书刊简目中，存在很多值得研究的地方。例如在该书目的第五分题关于“中国革命问题”中，编者挑选了八本书和五篇杂志上的论文。第一种书是《列宁斯大林论中国》（干部必读），是解放社1950年出版的，它包括了其他七种书的全部内容，而《论中国革命前途》《中国革命和共产国际的任务》《与中山大学学生的谈话》《中国革命问题》四文，除在本目录的四个汇编本中反映了四次以外，还著录了单行本，使这些文章一连反映了五次，这就显得有些烦琐了。第一种汇编本《列宁斯大林论中国》，人民出版社于1953年印了第三版，其中有些文章经曹葆华、张仲实校译过，这本子显然比1950年解放社版好些，而编者却没有选入。

在选入的五篇杂志论文中，《斯大林对中国革命理论的伟大贡献》（张如心作），中国青年出版社1953年出了单行本，《纪念斯大林同志的伟大著作〈中国革命问题〉的廿五周年》（陈伯达作）一文，在1952年人民出版社出版的《斯大林和中国革命》（陈伯达作）一书中已经收入，编者没有著录单行本，而光和杂志的卷期打交道，这样反而给了读者很多不方便。

在选好书的问题上，编者收了陈伯达作的《纪念斯大林同志的伟大著作〈中国革命问题〉的廿五周年》，而他作的《斯大林和中国革命》一文，不知道为什么没有被编者选入目录。还有胡华作的《学习列宁斯大林关于中国革命问题的学说》（1951，北京青年出版社）一书，是专门论述列宁、斯大林关于中国革命问题学说的，而编者也没有选入目录。最使人不能理解的是在“斯大林著作及阐述斯大林学说”书目的十个分题中，列举了一百多种书籍和杂志论文，而最能总结斯大林革命学说和斯大林一生功绩的经典著作《最伟大的友谊》（毛泽东著）却没有收入这个目录。

在“关于马克思列宁主义”推荐目录中，《论列宁主义基础》（斯大林著，解放社，127页），《论列宁主义的几个问题》（外国文书籍出版局，200页）、《列宁主义的几个问题》（华东新华书店，90页），这几本书本身就有重复，而这几种书在1950年外国文书籍出版局出版的《列宁主义问题》一书中全都包括了，而编者却没有收入《列宁主义问题》一书。

在推荐图书简目“培养青年共产主义道德品质”第一分题中，过多地收入了专论性的书籍，如《论新爱国主义》（伐西利耶夫等编，489页）、《爱国主义论集》（廖盖隆著，225页）等。在第三分题“集体主义”中，编者收集了七种书，而对这个主题最适用的书籍《集体的力量》（库尔舍夫著，丹明译，1953，北京，中国青年出版社，102页）都没有选入。在“培养青年共产主义道德品质”目录的五个分题中，共收了廿九种书，其中一本富有教育意义的对培养青年共产主义道德品质有积极作用的文艺小说也没有。如果减少些专论性文章，增加些文艺小说，如《把一切献给党》（1954，北京，工作出版社，吴运铎著，206页）、《青年英雄的故事》（左林等著，1954，北京，中国青年出版社，284页）等书，不是更生动、更全面了吗？

从上面的例子可以看出：推荐目录的编者是在没有很好地了解读者和熟悉图书的情况下进行选书工作的。在“关于中国革命问题”的推荐书目中，编者只是尽量地介绍了斯大林“关于中国革命问题”的各种中译版本，而对推荐目录的选书原则注意得不够。编者对所推荐的书籍没有很好地查阅，甚至连每本书的目录也没有详细地看一下，以致有些文章重复了好几次，这从推荐目录的角度上看，根本没有必要。对于书籍出版的情况编者也是不很清楚的，以致造成新版书和对推荐主题合适的书以及有单行本的书没有被选上，而只著录了旧版书和论文所在的杂志卷期。当然，不能要求每个图书馆员能熟悉哪类图书有些什么新版本，有些什么旧版本，但图书馆员必须学会利用图书馆、出版部门和发行部门的书目参考材料。这样，推荐目录所选的书才能“精”而“简”，才能达到真正辅导读者，教育读者的目的。

上海图书馆编的图书目录“青年修养读物(甲乙册)——培养共产主义道德”，所收的书范围较广，不只限于专论性的书籍，也有文艺小说、英雄人物事迹的故事，这是好的地方，但在甲乙两册的附录参考书目中，所列的十种书籍全是重复的。编者在出版说明中说：本书目分甲乙两种，甲种收录的书较浅，乙种比较深一些。而在附录中编者又没有遵守这个原则。如果把附录里的书也按深浅分一下，省出些篇幅，再推荐几本合适的书，不是更丰富了吗？

4. 排列和著录问题

推荐目录特别是读书计划中书籍的排列和著录是否完备合理，是很重要的问题。推荐目录内书籍的排列最好是按书籍的内容，如湖北省图书馆编的“迎接农业合作化运动的新高潮”那样。当然也还可以利用其他原则进行排列。读书计划中书籍系统的排列，对读者进行系统的阅读有很大关系。读书计划的目的，一方面是教育读者使读者获得知识，另一方面也帮助读者获得系统阅读的技能，在这里，书籍的系统排列就更显示出它的重要了。

图书排列的系统性，要根据读书计划的主题和图书的内容来确定排列的原则。一般的原则是由浅到深，由简到繁，由总括论述到具体问题或由具体问题到总括论述，有时根据图书内容也可以按年代排列。

我国公共图书馆在读书计划书籍系统的排列上，是作过很大努力的。如山东省图书馆编的读书计划“做一个坚强的更有益于人民的人”“充实天文知识”等，是按照由总括论述到具体问题和由浅到深的原则排列起来的；上海图书馆编的“培养青年共产主义道德品质”读书计划，也是按深浅的原则排列的。

推荐目录的著录是使目录精确、简练和说明问题的不可缺少的一环。我国公共图书馆在推荐目录的著录上有的地方显得烦琐，而有的地方又不够说明问题。

前面提到过的山东省图书馆编的推荐书目“关于中国革命问题”，著录了八种书，其实只要著录第一种《列宁斯大林论中国》(解放社)就可以了，其他七种有的可以不著录，有的可以在附注中说明一下还有什么版本可作参考。空出来的篇幅再选上几种书，目录不是更丰富了吗？在“斯大林全集与选集”推荐书目中，编者不厌其烦地一连著录了六本《斯大林全集》，如果只著录一行，在附注中说明一下现已出版了哪几卷，不是很清楚吗？空下来的篇幅编者就可以更多地收集些有关文章了。

推荐目录著录的事项，要力求详细，最好是有索书号、书名、著者(包括译者)、出版年、出版地、出版者、数页、提要。这些项目的著录，对读者了解图书是很有帮助的。这里必须说明的是图书馆为某些读者群而编制的推荐目录是必须著录索书号的，如果是大型公共图书馆编制的指导性推荐目录，是供给各馆根据具体情况加以利用的，这种目录就可以不著录索书号，因为各馆分类编目工作不一致，索书号是不可能统一起来的。

上海图书馆编的读书计划“培养青年共产主义道德品质”，在著录事项上是全面的，这样，一看每本书的著录事项，就可以了解书是什么时候出版的，里面谈些什么问题，对自己有没有帮助。

山东省图书馆编的推荐目录和读书计划在著录事项上有很多值得研究的地方。在该馆1954年编的读书计划第一辑十三个分题中，都没有著录出版年、出版地，也没有提要，有些翻译的书连译者也不著录。如“充实天文知识”这个读书计划，共著录十一本书，其中有六本是翻译的，而没有把译者著录上去。在“学习中国古典文学”推荐目录中，共有二十个分题，在第一分题“中国古典文学名著”中共收三十三种书，全部没有索书号。这三十三本书其中有些如：《三国演义》《水浒传》《西游记》等，在二至十九个分题中有著录，但也有很多如《史记》《文选》《李太白集注》《杜少陵集注》等书在二至十九个分题中根本就没有著录出来。这种不著录索书号的做法，不仅使读者无法利用，而且馆员推荐这些书籍也将束手无策了。如果说这些书山东省图书馆没有，无法著录，而编者在编印说明第三条中就说得很清楚：“本书目所收集的资料，以本馆收藏的图书、期刊、报纸为限，图书均附索书号，以便读者来馆借阅。”而编者在编目录时，却把“图书均附索书号”这件事给忘记了。在该目录里，出版项下大部分是没有出版年、出版地的，其中有二十种书全部版本项的记载是三个字“通行本”，读者怎样知道指的是哪一朝、哪一年的通行本呢？

译者不著录，读者就很难知道你指的是哪种译本，如高尔基的“三人”，在1951年就有上海商务和上海杂志公司出版的两种译本。又如高尔基的戏剧《底层》就有芳信、胡明、李健吾三人的不同译本。出版项不著录清楚更会使人含糊不清，如高尔基的《我的大学》，有胡明译的1952年和1953年光明书局的本子。又如《底层》，李健吾的译本有1949年上海出版公司的本子和1953年上海平明出版社的本子。类似这种情况是很多的。如果要著录高尔基的《底层》，只写《底层》，高尔基作，再加上多少页，这样，不同的译本、初版和修订本在著录事项上就没有法子区别了。推荐目录的著录事项必须足以使所著录的书和其他版本的书能够区别，能够充分表明所著录书籍的特征，在推荐目录内著录过于简单，对推荐目录是不适合的。

对今后推荐目录工作的建议：

1. 迅速组织书目协调机构，克服平行现象。在1956年第一次全国图书馆工作会议文化部社会文化事业管理局的报告中，谈到设置书目协调机构的问题，这个机构的建立可以加强各图书馆书目工作的联系，克服平行现象和人力物力的浪费，可以加强书目工作的效果。在推荐目录的编制工作中，平行现象是很严重的，在1955年编制“培养共产主义道德品质”推荐书目和读书计划的，就有上海、上海市、山东省、济南市、南京、甘肃省等图书馆。各馆所根据的资料，绝大部分是相同的，有的书在每个目录内都可以找到。更值得提出的是上海图书馆、上海市图书馆都编了“培养共产主义道德品质”的读书计划，上海图书馆还编了推荐书目，两馆都设置在一个地区，而彼此之间缺乏联系，重复编制对象一致的读书计划，这种现象是必须克服的。

希望北京图书馆能负起编制指导性推荐目录的责任，以便各公共图书馆根据具体情况加以利用。这样，推荐目录的质量可以提高，同时，也可以克服各图书馆缺乏编制推荐目录干部的困难。

2. 各公共图书馆应加强推荐目录工作，扩大图书流通，教育读者。过去一段时间有的图书馆如山东省、上海等图书馆作了很多推荐目录工作，这是很好的，但有的图书馆如江西省等图书馆从来也没有注意这工作，这是值得考虑的。

自 1956 年图书馆工作会议提出图书馆为科学研究服务后，各图书馆都致力于资料的收集，强调为科学研究服务，对普及工作有忽视倾向。各图书馆编制的推荐目录已逐渐下降，这是种很不正常的现象。产生这种现象的原因，主要是对文化部报告中所提出的省市公共图书馆的对象任务理解得不够全面。省市公共图书馆不仅有收集资料为科学研究服务的任务，而且也有在人民群众中宣传马列主义，进行爱国主义和社会主义教育的任务。两方面都是不应偏废的。今后省市公共图书馆应重视普及工作，利用书目扩大图书宣传，加强对读者的教育工作。

2

1983 年

孙冰炎

美国图书馆学教育与图书馆简况介绍

我和我系系主任黄宗忠同志，应美国波士顿西蒙斯大学图书馆学与情报学研究院院长斯图亚特的邀请，于去年十一月中旬去美国进行考察、访问。这次访问，我们在波士顿待了一个较长的时间，然后走马看花，跑了四个城市（华盛顿、费城、达拉斯、萨尼托尼亚）。现就此行的所见所闻，从两个方面作一介绍。

一、美国的图书馆学、情报学教育简况

美国约有图书馆学与情报学研究院 100 多所，其中有 70 所是被认可的。所谓“认可”，就是必须经过全美图书馆协会中的一个由专家组成的委员会批准。经过批准的学院，能得到全国的公认。只有被认可的学院毕业生，才能一个合格的专业图书馆员。

从这个数字来看，我们国家的图书馆学教育是很落后的。1978 年前，我国只有北京大学图书馆学系和武汉大学图书馆学系，1978 年后，由于形势的要求，才逐渐增加了几所，到目前为止，经教育部批准的和地方教育机构批准的，一共也不到 20 所大学设有图书馆学专业。所以在“四化”建设中，这方面的人才数量奇缺，从知识结构方而看，质量也不高。因此现在国家的有关领导采用多种形式，狠抓这方面人才的培养，是很正确的。

美国的图书馆学院，在 40 年代以前培养对象的重点，普遍是大学生，即“学士”学位的人才。但自 1949 年到 1952 年的四年间，全国的图书馆学院绝大多数先后改为培养“硕士”学位的人才，改为图书馆学研究院。只有少数的学院在培养硕士学位的同时，附带培养少数的大学生。现在美国图书馆学与情报学研究院培养人才的制度中一般有三级学位：“学士”是四年制的大学生，少数学院有这个学位；“硕士”这个学位的毕业生是大量的；“博士”只有少数学院授予这个学位，人数不多，一个学院一般只有 10—20 多个。图书馆学情报学博士学位，在美国未被认可，只有地方性的认可。以上三个学位，除“学士”学位规定高中毕业，考试成绩达到各自学院的要求外，其他两个学位都有特定的要求。

申请念“硕士”学位的学生，除要有大学毕业证书外，还要成绩达到“B 分”以上（“B 分”相当于我国的四级分制的‘良’）。申请念图书馆学情报学硕士的研究生，绝大多数是来自其他专业毕业的大学生，而图书馆学情报学毕业的大学生却占极少数。其他专业毕业的大学生中自然科学专业的比较少（约占学生总数的 10%—20%），而人文、社会科学专业毕业的比较多（约占 80%多）。这些大学生多数是已在图书馆工作一段时间后才申请念

图书馆学情报学专业的硕士的。对硕士的要求，要修满36个学分的课程，一门课4个学分，就要修9门课，一门课3个学分，就要修12门课(各学院规定的学分不一致，不过大多数学院规定3—4个学分)。这9门或12门课，又区分为必修的基础课和选修的选修课。各学院对基础课门数的规定并不一样，有两门、三门、四门、五门的，也有更多的，但一般是3—4门。如密西根大学的图书馆学与情报学研究院的基础课，就只规定“参考咨询”“藏书建设”“知识组织”(分类编目)三门；而西蒙斯大学图书馆学与情报学研究院的基础课则规定为“图书馆管理”“参考咨询”“社会科学文献”或“科学技术文献”“知识组织”、(分类编目)等四门。规定每门课是4个学分，所以选修课修五门就够36个学分。这个学院的硕士选修课有：“书目方法”“中学图书馆的组织与管理”“技术服务”“索引编制”“图书保护”“儿童文学”“比较图书馆学”“非印刷媒体”“计算机在图书馆中的应用”“联机数据库”“标引与摘要”“情报检索”“统计学”“专业图书馆及其管理”“高等学校图书馆”“音乐图书馆”“政府出版物”“档案管理”等。每一个学院的选修课是大量的。选修课多，可以更好地适应学生的所好，同时为学生打下广泛的知识基础，能更好地适应社会的需要。

硕士生每学完一门课，经过考试，并就这门课的内容写一篇文章。每门课程的考试及文章都达到B分以上，就可以毕业，并获得硕士学位。

申请念博士学位的学生：一般要求有硕士学位，并有三年左右的中级图书馆工作经验。当然，不同的学院，要求并不完全一致。如西蒙斯大学图书馆学与情报研究院就要求有两个专业的硕士学位，并有三年中级图书馆工作经验，才能申请念博士学位。博士也要修满36个学分的课，每门课4个学分，情况与硕士差不多，只是博士最后要撰写一篇博士论文，(论文算一门课的学分)，并经过一个综合考试。这个综合考试的内容，包括所学的各门课程，以及课程以外的图书馆工作方法、图书馆管理等，由五个教授组成考试委员会进行考试。每门课程的考试、综合考试、论文都达到B分以上，就可毕业，并获得博士学位。

硕士、博士都达到标准，可以毕业并取得学位；达不到标准，可以申请延长时间，继续念。一般只念一年到两年的时间，也有超过两年的，这是指全日制学习的学生。半工半读或业余学习的学生，念的时间就长得多，要念五、六年。这样的学生占总学生数的四分之三。学生年龄一般是30—50岁，也有少数60岁的。

美国的图书馆员，一般要有认可学院授予的硕士学位。没有这个学位，只有四年制大学的学士学位，不能当图书馆员，只能是图书馆的非专业人员，做一般辅助性的工作。所以说美国的图书馆员的知识结构，绝大多数是具有两门专业知识的。既具有图书馆学、情报学的专业知识，又具有一门其他的专业知识，这样的知识结构是比较符合图书馆、情报工作所要求的知识面，是比较理想的图书馆员。不过在有些州的规定不一样，如中小学图书馆员，有的州要求硕士，有的州规定学士也可以。

在美国图书馆学与情报学研究院，除了培养有正式学位的学生外，也有职业的训练、单课的进修。如各学院举办各种短训班，特别在暑期短训班更多，有一门课的短训班，有某一方面知识的短训班，如图书馆微型计算机的应用等。时间不等，一周的，几天的，二三十天的都有。这种短训班，很受图书馆界的欢迎。有的图书馆员，在工作中感到某方面业务知识缺乏；或者是某一新技术出来后，图书馆应该利用，但缺乏人才，需要培训馆员，就可到附近的学院去听某一门课，或参加相应的短训班学习。参加这种学习，都需要付出一笔学费。这笔学费有时由馆员自己支付，有时由图书馆支付。从馆员个人说，为了使自己不失业，使自己在工作岗位站得稳，宁愿付出这笔学费。

关于教师，一个学院如有200—300多名学生，一般只有14—17名专职教师，另外还聘请一些兼职教师。教师中有教授、副教授、讲师，但没有专职的助教，都是研究生来兼做助教工作。一个学期要求一个教师教三门课。教师既要有博士学位，也要有丰富的图书馆工作经验。年轻的教师有的是硕士，那么他要一面教书，一面再深造，念博士学位，要取得博士学位，才有可能提升副教授、教授。当然还要看教学的成绩，这是主要的。对教师的评价，大致有以下四个方面：①教学效果，主要根据学生记载的意见，如果是选修课，就要看选课的学生多少。每个教师有一个教学意见记载本，这个本子放在一定的公共的地方，学生可随时把自己的意见写上去。而且这些意见任何人都可去翻阅。用这种方式反映教学意见，当然对教师是一种压力，但对提高教学质最是有利的；②著作多少、质量高低；③对新技术的掌握情况，主要指电子计算机在图书馆、情报工作中的应用技术；④活动能力，指参加国内外的学术活动和各种业务会议以及外出讲学等。

关于课程的变化：美国的图书馆学与情报学研究院的课程发生较大的变化，是近十年才出现的。这当然是由于美国的科学技术的发展而引起的。这个变化主要表现在两方面：(一)传统课程的改革。如分类编目、参考咨询、图书馆管理、图书采购等。这些传统的课程中主要增加了利用电子计算机的部分；(二)新技术课的增加。如通讯、视听、自动化、网络化以及情报学等方面的课程。各学院很注意这个问题，大家在互相竞争，都各自宣扬课程中增加的新技术课程多，用以吸引更多的学生入学。因为学生毕业后，要找工作，现在美国图书馆界所需要的是既有图书馆学传统的业务知识，又有新技术的工作者。所以，新技术课程越多越能吸引学生。各学院这方面的情况，发展不平衡，改革的速度，远跟不上科学技术发展的要求。所以，当前美国图书馆学情报学教育中，仍然面临着一个课程改革问题，即如何更好地把新技术引进到图书馆学与情报学教育中来；如何更好地在传统课程中增加新的内容。有一位院长对我们说："课程的改革首先是要教师的改革。换教师队伍是很困难的，有的教师在校任教几十年了，有的教师认识不到现实问题，做院长的应该想办法，使教师认识到这个问题，新技术出来了，我们虽然没有这种设备，但要认识到这种新技术对图书馆的重要性。所以，最大的问题，是要使教师认识到世界在改变，我们也要改变。"这位院长的谈话有代表性，也说明当前美国图书馆学情报学教育中的课程改革问题，主要是师资问题。教师的认识跟不上形势，有阻力，同时也有实际困难。要中老年教师去从头学习新技术，不是轻而易举的事，有的教师能做到，有的教师做不到或难做到。这个问题早已引起各院领导的注意。有一个学院的副院长说："我们学院的教师，教传统课的已经饱和了，他们对新技术不感兴趣，现在我们要增加的是教新技术课程的教师。"

关于学校的行政管理：一个学院，一般是一个院长，两个副院长，正副院长都有秘书或院长助理，工作人员很少，机构简单。现用西蒙斯大学图书馆学与情报学研究院为例说明。一个院长，两个副院长，一个管教学、科学研究，一个管行政。六个工作人员，包括三个正副院长的秘书在内，两个图书馆员，三个图书馆的门警。学院的一些教学、奖学金、学位的授予、课程的开设、教师的选聘以及一些大事，均由教师、有关工作人员、学生代表组成若干委员会(主要成员是教师)讨论并提出建议。例如奖学金委员会、选聘教师委员会、研究委员会(讨论科学研究项目该不该给科研经费)、教育委员会(讨论进修、培训的工作)，教师委员会(讨论教师的工资待遇及福利等)、课程安排委员会(对某一课程该不该开，这个教师能不能开进行讨论)、考试委员会(管博士生的综合考试)及全院工作人员委员会等。全院工作人员委员会是全院最高的决策机构，各委员会所提出的各项重大问题，都要通过该委员会讨论决定。学生代表和图书馆员列席参加这个会议，但无表决权。会议由正副院长主持，一个月召开一次。他们的行政工作比较简单，只是于教学有直接关系的教学行政工作。关于教师、学生以及工作人员的衣食住行等一些事务性工作，都是由社会上和各人自己去解决，学院不管这些事。因此行政机构简单，工作人员很少，而且人选都比较精干，工作效率比较高。正副院长可以全力贯注于教学，这对于教育事业的发展，是很有利的。

二、美国图书馆简况

在这里谈两个类型的图书馆简况，即大学图书馆和公共图书馆。

美国大学图书馆的设置情况各不一样。有的大学有总馆、分馆。如威尔斯大学，有一个总馆，即人文、社会科学图书馆，有三个分馆，即科学图书馆、音乐图书馆、艺术图书馆。布兰德大学有总馆，即人文科学图书馆，也有分馆，即科学图书馆。在美国很多大学都设有科学图书馆。所谓科学图书馆，就是自然科学或自然科学和应用科学图书馆。有的大学平行地设立很多独立的书馆，没有总图书馆。如哈佛大学就有100个独立的图书馆，它是按专业划分图书馆，每个专业图书馆都属于该专业系统管理，经费是独立的，不过在某些业务工作上有联系。如100个图书馆编制联合目录、组织100个图书馆都参加联机采购等，由文理学院图书馆的馆长主管。有的大学设立几个平行的大图书馆，又设分馆。如麻省理工学院设有科学、人文科学、建筑、工程、管理等五个大图书馆，另设有音乐、科学历史、航空等十二个分馆，分属五个大馆。总之，各大学图书馆的设置，都是根据各学校的具体需要而设，大致有以上几种情况。

图书馆的业务机构划分也很不一致，不过从内容方面看，是根据业务工作范围来划分的。如有的设公共服务部，工作内容是参考、检索、流通、阅览以及一切服务活动；藏书管理部的工作内容是藏书建设、采购、编目等；行政管理部负责行政、人事、图书馆的设备等，有的图书馆设有采购服务部，负责采购、编目工作；读者服务部负责阅览、检索以及一切面对读者的活动；流通部负责外借；自动服务部，这个部既有读者服务工作，又有采购编目工作，所不同的，就是用电子计算机来进行采购、编目、参考咨询等工作。威尔斯大学图书馆设有采编室、文献参考室(参考、阅览、流通等)、档案室、古籍室、印刷室。这个馆的机构设置比较特殊，因为威尔斯大学所有的教学、文书档案都交图书馆管理，所以设有档案室。他们自己也认为这个情况特殊，与一般学校不同。印刷室，因为这个馆里保存了一套较古老的印刷机及一切印刷所需要的设备用品，排字、检字都是手工操作。现在图书馆的简短文件、通报等都是用这个印刷机印的。保存这套古老印刷机的目的，是为了让学生知道过去是如何印刷的，了解印刷的发展史。学校“印刷史”这门课，是由图书馆负责讲授，各个专业的学生都可以选修。

关于大学图书馆的经费、人员等情况：图书馆的工作人员，除了正式的专职人员外，还有不少的临时工作人员，多半是学生来作临时工。如威尔斯大学图书馆有正式工作人员15人，14人是硕士。临时工20个，都是学生，他们每天工作两小时。这个馆有藏书50万册，购书费1981—1982年度为482,400余美元。面对的读者达2,200余人，其中教师200人，学生2,000人，是一个比较小的女子大学。布兰代大学有2,800名大学生，600名研究生，教师360余人；图书馆有藏书80万册，非书资料60万件；有专职工作人员63人，其中博士2人，硕士30人，大学生29人，高中生2人，另外还有学生临时来图书馆工作。西蒙斯大学有大学生1750人，研究生900人，教师200人，图书馆的购书及设备费，年达150,000美元，专职工作人员22人，临时工作人员大约30—40人。因为用学生作临时工工资低，只要3—3.5美元一小时，所以图书馆里大多用临时工做辅助性工作。在美国劳动力的计算是非常严格的，为了减少开支，不愿多雇人，他们认为多雇一个人，付出的工资是很高的。据有的馆统计：图书馆员最低的待遇，年工资约17,000美元，最高的待遇，年工资约25,000美元。就是临时工也不能多雇。

大学图书馆的流通、阅览工作基本上是传统形式，改变不大。外借不限册数，借期约一个学期，如教学需要可续借，教师、学生有的馆同等待遇，有的馆规定学生借期为4周，教师不限期。为充分利用藏书、方便读者查找所需要的书刊，绝大多数图书馆的藏书开架。当然有乱架和丢书的情况，但都不严重，由于有安全设备，所以，丢书不多。

大学图书馆阅览室很多，有各个专业阅览室，有普通阅览室，在阅览室里都有开架的藏书，由于参考工作往往在阅览室进行，所以，陈列的工具书也比较齐全。学生很愿意去阅览室学习，不仅这里有丰富的藏书，而且有舒适的各式各样的桌椅，安静的学习环境。加之在阅览室的附近有休息室、讨论室、打字室、复印机、显微阅读机等。复制需要的资料非常方便。阅览室开放时间较长，从上午9点—晚上10点，有时到晚上12点，在学生考试期间，有的图书馆从上午9点一直开到第二天上午4点，通宵开放。

除了书刊阅览室外，每个图书馆都有非书资料的视听室，在视听室，有小型电影放映机、录像机、电视机、录音机、幻灯、唱机等，设备比较齐全。电影片、录音带、磁带、唱片、幻灯片等这些非书资料也属视听室保管。

为节约空间，便于保存，缩微技术被普遍采用。如西蒙斯大学图书馆规定，重要的期刊慢些复制成缩微胶片，不太重要的期刊如《时代》等，就要很快地复制成缩微胶片。凡复制成缩微胶片的原版刊物，可送给教师或学生。威尔斯大学图书馆规定期刊过两年后，复制成缩微胶卷保存，原版刊物，用很便宜的价钱卖给教师或学生。波士顿城有14个图书馆，联合组成的期刊联合目录，就是复制成缩微胶片的(其中11个是大学图书馆，波士顿公共图书馆是中心)。这个缩微胶片联合目录，各图书馆放在目录厅或阅览室，联合目录的旁边有一台显微阅读机，用起来比较方便，但读者对阅读缩微复制品不喜欢，不习惯。图书馆对一些很难继续保存的古籍，也采用缩微复制的办法。这些古籍虽经过复制，但原本照样修补存放。

图书馆的采购、编目、检索等工作改革较大，都已应用电子计算机进行这些工作。大多数图书馆参加了 OCLC，(俄亥俄大学图书馆中心)，这个中心在美国 2000 多个图书馆中有 3000 多个终端，遍及全美国。有的图书馆不仅参加 OCLC，还参加另外的检索中心，如布兰德大学图书馆既参加了 OCLC，又准备参加 RLIN(科学图书馆情报网络)，利用 RLIN 回答读者关于文献方面的咨询。如麻省理工学院图书馆就有计算机中心在有条件的大学图书馆建立有自己的检索中心，同时它也参加 OCLC，利用 CLC 进行采购和编目。在美国的大学图书馆的各项业务工作，除了采购、编目和参加咨询利用电子计算机外，流通、管理等工作，一般都尚未利用电子计算机。

采购、编目和检索虽然自动化了，但是工作中又出现了新问题，如编目，著录条例太复杂，当一本新书需要输入，编目员要特别小心，根据条例要编得绝对正确，否则机器通不过，因此编目员工作进行得很慢，有时积压不少的书，不能及时输入。照馆长们的说法，就是编目费钱太多，不合算。再如，利用电子计算机检索；要付一定的费用，有的图书馆规定一次要 10—15 美元；要填表，办理检索的手续。读者不太愿意付钱，同时又嫌麻烦，所以，一些读者特别是老年读者宁愿用传统的手工方法去查找文献资料。根据布兰德大学图书馆对利用电子计算机检索的统计，是一个月三十人次，平均每天一人次。编目、检索自动化所出现的这些现象，应该是暂时的，一种新的方法出现，总会有一个不习惯的过程。要是利用电子计算机检索不要费用，方法更简便，读者对检索的方法日益熟悉，用的读者一定会逐渐多起来。编目员的工作逐渐熟练后，速度一定会加快。这个过程是必然的。图书馆自动化，是现代图书馆发展的必然趋势，随着自动化技术的不断革新，读者使用新方法利用图书馆会很快普及。

公共图书馆：

美国的公共图书馆，不像中国每省都有一个系统，从省馆、市馆、地区馆到县馆，虽然在行政上和经济上都各自独立，但在业务上是有联系的，而且上一级馆有辅导下一级馆的责任。在美国每个州里都有州立图书馆、市立图书馆或镇立图书馆等，它们之间没有形成什么系统，都是各自独立的，谁也不管谁，一般情况是这样。但在少数的州里，各公共图书馆自发联合起来，组成一个组织，由州立图书馆作中心，建立业务上的联系。

美国约有公共图书馆 14, 400 所，其中包括分馆 5, 800 所，从这个数字来算，美国公民约 15, 000 到 20, 000 人便有一个公共图书馆。

美国公共图书馆的经费来源，由州政府或地方政府从公民缴的税收中拨给一部分。这笔钱是主要的，当然有时图书馆也向私人争取捐助。但由于公共图书馆主要依靠本地区人民的税收来维持，所以，在为本地区居民服务方面，殷勤周到。特别是规模较小的图书馆，周围居民不多，他们对居民的情况、需要了解得很清楚。如波士顿附近的瓦特尔镇图书馆的所在地，有居民 36, 000 人，其中 15, 000 人领取了借书证，领取借书证不需要任何条件，只要读者来领，图书馆就欢迎。这个镇的居民中有法国人、意大利人、爱尔兰人，所以，该馆购书也要考虑到购这些国家文种的书刊。公共图书馆为本地区读者服务和外地读者服务是有区别的，外地读者利用图书馆要证明，有的还要收费。

公共图书馆业务机构的划分，有的按业务工作划分，这与大学图书馆按业务工作划分的情况大同小异；有的按业务工作和读者年龄划分。如瓦特尔镇图书馆，设有编目部(采、编)、成人服务部、青少年服务部、儿童服务部和特殊服务部。由于成人、青少年、儿童三个服务部是按读者年龄划分，所以，每个部都有符合本部读者要求的藏书和参考、阅览、外借工作。如它的成人服务部，有一个普通阅览室，里面陈列有唱片、画册、石膏像、小说以及各类书刊，另外，还有国内外大城市的电话号码簿(国外的不全)。这里有各种式样的阅览桌椅，读者可以自由进出，可以随便坐着、靠着，甚至躺着看书。对阅览室所有陈列的书籍物品，都可按规定借回家，如石膏像、画册等都可借；另外，还有一个参考咨询室，这个室陈列着各种参考工具书，室内还有一个小房间，有十几个座位，陈列的也是参考工具书，这个房间等于研究室。参考室有藏书 1,500 册，均不外借。又如儿童服务部，这个部的阅览室陈列的主要是儿童书籍；另外还有适合儿童的唱片、磁带、幻灯；儿童们玩的积木和各式各样的玩具。这里除了儿童的小桌椅外，还有妈妈或爸爸的桌椅。到这里的儿童多半是 4—6 岁的学龄前儿童。阅览室陈列的一切小人书和玩具都可按规定外借。还有他们的特殊服务部，是为残废人如聋瞎人等服务的。这里藏有盲文图书，馆员可以念给他们听，根据他们的特点为他们服务。

大型公共图书馆里，有的首先分为普通图书馆和科学图书馆，然后在两个图书馆中进行业务机构划分。这里的科学图书馆是为专业人员服务的，它的藏书有各学科的专著和文献(包括自然科学、应用科学和社会科学)。与大学的科学图书馆含义不一样。

公共图书馆自动化程度与大学图书馆情况差不多。大小公共图书馆的采购、编目、参考咨询基本上是利用电子计算机进行工作。参加 OCLC 的图书馆较多，也有大型公共图书馆自己建立有电子计算机检索中心，如波士顿公共图书馆是通过自己建立的 ORLE 系统来进行采购、编目、检索的。它的这个系统数据库包括 OCLC 在内，因为它已买了 OCLC 的磁带。

关于静电复印、缩微技术的应用也很普遍。像波士顿公共图书馆，为了长远打算，他们规定凡新书入藏三个月后，就将其目录缩微复制，卡片目录也照样保存供读者使用。照说，书已输入了计算机，而且又有缩微复制品，那么传统的卡片目录可以作废，但由于考虑到读者的习惯，喜欢用传统的目录，而且不需要付用费，故不能一下子作废，需要一个过渡。所以，他们的卡片目录仍然摆在目录厅里，从长远看是要作废的。将来传统的卡片目录作废了，还有一套缩微目录备用。

公共图书馆同大学图书馆一样，很重视参考咨询工作。因它面对的读者更广泛，所接受的咨询，就其内容看，范围很大，从衣、食、住、行生活琐事到对专业文献的咨询都有，无所不包。特别是电话咨询很方便，人们在工作中或生活中产生了疑问，常常就在家中用电话向图书馆咨询，如果是比较简单的容易解决的问题，就在电话中得到回答。这对读者来说，是高效率的服务。所以，这部分工作都配备一定数量和级别较高的人员。参考工具书的收藏，也比较齐全。波士顿公共图书馆的人文科学图书馆阅览室有六个工作人员，都是硕士，主要是搞参考咨询工作的。

公共图书馆藏书，有的开架，有的不开架，如费城公共图书馆藏书 200 万册，只有 30 万册不开架，170 万册藏书都开架。波士顿公共图书馆藏书 750 万册，绝大多数不开架，只有参考阅览室陈列的书开架，但不外借。

公共图书馆外借的册数和时间都有限制，一般是 6、7 册或更多一些，借期 3—4 个星期，有需要可以多借，也可以续借。阅览室的开放时间每周约 70 小时，星期日多数图书馆不开放，星期六是上午 9:00 至下午 5:00，平时一般是上午 9:00—下午 9:00。由于美国没有午休的习惯，所以，上午下午的开放时间是连续的。

古籍、名人的手稿、赠书以及儿童读物，公共图书馆很注意收藏，往往成为它们的特点。差不多的公共图馆，都有很像样的善本室，善本室内有设备较好的修理部，如费城、波士顿公共图书馆都是。在费城公共图书馆的善本室里有公元前 2800 年的古文字书，是在一块小石头上刻的象形文字。有 900 年前在朝鲜出版的日文书，700 年前古文字的印版书，15、16 世纪的地图……还有英国名作家狄更斯的手稿、照片、用过的桌椅；波士顿公共图书馆善本室藏有美国总统华盛顿和约翰・埃德姆的手稿、赠书……对于这些珍藏，他们不仅注意保存，也很注意修补。他们的善本室有修理部，里面有测量酸、碱及纸的年限的仪器，有化学药品和几部机器。如书的酸性过强，便用苏打水洗去，洗的方法很过细，把一页一页的书平放入苏打水中，每一页要隔一层纱窗似的纱，半小时后一层层拿出来，放在滴水架上将大量的水滴完，然后放入烤烘机烤干，再放入压平机上压平，最后修补。修补的方法、用的纸张和我们国家的差不多，也许就是向我们国家学的。因为在我们出国前不久，美国图书馆界曾请北京图书馆管善本书的同志去美国讲授善本书的保护和修补。经过这样洗、补的古籍，会大大延长书的寿命。从他们介绍的情况，可以听出他们感到有这样的善本室、修理部是很值得自豪和宣扬的。

不少的公共图书馆藏有丰富的儿童读物，不仅是注意国内出版的儿童读物，有些外国的儿童读物也注意搜购。有的馆长说：儿童书籍的收藏是我们的特点。同时他们也充分利用这种特藏为儿童服务。他们设有儿童阅览室、视听室，室内的陈设，都是根据儿童的特点制作的。小读者们在图书馆里，不仅可以看到他们喜欢的娃娃书；还可听到儿童音乐，看到有关儿童的电视、幻灯等；有时馆员为儿童们讲故事；另外小读者们还可以玩玩具，如积木、各种电动的动物、娃娃、车辆……这一切对儿童有很大的吸引力，可以从多方面来教育儿童、引导儿童。

在参观、访问美国各类型图书馆后，使人感到他们有一共同的特点，即一切从读者出发，把方便给予读者，把困难留给馆员。图书馆从藏书建设、馆舍建筑到馆内一切设备，特别是阅览室的设备到各种规章制度都是紧紧围绕着读者考虑的。美国有不少图书馆建筑形式美观、新颖、艺术性强，特别是阅览室与开架书库紧密相连，对读者取还图书非常方便，阅览室的设备既考虑到读者阅读时坐得舒适，也考虑到阅读时间长了，需要休息的场所，同时考虑到读者在某些情况下需要讨论问题的场所和复制资料。一切的安排都很妥贴，环境也很安静，所以读者都很愿意上图书馆。另外，图书馆为读者开放的时间常常是连续开放 12 个小时、15 个小时，有时为了读者的特殊需要，如考试时，甚至连续开放 19 个小时。这对馆员来说，虽然可以换班，也是很辛苦的事。而对于广大学生读者来说，可以得到充分的时间准备考试。

图书馆为了方便谈者咨询，在咨询室设置了几部电话，读者随时可以利用电话咨询，有些问题也可从电话中得到回答。在高等学校图书馆里，为了帮助学生利用图书馆，他们设有专门的目录员，每天在目录厅里进行个别辅导，参考咨询组有专人负责向低年纵学生介绍图书馆的情况，讲解如何利用图书馆；对高年级学生，帮助他们利用专业工具书，查找专业文献。有的大学图书馆，把这项任务作为一门课程向学生讲授。他们区别不同的读者群，采取经常的和集中时间的、个别的和集体的方式，进行这项工作，有的大学图书馆编有利用图书馆的指南和其他利用参考工具书的书面材料，供读者使用。总之，在他们的每项工作中都离不开"为读者"。他们这样做的原因之一，就是要在读者中扩大好的影响，争取读者支持，从而易于取得社会上的某些集团和个人的经济捐助；同时，从馆员个人来说，读者的好评，对于他们职业的保证，也是很重要的。由于国家制度的不同，他们这些想法是很自然的。但他们为读者服务的想法和具体做法，是值得我们借鉴的。

3

1983 年

查启森

中国书史研究纵览

在我国，图书的发生和发展已经有了数千年的历史，并且取得了极其辉煌的成就：不仅流传下来了极其丰富的文化典籍，而且还首先创造和发明了理想的图书载体——纸和加速生产制作图书的先进方法——印刷术。这些发明和创造，对人类文明和社会的发展起了十分重要的作用，作出了最宝贵的贡献，奠定了中国书史在世界书史中最显著的地位，然而我们对它的研究和总结却是极其不够的。

我国早期的书史研究是和文献编纂学、目录学、校勘学、版本学结合在一起的，书史作为一门独立的学科的研究，书史领域的专门著作的出现，则是迟至本世纪初年才开始发生的，并且最初显得非常零散和不全面，与我国悠久的历史和文化很不相称，是我国史学研究领域中的一个薄弱环节。

本文主要从发展的角度，对我国书史研究领域的成果作一简单的回顾，从而引出经验，作为借鉴，来促进中国书史研究的繁荣。

一

在我国书史研究领域中，最早出现的一本著作是叶德辉的《书林清话》。这本书初刻于清朝末年，也就是本世纪初年。全书十卷，十二万多字。在这本书里，它首先比较集中地提供了关于古代图书的一些历史知识，讲到了它的起源和发展，特别是印刷术发明后的图书的各种知识，说明书籍和版片的各种名称、历代刻书的规格、材料，以及工料价值的比较，印刷装订、鉴别、保存等方法，并叙述了古代活字印刷、彩色套印的创始和传播，各时代的著名刻本，刻书、抄书、卖书、藏书的许多典故，资料非常丰富。但这本书是用笔记体裁写的，虽然还算不得完整系统的书史著作，不过在这本书里包含了大量的丰富史料，为书史方面的系统著作奠定了基础，后来的专门著作多取材于它。所以至今这本书对于书史的研究仍具有重要的参考价值。

作者的另一本著作《书林余话》二卷，是《书林清话》的一个补编。内容主要是前书未收的有关宋、元、明、清的说部书及笔记中涉及刻书的以及前书的遗漏部分。死后才由他的侄儿叶启鉴整理印行。今两书于 1957 年由古籍出版社合刊印行。书后并附录有 1936 年《文澜学报》刊登的李洣著《〈书林清话〉校补》一文。是目前易见的通行本。

叶德辉还著有《元私刻本考》，发表在《武汉大学文史哲季刊》第 1 卷，第 1—4 期

(1930—1931年)上。

叶德辉虽然在政治上很反动，然而对于他学术上的这些成就，还是可以承认的。

同一时期，还有著名学者王国维写的《简牍检署考》《两浙古刊本考》《五代两宋监本考》等著作(以上都收在《王静庵先生遗书》中)，也是我国书史研究领域中早期的重要著作。

1918年，还出现了孙毓修的《中国雕版源流考》(上海，商务印书馆)，是最早系统讲述版本学的专著。从书史角度来说，是对图书某一方面较早的系统研究著作，对雕版印刷的发明与发展作了不少考据方面的工作。

在20年代，先后又出现了向达《唐代刻书考》(载《中央大学图书馆年刊》第1期，1928年)、叶长青《闽本考》(载《图书馆学季刊)第2卷第1期，1927年12月)，他们分别对一时或一地的刻书进行了考察和论证。而在这一时期，还出现了系统研究书籍制度变迁的著作，如：马衡《中国书籍制度变迁的研究》(载《图书馆学季刊》第1卷第2期，1926年6月)，和李文绮《中国书籍装订之变迁》(载《图书馆学季刊》第3卷第4期，1929年12月)。

作为书史的组成部分之一的报刊史，在这一时期也有了专门著作的出现，这就是戈公振的《中国报学史》(1927年，上海，商务印书馆出版，解放后于1955年有三联书店重印本)。

30年代，除了继续有单篇著作，如李文绮《版本名称释略》(载《图书馆学季刊》第5卷第1期，1931年3月)、邢云林《中国杂志简述》(载《文华图书馆学专科学校季刊》第3卷第1期，1931年3月)、余嘉锡《书籍制度补考》(载《故宫博物院十周年纪念文献特刊》，1935年10月)等外，并有了通论性的专书的出版. 其中有：郑鹤声、郑鹤春《中国文献学概要》(1930年11月，上海，商务印书馆初版)，陈彬和、查猛济《中国书史》(1935年，上海，商务印书馆)以及陈登原《古今典籍聚散考》(1936年，上海，商务印书馆)。

《中国文献学概要》虽然是以文献学名目出现，而实际上可以把它当作书史著作来看待。全书除导言外，分结集、审订、讲学、翻译、编纂与刻书诸章，分别论述其发展源流，从中可见我国图书在这些方面的进展情况，有重要的参考价值。

《中国书史》则是一部第一次以书史直接命名的通史性著作。这部书史按历史的发展顺序，一朝一代地系统地阐述了我国图书发生发展的过程，虽然立论不多，但罗列了大量的史料，而且历史地作了梳理，使史料系统化了。在我国书史研究领域中，它标志着我国书史研究已进入比较系统的时期。

40年代，论著不是很多，然而也有以下这样几本著作。它们是周越然的《版本与书籍》(1945年，上海知行出版社)、杨寿清的《中国出版界简史》(1946年，上海永祥印书馆)和贺圣鼐、赖于彦的《近代印刷术》(1947年，上海商务印书馆)等。这后两部著作，明显地表示出对近代图书的出版与印刷也有了开始的研究与介绍。

以上是大约将近半个世纪以来，我国书史研究领域中的一些主要著作。它所表现出来的趋向有着以下几个方面的特点：

1. 书史开始作为一个专门的研究课题，从文献编纂学、目录学、校勘等、版本学的结合研究中，游离出来，产生了书史学。这些著作的出现，为书史学的研究奠定了基础。

2. 书史著作，由最初表现出零散、单一而逐步走向比较系统和比较有条理的研究。虽然总的来说，还是处在探索的过程之中，然而却开始具有了一定范围内的初步轮廓和规模。

3. 书史研究方法，由考据而逐渐开始进入论述。其研究范围，虽然总的来说，是以刻本为主，但也涉及简牍和以后的印刷技术，以及通论书籍制度和装订沿革等；一般地说，比较偏重于古代，然而在后期，也有了对近代印刷术和出版事业的论述，说明书史研究还是在随着图书事业的发展而不断扩大的。

4. 这一时期，书史研究虽然有以上的发展，但是距进入理论阶段还很远，表现在这许多著作中，仍然是史料的堆砌，而缺乏科学的分析和系统的阐述。尤其是偏重于图书的形式而忽视图书的内容，更忽视了图书的作用和社会影响。因此，理论的基础是很差的。

应当说，系统的书史研究，还是在解放后进入它的理论阶段。

二

解放以后，书史方面的著作，比较起来有了大幅度的增长。除报刊上陆续刊登的论文以外，重要的产生了以下几部系统的专著。

解放后最早的一部书史著作，是由王利器先生编写的《中国书史》一书。它是北京大学图书馆学专修科在解放初期(1950—1951年)的一份油印教材。由于未正式出版，所以流传不广。后来由于王先生离开北大，这份教材也未能在北大继续使用，目前已很难找到。据当时亲自听过王先生这门课的周文骏同志介绍的这本书的特点：一是采用了广征博引的方法，对书史上的有关专题，如纸的发明、印刷术的发明、古书的版式、雕版的创始、刻本的制度、板刻等做了考据式的介绍；二是材料丰富，关于书史上的某些基本资料，在这本讲义中差不多都提到了。缺点是说理、立论较少，没有把图书的发展放在一个广泛的社会背景下来考虑。

第二本是皮高品先生的《中国图书史讲义》。这是皮先生给武汉大学图书馆学系学生讲课用的教材。最早写于1956年，油印。1964年修订增补后又铅印。

这本讲义，在书史领域中皮先生是第一个试图以马列主义毛泽东思想为指导，用历史唯物主义的观点写成的第一部书史的系统著作。比起以往的书史著作来，这本讲义在材料和观点上都有所创新和突破，甚至在结构和体系上，为以后所产生的书史著作奠定了一定的基础。很多以后的著作，在体例上接受了它的模式，在观点和材料上也受到它的影响。

皮先生在这本讲义中，有许多创见，特别是在1964年的印本中，还系统地提出了它的分期理论。他是首先提出按照社会发展的五种形态给中国书史的发展进行分期的。

我系的《中国图书史》一课，在“文革”以前一直由皮先生讲授。现皮先生由于年事已高，不再直接向学生面授。然而他仍以惊人的毅力，继续从事书史的研究工作，近年来他继续整理出长达四十多万字的《中国图书史及名著、人物评介》一书。这是书史领域中前所未有的一部巨著。由于种种原因，目前还未能付梓。

继王利器先生之后，刘国钧先生担任北大图书馆学系的《中国书史》教学。关于中国书史，刘国钧先生有许多著作。他先后出版了《可爱的中国书》《中国书的故事》《中国古代书籍史话》和《中国书史简编》。前三种都是通俗和普及性读物，分别由中国青年出版社和中华书局出版。《中国书的故事》第三版并由郑如斯增订是普及性读物中流传较广的一种。《中国书史简编》，作为高等学校教材，1958 年由高等教育出版社出版过，1982 年又由郑如斯订补改由书目文献出版社出版。作为学术著作，解放后正式出版的仅此一种。

刘先生著作的特点，是通俗易懂，适合于不同文化程度的读者阅读，由此使书史知识能够得到较大范围内的普及。另外，刘先生把书史的研究范围扩大了，不仅涉及图书的形式，也连及图书的内容，并且与社会的发展结合起来，进行综合的阐述，使书史知识有了一定的理论高度。

“文革”以前的出版物，除了通史性的著作之外，书史范围的专著则有：张秀民的《中国印刷术的发明及其影响》。这是我国对自己发明的并给人类文明发展带来巨大贡献的印刷术首次系统的总结。作者花了很大的精力，用去很长的时间，广泛收集中外史料，写成了这部著作，不仅内容丰富，而且考据翔实，于 1958 年首次由人民出版社出版，1978 年又第二次重印。这是研究中国书史的一部重要的参考书。

吴则虞的《版本通论》。这是吴先生于解放初期在西南师范学院任教时给图博科学生授课时的教材。原是油印本，直到 1978 年才开始在《四川图书馆》和《四川图书馆学报》上连载。这本书主要取材于叶德辉的《书林清话》和陈彬和、查猛济的《中国书史》二书，从版本学角度而加以条理。

关于古籍版本的论著还有 1957 年由古籍出版社出版的钱基博的《版本通义》。这是作者 1930 年写的一本旧著，重校整理出版的，也是研究中国书史必备的一种参考书。

“文革”前出版的书史著作除上述外，还有一些通俗读物。如：北京市女三中语文组编写的《书的故事》(1961 年，中华书局)、陈国庆的《古书版本浅说》(1957 年，辽宁人民出版社)和毛春翔的《古书版本常谈》(1965 年，上海中华书局，1977 年重印时改由上海人民出版社出版，另 1973 年香港中华书局也重印过)。《古书版本常谈》虽是一本通俗读物，却比较有影响，其中有不少经验之谈，但也免不了有错漏的地方。最近《四川图书馆》发表有徐孝宓等同志写的专文评论。

“文革”期间，武汉大学、北京大学图书馆学系分别于 1972 年和 1974 年编印过《中国图书知识》和《中国书史讲稿》。

由于当时许多课程精简，《中国图书知识》除了书史内容外，还合并了一些本应由其他课程开设的内容。比较偏重于知识性，而忽略了系统性。这是根据当时学员水平编写的。

署名北京大学图书馆系“古书整理”教学小组编的《中国书史讲稿》，实际上是王重民先生的著作。王先生学问根底深厚，掌握史料丰富，但处在“四人帮”篡党夺权时候，特别当时正是在评法批儒的高潮中，书中少不了要受到一些影响。但作为这本书来说，结构清楚，体例简洁，有它独到之处。据说，现在北京大学图书馆学系的书史课是以这本书和刘国钧先生的《中国书史简编》两本书为基础，互相发挥和补充的。

新设立的东北师范大学图书馆学系也开设了书史一课，由李更旺编写了《中国书籍史》(1981 年，打印)一书。这是“文革”后产生的一本新教材。在前人著作的基础上，又补充了新近考古发现的一些实物资料和现代发生的缩微复制品等内容的论述。

拙编《中国图书史》(初稿)，是 1982 年上半年仓促写成的，是根据当时教学需要赶写的初稿。这个初稿主要吸收了过去的研究成果，以及尽量引入了近年来有关书史研究的新发现与新观点；而又在分期等问题上提出了个人的一些不很成熟的看法，并实际应用于本书。通过一年多的教学实践，我准备进一步修订。

其他还有方厚枢的《中国出版简史》。1980 年 9 月开始在《出版工作》上连载，可惜未刊毕而半途终止。从已发表的部分来看，显著的特点是增加了不少介绍书籍内容和出版倾向方面的材料，并引用了一些学术界研究的新材料和提出的新观点。

通俗的读物也有好几种，除上述修订重版的《中国书的故事》《古书版本常谈》外，还有庄葳《中国书的历史》(1980 年，上海人民出版社)、孙宝林、唐乃兴合编的《书的历史》(1979 年，山东人民出版社)赵振铎的《古代文献知识》(1980 年，四川人民出版社，此书最先的四川中心图书馆委员会印)、何卜吉的《中国图书知识》(1982 年，广西人民出版社，这是中南五省公共图书馆编写的教材之一)和高峰的《书籍知识》(1979 年，陕西省图书馆)。在刊物上连载的有胡继森的《图书发展史话》(在《四川图书馆》连载)等。此外在一些有关图书的专著中刊载书史材料的如许万雄的《图书馆藏书建设》(1979 年，重庆市图书馆学会)中有专章讲述《图书的发展简史》；和赵燕群《期刊工作浅说》(1980 年，书目文献出版社)中有《期刊的产生与发展》专章。将要出版的还有四川图书馆学会编印的《中国书史简编》。甚至还有于 1980 年 10 月由峨眉电影制片厂摄制完成的彩色科教影片《书的故事》，这还是前所未有的。说明书史的普及工作开始比较广泛地开展起来了。应当说，这也是一种发展的标志，在普及的基础上，必须会出现提高的书史著作来。

目前有关书史的专题研究，都比较发达。特别是由于考古的新发现在不断丰富它的内容，各个方面都有了较前更深入的认识，这方面单篇的著作也较多，本文限于篇幅是难以尽述的。1980 年以前的著作，大部分结集在武大和北大两校的图书馆学系编印的《中国书史参考资料》和《中国书史文选》中，可兹参考。

这里我们再介绍一下有关近代以来的出版史料和一本近代报刊史专著。

有关近、现代的出版史料，主要由张静庐编辑，并加注释的有：

中国近代出版史料(初编)	1953 年
(二编)	1954 年
中国现代出版史料(甲编)	1957 年
(乙编)	1957 年
中国现代出版史料(丙编)	1957 年
(丁编)	上卷 1959 年
	下卷 1959 年
中国出版史料(补编)	1957 年

这是研究中国近现代图书史，必不可少的参考书。

关于报刊专著，解放前有戈公振的《中国报学史》外，近年又有方汉奇的《中国近代报刊史》(1981 年，山西人民出版社)。较之前者，后者在观点和材料上有所发展，其中不乏不少新的发现和认识。关于报刊的专门史料除有(五四期刊介绍》(1958 年，人民出版社)、《辛亥革命时期期刊总目》(1961年，上海图书馆)外，还有《新闻研究资料》丛刊等。

三

以上我们介绍的主要是内地有关书史研究与著作编写出版情况。中国香港地区、台湾地区和国外对我国书史也开展了研究工作，并且有一定数量的著作出版，据我们初步掌握的情况，简介如下：

在50年代、60年代，除散见于报刊上的论文之外，台湾地区出版的书史专著有：屈万里、昌彼德的《图书版本学要略》(1953年)、罗锦堂的《历代图书版本志要》、史梅岑的《中国印刷发展史》和李书华的《中国印刷术起源》(1962年)。60年代香港上海书局还翻印了刘国钧的《中国书史话》(1962年)。70年代，香港地区、台湾地区出版的书史著作较多，其中香港地区出版的有：蒋复聪的《中国书籍考论集》(1972年，中山)、李文绮等的《中国书籍演变论集》(1972年，中山)、刘家璧的《中国图书史资料集》(1974年大龙门)，此外，还翻印了毛春翔的《古书版本洁谈》(1973年，香港中华书局)：台湾地区出版的有：高越天的《中国书纲》(1971年，维新)、昌彼德的《中国图书史略》(1976年，文史哲)、叶凡的《中国书籍史话》(1978年，白庄)等。

值得一提的还有美籍华人学者钱存训先生的著作。钱氏现在是美国芝加哥大学远东图书馆馆长。抗战期间，他曾任职于国立北平图书馆驻上海办事处，负责收集抗战文献及散逸图书。他是中国书史的研究专家，1962年芝加哥大学出版了他的专著 *Written On Banboo and Silk*(《书于竹帛》)一书的英文本。后来加以增订，以《中国古代书史》为名，用中文于1975年出版于香港中文大学，是讲印刷发明以前的书史。这是一部对世界有影响的著作。劳榦在该书后序中说：“这部书接触到许多书写、铭刻、纸张、工具以及一切有关中国书籍的许多问题，给予世界的学者对中国这个独特性的文化及其贡献一些更深切的了解，使得虚构于西方书籍的发展，而不知天外有天的人们得以广开见阅。”这本书自出版以来，在西方及中国港、台地区的许多大学中文系、历史系都被指定为参考书，一些重要的报刊也登载书评，加以推荐。可惜本书国内还很不容易见到。

在国外，关于中国书史的研究，特别是关于其中的印刷术是很感兴趣的问题。有不少的著作问世。其中较早，并且有一定成就和影响的著作是美国哥伦比亚大学教授托马斯·F·卡特在1925年所著的一本题名为《中国印刷术的发明和它的西传》(*the Invention of Printing in China and Its Spread Westward*)的书。这是一部有关中国印刷史的名著，1955年，由富善(L·G·Goodrich，亦译富路特、科特利基或哥特立起)又将该书增补改订后再版。这个增订本由日本龙谷大学教授薮内清以及神奈川县立图书馆石桥正子二人译成日文并列为东洋文库丛书之一。我国对此书也很重视，曾三译其稿。第一个译稿是刘麟生译，题为《中国印刷术源流史》(1937年，上海商务印书馆，有删节)。向达译作《中国印刷术的发明及其西传考》，在《图书馆学季刊》上连载(未译完)。解放后又有吴泽炎译本，题为《中国印刷术的发明和它的西传》(1957年，上海，商务印书馆)。

这是一部在国内外都很有影响的著作。它比较全面而且较为公正地论述了中国印刷术发明的背景和演变以及西传的过程。不仅对于研究印刷术，而且对于研究中外文化交流，这部书也是有其价值的。

四

我们从以上介绍看来，中国书史研究总的来说具有以下几个方面的特征：

1. 书史研究方面基础还很薄弱，大量的著作，偏重于知识性，属于普及性的读物居多，真正学术性的著作屈指可数。其中主要还是高等学校图书馆学专业的教材，而且正式出版的也只是个别的，更多的尚未正式出版。这不能不影响它的交流与传播。

2. 除了几种教材之外，综合性的通史著作也很少；专题研究的面也不是很宽的。重点在印刷术方面，印刷术发明以前的论述，系统的论述不多，印刷术发明以后的论述，也未能全面地加以综合研究。

3. 从研究范围来看，许多著作仍然停留在对图书形式方面的研究，如对书籍制度等的研究；至于对图书的内容，特别是对内容与形式如何结合起来，历史地加以论述，虽然在一些著作中已开始注意到这个问题，但还显得不是那么自然。

4. 在许多著作中，知识性介绍居多，至于图书发展的规律和动力方面总结得就很不够了。

5. 由于考古的新发现提供了不少有关书史发展的许多新材料，丰富了书史研究的课题，补充了不少书史研究上的空白。对于过去的书史需要进一步作出评价，这当中还有许多研究工作更需深刻的探讨，要吸取许多领域中的研究成果，这样书史研究才会更丰满。

6. 中国书史，从它的内容来看在世界书史中应占有长足的地位。由于我们的研究工作很多是局限于本国的范围，对世界书史缺乏更多的了解与研究，所以在以往的书史著作中，很难以体现出中国书史与世界书史的关系，由于缺乏这方面的比较，很难体现出这种地位。就不能充分说明中国图书在世界文化中的地位与作用，就很难得出图书普遍的发展规律来。这在目前的研究中，显然是一个薄弱环节。

7. 就中国书史来说，本身的研究也存在着一些需进一步研究的课题，例如中国书史的分期问题，如分期标准、原则等，目前还是各执其见，也没有一个一致公认的结论，也需要认真进行探讨。

以上是对我国书史研究工作成果的一个综合性的概述。介绍的目的，在于进一步引起对中国书史研究的兴趣，来促进书史研究更加繁荣。

主要参考资料：

1. 周文骏：《文献交流引论》(初稿)，北京大学图书馆学系，1982 年 9 月印。
2. 肖东发：《试论图书发展的动力及其规律》，载《云南图书馆季刊》，1982 年第 4 期。

4

1985 年

周继良

图书分类学导论(纲要)

1. 图书分类学

图书分类学，是研究知识载体及其揭示单元的系统组织与检索利用之间的规律的学问，即关于如何为了按系统来利用知识载体的学问。其具体研究对象和内容，是从利用出发的关于知识载体及其揭示单元的组织系统与系统组织，亦即图书分类法(表)的编制原理与图书分类的规则方法。就其所属学科性质来说，是如何为了按系统来利用知识载体的问题，是人类社会如何来利用的问题，属于社会科学；至于它利用或涉及的各门学科知识问题，那只是利用，并非它的研究对象或内容，不能改变它的学科性质。

2. 图书分类

图书分类，这种现象或活动，是从一定需要出发，按照既定的组织系统，根据图书的诸属性、特征，分门别类地系统组织与揭示图书的工作方法；就其现代含义简单地说，就是按照学科知识内容，分门别类地系统组织与揭示图书。结果是，图书本身和关于图书的揭示款目各自组成一个系统(体系)，显示了各类图书之间的上下隶属、前后并列的从属与并列关系，便于人们从一定联系中、从族性方面来识别和查找利用图书。图书分类是识别和利用图书的一个很重要的方式，差不多成了图书、情报、资料工作的基础。

3. 图书分类的对象

图书分类的对象，当然是图书。然而，图书的含义和范围是什么，应明确。就图书的历史发展来看，图书无非是人们知识的载体，是人们对主客观世界的感觉、印象和认识，用文字、图像显示在一种物质上的形式。人们的认识处在不断深入发展之中，它的载体所用物质形式也处在不断演变之中。现今大量的主要的则是指纸张印刷形式的图书。图书的含义和范围应是广义的，不管什么样物质形式的知识载体，都应包括在图书的范围以内。至于什么书目、文献、资料等，只不过是就图书的诸性质、作用进一步划分的问题，就其所载知识内容来说，仍属图书范畴。

4. 图书分类的单位

图书分类的单位(即图书分类对象的个体)，从物质形式来说，是一个不可分割的整体，例如从纸张印刷形式来说，就是一本书、一册书，一份资料；从其所载知识内容来说，则是一个知识单元。知识单元的大小，如何确定，是个复杂问题。如果脱离其物质形式来谈知识单元，就属于知识分类问题、知识概念的分类问题了。应从利用图书的角度，来确定所载知识单元的大小，看其是否载有适用的知识信息，这属于揭示图书内容的详略程度问题。明确图书分类的单位，其意义在于：就图书本身这一实体来说，一本、一份地得到系统组织排列，便于直接索取利用；就揭示其内容的著录款目来说，许多代表一个知识单元的款目(一条著录，或一份，通常是一张著录卡片)也得到系统组织排列，便于借以检索而利用图书。

5. 图书的属性、特征

对图书的分类，是根据其属性、特征进行的。图书的属性、特征是多方面的。就图书的物质形式来说，现在主要指纸张；发展中的已有胶片、胶卷、磁带、磁盘等现代技术应用中的声频、视频材料了；过去的甲骨、金石、简策、缣帛之书等已成为文物，不为一般人从其内容来利用了。

就图书的内容来说，总的是人们关于主客观世界的认识，关于自然界和人类社会的知识，以及关于人们自身思维领域中认识论方面的知识。各门学科知识的属性、特征，需要一一探讨查明，是图书分类过程中应着重掌握的。还有著作、出版者所处的时代、地区等社会性质特征也会随之反映在图书内容中。从图书的使用对象来说，有一般人用书、科研人员用书、儿童用书、盲人用书等。就图书的使用价值说，有推荐性的、有参考性的、有提存查考性的。图书的使用价值也是因人因时因地受社会历史条件所制约的。

就图书所用语言文字说，有中文、英文、俄文等。就图书的制作出版方式说，有书写、印刷、摄影、录声、录像；有一次出齐、连续出版、定期不定期之分。就一部书说，有单卷、多卷之分。就图书的著述编辑方式说，有系统著作、文集汇编、手册指南、百科词典、书目索引、图表公式等。甚而还有图书的开本大小以及装帧等形式特征。

以上举例说明的图书的这些方面的属性、特征，无不与利用图书有关，为了利用图书的需要，还可详细揭示出图书的其他许多属性、特征。

6. 图书分类标准

图书分类标准，即图书分类根据。根据图书的某属性、特征或其差异进行划分，把具有该特征的图书聚集起来，是为一“类”图书，以之与其他类图书区别开来，所根据的特征，就是图书分类标准。图书的多种属性、特征，其中每一特征皆可作为分类标准。问题在于先按什么标准分，依次再按什么标准分，借以形成一定的系统，是至关重要的。这个运用分类标准的次序，决定于利用图书的需要。一是需要揭示图书的哪些属性、特征；二是需要形成一个什么样的系统。人们之所以利用图书资料，一般离不开所载知识内容，图书所属知识内容这一性质特征，是图书分类必须要揭示的和必须要用作分类标准的。因之，有把图书分类就视作知识组织，似乎不用图书的知识内容作为分类标准，就不是图书分类了。于是有把图书的知识内容视作图书的本质属性，把图书按知识内容分，视作图书分类的本质，这是有一定道理的。然而，图书的其他非本质的属性、特征，还是从如何有效利用图书资料出发，也是有必要揭示出来和用作分类标准的。如果把图书的知识内容视作图书分类的主要标准，那么图书的其他属性、特征就可视作图书分类的辅助标准。主要标准，不一定是首先采用，只是一定要采用的意思，辅助标准，也可首先采用，只是必要时才采用的意思。从图书馆的所有全部图书资料这个大的分类系统来看，图书分类中多种分类标准的运用，是不难理解的。

7. 图书分类与知识分类

图书分类，按图书资料所载知识内容这一属性特征分，按图书资料所载知识单元分，就是在图书资料这一物质基基上的近乎知识概念的分类。知识概念的分类就是知识分类（或称为学术分类，或称为科学分类。科学分类亦即学科知识的分类。通常用的科学分类这一术语，在图书分类中容易把科学这一名词误解为形容词科学性或副词科学性，从而引起混乱。故用知识分类这一术语，比较准确、概括，比较适合图书分类中的实际情况），所以通常也就说，图书分类是在科学分类的基础上进行的，或称图书分类是以科学分类为基础的。准确地说，图书分类是在知识分类的墓础上进行的，或称图书分类是以知识分类为基础的。这既说明图书分类与知识分类的关系，也说明图书分类是以其知识内容这一属性特征为主要分类标准而进行的。因为人们从学科知识的角度利用图书资料，是与知识分类密切相关的，图书分类就可利用当代通用的知识分类体系，不宜另拟一个什么知识分类体系。然而，图书分类以知识分类为基础，两者只是基础关系，并不是等同关系，两者是有而且应该区别的。

①就分类的对象说，知识分类是对知识概念的分类；图书分类是对图书实物的分类，虽然也要针对其知识内容这一属性特征，但必须要有其图书资料（即图书资料保障原则）。知识概念的分类，是认识问题，认识的不断深入，新的认识代替了旧的认识；而记载人们陈旧认识的图书资料，仍然需要保存、利用，仍然需要对它进行分类。

②就分类标准来说，知识分类可以说只用各门学科知识的性质、特点作为分类标准；而图书分类除用其知识内容这一主要标准以外，还要用其他辅助标准。

③就分类的表现形式来说，知识分类可以用图例、说明或立体多维形式来体现各门学科之间的错综复杂关系；而图书分类，需要用线型层次来体现各门类之间的主要关系。并且图书分类早已发展到需要一套标记符号来体现；而知识分类则不是必须要有一套标记符号来体现的。

④就分类的目的作用来说，知识分类在于从总体上、联系上来认识世界，便于借助组织力量来改造世界，为人类谋福利。而图书分类，在于方便具体地从分类排架或分类检索方面来利用图书资料，借以获取知识，提高人们的认识，用以改造客观世界，创造物质财富和精神财富。也可就其作用性质来说，知识分类属于哲学领域里的认识问题，而图书分

类属于具体实物的利用问题。

图书分类既然是在知识分类的基础上进行的，就需要对各门学科知识的性质特点、内容范围及其源流有所了解。这就使图书分类涉及与各门学科知识的关系。图书分类与各门学科知识的关系，总的说是利用与被利用的关系(前已明确，图书分类涉及的各门学科知识不是图书分类学的研究对象)，利用各门学科知识来进行图书分类，有的除了用来了解图书鉴别图书以外，还用来作为图书分类的理论基础和方法基础，如马列主义哲学、逻辑学、系统学、构词法、符号学等与研究图书分类密切相关的学科知识。作为图书分类工作者，要求知识面广、思维清晰，是不言而喻的。

8. 图书分类的时代性

图书所载的知识内容，随着人们认识的逐渐深入，处在不断发展过程中；记载知识内容的物质形式和编著出版方式也处在不断发展变化中；人们利用图书资料的要求，更受社会历史条件的影响，也处在发展变化中，这些就构成了图书分类的时代性。图书分类的时代性，从图书分类法的发展史看，是不难理解的。一言以蔽之，图书分类是受社会历史条件影响的。不管怎样说，图书分类要超出社会历史条件的影响是不可能的，说它的科学性也罢，实用性也罢，莫不如此；说它的思想性，尤其如此。这三性，通常是人们对图书分类的性质所作的总概括(不管着重从哪一性质去分析，总摆脱不了其他两方面的性质)。还可分析出图书分类的其他什么性质(如社会性等)，但总脱离不了社会历史条件的影响。

说图书分类的思想性是受社会历史条件影响的，很容易理解。但由于受形式主义思想性的影响很深，使图书分类法不能相对稳定，给实际工作带来很多麻烦和困难，就想用图书分类的科学性或实用性来撇开思想性。其用心良苦，似乎科学性或实用性就可超出社会历史条件的影响，实际上是不可能超出的。图书分类的科学性不等于科学知识分类，前已明之；即令等于科学知识分类，但科学知识的分类，是属于观念形态的东西，人们的观念形态怎么可以超越社会历史条件呢。图书分类的科学性，无非是这样或那样分，才符合利用图书的特点和规律。这样或那样分，以及如何便于人们实际利用图书，是一种社会现象，皆属于人们观念形态的东西，还是超越不了人们所处的社会历史条件。社会历史条件是什么？就是人类社会发展的各个阶段。人类社会发展到阶级社会，人们关于社会的观念形态打上了阶级的烙印，在剥削阶级，从其阶级利益出发，一般的隐讳这一点，以麻痹被剥削阶级；而广大被剥削阶级，一旦觉悟成为社会的主人，则公开宣称这一点，以维护本阶级的利益。在图书分类法中如何体现这一点，开始难免有些片面、形式主义地体现图书分类的阶级性(思想性)。经过认识、实践、再认识，多少懂得了图书分类的三性是统一的。从马列主义的观点看，无产阶级的阶级性和科学性是一致的。即是说，无产阶级的阶级性不是片面的、形式主义的，而是符合客观实际规律的。符合客观实际规律的科学性，才最有利于无产阶级。现在为了避免片面地形式主义地强调(或赋予)图书分类的阶级性(或思想性)，这里用图书分类的时代性，似可比较能概括地全面地说明问题。

图书分类的时代性，明显地说明图书分类是处在发展变化之中，它与实际工作所要求的图书分类的稳定性，似乎是矛盾的。对图书分类所要求的稳定性，应有所分析。首先从理论上说，图书分类的稳定性，是相对的，是在一定历史阶段的稳定；图书分类的发展性，则是绝对的，总是处在不断发展变化之中，但在一定历史阶段内多属于量的变化，超出一定历史阶段才出现质的变化。其次从实践来说，要求图书分类的稳定性，主要表现在图书资料的分类排架；而对图书资料的分类检索，则不那样强烈要求其稳定，倒是要求它能适应发展变化的需要。可以用对图书分类法的设计和编制，分别来考虑，以适应不同要求。如此来看待和处理图书分类的时代性。

9. 图书分类的应用

图书分类就是从利用图书资料的需要来进行的，图书分类的含义就包含着应用。总的说，凡属以图书资料为工作手段的工作，皆可应用图书分类的方法。因为，图书分类是认识鉴别图书资料的重要方法，以图书资料为工作手段，就需要分别了解图书资料的内容性质特点，才好运用自如地使用它。以图书资料为工作手段的工作，粗分有经营发行、收集整理、揭示提供、登记统计等，如图书经营发行工作、图书馆工作、情报资料工作、文书档案工作、一代艺文登记统计工作、书目索引文摘工作，等等，都需要应用图书分类的方法。只是各自对图书分类方法的应用，有深浅详略和侧重方面的不同，但都属于图书分类方法的应用。要论其应用的道理，就是图书分类学的应用。

从图书馆的各个工作环节来看，就有图书分类编目(即所谓的“知识组织”)这一环。图书分类编目，可以说是图书馆的基础工作。试想，即令收集珍藏了大量图书资料，如果不经过分类整理，不进行分类揭示，是难能很好地利用这丰富的图书资料的。对馆藏图书资料的整理和揭示，有多种方式，如从图书资料类型、所用文字以及开本大小等方面来整理排架，但必须还要从主题、书名、著者等方面来揭示编目。这些皆可属于广义的图书分类，因为它们都可以视作图书资料的一种属性特征，用以类集一组图书资料，彼此相区别，便于识别查找。从狭义的图书分类来说，通常理解的按学科知识内容来整理藏书，组织分类排架；揭示藏书，编制分类目录，乃是利用图书资料中比较有效的方式。对图书资料进行了分类编目，做了这项基础工作，图书馆的其他各项工作，比如流通阅览、阅读辅导、参考咨询、登记统计工作才好有效地进行，即使对图书资料的收集采购工作，也需要利用分类编目的基础来开展。这就是图书为什么要分类，做图书馆的各项工作为什么要具备图书分类学的基本知识。

图书分类，在图书馆工作中的应用是如此，在情报资料、文书档案等工作中的应用也大致如此。在图书发行工作中，针对其工作特点，对图书分类的应用会比较简单一些。在书目索引文摘以及登记统计工作中对图书分类的应用，主要是用来编制检索工具的问题，按分类编制目录的问题。有专门的情报检索语言学和目录学，图书分类已成了它们的内容之一，不是简单的应用了。各门学科的相互渗透，就图书分类学来说，是应用到有关学科；就有关各学科来说，图书分类已成为它们的研究内容之一，成为一个分支。至于图书分类学是在图书馆学的基础上发展起来的，还是在目录学的基础上发展起来的，是一个学术渊源问题；抑或是从图书的分类排架而来，还是从图书的分类目录而来，需要从发展史方面去探讨，总之是从工作实践而来。故图书分类学的研究，应联系图书分类应用于工作实际的需要。

5

1985 年

张琪玉

关于《中图法》增加组配成分的可能性和方法的探索

一、体系分类法增加组配成分是其现代化改造的主要方向

（一）体系分类法的两种职能：作为组织分类检索系统的规范和作为组织分类排架系统的规范

体系分类法是一种传统的情报检索语言，它的发展历史可以追溯到古代。但是，比较完善的形式，则应自杜威分类法算起，也已超过一百年了。

杜威分类法第一版的名称是《图书馆图书小册排架编目适用的分类法和主题索引》。刘国钧先生指出，杜威法“在图书分类史上第一次用号码代表类目，创造了相关排列法，统一了图书排架和目录组织的次序”。

直到现在，体系分类法仍然具有这两种职能：作为组织分类检索系统的规范的职能和作为组织分类排架系统的规范的职能。

过去，这两种职能由体系分类法兼任，不但没有发生矛盾，而且是很和谐的。但是，随着科学技术飞速发展而来的科技文献的激增，图书馆的情报传递的职能的加强，以及体系分类法在情报部门的推广应用，人们要求体系分类法能保证分类检索系统有较高检索效率的呼声越来越高，于是那种和谐的局面就被打破了。

为了保证分类检索系统能达到较高的检索效率，体系分类法必须从结构上进行改进，必须不断地进行现代化改造。但是，对体系分类法的旨在提高检索效率的改造，却受到分类排架方面的很大牵制。矛盾出现了。

目前，分类检索系统与分类排架系统对体系分类法要求不一致的矛盾越来越明显了：分类排架要求分类法的体系结构和分类标记尽量简单一些，避免采用比较复杂的类目体系和分类标记，以方便图书资料的提取和归架，减少提取和归架中的差错。但是，从提高分类检索系统的检索效率来说，简单的类目体系和分类标记，却是不能满足要求的。也就是说，体系分类法在今天要同等地满足这两种要求是相当困难的。这样，就产生了体系分类法应以何种职能为主的问题。

关于这个问题众说纷纭。我认为：现代体系分类法的主要职能应是作为组织分类检索系统的规范。它应首先满足分类检索的要求，适应兼顾分类排架的要求；而不应迁就分类

排架的要求，限制分类法朝着提高检索效率的方向不断进行现代化改造。否则，就不能使体系分类法满足今天的需要，不能使其充分发挥它在今天应有的作用。

用一套体系分类法的两个详略不同的本子来分别满足分类检索和分类排架的要求，即简本用于排架和一般检索，详本用于高要求的检索；在详本中采用更多更好的方法和技术以保证较高的检索效率这是一种比较切实可行的解决办法。

（二）体系分类法既具有能够“鸟瞰全貌”“触类旁通”的优点，又具有“集中与分散”矛盾的缺点

体系分类法是一种直接体现知识分类的等级制概念标识系统。它是通过对概括文献情报内容及某些外表特征的概念进行逻辑分类和系统排列而构成的。

这种分类法所采用的等级结构形式，具有“鸟瞰全貌”“触类旁通”的优异性能，适于人们从学科、专业出发去获取知识和情报的习惯，它好似一张“知识地图”，对于系统地掌握和利用一个专业范围的知识和情报，提供了极大的方便。

但是，也正是由于它采用根据概念划分与概括原理构成的单线排列的等级结构，在另一方面却造成了“集中与分散”的矛盾。

本来，客观世界中具有某一共同属性的各种事物都可构成一类，包括到某一课题的研究范围之内。而每一事物都具有许多属性，因此它既可与具有这一属性的一些事物构成一类，也可与具有那一属性的另一些事物构成一类。也就是说，一事物可以加入许多类，包括到许多课题的研究范围之内。这就是事物的“多向成类”性质。这是一篇文献具有多种用途，可以分入多个类目，应当提供多条检索途径的一个重要原因。而体系分类法层层划分，层层隶属的原则却是：一事物若已与一些事物成类，就不得再与另一些事物成类，即在分类表中只能为某一事物设一个类目，这个类目只能隶属一个上位类。这是与事物“多向成类”的实际不符的。因此，在同一个方面实现了有关文献的集中，在另一个方面必然会造成有关文献被分散，总归不能完全满足不同检索者多种多样的检索要求。

由此可见，体系分类法能够“鸟瞰全貌”“触类旁通”的这一优点和“集中与分散”的矛盾这一缺点都是出于同一原因。

此外，体系分类法用列举方式产生类目，使它的标引能力受到很大限制，难以表达层出不穷的新事物、新学科的大量概念。

（三）在保持学科系统性的前提下尽量增加组配成分是体系分类法现代化改造的主要方向

分类法按其构成的基本原理可分为两类：一类主要是采用“概念划分与概括”的逻辑原理，即体系分类法；另一类主要是采用“概念分析与综合”的逻辑原理，即组配分类法。两种逻辑原理在形成专指概念上具有异曲同工、殊途同归的效果，但所构造的概念标识的检索性能却有很大差异。

体系分类法的分类标识是定组式的（事先组配好），固定的，不可分拆的，其中诸因素是不可变换位置的；而组配分类法的分类标识则是散组式的（到标引时才将其组配起

来)，组合的，可以分拆的，其中诸因素是可以变换位置的。组配分类法的分类标识甚至在标引时也可以不组合成标识串，允许在检索时进行自由组配。

组配分类法的灵活性使它克服了体系分类法标引能力差和“集中与分散”的矛盾，它能反映事物“多向成类”的实际，能进行多途径检索，包罗主题概念的能力和及时反映新事物、新学科的能力较强，标识专指度高，扩大、缩小、改变检索范围相当自由，检索时可任意选择专指度，能进行多因素检索和逻辑运算，既适用于电子计算机检索系统，也适用于手工检索系统，既可作先组散组式使用，也可作后组式使用，等等，从而使检索效率大大提高。但是，组配分类法的分类体系不明显，是隐含的，特别是在后组式使用时更如此。这是它不及体系分类法之点(当然还不止这一点)。

所以，改造体系分类法，既要尽量增加它的组配成分，又必须注意不要抛弃它的学科系统性的优点。即在保持学科系统性的前提下尽量增加组配成分，这应该是一个重要方针。事实上，像杜威法就是这样，一次一次修改，越来越多地增加组配成分；在它基础上发展起来的 UDC 自不必说，苏联 60 年代出版的著名的大型分类法 ББК，也是采用这个方针。显然，采用组配成分较大的体系分类法(或者体系—组配分类法)，是比较切合实际，有较多优点，而较易被大多数图书情报工作者和读者接受的，这至少在目前是这样。

二、组配的原理和方法

(一)组配的基本原理和多种作用

组配的基本原理是概念的可分析性和可综合性。概念是由概念因素构成的，可以分为简单概念和复杂概念。简单概念与复杂概念是相对而言的。一个最简单的概念只有一个概念因素，一个复杂的概念有多个概念因素，概念因素的增加或减少可以形成新的概念。因此，一个复杂概念可以分析为若干个简单概念，若干个简单概念也可以综合为一个复杂概念。那么，一个复杂的文献主题概念也就可以用若干个表达简单概念(或较简单的概念)的分类号或检索词组配起来表达。

在分类表中，组配结果的文献分类号可以是不分段的，如《中图法》表达“英国现代文学史”这个概念的 J561. 095，其形式与直接列举出来的类目的分类号无异，实际它是由主类号 I、世界地区复分号 561、外国现代文学史专用复分号 095 三段组配成的；也可以是分段的，如上述主题概念用《国际十进分类法》标引则为 820(091)“19”，一看就知道是由三段组配成的。

组配可以使分类号达到较高乃至极高的专指度，较容易表达各种新出现的概念，分段式的组配分类号不但容易辨认，如果配以适当的分面标志(如《国际十进分类法》中的辅助符号)，还可以前置、插入或轮排，从而产生多向成类、多途径检索、自由扩大、缩小、改变检索范围、改变分类体系方案等多种作用，获得较佳的检索效果。组配分类号甚至还可以用于后组式系统(如电子计算机检索系统、手工比号、比孔检索系统)，进行自由组配。

（二）体系分类法中的组配成分

在体系分类法中原来就有多种组配成分，如复分表、仿分法、主类号直接组配法等，都是组配原理。只是由于分类号大多采取不分段的形式，组配之后就与一般定组式分类号无异，既难于辨认，更不能改变形式，未能充分发挥组配的优越性。

可以说，在体系分类法与组配分类法之间不存在绝对明确的界限。各种类型的分类法都既有等级体系的成分，又有组配的成分。体系分类法→体系—组配分类法→组配—体系分类法→分面组配分类法，这是一个等级体系成分递减，组配成分递增的顺序。反之，则是一个组配成分递减，等级体系成分递增的顺序。

可以把分类号是否采用分段形式，以及分段标记法使用的广泛程度看作是体系分类法与组配分类法划分界线的主要标志。因为这是使组配方法的优越性得到充分发挥的一个起码条件。由此可见，《中图法》中的 I3/7 各国文学，尽管分类号是完全用组配法构成的，也并未越出体系分类法的范畴。

（三）复分表

复分表也称辅助表、标准子目表等，是体系分类法中使用得最普遍的组配方法。供整个分类法共同使用的复分表，称为通用复分表；只限在部分类目使用的复分表，称为专用复分表。复分表种类繁多，同时，其细分程度也不一。

复分表按其原理，就是一种分面组配。一个复分表相当于组配分类法中的一个分面类表。

复分表号码有的不带分面标志（辅助符号表示某一复分表的组配符号，标引时便与主类号紧密结合，融为一体，如《中图法》中“Ⅰ313.77 日本谚语”，有的带分面标志，标引时虽与主类号结合，但仍很容易辩认，如《中图法》中的“TQ—18 化工专利”。

一般的体系分类法，特别是不使用分面标志的分类法，对于复分号在文献分类号中的位置（或称复分号的引用次序），都是有严格规定的。若不按规定使用，就会使分类体系产生紊乱，并导致分类号含义失真。这种复分号，只起下列三种作用：

（1）细化类目，使用之更为专指；

（2）大大压缩分类表篇幅，从而便于使用，并能容纳更多的概念；

（3）使同性质类目的细分规范化，使分类号的构造具有规律性，从而便于辨认和记忆。

有些分类法，如《国际十进分类法》，允许一部分复分号在必要时前置或插入主类号。例如：

(47)385	苏联铁路系统
(47)63	苏联农业
(47)91	苏联地理
02(73)	美国的图书馆
02(73)6	美国的专业图书馆
02(73)75	美国的公共图书馆

这种灵活性使得分类法的使用单位有可能根据自己的特殊需要，改变原有的分类体系，达到集中某些文献的目的；也可像双表列类法那样，构成第二个局部的分类体系方案。

（四）仿分法

仿分法的原理与复分表无异，被仿分的一组类目，实际上就是一个隐含的专用复分表。

仿分法似乎比复分表更节约篇幅，但不如复分表容易理解，也常常使分类标引人员搞错。所以，一般地说，仿分法只应当使用于需要仿分的类目不多的场合。

通过仿分法构成的分类号，其中仿分号与主类号是融为一体的，所以与一般分类号毫无区别。同时，仿分法没有灵活性，不能用仿分号改变分类体系。

由此可见，仿分法只能起三种作用：

（1）细化类目，使之更为专指；

（2）减少重复列举，压缩分类表篇幅；

（3）使同性质类目的细分规范化，使分类号的构造具有规律性，便于记忆。

（五）主类号直接组配法

这种组配方法，就是用组配符号将两个（或更多个）分类号连接起来。所用的组配符号一般是“：”号。例如：

Z_{89}：TQ 化工文摘

主类号直接组配法有三种作用：

（1）细化类目，使之更为专指。如：

039：TB_{12}　　工程力学

039：$TS_{101\cdot 2}$　　纺织力学

（2）可以表达分类表中未列的概念，特别是可以及时反映新概念如：

$TH_{714.9}$：TN_{856}　　电子表收音机

（3）可以表达复合主题。如：

N_{82}：$R_{339.5}$　　珠穆朗玛峰科学考察—高山生理

主类号直接组配法的使用，有的分类法是指定的，即只限于在某些类使用，如《中图法》；有的分类法则只作原则规定，没有具体限制，指定与不指定各有优缺点：不作具体限制，灵活性较大，但使用不得法易造成紊乱，破坏分类体系；明确规定出使用此法的具体类目，不易紊乱，但几乎只能起第一种作用，作用较小。

有的同志认为主类号直接组配法能解决“集中与分散”的矛盾，其实，单是主类号的直接组配只能起到细分等作用，对缓和“集中与分散”的矛盾所起作用甚微。但是，如果采用主类号的直接组配再加上组配分类号的轮排，就可以既起到互见的作用（解决一部分“集中与分散”的矛盾），又起到主要分类号和互见分类号都细分的作用（都提高专指度）。

关于如何正确使用主类号直接组配法，很有必要作进一步研究，这里的问题较多。

（六）合成法、并列法、扩充法和文字标记法

这几种组配方法主要见于《国际十进分类法》。

1. 合成法。如：

669.15 合金钢

669.24 镍合金　　669.15′24′74

669.74 锰合金　　　　镍锰钢

这种方法的作用是只要列出少数类目，就能组配表达大量专指概念，是一种较灵活的表达形式，但使用范围很窄。这种方法类似将要在下一节中详细讨论的多重列类法与最前标号法（或最后标号法）的结合。所不同之处在于，多重列类法与最前标号法（或最后标号法）的结合实际上相当于分面组配分类法中的面间组配，而合成法则相当于面内组配。

2. 并列法。如：

621.43+621.1 内燃机和蒸汽机

这种方法比之体系分类法通常处理两个并列主题的文献的几种标引方法都要好些（恰切些），而且必要时可以轮排。

3. 扩充法。如：

675/677 皮革工业、造纸工业、纺织工业

这种方法虽可表达一些连续的概念，把它们的有关文献安排在较合适的位置，但使用范围比较有限。

4. 文字标记法。如：

19（42）Bacon 哲学家（英国）培根。

这种方法只能起细分和字顺排列的作用，使用范围也比较有限。

（七）分段标记、分面标志和组配符号

使用组配方法构成文献分类号时，可采用两种形式：一种是整体式分类号，《中图法》使用复分号（总论复分号除外）、仿分号组配成的分类号：就是整体分类号，二是分段式分类号，《国际十进分类法》的分类号（如“54（091）（51）”）就是分段式分类号。

可以说，整体式分类号的优点较少，主要是号码短，而分段式的分类号的优点较多：（1）易于辨认，因而也不难记忆；（2）可以前置、插入或轮排；（3）可以分拆，用于标识单元方式系统，进行自由组配，等等，其缺点则是号码比较长。

由此可见，如果不是用于文献排架，分段式分类号是较好的。但是，要使分类号具有分段形式，必须有分面标志或组配符号。

分面标志有多种形式，例如：

（1）大写字母：PyQsinUWLce；

（2）混合标记：9s6r1f/4nm，或 $A_2B_4C_{12}E_3$；

（3）辅助符号：（　）、=、“　”等。从这些种分面标志都可辨别是哪个分面的号码。

组配符号如：、+、/、-等，主要起分隔作用。某些组配符号也说明组配类型。

可以只用分面标志而不用组配符号（因为分面标志兼有组配符号的作用），但最好是

两者并用。

《中图法》的组配符号“:”不用也无妨，如把“Z_{89}: TQ”写成“Z_{89}TQ”同样具有分段的性质，但使用“:”号可以更清晰一点。

(八)前置、插入和轮排

前置、插入和轮排是发挥组配作用的三种有用的方法。

所谓“前置”，就是将某些种复分号(如地区复分号、文种复分号)置于主类号之前。

所谓“插入”，就是将某些种复分号插到主类号(必须是层累制分类号)的中间。

所谓“轮排”，就是将组配而成的分段式分类号各段前后交换位置。

这三种方法，都有改变分类法原有体系以适应某些单位特殊要求的作用。其中轮排法还可以创造多向成类、多途径检索的条件，解决一部分“集中与分散”的矛盾。

在分类标引中常采用互见法。互见法也叫重复反映法，是一种对同一文献主题用不同的标识进行重复标引，以达到多向成类和多途径检索的要求。但是，互见分类号缺乏专指性。

主类号直接组配标引法可以提高分类号专指度，但只有一条检索途径。

前面曾提到，如果主类号直接组配法与轮排法相结合，则既可起到互见的作用，又可起到主要分类号和互见分类号都提高专指度的作用。关于这一点，可以举下面的例子(见表)来说明。

文献主题	主题代号	主要类目	分类号代号	互见法	组配法	组配与轮排结合
激光的应用	(1)	TN_{249}激光应用	A	$A_{(1)(2)(3)(4)(5)}$	$A_{(1)}$	$A_{(1)}AB_{(2)}AC_{(3)}AD_{(4)}$; $AE_{(5)}$
激光在医学上的应用	(2)	R_{312}医用物理学	B	$B_{(2)\underline{(3)}}$	$BA_{(2)}$	$BA_{(2)}$; $BC_{\underline{(3)}}$
激光在眼科上的应用	(3)	$R_{779.63}$视网膜光凝术及激光在眼外科的应用	C	$C_{(3)}$	$CA_{(3)}$	$CA_{(3)}$
激光在农业上的应用	(4)	S_{123}光在农业上的应用	D	$D_{(4)\underline{(5)}}$	$DA_{(4)}$	$DA_{(4)}$; $DE_{\underline{(5)}}$
激光在育种上的应用	(5)	$S_{335.2}$物理引变	E	E(5)	EA(5)	EA(5)
注：代号下面画线者表示最完全的标引法，一般可省略						

三、多重列类法专论

(一)多重列类法是一种横向展开的列类方法

多重列类法在《中图法》和《科图法》中都有采用，在《中图法》的扩充本——《中国图书资料分类法》中使用尤多。这种方法之对于体系分类法，可以说是“外来语”，是从外面引进的。

体系分类法的原理是层层划分，层层隶属，纵向展开，不断细分。在划分一个类目时，几个分类标准要一个一个地依次使用，即先依某个分类标准划分，次依另一个分类标准复分，再依第三个分类标准细分，等等，这是体系分类法建立分类体系的基本规则。而多重列类法却与这条基本规则不符，它是同时使用多个分类标准，从不同角度来划分同一个类目，进行横向展开。例如：

一般列类法

各种桥梁
- 人行桥
  - 梁式桥
    - 木桥
    - 石桥
  - 拱式桥
    - 石桥
    - 钢桥
- 两用桥
  - 梁式桥
    - 木桥
    - 石桥
  - 拱式桥
    - 石桥
    - 钢桥
- 铁路桥
  - 梁式桥
    - 钢桥
    - ………
    - ………
    - ………

多重列类法

各种桥梁
- 各种用途桥梁
  - 人行桥
  - 两用桥
  - 铁路桥
  - 各种结构桥梁
  - 梁式桥
  - 拱式桥
- 各种材料桥梁
  - 木桥
  - 石桥
  - 钢桥

采用多重列类法的原始意图，是为了使专门从某一角度对一类事物（如桥梁、半导体器件、雕塑）进行综合研究（如对拱式桥或石桥的全面研究）的那些文献有适当的类目可归属。在采用一般列类法的情况下，对这种主题类型的文献是较难处理适当的。如总论拱式桥、总论石桥等的文献，都只能归入“各种桥梁”这个笼统的上位类，很不适当。

（二）多重列类法在文献分类时发生的问题

由于多重列类法同时使用了多个分类标准从不同角度来划分同一个类目，进行横向展开，其结果，划分出来的那些子目的外延是互相交叉的，当分类时，一个多因素主题根据这一主题因素可分入这一类，根据另一主题因素又可分入另一类，根据第三、第四个主题因素还可分入别的类，总之，一个多因素文献主题可同时分入许多类。例如“公路石拱桥”这一文献主题，是分入“公路桥”类呢，还是“拱式桥”类，或“石桥”类呢？这样就发生了分类的困难。为此，必须作出明确的强制性的规定，例如，《中图法》规定一桥梁文献可分入多类时，入排在最前的那个类(入最前类)，一雕塑文献可分入多类时，入排在最后的那个类(入最后类法)。

作这样的规定，固然可以解决分类标引的困难，但是，从检索角度看，却有两个缺点：一是文献分类号的专指度太低，例如，公路拱式石桥、公路梁式木桥等，都只能用公路桥的分类号来标引，二是造成文献的严重分散，例如，公路石拱桥入公路桥类，铁路钢拱桥入铁路桥类，人行砖拱桥入人行桥类，石拱桥入拱式桥梁，石梁桥入梁式桥类，拱桥入拱式桥类，石桥入石桥类，结果，要检索“拱桥”或“石桥”的资料时，就得几乎查遍桥梁各类，这等于不分类，问题还不仅如此，由于除了拱式桥、石桥这两个类目外，分类号中再也没有表达“拱式桥”“石桥”这两个主题因素的符号了。所以要甄别哪篇是关于拱式桥或石桥的文献，哪篇则不是，很不容易。所以，入最前类法或入最后类法只是在表面上解决了多重列类法在文献分类时发生的问题，实际上并没有很好解决。作入最前类法或入最后类法的规定，甚至比不作这种强制性规定更糟，因为这种规定并不比按论述重点归类的原则科学，而是更不科学一些。

(三)最前标号法和最后标号法

最前标号法和最后标号法(这两种方法以下统称“最前标号法”，凡无具体说明者，均同时指两者)是对入最前类法和入最后类法的改进，其原理与《国际十进分类法》中的合成法类似(前面已介绍过)。具体作法是将一个多因素文献主题先分入最前类(或最后类)，然后从前到后(或从后到前)依次将其他有关分类号的特指部分联接于最前类号(或最后类号)之后。例如：“公路石拱桥”这个文献主题可同时分入 $U_{448.14}$公路桥、$U_{448.22}$拱式桥、$U_{448.32}$石桥三类，则它的最前标号法的分类号是 $U_{448.142.232}$，最后标号法的分类号是 $U_{448.322.214}$，这样，文献分类号的专指度就大大提高了，同时，如果要查全“拱式桥”或“石桥”的文献，虽然仍须同入最前类法或入最后类法一样，要从许多类中查找，但是甄别起来却容易得多了，只要看分类号中 U_{448}之后第一、二位或第三、四位或第五、六位是不是22(代表拱桥)，或 32(代表石桥)。如果是，就是关于拱桥或石桥的文献。

所以，多重列类法与最前标号法结合，既可提高检准率，也可提高检全率，除在要求检全某一专题文献(如检索有关拱桥的一切文献)时须从各类仔细查检而速度稍慢(其实比用入最前类法或入最后类法的查检速度还是要快得多)以外，提高检索效率的效果是十分明显的。

多重列类法实质上就是一个微型的分面分类法。最前标号法和最后标号法(使用时两者择一)，其原理极似阮冈纳赞《冒号分类法》的组配标引方法(即把组配分类法作先组散组式使用)，最后标号法分类号形式又类似回归式标记法(参看刘国钧《现代西方主要图书分类法评述》第 225—226 页)。最前标号法与最后标号法的不同，是分类标准使用次序(也叫引用次序)的不同。

(四)多重列类法标记的改进

多重列类法与最前标号法结合使用时，若以数码作标记符号，保持每三位加一分隔点“·”的办法。查检起来不大方便，可以采用下列两种办法加以改进：

第一种办法是将数码改为分段式，例如把 $U_{448.232}$ 改为 $U_{448—14.22.32}$，或改为 U_{448}—14′22′32。

第二种办法是采用字母数字混合式，例如把 $U_{448.142.232}$ 改为 $U_{448}A_4B_2C_2$，或采用大小写字母混合式，如 U_{448}AdBbcb。

采用以上两种改进方法的四种形式中的任何一种之后，要辨别文献分类号中的某一个主题因素就相当容易了。

(五)要求检全时的查检量问题

多重列类法与最前标号法结合使用的结果，一方面，由于提高了文献分类号的专指度，从而使检准率大大提高，检索多因素主题文献时的甄别量大大减少；另一方面，由于多因素主题的各个主题因素在分类号中得到了充分表达，所以当要求检全具有某一个(或两个)主题因素的文献时，有可能凭分类号进行甄别，使检全率大大提高；同时，由于多重列类法标记还可以改进，所以甄别工作也变得相当容易。

其实，最前标号法与入最前类法一样，文献还是被分散在许多地方，所以要检全具有某一个或两个主题因素(指分类号靠后的那些主题因素)的文献时，事实上还是要检查许多类目，才能检全的。但是，由于文献分类号专指度的提高，使文献主题排列系统性大大增强，因此，应当查检的范围比较明确而可以大大缩小，也就是说查检量将大大减少。

为了说明这个问题，必须用较多的篇幅来举一个例子。现在假定有一个采用多重列类法建立起来的类目体系，共有三列子目，每列有三个，具体如下：

U_{448}　各种桥梁

各种用途桥梁

A_1　人行桥

A_2　铁路桥

A_3　公路桥

各种结构桥梁

B_1　梁式桥

B_2　拱式桥

B_3　开启式桥

各种材料桥梁

C_1　木桥

C_2　石桥

C_3　钢桥

从理论上(而不是从实践上)说，这 3 列共 9 个子目的自由组配，最多可有 63 个文献分类号，排列后具体图示如下：

A_1		
A_1	B_1	
A_1	B_1	C_1
A_1	B_1	C_2
A_1	B_1	C_3
A_1	B_2	
A_1	B_2	C_1
A_1	B_2	C_2
A_1	B_2	C_3
A_1	B_3	
A_1	B_3	C_1
A_1	B_3	C_2
A_1	B_3	C_3
A_1		C_1
A_1		C_2
A_1		C_3

A_2		
A_2	B_1	
A_2	B_1	C_1
A_2	B_1	C_2
A_2	B_1	C_3
A_2	B_2	
A_2	B_2	C_1
A_2	B_2	C_2
A_2	B_2	C_3
A_2	B_3	
A_2	B_3	C_1
A_2	B_3	C_2
A_2	B_3	C_3
A_2		C_1
A_2		C_2
A_2		C_3

A_3		
A_3	B_1	
A_3	B_1	C_1
A_3	B_1	C_2
A_3	B_1	C_3
A_3	B_2	
A_3	B_2	C_1
A_3	B_2	C_2
A_3	B_2	C_3
A_3	B_3	
A_3	B_3	C_1
A_3	B_3	C_2
A_3	B_3	C_3
A_3		C_1
A_3		C_2
A_3		C_3

	B_1	
	B_1	C_1
	B_1	C_2
	B_1	C_3
	B_2	
	B_2	C_1
	B_2	C_2
	B_2	C_3
	B_3	
	B_3	C_1
	B_3	C_2
	B_3	C_3
		C_1
		C_2
		C_3

现在再假定每一个分类号都标引了 10 篇文献，则：

(1)检索关于“人行桥”(A_1)的文献时，只需查 1 处，16 个文献分类号共有 160 篇文献。查检量与入最前类法相等。

这是第 1 种检索课题类型，涉及第一列子目所表达的一个主题因素。

(2)检索关于“人行梁式桥”(A_1B_1)的文献时，只需查 1 处，4 个文献分类号共有文献 40 篇。查检量比入最前类法少 3/4(因为入最前类 A_1 类不细分，要从 160 篇中选出 40 篇)。

这是第二种检索课题类型，涉及第一列和第二列子目所表达的各一个主题因素。

(3)检索关于“人行梁式木桥”($A_1B_1C_1$)的文献时，只需查 1 处，1 个文献分类号共有文献 10 篇。查检量比入最前类法少 15/16(因为入最前类法 A_1 类不细分，要从 160 篇中选出 10 篇)。

这是第三种检索课题类型，涉及第一列、第二列和第三列子目所表达的各一个主题因素。

(4)检索关于“人行木桥”(A_1C_1)的文献时，需查 4 处(即 $A_1B_1C_1$，$A_1B_2C_1$，$A_1B_3C_1$ 和 A_1C_1)，4 个文献分类号共有文献 40 篇。查检量比最前类法少 3/4(因为入最前类法 A_1 类不细分，要从 160 篇中选出 40 篇)。

这是第四种检索课题类型，涉及第一列和第三列子目所表达的各一个主题因素。

(5)检索关于“梁式桥”(B_1)的文献时，需查 4 处(即 A_1B_1，A_2B_1，A_3B_1 和 B_1)，16 个文献分类号共有文献 160 篇。查检量比入最前类法少 9/13(因为入最前类法得查 A_1，

A_2，A_3 和 B_1 类，从 520 篇中选出 160 篇）。

这是第五种检索课题类型，涉及第二列子目所表达的一个主题因素。

（6）检索关于“梁式木桥”（B_1C_1）的文献时，需查 4 处（即 $A_1B_1C_1$，$A_2B_1C_1$，$A_3B_1C_1$ 和 B_1C_1），4 个文献分类号共有文献 40 篇。查检量比入最前类法少 12/13（因为入最前类法得查 A_1，A_2，A_3 和 B_1 类，从 520 篇中选出 40 篇）。

这是第六种检索课题类型，涉及第二列和第三列子目所表达的各一个主题因素。

（7）检索关于“木桥”（C_1）的文献时，需查 16 处，16 个文献分类号共有文献 160 篇。查检量比入最前类法少 45/61（因为入最前类法得查 A_1，A_2，A_3，B_1，B_2，B_3，C_1 类从 610 篇中选出 160 篇）。

这是第七种检索课题类型，涉及第三列子目所表述的一个主题因素。

从上面的分析可知，采用最前标号法比之最前类法，其缩小查检范围，加速查检速度的效果十分明显。

在采用最前标号法情况下，检索时检索课题类型的多少及需查处数是随子目的列数和各列子目的个数不同而变化的，但其查检范围和查检量是一定的，有规律可循的。这种规律性，可编制成通用的检索范围表格备查。

（六）多重列类法对计算机检索系统的适应性

前面已经指出，多重列类法实质上就是一个微型的分面分类法，它与最前标号法或最后标号法结合使用，只要再对标记形式稍加改进，组成先组散组式的分类号就很适用于文献单元方式检索系统（即普通的卡片式目录和书本式目录），可大大提高检全率、检准率和检索速度。

多重列类法其实更适用于电子计算机检索系统，进行自由组配其性能与组配分类法和叙词法不相上下。例如，对于“公路石拱桥”这一文献主题，就可用 $U_{448.14}$，$U_{448.22}$ 和 $U_{448.32}$ 三个分类号分别标引。检索时，若要查“拱式桥”则标有 $U_{448.22}$ 的文献都是，若要查“石拱桥”，则同时标有 $U_{448.22}$ 和 $U_{448.32}$ 的文献都是，若要查“公路石拱桥”，则只要将三个分类号进行组配，凡三类下都有的文献号，就是符合条件的。这样，一个三因素主题，可与七个检索课题相匹配，既不会漏检，也不全误检（当然，这是一种简单化的说法）。

由此可见，多重列类法既有先组式的性能，很适用于文献单元方式的手工检索系统；又有后组式的性能，也很适用于电子计算机检索系统。这样，就在手工检索系统与电子计算机检索系统之间架起了一座桥梁。即一个先组式分类号输入计算机，可通过程序自动分解成几个后组式分类号，也可将计算机内的几个后组式分类号，通过程序组合成一个先组式分类号输出。例如：

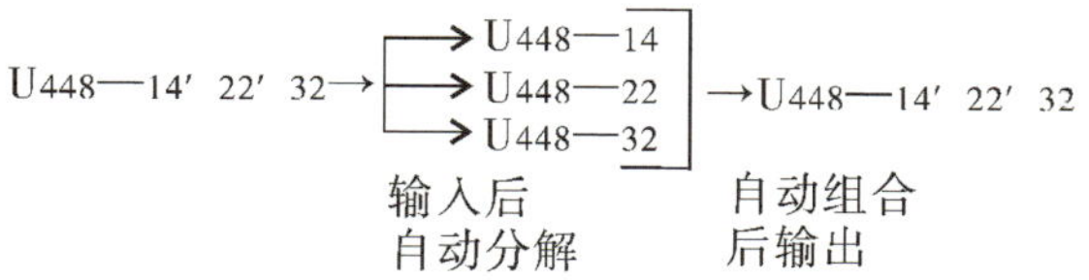

(七)“多重列类法+最前标号法”原理扩大应用的可能性

目前体系分类法中能看到的多重列类法，都是用于划分事物的类型，如各种桥梁，各种雕塑，各种半导体器件等。其实，按这种方法的正确用法(即与最前标号法或最后标号法结合使用)来说，它就是一种分面组配原理，与阮冈纳赞的原理基本一致。因此，这个原理也能适用于除属种关系以外的其他等级关系(整体与部分关系、全面与某一方面关系)的展开。

现试将这个原理应用于《中图法》“U_{46}汽车工程”类，把该类改造成多重列类法形式。

原表	多重列类法
U_{46}　汽车工程	U_{46}　汽车工程
	—A　一般问题
461　汽车理论	—A_1　汽车理论
462　汽车设计和计算	—A_2　汽车设计和计算
463　汽车构造	—A_3　汽车材料
464　汽车发动机	—A_4　汽车制造工艺
465　汽车材料	—A_5　汽车试验
466　汽车制造工艺	—A_6　汽车制造厂
467　汽车试验	—A_7　汽车驾驶与使用
468　汽车制造厂	—A_8　汽车保养与修理
469　各型汽车	—A_9　汽车燃料、润滑料
471　汽车驾驶与使用	—B　汽车构造
472　汽车保养与修理	—B_1　汽车发动机
473　汽车燃料、润滑料	—B_2　汽车底盘
	—B_3　传动系统
	—B_4　行走系统
	—B_5　转向系统
	…………
	—C　各型汽车
	—C_1　客车
	—C_2　载重汽车
	—C_3　越野汽车
	—C_4　自卸汽车
	…………
	注(1)原有类目名称和次序除以上变动外尽量不动
	(2)各类目都可进一步细分

以上只是扩大应用的一个例子，在体系分类法中可以采用“多重列类法+最前标号法”的地方是不少的。

由于多重列类法既可与最前标号法结合使用，也可与最后标号法结合使用，所以等于每处都有两个体系方案可供选择；如有必要，也可并用。

现有六个文献主题，其标引结果如下。

文献主题	用原分类号标引	用“多重列类法 +最前标号法”标引	用“多重列类法 +最后标号法”标引
汽车设计 汽车制造工艺 汽车传动系统设计 汽车传动系统制造工艺 客车传动系统设计 客车传动系统制造工艺	$U_{462.1}$ U_{466} $U_{463.2}$ $U_{463.2}$ $U_{469.1}$ $U_{469.1}$	U_{46}—A_2 U_{46}—A_4 U_{46}—A_2B_3 U_{46}—A_4B_3 U_{46}—$A_2B_3C_1$ U_{46}—$A_4B_3C_1$	U_{46}—A_2 U_{46}—A_4 U_{46}—B_3A_2 U_{46}—B_3A_4 U_{46}—$C_1B_3A_2$ U_{46}—$C_1B_3A_4$
排序后的情况	$U_{462.1}$ （汽车设计） $U_{463.2}$ （汽车传动系统） $U_{463.2}$ （汽车传动系统） U_{466} （汽车制造工艺） $U_{469.1}$ （客车） $U_{469.1}$ （客车）	U_{46}—A_2 （汽车设计） U_{46}—A_2B_3 （汽车传动系统设计） U_{46}—$A_2B_3C_1$ （客车传动系统设计） U_{46}—A_4 （汽车制造工艺） U_{46}—A_4B_3 汽车传动系统制造工艺 U_{46}—$A_4B_3C_1$ 客车传动系统制造工艺	U_{46}—A_2 （汽车设计） U_{46}—A_4 （汽车制造工艺） U_{46}—B_3A_2 （汽车传动系统设计） U_{46}—B_3A_4 （汽车传动系统制造工艺） U_{46}—$C_1B_3A_2$ （客车传动系统设计） U_{46}—$C_1B_3A_4$ （客车传动系统制造工艺）

（八）多重列类法是提高体系分类法检索性能的一种重要方法

从已作的一系列分析中可以看出，多重列类法具有许多重要的优点：

（1）它可以与最前标号法结合，作先组式使用，其形式与体系分类法比较协调；

（2）它又很适用于电子计算机检索系统，并且能在手工检索系统与电子计算机检索系统之间架起一座桥梁；

（3）它所能表达的概念远较层层划分的一般列类法为多。例如，在本节第五小节中所举的例子，3 种分类标准，每种划分出 3 个子目，用多重列类法列类，结合最前标号法使用时，可构成 63 个文献类目，再将其系统排列就能形成一个分类体系，这个分类体系中包含有全部用一般列类方法可以划分出来的 39 个类目的体系，并且还多出 24 个类目；

(4)它与最前标号法结合使用，提高检全率、检准率，检索速度的效果是非常明显的。而且为取得这些效果并不需要增加成本，因为它在本类范围内不需要采用互见法和轮排法；

(5)它有扩大应用的可能性。

所以我认为，它可能是改造体系分类法，提高其检索效率，并使之向组配化发展的一种最重要的方法。

四、《中图法》增加组配成分的可能性

(一)《中图法》现有的组配成分

《中图法》目前已有一定的组配成分，分种类如下：

(1)复分表：《中图法》详本有通用复分表 6 个，专用复分表 37 个；《资料法》有通用复分表 7 个，专用复分表 45 个；

(2)仿分法，使用较多；

(3)主类号直接组配法(用“:”组配)。这在《中图法》详本中是用注释形式指定使用的；仅有不多的几处。《资料法》中用注释形式指定可使用“:”组配的类目比《中图法》详本稍多，但也很有限；是否可超出指定的类目范围之外自由使用这种方法，没有明确说明；即使说可以超出注释指定的使用范围，也没有作很好的推荐；

(4)并列法，在《资料法》中规定可以使用联合符号“+”，《中图法》详本中不能用；

(5)分段标记法：在《中图法》中仅有总论复分号“-”和用于主类号直接组配的符号“:”两种，可起分段标记的作用；其他尚有几种符号虽在编制说明中有所介绍，但实际上并不使用。在《资料法》中规定了更多种分段标记作用的符号，包括“-”“(　)”“=”“<>”“《》”五种分面标志和“+”“:”两种组配符号，但并未规定必须使用。此外，对前置、插入和轮排三种方法也未作介绍，这意味着并未认可。

(6)多重列类法：《中图法》详本中有不多几处，《资料法》中因对类目进行了加细而稍多。两个版本中都还有一定数量带有多重列类法性质而又不符合此法规定的类目。(参看曾蕾《〈中国图书资料分类法〉中多重列类法的运用》一文)。对多重列类法，在主表正文中都未作使用法的规定，但有些类目在《使用说明》中规定用“入最前类法”或“入最后类法”，未提出“最前标号法”和“最后标号法”。

由以上可知，《中图法》中已有多种组配成分，但比重不大。特别是，已经存在的组配条件，也没有很好利用。例如，规定了可用“(　)”标志地区复分，但实际上即使在《资料法》中也并没有承认它是正规的使用法，更不要说利用它进行前置和插入了。因此可以说，《中图法》是注重排架要求的分类法。不过，它已开始接纳主类号直接组配法、分段标记法、多重列类法等，通向组配化的门已经开启了。

(二)《中图法》还可以在哪些方面扩大应用或改进组配方法

体系分类法增加组配成分是其现代化改造的主要方向。《中图法》也必须尽量增加组配成分，以加强它作为组织分类检索系统的规范的职能，具体目标是下列三项：

(1)提高标引能力(即提高分类号的专指度和反映新概念的能力)；

(2)增加聚类的灵活性(即增加概念多向成类的可能性和局部改变分类体系以适应不同单位需要的可能性)；

(3)增强对电子计算机检索系统的适应性。

凡是可以达到这三项目标而有可能采用，有利无弊，或利多弊少的组配方法，我认为都可采用。

现将各种组配成分及其组配效果综合列表如下：

组配效果 组配成分	提高分类号专指度	提高反映新概念能力	多向成类和多途径检索	局部改变分类体系	增强对电子计算机检索系统的适应性
(1)复分表	好。最好与(8)结合			能。须与(8)(9)结合	与(8)结合时较好
(2)仿分法	可。比不上(1)，应尽量改成(1)				
(3)主类号直接组配法	好。但要有明确规则	重要	须与(10)结合，好	在某些情况下相当于交替	好
(5)合成法	好。应用范围可稍扩大(如J95类)	好，可用			好(因分类号可分拆)
(5)并列法	比一般标引法好，可用		与(10)结合，有互见作用		尚可
(6)扩充法	比一般标引法好，可用				
(7)文字标记法	可在某些场合使用	相当于自由词可考虑			可以
(8)分段标记法、分面标志和组配符号			必要	必要	非常重要
(9)前置法和插入法				必要	
(10)轮排法			必要	有此作用	

续表

组配效果 组配成分	提高分类号专指度	提高反映新概念能力	多向成类和多途径检索	局部改变分类体系	增强对电子计算机检索系统的适应性
(11) 多重列类法和最前标号法(或最后标号法)	很好(但使用面不太广)	好，可用	隐含有此作用(通过对分类号甄别)	有两种方案可供选择	很好(分类号可自动分拆和自动组合)
(12) 多重列类法标记的改进			非常重要		必要
(13) 多重列类法与最前标号法(或最后标号法)用于"事物—部分—方面"组配	很好，使用面广(仿一般性问题分可改用此法)		隐含有此作用(通过对分类号甄别)	有两种方案可供选择	很好

从上表中可以看出，各种组配成分《中图法》几乎都可采用，其中尤应重视的是：

(1)多重列类法与最前标号法(或最后标号法)结合，使用于划分事物类型；

(2)多重列类法与最前标号法(或最后标号法)结合，扩大用于"事物—部分—方面"组配；

(3)主类号直接组配法与轮排法结合；

(4)合成法；

(5)复分表与分面标志(辅助符号)结合；

(6)分段标记法。

现再作些说明：

(1)多重列类法与最前标号法(或最后标号法)结合使用，所形成的实际类目体系不但包含有用一般列类方法构成的类目体系(有两种方案可供选择)，而且能表达更多的概念(增加幅度相当大)，检索效率高(检全率、检准率、检索速度都高)，成本低(不需作互见、轮排)，对电子计算机检索系统和手工检索系统都适用，形式与体系分类法较协调，等等。所以，应当扩大使用，特别是使用于"事物—部分—方面"组配。在使用时，其分类标记应改进。

(2)主类号直接组配法在反映新概念上有独特的能力，在细化类目和表达复合概念等方面效果也很好，故其使用范围应放宽，但必须有严格的使用规则，以免造成体系的紊乱。同时，应多用组配分类号的轮排法。

(3)为了增强《中图法》对电子计算机检索系统的适应性，应尽量采用分段标记法。复分号应使用分面标志(辅助符号)。

(三)《中图法》修订中增加组配成分的几个实际问题

1. 组配方法的使用范围和修订幅度问题。

《中图法》编委会于1984年12月在南京召开的扩大会议，对《中图法》几个版本的关系问题作了明确的决定。这个决定很重要，有必要将其全文抄引在下面：

“三、关于三个版本以及增编的期刊分类表的关系问题。讨论决定在分类体系结构和标记制度上，应保持基本一致。但在分类深度、组配复分的范围、复分表现的形式方面，可根据各自的特点，允许有所不同，这主要是考虑到不同版本本身的功能和文献分类的对象而决定的。其中，《中图法》主要是类分‘图书’应起到排架和检索的双重作用，类目序列的深度，一般控制在5—6级，采用组配方法应限定在一定范围内，而不作大的扩展。《资料法》主要类分‘文献资料’应主要起文献检索作用，其分类深度一般可延伸到8级，不必再多。它所采用的组配复分，可根据需要规定，不受级别限制，也可根据需要采用组配区分符号。”

这个决定的实质，也就是我在本文开始时提到的用一套体系分类法的两个详略不同的本子来分别满足分类检索和分类排架需要的办法，让《中图法》详本担任排架和要求不太高的检索任务，此次修订对它尽量不作大的变动，以尊重各图书馆已使用它来组织数以亿计的图书排架的事实；让《资料法》主要担任要求较高的文献检索任务，给予它更多改进的余地，以适应图书情报工作现代化的形势。这个方针使《中图法》各种版本各得其所。合理地照顾了各种不同的需要，无疑是一个有利于《中图法》进步的方针，我很赞成这个方针。

所以，可以这样说，本文关于《中图法》增加组配成分的讨论和建议，主要是针对《资料法》而言的。既然分配给《资料法》的任务是“主要类分文献资料”，它“应主要起文献检索作用”，则对它在政策上就应真正放宽一点。因为要有所改革而一点不触动原有类目和局部体系是不可能的。不过，增加组配成分而引起的变动一般都是在级别较低的类目和局部的分类体系范围内，不可能影响《中图法》的基本类目体系。所以，我们不妨把步子迈得稍大一点，即修订的幅度可以稍大一点，争取通过此次修订打下一个较坚实、稳定的基础。

2. 分类检索系统在修订前后的衔接问题。

《资料法》是正在使用中的分类法，它既使用于检索刊物，又使用于图书情报机构的目录组织和文献排架。分类法的任何修订，都会涉及已分文献的重行分类问题。这是不可避免的，即使是单纯作一些扩充加细，也会出现这个问题(其实，标题表、叙词表的修订也会遇到这个问题)。这虽然是一个使人大伤脑筋而至今还没有什么省力的解决办法的问题，但各种分类表还是在不断地、积极地出版修订版。这说明修订是客观的需要。但是，因修订而引起的已分类文献需要重行分类，却也是一个实际困难。

怎样解决好呢？我认为：

(1)这个问题的解决不应成为分类法进行修订工作的先决条件。特别是《资料法》的“包袱”比较轻，更不应犹豫不前。但《资料法》与《中图法》在分类体系结构和标记制度上“应保持基本一致”这条原则，还是应遵守的；

(2)新版《资料法》必须在检索刊物中使用。一般的惯例，凡已经出版的检索刊物，都是不再因为分类法或词表的修订而重新标引的，所以就可以不去管了。

(3)凡是在继续积累的检索工具，可以视具体可能对那些修订和更改分类标记的类目有计划地逐步进行重行分类以改组已编的目录，达到新旧衔接、统一。为了方便改编，此次修订，应将修订和分类标记更改的类目汇编成册，供各单位重行分类之检查。

(4)原使用《资料法》进行藏书排架的单位，可继续使用《资料法》旧版或使用《中图法》新版进行排架，不使用《资料法》新版于排架。

参考文献

[1]刘国钧：《现代西方主要图书分类法评述》，吉林人民出版社 1980 年版，236 页(第二、五、七、九、十章)。
[2]张琪玉：《情报检索语言》，武汉大学出版社 1983 年版，241 页(第二、三章)。
[3]张琪玉：《体系分类法中“集中与分散”的矛盾》，载于《图书馆杂志》，1982 年第 1 期，第 14—16 页。
[4]《中国图书馆图书分类法》编委会扩大会议纪要，1984 年 12 月，油印本，5 页。
[5]曾蕾：《中国图书资料分类法》中多重列类法的运用。

6

1987 年

杨元生

论图书馆改革中的三大变革

图书馆的改革，在宏观上要深入进行三个方面的变革：(1)在思想认识上，努力改变人们头脑中有关图书馆的旧观念，树立现代新观念；(2)在工作重心上，努力将图书馆转变为文献开发利用中心；(3)在干部队伍结构上，大力培养启用开拓型人才。

当前，城市经济体制，科技体制和教育体制改革正在不断深入，为图书馆事业的深入改革提供着越来越多的可以借鉴的经验。无论从内部还是从外部来看，时机都极为有利。在“七五”计划期间我们的任务就是要抓住这一有利时机，把改革引向深入。为了达到这个目的，在宏观上，我们应当深入进行思想认识、工作重心和干部队伍结构这三个方面的变革。

一、在思想认识上进行变革

行动从思想而来，思想是行动的先导。任何改革，都要更新观念，进行思想认识上的变革。当前，要不要深入变革人们头脑中关于图书馆的传统旧观念，牢固建立起现代新观念，这是图书馆事业改革能否深入下去的一个关键问题。

社会存在决定人们的社会意识。实现观念变革，这是现代社会所要求我们的。现代社会的科学文化，远比历史上的任何社会要发达繁荣得多。现代图书馆作为现代社会这个大系统中的一个子系统，各个方面都是历史上的图书馆所不能比拟的。要驾驭这样一个系统，不实现观念的变革，无论如何是不行的。

人们关于图书馆的传统旧观念，是在历史的长期发展过程中形成并延续下来的。我国漫长的封建社会，造就了众多的各式各样的藏书楼的一个显著特征就是藏而不用或藏而少用、重藏轻用。因而，在人们的头脑里便形成与之相对应的观念。由于封建社会的长期性，这种观念便“源远流长”，代代相传，在一定程度上支配人们从事图书馆活动，逐渐形成了一种阻碍图书馆事业发展的历史惰力。今天，我们不是到处都还可以看到这种惰力痕迹吗？这些现象说明，深入变革人们关于图书馆的旧观念，在当前是多么重要！

近几年来，在图书馆事业改革的实践中，我国图书情报界提出了一些现代新观念，如“文献中心”“信息中心”等。这种观念的更新，正是我国图书馆事业发生深刻变化而引起人们思想变化的客观反映。国外也有类似的倩况。印度著名图书馆学家阮冈纳赞的门生夏尔马先生，在全面论述印度图书馆现代化发展的基础上，提出了图书馆要由“知识宝库”

变为“知识喷泉”的新观念。这是人们对图书馆认识的一次飞跃。

在思想认识上深入进行观念的变革，内容主要是：

第一，要彻底破除“重藏轻用”的传统观念。从宏观上看今天的图书馆，这个系统基本上(不是全部)还是封闭而不是开放的；服务状态还是被动而不是主动的；组织形式也是分散而不是网络化的；服务内容比较单一；服务方式大部分还是传统的手工操作，服务效率不高。要改变这种状况，首先就是要冲破“重藏轻用”的传统观念对人们思想的束缚，用“文献中心”“信息中心”“知识喷泉”等这些现代化新观念去审视图书馆，指导图书馆的建设，努力把图书馆办成一个开放系统，使其服务状态变得主动而活跃，组织形式展现为网络化，服务内容变得综合多样化。在服务手段上采用最先进的机械化自动化操作技术，力求服务效率几倍、几十倍甚至几百倍地提高。

第二，要真正树立“一切为了读者”的观念。广大读者是图书馆的直接服务对象，从服务这个意义上说，一个没有读者观念的图书馆是没有存在价值的。

当前的实际状况是：很多图书馆的领导同志和工作人员，藏书观念比较浓厚，而读者观念则比较淡薄，大家侃侃而谈的是自己藏书数量有多少万册，闭口不提读者利用了多少册，产生了多大的社会效益，这就好比一个工厂只管出产品而不管用户喜不喜欢一样。因此，加强图书馆工作者(包括领导)的读者观念，就成为改革的必需。其办法是，端正业务指导思想，让大家把“读者第一”“服务至上”“一切为了读者”这些新观念铭记在心里，落实在行动上，理直气壮地讲服务，千方百计地去服务；同时，深入研究读者的阅读心理和阅读需要，不断获得来自读者方面的反馈信息，使读者馆员之间密切联系，心心相印，息息相通。

第三，要注重宣传图书馆学、情报学和相关学科的新理论、新思想、新观念。讲改革，就是要发展图书馆事业。没有图书馆学的长足发展，图书馆事业的发展就缺乏坚实的理论基础。而一种新的理论、思想、观念，一经宣传介绍开来，势必会“一石激起千层浪”，激发起大家思考、探索的热情，促进图书馆工作的进步。正因为如此，我们应该倡导图书情报界的学术刊物和学术会议，十分看重宣传介绍本学科和相关学科的新理论、新思想、新观念，开拓新的领域，展现新的发展前景，而不要老是翻来复去地解释那些历史上的旧思想、旧观念，以免造成人们的脑子僵化，思想保守。美国的民间思想库——兰德公司有一条很重要的规矩，叫做“保护怪论”，它对促进科学技术的进步和该公司的发展，起了重要作用。我们也应该立个一定之规：凡是符合四项基本原则，有利于社会主义物质文明和精神文明建设的新理论、新思想、新观念，图书情报界就要保护它、宣传它，而不要指责它、扼杀它。只有用理论的力量支持改革，用理论的光辉照耀改革的道路，我国的图书馆事业才能真正勃兴起来。

第四，要提高图书馆工作者的理论兴趣。理论是一种观念的东西，可以指导人们去从事改造世界的活动，理论一旦掌握群众，便会成为物质力量。图书馆事业的改革是一场深刻的革命，当然需要有革命的理论指导。提高理论兴趣可以采取多种办法：首先，要引导大家运用马克思主义的立场、观点和方法，去研究解决图书馆事业改革中出现的各种新问题。解决的新问题越多，大家对学习理论的兴趣就越浓。其次，鼓励大家在理论研究中创新，开展“多元性”的探讨，发展各种学派，通过百家争鸣，建立具有中国特色的图书馆学理论体系、方法体系，对于理论上的创新，要大力鼓励和支持。要坚持党的双百方针，造成一种和谐、宽松的气氛，促进新理论的诞生、发展和完善。再次，组织大家学习经济体制、科技体制和教育体制改革中提出的新观念、新理论。这种学习越深入，就越能激发人们的理论兴趣。

二、在工作重心上进行变革

几年来的改革，促进了图书馆工作重心的转移。很多图书馆着手变革原有的规章制度和服务手段，调整机构设置和人员编制，转变馆员的思想作风和工作作风，注重于社会效益和经济效益，取得了可喜的成绩。但是，由于发展不平衡，有不少问题至今还没有解决好。一些图书馆重收藏轻服务，文献信息的利用率很低，产品的经济效益和社会效益不显著；相当多的图书馆读者服务工作缺乏活力，不像情报部门那样主动深入、多层次、多形式、具有吸引力；“官商作风”“衙门习气”在某些馆甚浓。图书馆之间的协调没有认真开展起来，统一的书目报导和资源共享的服务体系也没有真正形成。要解决这些问题，就必须深入进行图书馆工作重心的变革，把它由收藏中心变为利用中心。

第一，要把读者工作作为全馆工作重心摆在首位，用读者工作去带动其他工作。从工作的程序上看，读者工作处在全馆的第一线，天天迎来送往，接待千百名读者。没有它，图书馆就失去了坚实的群众基础；从作用上看，读者工作好比工厂的产品经销工作，经销工作搞得好，可以以销定产，以销促产。同样的道理，读者工作搞得好，能够推动藏书建设，提高图书馆的社会信誉和地位。但是，由于受习惯势力的影响不少图书馆工作者对读者工作抱有偏见。认为它是借借还还、跑腿卖力、低人一等的工作。有的人不愿意干这一行，做一天和尚撞一天钟；有的领导把那些思想政治素质较差、业务能力不强的人安排到这个岗位上“滥竽充数”；还有的馆随意抽调这个部门的业务骨干。这些都不同程度地削弱了读者工作。在改革中，要针对这些问题，采取切实可行的措施来加强读者工作。在人员编制上要配足，并有一定数量的业务骨干；在工作内容上，既要抓读者服务工作，又要抓读者研究工作，使两者同步进行；在馆长的议事日程上，要把它作为全馆业务工作的出发点和归宿点为它创造良好的条件。

第二，要做好从文献资料到情报的“形态转变”工作，化死书为活用，变书刊为情报。过去，图书馆作为一个文献收藏中心，强调的是文献的收藏量，馆员所从事的工作主要是文献收集、分类编目和阅览服务等。现在，要把它变为利用中心，则必须提高文献报导量和检索能力。在现代信息社会里，由于文献量与日俱增，新的知识信息大量涌现，图书馆靠传统的简单的借阅服务，很难满足广大读者的多层次需要的文献信息量。因此，各类型图书馆必须变革传统的文献加工方式。从文献的外表加工向着文献内容加工发展，即从书名、著者、类目的加工，深入到文献的主题、关键词、文摘、提要和章节目录中去，以二三次文献形式向读者提供服务。

第三，要向社会开放，建立新的服务机构，开辟新的服务项目。要把图书馆办成一个开放系统，必须变革长期以来形成的藏书闭架借阅，广泛接纳社会上的读者；同时，根据当前改革的需要，建立起新的服务机构，开辟新的服务项目。另外，图书馆实际存在着的藏书部门所有制，特别是高校和科研系统图书馆，很不利于社会的读者利用馆藏资源，也需要认真改一改。目前，有些图书馆开始敞开发放借书证，或者取消了读者进馆必须带证件的限制。有些专业图书馆也开始接纳社会上的读者。这些改革之举应该坚持下去，推广开来。图书馆面向社会开放，传统的机构设置和职能作用必须有相应的变化。在机构上，可以设置情报信息资源开发中心或科技咨询服务公司之类的部门。随着新机构的设置，在服务内容上，应当增加科技咨询、专利查新、情报调研、技术论证、市场预测等项目。

第四，要逐步采用现代化技术设备，为读者提供现代化的服务。“工欲善其事，必先利其器”。信息时代的图书馆，应该做到文献加工深度化，书刊流通快速化，服务形式多样化，服务工作高效化以及管理科学化等。为此，就要采用现代化的技术设备，如缩微技术、声像技术、电子计算机与现代通讯技术等。目前，我国图书馆界应用现代新技术之所以成效不显著，主要原因有两个：一是缺乏统筹规划，没有形成重点，大家都一起上，结果都上不去，或者上了一阵子又停下来了；二是没有认真开展这方面的研究，忽视了自身的技术革新和技术改造。对国外研究成果和先进技术缺乏消化吸收能力。对这些问题，“七五”计划期间要着手进行解决。在宏观上，可以由全国和地方的图书馆工作协调组织负责统筹全国和一个地区的图书馆自动化网络布局和现代化设施。在工作方法上，可以遵循由点到面的原则，选择一批基础比较好的各类型图书馆作为重点。由国家拨出专款给它们购置现代技术设备。等待点上取得经验后再向面上推广。在地区上，经济发达地区和沿海开放城市，图书馆现代化的步伐要放快一些。另外，在图书馆工作改革中，有条件的馆要组织力量开展现代新技术研究，从实际出发，搞好本馆的技术革新和技术改造，使传统技术和现代技术结合起来。有了图书馆工作的现代化，就能为广大读者提供第一流的服务，图书馆作为“知识喷泉”就名符其实了。

三、在干部队伍结构上进行变革

搞好图书馆工作，必须有一支思想政治素质好、业务水平高、适应工作需要的相对稳定的干部队伍。用改革的尺度去衡量，这支队伍最突出的特点应是要有开拓创新精神。目前，图书馆干部队伍的结构普遍不合理，主要表现为业务骨干不多，关系照顾户不少；开拓进取者不多，守摊子者不少；知识面宽的人不多，知识单一的人不少。这种局面的形成，既有历史的原因，又有现实的原因；既有社会风气的影响，又有自身建设的问题。因此，我们必须加强图书馆干部的建设，造就大批的开拓型图书馆工作者，改变目前这支队伍的结构状况。

第一，要加强思想政治工作，培养图书馆工作者具有开拓精神和献身精神。所谓开拓精神，就是思想敏锐、眼光远大、务实求新、勇于探索、不断进取。所谓献身精神，就是热爱图书馆工作，全心全意为读者服务，不图名，不图利，甘当无名英雄，为这个事业的繁荣发出自己的光和热，施展出自己的聪明和才智。图书馆的思想政治工作要围绕这个目标去展开，采取多种形式，做细做深做活。例如，对图书馆工作者不折不扣地落实党的知识分子政策，在政治上、工作上关心他们，为他们排忧解难；对积极投身改革，并且作出了一定贡献的同志，大力宣传他们、表彰他们，把他们树为大家学习的榜样。这祥，一靠政策，二靠榜样，培养教育工作是会见成效的。

第二，要不断调整图书馆工作者知识单一的结构。调整知识结构的途经主要有三条：一是抓好在职教育。根据需要和可能组织现有的图书馆工作者参加函大、夜大、电大学习，或者短期脱产进修，以提高业务水平，丰富专业知识和学科知识。二是发展学校教育。图书馆学专业的中专、大专、本科、研究生教育，都要有比例、分层次地发展。三是有计划地吸收或招聘其他学科专业毕业的人员来图书馆工作。这些人员进馆后再学习有关图书馆学专业知识，一般能发挥较大的作用。

第三，要改革人事管理制度，启用开拓型人才。国家已经作出规定，图书馆专业干部要实行专业职务聘任制，对录用人员要进行德、智、体和能力的全面考核。这是一项重要的人事改革制度。在聘用过程中，要特别注意启用开拓型人才。对开拓型人才，要充分信任他们，支持他们的工作，鼓励他们大胆进行各种改革的试验。可以这样说，没有一大批开拓人才走上领导岗位或成为业务骨干，图书馆事业的改革就难以深入下去。

以上所述的三个方面，是我国图书馆事业深入改革的主攻方向。

7

1987 年

张天望

我国远古第一部档案文件汇编——《尚书》

从历史学的角度看，《尚书》是我国远古重要史籍；从文学史的角度看，《尚书》是我国远古重要散文集；而从档案史的角度看，《尚书》则是我国远古第一部档案文件汇编。

《尚书》在先秦已有定本，相传是孔子从数千篇远古文献中选编成的，当时只称为《书》。从汉代起，称《尚书》，有多种传本，主要有：①用战国时古文字写成的古文本，据西汉末年刘歆说，它是由汉景帝的儿子鲁恭王刘余在孔子旧宅中发现，后来由孔子后裔孔安国献给朝廷的，共五十九篇；②用汉代通行的隶书体写成的今文本，是由西汉初山东济南伏胜传授的，仅二十八篇。

古文本在汉末战乱中失传。东晋时，豫章内史梅赜自称重新发现了它，便献给朝廷。此书将伏胜所传二十八篇，分割为三十三篇，另加孔安国的序和二十五篇，凑成五十九篇，后被编入《十三经》中，流传至今。经历代学者，特别是清初学者阎若璩在《尚书古文疏证》一书里列举一百余条事例加以考证，确认梅本所增孔安国的序和二十五篇，全系伪作。这一结论后为学术界所公认。因此，所谓古文《尚书》不足为据。

汉代最早流传的是今文本《尚书》。据《史记·儒林传》记载：伏胜原为秦博士，治《尚书》，“秦时焚书，伏生(胜)壁藏之。其后兵大起，流亡。汉定，伏生求其书，亡数篇，独得二十九篇(实为二十八篇。为何如此，有多种说法)，即以教于齐鲁间”。伏生在秦焚书前所藏《尚书》，当然是用战国时古文字写成的。在汉代的传授过程中，便改用汉隶书写，称为今文《尚书》。后代学者对它虽也提过某些疑点，但证据不足，不能否定它的可靠性。故本文对《尚书》的探讨，便以它为依据。

《尚书》的主要内容是什么？荀况在《劝学》一文中说：“《书》者，政事之纪也。”司马迁在《史记·太史公自序》中也说：“《书》记先王之事，故长于政。”通观全书，确知各篇都与政治有关。按传统说法，分为“典”“谟”“训”“诰”“誓”“命”六体。现选取历代学者众多说法中比较客观的结论，加上自己的看法，对各体中每篇作简要介绍。

典，常道，准则。在《尚书》中指记述圣王品德、政绩的文献，有《尧典》一篇，写尧和舜的事迹。分两部分：前一部分先概括介绍尧的品德和功绩，再具体讲述他领导制定历法、选拔官员、议定酋长等情况；后一部分先写舜在接受考验后即帝位，接着写他巡狩四方、划分疆土、制定刑法以及处罚共工等，最后写他任用百官的情况。如此详细具体地记载帝王的活动，实为“实录”“起居注”的源头。

谟，谋划。在《尚书》中指贤臣出谋略。定长策的文献，有《皋陶谟》一篇。它是舜、禹、皋陶等讨论治国大事的记录。分三部分：第一部分主要记叙皋陶提出的意见。他认为，为了继承尧的光荣传统，应该修身、知人、安民、勤政，让百官各称其职，人民和睦相处。第二部分主要写舜和禹的对话，他们互相支持、互相勉励，谈话的重点还是治国安民。第三部分，先写舜和禹讨论怎样对付敌人等问题；接着写皋陶强调臣民要听从舜的命令；最后描绘讨论结束时举行祭祀的情景。全篇主要写皋陶为舜帝"陈其谋"，可看作臣工给君王"对策""策论""章表""奏疏"的源头。

训，教诲。在本书中指进行教导、训示的文献，有《高宗肜(róng 融)日》和《无逸》两篇。前者，写老贤臣祖伊告诫商五高宗(武丁)要"敬民"和实行"德"与"义"的政治；后者，记成王之叔周公旦启发成王不贪图安逸享受，要了解耕种和收割的艰难，并且要总结历史教训，勤于政事，宽以待民。萧统在《文选·序》中说："箴兴于补阙，戒出于弼匡。"这两篇正是"箴""戒"的源头。

诰，是上告下的意思。在本书中主要指天子、王侯的命令，还有些是晓谕、规劝、勉励乃至祝祷之辞。此书中"诰"文最多，有十五篇。其中十一篇是周公旦的言辞。《金縢》，主要写周公祈求先王保佑病中武王(周公之兄)痊愈并更好地统治天下；《大诰》，写周公率兵东征平叛时对各诸侯国王侯、臣民的命令和号召；《康诰》《酒诰》《梓材》，都是写周公对康叔的训诫，劝其明德慎罚，戒酒勤政；《召诰》《洛诰》，写周公为在洛邑兴土木而告谕臣民；《君奭(shi 士)》，写周公告诫召公要懂得守业的艰辛，应团结臣民把国家治理好；《多士》《多方》，是周公代表成王向已亡国的殷民发布的命令，同时讲了政策和措施；《立政》，是周公在还政于成王之后对成王的劝勉，先谈前王的统治经验，再提出任贤、慎刑等希望和要求。除上述十一篇外，其他四篇：《盘庚》，写商王盘庚就迁都问题发布的命令和所说的劝勉话；《西伯戡黎》，写老贤臣祖伊对商纣王的劝谏；《微子》，写商封之兄微子与大臣父师谈论商朝将亡的情况和各自的打算；《吕刑》，写周穆王与吕侯谈制订刑法。可见，十五篇"诰"文，内容是复杂的，形式是多样的。多数篇写的天子、王侯"诰"臣民，因而是封建社会中最常用的皇帝下行公文"诏令"的源头；其中《西伯戡黎》和《立政》，由于发"诰"的祖伊是老贤臣，周公是王叔，身份特殊，尽管是臣对君，也用了"诰"。这种"诰"，则可看作章、奏的源头。

誓，誓师的言辞。在本书中有《甘誓》《汤誓》《牧誓》《费誓》《秦誓》五篇，分别写夏禹王、商汤王、周武王、鲁僖公、秦穆公等对出征将士和臣民的动员与告诫。这是"檄文""动员令"的源头。

命，命令。在本书中，作为文件，与"诰"近似，有《顾命》和《文侯之命》两篇。前者，记叙周成王临终时的遗嘱和康王即位时的情况；后者，写周平王对帮助过他取得王位的伯父晋文侯仇的褒赞和希望。

不能归入上述六大文种的还有《禹贡》和《洪范》两篇(唐代孔颖达撰《五经正义》时让它们各自成类)。《禹贡》，主要是远古地理资料的汇纂，《洪范》，主要是远古治国安民理论和方法的综述。它们虽不是常规文件，但也是依据远古各代政府所藏档案材料整理成的。

前文已提到，《尚书》的每一篇都与政治有关。然而，并不都是单纯讲政治的。其中，"典""谟""训""诰""命"，主要讲政治，同时也涉及经济、军事和思想文化；而"誓"，主要讲军事；《禹贡》，主要讲地理、经济；《洪范》，主要讲思想文化。

总之，《尚书》是我国从唐尧虞舜起到春秋前期止近两千年间各朝代政府中有关政治、经济、军事、文化等各种档案文件的汇编（其中，较成熟的文字产生以前那些朝代的文件则是后代史官根据原始档案材料与传闻编成的），是我国此后各朝各代主要档案文种的本源。

全国人大常委会今年九月五日通过的《中华人民共和国档案法》，要求“加强对档案的研究”。《尚书》研究，正是对我国远古档案研究的重要课题。

8

1989 年

傅椿徽

图书馆文献编目

第一章　图书馆文献编目概论

第一节　文献、目录与图书馆文献编目

“文献”，我国国家标准《文献著录总则》(GB3792.1—83)下的定义是：“记录有知识的一切载体。”即凡是用文字、图形、符号、声频、视频等技术手段，记录人类知识和信息的一切载体，都统称为“文献”。“文献”一词，在我国最早见于《论语·八佾》记载：“夏礼吾能言之，杞不足征也；殷礼吾能言之，宋不足征也。文献不足故也。足，则吾能征之矣。”汉朝和宋朝学者都把“文”解释为文章、典籍；“献”解释为贤人、贤才。例如，何晏《论语集解》引郑(玄)注说：“献犹贤也，我不以礼成之者，以此二国之君文章贤才不足故也。”朱熹在《四书章句集注》里说：“文，典籍也；献，贤也。”元朝马端临在《文献通考》一书的自序中，进一步把“文献”解释为包括经史、历代会要、百家传记等录之于书的文字资料，及臣僚奏疏、诸儒评论、名流燕谈、稗官记录等传之于口的言论资料。以上说明，在古代人们一般把书面上记载的有关典章制度的文字资料和熟悉掌故的人口头相传的言论资料，统称为文献。

后来，随着印刷术的发明和书写工具的改进，图书典籍等书面文字资料大量出现，“图书”(典籍)遂变成“文献”的同义词。同时，由于记载有文字资料的地下文物不断发现，人们又把“文献”的外延从图书扩展到文物资料。例如《辞海》(1979 年修订本)解释说：“文献，原指典籍与宿贤。……今专指具有历史价值的图书文物资料。……亦指与某一学科有关的重要图书资料。”现在，随着科学技术的进步，人类掌握了记录和传递知识信息的先进手段，各种形式的知识载体层出不穷，图书情报界通常把各种形式的知识载体，都统称为“文献”。例如，国际图联制定的《国际标准书目著录(总则)》(ISBD〔G〕)指出：“item(文献)是指以任何实体形式出现的文献。”《文献情报术语国际标准》(ISO/DIS5127)也明确规定：文献是“在存贮、检索、利用或传递信息的过程中，可作为一个单元处理的，在载体内、载体上或依附载体而存贮有信息或数据的载体”。综上所述，一切载体，只要记载着知识信息，都可称为文献。

文献的载体形式，多种多样。有甲骨、金石、简牍、缣帛、纸张、唱片、胶卷、胶

片、磁带、磁盘、光盘等。现代图书馆的文献类型，按出版形式等综合考察，除大量是图书和报刊之外，还有为数众多的特种文献，如科学报告、政府出版物、会议文献、学位论文、专利文献、技术标准、产品样本、档案资料、地图、图片、乐谱等。此外，还有缩微资料、视听资料、机读资料以及新出现的直感图书、电视唱片、光学录像盘与光盘、立体形象资料等。

“目录”，是一批相关文献的著录，并按一定次序编排组织而成的揭示、报导和检索文献的工具。“目录”一词在我国出现很早，据《文选》任昉《为范始兴作求立太宰碑表》注所引，汉刘歆《七略》一书曾记载：“《尚书》有青丝编目录”，这是指一书的目录，即篇名目录。作为后世的图书馆目录，即群书目录，始见于班固《汉书》。《汉书·艺文志》记载：刘向校书“条其篇目，撮其旨意。录而奏之”。《汉书·叙传》又说：“刘向司籍，九流以别。爰著目录，略叙洪列。”可见，“目录”是对一批相关文献的篇章名目及内容的记录和揭示，并分门别类地加以组织，以显示出文献内容学术思想的宏深博大。如今的“目录”，含义很广。任何物品名目的清册，都可称为“目录”；如产品目录、商品目录、财产目录等。但这些目录与文献目录截然不同。狭义的“目录”，专指图书目录，如《辞海》(1979年修订本)解释为：“‘图书目录’的简称。记录图书的书名、著者、出版、内容与收藏等情况，按照一定的次序编排而成，为反映馆藏、指导阅读、检索图书的工具。”实际上，图书(文献)目录，又可分为出版发行目录、读书目录和藏书目录等。图书馆的文献目录主要属于藏书目录。

“图书馆文献编目”，是指对馆藏文献的加工、整理工作，它包括文献著录、目录组织的制订目录制度等工作程序。“文献著录”是对文献内容和形式特征进行分析、选择和记录，并组合成款目。“目录组织”是把一批反映文献内容和形式特征的款目，按照一定次序编排成一种文献报导与检查的工具——目录。“目录制度”是为保证目录质量、充分发挥目录作用而制订的一系列规章制度——编目工作条例。

文献编目工作实际上是把一种种文献的信息，有选择地记载在文献著录款目上。通过款目把该文献的信息传递给读者，一个款目传递一种文献的某一信息，一套文献目录就传递一大批文献的信息。文献目录就是传递文献信息的媒介。文献目录传递文献信息的容量，取决于目录的种类、目录的形式及读者的使用能力。目录种类越多，传递的信息量就越大；目录形式越先进，传递的信息量就越大、速度越快；读者使用能力越强，检索速度就越快、效果越佳。

文献编目工作可以追溯到春秋时期孔子整理“六经”、编写《书序》和《诗序》，以及汉初张良、韩信序次兵法，杨仆纪奏《兵录》。西汉末，刘向、刘歆父子编纂《别录》和《七略》，已标志着编目工作发展到了一个新阶段。他们为编目工作积累了许多有关文献著录及目录组织的经验，开创了古代编目工作的优良传统，并一直影响到后世。到了现代，文献编目工作有了很大的发展和巨大的变化。

《图书馆文献编目》就是研究现代图书馆文献目录(简称“图书馆目录”)编制及组织管理的理论和方法的一门学问。换句话说，它是研究揭示、报导图书馆馆藏文献与读者对馆藏文献特定需要之间的矛盾运动规律的一门科学。其研究对象具体包括图书馆馆藏文献的特征、读者的检索要求、图书馆文献目录的编制及组织管理。它从读者的检索要求出发，根据图书馆馆藏文献的特征，探讨图书馆文献目录的编制及组织管理的理论和方法。

《图书馆文献编目》的研究内容主要包括：图书馆目录的一般理论与历史，图书馆目录的著录原理和方法，目录组织和建立目录体系的原则与方法，编目工作的现代化及组织管理等。

如同文献编目是图书馆业务和书目工作的基础一样，《图书馆文献编目》不仅是图书馆学的重要组成部分，而且与目录学也有内在的联系，有人称之为“图书馆目录学”或“图书编目学”。

9

2000 年

陈光祚

论“图书情报学虚拟图书馆”的建设

摘　要　目前国外网上的图书馆学信息已很丰富，相比之下，国内已落后，必须加强此项工作。图书情报学虚拟图书馆的建设，收集信息范围要广，角度要从整个图书情报事业出发，收录地域应以国内为主；著录项目要比较全面，所用软件要经过科学选择。

关键词　图书情报学虚拟图书馆　图书情报学数字图书馆　图书情报学信息

分类号　G250

Abstract　There is an abundance of information on networks of foreign countries, while there is not so much in China. To catch up with the latest development, we should collect and fully index a wide variety of information mainly in China.

Key Words　Virtual library in library and information science. Digital library in library and information science. Information in library and information science.

Class Number　G250

目前我们正在进行一项图书情报学虚拟图书馆建设的科研项目。在近一年的时间里，我们从网上搜集了近 1000 个有关网站网页的网址，为其中某些条目进行了标引及撰写摘要，同时正编制虚拟图书馆的软件，进行初步的调试。我们估计，将来的网址可达 3000~5000 条，并且将在武汉大学传播与知识信息管理学院的网站上用这个虚拟图书馆向公众提供服务。为了使研究工作逐步深入，我们就实践中遇到的一些问题，谈点认识和初步做法，以求教于同行。

一、提倡建立虚拟图书馆

虚拟图书馆是因特网上组织信息资源的一种有效而又经济的形式。具体说来，虚拟图书馆就是根据特定的目标，选定信息资源的学科领域，对有关的网站网页进行搜索和收集，加以鉴定核实，并对核实后的网址进行合理组织，使之能够提供检索、浏览和链接的信息集合。

从广义来说，就其处理电子化信息而言，虚拟图书馆是电子图书馆的一种类型。但是它与一般的数字图书馆不同，不需要对馆藏文献与数据进行数字化处理。虚拟图书馆不需自己的藏书，而是针对网上已经存在的信息资源，给出链接指针，使用户随时选择调用。相对于基于自己实体文献的数字图书馆来说，它具有下列明显的优点：

1. 虚拟图书馆建设的投入少、易建易行。它以网上的已有资源为基础，类似于为其编制主题索引。它的投入仅为目标的确定，网上相关资源的查询与核实，为有关网址进行特征描述(赋予标引词和摘要简介)，编制或采用一定的软件以供信息存贮与检索，并实现对网站网页的链接。虚拟图书馆的投入还包括数据的不断维护与更新，包括对原有网址的定期核实和新网址的纳入。此外，需要计算机系统开销一定的空间。以上这些投入比起数字图书馆的建设来说是很微小的。而且这些投入主要是人的智力劳动的投入，对设备的要求不高。可以这样认为，目前大部分图书馆尚不具备建设数字图书馆的条件，但是已具备了建设虚拟图书馆的条件。

2. 虚拟图书馆建设见效快。由于不需要具备自身馆藏，更不需对这些馆藏进行数字化处理，而是“拿来主义”，将网上资源选择组织，为我所用，见效快。

3. 虚拟图书馆对网站网页的信息是经过再组织的，因而具有系统性和易用性。一般来说，一个专业的虚拟图书馆是按一定的逻辑次序组织的。如分列学科总论、各分支学科的进展、学术刊物和其他出版物、有关的教育机构、学术会议等活动、学术团体、著名学者等。这种系统的分类纲目，使众多的网址条理分明，便于使用。此外，虚拟图书馆还具备关键词等的布尔检索、顺序扫描检索、字段限定等检索功能，提供信息集合中网址的直接检索和深度检索。这种对信息的系统化再组织，也是虚拟图书馆较之一般综合性搜索引擎的一大优势。

虚拟图书馆的主要作用是实现网上信息资源的共享。对于从事一定学科专业的研究工作者来说，使用本专业虚拟图书馆，无异于拥有自己的专业资料室，而且其价值大大超过这种资料室。主要表现在：它的信息资源比专业资料室要广泛得多，举凡网上已有的重要资源皆能为我所用；一些只在网上发布的信息不具有相应印刷版，唯有通过虚拟图书馆而获得；信息的更新要比专业资料室快，许多专业论文集、期刊全文在网上出现要比专业资料室通过采购获得快得多；虚拟图书馆不存在借阅证和借阅资格问题，且每天 24 小时都可存取，而无节假日闭馆及下班之虞，使用者在虚拟图书馆中所做的仅为检索、浏览和下载，不需办理借阅手续，不需归还和归架，同时也保护了自己阅读的隐私权。虚拟图书馆还提供了建立个人本机文档的可能性，即使用者根据自己的需要，从虚拟图书馆及其链接网站下载自己感兴趣的全文、事实或书目信息，并利用一定的软件(如 Qims，Lotus Notes 等数据库系统)，在自己的微机中建立个人文档系统，从而成为个人化的电子文库。

虚拟图书馆也有局限性：一是网上信息资源的不足。文献信息的数字化需费时日，许多印刷文件(特别是全文型)尚未进入网络，特别是历史性文献尤其如此，从而不能在网上找到。二是网上信息较不稳定。网站的出现、改名与消失随时都有可能发生，即使是长期存在的网站也会随着时间的推移而更新内容和软件，因此使以前曾经存在的资料消失。这些网站及其内容的动态性不利于信息资源的长期保存。另外，免费存取的资料虽然不少，但许多有价值的信息是要付费检索和下载的。它们在虚拟图书馆中的出现，只起线索指引作用，或者仅起广告作用，对学者来说无实惠可言。其三，即使是提供公开浏览的网站网页，有的通过技术措施，不能进行内容下载。第四，目前国内网络传播速度很低，要通过虚拟图书馆获得有关信息需花费很长时间，有时甚至由于传输超时而自动中断。联系到我国电信费用偏高，这对使用者是一不能不考虑的经济负担。

虽然虚拟图书馆不能取代资料室，但两者可以共存，形成互相补充的关系。

二、国外网上的图书情报学信息

在浩如烟海的网上信息中，图书情报学信息占有一席之地。其数量很难有一个精确的统计。1999 年 7 月 13 日，笔者使用全球公认的比较齐全的搜索引擎——Altavista 进行检索，检索到"Li-brary"之下有 2100 多万个网页。在"Library Sci-ence"之下有 37233 个网页，在"Library Science journals"之下有 774915 个网页(这里显然不是指图书馆学期刊的种数，而是以期刊中文章全文出现的词为基础索引的)。在 Altavista 搜索引擎中，笔者还以中文"图书馆"进行检索，得到的网页数为 44795 个。上述不精确的数字表明，图书馆及图书馆学的网上资源是比较丰富的。更重要的是，我国各类型图书馆正在纷纷上网，建立自己的网站网页。这一前景是令人鼓舞的。

网上图书情报学有关信息大致分为以下一些类型：各国国家图书馆的网站；各国高校图书馆的网站网页；各国科研机构及专业图书馆的网站网页；各国省(州)、县、中学等图书馆的网站网页；国际和各国图书馆学协会的网站网页；图书情报学专业期刊的网站网页；图书情报学教育机构(包括招生、教学计划、课程设置、学位论文等)的网站网页；图书情报界学术活动(如会议、展览、讲座等)的网页网站；图书情报学科研成果和正在进行中的科研项目的网站网页；图书情报界著名人士介绍的网页；与图书馆学有关的出版机构及有关书目及数据库的网站网页；网上学术论坛(讨论组)有关图书情报学的网站网页；有关的电子图书馆、数字图书馆、虚拟图书馆的网页；有关的搜索引擎、网络资源指南以及图书馆名录等的网站网页；与图书情报工作自动化有关的数据库生产者，软件公司及其产品的网站网页；有关的个人网页。

以上列举的 16 种类型的网上资源还可能不全面，但总的来说，网上图书情报学有关资料是较为丰富的。要充分掌握和利用这些资源，编制专科性质的图书情报学网上资源的虚拟图书馆是必要的。

在国外，已经有人在图书情报学虚拟图书馆或网络资源指南研究方面作了工作，其成果已经上网。例如：

Internet Library for Librarians(图书馆员用的因特网图书馆)，www.itcompany.com/infore-triever/

Internet public Library Services for Librarians(图书馆员用的因特网公共图书馆服务)

Library and Information Science(图书情报学) www. clark. net/pub/lschank/web/library.html

Library and Information Science: General Resources (IFLA), www. nlc/bnc. ca/if la/Iilibdoc.htm

The Librarian's Guide to the Internet(图书馆员的因特网指南)，www.concentric. net/

~Acbenson

PICK：Quality Internet Resources in Library and Information Science(图书情报学因特网资源)www.aber.ac.uk/~tp/www/e/

这些网上工具难以一一列举。它们可以作为编制图书情报学虚拟图书馆的借鉴参考。

三、我国网上的图书情报学资源

随着我国计算机网络建设的发展，国内大中型图书馆(其中特别是高等学校图书馆)已经纷纷上网，向社会公众提供本馆概况、书目查询、非本馆信息资源的镜像服务及其他参考检索服务等，从而实现了图书馆服务的更大范围的社会化。然而，图书情报学的教学与研究活动的上网却大大滞后，目前刚刚开始萌芽。这个领域看来有着广阔的发展前景，它是提高图书情报学教学与研究信息交流层次、加速学科建设的必要。

最近我们利用北大的“天网”等搜索引擎，对网上的图书情报学的教学与研究信息进行了较广泛的调查，发现其信息的分布大致如下：

1. 高校图书情报学院系或专业的介绍。这是作为这些院系专业所在的高校信息的一部分而出现的。在这种“介绍”或“概况”中，一般包括院系专业的名称、历史、培养目标、课程设置、教师队伍、学科带头人、在校学生人数，招生计划，以及有关邮政编码、电话号码、电子邮件邮箱等信息，有的还配有一定的照片。

虽非高校，但具有硕士点与博士点的图书情报单位也在网上发布有关研究生招生、培养等信息。例如中国科学院文献情报中心的网页(http://www.las.ac.cn)上就有博士生导师、招生计划等信息。

2. 书目信息与期刊目次信息。关于图书情报学专科书目已经上网，这就是浙江大学图书馆叶鹰编纂的“国内图书馆学理论研究论文目录”(http://www.lib.zju.edu.cn/yy/libj.html)及“情报学理论研究目录”(http://lib.zju.edu.cn/yy/abslib.html)的检索功能，看来数据是从中国科技信息所重庆分所的“中国科技期刊篇名数据库”光盘中套录而加以组织的。北京图书馆出版社(前书目文献出版社)和科技文献出版社是图书情报领域的两个专业性出版社。它们在网上均有自己的网页。其中都刊登了一些主要出版社书籍的目录，但数量极少，不能反映其全貌。有一些图书情报学专业期刊的每期目次也已上网。例如浙江大学图书馆在“电子期刊”栏下有《浙江高校图书情报学刊》1996 年各期的目次(英文)，可惜仅限于 1996 年的 4 期，1997 年后中断。北京图书馆的《文献》杂志、《北京图书馆馆刊》目次等也已上网。这些目次均无检索功能，仅能逐期浏览(http://www.nlc.nlc.gov.cn/zxxx/shamu.htm)。《大学图书馆学报》已将 1999 年起各期目次(包括内容简介)上网(www.lib.pku.edu.cn/chtml/xuebao/index.htm)。此外，也允许直接用电子文献本投稿。

3. 全文信息。《图书馆杂志》(上海)从 1997 年起的全文已由上海图书馆上网(http://www.libnet.sh.cn/tsgzz/)，按期浏览，无全文检索功能。但通过天网搜索引擎可以检索篇名。《情报学报》从 1998 年起全文上网(http://chinainfo.gov.cn/periodioal/qbxb/lidex.htm)。此网上刊物编得较好，有索引，有全文，提供著者、著者单位、关键词等途径的检索手段。这是一个较理想的网页。此外，上网的全文文件还有《汕头大学图书馆通讯》(www.

lib.stu.deu.cn/htdocs/tsgtx)，《上海医科大学图书馆消息：上海医科大学信息快报》(www.shmu.edu.cn/newsn)。这些电子刊物主要是面向广大读者的，但也包含一些专业性文章。北京语言文化大学、广州外语外贸大学等校图书馆也将论文集全文上网。

4. 学术会议信息。北京大学图书馆为纪念北大 100 周年校庆和新馆落成，1998 年在网上发布了“廿一世纪大学图书馆的使命”的学术会议消息，包括会议日程、讨论主题、征稿事宜等项内容。随后将 100 多篇论文全文上网，成为一个学术质量很高的会议文集，可浏览下载，可惜无全文检索功能。中山大学图书馆则将 1997 年在该校举行的“第四届海峡两岸图书资讯学会议”的 AB 两集会议论文集的目次以及会议讨论分组情况在网上公诸于世。此外，内地与香港高校联合举办的学术讨论会论文也已全文上网。

5. 科研成果信息。吉林工业大学信息工程系在网上公布了历年来获奖科研成果的目录，包括项目名称、主持人姓名、颁奖单位及奖励级别等。

6. 个人网页。在图书情报学领域中已出现个人网页，较突出的是浙江大学图书馆叶鹰的网页(http://lib.zju.edu.cn/yy/yy.heml)。在这个网页上，不仅提供本文前面提到的图书情报学理论研究书目，而且也发表他的著作与论文目录以及一些文章的全文。北京大学信息管理系的网站也包含了 10 多个学生的个人主页。这种个人主页目前较少，但将来会有发展。个人主页是作者倾注全力办好的园地，一般都会显得有所特色。这是对图书情报学资源的一种补充。

我国网上图书情报学信息正在迅速发展，但也存在如下若干问题：

1. 上网的信息量太少，与我国图书情报学实际的研究水平很不相称。我国有 50 多种专业期刊，每年发表数千篇文章。加之非专业期刊和报纸上发表的图书情报学文章，笔者估计至少在六七千篇以上。然而只有极少数的几种刊物在网上发布每期目次。全文上网者更是十分罕见。其实，不少图书情报学刊物都有电子文本，并纳入清华大学的“中国学术期刊全文库”系统。清华的这个库无论是光盘版或联机版，均要收费。一般用户难于存取。为什么不能像《情报学报》那样，既纳入清华的系统，又单独全文上网？至于上网的图书情报学研究人员的介绍，仅限于博士生导师及个别学校(中山大学信息管理系)的教师，总人数只有一二十人。图书情报界的学术会议的公告和会议论文目录的报导，仅限于北京大学、中山大学等极少数网页。

2. 上网信息门类不全，还存在严重的缺门。目前除教学信息较普遍外，研究信息、会议信息、专科文献信息等太少。特别是学位论文(硕士及博士论文)仍是缺门(有极少数在清华大学的“高校学位论文数据库”中有反映)。学位论文质量较高，但一般只印一二十本，属“难得资料”，如能通过互联网通报其题录、摘要或乃至全文，对于学科的研究有重要意义。北大的数字图书馆包含了图书情报学学位论文题目及导师姓名。这是一个良好的开端。其次，“在研科研项目”一项也是缺门。如能公布正在进行中的科研项目，可以避免选题的重复，也有助于人们了解学科发展的前沿。高校图书情报学专业毕业生信息(包括姓名、年龄、性别、籍贯、成绩、志愿等)的信息如能上网，也有助于毕业生寻找工作。河北大学信息管理系作了这方面的工作。此外，网上的学术论坛(新闻讨论组)有关图书情报学的，也无人进行整理汇编。

3. 网上信息更新不及时。许多院系网页一年难得更新一次。由于网上信息更新不及时，致使其内容失去现实性，降低了可信度。

4. 网上信息缺乏检索功能。上海的《图书馆杂志》提供 1997 年以来的每期文章的全文，只能按期浏览，不能从作者、分类、主题等途径进行检索。虽然“天网”搜索引擎对其每篇文章的题名进行自动抽取反映，但这是搜索引擎的功能，而不是杂志信息本身提供的功能。浙江大学图书馆叶鹰提供的书目也是如此。作为书目，没有检索功能，就缺乏本身作为检索工具的价值。《情报学报》的网页具备了检索功能。这是一个榜样。

四、图书情报学虚拟图书馆的设计

作为中文的专业性的图书情报学虚拟图书馆至今很少有人做过。笔者仅见到的是台湾大学图书资讯学系陈雪华教授编纂的“图书资讯学网路资源指南”（www.lis.ntu.edu.tw/news/con-tents.htm）。

我们武汉大学大众传播与知识信息管理学院目前正组织力量从事图书情报学虚拟图书馆的研究与编制工作。现就设计问题与同行进行商讨。

一是收集材料的学科范围确定问题。由于国内关于图书情报学的定名及其范围界定的讨论没有得出一个明确的肯定意见。加之近年来不少学校的图书馆学系和情报学系改名信息管理系之后，又与编辑出版、大众传播、管理信息系统等学科融合，使这个问题显得更为模糊。笔者认为，学科的研究范围应当与学校行政建制有所区别。左右行政建制有许多其他因素，并且将来还可能变更，因此不能作为确定虚拟图书馆收录材料范围的主要依据。

二是收录材料的角度问题。即图书情报学与图书情报工作是否要区分的问题。顾名思议，作为“学”，主要是报导有关图书情报学教学研究的网址，其中包括教育机构及其教学计划，学科各分支的理论与方法研究，有关学科的书刊，有关的国际国内组织及其活动、有关的研究人员等。至于国内外的各个图书馆、各具体书目索引及参考工具书与数据库等是否收录？笔者认为，对各图书馆的网址，仅收主要图书馆，以及包含一批图书馆名录的网址。后者是经过信息加工的产品，如清华大学图书馆的“国内上网图书馆”“国外上网图书馆”等。对于各参考工具书、出版社、网上书店等也宜采取类似的做法。至于一些学科边缘性的材料，如计算机程序设计、JAVA 等语言等，笔者认为只应收录直接与图书馆自动化有关的。但对于搜索引擎应充分收录。因为对用户来说，搜索引擎的使用可以在一定程度上弥补专业虚拟图书馆的不足。

三是收录材料的地域问题。笔者认为应以我国为主，特别是大陆地区的网址为主，同时收录我国台湾地区及国外的网址。台湾大学陈雪华先生编的“图书资讯学网路资源指南”对大陆的有关网址收录极少。虚拟图书馆的编制体现“以我为主”的原则，不仅有利于我国同行学者的充分交流，而且由于具有自身特色，在国际上更能得到重视。

四是款目的著录事项问题。整个虚拟图书馆相当于一部主题索引，而每一网站网页在虚拟图书馆中相当于主题索引中的一个款目。款目的著录事项是决定其信息含量、引得深度、检索途径的基础。笔者认为应有下列一些基本的著录事项：网站或网页中文名称、英文名称；网址（由于镜像等原因产生多于一个网址的，都应予记录，各网址间用一定的分隔符隔开)；网站地址可用文字型地址，也可用数字型地址；关键词，可以给出一个以上的关键词；分类号：需要编制一个专用的分类表；网站网页维护者；内容简介，可数十字至数百字，除指明其复盖面外，还应指明其收录材料的起始时间、更新周期、有无检索手段等。

五是软件的选择。虚拟图书馆应有相应的软件以存贮数据、显示数据、检索数据、链接网站网页。在存贮数据方面，应具备数据录入的增删改、外部数据的成批转换入库，以及浏览网页时网页地址自动入库功能。在网页地址自动入库方面，还应解决 Big5 码的自动转换成 GB 码问题，以便在摘取网页地址的同时摘取网页名称和简介。在显示数据方面，应能对检索结果数据进行多链排序，如按与检索式贴近程序排，按网页名称排，按更新日期排等。检索数据方面应具有布尔逻辑检索、字段限定检索、全库顺序扫描检索等功能。根据检索结果链接有关网站网页，当然是作为虚拟图书馆的基本要求。台湾大学陈雪华教授编的《网路资源指南》仅提供分类浏览检索功能，而无其他检索功能，显得美中不足。随着虚拟图书馆库容的增加，应该重视检索功能的实现。款目中的各个著录字项(字段)，除内容简介外，都应设为索引点，使之成为可检索的途径。

图书情报学虚拟图书馆的建设是图书情报学学科建设的一项基础工作。它的成功需要同行们的共同努力。

10

2002 年

黄宗忠

论图书馆的新模式——复合图书馆

摘要 本文阐述了什么是复合图书馆及复合图书馆产生的条件、背景、必要性与发展过程，分析了复合图书馆的优势、分类、特征及功能，提出了发展复合图书馆的基本策略。

关键词 复合图书馆 传统图书馆 数字图书馆 图书馆模式 图书馆学理论

中图分类号 G250

文献标识码 A

文章编号 1003-2797(2002)03-0010-06

Abstract This paper tells us what is hybrid library, and discusses the founding, background, significance and progress of hybrid library, and analysis the advantage, classification, characteristics and function of hybrid library and gives some policy suggestions on hybrid library development.

Key Words Hybrid library Traditional library Digital library Library model Library sci-ence theory

20 世纪 80 年代以来，我国图书馆信息化、数字化、网络化建设取得了令人瞩目的成就，特别是数字图书馆的出现，使图书馆的发展跨入了一个新阶段。目前，由于数字图书馆还处于研究、试验阶段，在未来也只是图书馆总体的一部分，不可能代替现有的图书馆；传统图书馆不仅要长期存在下去，而且仍是基本的、主要的。因此，我们认为，未来图书馆模式，不是从传统图书馆到数字图书馆，而是传统图书馆与数字图书馆有机结合的复合图书馆，也就是传统图书馆与数字图书馆共存互补的新模式。复合图书馆要探讨的问题很多，本文仅就其认识问题、理论问题及发展策略问题等进行探讨。

1. 什么是复合图书馆

复合图书馆又称混合图书馆，英文为 Hybrid Library，是近几年出现的一个新词、新概念，也是未来图书馆的基本模式。尽管目前复合图书馆还不为大多数人所理解与接受，但随着时间的推移和图书馆实践的发展，这一新的模式将成为图书馆界的共识。

1.1　复合图书馆的定义

什么是复合图书馆，目前国内外图书馆界有多种说法与解释，现选择几种介绍如下：①复合图书馆是在一个机构框架下，不依赖存放地点、载体形式和管理范畴，以集成的和因地制宜的方式提供对广泛的信息服务的利用的一种管理环境。②复合图书馆旨在将各种各样的技术引入图书馆，并探索在电子文献与印刷文献的双重环境下，将系统与服务有机地结合起来。③复合图书馆就是将传统图书馆与数字图书馆有机地结合起来，优势互补，信息用户在电子和印刷型资源并存的复合环境下查询信息。④复合图书馆是电子文献与纸质文献共存互补、虚拟图书馆与传统图书馆共存互补的混合体。⑤复合图书馆是围绕信息存储的物理场所和数字化信息空间进行组织的服务机构。⑥复合图书馆既不是仅包含纸质信息资源的传统图书馆，也不是仅包含电子信息资源的虚拟图书馆，而是介于二者之间，是一个将印刷与电子、本地与远程等各种信息资源集成于一体的图书馆。⑦复合图书馆是一个能够为印刷和电子信息资源提供一体存取的图书馆。其信息系统应为终端用户提供统一的界面，使用户既能够获取本地的纸质图书和杂志，也能够发现相关的联机信息资源、电子出版物和数字化资料。⑧复合图书馆是传统图书馆与数字图书馆之间的连续体，在这个连续体中，既提供对电子信息资源也提供对印刷型信息资源的利用。

以上关于复合图书馆的解释或定义，虽然文字表述不太一致，但基本方向与思路是一致的。我们认为，复合图书馆作为一个崭新的概念，其内涵应有如下几方面的界定：①在一个机构的框架下；②是传统图书馆与数字图书馆的有机结合，既有信息存储的物理场所，又有信息空间；③图书馆工作者与信息用户均应处于电子信息资源与印刷型信息资源共存互补的复合环境中，并进行一体化存取；④不依赖信息存放地点、载体形式及管理范围，以集成的和因地制宜的方式，向用户提供信息服务；⑤应把信息技术、数字技术、网络技术与图书馆传统技术糅合于一体；⑥以传统图书馆为基础；⑦图书馆为信息用户提供的信息服务内容，既有电子信息资源，又有印刷型、缩微型等信息资源；⑧信息用户对图书馆的利用，既可亲自到图书馆查阅，也可在实体图书馆之外的任何时间、任何地点，通过与网络联接的计算机，查询图书馆的信息资源。

根据上述界定，可给复合图书馆定义为：复合图书馆是在一个机构框架下，以传统图书馆为基础，实现传统图书馆与数字图书馆共存互补并有机结合于一体，是实体加虚拟，围绕信息存储的物理场所和信息空间；它应用信息技术、数字技术、网络技术与传统技术，根据《版权法》的规定，对印刷型、电子型和网络信息资源进行收集、组织、转化、管理，实现一体存取，为信息用户提供馆内服务和不受时空限制的网络服务。总之，复合图书馆既不是纯传统的，又不是纯数字化的；既不是完全的实体，也不是完全的虚拟，而是介于二者之间的中性体。

1.2　复合图书馆的构成要素

复合图书馆的构成要素，是传统图书馆与数字图书馆构成要素的综合。传统图书馆是一个物理实体，由藏书、读者、人员、建筑设备、技术方法及管理等要素构成。数字图书馆不是一个独立的实体，而是一个信息空间、信息系统，其构成要素有数字化信息载体、数字化信息资源、计算机、信息技术及数字技术、人员、通信网络或信息通道、联接网络的用户等。

复合图书馆的构成要素是以上二者的综合，主要有：①印刷型书刊、电子文献等信息资源；②读者及联接网络的用户；③能适应传统与数字化、网络化复合环境的工作人员；④传统建筑设备及计算机；⑤信息技术、数字化技术、网络技术及传统技术；⑥通信网络或信息通道；⑦管理，包括传统图书馆及数字化信息、网络管理等。复合图书馆的构成要素，从性质与功能上分析，基本上是传统图书馆构成要素的延伸与扩展，不同的是将数字图书馆的构成要素与传统图书馆的构成要素进行了有机结合。

1.3 复合图书馆的复合形式

复合图书馆的复合形式不是单一的，而是多层次的。第一层次是整体复合，也就是传统图书馆与数字图书馆共存互补、有机复合。第二层次是各个部分的复合。从信息资源来说，是馆藏传统书刊与电子文献、数据库、网络信息资源的复合；从信息载体类型来说，是手写型、印刷型、缩微型与电子型、网络型的复合；从技术方法来说，是传统技术与信息技术、数字技术、网络技术的复合；从服务范围来说，是馆内服务与馆外服务及远程服务的复合；从服务对象来说，是固定的服务对象与不固定的服务对象的复合；从服务手段来说，是传统手段与信息化、网络化手段的复合；从馆舍来说，是固定的物理场所与信息空间的复合；从设备来说，是书架、目录柜、阅览桌椅、卡片与计算机、通信网络的复合；从形态来说，是实体与虚拟的复合；从人员知识结构来说，是图书馆学专业知识与外语及多种专业知识的复合。第三层次是各个部分的子部分复合。

1.4 复合图书馆的内在联系

复合图书馆不是传统图书馆与数字图书馆 1+1 的简单叠加，也不是二者的凑合，更不是传统图书馆到数字图书馆的中间阶段或过渡模式，而是一个有机整体、一种新模式。为什么这样说呢？就是二者不是随意组合的，而是存在必然的内在联系。这种必然的内在联系表现在以下几方面：①传统图书馆与数字图书馆的性质或本质相同。二者的本质都是一种信息现象，属于社会信息机构，是信息事业的组成部分，信息是二者共同的工作对象。②二者的办馆目的与服务对象相同，都属于非赢利性的社会设施，其根本目的都是收集、处理、转换、储存、传播信息，为全社会广大信息用户提供免费服务。③二者的构成要素基本一致，都是由信息资源、读者或用户、工作人员、设备、技术方法及管理等要素构成。④二者的工作流程大致相似，都有信息的收集、处理、转换、储存、传播或提供使用等环节。⑤二者相互依存、相互补充、相互促进、相互提升。例如数字图书馆依赖传统图书馆提供信息资源，传统图书馆则依赖数字图书馆改进工作方法、服务手段、提高服务效率等。

2. 复合图书馆产生的条件、背景及必要性

2.1　复合图书馆产生的条件

复合图书馆的产生，必须具备以下条件：①传统图书馆的充分发展。由于复合图书馆是以传统图书馆为基础建立的，因此要求传统图书馆具有坚实的基础、一定的规模及相当的实力。传统图书馆经过几百年的发展，特别是 18—20 世纪这三百年的发展，不少图书馆已具有相当规模，拥有丰富的有特色的信息资源体系、先进的技术手段及舒适的阅读环境，并有引导和帮助用户获取知识信息的图书馆员，这为复合图书馆的建立奠定了基础。②数字图书馆的出现。数字图书馆是建立复合图书馆不可缺少的必备条件，也是复合图书馆产生的催生剂，没有数字图书馆就谈不上复合图书馆。目前，尽管数字图书馆还处于研究、试验阶段，成熟的或成型的数字图书馆并不多见，但这并不妨碍复合图书馆的建立与发展。我们认为，数字图书馆可在复合图书馆的建立过程中，继续去建立、完善和发展，因为二者本身是不矛盾的，能共存互补，且能真正做到有机结合，更有利于加速图书馆事业的发展。③信息技术、数字技术、网络技术的水平及社会信息化、网络化的程度。④技术人员的培养与技术队伍的建设。⑤经费的保证。⑥馆长与图书馆工作人员都有这种认识和要求。

2.2　复合图书馆产生的背景

复合图书馆是在什么情况下产生的呢？我们认为主要有以下背景：

(1)不少大中型图书馆强烈希望提高自身的信息化、数字化及网络化的水平，不仅有认识，而且有规划，行动积极，措施具体。

(2)网络基础设施建设已粗具规模。目前，中国互联网、中国科学技术网、中国教育与科研计算机网络、中国金桥信息网已经相继实现了国际联网和国内互联。

(3)已有一些大中型图书馆在信息化、数字化、网络化方面达到了一定水平，并发展较快。据统计，2000 年我国已有 40 多所公共图书馆和 171 所高等学校图书馆建立了自己的网站。

(4)数字图书馆建设已取得了初步成就。目前，美国国会图书馆的“国家数字图书馆”项目“美国的记忆”，已将 500 万件馆藏文献进行了数字化转换，并通过网络向各界发布。日本国会图书馆的“电子图书馆”，已经完成的数据总量仅图像数据就达 1000 多万页，存储在 3000 张光盘中。英国图书馆通过“网络 OPAC”可提供 600 万条书目数据。法国国家图书馆的资源数字化项目已取得阶段性成果。在我国，由中国国家图书馆牵头的“中国数字图书馆工程”，于 2000 年 6 月经国务院批准启动。国家图书馆于 1999 年 3 月成立了文献数字化中心，每天可加工 20 万页全文影像数据。中国国家图书馆网站在 2000 年一年内上网点击达 1.4 亿人次。清华大学图书馆与 IBM 合作建成了中文全文检索功能的“中国高校学位论文联机服务系统”，收录 15 所高校的博士硕士学位论文，用户可在国内 15 所联网高校和互联网上进行检索。

（5）一些大中型传统图书馆不仅为数字图书馆提供文献信息资源，建立数据库，而且承担了传统与数字图书馆的双重任务，它们已是复合图书馆的雏形。

（6）信息技术、数字技术及网络技术已广泛地应用于图书馆，这为复合图书馆的建立提供了技术与设备条件。

（7）一些政府、议会、社会团体愿为数字图书馆建设投入巨资。近些年来，一些国家的政府、议会、社会团体纷纷为数字图书馆的研究与试验拨款。例如，1994年以来，美国拨款已超过8亿美元；日本国会为日本国会图书馆牵头的数字图书馆项目包括其国家联合书目的建立，计划下拨50亿日元的经费；英国高等教育基金委员会以“变革高等教育机构中知识使用和存储”为主题征集项目，将1500万英镑的启动资金分配给了“电子图书馆计划”，等等。

从上述可见，复合图书馆产生的背景，主要是信息技术、数字化技术、网络技术及虚拟技术在图书馆的应用与发展。特别是在20世纪90年代，一些图书馆提出了建立数字图书馆的倡议，并承担了研究、试验的任务。既然数字图书馆建设没有离开传统图书馆，那么传统图书馆与数字图书馆有机结合于一体，是很自然的。将这种新型结合体命名为“复合图书馆”，也是顺理成章的。

2.3 建立复合图书馆的必要性

（1）为了实现传统图书馆与数字图书馆的优势互补。传统图书馆的优势在于：一是手写型、印刷型、缩微型及视听型文献信息收藏比较系统、全面、丰富，不仅系统地保存了人类文化、而且可供广大用户系统学习和深入研究。二是传统图书馆属于非赢利性、免费服务于全社会的文化教育设施和科学研究的辅助机构，任何人只要自己愿意，并办理简单手续就可以去利用。三是传统图书馆的利用比较方便，没有过高的要求。四是传统图书馆的藏书，一般不存在知识产权问题。五是内容不易失真，且保存期长。传统图书馆的劣势在于：一是印刷型文献载体体积过大，占用空间多；二是图书馆的开放和利用受时空限制及受读者人数限制；三是信息传递慢，一些最新的和急需的信息难以及时获取。数字图书馆的优势在于：一是电子文献、数据库存储密度大、体积小，占用空间少；二是网络传递信息快，最新信息可快速通过网络传送；三是利用数字图书馆不受时空限制，任何人可在任何时间、地点，通过与网络联接的计算机就可利用。数字图书馆的劣势在于：一是上网文献信息受知识产权的保护限制，许多文献信息不能随意上网传播；二是从目前来说，网上传递的知识信息并不全面系统，难以构成知识体系；三是数字图书馆的利用受一定条件限制，必须有与网络联接的计算机；四是数字图书馆的利用必须有一定的投入或付费；五是内容容易失真，甚至很快消失，安全性差。从上述看来，传统图书馆的优势正是数字图书馆的劣势，数字图书馆的优势又正是传统图书馆的劣势，二者若有机结合于一体，就能优势互补，使图书馆的功能更完善。

（2）为了加速传统图书馆的改革，使之适应信息化社会发展的需要。事实已经很清楚，在信息化、数字化、网络化快速发达的今日社会，传统图书馆不仅没有消亡，而且仍是基本的、主要的，这就说明传统图书馆的地位是牢固的，基本功能与作用是不可替代的。但我们又必须承认，从信息化社会的要求来说，传统图书馆已显得落后。因此，必须尽快提高传统图书馆信息化、数字化、网络化的水平，而最好的途径是与建设数字图书馆有机结合，合二为一。

(3)为了加快数字图书馆的建设与发展。建设和发展数字图书馆，可有两种作法；一是以传统图书馆为基础，依赖传统图书馆；二是避开传统图书馆，另起炉灶。后者也可建立起数字图书馆，但大多是属于以赢利为目的的商业性公司，它们不可能反映图书馆的特色。一般来说，数字图书馆进入正常运转后，就必须依赖传统图书馆。这种依赖主要表现在：一是依赖传统图书馆的馆藏文献信息资源来转换成数字信息，建立数据库。二是依赖传统图书馆的现有技术能力。三是依赖传统图书馆的现有信息化、网络化设施。

(4)为了实现印刷型与电子型、实体与虚拟文献的一体化存取。

(5)为了方便用户，满足他们在不同地点及不同时间对实体图书馆与虚拟图书馆的不同需求。

(6)为了实现传统图书馆与数字图书馆的统一管理。二者虽有所不同，但都是图书馆，实行统一管理，就可以统一规划、组织，统一调配人力、物力，合理使用财力。

(7)为了发挥系统的属性与功能的放大作用。传统图书馆与数字图书馆结合成复合图书馆后，其属性与功能肯定会大于二者之和。

3. 复合图书馆的发展过程

这里所说的复合图书馆的发展过程，是指复合图书馆的研究与探索过程。“复合图书馆”一词是 20 世纪 90 年代后半期出现的，对于大多数人来说，可能还比较陌生，对它的全面研究也才刚刚开始。由于数字图书馆是 1993 年 9 月由美国提出的，目前还处于研究、实验阶段，真正成型的或成熟的复合图书馆在全世界并不多见，但潜在型的复合图书馆可能大量存在。因为自 20 世纪 80 年代以来，传统图书馆的信息化、数字化、网络化水平不断提高，90 年代中期又出现数字图书馆，这样复合图书馆就孕育于某些传统图书馆之中，特别是已着手研究、试验数字图书馆的传统图书馆，将率先成为复合图书馆。

在国外，“复合图书馆”一词首先出现于英国。1996 年，英国图书馆学家苏顿(S. Sutton)在题为《未来的服务模式与功能的融合：作为技术人员、著作者和咨询员的参考馆员》的文章中，将图书馆连续发展的过程，划分为传统图书馆、自动化图书馆、复合图书馆、数字图书馆。他认为：“图书馆已经或必定要沿着这一序列，从作为一个场所的图书馆向作为一个逻辑存在的图书馆演进。”尽管苏顿在这篇文章中对四种图书馆的关系说得不大明确，然而他把复合图书馆摆在数字图书馆之前。在他看来，复合图书馆是传统图书馆与自动化图书馆的复合，复合图书馆是传统图书馆到数字图书馆之间的过渡图书馆。对苏顿的这些看法是否正确，前面已作评论，这里要肯定的是他较早提出了“复合图书馆”一词。

苏顿提出“复合图书馆”一词后，立即得到英国电子图书馆计划主任路斯布里奇(Chris Rusbridge)的认同，并于 1996 年 11 月修改了他提交给电子图书馆发展计划工作小组的文件，文件中采用了“复合图书馆”一词。1997 年，英国联合信息系统委员会(JISC，直属英国高等教育基金委员会)在其《通报》(1997 年第 3 期)中正式使用了这一词。此后的几年中，欧美国家图书馆界不少专家学者连续就这一问题进行了一些研究与探索，并撰文阐述自己的看法。如 1998 年，英国的路斯布里奇撰文阐述复合图书馆的定义。同年，英国的穆里（R. Murray）发表题为《世纪挑战——走向复合图书馆》的演讲报告，并对复合图书馆的定义进行阐述。

在我国，对复合图书馆的认识与研究，一点也不亚于欧美，几乎是同时起步，其思想与认识也无多大差别。1996 年，笔者在《图书与情报》第 2 期上发表了《论 21 世纪图书馆》一文，提出 21 世纪图书馆的模式是纸质印刷型图书、缩微图书、电子图书、虚拟图书（计算机软件）共存互补，传统图书馆、自动化图书馆、数字图书馆共存互补。1998 年，笔者又在《图书馆理论与实践》第 1～2 期上发表的《论 21 世纪的虚拟图书馆与传统图书馆》一文中，对虚拟图书馆与传统图书馆的相互关系作了详细的论述，并正式提出“虚拟图书馆与传统图书馆共存互补的‘混合体论’”。1999 年，当代世界出版社出版刘爱荣的《图书馆的未来》一书，该书也提出：“21 世纪图书馆的发展模式是虚拟图书馆与传统图书馆共存互补，成为一个混合体。”2000 年，我国台湾学者顾敏在《图书情报工作》第 3 期发表《千禧年初复合图书馆的服务与发展策略》一文，他认为：“估计到 21 世纪初叶，除了极少数的图书馆可以维持前述的传统图书馆形态，又有极少数的图书馆可以转变为全部的数位化典藏之外，大多数的图书馆都将面临复合图书馆的情境与挑战。”同年，张福学在《图书馆理论与实践》第 5 期发表《论混合式图书馆》一文。2001 年，初景利在《中国图书馆学报》第 3 期发表《复合图书馆的概念及发展构想》一文，李致忠在《国家图书馆学刊》第 4 期发表《图书馆的科学定位与发展战略》一文，沈迪飞在《少儿图书馆 · 中小学图书馆》发表《对当前我国图书馆信息化发展路子和模式的探讨》一文。以上列举，虽然不是全面的，但都从不同的侧面对复合图书馆的问题进行了探讨，提出了各自的见解，对建设和研究复合图书馆都是有益的。

4. 复合图书馆的优势与分类

4.1 复合图书馆的优势

（1）信息资源更丰富，来源渠道更多，品种更齐全。同时，各个复合图书馆的信息资源可能都有一定的特色，从而更具有吸引力和竞争力。

（2）服务范围更广，读者更多，效益更好。复合图书馆不仅为本地、本单位服务，还能为任何地点的与网络联接的用户服务，服务面更宽，利用者更多，资源利用率更高，社会效益更好。

（3）突破时空限制。复合图书馆突破了传统图书馆的时空限制，一天 24 小时，不分区域，不分远近，都可进行信息资源的存储与传播。

（4）虚实结合，能满足不同读者的需求与选择。复合图书馆既有物理场所，又有信息空间；既有虚拟信息资源，又有实体文献，可供读者任意选择，满足不同用户的不同需求。

（5）真正实现信息资源共享。传统图书馆时代的信息资源共享，由于种种原因，难以实现。在复合图书馆时代，由于实现了信息化、数字化、网络化，资源共享就能变为现实。

(6)图书馆的功能更全面、更完善。它不仅会提高图书馆在信息社会的价值与地位，增强竞争力，而且会改善图书馆的形象。

(7)能使图书馆的发展既符合社会实际，又适应未来的需要。在信息化、数字化、网络化比较发达的今天，传统图书馆仍是基本的、主要的，但需要用信息技术、数字技术、网络技术改造它。因此，传统图书馆与数字图书馆结合，不仅弥补了传统图书馆的缺陷，而且适应了图书馆事业未来发展的整体需要。

4.2 复合图书馆的分类

由于社会发展的不平衡，以及图书馆的历史与现状的不同，未来的社会将存在三种类型图书馆：一是纯传统图书馆，主要存在于基层图书馆及不发达地区图书馆，这些图书馆的自动化程度，将会逐步提升；二是纯数字图书馆，主要是跨库跨馆、跨系统的网络图书馆或样板性质的图书馆；三是复合图书馆，它将首先出现在国家图书馆、大中型公共图书馆、专业图书馆及高校图书馆。

对复合图书馆自身可作如下划分：①从规模划分，可分为大、中、小型；②从信息载体内容划分，可分为综合性的与专业性的；③从性质、作用、服务对象划分，可分为国家图书馆、公共图书馆、高等学校图书馆、专业图书馆、军事图书馆、厂矿、企业、公司图书馆、学校图书馆、儿童图书馆、版本保存图书馆等；④从数字化程度划分，可分为数字化程度高和数字化程度低的图书馆。

5. 复合图书馆的特征与功能

5.1 复合图书馆的特征

复合图书馆的特征，主要表现在以下几方面：①混合性。从整体来说，复合图书馆是传统图书馆与数字图书馆混合；从部分来说，其文献是手写本、印刷品、缩微品、声像品与电子文献、网络文献混合；其服务是本地与远程混合，受时空限制与不受时空限制混合；其形态是物理场所与信息空间混合，实体与虚拟混合；其技术方法是传统技术与信息技术、数字技术、网络技术混合。②多样性。主要表现为内部结构多样化，文献载体多样化，信息存储、传播的形式、渠道及手段多样化，用户多样化。③独立性。复合图书馆是传统图书馆与数字图书馆的有机结合，二者之间既相互联系、相互依存，又是一个复合体，具有独立性，在图书馆发展过程中是一种独立的类型与独立的形态。④整体性。复合图书馆虽是传统图书馆与数字图书馆的复合体，但二者联系紧，是一个有机整体，实现存取一体化、服务一体化及管理一体化。⑤两面性。复合图书馆虽是一个整体，但又具有两面性，即：既有实，又有虚；既是物理场所，又是信息空间；既受时空限制，又不受时空限制；既采用最新技术与手段，又保留传统技术与设施。⑥非赢利性。复合图书馆以服务社会为目的，是一种社会福利设施，供全社会免费共同使用，具有公益性、公共性。但它的某些项目或某些部分可实行有偿服务，如上网查询、数据库利用等可收取一定费用。⑦人文性。复合图书馆是人类社会的一种文化现象，重视人与人、馆员与用户的关系，重视社会效益。⑧信息性。复合图书馆的基本职能是收集、存储、转换、传播信息，并提供信息服务。⑨存储性。复合图书馆是人类文化、知识、信息的存储与转换场所，承担永久保存人类文化遗产的责任。⑩适应性与先进性。复合图书馆既是为适应当代社会与未来发展需要的产物，又充分重视当代有关先进技术在图书馆的应用。

5.2 复合图书馆的功能

复合图书馆的功能主要表现在如下几方面：①文献信息收集功能，包括传统采访、网络采访和网络下载。②文献信息处理功能，即对采集来的文献信息进行验收、登记、分类、编目等处理。③文献信息存储功能，对传统文献、电子文献、网络文献进行存储、保管。④文献信息转换功能，将手写品、印刷品、缩微品等有特色的馆藏逐步转换为数字化信息，并建立相关数据库。⑤文献信息检索与咨询功能，包括传统检索、网络检索、传统咨询和网络咨询。⑥信息知识传播功能，包括传统的流通阅览、馆际互借、网络传播等。⑦文献信息宣传报道功能，包括传统与网络的宣传报道。⑧文献信息资源共享功能，包括传统的馆际互借、网络利用、跨馆跨库利用等。⑨教育功能。⑩情报功能。⑪娱乐功能，等等。

6. 发展复合图书馆的基本策略

如何发展复合图书馆？我们认为，从整个图书馆事业来说，应是一驾马车往前赶，而不是几驾马车同时走。所谓一驾马车，就是发展复合图书馆，数字图书馆建设应纳入这个轨道，在传统图书馆的基础上，与传统图书馆的改革结合起来。具体而言，发展复合图书馆应采取以下策略：

(1)调整视角。20世纪90年代以来，由于受“无纸化社会”“图书馆消亡论”“图书馆衰落论”等的影响，产生了一些不正常的情况，就是一些人言必称数字，只把视线和注意力投向数字化图书馆，忽视了传统图书馆的存在与发展，更看不到数字图书馆与传统图书馆的相互依赖关系。现在我们应调整视角，既看到数字图书馆，又看到传统图书馆，更看到二者之间的必然联系，使二者真正实现共存互补。

(2)选择一些基础好的传统图书馆发展复合图书馆。传统图书馆既是数字图书馆的基础与母体，也是复合图书馆的基础。当然，并不是所有传统图书馆都同时具有条件建立复合图书馆，因而必须先选择一些基础好的、具备条件的传统图书馆发展复合图书馆，其他传统图书馆待自身条件成熟时再建立。所谓基础好，一是有一定规模，信息资源丰富，又有特色，传统文献转换为数字信息后，其内容在网络上不会重复。二是图书馆自动化、信息化、数字化、网络化已达到一定的水平，并有一支技术队伍。三是投入的资金能适应发展需要。四是图书馆领导与工作人员有这种愿望与要求。

(3)大力扶植传统图书馆，加速传统图书馆的结构改革，特别是大、中型图书馆，要使其尽快进入复合图书馆。为了实现这一目标，就要加大经费的投入，改善网络基础设施，增加数字化信息的比重。

(4)加速数字图书馆的研究、试验。要统一标准，突破一些关键性的技术难题。我们认为，数字图书馆应该有大小概念之分。大概念的数字图书馆，是指因特网、地区网、系统网上的数字图书馆，它们除图书馆参加外，还有其他单位参加，如书商、出版商、报刊社、信息咨询公司、科研机构等。小概念的数字图书馆，则是指未来复合图书馆的数字图书馆，我们要建立的是后者。但两者是相互联系、不可分割的。大数字图书馆，依靠小数字图书馆为它提供网上信息；小数字图书馆依靠网上的广域信息，进行选择下载和利用。

(5)培养复合型图书馆人才，建立复合型的图书馆学教育体系。复合图书馆的人员，既要掌握图书馆学的基本理论，又要掌握信息科学的计算机技术、数字技术、网络技术。一段时间以来，我国图书馆学情报学教育界的某些人士，认为掌握信息科学是情报专业所必需，而忽视了图书馆学专业对信息科学教学内容的加强，从而造成今日图书馆学教育的尴尬局面。解决这一问题的出路，就是建立图书馆学加有关信息科学内容的复合图书馆学教育体系。

(6)加强理论研究。要在传统图书馆学理论的基础上，对数字图书馆和复合图书馆的理论与实践进行综合研究，建立新的理论体系。

参考文献

[1]黄宗忠. 论21世纪图书馆[J]. 图书与情报，1996(02).
[2]黄宗忠. 论21世纪的虚拟图书馆与传统图书馆[J]. 图书馆理论与实践，1998(01，02).
[3]张学福. 论混合式图书馆[J]. 图书馆理论与实践，2000(05).
[4]初景利. 复合图书馆的概念及发展构思[J]. 中国图书馆学报，2001(03).
[5]李致忠. 图书馆的科学定位与发展战略[J]. 国家图书馆学刊，2001(04).
[6]沈迪飞. 对当前我国图书馆信息化发展路子和模式的探讨[J]. 少儿图书馆·中小学图书馆，2001(02).
[7]廖剑岚. 国外数字图书馆研究比较[J]. 图书馆杂志，2001(07).
[8]黄宗忠. 文献采访学[M]. 北京：北京图书馆出版社，2001.
[9]陈生平. 复合图书馆是当前我们的奋斗目标[J]. 图书馆建设，2002(01).

三、退休教师代表作

1

1988 年

周绍萍

文献分类标引系统中的模糊性及其实用价值

模糊性是事物类属和性态(性质、特征、状态)的不确定性，即“亦此亦彼”性。

本文所谈的模糊性是指在文献分类标引系统中某些因素的类属和自身固有性态的不确定性，以及这些因素相互制约致使文献分类标引系统的整体呈现出的模糊性。文献分类标引因素包括：分类标引工具——图书分类法(以下简称分类表)以及分类标引规则；分类标引对象——文献；分类标引主体——标引人员等。这些因素构成了文献标引系统。凡系统(形式化系统除外)必有模糊性，文献分类标引系统也不例外。

一、模糊性存在于分类表类目中

分类表是类分文献的工具。它的编制涉及三个因素：①科学分类；②文献类型；③编制技术。

人类为了认识科学，就依据一定的标准对其进行划分，有些学科可以依据精确的标准把它们分为彼此界限分明的类别，要么属于某类，要么不属于某类。例如，“化学”属于自然科学，“文学”属于社会科学等。然而，还有许多学科却无法找到精确的分类标准，例如，“物理化学”“化学物理”“生物化学”等是属于“物理学”还是属于“化学”“生物学”，就不好判断。这些学科类属的不清晰性源于事物、学科本身固有的复杂性和发展变化性。世界上的事物、学科千千万万，它们本身具有多种属性和特征，其间的联系错综复杂，而事物、学科本身又在不断地发展变化，在发展中又互相渗透。某事物、学科属于某一类到不属于该类，往往遵循渐变的原则，逐步过渡而非突然改变；不同类别之间不存在截然分明的界限。例如，七鳃鳗，若判它属于脊椎动物，它却没有真正的脊椎；若将它划归无脊椎动物类，它却有十分发达的脊索。这说明动物从无脊推到有脊椎在进化过程中不是跳跃突变，而是渐进的。现代科学发展表明，各学科在其空间中或结构上的边缘区或结合部分的模糊性尤为显著，现在新产生的边缘学科、综合学科、横断学科等就是模糊性的具体体现。科学分类中这种固有的模糊性必然要反映在以科学分类为基础的分类表中，使分类表中的模糊类目俯拾皆是。由于分类表是以有限数量的类目容纳无限数量文献所载的无限数量的学科知识，它把科学知识之间无连续过渡的中介分为有限的类别，因而分类表中许多类目之间很难有截然分明的界限，其模糊性就很明显。例如，《中图法》将七鳃鳗划归脊椎动物类，不仅使脊椎动物类范围扩大，而且使其与无脊椎动物类之间的界限模糊。又如，生物医学工程学是工程学向医学渗透而产生的一门边缘学科，《中图法》按照入应用类的规则，将其在基础医学中序列，使得医学类范围扩大，并与工程学类界限模糊。同时，分类表中不少模糊学科和模糊事物是用模糊概念来描述和概括的。如“生物医学工程学”本身就是模糊概念，它概括了生物力学、生物流体力学、生物材料力学、生物质量和能量传递、生物信息和生物控制、人工脏器等一系列模糊学科和模糊事物。

文献类型也存在模糊性。我们若将出版的各种文献按照多个标准划分，可以分成这样一些类型：专科、专题性文献、综合性文献；单行著作、论文集、丛书、多卷集、连续出版物；声像资料、缩微品、电子型出版物；盲文读物、儿童读物等。各类型之间没有一个明确的界限，综合性中有科普读物；儿童读物中也有综合性读物；电子型出版物中就学科内容来说也有专科、专题与综合之分。由于文献类型之间存在着复杂的关系，对它们进行精确的分类就很困难。如分类表中设置的“综合性图书”类、“科普读物”类、“儿童文学”类等，都是模糊类目。

分类表是由一批有经验的专家学者们编制的。他们的知识结构完善的程度、学术水平的高低、编制技术和方法的好坏，都体现在分类表体系结构中，无法用精确的概念来描述。如对知识结构完善程度的描述，传统的二值逻辑只能描述成“完善”和“不完善”两类，这是不能如实反映知识结构的层次的。实际上从“完善”到“不完善”是逐渐过渡的，中间还有“基本完善”“较完善”“部分完善”等中介值。这些都只能用模糊的概念来描述。“学术水平高低”和“编制技术和方法的好坏”同样也存在中介值。而且“完善”“高低”“好坏”本身就是模糊概念。同时，专家学者们的知识结构、学术水平、编制技术和方法不是固定不变的，而是在学习和实践中不断丰富提高的。若要求编制两部使用对象、功能完全相同的综合性分类表，在没有精确模式作为标准的情况下，不同的编者不可能编制出一对“孪生”的分类表。

除上述三个方面外，分类标引规则本身也具有模糊性。例如，对双主题的文献规定依“较大、较全的主题”“重点的主题”“读者需要的主题”等所属学科标引，这些本身就是模糊概念。对于同一文献，着眼于不同的角度，就会出现归类不一的现象。

二、模糊性存在于文献中

文献的内容和形式特征，散见于文献的各组成部分，即正文、目次、题名、提要、文摘、前言、后语、责任者及其说明等。对文献进行主题分析时要浏览文献的这些组成部分，从中提炼出反映文献内容和形式特征的信息，并概括成概念，归纳成主题，以便依据分类表归入恰当的类进行标引。然而，不少文献各组成部分所提供的常常是本身含义不明确、彼此界限不清晰的属性，使文献整体类属模糊。以题名为例，不少文献的题名概念不能准确地反映其学科内容，不是题名概念过窄，就是题名概念过宽；有的就是用模糊概念作为题名，如《轻、薄、短、小的时代》《新的综合》等，这样的文献仅依题名是无法判断它们的类属的。透过题名，浏览内容提要是否就能作出明确的判断呢？有的文献是可以的，有的文献就是内容提要也不能消除其类属的不确定性。如《新的综合》一书，透过模糊题名，浏览内容提要，得知该书介绍的是一门新的边缘学科——“社会生物学”。这是一门模糊性学科，其类属不是“非此即彼”，而是“亦此亦彼”，它既属于社会学，又属于生物学。可见该书内容提要所提供的也还是一种模糊的属性。文献内容中类似这样的模糊屡见不鲜。文献是记载科学知识的载体，科学知识本身固有的模糊性必然体现在文献的内容之中，使文献内容具有模糊性。经验证明，几文献内容记载的是边缘学科、横断学科、综合学科以及复杂内容的多学科等，其模糊性就强烈，准确归类就困难。

三、模糊性存在于标引主体的素质中

分类标引人员是标引文献的主体，其素质是指知识结构、外语水平、工作能力、思想作风等，这些都是抽象模糊的。这种模糊性也必然体现在分类标引的结果之中。同一文献，因分类标引人员的知识结构、工作能力、思想作风的差异，可能会归入不同的类里，使标引结果呈现模糊性。

总之，上述分类表类目之间的模糊，文献内容性态和类属的不清晰，分类标引人员素质的不确定，以及标引规则的模糊等，在文献分类标引过程中，相互联系，相互制约，导致了文献分类标引质量的模糊。对文献进行分类标引，当所赋予的类号所代表的类目能包含文献的全部内容时，就认为该文献标引是准确的，否则就认为是错误的。然而，大量出现的却是类目对文献内容处于包含与不包含之间的中介状态，无法用精确概念来描述。例如，李连科撰《世界的意义——价值论》一书，论述的是价值学。分类标引人员就现有的知识素质，不懂得该学科研究的对象和内容，分类表也没有为“价值学”设置专类，故不能判断“价值学”属于何类。分类标引人员通过对该书各组成部分的浏览，并查阅有关的工具书后得知价值学又称人的价值学，是一门系统研究人的需求以及人与世界关系的综合性科学。该学科在研究过程中，需要广泛运用人类学、历史学、社会学、心理学、管理学、人才学和民俗学等学科的成果。分类表虽然没有设置“价值学”专类，但设置了它的上述相关学科类。对于检索来说，可选择几个学科类进行标引；对于分类排架来说，只能选某一学科类进行靠类标引。其结果都不算错，然而又都不很准确，因为标引的每一类号所代表的类目，只包含该文献内容的某一方面。这样，该文献的标引准确程度，只能用“部分准确”“不很准确”“不太准确”等模糊概念来描述。这说明在对某些文献进行分类标引时，在准确与错误之间存在一个模糊带，在这个带域里不能说某文献不属于某类，也不能说某文献完全属于某类，只能说某文献属于某类的资格程度如何。文献分类标引质量的这种模糊性对文献的检准率是有一定影响的，然而它和其他事物一样也有两面性，被人们视为“障碍”的东西，往往有着不容忽视的存在价值。

四、模糊性在文献分类标引系统中的实用价值

1. 利用模糊性调整分类表。

专业性图书情报单位利用类目的模糊性，将综合性分类表进行调整，形成一个符合本单位专业特点、藏书情况、读者检索需要的最佳分类体系。若分类表的所有类目只具有

“非此即彼”性，专业性图书情报单位是达不到此目的的。正因为有些类目本身有“亦此亦彼”性，才能根据需要将它们调动，变化原来的类属，形成新的分类体系。例如，选用显示学科类属多样性的交替类，按照显示类目之间界限不清晰的类目参照，将专论性类目调集在总论性类目下；扩大某类的内容范围，将基础理论与应用技术集中等。

2. 利用模糊性增设新类目。

分类表具有时代的特性，其类目设置的情况除了与其使用对象和职能有关外，还与当时科学技术相适应，而且也要随着科学技术的发展而不断地扩充和增设新类目。然而体系分类表由于受到等级列举式和标记符号的限制，使其扩充性、容纳性变得较弱。但是，可以利用类目的模糊性作适当地扩充和增设。例如，类表中“其他”类是一个典型的模糊性类目，利用该类可以将其上位类所包含而又未列举出的事物、学科、问题等无限地列举出来；又如，对于现在出现的一些新学科、边缘学科、横断学科、综合性学科等，分类表上一般有四种处理办法：一是增设基本大类；二是类目组配；三是依附列类；四是序列在能包括其内容的总论性类目下。作为国家标准的《中图法》(第三版讨论稿)就是这样处理的，而且大部分新学科、边缘学科、横断学科按其主要性态依附在有关的类里。如“思维科学”增设在哲学类，“传播学”依附在“文化、科学、教育、体育”类，“管理学”“人才学”增设在“社会科学(总论)”类等。《中图法》这样设置类目，既保持了科学之间的主要性态的有机联系，又使分类表体系不作大的改动，受到图书情报单位和读者的欢迎，其功劳应归于类目的模糊性。

3. 利用模糊性类分类无专属的文献。

分类表中每一个类都可看作是许多同性态文献的集合，同类文献中不少文献属于该类的资格程度是模糊的，利用这种模糊性对于那些类无专属的文献，依据其某一特性或某几种特性进行靠类标引，归入某一相关的类目或某几个相关的类目，这是一种既科学而又有效的办法。前面谈到的“价值论”的归类问题就是如此。从分类标引系统的模糊性中我们得到两种启发：第一，分类表在一定的时期内不仅应该，而且能够保持相对的稳定性，不必要经常随着科学技术的发展、新学科、新技术的产生而不断地作大的修订(这里决非否定在一定的时候作必要的修订，如《中国人民大学图书馆图书分类法》从第一版到第三版的修订，《中图法》从第一版到第三版的修订，《中国科学院图书馆图书分类法》从第一版到第二版的修订等都是必须的)。因为新学科、新技术的产生决不会没有它的基础，在分类表里总可以找到在性态上多少有点联系的类目可以依附。如“决策论”和“价值工程”就可以依附设置在“管理学”类下。不过这要在分类表编委会的控制之下进行，否则便会乱套的；第二，当分类标引人员遇到难判断类属的文献时，不要一味地责怪分类表编制得不精确、不专指、不科学(当然我们并不否定分类表存在的一些问题)，应一方面努力学习，提高自己的知识素质；另一方面认真仔细地分析文献内容的学科性态和分类表的体系结构。这样，总可以在分类表中找到在性态上多少有点联系的类目进行标引，只是准确的程度模糊。这种模糊性有助于提高工作效率，能够类分类无专属的文献。

除上述之外，读者还可以利用类目之间的模糊性，按照分类表的类目休系进行扩检和缩检。

文献分类标引系统中的模糊性之所以有一定的实用价值，是因为它反映了客观实际，符合人类认识活动的基本特点。人类在认识活动中，其大脑既能作精确思维，更善于作模糊思维，其功能优于暂时只能作精确“思维”的计算机。例如，分类标引人员利用人脑思维低精度的特点，对某些文献进行标引时，不必获取大量精确的数据，只须依据少量的模糊信息，即可作出比较准确的判断。所以模糊性在人工操作的文献分类标引系统中有着得天独厚的优点，但对计算机自动分类标引系统来说却是一只拦路虎，有待人类去征服它。

主要参考文献

[1]黄实：论《中图法》类目的模糊性与科学性，《北京图书馆通讯》1986 年第 1 期。

[2]张琪玉、曾蕾：体系分类中的模糊现象及其消除方法，《图书情报知识》1985 年第 2 期。

[3]苗东升编著：《模糊学导引》，中国人民大学出版社 1987 年 2 月。

[4]李晓明：《模糊性：人类认识之谜》，人民出版社 1987 年 2 月。

2

1990 年

王秀兰

西方社会科学检索刊物的发展

在现有书目控制系统中，比较全面而系统地对各学科领域的文献进行书目控制的工具要算那些连续发行、及时记录与通报文献的专科性检索刊物，包括书目、索引和文摘等。西方国家出版的这些检索刊物，其特征之一是全面性，无论名为书目、索引或文摘，其收录的文献类型一般都不是单一的。索引和文摘往往同时收录图书、期刊论文和其他形式的文献。一些名为书目的社科检索刊物，其收录对象亦非限于图书，还包括期刊论文等其他文献。这些检索刊物的另一特征是连续性，不管是书目、索引或文摘都采取定期连续发行的方式，因而又统称之为“连续性书目”。这一特征意味着连续不断地将反映新的研究成果的文献搜集起来，并给以记录、描述、评价和序化。因此，专科性检索刊物能在很大程度上反映各相应学科领域知识积累及研究进展的大致进程，它们不仅具有识别文献和检索文献的基本功能，而且也是整个学术通讯系统的基本组成部分。本文将要讨论的西方社会科学检索刊物，是我们利用外国社会科学文献的工具，是系统地获得国外社会科学研究信息的主要通讯渠道，了解其发展过程将具有理论和实践意义。

一、发展年表

作为专门学科文献记录的专科性检索刊物，它们的产生与发展，同相应学科领域学术研究的发展进程密切相关。截至 20 世纪 70 年代末，西方国家主要社会科学检索刊物出现的先后顺序如下表所示：

创刊年	刊　　名	主办者(或出版者)国别	刊期
1880	*Jahresberichte der Geschichtswissenschaft*《历史科学年报》	German	Annual
1890	*Psychological Index*(后为 *Abstracts*)《心理学索引》	USA	Annual
1891	*Bibliographie Geographique International*《国际地理书目》	French	Annual
1905	*Bibliographie der Sozialwissenschaften*《社会科学书目》	German	Annual
1906	*Writings on American History*《美国历史著作》	USA	Annual

续表

创刊年	刊　　名	主办者(或出版者)国别	刊期
1907	*Social Sciences and Humanlties Index*(社会科学和人文科学索引)	USA	Quarterly
1915	*Puble Affairs Information Service Bulletin*《公共事务情报服务处通报》	USA	
1921	*MLA International Bibliography of Books and Articles on the Modern Languages and Literature*《论述现代语言与文学的图书与期刊论文国际书目》	USA	Annual
1921	*Annual Bibliography of English Language and Literature*《英国语言与文学年度目录》	USA	Annual
1926	*International Bibliography of Historical Sciences*《国际史学资料目录》	USA	Annual
1927	*Psychological Abstracts*《心理学文摘》	USA	Monthly
1929	*Social Science Abstracts*《社会科学文摘》	USA	Monthly
1930	*Art Index*《艺术索引》	USA	Quarterly
1934	*Library Literature*《图书馆学文献索引》	USA	Bimonthly
1935	*Population Index*《人口索引》	USA	Quarterly
1950	*African Abstracts*《非洲文摘》	UK	Quarterly
1950	*Library and Informaton Science Abstracts*《图书馆与情报科学文摘》	UK	Monthly
1951	*International Political Science Abstracts*《国际政治科学文摘》	USA	Quarteny
1952	*International Bibliography of Sociology*《社会学国际书目》	Unesco	Annual
1953	*Sociological Abstracts*《社会学文摘》	USA	Inregularity
1953	*International Bibliography of Political Science*《政治科学国际书目》	Unesco	Annual
1955	*Historical Abstracts*《历史文摘》	USA	Quarterly
1955	*International Bibliography of Economics*《经济学国际书目》	Unesco	Annual
1956	*American Bibliography of Russian and East European Studies*《苏联及东欧研究书目》	USA	Annual
1956	*Bibliography of Asian Studies*《亚洲研究书目》	USA	Annual
1958	*Abstracts of English Studies*《英语研究文摘》	USA	Monthly
1958	*International Bibliography of Social and Culture Anthropology*《社会与文化人类学国际书目》	Unesco	Annual
1960	*Current Legal Bibliography*《现行法规目录》	USA	Annual
1960	*Index to Book Reviews in the Humanities*《人文科学图书述评索引》	USA	Annual

续表

创刊年	刊　　名	主办者(或出版者)国别	刊期
1960	*Index to Foreign Legal Periodicals*《外国法律期刊文献索引》	USA UK	Quarterly
1961	*Abstracts on Criminology and Penology*《犯罪学与刑罚学文摘》	USA	Bimonthly
1961	*Annual Legal Bibliography*《年度法规目录》	USA	Annual
1963	*Abstracts of Folklore Studies*《民俗研究文摘》	USA	Quarterly
1963	*Anthropological Index*《人类学索引》	UK	Quarterly
1963	*British Humanities Index*《英国人文科学索引》	UK	Quarterly
1963	*Journal of Economic Literature*《经济文献杂志》	USA	
1964	*America：History and Life*《美国生活与历史期刊文献指南》	USA	Quarterly
1965	*Social Work Research and Abstracts*《社会工作研究及文摘》 *Formerly Abstracts for Social Workers*《社会工作者文献》	USA	Quarterly
1966	*Geographical Abstracts*《地理文摘》	UK	Bimonthly
1966	*Human Resources Abstracts*《人力资源文摘》	USA	Quarterly
1966	*Recent Publications in the Social and Behavioral Sciences*《社会和行为科学现行出版者》	USA	Annual
1967	*Philosopher Index*《哲学家期刊论文索引》	USA	Quarterly
1969	*Advance Bibliography of Contents：Political Science and Government*《政治科学和政府文献最新目录》	USA	9 issues per year
1969	*Current Contents：Social and Behavioral Sciences*《社会和行为科学现行目录》	USA	Weekly
1969	*Current Index to Journals in Education*《教育期刊现行索引》	USA	Monthly
1970	*Abstracts in Anthropology*《人类学文摘》	USA	Quarterly
1970	*Black Information Index*《黑人情报索引》	USA	Bimonthly
1970	*Crime and Delinquency Literature*《犯罪和渎职文献》	USA	Quarterly
1972	*Contents of Current Legal Periodicals*《最新法规期刊目录》	USA	Monthly
1973	*Social Sciences Citation Index*《社会科学引文索引》	USA	3 issues Per year
1974	*Content Papers in Management*《管理论文》	UK	Biweekly
1974	*Humanities Index*《人文科学文献索引》	USA	Quarterly
1974	*Social Scieuces Index*《社会科学文献索引》	USA	Quarterly

续表

创刊年	刊　　名	主办者(或出版者)国别	刊期
1975	*Management Contents*《管理文献目录》	USA	Biweekly
1976	*Art and Humanities Citation Index*《艺术与人文科学引文索引》	USA	
1978	*Book Review Index to Sociel Science Periodicols*《社会科学期刊书评索引》	USA	Annual
1978	*Religion Index One*：*Periodicals*《宗教索引，第一辑：期刊》	USA	Semiannual
1979	*Index to Social Sciences and Humanities Proceedings*《社会科学和人文科学会议录索引》	USA	Quarterly Annual

二、起源与传统的发展阶段

19 世纪末期，为西方社会科学检索刊物的起源阶段。19 世纪后期，西方国家科学研究活动发生了有意义的变化，主要特征之一是由原来个人分散地业余进行逐渐向集体化、职业化过渡。随之，对科学研究的组织管理、研究成果交流以及有关信息传播等都成为必要。因此，专业性的学会、协会先后应运而生。以美国为例，从 19 世纪末期开始，相继出现了一系列专业性学术团体，如 1884 年有美国历史学协会、1885 年有美国经济学协会、1892 年有美国心理学协会、1895 年有美国社会学协会等。这些协会几乎都创办期刊，以便传播专业信息，给其成员以交流成果的论坛。同时，也几乎都以改善相应学科领域的书目服务为其主要任务，纷纷着手创办用于系统地记录与传播本学科文献的书目刊物。在西方国家，最先产生这种书目刊物的是当时三个较为成热的学科，即历史学、心理学和地理学等。第一个是德国的 *Jahresberichte der Geschichtswissenschaft*(《历史科学年报》)，1880 年在德国历史学会的赞助下在柏林出版，为年刊，试图全面收录德国和世界各地出版的历史学文献，包括图书和论文，可视为国际范围历史文献年度总书目。该书目因第一次世界大战而停刊，共出 36 卷，收录了 1878—1913 年世界重要历史学著作。至今，该书目对历史学研究仍有参考价值。第二个是美国的 *Psychological Index*(《心理学索引》)，1890 年作为 *Psychological Review*(《心理学评论》)杂志的补篇在普林斯顿出现。1896 年独立刊行，为年刊，收录世界各地用多语言出版的图书和期刊论文，是国际范围心理学文献年度总目录。直至 1935 年，因 1927 年出现的 *Psychological Abstracts*(《心理学文摘》)足以取代它的作用而停止出版。第三个是法国的 *Bibliographie Geographique Internationale*(《地理学国际书目》)，1891 年在法国地理学协会的主持下创办于巴黎。此后，美国及其他一些国家的地理学组织参与联合主持；现在在国际地理学联合会的赞助下出版，同样试图收录全世界地理学图书和论文，成为现有收录地理学文献最完全的国际性年度总书目。

20 世纪头 50 年，西方社科检索刊物处于传统的发展阶段。在这一长达半个世纪的发展阶段上，检索刊物大体上限于传统的书目、索引和文摘等方式，而且数量发展较为缓慢。其中头30年以质量深化为特征，40年代因战争原因基本上停滞不前，50年代国际书目合作大有发展。

如前表所示，从1905年到1935年这30年间，只先后推出13种内容为国际性的检索刊物，发展是不快的。其原因显然与两次世界大战的影响有直接关系。不过，在这期间所出现的检索刊物大多是由学术性组织为了记录和传播其研究成果而创办的。在这期间出现的13种社会科学检索刊物中，除*Social Sciences and Humanities Index*（《社会科学和人文科学索引》），*Art Index*（《艺术索引》）和*Library Literature*（《图书馆文献》）这3种由商业性出版社出版之外，其余全都是各相应学科的学术性组织主办，其中有的由国际学术性组织来创办或几个国家的学术组织联合编纂出版，较之由商业性出版社出版的检索刊物具有更高的质量。例如，按一定标准收选文献，以记录学术价值较高的专业文献为主；对所收录的文献作较详细的描述，提供较丰富的书目信息。而文摘刊物的出现，更标志着专科文献检索工具达到更高的发展阶段。西方出版的第一个社会科学文摘刊物是*Psychological Abstracts*（《心理学文摘》）于1927年问世，紧接着1929年又推出*Social Science Abstracts*（《社会科学文摘》）。

如前表所列，50年代这十年出现了12种内容涉及世界范围文献的检索刊物，发展比较迅速，这与当时国际环境有密切关系，在20世纪30—40年代期间，世界大战对科学研究事业带来严重影响，西方国家社会科学书目活动几乎处于停滞状态，以至在战后要求发展社会科学书目的呼声增高。在这种情况下，联合国教科文组织（又称Unesco）为发展和完善社会科学书目服务作了有意义的努力，成为发展国际书目服务活动的核心力量。1950年，在Unesco的主持下成立国际社会科学文献工作委员会（International Committee for Social Science Documentation）。该委员会致力于发展社会科学书目工作，随即创办了一组社会科学连续书目，即以*International Bibliograhpy of the Social Sciences*（《社会科学国际书目》）为总名称，先后出现了编制体例大致相同的四个书目：1）*Interaational Bibliography of Sociology*（《社会学国际书目》），1952年创刊，2）*International Bibliography of Political Science*（《政治科学国际书目》），1953年创刊，3）*International Bibliography of Economics*（《经济学国际书目》）1955年创刊；4）*International Bibliography of Social and Culture Anthropology*（《社会和文化人类学国际书目》），1958年创刊。这一组书目均是国际性的，试图最大限度地全面收录世界各地出版的重要学术性图书和期刊论文，以全面、广泛收录为特征。但是，这一组书目存在着时差较长，提供的书目信息量较少的缺陷。为此，国际社会科学文献工作委员会1951年创办了*International Political Science Abstracts*（《国际政治科学文摘》），与此同时，在国际学术性组织的支持、协助下，其他文摘刊物也先后问世，如*African Abstracts*（《非洲文摘》），在*Unesco*的协助下由英国的国际非洲研究所于1950年开始出版，*Historical Abstracts*（《历史科学文摘》），在国际社会科学研究所的主持下创刊于1955年，1953年创刊的*Sociological Abstracts*（《社会学文摘》）也由国际社会学协会和美国社会学协会等学术组织联合主持出版。此外，在50年代，区域性研究书目大有发展。早在20世纪30年代，美国就出现了像*Far Eastern Bibliography*（《远东书目》）这样的区域性研究书目，随着区域性学术研究的发展，50年代又相继出现这类书目，如*American*

Bibliography of Russian and East Europea Studies(《俄罗斯和东欧研究书目》)和 *Bibliography of Asian Studies*(《亚洲研究书目》)。另外，在 *Handbook of Latin. American Studies*(《拉丁美洲研究手册》)这一杂志中，也提供了相似的书目服务。这些区域性研究书目从横向集中有关相应地区的多语言多学科的材料，为相应地区的综合研究提供较完全的文献来源。

三、革新的发展阶段

50 年代以来，西方信息技术革命蓬勃开展，极大地推动着社会科学书目服务的发展。继 50 年代之后，又先后推出一批重要的社会科学连续性检索刊物，仅内容为国际性的，截至 1979 年有前表所列的 32 种。而近 20 多年来，社会科学书目服务更有意义的发展，不在于书目数量的增加，而表现于书目服务手段的革新上。这除了计算机的应用，书目数据库的产生，文献联机检索的实现之外，还在原有传统的书目、索引和文摘的基础上，相继出现了一些新的、更有效的书目服务方式。

第一，最新文献通报。最迅速的通报文献，可以有多种方式，传统的做法主要是新书通报、新书预报和新刊介绍等。从 60 年代开始，进一步深入到期刊的内容，产生了及时通报期刊论文的方式，即现刊目次页的复制品，称之为“期刊目次一览表”(“Contents Lists of Periodicals”)或“目次复印本”(“Contents Reproduction”)，此方式最先是美国的科学情报研究所(Institute for Sciencific Information)采用。该所于 1961 年出版 *Current Contents*: *Life Science*(《生命科学最新文献》)周刊。不久，在社会科学领域内也出现同类检索刊物。1969 年 *Current Contents*: *Social and Behavioral Sciences*(《社会科学和行为科学最新文献》)问世，该刊将一千多种刚发行而图书馆尚未收的现刊目次页进行复制，及时发行，以便读者浏览现刊内容，获得有关文献的最新信息。同年，美国商业出版社 ABC—Clio 公司也出版同类书目刊物，名为：*ABC Pol*, *Sci*; *Advance Bibliography of Contents*: *Political Science and Government*(《政治科学与政府最新文献通报》)。美国出版的这类文献通报还有：*Contents of Current Legal Periodicals*(《法律期刊最新文献》)和 *Management Contents*(《管理学最新文献》)。英国出版的这类检索刊物是 *Contents Papers in Management*(《管理学论文目次》)。

第二，引文索引。引文索引收录已被引用过的文献，引用的与被引用的论文相伴随出现，便于人们从已知的著者入手查到与课题有关的文献，沿着引文索引提供的引文线索追溯下去，像滚雪球一样，可查到关于某课题的较完全文献。引文索引作为检索文献的新方式在 60 年代初出现于自然科学领域内。1963 年美国科学情报研究所编纂出版 *Science Citation Index*(《科学引文索引》)。它的出现，广受欢迎，大为成功，十年之后，即 1973 年，该研究所出版了 *Social Sciences Citation Index*(《社会科学引文索引》)，收录全世界 1400 多种社会科学重要杂志和 1200 余种与社会科学有关的其他学科杂志，每年收录的论文数达十万篇以上。继《社会科学引文索引》之后，又于 1976 年出版同样编纂体例的 *Arts and Humanities Citation Index*(《艺术与人文科学索引》)。这样，便完成了广义的社会科学引文索引系统。鉴于社会科学家利用文献有学科跨度大、时限长等特点，引文索引的出现及其完善为社会科学文献检索提供了更有效的新途径，对社会科学文献的利用有重大意义。

第三，文献述评。所谓文献述评，一般是由学科专家或具有专业知识的情报人员定期对某学科文献进行调查、选择和综合评论。这种周期性的文献述评对相应学科的文献发展状况提供连续性的描述与评估，并提供文献的书目信息，从而连续不断地反映被评文献产生的那段时间内相应学科的重要成就、研究方向、发展动态以及争论中的重大问题等。文献述评这一书目方式，不仅对通报文献和选择文献有重大作用，而且还可以帮助学者、专家们掌握该学科的发展趋势，及时了解重大成就等。因此，文献述评作为文献书目控制新方式在社会科学领域内得到重视，早在一些学术研究年度评论性杂志中就包含这方面的固定专栏，如，美国于1950年创办的 *Annual Review of Psychology*(《心理学年度评论》)，最早建立了专业文献定期综合评论的模式。60年代以来，先后出现许多包含着丰富文献述评的杂志或以专题文献评论为基本内容的述评刊物，如：

Annual Review of Anthropology(《人类学年度评论》)

Annual Review of Sociology(《社会学年度评论》)

Political Science Annual(《政治科学年评》)

Annual Review of Eduational Research (《教育研究年度评论》)

International Social Science Journal(《国际社会科学杂志》)

Journal of Social Issues(《社会问题杂志》)

Current Anthropology(《当代人类学》)

Current Sociology(《当代社会学》)

Journal of Economic Literature(《经济文献杂志》)等。

四、结束语

自1880年于德国出现的《历史科学年报》以来，西方社会科学检索刊物已有一百余年的历史，至今，已发展成为在形式、品种和媒体上均多样化的、较完备的社科文献检索体系。观察西方国家社科检索刊物发展的历程及现状，有如下几点可供我们借鉴：

第一，在收录范围上注重广泛性。这表现为同一检索刊物，往往涉及多国、多语种文献，以及多种文献形式兼收并蓄，以便从某一目的出发，获得相对完全的材料来源，也便于他国读者使用。

第二，在系统结构上，注重不同形式、品种和媒体的合理配套，力求相互补充、衔接，成龙配套。这较明显地表现为原有一些综合性检索刊物让位给更多的专科性检索刊物，同一索引或文摘刊物有印刷版、缩微版和电子版等。多种媒体形式，以及纵向的专科检索刊物与横向的区域性检索刊物并存等。

第三，在排检方式上，注重多向检索途径的相互配合，以便从任一角度出发进行检索。电子版的固然如此，就印刷版的而言，正文或按主题、著者和篇名等混合字顺排列，或正文按其中一种方式排列，辅之以其他排检方式。引文索引的出现更大大地强化了检索功能。此外，还普遍采取多种累积方式，可满足不同时间跨度回溯性检索的需要。

3

1991 年

李建民　孙更新

武汉大学图书情报学院七十年来学术成果的统计分析

武汉大学图书情报学院(下称我院)，自1920年武昌文华大学图书科至1990年，已有70年历史。70年来，共出版专业及与专业有关的著译作、教材135种，其中我院独撰和主撰的有70种(含译著12种)；发表专业论文2683篇①②，此两项中获省(含单列市)级以上奖励的论著43种(篇)③；通过鉴定的计算机应用成果13项，其中我院主持的11项；电视片1部。

一、各阶段学术成果总量的统计与分析

我院70年的学术研究历史，可划分为六个阶段。现将各阶段四个学科的学术成果总量列表如下：

表一　各阶段学术成果总量统计

阶段 / 专业	一		二		三		四		五		六		总计	
	1917—1926		1927—1937		1938—1949		1950—1965		1966—1976		1977—1990			
	数量	%	数量	%	数量	%	数量	%	数量	%	数量	%	数量	%
图书馆学	8	0.3	286	10.09	30	1.06	63	2.22	5	0.18	1576	55.64	1968	69.5
情报学							1	0.04	1	0.04	610	21.54	612	21.6
档案学			5	0.2							63	2.22	68	2.4
图书发行管理学			1	0.04	1	0.04					77	2.72	79	2.8
其他											105	3.71	105	3.7
总计	8	0.3	292	10.3	31	1.1	64	2.6	6	0.2	2431	35.84	2832	100
年平均(项)	0.8		26.5		2.6		4		0.54		173.6		38.8	

---

① 武汉大学图书情报学院编：《武汉大学图书情报学院学术成果目录(1920—1990)》，《河南高校图书情报工作》杂志社1990年出版。

② 全部成果以1990年6月底以前出版、发表、鉴定或接到年内出版、发表通知的为限。

③ 李建民、孙更新：武汉大学图书情报学院教师获省、市级以上奖的论著、教材目录，《图书情报知识》1990年第3期。

第一阶段，是我国图书馆学研究和图书馆学教育的开创时期。1920 年，武昌文华大学创办图书科，图书馆学研究活动随之开始。第一项成果便是出自文华图书科的创办人之一沈祖荣先生笔下。在开创时期的 8 项成果中，沈先生占了 7 项，韦棣华女士占了 1 项。这一时期的成果，主要是研究图书馆工作，并开始涉及图书馆学教育等问题。尽管其篇数少，内容上有很大的局限性，但在我国图书馆学研究史上，有着十分重要的意义。

第二阶段，是图书馆学研究的初步发展阶段。与前一时期相比，学术成果在数量上增多，研究内容丰富，档案学、图书发行管理学也始见成果。究其原因，一是研究队伍扩大了，二是图书馆事业的发展促进了图书馆学的研究。为适应专业研究的需要，中华图书馆协会创办了《图书馆学季刊》和《中华图书馆协会会报》，1929 年文华图书科也创办了《文华图书科季刊》，这些刊物的创办给图书馆学研究提供了园地。

第三阶段，是图书馆学研究的低潮时期。抗日战争爆发后，文华图专迁渝，《文华图书馆学专科学校季刊》停刊，专业研究难以继续。该阶段研究成果仅有 31 项，年平均数为 2.6 项。

第四阶段，是图书馆学研究的恢复时期。中华人民共和国成立后，百业待兴，图书馆学研究也从沉寂中慢慢复苏。从表一看，这一时期的成果数量并不多，仅有 63 项。但在这个阶段，编写出了不少教材和参考资料等，为以后学术研究的繁荣打下了基础。因未正式出版，故未统计。

第五阶段，是学术研究的停滞时期。十年动乱，图书馆学专业研究受到了严重的干扰和破坏，基本上处于停滞状态，研究成果寥寥无几。

第六阶段，是学术研究的繁荣昌盛的时期。1977—1990 年，我院(1984 年前为图书馆学系)四个学科的学术成果总数为 2431 项，占 70 年全部成果总数的 85.84%，年均成果达 173.6 项。研究内容也极其丰富，涉及了图书馆学、情报学、档案学和图书发行管理学等多个领域，其中不少成果曾多次获奖。这一阶段之所以成果丰硕，是因为：1. 图书馆事业和情报事业的大发展，为专业研究提供了丰富内容。2. 近十年来，全国创办了很多专业刊物，召开了多次学术研讨会，为专业学术成果的产生和交流提供了极为有利的条件。如 1980 年创办的《图书情报知识》，就成为刊载我院师生学术成果的最主要的刊物。3. 图书馆学情报学教育事业的大发展，拓宽了专业学术研究领域。如我院新建和恢复的情报学专业、档案学专业和图书发行管理学专业，就大大拓展了师生的研究领域。4. 扩大了专业研究队伍，形成了专业研究骨干力量。我院从 1978 年开始招收研究生，十多年来造就了一批专业研究人才，他们的研究成果，在这一阶段的总数中，占有较大的比重。

二、学术成果各类总量的统计与分析

2832 项学术成果涉及了《中图法》(第三版，下同)中的 10 个大类、230 余个小类。现将各大类学术成果数量列表如下：

表二　各大类学术成果统计

类名	C	F	G	H	I	J	K	P	T	Z	其他	总计
数量	12	17	2679	16	5	3	8	4	5	56	27	2832
百分比	0.4	0.6	94.6	0.56	0.18	0.11	0.28	0.14	0.18	2	0.95	100

从表二可看出，尽管学术成果的内容范围较广，但绝大多数内容还是非常集中的。在包括了我院四个专业的 G 类中，成果数量为 2679 项，约占全部成果的 94.6%。其他各大类的成果，内容也是与四个专业的研究内容密切相关的。

我院图书馆学专业研究成果多达 1968 项，约占全部成果的 69.5%，遥居其他三个专业之首；研究范围十分广泛，涉及了《中图法》“G25 图书馆学、图书馆事业”类下的所有二级类目。其中传统的课题研究不断深入发展，如“文献标引与编目”类，研究成果多达 320 余项。从各类研究情况看，“文献标引与编目”“图书馆事业”“图书馆学”“目录学”的研究成果最为突出；“图书馆管理”“读者工作”“文献学”的研究成果亦颇丰；但“图书馆工作自动化”“藏书建设和藏书组织”“图书保护”等类的研究较为薄弱，有待加强。

我院的情报学专业教育始于 1975 年，截至 1990 年已有研究成果 600 多项，约占全部成果的 21.6%。若按年平均成果计算，则居其他三个专业之首。情报学专业研究范围也很广泛，涉及了《中图法》“G35 情报学、情报工作”类下所有二级类目。其中“情报学”“情报检索”两个类的研究成果尤为显著，分别为 192 项和 172 项，约占该专业成果总数的 59.5%，其余各类的成果总数只有 248 项，仅占总数的 40.5%。这种不平衡现象，应当引起重视。

我院的档案学专业研究成果有 68 项，其中含文华图专时期的成果 5 项，约占全部成果的 2.4%。该专业的研究在档案学理论方面作了一些颇有价值的探讨，如关于图书、情报、档案一体化的探讨等。与其他三个专业相比，该专业的各类研究成果数量比较少，研究的范围也比较窄，有些问题还未涉及，如“各种类型档案”“建筑和设备”等。

我院的图书发行管理学专业系国内首创，1984 年开始招收本科生。几年来其专业研究在探索中不断前进，研究成果已近 80 种，约占全部成果的 2.8%。其研究侧重在“发行工作”“出版事业”方面，这是符合学科研究从实践到理论的一般发展规律的。目前，该专业研究的内容还不广泛，在《中图法》“G23 出版事业”类下设置的 7 个二级类目中，就有四个类目完全没有涉及。因此，不断开拓新的研究领域，是该专业学术研究的当务之急。

三、学术成果作者的统计与分析

70 年来，学习、工作过的本科生、研究生和教职工共有四千多人。其中，有研究成果的 485 人(集体作者 15 个，个人作者 470 人)。现将有 10 项以上成果的个人作者数统计如下：

表三　10 项以上成果的个人作者数统计

成果项数	10	11	12	13	14	15	16	17	18	19	20	21	22	24	27	28	29
作者人数	7	3	11	4	3	2	7	2	3	4	1	2	2	2	1	1	2
占作者总数百分比	1.5	0.64	2.3	0.9	0.64	0.43	1.5	0.43	0.64	0.9	0.21	0.43	0.43	0.43	0.21	0.21	0.43
成果项数	30	31	32	34	35	37	38	39	44	52	53	60	61	63	67	74	81
作者人数	2	1	1	1	1	2	1	3	1	1	1	1	1	1	1	1	1
占作者总数百分比	0.43	0.21	0.21	0.21	0.21	0.43	0.21	0.64	0.21	0.21	0.21	0.21	0.21	0.21	0.21	0.21	0.21

未列入表三的，是 9 项成果以下的作者，共 392 人，占作者总人数的 83.4%。其中，只有 1 项成果的为 140 人，本科生就有 120 人；研究生、教工各 10 人。列入表三的，为 10 项成果以上的作者，共 78 人，占作者总人数的 16.6%。在 78 人中，有教授 11 人，副教授 16 人，讲师 22 人，助教 7 人，研究生 19 人，本科生 3 人，共有成果 1878 项，占总成果的 66.3%，他们是我院学术研究的中坚力量。

四、学术成果刊载报刊的统计与分析

在我院学术成果总数中，论文有 2683 篇，占成果总量的 94.7%。除参加国内外学术会议的论文、中外文图书中收录的论文及未查明出处的论文 214 篇外，其余的 2469 篇全部刊发在国内外的 203 家期刊和 12 家报纸上，其中解放前的期刊有 44 种，报纸 3 种。现将刊文数量较多的国内 30 种期刊列表如下。

从表四中可看出，院校自办刊物为师生论文的发表提供了主要园地。如，《文华图书馆专科学校季刊》创刊 9 年，载文 190 篇（特指刊发在文华图专工作和就读期间师生的论文数），约占中华人民共和国成立前发表论文总数 299 篇的 64%；《图书情报知识》创刊 10 年，刊载我院师生论文 444 篇，约占中华人民共和国成立后发表论文总数 2170 篇的 20%，居各类刊物之首；《武汉大学学报》刊载我院师生论文 97 篇，在《图书情报知识》创刊之前，曾是刊发我院师生论文最主要的刊物。我院师生在情报科学方面的研究成果，比较集中地刊发在国内情报科学核心期刊《情报学刊》《情报业务研究》《情报科学》《情报学报》四种刊物上，四刊共载文 288 篇，约占情报科学论文的一半。另外，刊载我院师生论文 10—18 篇的期刊有 18 种，如《图书馆工作》《晋图学刊》《情报科学技术》等；其中，中华人民共和国成立前的期刊有 2 种。

表四　刊载我院师生论文数量较多的国内 30 种期刊统计(·为中华人民共和国成立前创办的期刊)

序号	刊　名	刊文数量	序号	刊　名	刊文数量
1	《图书情报知识》	444	16	《江西图书馆学刊》(原名《赣图学刊》)	35
2	《文华图书馆专科学校季刊》(原名《文华图书科季刊》)	190	17	《世界图书》	34
3	《情报学刊》	103	18	《贵图学刊》	33
4	《武汉大学学报》	97	19	《中华图书馆协会会报》	29
5	《高校图书情报学刊》(原名《湖北高校图书馆》)	86	20	《图书馆理论与实践》(原名《宁夏图书馆通讯》)	29
6	《图书馆学研究》(原名《吉林省图书馆学会会刊》)	86	21	《河南图书馆学刊》(原名《河南图书馆季刊》)	28
7	《情报业务研究》	78	22	《云南图书馆季刊》	28
8	《情报科学》	68	23	《山东图书馆季刊》	27
9	《图书馆》(原名《湘图通讯》《图书馆工作》)	59	24	《图书馆界》	26
10	《图书与情报》	58	25	《图书情报工作》	25
11	《图书馆工作与研究》	50	26	《情报理论与实践》	24
12	《高校图书馆工作》	41	27	《图书馆学通讯》(中国《图书馆学会会刊》)	23
13	《情报学报》	39	28	《图书馆研究与工作》	20
14	《黑龙江图书馆》	36	29	《广东图书馆学刊》	20
15	《图书馆学刊》	36	30	《情报杂志》	19

4

1991 年

邱均平

我国图书馆学情报学研究主题趋势的定量分析

科学学原理和研究实例表明，利用文献计量学方法对学科文献的主题内容进行统计分析，是了解和评价学科发展的历史、现状和趋势的一种有效途径[1]。随着文献计量学和科学计量学的不断发展，这方面的研究及其成果越来越受到科学界的重视和人们的关注。然而，这类研究的发展很不平衡。在美国、苏联和匈牙利等国，其研究非常活跃，而我国的这类研究则十分缺乏。从学科领域来看，不少学科对本专业的文献都有一定的定量评价，但图书馆学情报学方面的研究却比较落后，严重影响了学科的健康发展[2]。为此，笔者通过对我国 1978—1987 年 9 种主要期刊发表的图书馆学情报学论文的主题数量进行统计和分析，试图揭示最近 10 年来我国图书馆学情报学研究的基本概貌和发展趋势，并推动我国文献计量学应用研究的发展。

一、研究的方法与数据源

在这类研究中，首先必须根据研究的目的和要求设计一种较为合适的方法，对统计的对象、范围、时间跨度和主题确定等具体事项做出全面的筹划。在许多学者的近期研究中，著名图书馆学家 E・A・斯蒂芬的研究方法是值得借鉴的。她于 1988 年在美国《图书馆趋势》上发表文章[3]，对美国 1975—1984 年在 9 种最有权威的期刊上发表的图书馆学情报学论文按主题内容进行了统计分析，不仅揭示了最近 10 年美国图书馆学情报学研究的概貌和发展趋势，而且在方法上具有指导意义。其主要特点是把文献计量单元从文献篇数扩展到文献的内容和主题，创造性地将文献主题区分为第 1 主题和第 2 主题来统计，还把 58 个主题分为上升的、下降的、波动的、稳定的和钟形曲线的 5 种类型，并对各自的分布趋势做了具体分析。这不仅扩大了主题数量，有利于提高研究的深度和精确度，而且这种第 1、第 2 主题的区分与现代学科之间、课题之间的相互交叉和渗透的特点相适应，具有一定的科学性。本文采用与之类似的研究方法，并在作为数据来源的期刊的选择、主题类目的划分和设置、趋势的分类和分析等方面都采取对应原则来处理。例如，斯蒂芬统计的 9 种期刊中有《美国情报科学学会杂志》，我们也相应地统计了中国科技情报学会主办的《情报学报》的文献数据；她划分的 58 个主题中有“州立图书馆”，我们则设立“省级图书馆”主题与之对应；时间跨度都为 10 年。这次研究统计的 9 种期刊是：《图书馆学通讯》(1991 年已改名为《中国图书馆学报》)、《情报学报》、《图书情报工作》、《图书情报知识》、《大学图书馆通讯》(已改名为《大学图书馆学报》、《图书与情报》、《图书馆杂志》、《四川图书馆学报》和《图书馆学研究》。这些期刊都是我国图书馆情报领域中具有较大影响和代表性的核心期刊，它们发表的论文基本上可以反映我国图书馆学情报学研究的总体趋势，选其作为统计对象是合适的。统计的时间为 1978—1987 年的 10 年(1978 年以后创刊的期刊则从创刊期开始统计，但个别期刊有缺期)，这至少包括了一个以上的研究周期，使之具有一定的连续性和代表性；统计的论文主要选择学术性论文，如原始研究论文、学术探讨和学科综述等；对刊授园地、思想点滴、消息报道、人物介绍、意见和书评等不作统计。其中，尽管大量的只具有单一的主题，但不少文章却具有第 1 主题和第 2 主题的内容，还有 2%的论文涉及 3 个或 3 个以上的主题。而在本次研究中却只统计分析第 1 主题和第 2 主题。这次统计涉及的共有 9 种期刊 344 册的 4791 篇论文(见表 1)。

表 1　被统计的 9 种期刊论文分布　　(单位：篇)

刊名	论文数量	所占比例(%)
《图书馆学研究》	1058	22. 1
《图书馆杂志》	645	13. 5
《四川图书馆学报》	628	13. 1
《图书与情报》	585	12. 2
《图书情报知识》	512	10. 7
《图书情报工作》	481	100
《大学图书馆通讯》	351	73
《情报学报》	306	6. 4
《图书馆学通讯》	225	4. 7

二、统计的结果与分析

按照斯蒂芬划分的 58 个主题类目，我们对统计的每篇论文的标题和研究内容进行主题判断和归类，统计出第 1 主题 4791 个，第 2 主题 1360 个，主题总数达到 6151 个。所有被统计的论文按第 1 主题和第 2 主题的分布以及占总数的比例从多到少排列于表 2 中。在各主题类目中，除少数几个主题外，一般都有在论文中作为第 2 主题出现的情况，而且第 2 主题数一般是第 1 主题数(论文数)的 20%—30%，但也有更高的，例如“外国图书馆与情报机构”“技术服务”的第 2 主题数约占第 1 主题数的 80%；在“未来研究”方面，第 2 主题甚到还多于第 1 主题。因此，在第 1 主题的基础上同时对第 2 主题数进行统计分析是必要的和有益的。

表 2　论文的主题分布　（单位：个）

主题类目	第 1 主题	第 2 主题	合计	所占比例(%)
情报科学	773	63	836	13.59
分类、编目	458	52	510	8.29
图书情报事业	379	100	479	7.79
图书情报管理	237	98	335	5.45
大学图书馆	194	84	278	4.52
外国图书馆与情报机构	153	117	270	4.39
情报检索	211	43	254	4.13
图书馆、情报史	187	48	235	3.82
目录学、书目指导	192	40	232	3.77
图书情报教育	189	33	222	3.61
藏书建设	143	74	217	3.53
读者工作与研究	152	32	184	2.99
公共图书馆	113	25	138	2.24
图书馆自动化	80	44	124	2.02
流通、阅览	94	29	123	2.00
连续出版物	80	35	115	1.87
采访、文献搜集	79	29	108	1.76
未来研究	28	77	105	1.71
新技术	65	24	89	1.45
参考咨询	59	28	87	1.41
专业图书馆、情报所	67	19	86	1.40
档案	64	10	74	1.20
研究方法	39	29	68	1.11
图书保护	56	6	62	1.01
图书馆经费	51	10	61	0.99
研究图书馆	50	11	61	0.99
图书馆员出版物	40	17	57	0.93
图书馆建筑	45	12	57	0.93
零售商、发行	49	1	50	0.81
资金筹措、有偿服务	35	14	49	0.80

续表

主题类目	第 1 主题	第 2 主题	合计	所占比例(%)
人员状况	28	20	48	0. 78
多载体资料	38	8	46	0. 75
资源共享	31	11	42	0. 68
图书情报网络	14	21	35	0. 57
数据库	23	12	35	0. 57
省级图书馆	30	4	34	0. 55
中学图书馆	27	4	31	0. 50
图书馆员工资、待遇	20	11	31	0. 50
引文研究	31	0	31	0. 50
图书馆员心理学	22	3	25	0. 41
图书情报人员培训	14	10	25	0. 39
专业藏书、专业文献	14	8	22	0. 36
继续教育	20	2	22	0. 36
图书检查、验收	14	7	21	0. 34
国家图书馆	17	4	21	0. 34
技术服务	10	8	18	0. 29
联合项目	10	6	16	0. 26
图书馆与大学	14	0	14	0. 23
出版商	12	1	13	0. 21
公共团体、学会	11	2	13	0. 21
集体交换	7	6	13	0. 21
北京图书馆	9	3	12	0. 20
非专业人员	5	2	7	0. 11
版权	3	2	5	0. 08
图书馆幽默小品	4	0	4	0. 06
残疾读者服务	1	1	2	0. 03
大学生图书馆	0	0	0	0
图书馆安全	0	0	0	0
总计	4791	1360	6151	100

为了分析各主题的数量增长变化情况，我们还统计了其中 29 个主题类目的年代分布数据。这些主题类目包括表 2 中排在前 20 位的主要主题和随机抽取的以下 9 个主题：档案、研究方法、图书馆经费、图书馆员出版物、图书馆员心理学、零售商与发行、专业图书馆、图书保护、多载体资料。从表 3 可知，这些类目的第 1 主题数为 4292 个，第 2 主题为 1178 个，主题总数达到 5470 个，分别占被统计的相应总数的 89. 58%、86. 62% 和 88. 93%。这些样本数据具有广泛性和代表性，以此来推断和分析所有主题数量的年代分布规律是可行的。29 个类目的主题数量的年代分布如表 3 所示，并据此绘制了它们的年代分布曲线(见下图)。

表 3　29 类主题数量的年代分布　　（单位：个）

年代	1978	1979	1980	1981	1982	1983	1984	1985	1986	1987	合计	占相应总数的比例(%)
第 1 主题	28	71	129	193	479	656	701	664	630	741	4292	89. 58
第 2 主题	8	12	27	47	127	181	193	202	166	215	1178	86. 62
合计	36	83	156	240	606	837	894	866	796	956	5470	88. 93

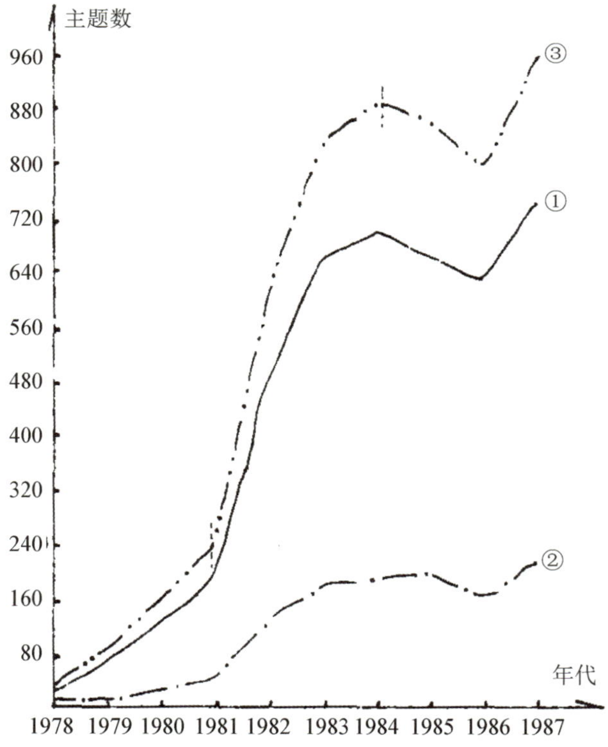

主题数量年代分布曲线

(一)总体趋势的分析。根据这次统计的数据，从总体上可作以下分析：

1. 主题数量分布的分析。从表 2 可以看出，主题数量按 58 个主题类目的分布存在着显著差别。主题数量最多的前 6 位依次为“情报科学”“分类、编目”“图书情报事业”“图书情报管理”“大学图书馆”和“外国图书馆与情报机构”，它们各自的主题数都在 270 以上，分别占被统计主题总数的 4.39%以上。排在第 1 位的“情报科学”，主题数 836 个，占主题总数的比例高达 13.59%。这些主题数量较大的类目是图书情报人员关注的中心课题和讨论的重点。而主题数量少的是“版权”“图书馆幽默小品”和“残疾读者服务”，其主题数都在 5 以下，如“残疾读者服务”主题只出现过 2 次，仅占主题总数的 0.03%；“大学生图书馆”和“图书馆安全”两个主题在统计的期刊论文中没有涉及，说明这些主题没有引起注意。在按主题数量大小递减排列的表 2 中，名列前茅的 5 个主题类目就包括了近 40%的主题数量；有 10 个主题类目的主题数竟占主题总数的近 60%；34.48%的主题类目(前 20 个)就拥有 80.34%的主题数量，而其他 19.66%的主题数量却分散在占总数 63.52%的 38 个主题类目中；前面一半的主题类目(29 个)拥有 89.71%的主题数，而只有 10.29%的主题数量高度分散在另外一半的主题类目中，主题数按主题类目的分布具有明显的集中性和离散性。这一特点反映了我国图书情报界对各种主题的关注程度、研究兴趣和工作进展上的差异。

2. 主题年代分布的分析。见前图。

曲线①②③分别为第 1 主题数、第 2 主题数和主题合计数的年代分布曲线。曲线①和曲线③在 1984 年达到一个高峰值，而曲线②的波峰却在 1985 年；它们在 1986 年都处于低谷，但 1987 年都达到了 10 年中的最大值。它们虽然呈现出类似的形状和走向，但增长变化的程度有所不同，曲线③更清晰地描述和提示了我国图书馆学情报学研究的发展历程和变化趋势。以 1978 年为起点，我国的图书馆学情报学研究经历了 3 年恢复(1979—1981 年)、3 年发展(1982—1984 年)和 3 年波动(1985—1987 年)。1978 年在全国科学大会精神鼓舞下，图书馆学情报学研究与发展出现了新的转机。中国图书馆学会和中国科技情报学会相继成立，各类学术活动开始恢复，专业刊物更是应运而生。1978 年，在这次统计的 9 种期刊中只有《图书情报工作》的前身《图书馆工作》(季刊)在出版；1979 年，《图书馆学通讯》《图书馆学研究》和《四川图书馆学报》等复刊和创刊。1981 年图书情报学期刊增加到 50 余种。这时期的论文主题数量成倍增长。1981 年已达到 1979 年的 3 倍左右。图书馆学情报学研究得到了迅速恢复，到 1981 年基本上恢复到“文化大革命”以前的水平，为其后的 3 年大发展奠定了基础。1982 年期刊论文的主题数量出现跳跃式的增长，从 240 个猛增到 606 个，为 1981 年主题数的 2.53 倍，这标志着我国图书馆学情报学研究进入了一个新的发展阶段。接着，1983 年的主题数很快上升到一个新的台阶，达到 837 个，比 1982 年增长 38.12%；1984 年又比 1983 年增长 6.81%，形成一个新的波峰；与 1981 年相比，这 3 年累计增长 2.73 倍。这一时期是我国图书馆学情报学研究获得迅速发展的兴旺时期。然而，从 1985 年开始，主题数量连续两年下降，1985 年比 1984 年下降 3.13%，

1986年又比1985年下降8.08%，降低到一个波谷值；但1987年的主题数又迅速回升，达到956个，不仅比1986年增长20.10%，而且还比处于波峰值的1984年增长了6.94%，达到了10年中的最大值。在这3年的波动期中，主题数量的一降一升，形成了1986年的低谷，这似乎与我国图书馆界出现的“低谷论”[4]相照映。但仅从主题数量来看，这次波动的幅度并不太大，时间也不算长，而且已迅速回升并达到近10年来的最高水平。在经过一个较小波动之后又呈现出一定的增长趋势，目前正进入稳步发展时期。这说明我国图书馆学情报学研究的发展具有较强的阶段性(见图中曲线③的虚线划分)。

3. 热门主题的分析。所谓“热门主题”是指图书情报领域中最令人关注、且在近期内集中讨论较多的中心课题。反映在主题数量统计中，就是绝对数量比较多的主题。但由于主题类目的范围大小不一，会直接影响到各主题的统计数量，所以不能光凭主题数的多少来完全确定是否属于热门主题。因此，我们在确定热门主题时，同时考虑了以下3个条件：(1)该主题的第1主题和第2主题合计数较大；(2)该主题数量在近期内呈上升趋势；(3)该主题数量没有发生较大幅度的波动。从这些量化标准出发，对照统计数据，可以确定以下6个主题为统计期间内的热门主题。它们是：情报科学、图书情报事业、图书情报管理、大学图书馆、情报检索和图书情报教育。1978—1987年这10年中，这些主题在期刊论文中频频出现。主题数量都较大，均在220个以上。每一主题的数量在统计的主题总数中所占的比例分别在3.6%以上，在表2中都位于前10名之内。它们都属于上升趋势的主题，增长幅度很大，1987年与发展时期第1年的1982年比较，6个主题类目平均增长94.74%。这6个主题仅占58个主题类目的10.34%，但所拥有的主题数量却占主题总数的39.08%。这不仅反映了“情报科学”等6个主题领域研究的迅速发展和所取得的成就，而且也说明它们在这10年的图书馆学情报学研究中占有相当大的比重，是我国图书情报人员密切关注、热心研究的重点课题，也是图书情报刊物集中报道的热点问题。“目录学、书目指导”“藏书建设”“未来研究”和“参考咨询”4个主题也令人瞩目。前两个主题类目的主题数比较大(分别占第9位和第11位)，而且比较稳定；后两个的主题数虽然不算大(分别占第18和20位)，但一直在增长，属于上升趋势的主题。可以认为这4个主题为我国近10年来图书情报研究的较热门的主题。

(二)分类趋势的分析。在表2的58个主题类目中，前20个主题类目拥有80.34%的主题数量。这些主要主题的数据可以作为各类主题趋势的分析依据。但由于1982年以前，我国图书馆学情报学研究正处于恢复时期，每一主题的各年数据量不大，故在分析各主题趋势时，主要是根据1982年以来的各年主题数的增长变化情况。从这20个主题类目的数量增长变化和分布特征看，大体上有5种趋势，即上升的、稳定的、波动的、下降的和钟形曲线的。

1. 上升趋势的主题分析。从统计数据可看出，呈上升趋势的主题类目有8个：情报科学、图书情报事业、图书情报管理、大学图书馆、情报检索、图书情报教育、未来研究和参考咨询。其年代分布数据如表4所示。

表 4　上升趋势主题的分布　　　　（单位：个）

年代		1978	1979	1980	1981	1982	1983	1984	1985	1986	1987	合计	1987 年比 1982 年增长%
情报科学	第 1 主题	3	9	23	32	85	108	130	109	123	151	773	
	第 2 主题	0	0	1	2	5	16	3	10	8	18	63	87.78
	合计	3	9	24	34	90	124	133	119	131	169	836	
图书情报事业	第 1 主题	1	6	12	26	38	52	65	61	45	73	379	
	第 2 主题	0	3	4	10	10	9	23	18	10	13	100	79.17
	合计	1	9	16	36	48	61	88	79	55	86	479	
图书情报管理	第 1 主题	1	2	2	6	28	38	38	32	44	46	237	
	第 2 主题	0	0	0	4	5	17	10	20	19	23	98	109.09
	合计	1	2	2	10	33	55	48	52	63	69	335	
大学图书馆	第 1 主题	–	1	5	13	17	43	26	23	31	35	194	
	第 2 主题	–	0	2	1	9	17	15	12	10	18	84	103.85
	合计	–	1	7	14	26	60	41	35	41	53	278	
情报检索	第 1 主题	4	5	4	7	25	29	34	30	30	43	211	
	第 2 主题	0	0	1	1	3	4	11	8	8	7	43	78.57
	合计	4	5	5	8	28	33	45	38	38	50	254	
图书情报教育	第 1 主题	1	–	5	7	15	31	36	27	35	32	189	
	第 2 主题	0	–	0	0	5	6	4	3	5	10	33	110.00
	合计	1	–	5	7	20	37	40	30	40	42	222	
未来研究	第 1 主题	–	–	1	0	3	1	5	6	6	6	28	
	第 2 主题	–	–	1	1	6	10	13	14	12	20	77	188.89
	合计	–	–	2	1	9	11	18	20	18	26	105	
参考咨询	第 1 主题	–	2	–	3	7	11	6	10	8	12	59	
	第 2 主题	–	0	–	1	1	5	3	3	4	11	28	187.50
	合计	–	2	–	4	8	8	9	13	12	23	87	

这些主题包括 6 个热门主题和 2 个较热门主题。它们的共同特点是其主题数逐年增长，增长幅度都比较大。在 1983—1987 年的 5 年中，有 5 个主题类目的主题数比 1982 年增长 1 倍以上，其他 3 个也超过了 78%。尽管其增长过程大多是波浪式的，但一般都在统计期间

的最后一年(1987年)达到了年度主题数的最大值，只有“图书情报事业”和“大学图书馆”两个主题的最大值不在1987年，但1987年的主题数与最大值相差很少，而且在最后的一年出现了明显的增长回升趋势。这些主题的数量及其增长变化情况是我国图书馆学情报学研究的整体趋势影响太大，起着决定性的作用。例如，“情报科学”的主题数就占到所有主题总数的13.59%，数量很大，高居第1位；增长也比较快，在“情报科学”的836个主题中，第1主题占了绝大多数，为主题合计数的92.46%；第2主题仅为63个，只占7.54%。这说明绝大多数的研究者都是将“情报科学”作为主要主题来论述的。80年代以来，不仅情报界比较重视“情报科学”研究，而且图书馆学方面的许多学者对此也有较大的兴趣，特别是对“图书情报一体化”、情报学与图书馆学的关系等具有一般理论意义的课题进行了比较集中的讨论，发表了大量论文。这些论文不仅刊登在情报学的专业期刊上，而且也分布在那些既论述图书馆学又涉及情报学的两栖期刊上，甚至有些图书馆学专业期刊也将其作为报道的重点内容之一。这反映了我国情报科学兴起和发展的状况及其学科地位。“情报检索”是较早引起普遍重视的主题，但在这8个呈上升趋势的主题中，它的增长幅度相对较小。这可能是因为近些年来情报检索的发展主要集中在计算机情报检索方面，而这些论文主题被统计在“数据库”“图书馆自动化”等类目中。图书情报事业的发展与广大图书情报工作人员密切相关，其研究自然是大家关注的重点课题之一。大家就我国图书情报事业的发展历程、现状和战略等问题进行了较深入的探讨。它的主题数在1984年和1987年曾两次出现波峰值。管理问题已成为我国图书情报界的研究热点，绝大多数的相关论文都是在这10年，特别是1982年以后发表的。其内容涉及图书情报机构管理的目标、方法、措施和步骤等许多方面，并呈现出明显的增长趋势。可以预料，“图书情报管理”在今后的年代里仍将是图书馆学情报学研究的热点领域。“大学图书馆”作为一个热门主题，其研究的发展与相应机构的增设有关。我国各省市相继设立了高校图情委，在全国高校图情委的指导和协调下开展了大量调查研究工作，并出版了《大学图书馆通讯》。这大大促进了这一主题论文的发表和学术交流，也是该主题数量增长的一个重要原因。“图书情报教育”是我国图书馆学情报学研究的一个重要组成部分，其研究论文的增长是对图书情报教育发展需求的反映。由于“文化大革命”的影响，我国图书情报界普遍存在着人员素质偏低、专业人才奇缺和“断层”问题，而这些问题的根本解决，只有通过发展图书情报教育才能实现。这种迫切的社会需求使得有关图书情报教育的研究显得更为紧迫和重要。因此，这方面的论文主题数增长较快，1987年比1982年增长了110%。“未来研究”和“参考咨询”是上升趋势主题中增长幅度最大的两个主题，前者属于新兴课题，其显著特点是它的第2主题数远远大于第1主题数，这是因为其他主题的未来预测研究的论文一般都可以作为第2主题统计在“未来研究”类目中。“参考咨询”是一个传统的分支领域，无论是涉及的范围还是研究的内容都注入了新的内涵。情报咨询方面的论文数量及所占的比例正在上升。为了拓宽图书情报服务领域，提高服务质量，这方面的研究还有待进一步加强。

2. 稳定趋势的主题分析。表5列出了具有稳定趋势的2个主题及其年代分布数据。它们的主题数较多。在1982年以后的6年间，这些主题的年度数据虽然也有偶然的波动，但从总体上看却比较平稳，起伏不大。它们都是图书馆学研究中的传统课题，一直比较受重视，也是我国当前图书馆学情报学研究中较热门的主题。

表 5　稳定趋势主题的分布　　　　（单位：个）

年代		1978	1979	1980	1981	1982	1983	1984	1985	1986	1987	合计
目录学、书目指导	第 1 主题	–	4	10	15	30	31	29	24	21	28	192
	第 2 主题	–	0	1	6	3	3	9	9	5	4	40
	合计	–	4	11	21	33	34	38	33	26	32	232
藏书建设	第 1 主题	–	0	1	2	17	23	30	25	22	23	143
	第 2 主题	–	1	3	2	8	21	6	6	15	12	74
	合计	–	1	4	4	25	44	36	31	27	35	217

3. 波动趋势的主题分析。这方面主题有 5 个，具体情况见表 6。在统计期间内，它们各有几年的主题数较大，另外几年的主题数却较小，相间出现，波动不定。例如，“读者工作与研究”主题在 1983 年、1985 年、1987 年的主题数相对较大，而在 1984 年、1986 年却相对较小；在 1985 年出现了主题数的最大值。这些主题除了其类似的波动性之外，很难找到其他的共同规律性。这是在不同年份对这些主题研究兴趣和成果报道上的差异的反映，也可能受到某些偶然因素的影响。

表 6　波动趋势主题的分布　　　　（单位：个）

年代		1978	1979	1980	1981	1982	1983	1984	1985	1986	1987	合计
读者工作与研究	第 1 主题	–	1	0	7	10	24	28	36	21	25	152
	第 2 主题	–	0	1	1	2	9	4	6	4	5	32
	合计	–	1	1	8	12	33	32	42	25	30	184
公共图书馆	第 1 主题	1	3	2	2	12	15	17	23	11	27	113
	第 2 主题	0	0	0	0	7	1	6	7	3	1	25
	合计	1	3	0	2	19	16	23	30	14	28	138
图书馆自动化	第 1 主题	2	4	1	2	3	9	22	17	8	12	80
	第 2 主题	1	2	3	0	4	4	3	8	7	12	44
	合计	3	6	4	2	7	13	25	25	15	24	124
流通阅览	第 1 主题	–	2	1	6	8	12	19	18	11	17	97
	第 2 主题	–	0	0	2	4	3	6	3	7	4	29
	合计	–	2	1	8	12	15	25	21	18	21	123

续表

年代		1978	1979	1980	1981	1982	1983	1984	1985	1986	1987	合计
连续出版物	第 1 主题	–	3	3	2	11	26	11	8	8	8	80
	第 2 主题	–	0	2	0	4	3	7	5	7	7	35
	合计	–	3	5	2	15	29	18	13	15	15	115

4. 下降趋势的主题分析。这类趋势的主题只有 2 个，具体情况见表 7。从这些主题的年度数据来看，前几年的恢复和发展较快，其主题数不小，而且早在 1983 年和 1984 年就达到了最大值；但后几年，特别是最近的一两年中出现了明显的下降趋势。这种下降虽然是波浪式的，但其波峰却越来越低，说明它们正处在衰减周期中。“分类、编目”是图书情报研究的重要内容和工作环节，我国图书情报界对此重视较早、研究较多，发表了大量论文，因此它的主题总数仅次于“情报科学”而居第 2 位；但从 1984 年起其主题数有所下降，这可能是这方面课题减少和研究兴趣减弱的反映。80 年代初我国实行对外开放政策以来，图书情报界迫切需要了解国外图书情报机构的情况和借鉴其工作经验，介绍外国图书情报工作、研究和管理的文章日渐增多，“外国图书馆与情报机构”的主题数也随之增加，1982—1985 年一直保持着一个较大的研究规模，其主题总数在 58 个主题类目中占第 6 位；但 1986 年和 1987 年的主题数明显下降了。不过，这主要是第 2 主题数的减少，第 1 主题数基本上保持了发展时期的 1984 年的水平。随着对外学术交流的加强，这方面的研究兴趣和论文数量将会很快回升。

表 7　下降趋势主题的分布　　（单位：个）

年代		1978	1979	1980	1981	1982	1983	1984	1985	1986	1987	合计
分类、编目	第 1 主题	10	11	23	22	65	74	63	71	60	59	458
	第 2 主题	0	1	2	4	8	10	7	8	3	9	52
	合计	10	12	25	26	73	84	70	79	63	68	510
外国图书馆与情报机构	第 1 主题	2	1	9	6	17	29	23	20	21	25	153
	第 2 主题	7	5	3	2	18	20	27	26	6	3	117
	合计	9	6	12	8	35	49	50	46	27	28	270

5. 钟形曲线趋势的主题分析。表 8 列出了这类趋势主题的数据。从中可以看出，这 3 个主题类目的主题数前几年缓慢增长，中间几年数量较大，而后几年又缓慢下降。这些主题变化的不同点是各自的主题数最大值所在年份不同。我国对图书馆史和情报事业史这个传统主题的研究重视较早，其主题数较大，且在 1982 年就达到了最大值，其他两个主题的最大值均出现在 1985 年；后两年的主题数都有一定程度的下降，但“采访、文献搜集”主题主要是第 2 主题数的减少，而“新技术”的主题数下降则主要表现在第 1 主题数量方

面。这里所说的“新技术”主要是指缩微、复印技术等，不包括计算机技术及其在图书情报工作中应用方面的文章，因而“新技术”主题的数量不大，预计今后 10 年我国这方面的研究工作将会得到加强。

表 8　钟形曲线趋势主题的分布　　　　（单位：个）

年代		1978	1979	1980	1981	1982	1983	1984	1985	1986	1987	合计
图书馆、情报史	第 1 主题	2	6	7	10	38	34	22	26	23	19	187
	第 2 主题	0	0	0	1	11	6	12	8	7	3	48
	合计	2	6	7	11	49	40	34	34	30	22	235
采访、文献搜集	第 1 主题	–	2	4	7	8	10	12	13	12	11	79
	第 2 主题	–	0	0	2	2	3	6	9	3	4	29
	合计	–	2	4	9	10	13	18	22	15	15	108
新技术	第 1 主题	–	–	1	3	4	7	17	20	9	4	165
	第 2 主题	–	–	1	0	3	1	3	3	6	7	24
	合计	–	–	2	3	7	8	20	23	15	11	39

参考文献

[1]邱均平. 文献计量学[M]. 北京：科学技术文献出版社，1988.

[2]Stephen E. Atkins. Subject Trend of Library and Information Sciences Research[J]. *Library Trends*, 1988, 36(04).

[3]邱均平. 从文献计量看美国图书情报研究的发展趋势[J]. 高校图书情报学刊，1989(03).

[4]黄宗忠. 试论我国图书馆事业如何走出低谷[J]. 图书情报知识，1989(02).

5

1996 年

曹 之

英山毕昇考

1993 年在湖北英山发现一块刻有"毕昇"字样的墓碑，于是论者就把这个"毕昇"当作活字印刷的发明者了。毕昇泥活字仅见于宋代沈括著《梦溪笔谈》。沈括为什么能够详记其事？沈括与毕昇有什么关系？是一些研究者长期关注的话题。《梦溪笔谈》卷十八关于泥活字记载的最后一句写道："昇死，其印为予群从所得，至今宝藏。"1994 年 12 月 6 日《新闻出版报》发表周宝荣《沈括到过毕昇故里》一文，认为《梦溪笔谈》有多种版本，各本文字多有不同，《稗海》本关于毕昇泥活字记载的末一句是："昇死，其印为群从所得，至今宝藏。"和其他版本相比，没有"予"字。周文认为，《稗海》本是可信的。既然如此，《梦溪笔谈》所谓"群从"者当指毕昇之"群从"，而非沈括之"群从"。为什么沈括在《梦溪笔谈》中，能够详载其事呢？周文认为：泥活字发明者毕昇是英山人，宋神宗熙宁八年(1075 年)七月，沈括奉诏前往英山所在的蕲州灾区安抚灾民，"特地走访了宝藏着活字印板的毕昇后人"，从而使他在《梦溪笔谈》中对毕昇泥活字"记述得相当详细"。

《稗海》本果真可信吗？沈括果真到过英山吗？英山毕昇果真是活字发明者吗？

让我们简单回顾一下《梦溪笔谈》的版本源流。宋代《梦溪笔谈》至少有两个版本，一为乾道二年(1166 年)扬州州学刻本，该本有汤修年跋："此书公库旧有之，往往贸易，以充郡帑，不及学校。今兹及是，益见薄于己而厚于士，贤前人远矣。修年代匮泮宫，备校书之职，谨识其本末，且证辨讹舛，凡五十余字。疑者无他本，不敢以意骤易，姑存其旧，以俟好古博雅君子。"可见乾道二年扬州州学刻本之前尚有一个扬州公使库刻本。比较而言，扬州州学刻本"证辨讹舛"，堪称精审。元代《梦溪笔谈》以大德九年(1305 年)茶陵陈仁子东山书院刻本为最著名，它的底本就是宋乾道二年扬州州学刻本。明代《梦溪笔谈》有弘治八年(1495 年)徐宝刻本、万历三十年(1602 年)沈儆刻本、崇祯三年(1630 年)毛晋《津逮秘书》本、崇祯四年(1631 年)马元调刻本和商浚《稗海》本等。徐宝、沈儆、毛晋、马元调诸本均出于宋乾道二年(1166 年)扬州州学刻本，惟商氏《稗海》本出于弘治八年(1495 年)徐宝刻本。由于商本属于"二传"，因而错误百出，后人多有非议。马元调《重刻〈梦溪笔谈〉序》云："后乃得会稽商民《稗海》，此书(按：指《梦溪笔谈》)在焉，卷第良是，而独无自序与目……顾版刻袭误，舛错零落之病，至不可意会。"清张海鹏《学津讨原》本《梦溪笔谈》题识云："商本文注混淆，其段落亦多舛错。"清钱保塘《校刻〈梦溪笔谈〉序》云："《梦溪笔谈》明季有商氏、毛氏、马氏三本，二百年来，无重刻者，传本日稀。商本随时修补，漫漶舛误，亦日益甚，读者病焉。"可见商氏《稗海》本原是一个"不可意会”“文注混淆”“漫漶舛误”的本子，周文以脱去“予”字的商氏《稗海》本为据，洵为大误。考《梦溪笔谈》诸本(包括清刻本)，脱“予”本仅此一例(《稗海》本的祖本徐宝本“予”作“与”)，更见商本之非。周文又说：“《稗海》本刊于1696年，其时考据之风已兴，这个‘予’字的缺少，很可能是清人对毛晋汲古阁本的一种纠谬。”1696年即清康熙三十五年。如上所言，《稗海》本是明代刻本的一种，于明万历间由会稽商氏半野堂原年即清康熙三十五年(1696年)刻本是振鹭堂据明万历半野堂本补刊者。湖北省图书馆藏有明万历商氏半野堂本。详查该本可知，早在明代已无“予”字，康熙三十五年(1696年)振鹭堂刻本因袭了万历商氏半野堂本的错误，怎么能说缺“予”本是“清人对毛晋汲古阁本的一种纠谬”呢?

关于神宗熙宁八年(1075年)七月沈括安抚灾区事，据李焘《续资治通鉴长编》卷二六六：“(熙宁八年)七月壬午，命制诰沈括为淮南、两浙灾伤州军体量安抚使。”可知确有其事。但是，直到八月尚未启程，据沈括《补笔谈·器用》：“熙宁八年，章子厚与予同领军器监，被旨讨论兵车制度……是秋八月，大阅，上御延和殿亲按。藏于武库，以备仪物而已。”可见该年八月，身为军器监长官的沈括还在京师陪同宋神宗检视兵车，尚未动身前往灾区。继而启程后，又半途而返，据《续资治通鉴长编》卷二六九：“(熙宁八年)十月庚子，淮南两浙体量安抚使、起居舍人、知制诰沈括权发遣三司使，括行至钟离，召还。”可见沈括安抚灾区事有其始而无其终。北宋京师汴梁通往东南地区的主要干道是汴水，汴水是北宋著名的“漕运四道”之一。沈括出巡路线概莫能外。沈括行至钟离因故被“召还”，钟离在今安徽凤阳东北30里处，北宋属淮南西路管辖，地处淮南西路的东北部，而英山所在的蕲州地处淮南西路的西南部，两地相距300多公里。由此可知，沈括这次南巡，不可能到蕲州去，更不可能“特地走访了宝藏着活字印版的毕昇后人”。

既然缺“予”本不足凭信，则有“予”本准确无误。那就说明毕昇死后，他的泥活字确为沈括“群从”所得，毋庸置疑。据朱彧《萍州可谈》、王安石《临川文集》、毛晋《汲古阁书跋》等书可知，沈括的“群从”是沈逵、沈述、沈遘、沈迥、沈辽、沈荽等7人。沈括撰写《梦溪笔谈》的时间是哲宗元祐三年(1088年)，由“至今宝藏”四字可知，这位宝藏毕昇泥活字的“群从”在元祐三年(1088年)尚健在。那么，这位“群从”到底是谁呢？7位“群从”之中，沈遘、沈辽比较著名。考《临川文集》等书可知，沈遘生于仁宗天圣六年(1028年)，卒于英宗治平四年(1067年)。这就是说，早在沈括撰写《梦溪笔谈》的20年前他已经死去。考《宋史》等书可知，沈辽生于仁宗天圣九年(1031年)，死于神宗元丰八年(1085年)。这就是说，早在沈括撰写《梦溪笔谈》的3年前他也已经死去。《梦溪笔谈》在卷五、卷十七、卷十八和卷二十中先后4次谈及“群从”事：卷十七谈沈辽论书事，卷二十谈沈遘知杭事。卷十八云：“予一族子，旧服芎，医郑叔熊见之，云：‘芎不可久服，多令人暴死。’后族子果无疾而终。”这就是说，这位“服芎”的“群从”已于沈括撰写《梦溪笔谈》之前死去。那么，宝藏毕昇泥活字者不是沈遘、沈辽，也不是这位族子。卷五云：“皇祐中，杭州西湖侧发地，得一古钟，匾而短，其枚长几半寸，大略制度如凫氏所藏……其钟今尚在钱塘，予群从家藏之。”由此可知，这位“群从”是一位文物收藏家，沈括撰写《梦溪笔谈》时还活着。“至今宝藏”毕昇泥活字者很可能是这位“群从”。这位“群从”也是钱塘人，可惜真实姓名是上述几人之中的哪一位，已无从查考了。

那么，有没有沈括亲自结识毕昇的可能性呢？可以肯定没有。让我们从以下三个方面加以分析：（一）如果沈括亲自见过毕昇，《梦溪笔谈》中一定会用“予”字（即用第一人称）介绍毕昇制作泥活字的全过程。详查《梦溪笔谈》全书609条札记之中，至少有77条采用“予”字介绍亲见之事。卷十八第307条记载毕昇泥活字的流传时说：“昇死，其印为予群从所得。”也用了“予”字，而本条前面谈及毕昇泥活字的制作过程时，却没有用“予”字。纵观《梦溪笔谈》全书，不用“予”字者，大抵是听来的。正如沈括在《梦溪笔谈》自序中所说：“予退处林下深居，绝过从，思平日与客言者，时纪一事于笔……所录唯山间木荫，率意谈噱，不系人之利害者。下至闾巷之言，靡所不有。亦有得于传闻者，其间不能无缺谬。”（二）沈括本人也是文物收藏家，这在《梦溪笔谈》中多有证明，例如卷一第29条称“予尝购得后唐闵帝应顺元年案检一通”；卷三第59条称“予家有阎博陵画唐府十八学士”；卷三第70条称“予得其四纸（按：指五代杨溥手书）”；卷十七第281条称“王仲至阅吾家画，最爱王维画《黄梅出山图》”；卷十九第320条称“予尝得一古罍，环其腹皆有画”；卷十九第330条称“予家有三鉴，又见他家所藏，皆是一样”；卷十九第332条称“予于关中得一铜匜”；卷二十一第360条称“予于谯亳得一古镜”；卷二十一第366条称“有一窖数十（金）饼者，予亦买得一饼”，等等。以上各条都用了“予”字，是沈括躬亲之事。如果毕昇结识沈括，死前当会把泥活字传给沈括。既然传给“群从”，说明沈括并不认识毕昇。（三）“至今宝藏”四字，说明毕昇已于庆历间（或稍后）去世，“今”指沈括撰写《梦溪笔谈》的北宋元祐三年（1088年），距毕昇去世已有40余年，故谓“至今”。毕昇去世时，沈括只有10多岁，一直跟随父亲沈周在汴京、江宁等地生活，是不可能认识毕昇的。

那么，应当如何看待湖北英山毕昇墓碑呢？此碑是否宋碑目前尚有争论。假定确为宋碑，英山毕昇当非泥活字的发明者，而是泥活字发明者的同名者。理由是：（一）从文化氛围看，英山缺乏发明活字印刷的人文环境。活字印刷是一种高效率的图书制作方式，它是在图书需求量大、甚至供不应求的情况下“逼”出来的。古代交通不便、信息不灵，各个地区之间有较强的独立性。发明活字印刷的地区首先应该是那些文化发达的地区。这些地区著书立说者多、藏书家多、图书市场繁荣，图书需求量比其他地区要大得多。而那些文化不发达、甚或落后的地区，对图书的需求量极小，根本不需要高效率的图书制作方式，因而也就不可能发明活字印刷。北宋英山尚未置县，地处湖北、安徽交界处。这里位置比较偏僻，交通比较闭塞。英山一带的罗田县虽然有书市活动，但其规模根本无法与汴梁、杭州、建安等地相比。就藏书家而言，可考宋代藏书家有300余人，他们大多分布在河南、浙江、福建、四川、江苏、江西等地，可考宋代湖北藏书家仅有数人。英山处在这样一个文化氛围中，发明活字印刷是比较困难的。（二）从技术基础看，活字印刷虽然有很强的技术性，但是除了排版等工序外，其基本工艺流程同雕版印刷有许多共同之处，它是在雕版印刷的基础上逐渐发展起来的。发明活字印刷的地区，只能是雕版印刷发达的地区。汴梁、四川、杭州、福建是宋代四大刻书中心。根据目前掌握的材料来看，宋代英山尚无雕版印刷的记载。另外，刻书工人是刻印图书的骨干力量，让我们对宋代刻工的分布情况作一个简单的分析。笔者据王肇文《古籍宋元刊工姓名索引》①进行统计，共得宋代可

① 上海古籍出版社1990年版。

考刻工 3440 人，尽管其中流动刻工在多处刻书，多有重复，但还是可以从中得出宋代刻工分布的大致情况：湖北刻工人数与浙江、江西、四川、福建等地相比相差甚远；在湖北省内，刻工主要分布在武昌、江陵二地，英山所在的蕲州一带不见记载。从某种意义上说，一个地区刻工的多寡标志了技术力量的强弱。既然如此，英山毕昇怎么能在雕版印刷的基础上更上层楼，发明高科技的活字印刷呢？(三)姓名重复是一种极为常见的历史现象。彭作桢《古今同姓名大辞典》①收录古今同姓名者 56700 人，其中固然不少跨代重名者，但是同一时代重名者也不在少数。由此看来，英山毕昇与泥活字发明家毕昇重名是完全可能的。

① 上海书店 1983 年影印本。

6

1997 年

郭星寿

我国信息资源管理(IRM)人才建设工程重点课题研究构想*

摘要 本文对我国信息资源管理人才建设工程这一重点课题的研究构想，从课题申报的认识过程、研究思路及研究步骤与方法的设计等三个方面进行了论述。

关键词 信息资源管理 人才建设工程 课题研究设计

“我国信息资源管理(IRM)人才建设工程的规划、设计与模式研究”作为国家社会科学基金“九五”规划的重点项目申报后，已获准立项。

目前，研究工作正在彭斐章教授的主持下，紧张而有序地进行着。课题组成员在获准立项后，再次深入讨论了本课题研究的设计思想和总体研究方案。我们认识到，这一课题的研究将关系到我国“九五”期间及21世纪初期信息资源管理人才培养的全局性问题，意义深远，责任重大。为了圆满完成这一研究任务，我们衷心希望得到广大同仁的支持与帮助。

1. 课题申请立项的认识过程

1.1 背景分析

社会信息化的加速推进是我们思考这一选题的宏观背景。在全球范围内，社会信息化的浪潮如大海波涛，汹涌澎湃。我国高层决策人士高瞻远瞩，审时度势，适时地提出了推进我国国民经济信息化的战略目标，并于1993年建立了以邹家华副总理为主席、国务院20多个部委参加的“国家经济信息化联席会议”制度；同时，正式启动了“三金”(金卡、金桥、金关)工程。从此，我国国民经济的信息化进一步加快了步伐。其实，早在1984年国务院就下达了建设国家经济信息系统的任务，并决定在“七五”期间建设邮电、商业、金融、财税、气象、铁道、电力、民航等12个宏观经济信息系统。“八五”期间，国家又

* 国家社会科学基金“九五规划”重点项目研究论文之一。

投资200多亿元人民币，在中央55个部委、全国30个省(自治区、直辖市)、14个计划单列市、150多个地(市)和200多个县(市)建立了经济信息中心，现已形成从国务院到省、市、县(或大型企业)4级政府部门的经济信息系统。我国社会的信息化，尤其是经济信息化的浓厚气息，使我们每个人都有一种春风扑面的感受。

信息资源管理(Information Resource Management，简称IRM)是在社会的信息化，尤其是在信息经济快速增长的新形势下，于20世纪70年代末至80年代初兴起于美国的一种新观念和新体制，现已成为国际上具有重要意义的一个新的研究领域，并且被视为当前国际竞争和经济发展中的一个新的战略制高点。由于国际信息界、管理界和经济界普遍关注信息资源管理问题的研究，从而将信息资源人才管理问题推到了科学研究的前沿。

基于以上情况，我们认为，应当将我国的信息资源管理人才培养作为国家的一项重大系统工程，深入进行研究，力争在这一领域与国际接轨，并达到世界先进水平，从而为我国经济与社会的发展作出新的贡献，让包括文献信息学科在内的专业教育获得新的生机。

1.2　选题决策

1994年底至1995年初，我们在议论“九五”期间科研课题申报问题时，曾组织部分教师对申报课题的选择进行了较长时间的分析和讨论。大家充分考虑到国内外学科发展的现状，尤其关注到学科发展的前沿，开始认识到研究信息资源管理人才建设问题的理论与实践价值，并结合我们自身的条件和优势进行分析比较，从而初步确定了选择这一研究课题的意向。此后，又全面地收集了有关文献资料，对所获取的信息进行了综合分析，还对该课题的立论依据、研究方案、研究重点和拟解决的关键问题等，逐一进行了详细的论证。在集思广益的基础上，课题组成员取得了共识。

1.3　研究目标的选择

我们认识到，申报课题研究目标的选择是一个关键问题。经过慎重考虑后，我们拟定的基本目标是：着眼于我国国民经济与社会信息化的进程，以及未来社会对信息资源管理人才的巨大需求，为培养面向21世纪的信息资源管理人才探寻可行的模式与方案及相应的方法与途径，为有关部门的科学决策提供依据。为此，就需要全面了解我国信息资源管理人才培养的历史概况和在岗人员的现状，并同国外一些国家的发展历程进行比较分析，从而对我国未来(2010年前)信息资源管理人才的需求作出科学的预测。

2. 课题研究的基本思路

本课题研究的基本思路是：在掌握我国有关信息资源管理人才建设的历史和现状信息的基础上，重点研究面向未来的信息资源管理人才培养的规划和模式，并设计科学的方案。根据这一思路，我们的研究工作将从历史、现状和未来三个方面全面展开。

2.1　历史数据资料的占有

信息资源管理虽然是一种新观念和新体制，但它并不是凭空而来的。我国面向21世纪的信息资源管理人才的培养绝不可能割断历史，一切重新开始。因此，掌握有关专业人才培养的历史信息，就是一项不可缺少的基础性研究工作。我们的研究工作将主要通过书面或口头的方式，调查了解1949年中华人民共和国成立以来，重点是20世纪80年代以来，图书馆学和档案学等文献信息学科及相关学科人才培养的历史情况，包括人才培养的规格(层次)、数量及相应的课程设置、教学内容与要求等。因此，我们殷切期望能够得到兄弟教学单位及教育主管部门的指导与支持。

2.2　现状信息的获取

我们对现状的调查包括两部分：一是对在读生的调查，获取包括图书馆学等文献信息学科及相关专业的在校生和接受在职学历教育的人数、专业层次及就业去向等方面的信息；二是对在岗人员的调查，这是调查的重点。我们对在岗人员的调查力求涵盖全国有关行业和部门的现有在岗人员，包括人员的数量、来源、结构(专业、学历、职称)等。

从行业来看，有关图书、情报、档案等传统的文献信息管理人员的数量和结构等信息是我们必须掌握的。同时，新闻、出版、发行等部门也是信息资源管理人才比较集中的行业，财经、金融、商业、贸易、税务、保险等行业也集中了相当一批信息资源管理人员，医药、卫生、保健等行业也有一批专职的信息资源管理人员。此外，各类生产、经营性企业也有为数不少的专职信息资源管理人员。

然而，就全国各行各业从事信息资源管理人员的数量这一基本信息而言，至今尚没有一个部门或机构能够提供权威性的数据。要取得这些基本数据，就需要投入巨大的人力和物力，显然，这是本课题组难以做到的。因此，我们只能深入到重点行业和单位，进行抽样调查，以获取所需的资料和信息。这就需要得到有关单位的大力支持。

对现状进行调查，还需要掌握现有在岗人员为适应专业工作的需要，在调整知识结构和转换工作岗位或变革工作方式(从手工操作转换到自动化)的过程中，其心理与业务素质变化的特点及规律，以便使我们对现状的认识不断深化。

对现状的调查尤其要关注企业信息资源管理人才的问题。不仅需要获取现有在岗人员的分布及其数量的信息，尤其要了解他们在企业生产、经营、管理活动中所处的地位和发挥作用的情况。这样，便于我们着眼于现代企业的信息资源管理的现实和未来发展的需要，对企业信息资源管理人才的学科知识基础和专业能力结构进行科学的设计，并提出培养模型和可操作的培养方案。

2.3　未来需求的预测

预测我国在21世纪初期(2010年前)对信息资源管理人才的需求，是本课题研究的重点内容之一。

首先，预测需求数量。从社会信息化和经济信息化的进程来分析，未来15年(至2010年)中，我国社会对信息资源管理人才的需求数量无疑是非常大的。要对这个人才市场的容量作出科学的预测，就必须根据我国国民经济和社会发展的宏观规划，参照一些发达国家的有关数据，进行深入的分析比较。我们将力求使这种预测具有客观性和科学性。

其次，预测人员素质的变化。可以预见，未来15年内，发达国家信息高速公路的建设，将对全球范围信息资源的配置和信息交流方式产生重大影响。在我国，社会信息化和经济信息化的水平将进一步提高，一些大型的信息网络(如国家科技信息网络系统、中国教育与科研计算机网络和中国科学教育网络等全国性网络)将陆续建成并投入运转，各行各业的信息系统和信息中心星罗棋布，社会将把信息资源的开发利用放在突出的地位。在这种环境中，社会对信息资源管理人才专业素质的要求必将发生新的重大的变化。因此，我们需要对这种变化作出科学的预测，以便及时采取有效对策，促使信息资源管理人才的素质符合时代的要求。

3. 研究步骤与方法的设计

我们的研究工作将遵循开展调查工作、组织专题讨论和系统集成这些步骤进行，并采用相应的研究方法。

3.1 开展调查工作

调查工作主要采用文献普查、问卷调查和访问座谈的方式进行。

(1)文献普查。主要采用计算机和手工检索方式，全面获取国内外有关该领域研究成果的信息。

(2)问卷调查。拟向图书、情报、档案部门和经济、法律、企业等信息工作部门寄发数千份问卷表，重点了解在岗人员的知识结构、业务状况、专业适应能力以及这些部门对未来信息资源管理人才知识结构模型设计要求等方面的信息。

(3)访问座谈。将有针对性地拟订调查提纲，分别进行调查访问和座谈。具体内容有：一是向教育领导和主管部门作调查，了解其信息资源管理人才培养规划及有关信息。二是向人才培养单位作调查。我们将同有关专业工作者(如教师、科研人员等)进行座谈，获取相关的信息。三是向企业作调查。我们拟从工商、财贸等企业中，选取具有一定典型性和代表性的企业，调查其对信息资源管理人才的需求特点等方面的情况。

3.2 组织研讨

开展信息资源管理人才建设工程的专题研讨活动，拟采用以下几种方式。

(1)开辟笔谈专栏。拟在有关专业期刊上开辟“IRM人才建设工程”笔谈专栏，发表一批有真知灼见的文章。

(2)召开专题研讨会。拟在适当的时候，召开一次小型的“信息资源管理人才建设工程”专题学术研讨会。

(3)举办报告会。通过举办报告会，报告研究进展情况，交流研究成果，并促进研究成果的推广应用。

3.3 系统集成

系统集成是研究工作的最后阶段。主要是将前期研究工作的阶段成果，以集大成的方式反映出来，最终完成研究任务。下面，介绍一下本课题研究成果的几种体现方式。

(1)人才知识结构母模的建立。建立信息资源管理人才知识结构的模型，是本课题预定的研究任务。在建立知识结构模型的时候，应充分考虑到在现代信息技术应用日益普及的形势下，信息资源管理人才需要具有何种知识结构才能适应专业发展的需要，并使专业发展与自身发展和谐地统一起来，这就需要建立或塑造未来信息资源管理人才知识结构的模型。尤其要建立一种具有母体性的模型，可称为母模。所谓母模，是指一种最基础的知识结构模型，由其可以衍生或深化出多种更具行业性特点(如企业模型)的子模或具体模型。一般而言，人才知识结构的专业模型(式)的形成受到以下因素的影响：一是历史的承续。因长期的专业教育实践而得以承续下来的知识，由于富有生命力，还会继续留传下去，这就需要在新的模式中保留原有模式中实践仍然需要的那些知识。二是科技发展的影响。新模式的建立总是在不断吸取新的科技成果的过程中形成的，否则新模式的建立将失去意义。三是社会实践的需要。人才的知识结构只有与业务实践的要求相适应，才能在人才市场上有竞争力。因此，必须变革那些与实践的要求不相适应的内容。同时，在建立信息资源管理人才知识结构模型的时候，还应从思想意识、业务水平、专业能力和心理素质等方面进行系统深入的研究，以提高这一模型的科学性和实用性。

(2)专业教育方案的设计。信息资源管理人才知识结构模型需要可供操作的培养方案来实现。在设计培养方案时，首先要区分不同的培养层次和规格(如大专、本科和研究生)，设计出能够培养不同规格专业人才的不同实施方案。在设计不同层次的培养方案时，应从培养目标、知识体系、课程设置及其所占比重、教学环节及其教学要求、教学方法与教学环境等方面深入进行研究，力求使不同层次的培养方案既相互区别又相互衔接，且均具有可操作性和鲜明的特色。

(3)企业信息资源管理人才培养方案的提出。一个国家的企业生产经营状况对整个国家经济的发展起着决定性的影响，而企业的信息资源管理在整个企业的生产经营中起着十分重要的作用。因此，为现代企业培养和造就大批合格的信息资源管理人才，应当成为高等教育义不容辞的责任。基于这一认识，我们的研究工作将特别关注企业信息资源管理人才的培养和造就问题。将在专门调研的基础上，根据企业信息资源管理的特点和实际需要，设计出一个特别方案，力求通过这个方案的实施，能为企业造就大批高素质的专门人才。

(4)职业教育子模的构建。我们所理解的职业教育，与专业教育既有联系又有区别。一个人在学校接受了系统的专业教育后，到实际工作岗位上还有一个将所学专业知识转变为实际业务能力的过程。因而，职业教育是不可缺少的。职业教育所面向的是每一个在岗人员，而在岗人员不可能全都是本专业的毕业生。因此，让那些转换专业而从事信息资源管理工作的人员，接受信息资源管理的职业教育更是不可缺少的。

同时，所有的在岗人员都有一个根据信息资源管理专业工作的需要，调整知识结构、增强自身发展的后劲、进行知识更新的任务，这就需要接受继续教育。我们对信息资源管理人才职业教育子模的设计，将把继续教育和专业转换教育整合起来，设计出一种可供操作的模式和方案。

(5)社会教育的对策。在信息网络密布的时代，信息资源管理将日益成为社会众多成员的一项必不可少的社会活动。他们虽然不是以此为业，但由于在自己的生产和生活中必须运用有关的知识和技术，这就自然提出了一个需要接受信息资源管理知识的普及教育问题，这也就是过去常说的用户教育或用户培训问题。考虑到随着社会信息化的推进，将来的每一个人可能从小学开始就将成为信息网络的用户，因而我们认为还是用信息资源管理的“社会教育”来概括为好。由于这种社会教育具有自身的一系列特点，我们的研究工作将提出相应的对策与建议。

(6)文献信息专业培养方案的革新。这些专业培养方案的革新，重点是转换教育模式，即从技术教育模式转向信息资源管理教育模式。图书馆学、档案学和情报学等文献信息学科因其历史悠久，在长期的教育实践中逐步形成了自己的教育模式，其中以图书馆学技术教育模式的形成最为典型。所谓技术教育模式，笔者是这样理解的：若以图书馆学专业为例，是指其毕业生以图书馆为唯一的就业去向，教学单位以适应图书馆的各项业务技术工作为参照，设置相应的课程和组织教学活动。其典型表现是：专业教育以图书馆这一特定范围为指归，课程设置与图书馆的业务工作相对应，课堂教学活动大多成为图书馆业务操作的模拟。这种教育技术模式的历史作用，我们今天不应一概加以否定；但应看到，它越来越不适应于信息资源管理日益社会化的要求，到了非变革不可的时候了。我们将通过深入的研究，提出对现有文献信息专业教育方案进行革新的措施，力促其从技术教育模式向信息资源管理教育模式转换。

(7)理论支撑的寻求。信息资源管理作为一项与人们的社会生产和日常生活联系日益密切的社会活动和蓬勃发展的专业教育活动，必须要有自身的理论支撑，这就需要专业工作者下工夫去构筑其理论基础。我们根据自身所承担的研究任务，将主要从专业教育活动这一视角，对信息资源管理人才建设工程的理论支撑进行发掘。我们将尽力寻求人才学、管理学、经济学、信息科学和图书馆学、情报学等学科的理论结合点，构建信息资源管理人才建设工程的理论基础，以提高信息资源管理人才建设工程研究的理论层次。

以上所述是本课题研究的总体方案的构想，限于篇幅，难以详细表述。本课题研究的最终成果，将是一系列的研究论文、调研报告和专著面世。笔者代表课题组的全体成员再次表示，衷心希望能够得到有关专家、学者和广大同仁的支持、帮助和指导。

参考文献

[1]卢泰宏等. 信息资源管理专集[J]. 国外图书情报工作，1992(03).
[2]郭星寿. 关于建设中国IRM人才工程若干问题的探讨[A]. 马费成等主编. 信息资源与社会发展——1996信息资源与社会发展国际学术研讨会论文集[C]. 武汉：武汉大学出版社，1996.
[3]郭星寿. 论图书馆教育模式的转变：从图书馆技术教育转向信息资源管理[A]. 中国图书馆学会编译出版委员会主编. 图书馆学研究论文集[C]. 北京：书目文献出版社，1996.

7

1998 年

黄　葵

论阅读心理过程及各种心理因素

摘要　本文提出了阅读心理过程是由阅读的认知过程和阅读的调控过程所组成，分析了组成它们的各种心理因素以及它们之间相互制约、彼此促进的关系。指出阅读者只有充分发挥这两个进程的作用，使之密切配合、协调才能取得良好的阅读效果，实现阅读目标。

关键词　阅读心理　研究

阅读是一种由多种心理因素参与的，从书面语言中获得信息的心理过程，它几乎涉及一个人的全部心理活动。阅读心理过程是阅读研究的一个重要课题，认识阅读心理过程的结构以及各种心理要素及其内部联系，对于阅读者自觉地掌握和运用阅读规律，提高阅读效果，具有重要的现实意义。本文拟对阅读心理过程及其各种心理因素问题，谈谈自己的认识和看法。

1. 关于阅读心理过程的模式

我们认为，分析阅读心理过程，应该充分应用心理学、现代认知心理学的有关研究成果。这是因为，心理学关于人的认识过程、情感过程、意志过程与个性心理特征的理论，以及现代认知心理学关于用信息加工的原则与方法研究人的认识过程的理论，能够对阅读的心理过程进行多维的、不同层次的研究与阐释，有利于揭示复杂的阅读心理过程的规律以及阅读过程中的各种心理因素的作用与关系。

阅读是人类获得知识的一种重要认知活动。根据心理学、认知心理学的有关理论与研究成果，结合阅读活动的实际，我们认为阅读心理过程是由阅读的认知过程与阅读的调控过程两个方面所组成。这个阅读心理过程，可以用如下阅读心理过程的模式图来表示(见下图)。

阅读的调控过程

阅读动机、阅读兴趣
阅读意志、阅读情感等　⟶　阅读策略和阅读方法

阅读感知（信息输入）→ 阅读注意（信息检测）→ 阅读记忆（信息存储）→ 阅读思维（信息加工）→ 阅读创造（信息输出）→

阅读的认知过程

在这个阅读心理过程模式图中，反映阅读心理过程的各种心理活动是相互制约、彼此促进的。读者在了解阅读心理机制的基础上，能进一步发挥主观能动性，把阅读的认知过程与调控过程协调起来，把智力因素与非智力因素结合起来，善于维持自己在阅读过程中的最佳心理状态，以达到在阅读中掌握知识、培养能力、实现阅读目标的目的。

2. 阅读的认知过程

从信息加工论的观点来看，阅读认知过程就是阅读者对文献信息的输入、检测、存储、加工、输出和反馈的信息加工过程。在这个过程中它要求调动人的阅读感知、注意、记忆、思维等各种心理因素(心理学称之为智力因素)，使它们处于高度紧张的、积极的状态，通过一系列的阅读智力活动，从文献中摄取知识、理解知识、巩固知识、运用知识，以至产生创造性阅读成果。在阅读认知过程中，各种心理活动处于不同的联系之中，它们各具特点，又各自发挥着特有的作用，形成阅读认知过程中的心理结构。

阅读注意是对文献信息进行筛选和检测的心理活动，是使有用信息向存储转化的重要心理条件。阅读注意在整个阅读心理过程中从始至终都起着组织和维持的作用，是进行阅读认知过程和调控过程必不可少的心理因素。正如俄国教育家乌申斯基所说，注意是“心灵的唯一门户，意识的一切必须经过它进来”。由于阅读注意具有指向性和集中性的特点，使阅读过程一开始就能把心理活动指向和集中到文献的内容上去。只有在注意力高度集中时，才有可能使阅读的文字信息进入大脑，才有可能使阅读记忆、阅读思想等心理活动得以产生。阅读实践证明，在阅读过程中没有阅读注意的参与是不行的。有人曾做过一项实验，发现注意力高度集中时只需要读 7 遍就能背诵的课文，在注意力涣散时大约要读 100 多遍才能记住。可见阅读过程中注意力是否高度集中，会直接影响到阅读效果的好坏。阅读注意还具有选择有用信息的功能，阅读者在高度注意的心理状态下，能及时地有选择地专注于自己阅读的对象，而对其余的无关的信息，虽然被感知，却会“视而不见，听而不闻”，对阅读会达到如痴如迷的程度。

在阅读认知过程中，阅读记忆是人脑对有用的文献信息的存储。它的基本过程是识记、保持、再认(或再现)，或者说，是对文献信息的接收、编码、存储和提取。这是密切联系、相互制约的几个阶段。如识记是保持的前提和基础，保持是对识记的进一步加强和巩固；识记和保持是再认(或再现)的前提，再认(或再现)是识记、保持的结果、证明和显现。记忆的基本过程是对立统一的辩证过程。在阅读中运用科学的记忆方法，运用遗忘规律，防止遗忘，是增强阅读记忆力的有效途径。古今中外的学者在长期的阅读实践中总结、积累了多种多样的记忆方法，如：按记忆时的思维方式分，有形象记忆法、联想记忆法、推理记忆法、比较记忆法、归类记忆法、系统记忆法；按照感官对记忆的作用分，有眼、耳、口、手协同记忆法、朗读记忆法、笔记法；按组织材料的方式分，有提纲记忆法、网络记忆法、意义记忆法、分段记忆法、韵语记忆法、缩略记忆法；按记忆的时间控制划分，有及时复习记忆法、限时记忆法、人体钟规律记忆法等。每个人都可以根据自己的阅读特点选择和动用适合于自己的记忆方法。

阅读思维是阅读者运用形象思维与抽象思维方式以及已有的知识、经验，在感知文献内容的基础上，对文献进行理解、记忆、鉴赏、评价的一系列心理过程。阅读思维是阅读认知过程中最复杂的心理因素，它贯穿于阅读的基本过程，是影响和制约阅读效果的重要条件。在阅读认知过程中，阅读思想具有间接性、概括性、问题性、与语言不可分性以及思维方式多样性的特点。阅读思维的间接性体现在阅读者要运用已有的知识经验，去认识书本中那些没有直接感知过的、或根本不能感知到的事物，以及预见事物发展的趋势。在阅读中对知识的举一反三、触类旁通，都是间接的认识。从书本中间接的认识使我们可以了解历史、预测未来，确定目标与计划。阅读思维的概括性，具体体现在阅读者根据大量的已知材料，在已有知识经验的基础上，舍去各个事物的个别特点，抽出它们的共同特性，从而认识某类事物的本质特点和事物之间的内在联系。阅读思维的问题性体现在阅读思维总是从疑问开始，始终是围绕着问题进行的。阅读思维的过程就是不断发现问题、分析问题与解决问题的过程。“问”是打开知识之门的钥匙，读书，也应当是带着问题读书，读书时多提问，才能多思考，才能更好地理解书本知识，训练思维能力。在阅读过程中，发现问题和创造性解决问题是阅读思想的核心，它们在整个阅读认知过程中起着十分重要的作用。这是因为有价值的问题是阅读思维的产物。

综上所述，阅读注意、阅读记忆、阅读思维等基本心理活动，组成了阅读的认知过程。

3. 阅读的调控过程

阅读的调控过程是指没有直接参加信息加工，但却决定着信息加工的策略和手段，对信息加工起调节控制作用的过程。它可以分为期望调控和执行调控两种。

阅读的期望调控主要是指阅读中的非认知心理因素，即阅读动机、阅读兴趣、阅读意志等心理因素(教育学称之为非智力因素)对阅读认识过程起影响作用的意向过程。它对阅读的认知过程起着调节和支配的作用，对信息加工的各个阶段都会发挥其影响。期望调控过程的各种心理因素对认知过程的调节和支配作用，体现了整个心理过程的统一性和主体意识的能动性，它们是实现阅读认知过程的必要的心理条件。

阅读动机是在阅读需要的刺激下，直接推动人们进行阅读的动因，它是在阅读期望调控过程中对阅读的认知过程起重要的支配和调节作用的心理因素。阅读动机的主要作用是：引发和唤起人的阅读行为，启动阅读认知过程；推动阅读行为向某一目标进行；增加和维持阅读认知过程的动力，提高阅读的自觉性和积极性。阅读动机能直接影响阅读的最终效果，它在整个阅读过程中都能发挥作用，阅读动机越高尚，阅读目的越明确，阅读效果就越好。例如，郭沫若一生博览古今名著，他自认为读书目的有五种：①为学习而读书；②为研究而读书；③为创作而读书；④为愉乐而读书；⑤为教育而读书。由于郭沫若读书有明确的阅读目的和高尚的阅读动机，使他成为著名的文学家、考古学家、史学家、古文字学家。

阅读兴趣是指对文献和从事的阅读活动的主动性心理倾向。这种倾向表现在对文献和阅读活动的特别喜爱和积极的阅读态度。阅读兴趣对阅读过程起着定向作用与动力作用。阅读兴趣能激发人们进行阅读的推动力，促使读者产生强烈的求知欲望，并孜孜不倦地、如饥似渴地去进行阅读和钻研，去努力实现自己的阅读目标。阅读实践证明，许多学者成功的奥秘在于他们有强烈的阅读兴趣。例如，钱仲联自述平生泛览群籍，总是围绕着他喜爱的诗学。他说读诗的乐趣有以下几个方面：①陶冶性情之乐；②学会写诗之乐；③扩大知识之乐；④卧游山水之乐；⑤培养英才之乐；⑥以文会友之乐。由于他总是“其乐无穷”地读书，使得他在诗学研究方面卓有成就，著有《人境庐诗草笺注》等著作 40 余种。

阅读意志是在阅读过程中表现出来的对阅读目的的自觉坚持，以及克服困难的意志行动，从而实现阅读目的的心理过程。阅读意志过程具有明确的目的性，它与困难相联系，并以随意动作为基础。例如，被称为“轮椅上的英雄”的美国华侨青年张士柏就是一个有明确目的、与困难进行艰苦卓绝斗争、具有坚强意志的人。1987 年，13 岁的张士柏在一次意外事故中颈椎骨断裂了，形成高位截瘫。他的手只有三个手指有感觉，肺活量不到常人的 70%。他全身瘫痪，唯大脑仍然聪慧而活跃，什么时候都很清醒。在父母、学校、社会的关怀、教育下，他懂得对一个人来说最重要的是知道自己的能力在哪里，而不能整天看着自己的缺陷灰心丧气，尤其是残疾人，只有肯定自己，创造自己，才能实现自己的最高人生价值。他克服了难以想象的困难，经过奋力拼搏，顺利通过了肯尼迪中学的初中毕业考试。1990 年又以全校最优异的成绩提前一年高中毕业，得到了布什总统亲笔签名的“学业成就奖”。他这个举手投足都困难的高位截瘫患者又进入斯坦福大学，他一年读完了两年的大学课程，通过了严格的考试。1993 年，19 岁时他又以特别优异的成绩越过硕士直接升入期坦福大学经济研究所的博士班，同时获得美国国家科学基金会奖。

从以上所述，我们可以看到阅读的认知过程与调控过程，既有区别，又有联系。阅读认知过程与调控过程的主要区别是它们在阅读过程中所起的作用不同。阅读认知过程对文献信息的处理、加工，即对知识的掌握起着直接的操作作用，可以使人们学习知识，掌握客观事物发展和变化的规律性。而阅读的调控过程对文献信息加工、处理起间接的推动和调节作用，它使文献信息的加工、处理具有目的性、方向性和主观能动性。阅读认知过程与调控过程的联系是十分密切的。在整个阅读心理过程中，认知过程与调控过程协同作用，使阅读活动顺利地有效地进行。只有充分发挥这两个过程的作用，并让它们密切配合、协调，才能取得良好的阅读效果，实现阅读目标。

参考文献

[1]李德成. 阅读辞典[M]. 成都：四川辞书出版社，1988.
[2]黄葵，俞君立. 阅读学基础[M]. 武汉：武汉大学出版社，1996.
[3]王余光，徐雁. 中国读书大辞典[M]. 南京：南京大学出版社，1993.

8

1999 年

刘　荣

全盘自动化*

——21 世纪初中国图书馆自动化的发展目标

Abstract　Full automation is the objective of library automation in China at the beginning of the 21st century, which includes the following aspects: 1) main library operations are controlled by computers, 2) information transmission is controlled by information networks, 3) multifunctional electronic reference services are provided, 4) library automation accounts for a certain percentage in information industry, 5) there are a certain amount of library staff members with knowledge and skills of library automation.

Key Words　Library automation. Information transmission. Network control. Information industry. Development strategy.

Class Number　G350. 7

我国图书馆自动化是在技术先进国家已走了 20 年的路程之后才迈出第一步的，至今走过了 25 年。在这 20 多年里，借鉴国外技术和研究探索相伴，不健全的基础工作与自动化匆忙上阵并存，落后的管理手段与先进的技术为伍，不甚明确的现代化目标与传统的思维方式始终纠合在一起，致使我国图书馆自动化水平发展缓慢。下一个世纪即将到来，面对信息社会，我国图书馆自动化应如何发展，应该有一个什么样的基本目标？如何实现这个目标？这个目标就是全盘自动化。

1. 图书馆全盘自动化的含义与标志

图书馆全盘自动化是建立在一个国家发达的经济和科学技术之上的。就一国而言，它是指国家图书馆、地区图书馆、专业图书馆、学校图书馆等各类型图书馆之间以自动化网络为基础的信息资源共享服务过程。就某一具体图书馆而言，是指图书馆工作在整体上通过自动化系统运行而完成。实现图书馆全盘自动化是优化图书馆工作，提高图书馆信息开

* 1998 年国家社会科学规划基金资助项目成果。

发与供给效率的主要手段，也是图书馆工作现代化的主要内容。图书馆全盘自动化的标志主要表现在五个方面：

(1)图书馆主要业务工作由计算机控制。图书馆业务工作主要有两个方面，一是对文献的加工：由计算机完成文献的采访、编目、标引、索引及建立数据库等；二是对文献资源的管理与利用：由计算机完成情报检索、文献流通、文献馆藏管理等。

(2)信息传输由计算机网络控制。具备馆与馆之间计算机网络传输信息的设施，能使一定数量的图书馆得到共享资源的利益。这种网络信息传输可以是国家的、地区的或者是某一机构内的局域网，例如高校网络。

(3)具有广泛的电子咨询功能。基本上满足社会、生活、科技、经济、市场、教育等综合性信息咨询的需要。

(4)信息产业(产品)在图书馆自动化中占一定的比例。表现在生产以文献资源为内容的信息媒介产品，如：文献数据库、数值数据库、事实数据库、书目数据库、全文数据库、电子版图书、音像资料、文字处理产品及根据社会需要而生产的信息产品和自动化软件产品等。

(5)具有掌握自动化理论并能熟练利用自动化设施开展图书馆各项业务工作的职员，这些职员应具有一定的知识创新能力。

图书馆全盘自动化是个相对概念，有一个从初级阶段向高级阶段的发展过程，需要在实践中不断完善。

2. 全盘自动化的主要内容、目标及评价

图书馆全盘自动化是一项综合工程，也是一项巨大的系统工程，有很高的技术含量。它要求从图书馆整体上考虑图书馆工作各环节的自动化处理过程，并根据处理过程将图书馆内部工作进行优化，由自动化系统进行准确地控制。应包括以下基本内容：

2.1　文献加工自动化主要目标

文献加工处理控制，是图书馆文献管理的核心工作，是图书馆全盘自动化的基础。文献包括图书、视听资料、政府文件、档案、手稿、地图、乐谱、指纹、照片、印鉴、磁性载体、激光载体等。根据这些载体的特点，进行有关信息的输入和存储，对信息的加工处理进行控制。

2.1.1　分类及分类表控制

文献分类依据分类表进行。在自动化系统中，需要建立分类表数据库。该数据库应包含一个或多个分类表的全部类目与索引，使分类表成为动态的知识组织过程中的类目集合。对分类表的控制主要表现为：对类目编制索引，对类目的使用频率进行统计，对类目的调整、划分、归并、重组以及对标识制度的优化提供参照依据。在分类表数据库的基础上，对图书进行自动分类或人工介入的半自动分类。自动化分类的做法是：输入图书的题录、关键词或短语，由系统控制显示出相应的类名与标识符号。与此同时，显示出该类目

的上下位关系，并通过类目索引显示出该学科相关类目的标记符号，从而确定适度的分类位置。在使用多种分类法的情况下，亦可显示各分类表的类目关系及相互之间的对应关系，并提出多种分类法的对应标记符号和多种分类检索途径。

2.1.2 词表控制

词表控制是文献自动标引的基础，其控制主要表现在：建立标准词表数据库，如《汉语主题词表》；增加新词，删除停用词，词的分解与合并；控制词与词之间的同义、上位、下位及词族关系；在读者检索时显示相应的检索词表，为用户准确地选择检索词提供依据。

对标准词表控制的同时，对自由词和关键词实行控制。在一定条件下，自由词和关键词的数量可以无限地扩大，将其与标准词相联结，可以提高查准率和查全率。

2.1.3 文献标引控制

标引是按照一定的词表，对文献赋予标引词，以表述其内容特征并形成文献标识的过程，是对所处理的一切信息载体进行计算机存取前的规范化处理。自动化标引的做法是：①利用分类表数据库和词表数据库自动生成类目和词款目对应索引；②对文献自动抽词；③对词进行频率统计，并找出一组高频词；④将这组词与类目和词款目对应索引进行匹配，检索到分类号码、主题词或其他标识符号，将其登记在文献上，标引完成。

2.1.4 图谱识别与检索控制

对于手稿、图谱、照片、指纹、印鉴等文献，利用图形符号识别系统进行分类、存储和检索，或对其进行编目，建立数据库。在图书馆自动化中应很好地利用图谱识别技术、以加速文献数据库、事实数据库、数值数据库及其他类型数据库的建设。

2.1.5 文献索引控制

文献索引由自动化系统编制而成。编制过程与文献自动标引同时进行，由机器控制索引款目形式。对文献应编有词组索引、短句索引、单字索引、数值索引、关键词索引、主题词索引、引文索引以及常用的作者索引、分类索引等。索引可采用各种索引原理和模式进行编排，以产生新的索引款目形式，扩大索引类型和检索途径。

2.1.6 文献编目控制

计算机编目，是建立书目数据库，实现书目自动化控制与生产机读目录的主要手段。首先实现图书馆内部编目的自动化，由人工赋予计算机编目信息，由计算机完成款目处理，生产标准化的机读磁带、磁盘或编目卡片等信息产品。在此基础上，部分省、市或更大地理区域的图书馆应积极联合建立联机编目中心，进行联机编目工作、共享编目资源。同时，在网络环境下，逐步实现地区和国家联机编目。

2.2 文献管理自动化主要目标

文献管理控制是图书馆自动化的重要内容。一方面是图书馆内部文献的管理，包括内部目录的管理、书库管理及文献统计管理等。另一方面是图书馆外部文献的管理，包括文献的收集、采访、流通及馆际互借等。前一种管理，在图书馆内部进行，后一种管理需要与社会相关机构的自动化系统，如图书出版发行部门的自动化系统和数据库、信息中心的自动化系统以及网络等发生联系。目前我国文献管理自动化所缺少的，是大型或局域性的计算机网络，影响信息的传输。

2.2.1 文献采访控制

文献资源建设主要通过采访活动来完成。在自动化控制中，采访工作主要表现为：采访工作的全面审计；支持市售书目文档的装入；支持电子文档的传递；系统提醒采访人员有订购请求；采访文档具有多个检索点，能处理多种类型的订单；系统支持财务信息的联机录入和修改，系统支持选书文档，保持选书记录；系统有提供采访活动的明细表等。我国图书馆自动化采访技术已趋成熟，在此基础上，可在局部地区建成图书馆与图书出版发行部门之间的网络，开展联机采访工作。

2.2.2 馆藏文献控制

文献库自动化管理的主要内容有：文献库温湿度的自动调节控制；火灾等灾害的自动报警控制；机械化文献传输控制；防盗控制；文献收藏地址控制等。

2.2.3 文献流通控制

图书流通管理包括自动化借阅管理和自动化馆际互借管理。自动化借阅管理的主要内容有：保护读者借阅权；保存读者借阅历史记录；对读者状况联机修改；具有多种查检读者记录的途径；自动指出违章理由；自动取消借阅限制；借阅催还控制，还书手续控制，预约控制；图书流通中的各种数据统计；参考阅览室管理及研究室座位预订控制等。馆际互借内容主要有：全国馆际互借通讯功能；提供馆际互借请求表；监控互借规程的执行，馆际互借的各种统计等。馆际互借必须有互借网络为之支持。

2.2.4 多语种文献综合管理

据统计，世界上大约有5000种语言，几百种文字，其中汉语、英语、印地语、西班牙语、俄语、阿拉伯语、孟加拉语、葡萄牙语、马来-印度尼西亚语、日语、法语、德语、乌尔邦语、旁遮普语、朝鲜语等15种语言的使用人数占世界总人数的70%。据统计，我国各级图书馆、情报所、档案馆收藏的多语种文献约有110种文字。对多语种文献的处理，是图书馆全盘自动化的重要内容之一。

我国是一个多民族国家，除汉文字文献外，兄弟民族多语种文献是我国图书馆文献资源的重要构成部分。20世纪80年代后期，少数民族文字计算机处理得到了较快的发展。例如：20世纪90年代初期，新疆大学等单位研制的UHKC-DOS2.10系统，可处理维吾尔文、哈萨克文、柯尔克孜文、汉文和英文，并用来进行多种文字的学籍管理、档案管理和文件资料检索。1991年，内蒙古自治区计算中心与内蒙古图书馆研制的蒙文图书编目系统，具有处理蒙文、满文、汉文、英文文献的能力。此外，青海民族学院研制的GTDOS2.13藏汉文系统，广西计算中心与广西民族出版社研制的壮汉文系统，云南计算中心的东巴文处理系统、云南景洪傣文系统、云南德宏傣文系统等，为图书馆多语种文献的自动化管理提供了技术和物质条件。

2.3 书目自动化控制主要目标

书目控制是对一个国家文献出版量和需求量的控制，它分为描述性控制和开发性控制两个方面。前者是对文献的外形特征的控制。后者是对文献记录的知识内容的控制。书目控制由四个方面的功能完成：①描述功能。采用通用的书目格式对文献的形式特征进行描述。其过程，可由计算机文献编目系统和标引系统完成；②转换功能。将描述的文献数据转换成国际通用格式，以便国际交换；③整序功能。即对数据进行分类、排序、索引等处理；④对文献内容的开发功能。即对文献内容进行字检索、词检索、句检索及其他内容的检索。对文献内容信息的开发，将是书目自动化控制的重点。

2.3.1 国家书目控制

国家书目实现自动化控制包括：现行国家书目控制，编制全国新书目录；回溯性国家书目；编制各类专业书目；建立国家书目数据中心，进行自动化书目查询，并与国际间进行书目数据交换。在我国应由国家图书馆和版本图书馆等共同进行，在向全国发行各种载体机读目录的基础上，开展联合目录的建库工作，进行各学科书目统计分析，从而优化国家文献出版数量和质量。

2.3.2 图书馆书目控制

图书馆目录的控制是以计算机编目为基础的，也是对图书馆计算机编目结果的分析和信息反馈过程。图书馆书目自动化控制主要表现在对图书馆目录的管理方面。主要包括对读者目录的管理分析；对作者目录的管理分析；对主题目录的管理分析；对社会文献需求量的分析等。

2.4 参考咨询自动化控制

参考咨询是图书馆社会职能之一，在自动化过程中，需要建立参考咨询系统。参考咨询系统必须有专用数据库支持。数据库内容侧重大众化、生活化和社区化。可建立地方文献数据库、市场商情数据库、大众生活信息数据库、城市综合信息数据库、城市街名数据库、机关单位数据库、地区名人数据库、交通信息数据库、体育信息数据库、公众热点信息库、社区综合信息库等。只要有信息源和建库条件，均可建立相应的专用数据库。

参考咨询系统由建库子系统、查寻子系统，索引子系统、提问档子系统、咨询档案子系统等构成。

上述自动化内容，图书馆应根据其规模、服务对象等逐步实现。

3. 我国图书馆全盘自动化基础、条件及可行性分析

我国图书馆自动化经过 25 年的努力，已达到了一定的规模。已有一大批自动化系统运行。软件市场正在形成，已建立了一定规模的数据库、信息产品及网络设施，培养了一支专业技术队伍。实现全盘自动化，已具备了较好的技术条件和物质条件。

3.1 公共、高校、科研系统图书馆自动化已粗具规模

3.1.1 公共图书馆

1996年，我国有县级以上公共图书馆2631所，其中，省级馆35所，地市级馆305所，县级馆2291所。据不完全统计，全国1/3地市级以上的图书馆使用了计算机，近一半省级馆已建立了本馆局域网，大约1/3以上的省市级图书馆上了因特网，有500多个县级图书馆使用了计算机。1997年，广东省114所公共图书馆已有40多所使用了计算机，并建立了基本覆盖全省的自动化网络。1996年底，武汉市13个区县馆已全部使用了计算机。1994年，江苏省92个公共图书馆已配置了140多台计算机。在科教兴国的大环境下，图书馆自动化的速度还会进一步加快。

3.1.2 高校、科研图书馆(文献中心)

据统计，1995年，全国1073所高校图书馆已有682所使用了计算机，而且计算机拥有量很高。如1995年对北京地区40所高校图书馆的调查显示，共拥有计算机504台。1997年，山东省有42所高校图书馆拥有计算机200多台，占全省57所高校的80.7%。湖北省有60所高校使用了计算机，共有410台。湖南省48所高校中已有微机800多台。上海几乎所有高校图书馆都使用了计算机。江苏省1994年已有70所高校图书馆使用了计算机，占全省高校的94.6%。广东省1995年47所高校图书馆已拥有各类型计算机1000多台。1997年，全国已有200多所高校图书馆进入了校园网，并开通了国际互联网和中国教育科研网。有一批高校图书馆已建立了电子阅览室或电子图书馆。“211”工程的启动，为高校图书馆实现全盘自动化创造了机遇和条件。

中国科学院文献信息中心，是我国图书文献自动化管理发展最快的机构之一。目前文献信息中心及各分院文献信息中心已全部使用了计算机，已有一大批数据库、信息产品与软件产品进入信息市场，已建立了相当规模的网络设施。在自动化的发展过程中，注意了加强统一规划、分工协作和人员培训，设备良好、技术力量雄厚，自动化整体质量较高。

3.2 一大批自动化软件趋于成熟，软件市场正在形成

1974—1984年，是我国图书馆自动化软件起步时期。这一时期的软件系统大多很粗糙。80年代末，一些有影响的软件逐渐露头。进入90年代，我国软件生产已趋于成熟，其中有一批已走向了市场。中小型机系统有：MILIS(上海交大西汉文兼容图书馆联机管理集成系统)，ISLIAS(广东中山图书馆自动化集成系统)，CN-LIMS(中国图书馆电脑管理集成系统)，“文津”图书馆综合管理系统(北京图书馆与日本NEC公司)，HSULCIMS(华东师范大学图书馆计算机集成管理系统)，PULAIS(北京大学图书馆自动化集成系统)，SIOCL(中国科学院上海有机化学研究所集成化图书馆管理系统)，HBLCAIS(河北省图书馆计算机自动化集成系统)，TOTALS(中国科学院文献中心整合性图书馆自动化系统)。微机局域网系统有：SULCMIS(深圳大学图书馆计算机管理集成系统)、XULIS(西安交大郑州大学通用图书馆集成系统)、FNILS(福建师范大学网络集成图书馆系统)、GLIS(北京

息洋电子信息技术研究所通用图书馆集成系统)、ILAS(深圳图书馆自动化集成系统)、LMNIMS(成都科技大学图书馆自动化系统)、DUTILIS(大连理工大学图书馆集成信息管理系统)、DT-1000(北京丹诚软件有限责任公司图书馆自动化集成系统)、WXGJXT(辽宁税务高等专科学校文献管理集成系统)以及多用户系统 NDLAS(南京大学图书馆自动化系统)等。此外，还有数百个各馆自行研制自行使用的系统和一些信息公司及一批国外公司研制的软件系统。自动化软件市场正在形成。

3.3 网络初具规模，数据库建设速度加快

计算机与通讯网络设施，是图书馆自动化网络化的物质基础，是图书馆全盘自动化的必备条件。

1994 年以后，我国图书馆自动化网络得到了较快的发展，广东省公共图书馆自动化网络(ZSLAIS)、云南省大学图书馆计算机管理信息系统(YULCS)、北京中关村地区教育与科研示范网(NCFC)、山东省图书馆网、福建省图书馆自动化网络、江苏省图书馆自动化网络、上海地区图书馆自动化网等网络已相继建成并投入运行。

此外，1997 年由北京图书馆等 5 家公共图书馆共同开发的“中国国家图书馆试验型数字式图书馆”已经启动。“中国图书馆信息网”即“金图”工程也正在进行之中。

我国数据库的建设从 70 年代后期开始到 1989 年，生产了 655 个数据库，1991 年增加到 806 个，1995 年已达 1038 个。

作为数据库的补充，80 年代以来，我国共引进国外数据库磁带 50 多种，CD-ROM 光盘 70 多种。同时，在全国 50 多个城市设立的 100 多个国际联机终端，可检索国际数据库 600 多个。1993 年 2 月，我国第 1 家数据库专业公司“万方数据公司”正式成立，标志着我国数据库开始走向市场。据统计，至 1997 年，我国公共图书馆已建有 66 个数据库，其中，《中国国家书目规范数据库》、《中国国家书目机读目录》、《中国分类主题词表机读版》、《中国国家书目》数据库、《金迅剪报》数据库等已被广泛使用。

我国数据库的建设目前还存在着种类少，容量小，100 万条记录以上的库不多，利用率不高等问题，需要在实践过程中逐步解决。

4. 实现全盘自动化的问题与对策

4.1 存在和面临的问题

4.1.1 自动化发展不平衡，系统整体功能低

表现在 3 个方面：一是公共、科研、高校三大系统图书馆之间发展不平衡。科学院系统图书馆自动化发展较好，普及率高，整体水平也较高。高校图书馆自动化发展较快。相比之下，公共图书馆自动化的发展相对滞后，省、地以下图书馆计算机普及率不高。二是地区之间发展不平衡。沿海及经济发展较好的地区，图书馆自动化普及率高，而内陆一些省份县以下图书馆计算机使用率很低。这种差距，可能还会存在较长的一段时间。三是即

使在使用了计算机的图书馆，馆与馆之间的水平差距也很大。有的馆自动化系统功能很强，设备很先进，技术力量雄厚。有的馆计算机数量和使用范围很有限，没有形成完整的控制系统，而且，还只是少数人在使用。从全国看，图书馆自动化系统整体功能还很低。另外，与国内其他信息产业部门相比较，图书馆界对图书馆自动化还缺乏紧迫感。

4.1.2 系统建设的小生产方式与高技术社会化生产方式不协调

主要表现在系统建设和软件开发的指导思想上。图书馆自动化本身是多种高技术的结合体，需要社会上多学科、多行业共同协作。而长期以来，我国图书馆自动化系统建设基本上采取的是独立设计、独立建库、独立培训干部以及用“手工作坊”进行系统开发的方式，因而投入大，收效微。软件开发低水平的重复较多。另外，与计算机行业、通讯行业及数据公司等行业联系不密切，未能得到强有力的支持。

4.1.3 系统建设缺少严格的系统分析、设计、实施、评价和维护过程，系统效益不明显

图书馆自动化建设是一项系统工程，它由硬件、软件、数据和应用环境四大要素组成。前3项要素构成自动化系统，并共同存在和作用于应用环境要素之中。但从实践中看，一些系统的建设未按系统工程的要求进行操作和管理，缺少严格和全面的系统分析、系统设计、系统实施、系统评价和维护过程。各阶段的开发目的和界线不明确，硬件、软件、数据、环境四大要素相互脱节。在系统开发中，忽视了不同类型图书馆对自动化建设的不同要求。购买机器和利用软件的随意性很大。系统建设不配套，满足于系统浅层次的开发和运作。许多系统虽然运行了许多年，但始终处在硬件设备和软件的“修补”之中，有些系统被废弃，造成浪费，长期形不成“气候”。

4.1.4 缺少全国整体规划、分工实施、按阶段实现的战略方案

实现图书馆自动化是图书馆的基本建设，需要相当大的投资，这些投资的效益应有良好的累积性，投资方案不可朝令夕改。因此，系统建设应按一定的程序，全面规划，分阶段一步一步实施。公共图书馆、学校图书馆、科研图书馆、工矿企业图书馆等各类型图书馆自动化应该在全国总的指导方针下，统一规划、分类建设、分工实施，按阶段实现。由于历史原因，我国各图书馆隶属的部门不同，经费和技术力量受到各种限制，只能就本馆自动化做局部考虑，国家制定的有关图书馆自动化方面的标准、文件等没有足够的约束力，起不到应有的作用。由于全国缺少整体规划和强有力的自动化咨询机构，各图书馆从购买机器、软件设计、数据准备、人才培养到基础准备工作等，得不到较好的参考标准和依据，未能做好与全局衔接。

另外，图书馆自动化管理，对于出版物的计算机化生产有很大的利用性和吸收性。在版编目的实现，出版物上加印条形码及有关标识，电子出版物的生产及其向数据库的转换等，对图书馆自动化都会产生直接的促进作用。自动化的发展需要从更大的社会空间去考虑全局问题，避免相互脱节。

4.1.5 缺乏图书馆自动化基础理论的研究

我国图书馆自动化起步较晚，再加上缺乏对图书馆自动化理论进行深入的研究和准

备，因而在一定程度上制约了自动化的发展和应用层次的开创。今后应加强对图书馆自动化建设的各种因素以及怎样为自动化创造适应的环境的研究。

4.2 战略措施与对策

据以上分析，得出一个基本结论：在今后的几年里，应该认真调查研究我国图书馆自动化的发展状况，重新认识我国图书馆自动化的发展道路与组织管理方式，在目标清晰，起点高的状态下采取新的自动化发展步骤。

4.2.1 从国情出发，走图书馆自动化快速建设与长期发展道路

我国目前还不可能为图书馆自动化提供高速发展所需要的足够资金和条件，而图书馆自动化的发展又必须同国家经济建设和文化建设的总环境相适应，这就在客观上、总体上决定了图书馆自动化既要快速建设，又要有长期发展的准备。

我认为，可将今后 20 年划分为 4 个阶段，每个阶段为 5 年，每 5 年再划分为 2—3 个阶段，对每个阶段自动化的目标从时间上给予制约，从而加速自动化的发展。

(1)1999—2000 年为第 1 阶段。总结 25 年来我国图书馆自动化发展状况。分 3 个阶段进行：第 1 年，对全国各类型图书馆做一次全面调查。可由国家科学部、教育部、文化部联合进行，准确地掌握我国图书馆自动化的设备状况、技术力量、系统运行状态，根据调查结果进行全面分析评估；第 2 年，各系统图书馆编制自动化规划；后 3 年，在不同类型图书馆中，选择部分图书馆进行自动化建设，总结出适合我国自动化发展的方法和模式。

(2)2005—2010 年为第 2 阶段。全国县以上图书馆在主要工作环节上使用计算机。系统运行基本完善稳定，各部门工作人员熟练地使用自动化系统进行业务工作。

(3)2011—2015 年为第 3 阶段。这是我国图书馆大发展大普及时期。这时期，自动化系统运行已相当完善，大部分地区自动化网络已经建成，大多数图书馆已进入网络，进行信息检索、咨询和联机编目等。图书馆自动化服务广泛深入到大型企事业信息中心和部分家庭中。这个时期，设备的拥有量，数据库的信息量以及自动化的服务方式都将出现一次大的飞跃。

(4)2016—2021 年为第 4 阶段。在这 5 年里，图书馆自动化已成为图书馆信息收集、加工、传播的主要工具，同时，也成为我国信息产业的重要支柱之一。

4.2.2 从高技术特点出发，走图书馆自动化建设的社会化发展道路

高技术的先进性和复杂性，决定了高技术产品的生产是社会化大生产，“小农经济”思想和小生产方式已不适应这种大生产的需要，这就必须依靠社会专业分工为图书馆自动化提供丰富的产品。可以建立馆与馆之间以及图书馆与计算机中心、信息中心及软件公司等机构之间的多种形式的协作关系，集中技术力量，为一个地区或一个系统的图书馆研制适合的软件。在实践过程中不断优化软件功能，使自动化软件、硬件与配套设施系列化，形成市场，在市场竞争机制中促进图书馆自动化软件的研制和开发。

在数据库及信息产品开发方面，也必须走社会化发展道路。必须克服分散式的自己开

发、自己使用、自己推销的封闭型模式，把数据库建设推向市场，使其商品化。国家有关管理机构应对全国图书馆数据库的开发积极组织，实行全面规划、统一标准、分工协作、成果共享的原则，以加快数据库的建设速度。

各地区和中心城市应建立采编中心，建立联合目录数据库，开展联合目录检索咨询服务。国家图书馆在与版本图书馆共同向全国提供在版机读目录的同时，应成为全国图书馆自动化的基地，并提供相应的标准、规则、协议等。

4.2.3　有组织有计划地培养图书馆自动化专门人才，是发展图书馆自动化的关键因素

图书馆自动化人才特点是既懂图书馆专业又懂计算机专业的复合型人才。数十年来，我国图书馆自动化人才数量严重不足，质量也难尽人意。解决人才问题的办法首先是加强图书馆学专业在校学生自动化知识的教育，增开相应的课程，建立完整的自动化课程体系，使学生系统地掌握自动化技能。其次是考虑将部分高校图书馆学专业以传统课程教学为主逐步改成以图书馆自动化或文献信息工程课程教学为主，加大培养图书馆自动化人才的力度。第三，加强图书馆在职人员的培训，采取送出去进修学习或集中办学习班的办法进行专门训练。另外，应有组织有计划地对全体图书馆在职人员进行自动化知识轮训，提高图书馆工作人员的整体素质，为实现图书馆全盘自动化做好人才准备。

4.2.4　加强图书馆自动化外部环境研究，制定相应的发展政策

图书馆自动化不是孤立的，必须将其置之于我国信息产业和市场经济大环境中予以研究。图书馆自动化的发展以及在信息开发和信息供给过程中，如何利用财政、信贷、投资、税收等经济手段争取到更多的经费、机遇和发展空间，对各方面的支持如何规范，如何操作，如何协调等，这些问题都有待于从新的角度深入研究，并制定出相应的政策，使其在良好的环境中顺利发展。

参考文献

[1]杨宗英等. 图书馆自动化发展的新阶段[J]. 大学图书馆学报，1997，15(03).
[2]张奇等. 国内外图书馆自动化系统比较研究[J]. 情报学报，1996(01).
[3]沈英，张建勇. 中国图书馆自动化网络化发展现状[J]. 图书情报工作，1996(03).
[4]辽宁省文化厅. 辽宁省公共图书馆自动化建设“九五”计划及 2010 长远规划[J]. 图书馆学刊，1996(05).
[5]杨学梅，王世英. 关于推进全省图书馆自动化的实践与思考[J]. 图书馆建设，1992(06).
[6]李明华. 信息交流与现代图书馆系统[M]. 北京：书目文献出版社，1996.
[7]李小强. 山西省图书馆自动化“九五”规划[J]. 山西图书馆学报，1997(01).
[8]王红，陈建和. 武汉信息港与武汉地区公共图书馆自动化建设[J]. 图书馆论坛，1997(04).
[9]邓永池. 广东省公共图书馆自动化网络建设的做法和体会[J]. 图书馆论坛，1997(01).

[10]莫少强，叶根平．珠江三角洲公共图书馆自动化网络的建设与发展[J]．图书馆论坛，1993(02).
[11]黄贤树．江苏省图书情报自动化现状分析与发展对策研究[J]．江苏图书馆学报，1995(05).
[12]莫少强．我国第一个地区性公共图书馆自动化网络——ZSLAIS的建设与发展[J]．现代图书情报技术，1994(06).
[13]葛如琛．一流的上海图书馆新馆计算机管理系统[J]．图书馆杂志，1997(04).
[14]庄伟．我国图书馆自动化的现在与未来[J]．图书馆现代技术，1997(03).
[15]谭祥金．广东省图书馆自动化[J]．高校文献信息学刊，1996(03).
[16]董成泰．规划中的中国高校图书馆信息网[J]．高校文献信息学刊，1997(01).
[17]安树兰．中国教育和科研计算机网[J]．情报理论与实践，1995(03).
[18]王素琴．大学图书馆现代化建设之我见[J]．大学图书馆学报，1997，15(05).
[19]张建中，樊志坚．湖南省高校图书馆自动化建设的现状及未来构想[J]．大学图书馆学报，1996，14(04).
[20]赵镇平．山东省高校图书馆自动化建设的现状及发展目标[J]．大学图书馆学报，1997，15(03).
[21]陈进．北京地区高校图书馆自动化现状及展望[J]．现代图书情报技术，1996(03).
[22]陈大庆．广东高校图书馆网络系统的设计与开发[J]．现代图书情报技术，1996(04).
[23]中南地区高校图书馆自动化与联网建设学术研讨会纪要[J]．高校文献信息学刊，1996(02).
[24]张长安，彭俊玲．校园网中的图书馆自动化发展策略[J]．现代图书情报技术，1996(05).
[25]李学农，安树兰．清华大学校园网和图书馆自动化系统[J]．现代图书情报技术，1996(06).
[26]赵鸣等．浙江大学校园网书目检索系统的建设[J]．现代图书情报技术，1993(02).
[27]杨宗英．浅谈中国教育与科研计算机网络及华东南地区网[J]．上海高校图书情报学刊，1995(03).
[28]粟年丰．谈中专图书馆计算机管理的若干问题[J]．图书馆，1995(04).
[29]沈鸿等．江苏省高校图书馆自动化发展与思考[J]．中国图书馆学报，1993，19(05).
[30]吴家柱．中国数据库产业现状及存在的主要问题[J]．现代图书情报技术，1998(02).
[31]沈迪飞．试论我国图书馆自动化建设的发展战略[J]．图书情报知识，1992(02).
[32]周宁．多语种文献计算机管理[M]．武汉：武汉大学出版社，1993.
[33]刘荣．图书情报管理自动化基础[M]．武汉：武汉大学出版社，1997.
[34]路甬祥．创新与未来：面向知识经济时代的国家创新体系[M]．北京：科学出版社，1998.
[35]林汉城．产业化：21世纪中国图书馆事业的发展点[J]．中国图书馆学报，1998，24(04).
[36]程亚男．网络化趋势与图书馆发展观[J]．中国图书馆学报，1998，24(04).

9

1999 年

谢灼华

论 20 世纪前半叶的中国图书馆

摘要 20 世纪的中国图书馆是在世界图书馆建设浪潮的推动下兴起和发展的。文章论述了 20 世纪前半叶中国图书馆发展的特点，分析了图书馆近代化的社会因素。

关键词 图书馆事业 近代

20 世纪是世界近代图书馆兴起和完善，并在此基础上规划和建设现代图书馆，从而进入现代图书馆的时代。就中国图书馆而言，它的发展具有 20 世纪世界图书馆发展的鲜明时代特色。如果说此前中国图书馆（或古代藏书楼）是作为中国封建社会的文化形态，处于完全封闭、独立的特殊形式，那么，20 世纪的中国图书馆则是文化设施中的一部分，是世界图书馆大家庭中的一员。

基于历史的本来面目和写作上的要求，我们把 20 世纪中国图书馆事业划为两段，第一段大致从清末的 1896 年到 1949 年，称为 20 世纪前半叶的中国图书馆；第二段，1949 年中华人民共和国成立至本世纪末，称为 20 世纪后半叶的中国图书馆。30 年代出现在解放区的图书馆，是新中国图书馆的起点，故放在第二阶段叙述，这里不涉及。

一、社会对知识、信息的迫切需求，使图书馆观念得到认同

19 世纪末，由于帝国主义的侵略，清王朝的腐败，在维新派的改良运动中，有过多样的社会改良主张和行动，其中文化教育方面有创办学校、翻译书籍、创办报馆、建立图书馆等内容。不仅培养了人才，也带来了人们对知识、信息的要求，刺激了西方图书的翻译，促进了新书的传播。旧有藏书机构已不能满足要求，社会文化传播有赖于新的机构。

1896 年，清廷刑部左侍郎李端棻上推广学校、奖励人才之《请推广学校折》：一、设藏书楼；二、创仪器院；三、开书局；四、立报馆；五、派游历。其中与图书馆建设有关的是："自京师及十八行省会，咸设大书楼。"藏书则由官书局等调入和徐行购补，译局随时咨送。设立书楼，许人入楼观书，主要目的是使"向之无书可读者，皆得以自勉于学"，[1] 也就有从育才的角度必须要有图书馆之设。李端棻的奏折为 20 世纪初全国省级公共图书馆建立作了舆论准备。

纵观 19 世纪后期，世界一些资本主义国家已经普遍建立了由国家图书馆、公共图书

馆及学校图书馆组成的图书馆体系。大致关于西方图书馆的信息通过四个方面传入中国：(1)19世纪后期，郭嵩焘、曾纪泽等出洋考察洋务的官员，曾对英、法、意等国大书楼(图书馆)作过多种描述；(2)一些较早接触西方文化的知识分子，多次对比中西文化的差异，对藏书一事，也作过零星论述，如郑观应“知藏书之为益多，而广置藏书以资诵读者之为功大”的观点应引起注意；(3)中日甲午战后，以康、梁为代表的知识分子在办学会、办报馆的活动中，康有为“大开便殿、广陈图书”，筹备“书藏”之建言，是有力的号召，有效地促进了戊戌变法中各地学会书楼的建立；(4)通过报纸之绍介，东西方图书馆之名称、作用和对社会之影响，逐步为世人所接受。“图书馆”三字在各种媒体中出现，如傅云龙的《游历日本图经余记》称1887年游历日本“图书馆”，1896年《时务报》载文有“图书馆”之称。时人所办之藏书馆(室)，有称“藏书”者，也有称“图书馆”者。1898年梁启超之《清议报》，则有《论图书馆与开进文化一大机关》之长文，论述图书馆之利。

二、省级公共图书馆建立的热潮

1905年，清廷宣布进行学制改革，科举制度宣告结束，各地府县学堂纷纷建立。一定程度上，国民教育形成热潮，为相关的文化事业开拓了新路。

1. 关于图书馆建立之必要性和迫切性的言论

王韬、郑观应肇其端，何熙年、张謇、徐树兰、刘光汉、罗振玉等接其后，对于设立图书馆，论述了其必要性、迫切性，提出多种建议和措施。首先，他们认为如果不办公共阅览书报之处所，那么，“虽英才髦士，欲以博通古今，精研中外，心长力绌，其道无由。”[2]“从来国家之兴，务必明教育而开知识，乃能自卫其群，而爱国之心益固。”“而书楼之法，辅学堂以行。”[3]刘光汉在《论中国宜建藏书楼》一文中认为建立图书馆以后，“典籍得其人，阅书定以时，以供专门之寻绎，以扩学者之见闻”，那么这是“国学昌明之渐”，故“聚书之法，不可不筹，而藏书之楼，必宜先设。”[4]

2. 关于藏书楼建立的目的和方法

戊戌变法时，各地兴办学会藏书楼，在他们的章程中曾提出过建立藏书楼的目的是“以广见闻而开风气，上以广先圣孔子之教，下以成国家有用之才。”[5]到了1901年，何熙年建议皖(安徽)省开办书楼，即为“备讲求实学、转移风气之用。”[2]作为古越藏书楼主人的徐树兰，则提出开办书楼“宗旨有二：一曰存古；一曰开新。”[6]罗振玉在《京师创设图书馆私议》中，对于建立京师图书馆则提出“择地”，应建于往来便而远市嚣，不易罹火灾之处。又建立之初，由官府“赐书而立其基”，并且提倡开民间献书之路，征集各地志书，采访外国图书。总之，图书馆的建立，保固有之国粹，而进以世界之知识，是一举二得之事。[7]

3. 国立图书馆的建设

20世纪初年，学部在“分年筹备事宜”(1909)中就有京师开办图书馆一项，其筹建京师图书馆折中明确要求“规模必求宏远，搜罗必极精详，庶足以供多士之研求，昭同文之盛治”。当年，议购常熟瞿氏藏书，派缪荃孙充监督。1912 年后，直接由政府教育部管理，京师图书馆开始接受文津阁图书，催收各省官书，任江瀚为馆长，制定章程，并设分馆。1912 年正式开馆。1929 年称国立北平图书馆。除北平图书馆外，1933 年曾在南京筹建国立中央图书馆。但是，就 20 世纪前半叶而言，从规模、藏书、工作质量和社会影响看，国立北平图书馆都是居全国首位的，特别对推进我国图书馆近代化进程，国立北平图书馆有着不可磨灭的贡献。

4. 清末省级公共图书馆建立的热潮

正是由于社会舆论之倡导，个人之响应，地方官吏之着手实施，至辛亥革命前夜，京师及各大行省，纷纷进行省级公共图书馆之建设。

筹建于 1911 年前，并已开放的图书馆有：

浙江，1903 年张亨嘉作浙江藏书楼碑记，实为筹建，第二年聘监理、订章程、编目录，正式为学者观览。1909 年增韫奏准浙江藏书楼改名为浙江图书馆。

湖南，1904 年私人集资合办“湖南图书馆兼教育博物馆”，1905 年，端方等筹措经费，充实馆藏，改建馆舍，称湖南图书馆。

湖北，1904 年，鄂省图书馆开办。1908 年有藏书 4 万册。

江苏，1907 年，端方购丁氏藏书，建江南图书馆，委缪荃孙主其事。

其他省份大致集中于 1909—1911 年都陆续建立省图书馆。这是因为清廷学部建立后，设有专门司负责图书馆、博物馆等建设，并规定预备立宪第二年(1909 年)，颁布图书馆章程，京师开办图书馆。预备立宪第三年(1910 年)，“行各省一律开办图书馆”。所以各省陆续在 1909 年奏建省级图书馆，如直隶、山东、山西、河南、安徽、云南、贵州、广西、陕西以及东北的黑龙江、吉林等省。

三、通俗图书馆的推广

辛亥革命以后，国民政府教育部有社会教育司管理图书馆、博物馆等事，类似清学部专门司的工作。“本部固于民国二年(1913 年)创京师通俗图书馆一所，为各省倡。”(《教育公报》第三卷第十期)当时任教育部佥事的周树人直接分管图书馆之事务。考察《鲁迅日记》1913 年至 1914 年部分，记有多次到京师图书馆所属通俗图书馆之事。1914 年三月，庄俞参观京师通俗图书馆，称“普通书籍分十类：(甲)教科书，(乙)文学及英文，(丙)经传，(丁)实业，(戊)理科，(己)法制，(庚)小说，(辛)图画，(壬)杂书，(癸)杂志。儿童用书分四部分：(子)教科书，(丑)童话，(寅)图画，(卯)小说、杂志。”作者称京师通俗图书馆隶于教育部社会教育司。“询之馆员，每日到馆阅览图书领用器械者，可平均三十人左右，而儿童居多数。”[8]

为什么教育部要提倡建立并通过示范举办通俗图书馆呢？主要是通俗图书馆是当时倡导的通俗教育的一个重要组成部分，目的在于“诱启社会之常识、儿童之智能”。这种易办、省钱、效果显著的文化设施非常受社会人士之欢迎。当然重要的契机是由教育部拟定之《通俗图书馆规程》的颁布与推广，促成通俗图书馆在20世纪一二十年代成为我国图书馆发展的强大一翼。当时作为普及大众教育的机构，有通俗图书馆，还有属社会文化事业的巡行文库和公众阅报所。某种意义上，我国通俗图书馆的发展，促进了20年代“新图书馆运动”的形成，我国国民的新图书馆意识和对旧藏书楼观念的突破，都应肇源于通俗图书馆的普及。

以下据1916年《教育公报》第三年第十期提供的通俗图书馆、巡行文库和公众阅报材料，列表如下：

通俗图书馆统计*				巡行文库统计				公众阅报所统计**			
省	馆数	藏书部数	日平均阅览人数	省	文库数	藏书	日平均阅览人数	省	馆数	报纸	日平均阅览人数
奉天	35	7500	900	奉天	17	每所354种	7400	直隶	124	14	40
山东	23	10000	1500	江苏	4	每所338种	400	山东	113	14	60
河南	22	9000	1050	四川	1	每所400余种	120	河南	139	12	30
福建	21	200	60	甘肃	4	每所300余种	200	江苏	187	18	50
浙江	21	5350	600	云南	4	每所420余种	140	江西	106	10	20
湖北	44	18000	1800					浙江	170	14	30
湖南	14	3500	380					湖北	103	16	50
								四川	156	12	30
								广东	149	17	50

* 此表只列馆数10所以上者　　** 此表只列所数超过100以上者

以上列举之各省通俗图书馆、巡行文库、公众阅报所都是属于公共文化系统。这样的发展是应该引起我们注意的：首先，通俗图书馆和巡行文库、公众阅报所等是为大众服务的重要设施。《通俗图书馆规程》(1915年10月)规定设立通俗图书馆是为了“储集各种通俗图书，供公众之阅览”，并规定省治、县治，即省会和县城均应设立。又规定“私人或公共团体，公私学校及工场，得设立通俗图书馆”，明确规定“通俗图书馆不征收阅览费”。其次，通俗图书馆社会效益非常显著。一方面，由于不收押金、阅览费用，比较适合当时民众的经济能力；另一方面，多放置为民众适合阅览之书报，故备受欢迎。北京的京师通俗图书馆1916年度全年阅览总数266914券，除休息日不计外，每日平均895券。浙江公立图书馆1916年度总计“本馆、分馆阅书本数共一万三千五百八十七本”(《浙江公立图书馆年报》第二期)。1917年8月12日，林传甲在《呈教育部请整顿图书馆以广社会教育文》中称：“前年，传甲在黑龙江兼任通俗教育社社长，创办通俗图书馆，比之省立图书馆，用款不及什之一，阅书人数则多至数十倍。足见通俗图书馆与小学辅车相依，凡县城市镇均不可少。”[9]

1928年，国民政府通令各省、县设立民众教育馆，民众教育馆虽设有图书阅报室，但实际上取消了通俗图书馆之独立建制，直接影响了事业发展。1936 年，李小缘先生在总结十年图书馆事业时，提出“民众教育事宜，应交由民众图书馆办理。”提出图书馆事业发展主要教训在于通俗图书馆之撤销这一失当之举。

四、学校图书馆之完善

我国学校图书馆实可导源于古代之书院藏书。当然从严格意义来看，书院是教学和研究的综合体，藏书和刻书是其中的部分工作。近代学校图书馆的出现是清末新式学堂设立以后的事。清末的一些封疆大臣由于洋务运动的扩大，举办若干新式学堂，如张之洞在湖北设武昌自强学堂(武汉大学前身)、武备学堂，盛宣怀在北洋设西学学堂(天津大学前身)。这些学堂藏书楼(室)，由于仿照西方大学之设置和管理，如采访西书、期刊，采用西方分类方法和编目方法，甚至聘用西人管理图书，具有近代图书馆性质。1898 年，京师大学堂建立，其章程规定：“今设一大藏书楼，广集中外要籍，以供士林浏览而广天下风气。”又称“藏书楼设提调一人，供事十员。”[10] 1898 年，上海南洋公学的章程亦称：“公学设一图书院，调取各省官刻图籍，其私家所刻及东西各国图籍，皆分别择要购置庋藏，学堂诸生阅看各书照另定章程办理。”[11] 由此可见，我国近代学校图书馆是从 19 世纪末开始兴办的。

辛亥革命以后，我国学校教育有所发展。南北各大城市均有大学建立，大学图书馆相继建立，如金陵大学、清华大学、南洋大学、北京高师、南京高师等校图书馆。截至 1918 年 3 月，沈祖荣调查全国图书馆，据所调查材料，当时学校图书馆有一定规模者，有北京高师图书馆、南京高师图书馆、武昌高师图书馆，部分私立学校如齐鲁大学、金陵大学、暨南大学等校图书馆则在藏书规模和工作方法上有较大突破。

20 世纪 30 年代，中国高等教育相对稳步发展，所以，大学图书馆发展迅速，图书馆工作亦逐步走上正轨，在全国图书馆事业中占据重要地位。下面几项指标可以帮助我们了解当时高等学校图书馆的情况。

(1)藏书数量。据 1936 年《申报》调查材料，国立大学图书馆藏书超过 10 万册以上的有中山大学、中央大学、北京高师、武汉大学、清华大学和北京大学；私立大学图书馆中藏书超过 10 万册的还有南开大学、燕京大学、金陵大学、华西协和大学、圣约翰大学、齐鲁大学和中法大学等校。而与此同时，馆藏超过 10 万册的还有国立北平图书馆、江苏省立国学图书馆、浙江省立图书馆、江西省立图书馆、湖北省立图书馆、云南省立昆华图书馆、广州市立中山图书馆、陕西省立第一图书馆、湖南省立图书馆、山东省立图书馆。据中华图书馆协会经费委员会“对于图书馆经费案之意见”称，1930 年据国立中央、北大、清华、中山及私立金陵、燕京六大学之统计，每学生平均可用西书 10 余册至 80 余册，中书 330 余册至 400 余册。美国 1925 年统计，各大学每学生平均可用 50 余册至 380 余册。

(2)馆舍和机构。大学图书馆以馆舍新、建筑面积大、设计合理为同行所欣赏，如清华大学建立之图书馆，设计全由外人，内部装修配置也是全由美国进口，故具有全新之外观和完善之服务设施。当时一些著名大学图书馆均有参考部等的设立。

(3)工作改进。大学图书馆主要采用新的图书分类法和编目条例，且设立多种目录供读者利用，如着手编制专题书目和索引，著名的有燕大引得编纂处所编索引、金陵大学的论文索引、暨南大学的中文杂志索引。

(4)馆长人选。大学图书馆多聘用我国图书馆学专门人才，如我国第一代图书馆学者何日章、桂质柏、杜定友、沈祖荣、刘国钧、谭卓垣、金云铭等，是留学国外学图书馆学的；皮高品、严文郁、田洪都、查修则是文华图书科的早年毕业生。

五、图书馆章程法规的颁布

我国图书馆立法，最早为1910年清学部颁布的《京师及各省图书馆通行章程》，1915年民国政府颁布的《图书馆规程》《通俗图书馆规程》，1927年后国民政府又颁布《图书馆规程》。至于专门条例则有《私立图书馆立案办法》和工作条例、实施办法等，初步建立了近代图书馆的各种条例和规程。

图书馆法规、条例的颁布和实施，不仅是规定图书馆所应负担的责任和办理的原则，更是对图书馆工作的指导和要求。因此，图书馆法规、条例的制定和实施，有利于图书馆事业的发展，对于促进图书馆工作和完善图书馆服务内容，都是有重要意义的。

(1)法规的颁布加快了我国图书馆近代化的进程。1910年《京师及各省图书馆通行章程》规定了图书馆建立的宗旨是“保存国粹，造就通才，以备硕学专家研究学艺，学生士人检阅考证之用。以广征博采，供人浏览为宗旨”。这里并未指明图书馆之性质是公共文化机构。1915年、1927年颁布的《图书馆规程》，指出图书馆是“储集各种图书，供公众之阅览”，图书馆设立之目的就比较明确了。1939年、1947年分别颁布的图书馆法规则增加了“举办各种社会教育事业，以提高文化水准”。大致明确了图书馆设立之宗旨。与1933年美国图书馆协会制定的“公共图书馆标准”中“公共图书馆是使成人和儿童皆得自身教育与藉读书求娱乐之道”的说法大致接近。

(2)法规的颁布，加快了我国图书馆管理水平的提高。如果说20世纪最初十年，图书馆规程只是规定了设置图书馆之基本要求，那么到30年代，图书馆规程就提供了图书馆管理、工作和处理社会关系的基本内容。如各种图书馆的名称、馆藏和阅览的要求、馆长人选的资格、管理方法之标准(部门设置、工作职责、人员配置、机构设置)等。

(3)法规的颁布，促进了图书馆服务质量的提高。《图书馆工作大纲》(1939年)的颁布，特别对图书馆服务工作提出了要求，如各部门工作分工中突出了部门工作的责任，同时规定了考核办法等。而《图书馆辅导各地社会教育机关图书教育办法大纲》(1939年)提出“图书馆应辅导各地社会教育机关为主要任务之一”，对于除省、县图书馆以外的学校、私人、团体图书馆的业务促进，有具体的要求和检查的方法。

但是，条文的制定颁布与图书馆事业的实际发展是有很大差距的。李小缘先生在1936年就曾愤慨地指出国民政府对图书馆事业轻视，毫无政策，消极敷衍，如减员减薪和裁汰购书费，取消通俗图书馆，以及人员选择不当，过多干涉图书馆事务，管理问题和技术方法问题等，[12]可帮助我们了解当时图书馆发展之大略。

六、图书馆系统之形成

对我国近代图书馆发展而言，20 世纪 20 年代是关键的年代，这是因为，辛亥革命以后陆续兴建的省立图书馆、学校图书馆，实际上基本上只是建立馆舍、征集图书、整理库藏，只有部分馆有意识地开展了读者服务的工作，就其工作内容和服务方式看是相当落后的。沈祖荣 1918 年调查全国图书馆后，颇有感慨地指出："每省图书馆，不过一二处，或一省并无一所图书馆。"各馆"阅书人少"，"阅书取资，最足阻碍来学之心。""各省图书目录，多沿用四库四部之成规，……无一完善目录，可供应用。"[13]

我国近代图书馆体系的形成，主要是公共图书馆和学校图书馆的发展，大致经过了 20 年时间，即 1915 年至 1935 年，这个图书馆近代化的进程肇端于"新文化运动"和"五四"运动，得益于"新图书馆运动"的广泛宣传，完成于 30 年代。我们可以看到从 1925 年到 1936 年，是我国图书馆事业发展最为迅速的 10 年。

1925 年，中华图书馆协会对全国图书馆进行调查，全国图书馆计 502 所。到了 1929 年中华图书馆协会进行全国图书馆调查时，全国图书馆数目已达 1428 所，1931 年全国达 1527 所，分类统计如下[14]：

1929 年全国图书馆统计		1931 年全国图书馆统计	
国立图书馆	1	国立图书馆	1
省立图书馆	47	省立图书馆	49
普通图书馆(市县立及私立)	878	普通图书馆(市县立及私立)	921
学校图书馆	387	学校图书馆	413
会社图书馆	38	会社图书馆	45
机关图书馆	36	机关图书馆	44
专门图书馆(儿童图书馆占多数)	41	专门图书馆	54

我们不仅看到图书馆数量之增加，而且一些专门类型的图书馆，如私立东方图书馆、海关图书馆、外交部门图书馆和科学研究图书馆都是前所未有的。较好条件的图书馆，特别是一些大学图书馆，其日常工作内容和方式也逐步进入正规化的轨道。

七、屈辱的历史、民族的灾难

20 世纪前半叶的中国，饱受帝国主义侵略与奴役，图书馆事业也经历了一段艰难曲折的过程。

就近代图书馆历史而言，如果清算帝国主义者对我国图书之破坏，诸如焚毁、抢掠圆明园文源阁，八国联军之抢掠北京，《永乐大典》之损失，善本秘籍之流散等，举不胜举。

其中特别是日本军国主义者在侵华战争中的破坏，尤为严重。概括而言，至少有如下数端：(1)强占东北诸省之图书作为伪满洲国之藏书。满铁株式会社之藏书，实由关外和关内流出之重要典籍组成。(2)疯狂乱炸图书馆，如1932年轰炸东方图书馆。1937年后，全毁于日军炮火者有南开大学图书馆、暨南大学图书馆、湖南大学图书馆等，部分省区如浙江、上海、南京、广西、广东，以至内地甘肃等省立图书馆或全毁于战火，或遭炸毁。(3)迁移过程中之损失，包括部分珍贵图书，如国学图书馆之公署档案、北平图书馆之珍本图书。至于一些图书馆图书之损失更是无法统计，如北大图书馆20余万册图书沦入日寇之手，中大图书馆10万余册图书未能迁出，完全散失。国民政府之机关图书馆被劫运走不下60万册，大部分私人藏书家遭受损失。日本军国主义者的侵华战争，对于中国图书馆事业发展的负面影响是很大的，严文郁先生称"25年(1936年)时有图书馆5169所，36年(1947年)时仅有2700余所。可以想见图书馆在抗战中遭受破坏之钜。"[15]

文化积累是代代相承，不能间断的。近代外国帝国主义者的侵略，不仅对中华民族文化发展的阻碍，也是对世界文明的破坏。

八、综论

以上就20世纪前半叶中国图书馆事业的发展作了专题性的讨论。总的来看，经过几十年的努力，我国近代图书馆的体系可以说初步建立起来了。当然，从清廷到国民政府的统治，图书馆事业一直是未受到应有的充分重视。从地区发展分析，也是极不平衡的。据中华图书馆协会的调查，一省有图书馆100所以上者是：江苏274，河南187，河北161，浙江148；一省有图书馆50所以上者：山东、陕西、广东、安徽、四川、福建。大部分省份则只有50所以下。至于图书馆工作水平，大量调查表明，图书馆建立以后，行政干预过多，馆长任用不当，经费缺乏，以至书籍陈旧、读者不多的情况严重存在。

我们认为，把20世纪前半叶中国图书馆发展定性为近代图书馆体系和规模已初步建立，主要可从以下几方面得到体现。

(1)图书馆观念得到认同。在批判过去藏书楼的局限性后，近代图书馆是为了使藏书为读者使用，设立目的是供公众阅览、提高文化的说法得到认同，并在实践中体现出来。同时认识到图书馆在社会文化、学术、教育中的地位，特别是对于提高国民素质作用巨大。此外，鉴于中国文献与国外文献之差异，提出建立中国式图书馆学的要求，是难能可贵的。

(2)图书馆类型多样。除国立、省市和县立图书馆外，大量公立、私立大学图书馆，各种团体、机构、商业、儿童图书馆也得以建立。容许私人图书馆存在，组织图书教育制度，即大中型图书馆辅导支持小型图书馆发展的措施，促进了图书馆体系的建立。

(3)馆内工作不断改进。首先从"仿杜""改杜"中促进图书分类工作的提高，制定中国式的编目规则，建立馆藏目录体系，采用开架阅览，是一个新的开端。而专题书目、索引的编制，图书馆间的联合目录，参考部门的建立和开展工作更使图书馆工作走向新的阶段。

(4)馆际合作与图书馆团体的建立。中华图书馆协会和由它所推进的图书馆改进与研究计划，促进了图书馆事业的进步。国外图书馆学专家访问中国，也加速了新的技术方法的学习与应用。

(5)图书馆法制的实施与图书馆学研究的加强，有利于图书馆管理水平的提高，加快了图书馆技术与方法的推广。

参考文献

[1]李端棻．请推广学校折[A]．变法自强奏议汇编[M]．卷三.
[2]何熙年．皖省绅士开办藏书楼上王忠丞公函[A]．李希泌，张椒华编．中国古代藏书与近代图书馆史料[M]．北京：中华书局，1982：107~109.
[3]张亨嘉．浙江藏书楼碑记[A]．李希泌，张椒华编．中国古代藏书与近代图书馆史料[M]．北京：中华书局，1982：109~110.
[4]刘光汉．论中国宜建藏书楼[A]．李希泌，张椒华编．中国古代藏书与近代图书馆史料[M]．北京：中华书局，1982：118~122.
[5]上海强学会章程[A]．李希泌，张椒华编．中国古代藏书与近代图书馆史料[M]．北京：中华书局，1982：101.
[6]徐树兰．古越藏书楼章程[A]．徐树兰编．古越藏书楼书目[M]．崇实书局，1904.
[7]罗振玉．京师倡设图书馆私议[A]．李希泌，张椒华编．中国古代藏书与近代图书馆史料[M]．北京：中华书局，1982：123~124.
[8]庄俞．参观北京图书馆记略[A]．李希泌，张椒华编．中国古代藏书与近代图书馆史料[M]．北京：中华书局，1982：209~210.
[9]《教育公报》．第 4 年第 4 期。
[10]《国闻报》．第 251 号。
[11]《国闻报》．第 254 号。
[12]李小缘．中国图书馆十年之进步[A]．李小缘纪念文集[C]．南京：南京大学出版社，1988.
[13]沈祖荣．中国全国图书馆调查表[A]．教育杂志，10：8.
[14]《中华图书馆协会会报》，5：5；7：3；1：4.
[15]严文郁．中国图书馆发展史[M]．台北：枫城出版社，1973：167.

10

1999 年

周宁　林蓉

信息资源索引数据库的研究

摘要　信息资源索引是信息利用的基础，索引数据库应运而生。从单机系统到国际联机检索，开创了信息索引技术高度发展与广泛应用的新时代。因特网的迅猛发展使搜索引擎已成为互联网上的新兴产业。本文重点讨论了网络信息资源索引数据库的设计、建立与利用问题，展望了未来索引数据库的发展趋势。

关键词　信息资源　索引技术　索引数据库

Abstract　Indexes of Information Resources are basis of using information, so, index databases have heen born accompanying. This paper discusses how to design, create and use the index databases of network information resources, and looks forward its feature.

Key Words　information resources, index technology, indexed database.

1. 信息资源索引技术的进展

20 世纪 60 年代，MARC 的研制成功和数据库技术的诞生并投入商业化运行具有划时代意义。它开创了计算机化信息资源索引的新时代。计算机化索引通常是通过建立索引数据库来实现的。这种索引数据库就是国际标准 ISO/DIS/5127/7 中(如图 1 所示)的参考数据库。图中的源数据库才是人们最终要查找的现代信息源。就数据类型而论，源数据库中不仅有文献型(全文)、数值型、事实型数据，而且更多的是多媒体信息。图、文、声一体体化的数据库所占比例越来越大，并且使得信息量成指数级数增长。要在这浩如烟海的信

- 数据库
  - 参考数据库
    - 文献目录数据库
    - 咨询数据库(例如，科研和工程项目数据库)
  - 源数据库
    - 全文数据库
    - 数值数据库(例如，统计数据库)
    - 数字——原文数据库
    - 物性数据库

图 1

息海洋中快速查找所需信息，必须依赖先进的索引技术，依靠参考数据库提供信息的线索。这样，才会收到事半功倍的效果。

计算机化索引技术经历了三个不同的发展阶段。

(1)单机系统索引技术

单机系统是最早的计算机化索引系统。它一般为微机系统或小型机加本地终端组成。早期的图书馆自动化系统和文献情报中心所建的文献目录数据库就是典型的单机索引系统。它仅提供原始文献的目录信息(二次文献)。它是以二次文献库为基础的快速索引与检索系统，不仅检索速度快，而且检索点多。对于二次文献库中任何一个有检索意义的字段均可单独建立索引，支持快速检索。实际上，这种单机索引系统就是建立原始文献索引数据库并提供检索服务的系统。当然，单机索引系统的索引对象并不局限于文献，它还适用于事实、数值等其他对象。

(2)远程主机——终端系统的索引技术

为了达到更大范围的资源共享，远程存取信息资源索引数据库中的数据势在必行。经过多年的发展，出现了一大批图书馆自动化系统和国际联机情报检索系统。在这方面比较有代表性的系统是 OCLC 和 Dialong 系统。OCLC(Online Computer Library Center)系统已发展到 60 多个国家或地区 20000 多个各种类型的成员馆，它是世界上最大的图书馆自动化系统。它现有的 60 多个数据库中，仍有近 50 个数据库为参考数据库。其中，Worldcat 数据库已有 4000 万条记录，它是世界上最大和最综合的文献目录数据库。Dialog 系统是世界上最著名的大型情报检索系统之一。它已拥有 600 多个数据库，除有少量源数据库之外，大多数仍为参考数据库。OCLC 和 Dialog 系统中这些大量的参考数据库，即索引数据库，检索它们的结果是提供原始信息的线索，而不是原始信息本身。该发展阶段的索引技术是大量参考数据库的建立和投入营运，情报检索系统亦为信息索引与提供系统。

(3)从局域网到互联网的索引技术

由于主机——终端方式系统中的数据库集中存放，给主机存储设备带来了越来越大的压力。分布式数据库与网上信息资源分散到多个结点存储是解决存储设备紧张的有效方法。局域网(LAN)和广域网(WAN)应运而生。LAN 和 WAN 上的信息资源都有它自己的索引系统，一般由多级索引组成。一是网上存储有大量的参考数据库，它们是对原始信息的特征和出处的索引。二是对网上资源有一个总索引，它负责参考数据库存放结点的索引。每个结点都存放有本地目录和全局目录，提供快速查目的支持。

近几年发展起来的国际互联网是网络的网络，它使网络的发展与应用产生了质的变化。由于网络范围大，信息分布广，这使网络信息索引更为复杂。查询网上信息一般要利用各种搜索引擎。在互联网上，搜索引擎的开发与利用已成为一个新兴产业。事实上，网络信息资源的搜索引擎分两大功能模块——网络信息索引模块和查询模块。一些网络索引是由网络索引机器人(Robot)去网上爬行，不断发现信息，不断地作索引，自动建立网上信息资源索引数据库。查询就是利用这个索引数据库，方便、快捷地提供用户所需信息。

2. 网络信息资源与搜索引擎

网络信息检索所用搜索引擎的分类有多种方法。如果从索引的信息范围来分，可分为综合类搜索引擎和专业类搜索引擎。若从索引、检索方法来分，可分为以下三类：

(1)目录式搜索引擎(Directory Search Engine)

(2)机器人搜索引擎(Robot Search Engine)

(3)元搜索引擎(Meta Search Engine)

目录式搜索引擎利用了传统图书资料分类方法。主要通过人工发现信息，依靠编目员的知识进行甄别和分类，建立目录体系，用户在利用这个分类体系结构中进行浏览查询。例如，Yahoo、搜狐等搜索引擎均为目录式搜索引擎。

机器人搜索引擎和计算机管理图书馆信息资源相似。它是靠一个被称为“蜘蛛”的计算机程序在网中爬行，根据网络协议在网上发现、加工、整理信息、建立索引数据库、向用户提供检索服务。例如，Alta Vista，HotBot 等就是这类搜索引擎。

元搜索引擎与国际联机情报检索系统中的总索引类似。人们熟知的 Dialog 系统已有 600 多个数据库。各个数据库既有分工也有相互交叉的情况。检索一个课题，往往需要先后检索多个相关的数据库，这样比较费时费力。为了提高服务质量，系统提供了一个总索引供用户使用。一个课题的提问式检索总索引后，能快速反馈全面的信息；系统告诉用户，这一课题共命中多少相关记录，其中有相关数据库和相应命中记录数的列表。总索引只是回答命中结果并给出相关数据库的导航信息。同样，元搜索引擎也是如此。它不提供相关网页的信息，仅仅提供检索结果(命中数)。这是由于 Internet 网上信息量太大，任何一个搜索引擎都不可能将其全部覆盖，于是人们就建立一种在引擎之上的搜索引擎。由这种搜索引擎代表用户向其他的搜索引擎站点发出请求，然后它对返回的结果进行归并、重排序、去重之后交给用户一个总的检索结果。由于它提供的检索结果比较全面，因而也受到用户们的欢迎。

在机器人搜索引擎中，索引数据库的建立是基础和核心。它是服务的先导。只有建立了索引库才能对用户提供快速检索服务。因而设计、建立和维护索引数据库极其重要。

建立一个网络信息索引数据库之前，先要确定其设计方案。综合型搜索引擎与专业型搜索引擎的索引数据库可采用不同的设计方案。下面以专业型搜索引擎为讨论对象，研究其索引库的建立问题。建立一个专业型网络信息资源索引数据库一般要经过下列步骤：

(1)专题信息发现模块：对于某一个研究专题可在网上搜索、广泛浏览、发现与本专题有关的网页、新闻组文章、FTP 文件等，将它们的索引信息收集起来，建立一个主索引文件 MX(如图 2 所示)。例如，我们可以利用一些检索工具建立高等教育改革信息索引库。

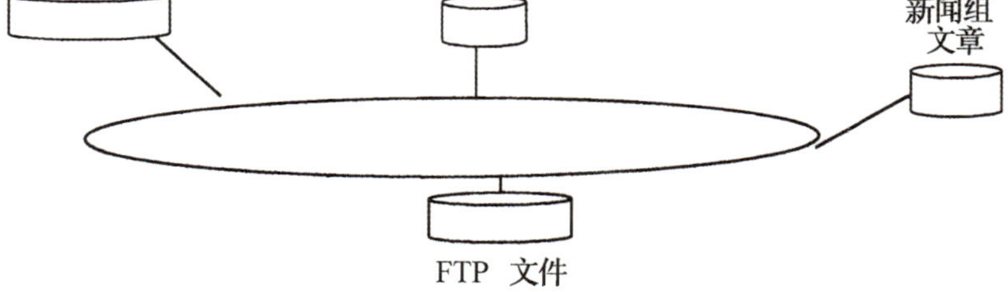

图 2

(2)抽取内容模块：对主索引的关键词(和检索词)进行抽词倒排建立目标格式文件。其格式为：

OWF

keyword | RN

(3)排序与归并模块：在 OWF 文件的基础上进行排序(以 Keyword 为排序码)，产生目标格式有序文件 OWFS。如果为了提高排序速度，可对 OWF 文件分段排序，然后进行归并。每块排序产生一个文件 $OWFS_i$，对这组 $OWFS_i$ 文件归并最后产生一个唯一的 OWFS 文件。这时，利用 OWFS 文件就可以装配 SX 文件，并同时生成 AF 文件。

这种索引结构(如图 3 所示)既可以检索后随 IRN 指针(MX 记录号)显示索引信息，又可以用 URL 直接链接有关网点资源，实现信息检索与提供服务功能。

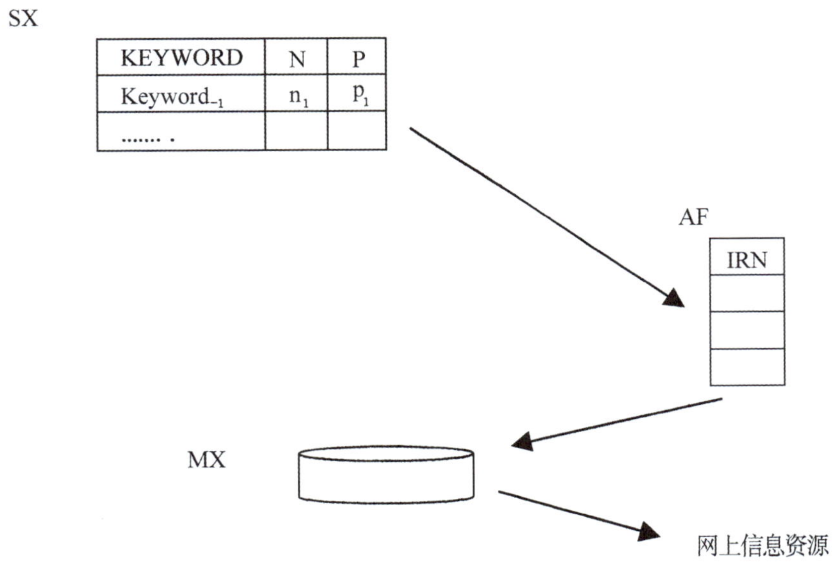

图 3

3. 网络信息资源索引数据库的利用

网络信息资源十分丰富。据统计，1998 年因特网上的网站已超过 50 万个，网页已超过一亿，还有大量的新闻组文章、FTP 文件等大量信息。用户在网上获取自己所需要的信息，一般分两步进行。首先是查询与自己情报需求相匹配的信息数量、索引信息和分布，这就是查询网络信息资源索引数据库。其次，根据检索结果提供的索引信息和分布地址(URL)取出原始信息。

(1)索引数据库的查询与检索结果的编辑输出

网络信息资源索引数据库为 SX+AF+MX 结构(见图 3)。其查询分下列步骤顺序执行：

①用户需求所代表的关键词对 SX 文档查询，可用 HTML 语言编浏览程序实现，其操作界面如图 4 所示。它为检索高等教育改革索引数据库的用户界面。

②系统返馈 ni 给出检索结果，同时以 P_i 为相对地址在 AF 文件从 P_i 起连续取出 ni 个记录值组成命中的索引记录集合 set_i。

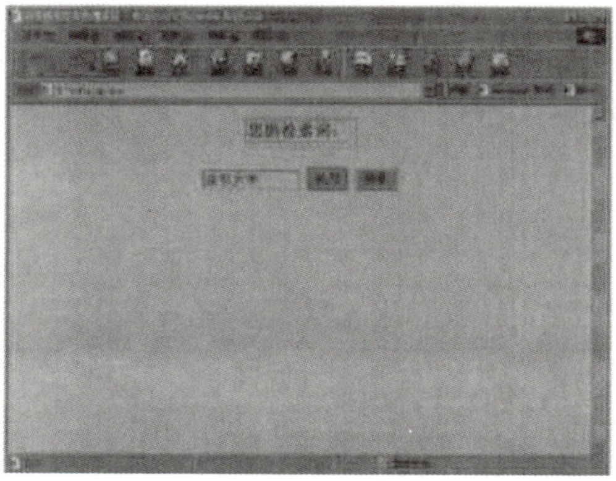

图 4

③用 set_i 集合中的 IRN 号，取出 MX 的相关记录，分组(如每组 20 条记录)编辑输出(如图 5 所示)。它分页显示检索的命中结果。

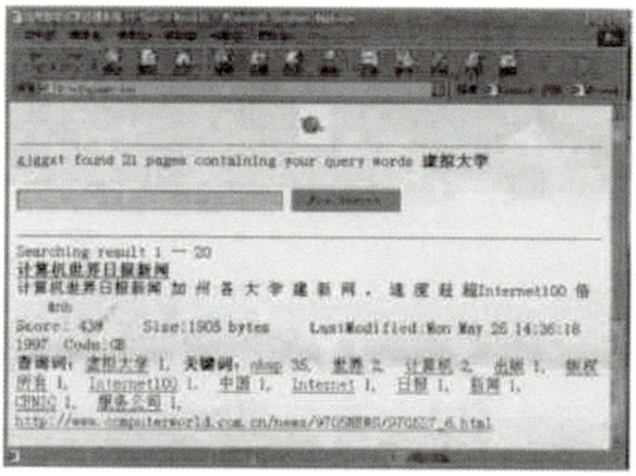

图 5

(2) 网上原始信息的提供

检索索引数据库的检索结果可分组浏览。用户若对结果中的信息感兴趣，需要进一步了解原始信息，可用鼠标点击“http：//……”地址进行链接，调用原始信息资源。

4. 索引数据库的发展趋势

信息索引技术发展到今天，已经取得了令人瞩目的成就。随着用户需求水平不断提高，对信息索引技术提出了更高的要求。当前硬、软件环境越来越好，从而为索引技术向智能化、多语种化、索引手段的自动化提供了物质条件，使搜索引擎向高层次发展成为可能。

(1)搜索引擎智能化

当前，智能搜索引擎(Intelligent Search Engine)、智能浏览器(Intelligent browser)和知识共享智能体(Knowledge-Sharing Agent)是人们研究的热点课题之一。搜索引擎的智能化分两个方面。一是建立智能型的信息索引数据库，使它具有演绎、推理的功能。二是检索模块(智能浏览器)具有神经网络(Neural Network)和模糊逻辑(Fuzzy Logic)功能。当然，目前它正处在研究阶段，投入使用还有待时日。

(2)用户接口的多语种化

搜索引擎的应用要真正达到全球化、大众化，用户接口必须要多语种化。据统计，全世界大约有 5000 种语言、几百种文字。根据有关的国际标准(ISO/DPR639)和国家标准(GB4880)所列的世界语种代码就有 134 种，中国另有专用语种代码 41 种(GB5795—86)，按人口比例来看，用户接口起码要有 10 多种语言的支持才能满足 90%以上人口的要求。由于机器翻译已取得实质性进展，多语种数据库的技术已比较成熟，用多种语言来查找和获取网上信息资源已不再遥远。不管网上的原始信息是用哪种语言文字记录的，用户可以选择他(她)所需要的语种信息(声音、文字)的检索结果。

(3)索引手段的自动化

网上信息资源不仅是信息的汪洋大海，而且还在飞速增长。对网上信息资源的索引手段用人工来完成已越来越困难。从网络索引机器人(Robot)发展起来的自动索引技术越来越成熟，自动文摘、自动标引方法已逐步实现。自动对网点的多媒体(图、文、声)信息作索引正向实用化推进。索引程序可以昼夜不停地在网上爬行、自动跟踪，自动更新索引数据库。索引手段的高度自动化，必然会给用户提供更高水平的服务。索引技术和索引数据库的发展将推向一个新阶段。

参考文献

[1]信息海洋中的航标. http：//www. pcworld. com. cn/98/9849.
[2]搜索引擎面面观 . http：www. computerworld. com. cn/98/week/9809.
[3]http：//dialog. kriafo. com/.
[4]http：//www. yahoo. com/.
[5]http：//www. sohoo. com. cn/computer/internet/search/.
[6]IBM 中国公司软件部. 如何实施数据智能挖掘[J]. 计算机世界，1998(06).

11

2000 年

焦玉英

从文献检索到信息检索

——网络环境下检索课教学内容与方法的调整

摘要 从文献检索到信息检索最大的变化：一是由文献单元向信息单元为基础的组织方式的改变；二是由手工分类、主题标引、著者标引经过机器的主题词、自由词抽取、标引发展到全文标引乃至超文本检索。网络技术、超媒体技术和智能技术等是促其变化的关键。作为一门学科的教学必须创建以 CAI 课件为主导的实践教学方法和建立信息检索课程的基本框架体系。参考文献 4。

关键词 文献检索 信息检索 网络信息 教学内容与方法

分类号 G354

Abstract Among the major changes from document retrieval to information retrieval are: 1) from document-unit-based organizati on pattern to information-unit-based one, 2) from manual classification, subject heading and author heading to machine-indexed subject terms and free words, full-text indexing and hyper-text retrieval. Network and intelligence technologies are catalysts for the changes. For the reform of the education in this field, we should create a CAI-based practical teaching method and establish a framework for the courses of information retrieval. 4 refs.

Key Words Document retrieval. Information retrieval. Network information. Teaching methods.

Class Number G354

在信息处理与传递的电子化与网络化进程中，浩瀚的知识信息海洋，快速、便捷、高功能、简便易用的多元化网络信息查寻工具，形成了世界范围内真正意义上的资源共享格局。据称，世界上最大的因特网能为 1 亿多用户提供 50 多万个科研机构、学校、图书馆和信息系统的网络资源；WWW 覆盖了 2000 万个大小不等的信息源；预计下个世纪初将有 100 万个网络，1 亿台计算机和 10 亿用户入网。全球网络化的大趋势使信息系统及服务方式面临严峻的挑战：网上“浏览—检索”对传统的“提问—检索”服务模式的替代使专职检索代理机构的业务逐步缩小；终端用户对系统的直接介入带来用户成分的巨大变化；

系统为用户提供的在线即时获取方式，自组织信息功能使一种以“人为中心”的信息服务成为主流模式等。在这种环境下，以文献单元描述体结构为基础，手工检索方式为主导的传统文献检索向以信息单元组织结构为基础、网上浏览式信息查询方向发展是必然的选择。本文主要针对网络信息资源的特点，在对传统文献检索教学模式总结的基础上，探讨作为一门学科的信息检索教学内容和方法。

1. 文献检索教学模式回顾

传统文献检索系统由存储与检索两个核心部分组成。存储是选择文献、按规范化语言文本描述文献内外特征并使其有序化；检索是系统根据用户提问按规范化语言文本进行概念转换，经逻辑匹配输出与提问相关的文献。这种传统的“提问—检索”模式服务系统在运行的几十年中，一直影响着文献检索这门课并构成其教学的基本框架。其中，基本理论要素、结构要素与经验要素是这一框架的最主要内容。这 3 个基本要素构成了传统文献检索系统“提问—检索”的基本模式。随着数字化、网络化技术的迅速发展，这种教学模式基本上完成了历史使命。

1.1　基本理论要素

以文献单元为核心的描述体、规范化文本检索语言、检索工具及检索策略等是文献检索课程基本理论要素的重要组成部分。将其分解如下：(1)从以知识为核心的文献生产域到知识的替代、重组、综合为目标的文献加工服务域，进而到文献利用域的发展过程中，文献情报流的动态特征及其内在规律；(2)以文献线索为核心的文本检索工具的基本组成结构、载体类型、出版形式、职能及评价指标体系；(3)检索语言典据文本的结构、原理及其功能；(4)各种类型索引的生成原理、特征及使用方法；(5)以经验为基础的手工检索策略分析、检索效果评价准则。

1.2　结构要素

结构要素侧重于文献检索实践教学部分。具体内容包括：(1)检索系统及其各子系统的结构要素及功能，数据库文档格式、结构及分析与评价；(2)索引系统款目的结构与评价；(3)国内外各种类型文献检索工具的结构体例、组成要素及各要素之间的相互作用关系分析。

1.3　经验要素

文献检索的实质是用户提问与系统文献标识之间的“匹配”。其检索效果不仅仅取决于系统本身的文献覆盖面、文献摘贮率、索引系统的完备程度等因素，也与检索提问的策略密切相关。在传统的手工检索条件下经验要素占主导地位。内容包括：(1)对检索课题的分析理解；(2)对检索语言语义确切性及相关性的判断及灵活运用；(3)对各类检索工具的专业适用范围、特点、检索途径与检索方法的灵活掌握；(4)对各种检索策略的了解及其配合使用等。

2. 网络信息资源特点及其对信息检索的要求

2.1 网络信息资源特点

以因特网为核心连接起来的全球计算机网络是对传统的相对集中和规范为基准的文献数据库及其检索系统的严峻挑战。主要体现在下列几个方面：(1)内容覆盖面广：涉及科技、经济、军事、政治、贸易、商业、金融、教育、娱乐、人文社会科学各个领域；(2)信息浩瀚几乎没有什么范围限制；(3)多媒体化：多媒体技术的应用使静、动态图形(像)、音频及超声频特征的信息得以经过数字化处理后以位串形式存放，采用点、线、区域、关联、形状等多种方式再现出来；(4)个性化：网络技术赋予了每一个用户"我为人人，人人为我"的得天独厚的环境。网上客户通讯、聊天、个人简言、时尚、即时接触、即时援助、个人邮件传递等成为网上信息资源包罗万象的表征；(5)超时空性：网络化与数字化技术使分布在世界各地主机上的信息资源连为一体，实现了跨时空、跨行业的高效快速传递；(6)动态性与开放性：以因特网为主流的国际信息资源网将数以千万计的主页以超文本链接方式构成一个国际化知识信息平台，为即时的节点加入或删除敞开方便之门；(7)可获取性：网络信息查寻工具有数百个，不少工具拥有百万乃至上千万网页数据，完备的索引系统，提供在线帮助和多功能的指引方式，使用户甚至不进行专门培训也可以从网上获取各种信息。

2.2 网络环境对作为一门学科的信息检索的要求

网络技术、超媒体技术甚至智能技术，不仅创新了计算机的硬件环境，而且改变了传统的信息服务方式。但从信息查寻的角度看，它在词语的选择、查寻的策略，甚至索引工具的类型等方面与传统检索方式既有差异，也存在某种程度的共性。因此，笔者认为，对作为一门学科的信息检索教学内容与方法的改革而言，必须对下列一些关键问题作出新的选择。

2.2.1 支持提问式及浏览式并重的检索语言

检索实践表明，规范化文本检索语言由于建立在统计基础上，以关键词匹配为核心，因而存在专业性强、标检不一致、检索提问不确切、语义逻辑歧义等问题。但它在支持提问式检索服务方面发挥了重要作用。网上浏览式查寻中以词语或分类作为入口仍十分畅行，至少在未出现理想化的后控语言之前，"提问—检索"和"浏览—检索"并用的检索语言仍十分必要。目前主要采用：

(1)改进型的检索语言。即一种主题语言与分类语言兼容互换的主题—分类一体化系统。如英国《科学文摘》主题指南，美国《生物学文摘》的主题—分类表，《分面叙词表：工程及相关学科叙词表》《中国图书分类主题词表》等，今后仍应作为信息检索语言教学的一个重要方面。

(2)混合型检索语言。即受控语言和自然语言兼容并用的语言。这种语言从系统内部而言是高度规范化的，对系统外部用户接口而言又是高度自由化的。网络环境下这两方面检索语言的结合是发展方向。这是因为，虽然受控语言规范程度高，有片面强调专业用语而忽视人的因素的弊端，但在以提问为出发点，按用户特定检索命令检索方面的作用却不可忽视。而自然语言以计算机推理生成人们日常用语为基础，它不依赖于人对规范化语言的标引技巧或掌握的熟练程度，是支持浏览式检索的重要举措。目前，自然语言处理技术已大量用于全文检索系统，在自动标引、理解检索要求、概念检索等方面效果显著。但作为检索语言，它在句法、语义分析、段落及篇章的深层次揭示方面存在的问题仍在进一步研究。

(3)网络环境下检索语言研究的趋向。有关检索语言研究将主要集中于：保证网络状态下多数据库查寻中的词语的兼容并用；增加网络状态下自由关键词限定字段，提高检准率；图示词表与词间关系显示的并行化；自然语言检索提问中相关词语下的文献显示；能向用户提供透明窗口，集标引、检索、用户于一体的检索语言。

2.2.2　文本检索工具与网络查寻工具的配合

以因特网为代表的多元化网络信息查寻工具为用户提供高效、快速的全方位信息服务是不争的事实。但在利用网络查寻工具的同时，还不能完全摒弃文本式检索工具，两者在类型划分、特征、功能方面仍可以相互配合。信息检索教学中应注意对它们的综合与比较。如：(1)文本式等级制分类语言的结构与超文本链接式构成的信息链树状等级结构的分析、比较；(2)文本式检索工具中关键词索引系统与网络查寻工具常用的基于自然语言的简单关键词搜索方式的分析、比较；(3)网络字典式查寻工具与传统的事实、数据型检索工具的分析、比较；(4)网络索引式查寻工具与传统索引工具的分析、比较；(5)网上交互式查寻工具的主要特征与功能分析；(6)万维网基于推(push)与拉(pull)技术的多媒体浏览式工具的特征分析及利用策略等。

2.2.3　检索策略的共性与差异分析

传统检索策略的运用主要基于直觉和经验而不是逻辑思维。网络技术发展很快，在人们未开发出真正具有高级智能的网络信息自动搜索工具之前，依靠用户自身的本领提高检索效率仍十分重要。因为，所有的信息检索系统(包括光盘、联机系统在内)在检索策略方面都有不同程度的共性和难以确切区分的差异。如传统检索与网络查寻均采用布尔逻辑策略，字段、范围限定及组配策略，相邻检索与位置检索策略。只是在语义、句法关系规定的符号系统方面各检索系统自成体系。教学中应归纳其共性，强调其差异性。

另外，对于网络查寻中基于菜单式的查寻(如Gophor，wais)策略和基于超文本链式查寻和万维网浏览技术中的推拉技巧，以及扩大网络以外的信息资源关系，疏通信息资源渠道的策略等也是教学内容的重要组成部分。

3. 创建以CAI课件为主导的实践教学方法

传统文本检索工具体积大，更替难，翻阅费时费力。使用光盘技术和联机教学实习又只能解决快速查寻问题，并不能全面帮助学生理解和综合运用各种检索基本技巧。因而，CAI课件应作为信息检索这门课程实践教学的主要方式。根据信息检索课的特点，CAI可以采用表式与图式相结合的方法，配以检索工具、检索途径和检索示例。该课件大致包括5个模块：(1)信息资源模块：以表式方式再现WWW，HTTP，GOPHOR，FTP，WAIL，WAIS等信息资源类型、内容及特征；(2)检索工具模块：以表式方式对信息资源指南类工具、字典式工具、索引型工具、交互式查寻工具的结构、功能、特点及主要查寻方式的比较分析；(3)检索语言及索引系统模块：以图式方式展示分类等级链(含词间等级关系、相关关系)，主题语言句法关系；以表式方式列举各种索引系统的名称、索引款目结构、检索功能、特征及评价标准；(4)检索策略模块：以表式方式归纳各类信息系统的策略模型、使用效果及评价准则；(5)辅助检索模块：列举常用数据库名称及主题目录，网上服务域名、所在地理位置及IP地址，中外信息检索系统主要咨询服务内容等。

项目　本文系“面向21世纪信息管理课程体系与教学内容改革”项目研究论文。

参考文献

[1]曾民族. 网络信息检索现状和性能评价[J]. 情报学报，1997，16(02).

[2]曾蕾. 联网环境中情报检索语言的发展趋势与中国未来情报检索语言的研究与发展趋向[J]. 情报学报，1994，13(05).

[3]蔡巍. Internet网上信息检索新趋势[J]. 情报杂志，1998，17(04).

[4]陈光祚，焦玉英等. 科技文献检索[M]. 武汉：武汉大学出版社，1987.

12

2000 年

詹德优

20 世纪中国参考咨询服务：发展历程、成就与局限

摘要　系统地总结了20世纪中国参考咨询服务的发展历程和成就，并探讨了存在的局限。

关键词　参考咨询　20世纪　中国

现代意义的参考咨询工作在欧美已有120多年的历史，“参考工作”这一术语也已出现了100多年。一个多世纪以来，中国的参考咨询工作经历了从萌芽、形成到繁荣和提高的过程。在21世纪行将来临之际，总结近百年的参考咨询发展史，勾勒其发展轨迹，探讨其成就与局限，是很有意义的。

1. 20 世纪中国参考咨询的发展历程

1.1　参考咨询萌芽期(19世纪末—20世纪初)

如果说，1876年美国伍斯特公共图书馆馆长塞缪·斯威特·格林强调对寻求知识信息的读者提供个别帮助的重要性的《图书馆员与读者的个人关系》一文，被认为是现代图书馆开展参考咨询工作的最早倡议，那么，1895年中国资产阶级改良主义者康有为的《上清帝请大开便殿，广陈图书书》，则可看成中国近代图书馆开展参考咨询工作的最早呼吁。

康有为在上书中倡议：“开馆顾问。请皇上大开便殿，广陈图书，每日办事之暇，以一时亲临燕坐，顾问之员，轮二十员分班侍值。皇上翻阅图书，随宜咨问，访以中外之故、古今之宜、经义之精、民间之苦、吏治之弊、地方之情，或霁威赐坐，或菜果颁食，令尽所知能，无有避讳。”[1]

改良主义者从检讨封建藏书楼的得失、介绍西方图书馆事业，到创立强学会、设立“书藏”，其目的为“广考镜而备研求”，启迪民智，宣传维新，推行改革。从科学性的角度来说，维新派的“书藏”活动，比不上近代图书馆管理，但已超越对封建藏书楼的封闭制度，可视为近代图书馆的先声。康有为的“咨询”倡议，更是难能可贵。

康有为的“咨询”主张，并非绝无仅有。安徽于湖中江书院尊经阁藏书规条(1895年)和福建兴化文正书院藏书凡例(1898年)有关阅读辅导的规定，已具有参考咨询服务的萌

芽性质。

1.2 参考咨询形成期(20 世纪 20 年代前夕—30 年代)

现代意义的参考咨询发端于 20 世纪 20 年代的前夕。原为约翰大学图书馆馆长、后为清华学校图书馆馆长的戴志骞，自美国学习图书馆归来，乃改弦更张，把清华学校图书馆办成学校参考图书馆。馆长和副馆长下设六个部：参考部，职员一人，由副馆长兼理，此外有购置部、编目部、出纳部、登录部、装订部。清华学校图书馆参考部的设立，被公认为中国参考咨询之开端。

实际上，“五四”运动前后的中国，由于东西洋文化的传入、马克思主义的传播和新文化运动的兴起，中国文化学术界已异常活跃，各种研究会和书社如雨后春笋般涌现，图书馆的发展也产生了深刻的变化。1919 年，革命先驱李大钊在“北京高等师范学校图书馆二周年纪念会”上的演说中的主张已经蕴涵着要把图书馆办成自学的场所，帮助学生利用好图书馆。参考咨询工作已呼之欲出。

继清华学校图书馆率先开设参考部，创办于 1921 年的武昌文华公书林，也设立有参考室。该馆虽为文华中学、文华大学、华中大学的学校图书馆，同时亦对其他学校、机关和个人服务。1922 年，约翰大学图书馆也开展了参考咨询工作。该馆全部事务，分购置、编目、出纳、参考、装订、典藏六部，由馆长及副馆长等六人分任。

公共图书馆几乎同时开展了参考咨询工作。1918 年京师图书馆的年终报告中就有“遇有质问，必婉词答复”的陈述。1919 年，中央公园图书阅览所派员前赴清华学校图书馆参观，并效法将中外文字典分别陈列，以供参考。

1928 年北海图书馆在公共图书馆中率先设立参考科。1929 年，该馆并入北京图书馆，仍设参考组。其职责是“答复咨询事项”，除开展一般读者参考咨询服务外，还负责解答国际学术咨询。

此后，各地区公共图书馆参考咨询工作也逐步发展。比如，在 30 年代，江苏省立镇江图书馆和安徽省立图书馆的参考咨询服务已有一定的深度与广度。

1.3 参考咨询复兴期(20 世纪 50 年代)

中华人民共和国成立以后，由于国民经济和文化教育事业的恢复与发展，以及学习了苏联的图书馆工作经验，图书馆参考咨询工作很快得到恢复并有了较大的发展。1951 年，北京图书馆在阅览参考部设立了参考咨询组(后改为参考研究组)。同时，西南人民图书馆(今重庆市图书馆)在图书部下设了参考组，西北人民图书馆(今陕西省图书馆)设有研究组，江苏省立国学图书馆(今南京图书馆)开辟了近代史资料室，浙江省立图书馆(今浙江省图书馆)成立了研究部，山东省图书馆设立了参考资料室，分别开展了参考咨询工作，有力地配合了国家经济建设、抗美援朝运动和教学科研工作。据不完全的统计，仅 1954 年，全国图书馆就解答了读者咨询 11556 次，编制了各种推荐书目、参考书目 953 种。

1956 年，党中央发出“向科学进军”的号召，周恩来总理作了“关于知识分子问题的报告”，以及国务院批准颁发了《全国图书协调方案》。为了适应科学形势发展的需要，一些中心图书馆和其他大中型图书馆意识到：除加强社会教育职能外，应把加强情报职能、为科学研究服务提到议事日程上来，普遍寻找途径，大力开展参考咨询工作。

北京图书馆于1957年初把原参考研究组扩编为参考部，1958年增设书目组，1960年特辟咨询室。1961年在参考书目部下，分设社会科学参考组和科学技术参考组，开展分科服务。中国科学院图书馆于1956年设立了参考组，中国人民大学图书馆设立了参考阅览科，天津市人民图书馆成立了科学与技术服务部，广东省中山图书馆设立了参考研究部，积极开展书目参考、解答咨询及文献情报工作。此外，首都图书馆、南京图书馆、湖北省图书馆、辽宁省图书馆、旅大市图书馆、鞍钢技术图书馆等，在开展参考咨询工作中也作出了显著的成绩。

1.4 参考咨询繁荣期(20世纪70年代末—80年代)

自从粉碎“四人帮”、结束“十年动乱”以后，特别是党的十一届三中全会以来，有关图书馆工作的会议和工作条例，明确指示要进一步加强参考咨询工作。从1977年的全国文博图学大庆会议、教育部“关于加强高等学校图书资料工作的意见”，到1978年的《省、市、自治区图书馆工作条例》《中国科学院图书情报工作暂行条例(试行草案)》、1981年的《中华人民共和国高等学校图书馆工作条例》，再到1982年的《省(自治区、市)图书馆工作条例》、1987年的《中国科学院图书情报工作暂行条例》和《普通高等学校图书馆规程》都明文规定“图书馆应努力开展参考咨询和情报服务工作”。[2]

在这些精神指引下，各类图书馆普遍开展了参考咨询工作，为“四化”作出了很大的贡献。如北京图书馆、上海图书馆和中国科学院图书馆等的书目编制与解答咨询工作，天津市人民图书馆、黑龙江省图书馆、辽宁省图书馆、南京图书馆、湖北省图书馆、天津大学图书馆、大连工学院图书馆、辽宁大学图书馆、上海交通大学图书馆、复旦大学图书馆等的定题服务，湖南省图书馆、鞍山市图书馆等的跟踪服务、对题取书等，都取得了可喜的成绩。

参考咨询工作的情报化和自动化受到人们普遍的重视。1978年教育部指示各高等学校特别是重点学校图书馆要搞好图书情报工作，实现机械化和现代化的管理。同年，中国科学院“广州会议”决定实行“图书情报一体化”，建立全院的图书情报体系，经管全院(包括分院)的图书情报工作。1981年中国科学院第四届学部委员会通过的《中国科学院试行章程》正式规定：“中国科学院图书馆是全院图书情报中心”，1987年教育部批准颁发的《普通高等学校图书馆规程》也规定：“高等学校图书馆是高校的文献情报中心。”

这些规定给图书馆工作特别是参考咨询工作的情报化，提出了明确的任务。中国科学院图书馆为加强其情报职能，除配合科研方向和任务提供有关的情报资料外，还注意调研国内外科技发展动态与趋势，为科学院和国家制定科研政策、规划当好“耳目”“尖兵”和“参谋”。不少高等学校图书馆针对本校科研方向和课题，加强情报检索和情报分析，及时编制各种专题书目索引和提出综述报告。许多公共图书馆在开发文献情报资源、深化服务层次、开拓服务领域方面，进行了可贵的探索。如金陵图书馆开办了“南京时代信息资料公司”，四川图书馆成立了“四川智力资源开发公司”，苏州市图书馆与该市情报所联合办起了“苏州市图书情报服务公司”等，大大增强了参考咨询工作的活力。

图书馆自动化进程从20世纪70年代后期已开始起步，经过十几年的探索，已逐步从试验走向实用。1976年，中国科学院图书馆与中国科学院计算技术研究所合作建立中文文献机读数据库，进行了批处理的定题检索服务。80年代后期，一批实用系统开发成功并投入使用。其中最有影响的是北京图书馆的“M-150H电子计算机系统”，深圳大学图书馆的“计算机管理整合系统”，深圳市图书馆的“即时多用户计算机光笔流通管理系统”，上海交通大学图书馆的“SJTVCS光笔输入多用户图书流通系统”等。

“文献检索与利用”课的教学在80年代有了普遍开展。1981年10月教育部颁发的《中华人民共和国高等学校图书馆工作条例》明确规定，开展查阅文献方法的教育和辅导工作是高校图书馆工作任务之一。同年11月成立的全国高等学校图书馆工作委员会也把情报用户教育列为最初几项工作之一。这为全国高等学校开展情报用户教育奠定了基础。

1984年2月，教育部发出了(84)教高一字004号文件《印发〈关于在高等学校开设文献检索与利用课的意见〉的通知》。1985年9月，国家教委以(85)教高一字065号文件进一步下达了《印发〈关于改进和发展文献课教学的几点意见〉的通知》。这两个文件，对“文献检索与利用”课的普及与发展，起了重要的促进和保障作用。

为了推动“文献检索与利用”课的发展，落实国家教委的两个文件精神，全国高等学校图书馆工作委员会及各系统、各地区，多次召开“文献课”教学工作研讨会、教材编写研讨会及师资培训班。

“文献课”教学在全国范围有了长足发展。据统计，1984年在被调查的752所高等学校中，开设有“文献课”的学校335所，占44.55%，专职和兼职的教师956人。而1986年，在被调查的952所高校中，已开设“文献课”的高校，达532所，占55.88%，并建立了一支有1605人的专职和兼职相结合的师资队伍。

1.5 参考咨询提高期(20世纪90年代)

随着社会主义市场经济体制的确立和社会经济与科学技术的飞速发展，社会信息化程度日益提高，社会对信息的需求日益迫切。能否迅速准确地获取与利用信息已成为衡量一个国家科学技术与经济发展水平的一个重要标志。以社会的信息化为契机，图书馆参考咨询工作有了进一步的发展。

首先，参考咨询自动化程度日益提高，90年代，随着Internet国际互联网广泛运用，中国的信息网络建设也迅速发展，先后建成了“中国科技网”(CSTNET)、“中国教育与科研网”(CERNET)、“中国公用计算机互连网”(ChinaNET)和“国家公用经济信息通信网”(ChinaGBN)等四大网络，并与因特网连接。这些网络的建设与开通，为网上信息交流与开发利用提供了很大的方便。据中国互联网信息中心统计，到1999年6月底，中国已建立网站9 000多个，网络用户近400万个。

图书馆的计算机情报检索也改变了过去单机检索的状况，形成了局域网和地区、系统等国内与国际互联的广域网检索的局面。其中由中国科学院主持的中国最早的互联网“中国科技网”，以中科院、北大、清华三家“中国国家计算与网络设施”(NCFC)为核心，已建成中科院百所联网支持下的文献信息共享系统，覆盖了中国科学院所属的12个分院123个研究所(24个城市)。以清华大学为网络中心的10个节点的“中国教育与科研网”，已向全国高校辐射，全国高校上网数已超过 300 家。此外，还有军队院校图书馆信息网，文化部主持的中国图书馆信息网即“金图”工程，也在建设之中。同时，以中关村“中国教育与科研示范网”为中心的北京地区，以广东省中山图书馆为核心的珠江三角洲地区，以及以上海图书馆为龙头的上海地区及福建、江苏、山东等省也建设了网络环境下以资源共享为特征的图书馆网络系统。

CD-ROM 光盘——微型计算机信息检索系统已成为信息检索的一个新手段。多媒体技术以其集成性、交互性和数字化特点，大大改善了人机交互界面，使之更加友好、方便。我国高校图书馆引进光盘比较早，其中以清华大学、北京大学、北京农业大学、深圳大学、华南理工大学、同济大学、上海交通大学等引进的光盘种数较多，而且多数为多媒体光盘。北京图书馆、广州图书馆最早开辟电子图书馆(阅览室)。目前，光盘检索已十分普遍，而且向光盘网络检索发展。

90 年代，软件生产也趋于成熟，有的已走向了市场。中小型机系统有：“文津”图书馆综合管理系统(北京图书馆与日本 NEC 公司)、ISLIAS(广东省中山图书馆自动化集成系统)、TOTALS(中国科学院文献情报中心传技整合性图书馆自动化系统)等。微机局域网系统有：ILAS Ⅱ(深圳市图书馆自动化集成系统)、WXGJXT(辽宁税务高等专科学校博菲特文献管理集成系统)、SULCMIS(深圳大学图书馆计算机管理集成系统)等。

其次，参考咨询社会化有较大发展。在社会信息化与信息社会化的推动下，图书馆的参考咨询服务也在向社会延伸，开展多层次、全方位的信息服务，突破了传统的为科研与生产服务的模式，加强了为领导决策及社会有关部门提供决策情报服务，为厂矿企业和科技兴农提供情报服务，为公众提供生活咨询服务。其中为领导决策服务是图书馆尤其是公共图书馆参考咨询服务的一个重要方面，为科技兴农服务是公共图书馆和农业图书馆参考咨询服务的一个热点，为厂矿企业服务是科学与专业图书馆和公共图书馆参考咨询服务的一个重点，为公众提供生活咨询服务是公共图书馆参考咨询服务的一个新任务。

此外，“文献检索与利用”课的教学更加规范。1992 年 5 月，国家教委颁发了(92)教高一字 44 号文件，下达了《关于印发〈文献检索课教学基本要求〉的通知》；1993 年 7 月，国家教委又印发了教高司(93)108 号文件《关于成立文献检索课教学指导小组的通知》。“文献课”教学有了进一步发展，据统计，到 1993 年，在被调查的 900 所高校中，已开课的学校达 667 所，占 74.11%，专职和兼职教员 2,286 人。到 1994 年止累计听课人数已达 150 万人。“文献课”教材的编写也取得了可观的成绩，到 1992 年 10 月止，已出版各类“文献课”教材 230 种。“文献课”教学已向内容专业化、手段自动化、教材系列化、管理正规化发展。

2. 20 世纪中国参考咨询的成就

20 世纪的中国参考咨询服务经过了从无到有、从传统到现代化的发展历程。

2.1　参考咨询的情报职能与教育职能得到了强化

国外有人称参考工作是“图书馆的心脏”，国内有专家指出“参考工作是随着图书馆的发展逐渐形成的"，"是现代图书馆的标志之一"，"是图书馆中最能发挥文献作用的一项工作"。[3]中国参考咨询服务随着近代图书馆的兴起而逐步开展，又随着现代图书馆的发展不断深化服务层次，出现了"情报化"。

20年代，当时参考部(科)的工作"专备顾问，指导事项主要有①读书法，②参考书使用法。"[4]50年代，参考工作有了发展。80年代的参考工作，以"四化"建设的"客观社会需要为契机"，"通过各种方式为读者搜集、存储、检索、揭示和传递信息"，"其内容范围，大致可分为对读者的直接服务和间接服务。"[5]参考工作的服务方式和范围在逐步扩大。90年代，随着计算机和网络技术的应用，参考咨询服务成为"图书馆员对读者利用文献和寻求知识、情报提供帮助的活动"，"它以协助检索、解答咨询和专题文献报道等方式向读者提供事实、数据和文献线索"，"甚至还包括解答读者生活问题的咨询"。[6]基本上实现了"情报化"。

参考工作的教育职能几乎与情报职能同时并存。20、30年代，参考部门的工作就有指导"读书法""参考书使用法"和指示"利用图书馆之方法"，80年代也有"辅导读者利用图书馆，包括辅导读者使用工具书"，90年代重视"指导利用图书馆。在馆内最接近读者的位置设咨询台或在出纳台设兼职参考馆员，回答读者的一般咨询问题，或以印发宣传品、举办文献讲座等方式向读者介绍文献知识"。[7]尤其是高等学校图书馆，自80年代初、中期以来，普遍开设了"文献检索与利用"课。这是中国高等学校开展情报用户教育的主要形式。它从起步较晚、范围很小，发展到走在世界各国的前列，具有明显的优势。

2.2 参考咨询的技术手段逐步实现了自动化

在中国，计算机辅助参考咨询服务起步较晚。但随着计算机技术、通信技术、光盘技术、多媒体技术等的应用，参考咨询技术手段已有很大的发展。主要表现在以下几方面：

(1)数据库建设取得了一定的成绩。我国最早研制计算机检索软件的单位是中国科学院计算技术研究所和第一机械工业部科技情报研究所，它们先后于1973年和1975年进行了检索试验。1976年中科院图书馆与计算技术研究所合作建立了中文文献机读数据库，进行了批处理的定题检索服务。经过20多年的探索、研制与应用，截至1995年，全国公共、高校及科研系统的3,139个图书馆已建立各种文献数据库1,076个，为计算机情报检索奠定了一定的基础。随着数字图书馆的建设，数据库建设将会有大的改观。如以国家图书馆为组长，上海图书馆、辽宁省图书馆、南京图书馆、广东省中山图书馆和深圳图书馆等参加的"中国试验型数字式图书馆"项目已于1997年启动，计划建设若干个多馆合作、具有一定规模、整体性较强的数据库。由教育部主持，清华大学、北京大学、上海交大等单位承担的"数字化图书馆"攻关计划，也在启动。此外，中科院文献情报中心等单位也着手进行数字图书馆的研制与开发。

(2)计算机情报检索逐步普及。我国的计算机情报检索经历了从脱机批处理，到联机检索，直至今天向网络化、智能化的方向发展。其中CD-ROM光盘-微型计算机情报检索与网络环境下的联机情报检索应用甚广。

光盘技术在我国图书馆的应用，起步于80年代，主要是公共图书馆、高校图书馆和规模较大的科学与专业图书馆。国家图书馆于1987年新馆开馆之际，第一台CD-ROM工作站就开始投入使用，1995 年，开设了电子阅览室。广州图书馆于 1995 年建立了我国首家电脑图书馆——广州中南电子图书馆。高校图书馆引进光盘比较早，其中以清华大学、北京大学等高校图书馆引进光盘的种数较多。但近年来我国自己研制和生产的《中文科技期刊篇名数据库》《中文社科报刊篇名数据库》《中国学术期刊全文数据库》等光盘应用十分广泛。各种光盘为专题查询、回溯检索和定题服务，提供了很大的方便。

联机检索以网络建设为基础。90 年代以来，我国已建成 6 条连接因特网的四大网络，其中科学院的"中国科技网"(CSTNET)和国家教委的"中国教育与科研计算机网"(CERNET)是非营利性质的。这些网络的建设与开通，为网上信息交流与开发利用提供了很大的方便。既可用于馆藏文献信息资源的揭示报道，又可开展光盘数据库网络查询服务，还能进行网络信息资源的利用与开发，包括网络导航服务、网上电子出版物服务、馆际互借服务、虚拟图书馆建设等。

2.3　参考咨询的服务方式与内容多样化

参考咨询工作"对客观需要应是最敏感，工作方式灵活而有弹性"，"不论用何种方式，都旨在发挥文献的最大潜力，使其能最大限度地为祖国的建设服务"。[8] 80 年的参考咨询发展史，尤其是近 20 年的参考咨询实践，充分反映了参考咨询服务的方式与内容呈多样化发展的趋势。

如果说，30 年代图书馆"参考部的任务可归纳为三类：①答复读者之询问；②编纂指导读书途径的刊物；③管理参考书"；[9]那么，80 年代和 90 年代的参考咨询服务，其方式与内容更为多样化。

80 年代，曾有专家将一般大型图书馆的参考工作方式和内容扼要分述为："①解答咨询；②编制书目索引；③定题服务；④专题文献研究；⑤书刊展览；⑥累积资料。"[10]实际上这只反映了一般图书馆参考咨询服务的方式与内容。

90 年代，有专家把科学院系统图书馆的"信息服务工作"分述为：①开拓文献服务的新领域；②开展情报服务；③开展情报调研；④开展科技成果查新；⑤以市场为导向，加强为厂矿、企业的信息咨询服务；⑥走向信息市场。[11]上述"信息服务工作"，实际上就是参考咨询服务工作，基本上反映了 90 年代科学院系统图书馆、大型公共图书馆和某些高校图书馆参考咨询服务的方式与内容。作为高校图书馆，自 80 年代中期以后还普遍开设了"文献检索与利用"课，大大加强了对用户的情报教育工作。

2.4　参考咨询的管理模式开始实现协作化

现代信息技术的发展不仅改变了参考咨询的手段与内容，同时也改变了参考咨询的组织管理模式。"合作咨询""协作咨询"已成为促进参考咨询发展的一种管理模式。

90 年代初，我国图书馆界有人提出在图书馆间开展"联合咨询"的设想。1998 年，中国国家图书馆牵头筹建了"全国图书馆信息咨询协作网"。该协作网吸纳全国各类型图书馆为网员，所有网员都可以信息提供者与信息需求者的双重身份参与信息交流活动。

合作咨询服务在我国仅仅刚开始，但却是管理模式的一种变革，随着 Internet 在全球的广泛普及，为了实现信息资源共享，更大范围的实施合作咨询已成为一种历史必然。

3. 20 世纪中国参考咨询的局限

20 世纪的中国参考咨询是一部不断发展的历史，但也存在一定局限性。

3.1 借鉴有余，创新不足

20 世纪中国参考咨询发展史基本上是一部引进和借鉴外国参考服务经验的历史。20、30 年代，从工作到理论研究是借鉴美国的经验，50 年代学习的是苏联的经验，80 年代以来又引进了美国的现代技术手段及美英等国的理论研究成果。这些引进和借鉴是很有意义的，非常必要的，但是很少创新，更谈不上超越。非但在现代技术上，就是在理论方面也很少建树。这应引起图书情报工作者及其理论研究者的足够重视。

3.2 重视技术设备，忽视咨询人才培养

据全国公共、高校及科研系统的 3, 139 个图书馆的统计，早在 1995 年就拥有计算机 6, 521 台，终端设备 2, 296 台，建立各种文献数据库 1, 076 个，复印机 3, 113 台，拥有各种声像资料 1, 926, 355 件。[12]这些新技术在图书馆的广泛应用，使图书馆传统管理工作和服务工作的面貌为之一新。图书馆参考咨询服务的内容更加多样化，效率大大提高。

在采用新技术的同时，很少花大力气加强咨询队伍的建设与咨询人才的培养。国外图书馆中的高级职称和学科专家优先保证参考服务部门，我国由于种种原因，学科专业工作者很少愿意到图书馆工作，90 年代以来连图书馆学专业的毕业生也不情愿到图书馆工作，使图书馆出现了人才短缺的现象。即使很有限的人才，也往往被安排在编目部或技术部。以至于参考咨询部出现可有可无或有多少人干多少事、能干多少就干多少的状况。

现代化的信息咨询人才必须具备合理的知识结构、良好的思想品质及较强的社会实践能力。美国塞勒库斯大学信息学院教授麦克克鲁尔认为在网络社会中，现代信息人才必须具备包括传统能力、计算机能力、媒体能力和网络能力在内的信息能力。这应成为参考咨询馆员的努力目标。

3.3 在实践的基础上向理论方面提高不够

纵观中国参考咨询发展史，自改革开放以来，随着社会经济的发展和现代信息技术的普遍采用，参考咨询工作有较大的发展，根植于参考咨询工作的参考咨询理论研究也有长足的进步。但比起丰富多彩的实际工作，理论研究仍然显得很薄弱，有些滞后。诸多论著中，真正能做到宏观把握、高屋建瓴，理论上有所突破的并不多。出现了如同福斯克特早在 1958 年所指出的那样：“尽管很多图书馆员和科学家描述了他们亲自使用过的程序，问题在于我们还未总结出参考服务工作的基本原理”。[13]

参考咨询工作不仅仅是一种“技巧”，对于有实践经验的咨询馆员来说，他们的技巧经常自觉地深深扎根于高深的理论素养之中。这种理论不断地改进参考咨询的实践，从而更有效地解决用户的咨询问题。

实际上，参考咨询是一项内容很丰富的工作，要开展多层次多方面的研究。从微观上

说，参考咨询是由“咨询问题↔检索工具↔咨询结果”构成的咨询检索系统；从宏观上说，它是由“社会(用户)⇆图书馆(咨询馆员)⇆文献信息源”构成的信息交流系统。从系统的运行机制到系统的各组成要素，都应该进行深入地研究。希望能早日出现中国的 *Case Studies in Reference work*(《参考工作实例研究》)等理论联系实际的参考咨询论著。

引用文献

[1]李希泌辑. 中国古代藏书与近代图书馆史料[M]. 北京：中华书局，1982.

[2]教育部. 中华人民共和国高等学校图书馆工作条例，1981 年 11 月颁发。

[3][5][8][10]戚志芬. 参考工作与参考工具书[M]. 北京：书目文献出版社，1988.

[4]杨昭哲. 图书馆学[M]. 上海：商务印书馆，1923.

[6][7]中国大百科全书总编辑委员会，《图书馆学、情报学、档案学》编辑委员会，中国大百科全书出版社编辑部编. 中国大百科全书“图书馆学、情报学、档案学”卷[M]. 北京：中国大百科全书出版社，1993.

[9]刘国钧. 图书馆内之参考事业[J]. 文华图书科季刊，1931(03).

[11]白国应. 树立信息观念，实现图书馆信息化[J]. 津图学刊，1996(02).

[12]吴慰慈等. 蓬勃发展的中国图书馆事业[M]. 北京：书目文献出版社，1996.

[13]张帆，安民编译. 图书馆咨询[M]. 武汉：华中师范大学出版社，1990.

参考文献

1. 詹德优. 关于新中国参考咨询研究的统计与分析[J]. 图书与情报，1996(01).
2. 詹德优. 参考咨询研究的现状与发展[A]. 马费成主编. 知识信息管理研究进展[M]. 武汉：武汉大学出版社，1998.
3. 孙承鉴等. 中国数字图书馆建设的起步与发展[J]. 计算机世界报，1999(06).
4. 国家图书馆主页(http：//www.nlc.gov.cn/xiezuo/xxzhx.htm).

13

2001 年

彭斐章

文华图专和中国图书馆学教育的发展

摘要 文章论述了文华图专的创建和发展历程，其办学特色，以及其后图书馆学教育的发展。

关键词 文华图专 图书馆学教育 历史发展

1. 文华图专的产生与发展历程

文华图专是武昌文华图书馆学专科学校的简称，人们都习惯这样称呼，是因为这个名字在国内外享有相当高的知名度。文华图专的前身是美籍学者韦棣华(Mary Elizabeth Wood)和沈祖荣、胡庆生等共同创办的文华大学文华图书科。1920 年 3 月诞生的我国第一个图书馆学教育机构——文华图书科，首开在我国通过学校教育系统培养图书馆学专门人才的先河，标志着我国高等图书馆学教育的正式兴起。

文华图书科是依照纽约公共图书馆学校之制度，最初是从文华大学二年级以上的学生中招收兼修图书馆学课程的学生，本科毕业除授予文学学士学位外另发给图书馆学专科证书。

文华图书科的兴办是与韦棣华、沈祖荣和胡庆生的名字分不开的，他们为中国图书馆学教育的产生与发展立下了不朽的功勋。韦棣华和沈祖荣在创办文华图书科时，就希望将文华图书科办成独立的图书馆学校。因此，他们在进一步完善文华公书林，使之充分发挥其公共图书馆功能的同时，也成为文华图书科的办学依托和教学实习基地，他们还倾注全力促使文华图书科向正规化和制度化迈进。

1927 年 5 月，武汉政变，华中大学(原文华大学)大部分教职员离校，学校决定停办。值此非常时刻，韦棣华和沈祖荣以非凡的胆识，带领全体师生战胜了种种困难，经受了时间的考验，继续坚持办学。与此同时，他们积极谋求使文华图书科成为独立的专门学校的立案活动，于 1929 年 8 月，经教育部批准立案，文华图书科正式更名为私立武昌文华图书馆学专科学校，成为中国第一所独立的高等图书馆学专门学校。

随着图书馆数量的逐渐增多，图书馆管理混乱，迫切需要图书馆专门人才进行科学管理，以推进图书馆事业的发展，因此，兴办图书馆学教育成了当务之急。学校图书馆学教育与业余图书馆学教育构成为当时我国培养图书馆学专门人才的两条重要途径。除了私立武昌文华图书馆学专科学校以外，这一时期各类图书馆员短期培训出现了热潮。如 1928 年上海商务印书馆开办了暑期图书馆讲习班，1930 年安徽省立图书馆主办图书馆专班，1930 至 1935 年期间，江苏省立教育学院社会教育暑期学校举办教育服务人员暑期进修讲习会，湖北省教育厅举办暑期图书馆学科讲习会。河北省教育厅、山东省立民众教育馆都举办了图书馆讲习会，湖北省教育厅举办的中小学教员讲习会，和全省民众教育馆讲习会均设立了图书馆学课程。对这一时期出现的图书馆学教育的繁荣景象，沈祖荣曾作过最好的描述："一、提倡图书馆教育者之踊跃也；二、征求图书馆人材者之孔多也；三、造就图书馆人材之热心也；四、人民受图书馆教育较前略深也；五、捐资办图书馆者之热度甚高也；六、捐书籍于图书馆者之时有所闻也；七、因潮流所趋，有似默助于图书馆教育者。"①

从 1920 年文华图书科成立到 1950 年经历了 30 个春秋，作为我国图书馆学教育事业的创始人之一并长期担任文华图书馆学专科学校校长职务的沈祖荣，领导广大师生经历了由创办、独立到发展的一条曲折而坎坷的道路，倾注了毕业精力，战胜了无数艰难险阻，取得了辉煌成就，文华图专在我国图书馆学教育事业发展中始终发挥着中流砥柱的作用，为此而享誉海内外。

1951 年 9 月中央文化部正式接管私立武昌文华图书馆学专科学校，并委托中南行政委员会教育部代管，任命王自申(当时任华中大学副校长)为校长，甘莲笙(中原大学图书馆馆长)和沈祖荣为副校长。坐落在武昌崇福山街 1 号的私立武昌文华图书馆专科学校正式定名为武昌文华图书馆学专科学校，参加了当年实施的中华人民共和国成立后的首届全国高等学校统一招生考试。我有幸参加了首届统考，并且被录取到武昌文华图书馆学专科学校，成为改制后进入文华图专的首届学生，同时也是文华图专的最后一届毕业生，于 1953 年 7 月毕业并留校任教。由于全国高等学校进行院系大调整，1953 年 9 月 1 日，文华图专并入武汉大学成为图书馆学专修科，文华图专的全部设备和人员离开了崇福山街来到了珞珈山。由于武汉大学是一所综合性大学，具有悠久的历史、优良的学术环境、多学科的优势和雄厚的师资队伍，这些都为图书馆学教育的发展提供了良好的条件。

2. 文华图专的办学特色

2.1　在办学模式上，注重学生的相关知识背景

为了适应社会发展和满足图书馆界对人才的要求，文华图书科创办之初，模仿美国纽约公共图书馆学校的办学模式，从文华大学二年级以上的学生中招收兼修图书馆学课程的学生，从大二至大四期间修习图书馆学课程，毕业时除授予文学学士学位以外，另外发给图书馆学专科毕业证书。文华图专建立以后，重新拟订了招生制度，专收大学二年级肄业以上的学生，也有的是大学毕业以后入学的，入学后再接受两年专门图书馆学训练，这样毕业的学生，除了具备图书馆学专业知识以外，还具备其他学科知识背景，适应了图书馆

① 沈祖荣. 民国十一年之图书馆教育[J]. 新教育，1923，6(02).

工作的需要。

2.2 在课程设置上，注重中西图书馆学的结合

韦棣华女士和沈祖荣无论是在创办文华公书林，推进我国图书馆事业，抑或是在创办文华图书科，发展我国图书馆学教育事业上，他们的指导思想非常明确，不能照搬西方，必须坚持走中西结合的道路。正如沈祖荣所云："海外留学，所费不赀，远涉重洋，谈何容易？纵令虚往实归，而橘枳变异，势所必然。所学之件，在外国虽称合法，在中国不能完全采用。由是言之，欲推广图书馆之事业，务须在中国组织培养人才的机关，使学生将来学业有成，可以充图书馆之应用。"①文华图专仿照美国纽约公共图书馆学校的模式办学，但是在课程设置上，注重中西融合。开设的课程有：中国目录学；中文参考书举要；西文参考书举要；中文书籍选读；西文书籍选读；中文书籍编目学；西文书籍编目学；中文书籍分类法；西文书籍分类法；中国图书馆史略；西洋图书馆史略；图书馆行政学；图书馆经济学；各种图书馆之研究；图书馆建筑学；西文打字法等。沈祖荣是韦棣华派遣去美国纽约公共图书馆学校攻读图书馆学的第一人，学成回国后，大力倡导、宣传新图书馆运动，介绍欧美图书馆事业，引进先进的图书馆学术，促进人们藏书楼思想的转变和新图书馆观念的形成，沈祖荣实为西洋图书馆学流入中国的先声。沈祖荣认为，要促进我国图书馆事业的发展，关键在于培养大批图书馆学专门人才，而这些人才的培养必须在中国设立图书馆学教育机构，依靠自己的力量培养我们自己的图书馆员。实行中西图书馆学的融合，成为文华图专教学的一大特色。

2.3 在教学实习上，注重培养学生实际操作能力

沈祖荣认为"图书馆学为实用科学"，② 故在教学中特别注重实际操作训练。当时的文华公书林与文华图书科关系极为密切，文华公书林不仅是文华大学图书馆，同时又是面向大众的公共图书馆，并且还是文华图书科的办学依托和教学实习基地。文华图书科就设在文华公书林内，包括课堂、实习室、图书馆学研究室及办公室等。由于文华图书科是仿照美国的办学模式，受 M·杜威等人倡导的实用图书馆学的影响，教学方法注重实习。文华图专独立以后专门设立了实验图书馆，学生轮流参加管理，可以得到实际锻炼，学生实习，可以集中安排，也可分散安排。1929 年秋，校长沈祖荣建议组织编目股，将文华公书林旧有的中国书籍 40 余箱，进行分类整理，编目股的计划拟定、预算、采办材料、用具添置、分配工作任务等均由学生自动办理，学生每周工作 4 小时，每人轮流当一次股长，增加学生实践机会，培养其管理与组织才能，真正体现学贵切用的原则。因此，重视对学生进行图书馆工作专门训练，形成了文华图专办学的又一特色。

2.4 在培养学生素质方面，重视扩大学生的知识面

沈祖荣认为，图书馆人才的培养不仅在于课堂专业知识的传授，而且更重要的是，在

---

① 沈祖荣. 民国十年之图书馆[J]. 新教育，5(04)。

② 沈祖荣. 我对于文华图书科季刊的几种希望[J]. 武昌文华图书科季刊，1929，1(01).

于事业精神的培养，在于实践技能的培养，在于研究能力的培养，在于知识面的拓宽，只有这样，才能培养出真正适应和满足中国图书馆事业建设需要的图书馆学全才和通才。为了扩大学生的知识面，增长见闻，活跃学术风气，于1929年成立了“私立武昌文华图书馆学专科学校群育讨论会。”群育讨论会以利用课外休闲时间研讨图书馆学以外，或与图书馆学相关之其他学科问题，藉以联络校内师生间、同学彼此间，以及校外人士之感情为宗旨，每两周举行一次演讲和讨论。演讲者为：(1)专科以上学校之教授讲师；(2)中外之著名学者及专家；(3)在文化教育机关团体中任重要职务者；(4)新近由外洋留学归来者。曾应邀前来演讲者略举例如后：周鲠生(武汉大学教授)：《国际联盟及研究书目》；时召瀛(武汉大学教授)：《中国外交关系书目》；燕树棠(武汉大学教授)：《法学及法学之分类》；闻一多(武汉大学文学院院长)：《唐代的文学》；曾定夫(医师)：《公共卫生及书目》；陈祖源(武汉大学教授)：《中国史籍节略》；黄秋圃(华中大学院长)：《教育意义》；蔡尚思(华中大学教授)：《中国哲学之直接研究及客观批评》；查啸仙(武汉大学理学院院长)：《我国科学之过去与未来》；桂质庭(华中大学理学院院长)：《近代物理学研究的什么》；韩德霖(文华图专法文教授)：《圣诞节的意义》；严文郁(校友)：《德国图书馆事业之现势》；严士佳(华中大学教务长)：《中国职业问题》；吴其昌(武汉大学教授)：《10世纪来中国私家藏书之沿革及其所培造的学风》；谈锡恩(湖北省图书馆馆长)：《宇宙间人生之意义与价值》；徐行可(藏书家)：《四库提要类目》；胡毅(华中大学教授)：《从心理学的立场上来讨论图书馆阅览办法》；刘乃诚(武汉大学教授)：《科学管理与图书馆管理》等①。群育讨论会是在学校领导下由学生具体组织，校长沈祖荣亲自出面聘请专家演讲，这些演讲人大多来自武汉大学、华中大学的知名教授，也有文化教育机构的领导，演讲的内容涉及面很广，大大地开拓了学生的视野，丰富了学生的知识，增进了学生与校外学术界的接触。

2.5　重视对学生外语能力的培养，成为文华图专的传统

对学生除开设英文之外，还开设了德文、法文和日文，日文为选修课程，其余均为必修课。聘请了多名外籍教员和留学归国教员讲授外语，教师们结合图书馆采购、分类编目编有专书，有点像现在的专业外语，因此，文华图专学生的外语水平是比较高的，毕业后出国攻读图书馆学或就职外国图书馆者不乏其人，影响深远。

文华图专在办学过程中形成的这些特色，使得培养出高质量的学生，他们成为当时中国图书馆界的中坚力量和著名的图书馆学家，上述特色，有的仍值得今天借鉴。

文华图专的33年，走过了一条由文华图书科的创办，到私立武昌文华图书馆学专科学校的独立，到抗日战争时期的西迁和以后的返回武昌继续办学，最后到武昌文华图书馆学专科学校确定的兴起、发展、繁荣的坎坷道路，其间历尽了艰辛、困苦和挫折，但是，它所开创的中国图书馆学专科教育事业一直未出现过历史中断，始终如汹涌的波涛滚滚向前，这是为什么呢？就是因为我们拥有一批对中国图书馆事业有着深刻信仰，忠诚于图书馆事业的图书馆学人，是他们不畏艰难险阻，充满克服困难的信心，百折不挠、前仆后继

① 资料取自程焕文. 图书馆学教育之父——沈祖荣评传[M]. 台湾学生书局，1997.

地推动着图书馆学教育事业向前发展，这就是70年前我们的图书馆学前辈们所概括的“图书馆精神”。韦棣华女士和沈祖荣先生就是“图书馆精神”的代表人物。“图书馆精神”的核心是对图书馆事业的坚定信仰，只有树立了坚定的图书馆事业信仰，才能信心百倍地战胜前进中的各种艰难险阻，因此，坚定的图书馆事业信仰是“图书馆精神”的支柱。忠诚图书馆事业是“图书馆精神”的基础，是坚定图书馆事业信仰的集中表现。沈祖荣先生提出“任事忠诚”，他认为“忠诚含得有牺牲，忠诚含得有奋斗，忠诚含得有毅力，忠诚含得有勤劳，忠诚含得能忍耐，忠诚为万事成功之母”。① 忠诚图书馆事业应当成为图书馆人的行为准则。服务精神是“图书馆精神”的出发点和归宿。早在1930年私立武昌文华图书馆学学校独立时，沈祖荣先生就提出将“研究图书馆学，服务社会”定为私立武昌文华图书馆学学校的宗旨。他就是按照这一宗旨来培养学生。他认为“办理图书馆的人，有一件首先要觉得的，就是己立立人。那个意思，就是我们素来的造就、熏陶、锻炼、培植所求的学问，所得的学位，不是为自己做招牌，乃是要为社会服务，为群众谋利益”。② 沈祖荣先生特别重视对未来图书馆人伟大的服务社会精神之培养。他说：“文华图书科同学，今日在受图书馆之教育与训练，异日将必服务图书馆界。执事所须热烈情感，服务精神两要素，不可不于今日养成之。”③

坚定的图书馆事业信仰，忠诚于图书馆事业，图书馆事业必须服务社会的精神构成了“图书馆精神”，这是以韦棣华、沈祖荣为代表的中国图书馆人长期积淀起来的优秀传统，是中国图书馆事业建设和发展的永恒的动力，是我国图书馆界最宝贵的财富，“图书馆精神”应当在我国图书馆界得到继承和进一步的发扬。

3. 图书馆学教育的发展

1953年9月1日，随着全国高等学校院系大调整，武昌文华图书馆学专科学校的师生和设备一并告别了武昌崇福山街一号，迁到了美丽的珞珈山校园，成立了武汉大学图书馆学专修科。由于武汉大学是一所教育部直属的综合性重点大学，设备先进，师资力量雄厚，具有多学科优势，无疑这些都为武昌文华图书馆学专科学校未来的发展提供了良好的历史契机。1956年图书馆学专修科改为图书馆学系，学制改为4年制，成为我国图书馆学教育的重要基地之一。

伴随着改革开放的春风，我国图书馆学教育也迎来了一个新的发展阶段。1977年恢复高等院校统一招生，图书馆学办学点增多了。1978年中央作出了恢复研究生教育的决定，武汉大学图书馆学系作为首批在全国恢复研究生招生单位，招收了首届“目录学”方向的硕士研究生。1981年11月3日，武汉大学首批获得国务院学位委员会批准建立图书馆学专业硕士学位授权点。

中国情报教育始于1958年中国科学技术情报研究所创办的情报大学，1959年并入中国科学技术大学，1963年停办了。为了适应国家对科技情报人才的迫切需求，武汉大学

---

① 沈祖荣. 国难与图书馆[J]. 文华图书馆学专科学校季刊，1932，4(02).

② 沈祖荣. 国难与图书馆[J]. 文华图书馆学专科学校季刊，1932，4(02).

③ 沈祖荣. 我对于文华图书科季刊的几种希望[J]. 武昌文华图书科季刊，1929，1(01).

图书馆学系从 1975 年开始筹办科技情报专业，经过抽调图书馆学专业教师为基础，又从全国科技情报机构以及从我校相关专业网罗人才，并开展调查研究，进行教材编写，终于在 1978 年招收了第一届科技情报专业本科生，1983 年国家科委和武汉大学联合创办了科技情报人员培训中心。1984 年科技情报专业获得国务院学位委员会批准，建立了科技情报专业硕士学位授权点。

1983 年为了扩大图书馆学系的办学规模，正在这时，新华书店系统正贯彻 1983 年中共中央、国务院发出《关于加强出版工作的决定》，需要大力提高图书发行人员的素质，由于出版事业的繁荣，出版图书品种的众多，使得书店的经营亟待科学化管理，加上计算机技术广泛运用到书店业务活动中，书店迫切需要培养一大批“懂业务，会管理”的图书发行专门人才。出版界的老前辈和新华书店总店原经理王益同志和当时的总经理汪轶千同志等呼吁，希望在中国高等院校内设置培养图书发行人员的专业。当我们得知这一信息时，正好当时图书馆学系领导班子中黄宗忠和孙冰炎同志应美国西蒙斯大学图书馆学研究生院的邀请，赴美访问讲学 3 个月，在领导人员极度紧张情况下，为了不失时机，付敬生同志一个月内 3 次赴北京，与新华书店总店和教育部商谈，得到了当时武汉大学校领导的大力支持，最后得到教育部的批准，中国的第一个图书发行专业在武汉大学图书馆学系诞生了，1983 年开始向全国招生，迄今图书发行管理专业为全国出版发行系统培养了 1000 余名毕业生，他们大多成为各级书店的业务骨干，有的还参加了各级出版发行部门的领导班子，担任了经理、副经理等领导职务。这个专业从开办到发展，始终得到出版发行机构领导和同志们的大力支持，为办好专业创造了良好条件，出版发行专业的同志们竭尽全力培养人才，互相配合，加强合作，开创了高校与企业联合办学的范例。该专业目前具有相当办学规模，从招生来源和毕业生分配来看，是具有强大生命力的专业。特别值得指出的是原新华书店总经理，武大图书发行管理专业兼职教授汪轶千同志对武大图书发行专业的创办和发展倾注了大量心血，最近为了支持图书发行专业的教学，特将自己从 50 年代在苏联留学时积累起来有关图书发行方面的专业图书 221 册捐赠给武大图书发行专业，供师生们参考。充分显示图书发行界的老前辈关心图书出版发行教育事业的一片深情。

大家都知道，档案专业是在文华图专最早建立的。早在 1940 年 10 月，当时的教育部长陈立夫正式签发私立武昌文华图书馆学专科学校设立档案管理科，1940 年春季开始招生，招收高中毕业或大学肄业的学生入学，学制为两年，它开创了我国正规档案学专门教育的先河。1949 年档案管理科停办，但是，“档案管理”课程在图书馆学专业一直开设到 1953 年。为了使图书馆学相近的专业能够配套，有利于图书馆学、情报学、档案学教育趋向一体化，于 1984 年在图书馆学专业基础上，抽调人力，正式恢复了档案学专业。

这些年来，我们抓住了一切有利时机，适时地在原有单一的图书馆学基础上拓宽了专业面，拥有了图书馆学、情报学、档案学、出版发行管理学等配套学科专业，为了淡化专业界限，按一级学科组织人才培养奠定了良好的基础。

1984 年经教育部批准在图书馆学系的基础上成立了武汉大学图书情报学院，这是师生们期望已久的事，早在 70 年代末，考虑到图书馆学系的未来发展，参照了英美和苏联的经验，经系领导班子多次议论，决定由付敬生同志执笔，以黄宗忠、付敬生、孙冰炎、曾四喜和彭斐章联合名义给当时教育部高教司司长刘道玉同志一封信，阐明了成立单独的图书馆学院的必要性和现实可行性，得到了刘道玉同志的热情支持。

武汉大学图书情报学院设有图书馆学系、情报科学系、图书发行管理系、图书馆学情报学研究所和科技情报培训中心，下面分设图书馆学、情报学、档案学、出版发行管理学4个专业，形成了本科生、硕士研究生、博士研究生、函授本专科生等多层次、多类型的专业教学体系。学院拥有一栋5000平方米的7层教学大楼，内设有专业藏书丰富的资料室，有一个集计算机应用、文献保护、声像技术、缩微技术于一体的规模较大的实验中心，可以供按专业教学的内涵，结合网络信息技术应用组织实验教学。

目前，我院拥有图书馆学、情报学博士学位授权点，有图书馆学、情报学、档案学三个硕士学位授权点，并准备按照“图书馆、情报与档案管理”一级学科组织研究生的招生和培养，为合理组织教学资源、拓宽研究生培养口径，提高研究生培养质量，提供了良好的条件。最近教育部又批准在我院设立国家文科重点基地“武汉信息资源研究中心”。学院紧密结合教学开展科学研究，积极进行教材建设，保证了教学内容的深化和教学质量的提高，图书情报教材系列已经基本形成，层次比较分明，品种基本配套。

总之，武大图书情报学院历史悠久，学科比较齐全，是国内规模最大的唯一一所图书情报学院。

1990年9月台湾图书馆界第一次组织的大陆旅游团一行14人，访问了北京、天津、武汉、上海、杭州等地，开创了海峡两岸隔绝40年后的图书馆界第一次大规模的接触。访问团成员中有一位名叫沈宝环，他是台湾大学图书馆学系教授，也就是我国图书馆学教育创始人之一的沈祖荣先生的儿子。他说，我这次来大陆最主要的目的，就是要亲眼目睹文华图专的发展现状。他参观了图书情报学院，并观看了反映我院教学和科研现状的录像以后，他对他父亲创办的具有30年历史并且享誉海内外的文华图专发展的现状，十分高兴，感到确实不虚此行。沈宝环教授还专门拉着我在反映从文华图专到武汉大学图书情报学院70周年展览旁边合影留念。

值此新千年来临之际，我们以兴奋的心情迎来了中国图书馆学教育及武昌文华图书馆学专科学校建立80周年纪念日，我们本着“前事不忘，后事之师”的精神，总结了文华图专的办学特色，回顾了文华图专逐渐积累沉淀起来的“图书馆精神”，这些都是我们从事图书馆实际工作和图书馆学教学与研究的人们应当永远继承和发扬的。

从文华图专到武汉大学图书馆学系，到武汉大学图书情报学院的发展，显示出图书馆学教育从创始到今天，已经整整走过了80个春秋。在发展进程中遭遇到各种坎坷、挫折、艰难困苦，但是，图书馆学教育取得了令人瞩目的成就。就是在今天，仍然还有人对图书馆学不太了解，也有人在贬低它，或者否定它。但是，我深信图书馆学教育有着辉煌的过去，它必将有一个光辉灿烂的未来。

参考文献

[1]丁道凡编. 中国图书馆界先驱沈祖荣先生文集(一九一九—一九四四年)[M]. 杭州：杭州大学出版社，1991.

[2]程焕文. 中国图书馆学教育之父——沈祖荣评传[M]. 台北：台北学生书局，1997.

[3]彭斐章，谢灼华. 七十年历程——从武昌文华大学图书科到武汉大学图书情报学院[J]. 图书情报知识，1990(03).

[4]彭斐章. 新中国图书馆学教育的回眸与思考[J]. 图书情报知识，1991(01).

14

2001 年

沈祥兴　余传明

图书情报学信息网页数据库设计及实现

摘要　本文首先介绍了当前广泛采用 Web 数据库接口技术—CGI、JDBC、ADO 与 ASP；接着，以武汉大学传播与信息学院网页数据库的设计与实现为例，详细介绍如何通过利用 ASP 技术，快速、方便地创建良好的人机交互界面和开发稳定、快捷的后端服务平台的过程。

关键词　VBScript　ADO　ASP　JDBC　CGI Web 数据库

Abstract　This thesis firstly analyzes serveral database interface technology—CGI, JDBC, ADO and ASP, which are being widely used or will be probably popular in the future. Then taking the Web DB of School of Communication and Information Science as an example, this paper briefly discusses the way to build a Web DB using ASP technology.

Keywords　VBScript, ADO, ASP, JDBC, CGI, Web DB.

随着 Internet 的兴起，网络信息资源的建设和共享日益迫切，在这样的形式下，如何将前台网页与后台数据库结合起来，建立动态交互式网页，成为网络信息资源建设的重点。本文正是从这一现实出发，首先介绍了当前广泛采用的数据库接口技术，接着，以武汉大学传播与信息学院网页数据库的建设为例，详细介绍了利用 ASP 技术实现动态图书情报学信息网页的过程。

1. Web 数据库接口技术

目前，广泛采用的数据库接口技术主要有以下三种：

1.1　CGI 技术

CGI(通用网关接口，Common Gateway Interface)是 Web Server 和外部应用程序之间信息交互的标准接口。CGI 是一种接口规划，它并不定义 Web Server 的工作方式，也不定义程序是如何产生结果的，它只是建立互操作中双方必须遵守的规则集。利用 CGI

创建交互式网页，在以往的网页设计中占很大的比重。

CGI 与 DB 交互的工作原理如图 1 所示：

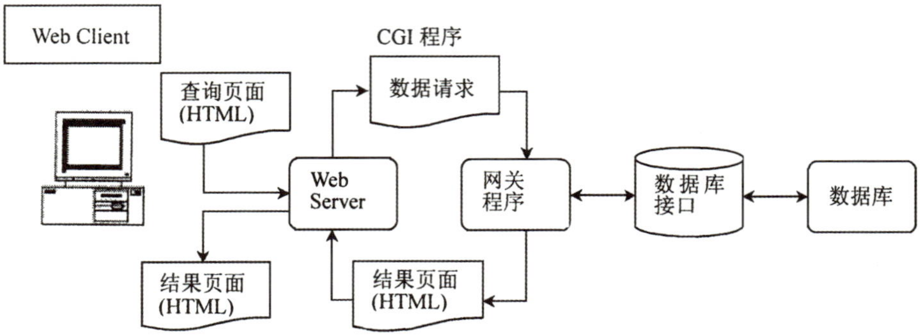

图 1　CGI 与 DB 的交互原理

(1) Web Client 端用户单击表单(Form)上的提交(Submit)类型按钮或者选中 HTML 页面上的超链接时，那么这个表单或者 URL 将会作为 HTTP 服务器(Web Server)的请求信息发送出去；

(2)如果用户请求中需要访问 CGI 程序，那么 Web Server 将启动 CGI 程序并将用户请求(包括在用户浏览器中输入的信息)传递给网关程序；

(3)网关程序读取输入的数据并将其格式化为数据库可用的数据格式，然后将这些数据传递给数据库接口(由数据库厂商提供)对数据进行判断分析；

(4)如果传递给数据库接口的数据是合法的，那么数据库接口执行数据库操作，并将结果再通过数据库接口返回给网关程序；

(5)网关程序生成用来显示结果的 HTML 文件，并将结果通过 CGI 程序返回给 Web Server；

(6) Web Server 将新的 HTML 文件通过 HTTP 传递给用户的浏览器显示。

1.2　JDBC 技术

JDBC(Jave Data Base Connection)是 Java 语言中执行 SQL 语句的 API(Application Programming Interface)，它是由一系列的类(Classes)和接口(Interfaces)组成。采用 Java 语言编写的应用程序，具有平台无关性，不需要为不同的平台编写不同的应用程序。

一般说来，JDBC API 中有两个不同的层：应用程序层和驱动程序层。应用程序层是供数据库开发者使用的，应用程序通过 API 来实现 SQL 语句对数据库的操作；而驱动程序层则负责处理与具体驱动程序版本的所有通信。每个驱动程序层必须实现四个主要接口：Driver，Connection，Statement 和 ResultSet，以保证与应用程序层一致，方便应用程序层调用。二者的关系如图 2 所示。

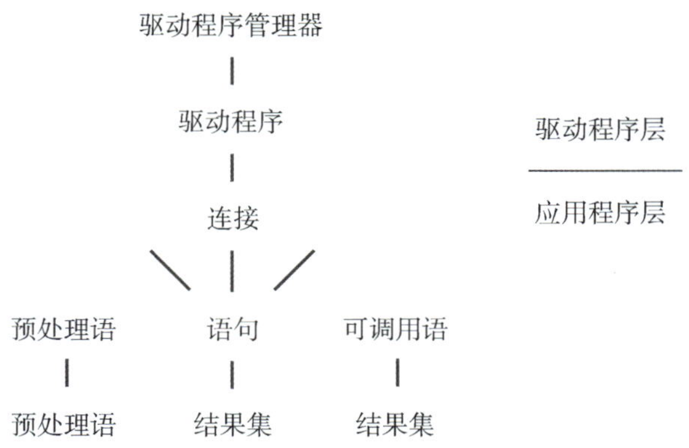

图 2　JDBC API 的两层结构

利用 JDBC 实现数据库接口的基本过程如下：

(1)装载适应的 JDBC 驱动程序。以 Sybase 数据库为例，若是使用本地协议 Java 驱动程序，即利用 Sybase 提供的基于 Jave 的接插驱动程序 jConnect，需装载 com. sybase. jdbc. syb-Driver，相应语句为：class. forName (“com. sybase. jdbc. sybDriver”)；若是用 JDBC-ODBC 则需装载 sun. jdbc. odbc. jdbcodbcDriver，相应语句为：class. forName (“sun. jdbc. odbc. jdbcodbcDriver”)。

(2)与数据库建立连接。若是使用本地协议 Java 驱动程序，则语句为：Connection con = DriverManager. GetConnection (“jdbc：sybase. Tds：202. 114. 66. 48/scis”，“test”，“12345”)；若是采用 JDBC-ODBC 桥，则语句为 Connection con = DriverManager. GetConnection(“jdbc. odbc. forpb”，“test”，“12345”)。

(3)向数据库传递 SQL 语言，执行查询并返回结果。

Statement stmt = con CreateStatement( )；

Result RS = stmt. ExecutQuery(“SQL Statement”)

(4)关闭数据库连接：con. Close( )。

1.3　ASP 与 ADO

ASP(Active Server Pages：活动服务器页面)是 Microsoft 公司在 Web Sever IIS(Internet Information Server：Internet 信息服务器)3.0 以上版本中增加的一个部件。利用 ASP 技术编写的网页后缀名为 .asp，它实际上是 HTML 文件的扩展，使其能解释执行嵌入其中的脚本语言程序。只要提供相应脚本语言的驱动程序，在 .asp 文件中可以嵌入任何脚本语言。ASP 技术自身提供了 VBScript 和 JScript 的驱动。这些脚本语言编写的小程序(在 .asp 文件中表现为介于“〈%”和“%〉”对之间的程序段)是在服务器上执行，因此可以不必考虑与各类浏览器的兼容问题。由于在 ASP 脚本中可以方便地引用系统组件和 ASP 内置组件，特别是下一段提到的 ADO 组件，使得在 ASP 文件中访问数据库成为可能，因此可以构建强大的 Web 数据库应用程序。

ADO(Activex Data Objects)则是一个 ASP 内置的 Activex 服务器组件，它是一种对象模型，包括 Connection、Command、Recordset 等，其中，Connection 对象用于建立与数据库的连接，Command 对象用于定义对数据库源进行操作的命令，Recordset 对象则表示数据库信息的结果集。由于 ADO 提供准确的连接 ODBC 数据库或 OLE DB 数据源的功能，因而网络开发者可以很方便地使用它来将 SQL Server 数据库或 Foxpro 数据库与动态的网页相连接。

利用 ADO 与 ASP 访问数据库的实现过程，将在下文中进一步介绍。

2. 图书情报学信息网页数据库概述

2.1 网页数据库介绍

网页数据库(入口处如图 3 所示)是大众传播与知识信息管理学院网页的重要组成部分，是武汉大学人文社会科学重大课题(因特网信息资源的深度开发与利用研究)之一，其主要任务包括组建武汉大学大众传播与知识信息管理学院服务系统，制作传播与信息学院信息服务系统网页，建立《图书情报知识》杂志全文数据库、图书馆学情报学虚拟图书馆(VLLIS)、武大传播与信息学院校友录、武大传播与信息教职工信息等方面的数据库，并在因特网上予以信息发布，向国内外提供信息报道与查询服务。

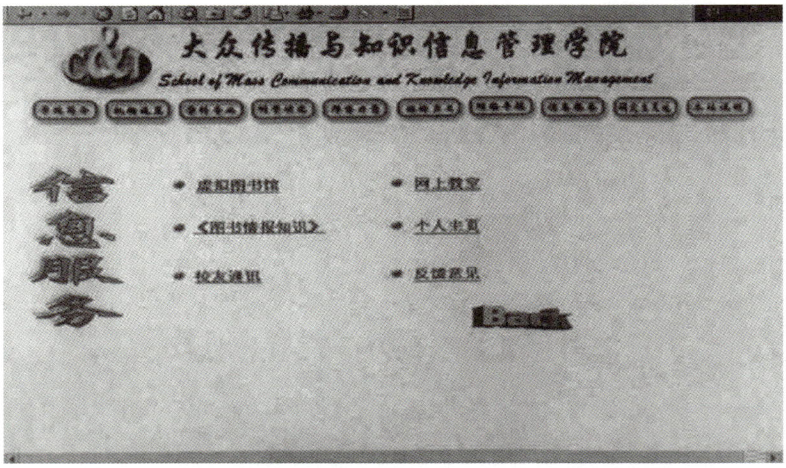

图 3　院网页数据库接口

其中，VLLIS(Virtual Library of Library and Information Science)系统是一个以因特网资源为搜藏对象的 Internet 虚拟图书馆。它搜集了国内外图书情报理论研究、图书情报机构(包括图书馆、情报机构、档案馆、出版社)、网络数据库等相关站点几千余条。在功能上，通过友好的用户界面，向用户提供浏览检索、快速检索、高级检索等多种检索途径和方式，使得系统利用更加简单易行。

《图书情报知识》杂志全文数据库，则主要提供该杂志文章的查询和全文的浏览。文章的查询可以通过多种途径来完成，例如关键词、作者、文章标题以及发表期刊号等，在本部分的实例中采取的是按照文章标题模糊查询。

2.2　环境说明

在 Web Server 端，操作系统为 Microsoft Windows NT Server 4.0(中文版)。在安装 NT4.0 时，系统缺省安装了 IIS 4.0(Internet Information Server)。在 DB Server 端，操作系统为 Microsoft Windows NT WorkStation 4.0(中文版)。选用的数据库为 Sybase 公司的 Sybase SQL Server 11.0.4。DB Server 名为 SCIS，其“Total Memory”选项值为 30000Pages，即是 60M 的内存配置。

整个系统主要分为两部分，即前台的 Internet 应用程序和后台的数据维护。在前台主要是制作有关网页，其中部分网页需要与数据库交互；而后台应用程序则主要完成有关数据的录入(上载)和维护，这主要包括虚拟图书馆数据的输入、《图书情报知识》文章的上载以及待开发的其他系统的数据维护。在整个系统的开发过程中，主要的开发工具有：

- Visual InterDev 6.0
- FrontPage 98
- Microsoft Access 和 Sybase SQL Central

以下是利用 ASP 实现图书情报虚拟图书馆和《图书情报知识》杂志全文数据库的基本思路。

3. 网页数据库的实现

3.1　VLLIS 提供检索查询与浏览查询两种利用方式

3.1.1　检索查询的实现过程

VLLIS 提供简单检索和组配检索等高级检索形式，其实现的过程都分为三步，浏览器端检索词的接受；服务器端检索语句的执行；浏览器端检索结果的输出。

(1)浏览器端检索词的接受。在 VLLIS 中，main.html 页面用作用户输入，用户通过该页面输入检索要求，通过 post 方法提交查询，在服务器端将激活相应的 ASP 应用程序。表单程序如下：

```
<form method=“post” action=“query.asp”>
<type =“text”, name=“txt” >//txt 文本框用于接收用户输入
<ty pe=“检索”, name=“submit”, value=“检索”>//submit 按钮用于提交用户输入
</form>
```

(2)服务器端检索程序的执行。用 VBscript 编写的 ASP 应用程序主要实现数据库检索功能，它由以下部分组成：接收用户输入，分析构造检索式，通过 form 表单输入的各项内容提交 Web 服务器后，系统根据用户选择的检索形式，选择相应的检索语句；利用前

一步选择的检索式，进行数据库检索，并将结果保留到记录集之中。这一部分的框架程序如下：

<%@ language =“vbscript”%>//脚本语言用 VBscript 编写

<%set conn = server. createobject(“ADODB. connection”)%>//建立数据库连接

<%conn. open“dsn”“username”“password”%>//打开系统名为 dsn，用户名为 username，密码为 password 的数据库

<%sql =“……”%>//编写具体的检索语句

<%rs. open sql. conn，adopenkeyset%>//执行 sql 语句，结果保留到记录集 rs 中

<%rs. close%>//关闭记录集

<%conn. close%>//断开连接

(3)检索结果最终结果输出。用户检索最终结果，存储于相应的记录集之中，由于检索结果数目可能很大，因而应该分页显示，显示格式遵循 HTML 格式。对于分页显示，利用了 asp 中的 session 对象，浏览上一页或下一页时，用 session(“page”)变量加以控制即可。

3.1.2 浏览查询的实现过程

VLLIS 也提供浏览查询功能，其实现的基本过程如下：

在浏览器端，用户选择某一类目或者子类目，VLLIS 寻找与类目相对应的关键词，并加以存储，用户选择最终类目之后，系统将用户选择的类目及其上位类目所对应的关键词一同提交给服务器；在服务器端，接收到的仍然是与上下位类目相对应的关键词，系统将关键词进行“逻辑与组配”，对数据库进行查找；查找的结果最终在浏览器端显示。

浏览查询的实现过程与检索查询的过程相类似，不同之处在于增加了类目与关键词的转换。其框架程序与 3.1.1 类似，因而不再列出。

3.2 《图书情报知识》全文数据库的实现

程序的核心部分主要包括以下两个部分：tqzs. htm、search. asp。

(1)tqzs. htm 提供输入查询条件的界面，其源程序大致为：

<form Method =“post” Action =“*search1. asp*”>

<input id =“s_ title” name =“*s_ title*”>

<p> <inputid =“submitl” name =“submitl”type =“submit”value =“检索”style =“HEIGHT：24px；WIDTH：39px”><input id =“resetl”name =“resetl”type =“resetl”value =“清空”>

</p></from>

当用户输入“信息管理”后，即查询题目中含有“信息管理”的所有文章，回车或者单击检索按钮。此时，Web Browser 向 Web Server IIS 请求下一个 URL(searchl. asp，即上述脚本中的斜体部分：通过 Form 的 Action 属性指向下一个 URL)。IIS 根据 Web Browser 的请求分析出其后缀为 .asp，此时将控制权交给 ASP. DLL，ASP. DLL 负责解释执行 searchl. asp。

(2)searchl. asp 完成对全文数据库的查找，并把检索结果返回到浏览器端。

```
<%set DataConn=Server. CreateObject(“ADODB. Connection”)
DataConn. Open
session (“ ConnectionString ”), Session (“ RuntimeUserName ”), Session
(“RuntimePassword”)
set RS=Server. CreateObject(“ADODB. RecordSet”)
s_ sql=“Select article_ code, code_ display, article_ title_ c From view_ article-1”
s_ sql=s_ sql+“Where article_ title_ c like”+“%”+Request(“s+title”)+“%”
s_ sql=s_ sql+“Order By article_ code”
Set RS=DataConn. Execute(s_ sql)%>
<p>
<table border=“1”>
  <tr style=“COLOR: darkcyan”>
    <td><DIV align=center><b><FONT
      face=楷体_ GB 2312 color=darkblue>序号</FONT></b></DIV></td>
    <td><DIV align=center><b><FONT
      face=楷体_ GB 2312 color=darkblue>所属栏目</FONT></b></DIV></td>
    <td><DIV align =center><b><FONT
      face=楷体_ GB 2312 color=darkblue>标题</FONT></b></DIV></td>
    </tr>
    <%Do While Not RS. EOF %>
    <%s_ href=“text. asp? s_ serialcode=”+RS(“article_ code”)%>
    <TR>
      <td><A href=“<%=s_ href %>”><FONT face=“”size=“2”>
      <%=RS(“article_ code”)%></FONT></A></td>
    <td><FON T face=“”size=“2”
      <%=RS(“code_ display”)%></FONT></td>
    <td><FONT face=“”size=“2”>
      <%=RS(“article_ title_ c”)%></FONT></td></TR>
    <%=RS. MoveNext
    Loop
    RS. Close
    DataConn. Close%>
</table>
```

上述脚本中斜体部分即为与数据库进行交互的语句。首先利用 APS 内置的 Server 对象创建了一个 Connection 对象 DataConn(即 ADODB. Connection 的一个实例)，然后利用在 Global. asa 文件中创建的 Session 对象建立与 DB Server 的连接，即是建立了一个会话(Session)；接着，这段斜体又创建了一个 RecordSe 对象 RS(即 ADODB. RecordSet 的一个实例)；最后给 RS 赋值，即是利用 Connection 对象的 Execute 方法访问数据库。

4. 结语

可以看出，利用各种网络数据库接口技术，创建动态交互式网页，提供远程检索，将成为今后一段时间内网络信息资源建设的重点。同时应当指出，对于如何提供更为迅速便捷的人机交互，如何编制高度智能化的检索软件，仍然有待于更为深入的研究。

参考文献

[1]汪厚祥等. 期刊电子版 Web 发布系统[J]. 计算机应用研究，1999(02)：53-56.
[2]董慧等. Java 与数据库的接口分析[J]. 现代图书情报技术，1999(01)：9-12.
[3]周新国. 利用 APS 访问 NT 上的 Web 数据库[J]. 计算机应用研究，1999(02)：36-38.
[4]汪洁. 基于 ASP 的动态网页设计基础[J]. 电脑报，1998 年合订本(下)：305-309.
[5]夏文. HTML 与 ASP 脚本的混合编程实例[J]. 电脑报，1998 年合订本(下)：309-314.
[6]钱刚. “虚拟图书馆”的现实分析[J]. 情报科学，1999(05)：27-29.
[7]http：//crrm. univ-mrs. fr/vl/vlis. html.
[8]http：//scis. whu. edu. cn.

15

2002 年

俞君立

20 世纪上半叶中国文献分类法理论与实践的发展及其历史经验*

摘要 20 世纪上半叶，我国学者积极引进与研究外国文献分类法及其理论，编制了一批中西合璧的文献分类法，初步建立了我国现代文献分类理论与方法体系。经验告诉人们：中国文献分类法的发展必须面向世界，积极引进，合理借鉴，善于继承，勇于创新；必须有一批爱国敬业、学贯中外、务实创新的高素质专门人才。表 5。参考文献 10。

关键词 文献分类法　发展历程　历史经验　中国

分类号 G254. 1

Abstract In the earlier half of the twentieth century, Chinese library scholars began to introduce and study foreign library classification systems and related theories, compiled some Chinese classification systems, and thus established a system of theories and methods of modern Chinese library classifications. In this paper, the author summarizes historical experiences and proposes some recommendations. 5 tabs. 10 refs.

Key Words Library classification. Development history. Historical experiences. China.

Class Number G254. 1

1. 引言

在中国文献分类法发展历程中，20 世纪上半叶特别是 1910—1937 年是一个极为重要的时期。这个时期我国学者积极引进与研究外国文献分类法及其理论，编制了一批中西合璧的文献分类法，初步建立了我国现代文献分类理论与方法体系。从总体上看，20 世纪上半叶我国文献分类法的发展历程是一个引进与继承、融合与创新的过程。全面总结这一

* 本文系国家社科基金项目(99BTQ004)研究论文之一。

时期我国文献分类法的理论研究与编制实践，对于进一步认识中国文献分类法发展史与中国图书馆学发展历程，促进当代我国文献分类法的发展是有意义的。

据李钟履编的《图书馆学论文索引》统计，20世纪上半叶我国发表文献分类论文(含译文)229篇。据笔者所知，还有7篇论文未收入该索引。另外，这一时期我国出版文献分类专著(含译著)10余部，相关著作10部，编制文献分类法约90部，著者号码表约15部。笔者搜集并研读了上述论著总数的92%，在此基础上撰写了此文。

2. 外国文献分类法及其理论的引进与研究

2.1 外国文献分类法及其理论的引进

20世纪上半叶我国学者引进的外国文献分类法主要有23种，见表1；引进的外国文献分类重要论著22篇(部)，见表2。

表1　20世纪上半叶我国引进的主要外国文献分类法

文献分类法名称	首次引进者及其文献	引进的主要内容
杜威十进分类法(DDC)	孙毓修．图书馆，1910	DDC大类及总论、哲学、宗教类解说
帝国图书馆分类法	谢荫昌．图书馆教育，1910	该法的沿革与基本类目表
日比谷图书馆分类法	谢荫昌．图书馆教育，1910	该法基本大类及其解说
克特展开制分类法(EC)	北京通俗教育研究会．图书馆小识，1917	EC类表与标记制度
山口图书馆分类法	郑韫三．图书馆管理法，1920	该法10大类类表
大阪图书馆分类法	郑韫三．图书馆管理法，1920	该法10大类类表
美国国会图书馆分类法(LCC)	戴志骞．图书馆分类法，1923	LCC大类类目及其评价
哈里斯图书分类法	戴志骞．图书馆分类法，1923	该法三大部及基本类目
布鲁涅图书馆分类法	戴志骞．图书馆分类法，1923	该法五大部及二级类目
布朗主题分类法(SC)	戴志骞．图书馆分类法，1923	介绍SC的前身奎恩布朗分类法
国际十进分类法(UDC)	朱家治．杜威及其十进分类法，1926	UDC初版布鲁塞尔分类法的编制特点以及与DDC的联系
史密斯新记忆分类法	杨昭悊．图书馆学，1933	该法类目的标记方法
太田为三郎分类法	杨昭悊．图书馆学，1933	该法的沿革与标记制度
涅夫斯基新分类表	张慕骞．苏俄之图书馆与分类法，1933	该法人文科学部的体系结构
霍恩分类法	刘子钦．分类之理论与实际，1934	该法6大类及其基本类目表
布利斯分类法	刘子钦．分类之理论与实际，1934	该法的1910年简表

续表

文献分类法名称	首次引进者及其文献	引进的主要内容
Princeton 大学图书分类法	刘子钦．分类之理论与实际，1934	该法基本类目表
施瓦茨记忆分类法	戴镏龄．西洋分类法沿革略说，1934	该法 25 大类类表与标记法
盖士纳分类法	程伯群．比较图书馆学，1935	该法 21 大类类表
爱德华兹分类法	程伯群．比较图书馆学，1935	该法 6 大部与类目表及使用法
英国博物馆图书分类法	程伯群．比较图书馆学，1935	该法 10 大类及基本类目表
冒号分类法(CC)	胡延钧．介绍蓝氏双点(:)分类法．蓝氏双点分类法各类之说明，1936	CC 的类表结构、组配原则、复分表、书次号码及分类规则
日本十进分类法(NDC)	金天游．图书之分类，1936	NDC 百类表

表 2　20 世纪上半叶我国引进的外国文献分类论著

原著及其著者	首次引进者及其文献	引进的主要内容
图书分类原理第 2 章.（英）克莱顿	北京通俗教育研究会．图书馆小识，1917	图书分类法编制原理与编制标准
图书分类.（美）E・C・理查森	沈丹妮．图书分类原理，1926	图书分类功能与分类表编制方法
分类手册第 20 章.（英）W・C・B・塞耶斯	章新民．图书分类规则，1928	杜威、布朗、克特提出的分类规则
分类手册，第 1~3 章.（英）W・C・B・塞耶斯	章新民. 图书分类的理论，1929，1930，1935	图书分类的性质与分类法编制原理
图书分类导论.（英）W・C・B・塞耶斯	金敏甫. 图书分类条例，1931	图书分类的 10 条规则
布鲁塞尔分类法.（美）E・马塞尔	钱亚新. 布鲁塞尔分类法，1929	UDC 初版的编制依据与辅助符号
图书馆学指南，第 15 与 16 章.（英）布朗	吕绍虞. 图书分类概述，1934	DDC、UDC、EC、LCC、SC 的特点
图书馆学指南，第 17 章.（英）布朗	吕绍虞. 图书分类之应用，1934	分类排架方法
图书分类与编目.（英）布朗	吕绍虞. 图书之分类与编目，1934	知识分类与图书分类的联系
图书分类法.（日）村岛靖雄	毛春翔. 图书分类法，1934	分类法史，对国内外分类法的评价

续表

原著及其著者	首次引进者及其文献	引进的主要内容
图书分类的困境.（美）A·约翰	何多源. 图书分类之两难，1934	图书分类的思维方法
图书馆利用指南.（美）M·哈钦斯等	喻有信. 图书馆使用法的指导，1934	该译著中第二章介绍 DDC、EC、LCC 的特点及有关术语
图书馆内的知识组织，第3章.（美）H·E·布利斯	喻有信. 论图书分类法标记，1934	标记符号的性能与要求
图书馆内的知识组织，第10章	喻有信. 评杜威分类法，1935	对 DDC 的评论
图书馆内的知识组织，第11章	喻有信. 评克特氏展开分类法，1935	对 EC 第7表的评论
图书馆内的知识组织，第12章	喻有信. 评美国国会图书馆分类法，1936	评论 LCC 的类目设置与标记符号
图书馆内的知识组织，第279~298页	林斯德. 欧洲的三种图书分类法之批评，1935	评论 SC、哈莱大学图书馆分类法、世界科学图籍目录分类法
图书分类指南，（美）W·S·梅里尔	张鸿书. 图书分类指南，1935	图书分类原则与分类规则
克特-桑泊恩著者号码表解说. K·E·琼斯	余敬禹. 克特桑本著者号码表解说，1936	该表的编制过程与使用方法
图书分类法.（美）G·O·凯莉	钱亚新. 图书分类法，1942	图书分类性能，类名目录原理与方法
儿童图书馆.（英）W·C·B·塞耶斯	聂锡恩. 由分类法说到儿童图书的分类，1947	简易十进分类法（儿童图书馆用）及其编制法
颜色带或颜色与位置序列法.（美）陶乃	李继先. 颜色带或颜色与位置序列法，1930	颜色与位置列法的原理、方法及应用

2.2　我国对外国文献分类法的研究

20世纪上半叶我国学者研究的外国分类法主要有《杜威十进分类法》(DDC)、《美国国会图书馆分类法》(LCC)、《展开制分类法》(EC)、《主题分类法》(SC)等。研究最多的是 DDC。

(1)自1910年孙毓修引进 DDC 至1949年，我国研究 DDC 的论著有30余篇(部)，其中代表作是朱家治的《杜威及其十进分类法》(1926)[1]。该文阐述了 DDC 的渊源、各版的特点及对各国分类法的影响，论述了 DDC 类表与标记制度的基本原理，对 DDC 能否适用于中国提出见解。

(2)20 世纪上半叶我国研究 LCC 的论著有 20 余篇(部)，其中代表作是严文郁的《美国国会图书馆及其分类法》(1929)[2]。该文介绍了 LCC 与 EC 的关系，重点论述了 LCC 的编制技术、类表结构、标记符号、复分表、相关索引的特点，评述了 LCC 的列类方式。

(3)20 世纪上半叶我国研究 EC 的论著有 10 余篇(部)，其中代表作是洪有丰的《克特及其展开分类法》(1926)[3]。该文阐述了 EC 第 1 式与第 6 式的类目体系，论述了类表中传记类的编制特点与 EC 的标记制度，并分析了 EC 与 DDC、LCC 的异同。

(4)20 世纪上半叶我国研究 SC 的论著有 10 余篇(部)，其中代表作是吴立邦的《布朗及其学科分类法》(1931)[4]。该文分析了 SC 按“物质”—“生命”—“心灵”—“记载”这一次序来确定大类次序的理论根据，阐述了 SC 的主类表、标记方法、范畴表、索引的特点，并比较了 SC、DDC、EC 三者的标记符号与复分方法。

3. 我国文献分类法的编制实践

20 世纪上半叶我国编制的综合性分类法、专业性分类法、儿童图书馆分类法约有 90 种。详见表 3、表 4、表 5。

表 3 20 世纪上半叶我国编制的综合性文献分类法

名称	编者	年代
《古越藏书楼书目》分类体系	徐树兰	1904
新书分类法	孙毓修	1910
中国书目十类法	沈祖荣	1917
《南洋中学藏书目》分类体系	陈乃乾	1919
仿杜威书目十类法	沈祖荣、胡庆生	1922
图书分类法	洪有丰	1924
杜威书目十类法补编	查修	1924
世界图书分类法	杜定友	1925
中文书籍分类法	查修	1925
杜威书目十类法	桂质柏	1925
中外一贯实用图书分类法	陈天鸿	1926
南开大学中文书籍目录分类法	王文山	1926
S. T. T. 图书分类法	应修人	1926
图书分类表	劳动大学图书馆	1927
中外图书统一分类法	王云五	1928

续表

名称	编者	年代
文件分类法	中山大学	1928
中国图书分类法	刘国钧	1929
中央大学区立苏州图书馆图书分类法	陈子彝	1929
东北大学图书馆图书分类法纲要	徐庭达	1929
中文普通线装书分类表	刘国钧	1929
福建教育厅图书馆图书分类法	姚大霖	1929
江苏省立苏州图书馆分类简表	苏州图书馆	1930
图书分类表	大夏大学图书馆	1930
颜色位置序列法	钱亚新	1930
民众图书分类法	徐旭	1930
中文图书分类简表	南京民众教育馆	1930
上海交通大学图书馆档案分类法	上海交通大学图书馆	1930
民众阅书处图书分类法	蒋希益、袁世忠	1931
类名记首分类法	殷公鼎	1931
清华大学图书馆中文图书分类法	施廷镛	1931
中日文图书分类法	燕京大学图书馆	1931
厦门大学图书馆图书分类法	厦门大学图书馆	1932
民众图书分类法	邵晓堡	1932
民众图书馆图书分类法	周立慈	1932
民众图书馆图书分类法	余和笙	1932
民众教育文籍分类总表	盛盈川	1933
哈佛大学燕京大学中文图书分类法	裘开明	1933
中国十进分类法及索引	皮高品	1934
中国图书十进分类法	何日章、袁湧进	1934
安徽省立图书馆图书分类法	陈东原	1934
民众图书馆图书分类法	朱英	1934
仙舟合作图书馆分类法	程君清	1934
民众教育图书分类法	王中一	1935
中日文图书分类表	桂质柏	1935
杜氏图书分类法	杜定友	1935
中文图书十部分类法	宋孔显	1935

续表

名称	编者	年代
中文图书分类简表	国立中央图书馆	1935
普通图书馆图书分类法	林凤春	1935
《(生活)全国总书目》分类体系	平心	1935
浙江省立图书馆图书分类表	金天游	1936
图书联合分类法	程伯群	1936
四部分类号码表	张英敏	1936
集美学校图书分类法	集美学校图书馆	1936
培德中学图书馆图书分类法	培德中学图书馆	1937
档案分类表	何鲁成	1938
广东国民大学图书馆图书分类法	蔡光聆	1947
教育部档案分类法	教育部掌卷股	1947
三民主义中心图书分类法	杜定友	1948
东北图书馆图书分类法	东北图书馆	1948

此外，还有云南图书馆、江西省立图书馆、广西图书馆、河南图书馆、无锡图书馆、江苏省立第二图书馆等自编的图书分类法。

约 90 种分类法中最有影响者是杜定友的《世界图书分类法》、刘国钧的《中国图书分类法》、皮高品的《中国十进分类法及索引》。

表 4　20 世纪上半叶我国编制的专业分类法

名称	编者	年代
革命文库分类法	钱亚新	1929
增修 DDC 莎士比亚文学类目表	陈普炎	1931
中国戏曲分类法	傅惜华	1932
法学图书分类法	童世纲	1932
佛教典籍分类法	陈鸿飞	1932
书报材料分类表	中央银行秘书处	1933
法律图书分类表	姚俊德	1934
浙江教育图书分类法	忘年老人	1934
中国哲学分类表	汪应文	1934
中国营造学社特藏图书分类表	乃文	1936

续表

名称	编者	年代
中国语言文字学分类表	皮高品	1945
《中国图书分类法》宗教部佛教类分类详表	袁湧进	1946
空军军用图书分类法草案	空军总司令部	1947

表 5　20 世纪上半叶我国编制的儿童图书馆分类法

名称	编者	年代
儿童读物分类表	王人路	1929
小学图书馆分类法(大纲)	蒋镜寰	1929
儿童图书分类表	曾宪文	1929
儿童图书分类表	陈东原	1930
儿童图书分类简表	辽宁省立图书馆	1930
儿童图书分类法	渊泉	1931
儿童图书分类法	邵晓堡	1932
儿童书目分类表	朱键生等	1933
儿童图书分类法	陈独醒	1933
儿童图书分类法	吴谨心	1934
儿童读物分类法	方承谟	1934

4. 文献分类理论与方法的研究

20 世纪上半叶我国研究文献分类理论与方法的论文有 180 余篇，有关著作 10 余部。

4.1　关于文献分类基本理论的研究

研究内容有 4 个方面。一是关于图书分类定义与分类标准。刘国钧、杜定友对此作过较深入研究。二是关于图书分类与学术分类的关系。戴镏龄、刘子钦、李景新对此作了较深刻论述[5][6]。三是关于图书分类法的编制原则。戴志骞、刘子钦、邢云林对此提出了精辟见解[7]~[9]。1929 年 1 月中华图书馆协会第一次年会上还确定了编制标准分类法的 4 项原则："中西分类一致；以创造为原则；分类标记须易写、易记、易识、易明；须合中国图书情形"[10]。四是关于中国图书分类法史。杜定友、刘国钧、查修、蒋复璁、容肇祖、李蓉盛、傅振伦、汪应文、陈鸿飞等学者从不同的角度研究了我国历代书目分类体系与四库分类法。蒋元卿的《中国图书分类之沿革》(1937)一书可谓集我国图书分类法史研究之大成。一些学者还就图书分类"并行制"与"统一制"、编制统一标准图书分类法、"经部分合”“语言类与文学类分合”等问题进行了学术论争。

4.2　关于文献分类方法的研究

我国学者汲取西方图书分类方法的精华，结合中国图书分类的实际，探讨并提出了一系列图书分类方法和规则。刘国钧、钱亚新、刘子钦、李景新全面地阐述了图书一般分类规则。昌少骞、舒纪维、童世纲分别研究了丛书、儿童读物、法律类图书的分类方法。

5. 书次号码的研究

20世纪上半叶我国研究书次号码的论著有30余篇(部)。

5.1　关于书次号码的理论研究

对书次号码研究得最为深入的是钱亚新、王树伟两人。钱亚新在其专著《拼音著者号码编制法》(1928)中阐述了著者号码的涵义与功用，评述了国内外10余种著者号码表，提出了编制中国著者号码表的4条原则。王树伟的《中文著者号码编制法的探讨》(1936)一文，论述了以著者号码作为书次号的理由，提出了书次号码的首要意义“在(于)补助分类之不足”这一新颖的观点。

5.2　关于著者号码表的编制实践

20世纪上半叶我国学者编制的有一定影响的著者号码表约15种。其中，沈祖荣的《部首笔画著者号码表》(1917)开我国著者号码表编制之先河。最有影响、使用较多的是杜定友的《杜氏著者号码表》(1925)、王云五的《中外著者统一排列法》(1928)、钱亚新的《拼音著者号码表》(1928)、陈子彝的《著者姓氏检查表》(1929)和张英敏的《中日著者号码表》(1933)。

6. 历史经验与启示

20世纪上半叶，在我国文献分类法理论与实践发展的历程中，有许多宝贵经验，值得我们认真总结与思考。

第一，中国文献分类法的发展必须面向世界，积极引进，合理借鉴，善于继承，勇于创新。它体现在3个方面：一是注重及时引进国际文献分类研究领域里的重大成果。引进的分类法大多是国际上影响深远或别开生面的分类法，引进的文献分类论著均为著名图书馆学家如布朗、布利斯、塞耶斯的代表作或后起之秀如凯莉的成名作。二是对外国文献分类理论与分类法以实事求是的态度加以分析与研究。三是以实际需要为出发点，继承我国历代书目分类体系与四库分类法的合理内容，将它们有机地融合到现代图书分类体系中，使编制的分类法在借鉴与继承的基础上有所创新，具有中西合璧的特点。

第二，中国文献分类法及其理论要发展，必须有一批爱国敬业、学贯中外、务实创新的高素质专门人才。20世纪上半叶我国文献分类研究者中有的是留学归来的学者，有的是文华图专等教育机构培养的专业人才，还有的是在图书馆和教育部门长期从事实际工作与教学、科研的专家。他们在求索历程中有以下共同特点：具有深厚的爱国情怀、强烈的社会责任感与奉献精神；具有通今博古、学贯中外的知识结构和务实、创新精神。他们重视营造良好的学术论争氛围，注重学术交流。他们各自的知识背景不一样，研究问题的角度也不同。他们有着不同的学术观点，形成了不同的、甚至相互对立的学派。如就对四库分类法的改革程度而言，形成了“旧派”“改革派”“折衷派”；就对 DDC 的应用与改造而言，有“采杜”“仿杜”“增补杜”“增改杜”等派别。这期间关于文献分类研究中的中西之别、古今之论、新旧之争，形成了百家争鸣、异彩纷呈的局面。这种学术论争，有利于学科的发展。

当前我国分类法研究领域里取得了令人瞩目的成就，尚存在一些不足，主要是：对外国文献分类领域里的重大成果引进、分析与研究不够；在分类法编制理论与技术方法方面，借鉴较多，但创新较少；作为促进分类法及其理论发展的一种动力——学术论争开展得不够；缺乏一批既有深厚的科学文化功底、学贯中外，又年轻有为的研究人员。借鉴历史经验，明确存在问题，制定发展目标，采取切实措施，这是应该引起人们高度重视的。

参考文献

[1]朱家治. 杜威及其十进分类法[J]. 图书馆学季刊，1926，1(02).
[2]严文郁. 美国国会图书馆及其分类法[J]. 图书馆学季刊，1929，3(04).
[3]洪有丰. 克特及其展开分类法[J]. 图书馆学季刊，1926，1(03).
[4]吴立邦. 布朗及其学科分类法[J]. 文华图书科季刊，1931，3(01).
[5]戴镏龄. 西洋分类法沿革略说[J]. 文华图书馆学专科学校季刊，1934，6(01).
[6][8]刘子钦. 分类之理论与实际[J]. 文华图书馆学专科学校季刊，1934，6(03).
[7]戴志骞. 图书分类法几条原则的商榷[J]. 北京图书馆协会会刊，1924(01).
[9]邢云林. 评陈天鸿氏中外一贯实用图书分类法[J]. 文华图书科季刊，1931，3(02).
[10]杜定友. 编纂图书分类法原则案[R]. 中华图书馆协会第一次年会报告，1929.

16

2003 年

刘家真

我国图书馆、档案馆与博物馆资源整合初探*

摘要 信息时代的产业需要在信息技术基础结构与文化内容基础结构的双轨上发展。目前，我国主要的文化资源收藏馆所还处在各自为政的管理体系中，阻碍了信息资源的整合与共享，这是内容基础结构建设的一大障碍。图书馆、博物馆、档案馆三者的资源只有在一个共同的框架内为用户提供服务，才能够求得共同发展。参考文献 3。

关键词 文化资源 内容基础结构 图书馆 档案馆 博物馆 资源整合

分类号 G253

Abstract Industries in the information age should be developed simultaneously along the courses of information industry infrastructure and cultural content infrastructure. At present, cultural resource collecting institutions in China are managed and developed separately. This is one of the major barriers to the integration and sharing of information resources, and to the development of content infrastructure. The author thinks that a common framework of libraries, museums and archives for user services will facilitate their mutual development. 3 refs.

Key Words Cultural resources. Content infrastructure. Library. Archive. Museum. Resource integration.

Class Number G253

信息时代是技术与文化联姻的时代，信息时代的产业需要在信息技术基础结构与文化内容基础结构的双轨上发展，二者不可或缺。

信息技术基础结构是网络与数字化的传输轨道。经过十几年的建设，我国的技术基础结构已粗具规模，为我国信息产业建设提供了保障。内容基础结构的建设，近几年才刚刚起步，许多文化资源的集中地(如图书馆、档案馆、博物馆等)都正在将大量馆藏转换为数字形态，通过网络为用户提供超越时空的服务，这些为中华文化资源的共享奠定了坚实的基础，但这只能是内容建设的第一步。

---

* 本文为教育部“十五”规划资助项目(01JA870010)研究论文。

内容基础结构与技术基础结构一样，是为用户获取信息提供整合的平台。创建一个理想的内容基础结构，读者就能得到自己所希望的深层次的、一体化的信息资源服务。但是，目前我国的文化资源管理还存在一个问题：主要的文化资源收藏馆所还处于各自为政的管理体系，阻碍了信息资源的整合与共享，这是内容基础结构建设的一大障碍。

1. 条块分割的管理体制禁锢了内容基础结构的建设

目前，我国民族文化资源主要分散于图书馆、档案馆与博物馆等多个文化资源收藏系统，同一系统有不同的隶属关系。这种条块分割的管理体制，使系统间难以相互合作。由此造成资源布局不合理，甚至重复建设，资源难以共享。

1.1 各自为政的管理阻碍了信息资源的整合

资源的创建、管理与利用的生命周期理论认为，文化资源内容在生命周期内的选择是相互依赖的，其所做出的选择，有可能阻碍或促进信息的正确流向，或使信息失去灵活成分，或失去适应环境的能力。用户存取文化资源信息的所有操作都是在一定的描述环境与一定配置的网络内进行的。文化资源拥有单位具有不同的管理环境，对文化资源的信息价值也有不同的理解，因此在文化资源的生命周期内可能出现不同的处理方式，这将使得同类资源可能处于不同的生命周期，而在知识服务网络上无法整合。

1.2 多头服务体系阻碍了资源的整合

数字信息的流动性使其能够被分享、被重复使用与被分析，能够被改装、拷贝以及用新的方式重新组合。网络空间也可为用户提供集合的、筛选的、选择性的多种服务，这些都从技术上为人类整合信息提供了可行工具。但再好的技术如果失去科学合理的管理作为支撑，也无法达到预期目的。目前，我国文化资源网络欠协调的发展，正是限制中华文化资源整合的瓶颈。

这些年来，为满足用户的需求，各文化资源保存部门都在不断地将本馆馆藏数字化并与网络联为一体，试图通过馆藏的数字化产物在交互的数字环境中创建一个革命性的知识服务网络来满足用户对信息的获取。然而，共享的网络空间需要一种全新的工作方式，即相互合作，使服务器集合起来以支持数据的流动，满足用户的需求，只有这样才能打造内容基础结构。但我国不同系统的信息服务网络林立，没有合作协调成为一个整体，无法发挥网络对资源的整合作用。障碍后果主要表现如下：

(1)缺乏允许内容共享与传送要求的界面。文化资源拥有部门采用各自开发的网络系统独立地为用户提供服务，迫使用户为了查全所需信息必须跨越多个不同的界面，对付以不同设计条件形成的各异的用户环境，给信息的查全制造了人为阻碍。

(2)不同技术环境形成的文化资源难以共享。这些不同系统的文化资源，在不同的计算机环境中创建，有的还有多重链接，甚至内部结构也十分复杂，这使得不同系统的信息交互常常难以进行。

(3)不同的描述方式阻碍了信息的导航。长期分开管理的图书馆、档案馆与博物馆已经形成了不同的管理方式，这也直接影响到资源的整合与共享。例如，图书馆倾向于对书刊个体逐一地进行描述，档案馆与博物馆喜欢使用多级别、多途径的馆藏描述方法。种类各异的描述方法给信息的导航、揭示与对文化内容的选择造成了阻碍。

(4)难以预知用户的习性与需求。文化信息资源的整合必须建立在对用户需求与使用习性的了解上，否则无法建立整合的内容平台。然而，当前的多头服务系统阻碍了人们对用户信息需求的了解，也难以满足用户的需求。

以上情况是造成我国文化信息资源难以整合的重要缺憾，即我国每个文化资源拥有部门都可以通过网络为用户提供属于本部门的有价值的馆藏资源，却不能与更多的不属于本部门拥有的相关文化资源无缝地相互联合工作，或相互依赖地为用户提供经过整合的文化资源服务。例如，我们至今还不能在同一个目录下为用户提供同一主题的完整信息。这意味着用户要获得有效的、完整的检索结果，必须做很多的工作，同时，也增加了网上信息资源管理的难度，例如得有多个的证明系统保证数据的真实性与完整性，确保资源的价值。

用户对资源整合的需求，迫使文化资源拥有部门在一个更加宽泛的框架内配置资源，通力合作联合起来打造世界上最大的中文信息平台的内容基础结构，以带动我国信息技术革命的进一步发展。

2. 合作的基础

图书馆、档案馆与博物馆是收藏我国民族文化资源的主要部门，它们有许多共同点与互补点，这是合作的基础与动力。

(1)具有共同的利益。文化资源只有使用，其价值才能体现出来。把本系统所拥有的文化资源释放到网络空间，让不同的文化资源相互影响，才能吸引更多的用户进行创造性的使用。要实现这一点，只有对馆藏文化资源进行深层次的加工，并跨系统、跨部门地实现一体化服务。

(2)具有共同的兴趣。我国的图书馆、档案馆与博物馆都在向网络空间发展，而且工作重心均从关注文化资源的收集、整理，关注文化内容的创建者与用户利益的传统管理方式，转移到注重以更加直接的方法支持文化内容的利用与创建上。图书馆、档案馆与博物馆都在设法扩大自己的用户群体；都在制定管理策略，以管理物理的、数字化的以及以数字技术直接产生的文化资源，并使它们成为中华文化资源的一个整体；都在研究如何将以数字方式产生的文档与人工制品整合为同一的文化资源，并通过整理与组织使它们便于存取等。

(3)面临共同的挑战。当网络遍及人们生活时，技术发展的复杂性与相互依赖性，使服务的提供、运行的模式、用户的习性都发生了改变，许多不可预知的挑战在不断凸现。例如，数字的流动性，其最大问题是需要支持控制与信赖关系，当资源的可获取性在数字环境中得到了加强，就需要有能力去控制对敏感信息的获取，需要保障数字信息的真实与完整。然而，当前的控制技术落后于信息的获取技术，这使得网络信息资源的提供者面临着管理的挑战。又如，数字资源可能产生于某些环境的组合，如果管理策略不恰当或缺乏提供背景、出处等确定的文档，数据产生后就有可能不留任何痕迹地消失。这些与技术融合很深的管理问题都是三者面临的挑战。只有合作，才能提高应付挑战的能力。

(4)具有共同的研究领域。当网络遍及人们生活时，信息资源服务的运行模式、服务的提供、用户的习性都在改变，资源整合后的重新配置以及一些难以预见性的问题，都需要人们共同的沟通与交流，都是大家需要研究的领域。例如，在传统的定义中，馆藏是通过配置、排列统一的收藏品。在网络环境中，是否还需要人为地配置馆藏，如果不需要，那馆藏的开发意味着什么；如果需要，控制其组合的原则又是什么？人们需要在什么地方集中资源以组配馆藏，需要什么管理构架与技术支撑来保证它们的连续运行？如何建立跨领域的馆藏，在不同的传统管理惯例中，如何组合这类资源，等等。

网络环境的用户需求，使人们开始感到当前管理文化资源的独立服务体系是资源整合的桎梏，但究竟如何改进，在数字空间里如何创建一个合作的同盟或虚拟机构，特别是当学习、娱乐、文化、公务活动等发展了，图书馆、博物馆与档案馆的内涵与管理模式将发生怎样的变化等。

图书馆、博物馆与档案馆是有合作基础的，三者的资源只有在一个共同的框架内为用户提供服务，才能够求得共同的发展。在网络环境中，合作、互补、共享与发展是相互关联的。共同的目标是合作的基础，互补是合作的重要环境，合作可以为人们带来信息的共享、经验的共享，在共享中才能真正达到整合中华文化资源并使之再现辉煌的目的，同时经验的共享可以使大家提高竞争能力，迎战网络环境与数字技术带来的不可以预知的风险。

3. 数字图书馆工程应当成为整合中华文化资源的平台

不久前，中国数字图书馆工程启动。数字图书馆并非狭义上的传统图书馆的数字化，它是国家的数据中心，应当是覆盖我国各个行业的信息资源库。笔者认为，数字图书馆工程就是整合中华文化资源的最好平台。然而，在该平台设计之初却忽视广泛的文化资源背景的建设。主要表现在：第一，中国数字图书馆工程资源指导委员是对跨系统、跨行业的信息资源库建设起指导作用的龙头，因而应当由拥有我国文化遗产的主要部门的负责人或专家参加。因为他们对收藏在我国的各类文化资源十分了解，能够对各方面资源的全面组织、整合和择优利用提出合理方案，以保证我国文化资源整合的广度、深度与精度，使中国数字图书馆建设有序，使中华民族文化资源在网上形成无缝的整合。遗憾的是，目前该指导委员会的委员尚未有非图书馆行业的其他代表参加。第二，中国数字图书馆联盟定格太窄。数字图书馆工程的启动为中华文化资源提供了整合的平台。为支持这一平台工作的协调，国家图书馆建议，在中国数字图书馆工程建设管理中心组织下，本着“资源共享、联合建设、优势互补、互惠互利、自愿参加”的原则，建立中国数字图书馆联盟，为各文献资源拥有单位的直接加入提供更多的合作、交流的机会。中国数字图书馆联盟应当说是图书馆、档案馆与博物馆相互协调、整合资源的最好处所。然而，遗憾的是，中国数字图书馆联盟被定格为“以国家图书馆为核心单位，联盟伙伴主要为国内具有代表性的图书馆、研究所、情报机构等相关资源拥有单位”。尽管已经有 60 余家单位加盟，但却没有档案馆或博物馆。作为为文化资源拥有单位提供合作的组织，如此狭窄地定义盟员范围，势必直接影响到资源共享与数字图书馆内容建设所涵盖的范围。

2001年中国数字图书馆工程资源建设指南中，提出建设两大资源库：全国联合书目数据库与国情资料库。笔者认为，全国联合书目数据库的确重要，但如果能够纳入档案馆与博物馆相关的馆藏目录，形成全国中文文化资源目录数据库，更能够体现国家资源库的实力。实际上，档案馆与博物馆都有前期工作成果。例如，国家档案局早在10年前就开始建立全国民国档案目录库，现在已经进入第二期工程，按照国家档案局制定的行业标准进行著录、标引以及数据交换。第二期工程结束，将拥有1400万条目录数据。如果国家数字图书馆在资源库的建设中，考虑到以上问题，发挥龙头作用，将馆藏目录整合为一，岂不更有利于本国丰厚的文化遗产的整合。要整合中华文化资源，必须以中国数字图书馆工程为平台。要使中国数字图书馆真正成为国家数据中心，使中华文化重塑辉煌，中国数字图书馆的资源建设从初期就要注意涵盖的广度，特别应当考虑对图书馆、档案馆与博物馆的文化资源的整合。

参考文献

[1]中国数字图书馆工程联席会议办公室. 联盟介绍[EB/OL]. http://www.d-library.com.cn/go/union.htm.

[2]中国数字图书馆工程联席会议办公室. 中国数字图书馆工程建设一期规划(2000—2005)[EB/OL]. http://www.d-library.com.cn/go/impor.htm.

[3]潘涛. 全国民国档案资料目录中心十年建设的历程回顾[J]. 浙江档案，2002(6).

17

2003 年

孙更新

我国文献信息编目工作标准化发展述略

——纪念《文献著录总则》颁布 20 周年

文摘 本文回顾了我国文献信息编目工作标准化的发展历程，总结了现有的成就与问题，提出了发展的对策。

关键词 文献信息编目 编目标准化 编目规则

Abstract: The paper glances in retrospect over the past 20 years' development of standardization of bibliographic description in China, summarizes the achievements achieved, probes into the matters and proposes a solution to them.

Keywords: Bibliographic description. Cataloguing standardization. Cataloguing rules.

1983 年，我国首次颁布了文献编目方面的国家标准——《文献著录总则》。此后，编目工作不断向标准化、规范化方向发展，取得了可喜的成就。在全球信息化时代，我国文献信息编目工作还必须进一步加快推行标准化的速度，努力实现全国范围的标准化，并与国际标准化接轨，顺应国际书目信息资源共享的发展趋势。

1. 我国编目工作标准化的成就

20 年来，我国编目工作标准化从无到有，在全国图书馆界取得了卓越的成就，并开始向其他有关行业、国际范围扩展。

1.1 文献著录

我国颁布了一系列文献著录的标准。从 1983 年开始，相继颁布了《文献著录总则》(GB3792.1—83)等 7 项著录标准，初步形成了较完备的中文文献著录标准体系；1990 年颁布的《图书在版编目数据》(GB12451—90)，奠定了我国在版编目工作的基础；1999 年颁布的《档案著录规则》(DA/T18—1999)，统一了我国档案著录法。目前，我国已颁布了 GB12451 等标准的更新版；全国文标会第六分委员会正积极组织修订 GB3792 系列标准，并落实了《计算机文档著录》《馆藏说明著录规则》等项标准的修订工作计划。同时颁布的有关标准，如《中国标准书号》(GB/T5195—2002)等，使编目标准化文件系列更为充实。

除标准外，一些具有权威性的著录规则，如中国图书馆学会推荐使用的《西文文献著录条例》(1985)和《中国文献编目规则》(1996)、台湾出版的《中国编目规则》(1995年修订版)[1]等，也对编目工作规范化起到了重要的作用。

为推广和实施著录标准与规范，我国图情机构采取了多种措施。国家图书馆率先使用国家标准规则编辑《中国国家书目》和联合目录，各个集中编目、联合编目系统积极采用标准著录规则，对普及标准化的规则影响极大.

目前，图书馆的中文文献编目基本上依据国家标准；1994年CIP工作正式启动，现已有560多家出版社参与编辑CIP数据的工作[2]。我国文献编目法日趋统一。

1.2　文献标引

分类标引文献不断更新。《中国图书馆分类法》于1999年出版了第四版及其使用手册，2001年出版了电子版；《中国人民大学图书馆图书分类法》1996年出版第六版；《中国科学院图书馆图书分类法》于1994年出版第三版；《中国图书资料分类法》于2000年出版第四版；《中国档案分类法》也于1997年出版了第二版。此外，《档案分类标引规则》(GB/T15418—94)等的颁布或出版，使分类标引的规范文件更加丰富。

主题标引文献也不断充实，《汉语主题词表》出版后，1991年又出版了《汉语主题词表自然科学(增订本)》。此外，《文献叙词标引规则》(GB3860—1995)等的制定和颁布，刘湘生等编的《中国分类主题词表》(1994)等，在标准化、系列化方面起了很好的作用。

目前，《中图法》被广泛应用于图书情报、出版发行等机构、各类数据库乃至于互联网上，全国95%的图书馆都使用它[3]；《汉语主题词表》已普及于我国综合性的图书馆。我国文献标引的标准化有了很大的进展

1.3　规范控制

有关规范控制的规则不断成熟。国家图书馆1995年推出修订本《中国机读规范格式(试用本)》，1997年编出《中国机读规范格式使用手册》与《中文图书主题规范款目著录规则》。2002年，文化部发布了行业标准《中国机读规范格式》(WH/T15—2002)。此外，CALIS联机合作编目系统制定了规范控制原则[4]，台湾地区也于1984年出版了《中国机读编目权威记录格式》。

在规范文档建设方面，国家图书馆的“中国名称规范数据库”已收录个人、团体、题名规范等数据近32万条，“主题规范数据库”收录数据近11万条[5]。此外，北大图书馆等单位也先后建立了机读规范文档，CALIS已计划合作建设规范数据库[6]。台湾大学图书馆与中央图书馆于1998年开始分工合作，把两馆所建的中文(著者)名称规范记录合并为一个数据库，并制定了《中文权威参考档汇整作业基本规则》。香港的岭南大学图书馆、香港中文大学图书馆等7所图书馆，于1999年联合成立“香港中文(著者)名称规范工作小组”，启动了香港中文(著者)名称规范(HK-CAN)数据库的建设[7]。我国规范工作欣欣向荣。

1.4 机读目录

1982年，我国颁布了《文献目录信息交换用磁带格式》(GB2901)，1992年又颁布了其修订版《书目信息交换用磁带格式》(GB/T2901—92)，为我国机读目录的格式结构标准化奠定了基础。同时，还颁布了与机读目录格式有关的字符集和内码标准，如《信息技术——通用多八位编码字符集》(GB13000—93)等。

1991年，北京图书馆编制出《中国机读目录通讯格式》(CNMARC)。该格式后经修订，增加了地图、乐谱、非书资料、计算机文档及拓片等内容，被颁布为文化部行业标准——《中国机读目录格式》(WH/T0530—96)，成为我国编目机构普遍使用的格式。1982年，台湾的图书馆自动化作业规划委员会组织编制出《中国机读编目格式》(CNMARC)，1997年出版第四次修订版。该格式1993年被纳入台湾的标准，命名为《机读编目格式标准》，为台湾地区大多数图书馆系统所通用[8]。

近年来，有关机读目录的规则与手册也大量涌现。如北京图书馆编《中国机读目录格式使用手册》(1995)，谢琴芳主编《CALIS联机合作编目手册》(2000)，国家图书馆编《电子资源机读目录格式使用手册》(2002)等。

CNMARC格式问世后，就被广泛地推行使用。国家图书馆从1988年开始利用该格式编制中文图书目录数据，并与上海、广东、深圳图书馆合作编制了回溯1949—1987年的中文图书机读目录数据；其所建“中国国家书目数据库”，现已收录1949年至今的中文图书书目数据约110万条[9]。文化部规定全国公共图书馆自1996年7月起均需采用CNMARC进行图书编目。各高校图书馆、科研图书馆与大中型公共图书馆现都已根据CNMARC的格式编制机读目录，并借助区域网、国内网和国际互联网提供网上检索服务；出版界的《CIP编目快报》电子版也采用CNMARC格式。中国机读目录日趋规范化，并纳入了国际标准化的轨道。

2. 我国编目工作标准化现存的问题

我国文献编目标准化、规范化工作虽已取得了很大的成就，但因起步较晚，与发达国家相比，还存在较多的问题。

2.1 在编目标准化工作管理方面

迄今为止，我国文献编目工作仍然缺乏统一的规划和组织，缺乏有效的宏观管理机制与稳定的经费。

没有统筹规划与强有力的组织，致使编目规则的编制与修订工作严重滞后。我国制定编目规则的随机性较大，难得有常设的机构和专职人员进行日常的修订工作，如《中国文献编目规则》仅有14位编目专家与教授自行编撰、合资出版[10]。而发达国家一般都有制定与维护编目规则的常设组织机构，如AACR2能随时更新，就得力于由美国图书馆协会与国会图书馆、澳大利亚编目委员会、英国图书馆与图书馆协会、加拿大编目委员会共同组建的“修订AACR2联合指导委员会(JSC)”。

没有实行全国统一管理，编目工作标准的推广与实施也有较大障碍。不同部门、不同系统、不同行业、不同地区的编目工作各自为政、自成体系，各行业系统之间协调协作困难，编目工作的标准与规范难以全面贯彻落实。这不仅严重阻碍了文献信息编目与服务向标准化发展，也影响到编目向合作化、网络化发展的速度。

2.2 在编目标准与规范的制定与修订方面

与国外相比，我国制定的编目标准与规范，无论在数量上还是在质量上，都有相当大的差距。

(1)编目标准体系尚未完善。现有的文献编目标准种类不够齐全，各类标准的配套与协调还不到位。例如，乐谱、电子资源、分析著录等著录标准一直未颁布；检索点的规范、目录组织、书目数据库建设、网络信息资源编目等方面，至今还没有统一标准；少数民族文字文献、外文文献的著录规则等，更是缺乏。

(2)编目标准与规范的修订、重新颁布速度缓慢。我国规则的修订十分迟缓，如20世纪80年代问世的GB3792系列标准、《西文文献编目条例》等，至今未见修订版。发达国家的编目条例则更新迅速，如从AACR2问世以来就不断修订，1988、1993、1998、2002都出了修订版，其电子版随时更新[11]。

(3)编目标准与规范尚不够成熟。现行的编目标准与规则，从术语概念到技术方法等方面，都存在着不少问题。如《中国文献编目规则》在著录项目、解释和说明、标目法等方面尚有不足，CNMARC的字段指示符设置、子字段的必备性与可重复性、著录内容的处理、主要款目概念等也有欠缺。

(4)编目标准、规则相互之间缺乏协调性。现有各种编目规则、机读格式使用手册都或多或少存有差异，或是与国际标准不一致。例如，GB3792系列，该系列的修订稿与《中国文献编目规则》三者并存，相互之间并未完全统一；现有的多种机读格式使用手册在字段与子字段设置等方面也有不少差异。

上述问题的存在，导致各编目机构采用的编目规则不一致，也使各馆编目员无所适从或各行其是，严重影响了编目工作的质量与标准化进程。

2.3 在编目标准与规范的实施方面

在贯彻实施编目标准与规范中，存在着多种多样的问题。

不同行业或系统中的编目工作基础不同，推行标准化的力度也不等。例如，出版发行机构的编目标准化工作较薄弱，尚有为数不少的新书没有CIP数据；在著录、分类与主题标引等方面，CIP书目数据均有“非标准”问题。

图书情报系统的编目工作标准化也未全面落实。迄今为止，各机构的编目工作差异还较大。例如，不同的图书馆采取不同的标准，所建的编目系统、编目软件与目录数据库也有所不同；不同的图书馆使用相同的编目规则时具体要求不同，所编目录数据及其规范程度也不同；不同的编目人员对同一编目规则理解不同，所编记录在著录字段、著录内容、标引结果上也有所不同，等等。即使是大规模的联合编目中心，国图和CALIS的目录数据也有较大的差异[12]。

这些问题造成了目录数据质量参差不齐，妨碍了各编目系统之间的数据相互交流和利用，增加了目录信息资源共建与共享的难度。

3. 我国编目工作标准化的发展对策

当前，我国文献信息编目工作正努力向自动化、合作化、网络化、社会化方向发展，而要加快发展速度，标准化是重要的基础和必要条件。因此，在全国范围内全面推行编目工作的标准化，已刻不容缓。我们必须针对现存的问题，采取多种措施，加速标准化的建设，努力使我国的编目事业跨入世界先进行列。

3.1 加强对编目工作标准化的领导和组织

编目工作标准化是一项跨行业、跨系统、跨地区、跨部门的巨大工程，它涉及管理体制、政策、经费投入、各方利益关系等方面的问题。要全面实现标准化，政府的干预与协调是必不可少的。应由政府部门出面设立一个统一管理全国编目工作的领导机构，负责统筹规划、组织、协调和管理编目工作。

在全国编目工作领导机构下面设立一个专门的分支机构，负责文献信息编目标准与规范的制定、修订、推广与实施工作，以保障全国文献编目工作标准化的顺利落实；积极协调有关各方面的意见，选择最佳方案，制定宏观规划，促进我国编目系统、编目规则、规范控制、用户界面、信息交换协议诸方面的标准与规范统一；组织对编目标准的推广与实施活动，并通过法律、行政、经济等手段监督检查其过程与成效，把标准化工作落到实处。

有了统一的领导和组织，才能进一步强化图书馆三大系统的统一编目工作，扩大地区集中编目的范围，提高 CIP 的质量和推行速度，拓展联合编目的合作机构，进而实现全国文献信息编目工作标准化。

3.2 抓紧对编目标准的制定、修订与颁布工作

建立和完善编目规则体系，是编目标准化活动的重要环节。当前，要抓紧制定出各种急需标准，如电子资源、多媒体资源、乐谱等著录规则，以满足实践工作的需要；及时修订各种现行规则，如国标系列著录规则、CNMARC 格式等，以适应新的技术与社会环境中编目工作的需要；随时补充各种规则的应用细则、图例、注释等，使之更加易于理解和操作；定期颁布和更新相互关联的规则，使编目的各项标准彼此衔接、配套，并与国际编目标准化工作接轨。还应通过建立专门的网站等方式，及时报道编目规则的有关情况，沟通各方面的信息。

3.3 促进编目标准的推广与实施

编目标准化的实现，最终要以标准的全面落实为前提。因此，我们必须努力把标准化工作贯穿于目录信息资源建设的各个环节，以确保文献信息处理规范化、书目数据标准化。

为落实和实施编目标准与规范，可采取多种措施。一方面，要加大推广力度。可通过宣传与教育，提高人们的认识，鼓励各有关部门打破门户之见、自觉遵守标准与规范；通过采用相应的经济措施，使标准化的社会效益与经济效益更加丰厚，调动起各方面的积极性；通过专业培训，提高编目员的业务水平，使他们能正确理解和运用各种编目规则。另一方面，也要强化编目标准的权威性。通过制定具有法律效力的文件、采取强有力的措施与必要的行政手段，要求各有关机构严格执行编目标准与规范。

在网络环境下，我国编目界应通力合作，逐步把集中编目、在版编目、联合编目统一起来，建立一体化的书目数据库，最终建立起真正意义上的全国性联合编目网络系统，实现网上书目信息的共建与共享。

3.4　深化编目工作标准化的研究

为促进我国编目工作标准化的发展，编目界还应采用多种方式，积极组织有关的专家和学者，研究我国编目工作标准化中急需解决的问题。

(1)中、外文文献统一编目。目前，对西文文献编目采用的机读目录格式，各系统的做法不一。例如，北京大学图书馆等机构采用 USMARC 格式，而中科院文献信息中心等则采用 CNMARC 格式。一些发达国家的编目系统，如 OCLC 已实行格式一体化。我国要实现编目标准化，建立统一的书目数据库，就必须尽快研究解决中外文文献是否统一编目、如何统一等问题。

(2)电子信息资源编目。对电子资源、特别是网络信息编目标准化的尽早筹措，是避免其重蹈文献编目“各行其是”覆辙的当务之急。研究电子信息资源编目，要注重研究电子信息的类型及其特点，研究电子信息编目的模式与编目规则，研究传统编目法与现代元数据、搜索引擎的优势互补，以及研究传统的文献目录数据与电子资源记录的有机融合，等等。

(3)规范控制。我国尚无统一的规范控制规划和标准，各编目系统选取目录检索点的差异大，联机交换数据及用户检索效率低。为促进规范工作的发展，必须加强、拓展和深化书目规范控制理论与应用的研究。当前，应进一步研究规范控制的概念、目的和类型，研究规范数据源利用、规范数据转换、规范文档与书目数据库的连接、规范数据资源共建与共享等，为最终建立标准的中国国家规范文档奠定良好的基础。

(4)编目规则更新。要实现全国编目标准化，并与国际编目工作标准化接轨，就必须加紧编目规则更新的研究。研究编目规则更新，应及时掌握发达国家编目规则的最新发展动态与重大变革路向，吸收它们在描述著录、主题标引、规范控制、机读格式等方面的先进经验，改进我国的编目规范。研究编目规则的更新，还应面向未来。要不断地摒除传统观念，勇于开拓创新，引进科技新成果，构建适应国际化、网络化、数字化、自动化全新要求的编目标准体系与编目工作规范，把我国的编目方法推进到世界领先的水平。

参考文献

[1]卢秀菊. 中国编目规则简史[J]. 图书与咨询学刊，2000(34).

[2]邱漱良. 我国图书在版编目的发展历程和取得的成就[J]. 图书馆工作与研究，2003(01).
[3]肖东发. 中国图书馆年鉴[M]. 北京：北京图书馆出版社，2001.
[4]谢琴芳. CALIS 联机合作编目手册[M]. 北京：北京大学出版社，2000.
[5][9]http：//www. nlc. gov. cn.
[6]谢琴芳等. CALIS 联合目录：高校书目数据共建共享的成果[J]. 大学图书馆学报. 2002(03).
[7]程小澜，丁红. 香港图书馆中文名称规范数据库的建设和经验[J]. 图书情报工作，2002(05).
[8]黄美莲，黄文玉. 中国机读编目格式第三版与第四版之比较研究[J]. 图书与咨询学刊，2001(39).
[10]罗健雄.《中国文献编目规则》修订探讨[J]. 图书馆论坛，2002(05).
[11]http：//www. loc. gov. cn.
[12]孙秀苏，朱玉玲. 我国近几年 MARC 著录研究述略[J]. 图书馆学研究，2002(05).

18

2004 年

黄凯卿

我国书目信息标准化剖析*

——再论在网络环境下整合我国书目信息的问题

摘要 在信息时代，书目信息标准化是(出版业)信息交流与资源共享的前提和基础。本文在分析目前我国出版业信息标准化建设中存在的问题及其不良影响的基础上，说明了规范书目信息标准化的必要性。文章提出积极稳妥地推进我国出版业信息标准化建设的建议。

关键词 网络环境 书目信息 标准化 信息资源共享

分类号 G257

Abstract In the Information age, the standardization of bibliographical information is fundamental for sharing and communicating the publishing resources in network environment. Through analyzing the problems and the negative influences in constructing the standardization of bibliographical information, the authors elaborated the necessity of standardizing of the bibliographical information . They also proposed that only with the joint effort of the government, presses and book stores could spur the standardization of bibliographical information progress steadily and positively.

Key Words Network environment. Bibliographical information. Standardization. Information resources sharing

Class Number G257

数字化和网络化是当今信息时代的显著特征，随着电子商务的发展，出版发行部门与图书情报之间在网上传输与交换数据的需求越来越迫切。然而，目前我国信息化建设缺乏统一规划，这些部门在建设信息管理系统时较多考虑的是自己的业务需要，以致数据著录格式迥异，彼此在信息交流时因为格式不统一而出现障碍。在我国当前大力推进信息化建设之际，出版发行部门与图书情报部门在信息标准化方面存在的问题，已严重制约和影响我国(出版业)信息化建设(及行业)的进一步发展。作为承担各种信息产品(图书、期刊、

* 注：此文为国家社科基金资助课题 98BTQ003 研究论文。

报纸及其他各种出版物）编辑加工、生产制作、宣传流通任务的出版发行部门，其信息化建设中存在的问题也直接影响到图书情报部门的信息服务质量与效率。因此，分析出版业信息化建设中存在的问题并提出相应的对策，是我们应该十分重视的工作。

1. 我国出版业信息标准化方面存在的问题

1.1 书号重复影响ISBN功能的发挥

书号是出版物身份的唯一标识，是出版物在流通过程中表现自身特质的重要符号，也是信息服务部门间交换出版物信息的主要依据。国际图联编制的《国际标准书目著录》(ISBN)使不同国家出版物编目数据的互换及著录项目的识别成为可能。我国于20世纪80年代开始推行出版物ISBN制度，国家新闻出版总署曾明令从1994年1月1日起，全国所有的出版社必须为其出版的每种新书编制国际标准书号。然而时至今日，还有不少出版社在出版新出版物时并没有执行这一规定，或者是一部分出版物执行关于ISBN的规定，而另一部分却不执行。不仅如此，目前国内出版物一号多书的现象比较普遍，因为书号属于“稀缺资源”，不少丛书、套书使用同一个书号已屡见不鲜；更有甚者把一些尚未退出流通领域的旧书号用在刚出版的新书上。书号的不唯一，使ISBN在我国逐渐丧失出版物唯一标识的功能。

1.2 图书在版编目(CIP)著录不规范

图书在版编目是印制在出版物版权页上，记录其书名、作者、出版者、定价等基本信息的书目数据。我国于1991年颁布国家标准《图书在版编目数据》(GB12451-90)，并于1993年开始实施。推广CIP意在推动图书编目工作的标准化与规范化，保证书目信息与图书出版同步传递，为书目信息自动化与出版信息资源共享创造条件。目前CIP主要由各出版社自行编制，主管机构中国版本图书馆负责审核。近年来每年出版新书已超过15万种，版本图书馆实在无法胜任平均每天400多种新出版物CIP数据的审核任务。与此同时，出版社对CIP编制工作也不够重视和CIP编目人员业务素养的良莠不齐影响到CIP数据的准确度：如CIP著录标识不符合规定；CIP数据中主题标引、分类标引不规范；出版物版权页出现排版印刷错误；在书名、著者、字母和数字等方面的误排和漏排；有些出版社甚至有意配上错误的CIP数据。由于CIP数据的不规范，使其作为国家标准的权威性(已)受到置疑，不少书店与图书情报部门不敢直接使用出版社的CIP数据，只好自己再组织人力编制一套适合自己要求的书目信息。因此，针对同一种出版物却有多种不同的书目信息：既有出版社编制的CIP数据，也有新华书店系统编制的征订目录，还有图书馆等信息服务部门编制的馆藏书目信息。这么多不同规范的书目信息在彼此进行交流时出现麻烦就不奇怪了。

1.3 出版物的分类标准不统一

合理而统一的出版物分类标准，不仅能使图书情报部门的信息服务工作效率大大提高，而且还能为书业企业的经营管理带来极大便利，在出版物库存分析与销售分类汇总统计方面的作用尤为突出。目前，出版社和书店按上级规定主要依据《中国图书馆图书分类法》进行出版物分类。这种分类方法主要考虑出版物的学科性质，(按照学科类别分类,)并没有考虑书业企业的经营性特点和读者的购买需求，(因此)在(满足书业企业在)分类管理(中的需要)方面存在不足。为此，书店往往在《中图法》大类的基础上，根据自己的经营规模和管理习惯制定本企业的细分标准。目前在新华书店系统中，大型书店将出版物分为八十多类，小型书店分为五十多类，更小的(县一级)新华书店仅分成十几类(一些法律、财经等专业书店为了凸现经营特色，更是将其经营的专业出版物进一步细分)。分类标准不统一，不仅增加了管理工作的难度及业务工作量，也给信息资源共享带来障碍。

1.4 (在)书目数据交换中缺乏统一的机读目录格式标准

书目信息化建设的显著特征，就是依托计算机和网络交流出版物信息，它要求出版物生产和销售企业将书目信息转化成标准的机读目录格式，以便书目信息在网络上无障碍传播共享与利用。美国早在20世纪60年代就研制并推出了MARC机读目录标准，我国也于1982年开始实施国家标准《文献目录信息交换用磁带格式》(GB2901-82)，并于20世纪90年代推出我国的文献著录标准格式CNMARC标准。虽然这些标准目前在图书情报部门使用较普遍，但在出版发行界却鲜见使用机读目录格式交换数据的先例。国家新闻出版总署于2000年开始着手制定《出版物(图书)数据交换格式标准》，因种种原因至今还没有完成标准的审批。由于目前出版业还没有统一的数据交换格式标准，所以出版社与书店开发的信息管理系统缺乏统一规划，各单位数据库的信息格式与选用的数据字段五花八门。譬如有的单位规定书名字段著录主书名和副书名，而另一些单位只要求著录主书名；有的单位将价格字段定义为字符型字段，而另一些单位却将其定义为数值型字段；诸如此类，不一而足。虽然在这些出版发行单位内的数据机读目录格式能够顺畅使用，但是这些单位的应用软件却无法直接识别与利用其他出版发行单位传送来的字段与格式不一致的数据，不得不再花费大量时间与人力去进行外单位信息的重新录入与处理工作，信息化与网络化的效率大打折扣。

2. 书目信息的非标准化阻碍着出版业的发展

2.1 不规范的出版物数据不利于出版发行企业的经营管理活动

书号不唯一已成为影响出版发行企业信息系统健康运行的最大障碍。现在大中城市书店基本配备有POS管理系统，只要在POS终端机上录入某一出版物的ISBN号，主机就能从信息数据库中检索出该书号所对应出版物的全部信息。操作员根据显示的出版物价格及读者购买的数量完成销售，并将交易信息自动传输到销售数据库。但是，遇到使用一个书号的数十本一套的丛书或套书，让计算机从数十条分册信息中筛选出读者希望购买的分册信息十分困难，不仅需要花费较长时间，而且影响了工作效率和服务质量，还极易产生误操作，导致最终销售与库存统计数据的错误。至于不同出版物使用同一个书号产生的问题更大，它会使根据ISBN号查找出版物出现漏检、误检，甚至可能无法通过书号查找到所需要的出版物。目前出版发行企业的计算机信息管理系统主要采用“在书号后边加上附加码”的方法解决书号不唯一带来的问题，例如当当书店就采用“ISBN+定价+书名”来标识图书，或是给每种进入系统的新出版物另外一个内部唯一标识。很明显，这些办法都是针对书号不唯一采取的权宜之计。由于各书业企业采用不同的编码规则解决ISBN不唯一问题，因此导致同一信息在系统之间流通不畅的问题。

同时，出版业缺乏相对稳定的分类方法十分不利于出版发行企业的统计工作，尤其是对连锁书店出版物品种的统一管理带来极大的不便。同一种出版物在不同的出版发行企业可能被置于不同的层次，甚至会被分到不同的类别，因此在销售数据汇总统计时就会出现重复计算或者漏算，以致出版物信息反馈失真。

2.2 非标准化的书目信息使出版信息资源共享无法实现

数据共享理应是信息化建设的目标所在，然而图书识别单靠书号无法实现，还需要另加内部编号，已成为中国的特殊国情。缺少全国通用的图书标识，出版资源共享就难以实现。因而，即使当书店的计算机进、销、存管理系统通过网络接收到各个出版社发来的新书信息，也会因为标准的不统一而无法直接使用，不得不安排专人重新进行数据录入，不仅降低了网络与计算机系统的利用效率，还浪费了大量人力和资金。如果有统一的书目信息标准或者有专门的数据录入机构，各个书业企业就能将节省的资源用于书业企业的高端信息化建设，从而创造出更大的价值。

信息的非标准化还阻碍了全国图书大市场的形成。现阶段出版业改革的重点在建立大型物流配送中心和实行连锁经营，而大型物流中心和连锁书店得以良性发展的前提，是书业信息流的通畅。衡量一个书业企业信息管理系统质量的标准之一，是看该系统能否高效稳定地采集和利用下游企业的数据为本企业的管理服务。图书是书业信息管理系统的核心元素，其基本信息的著录和交换格式的非标准化，极大地限制了书业供应链信息化通道的开放性和互联性。虽然以省级新华书店系统为基础建立的物流中心(或者省内的连锁书店)制定了本省范围书业企业的信息标准和规范，以期实现企业内部信息的统一。但彼此间不一致的标准却成为各省书业企业之间信息交流的障碍，而且与适应市场经济要求建立全国大市场的初衷相违背。

2.3 非标准化的书目信息制约着我国信息化建设的发展

信息标准化和规范化是一个行业发展和成熟的基础与主要标志。正确的信息化进程应该是先制定标准再建设管理信息系统，而目前书业企业的情况却恰恰与此相反。各书业企业在建立自己的管理信息系统时，行业统一的书目信息标准却迟迟未出台，使各个出版发行企业的信息化工作如建立在沙丘之上。据了解，由于各出版发行单位的信息数据采用不同的格式标准，彼此间利用网络接收信息时不能直接使用本企业的软件识别与利用，不得不设计不同的接口软件进行识别，转化为内部信息格式进行处理，或者是阅读屏幕上显示的内容后用手工加以处理。这种方法不仅消耗大量精力，书业企业的总体工作效率也无法提高，直接影响到整个行业的网络化进程。

2.4　非标准化的出版物信息不利于新出版形态的发展

与传统出版业不同，以电子出版(包括网络出版)、网上书店为代表的新型出版形态，是建立在数字化信息与网络平台基础上的新兴出版形态，其发展基础就是信息的标准化。电子出版物(包括网络出版物)的下载与利用，尤其是利用PDA阅读设备对新型出版物加以利用，都需要出版物信息格式标准的规范与统一；利用网络宣传与销售出版物的网上书店，实质上是一个连接出版机构与发行机构的书业信息平台，其运作效率直接与信息的标准化有关，出版信息的非标准化，使这些机构需要花费大量时间来识别与处理从供应链上、下游收集到的信息，无法实现真正意义上的信息资源共享。因此，非标准化的出版信息影响着电子出版(包括网络出版)等新形态出版物的推行，也影响到网络书店的营销与发展。

3. 推进我国出版物信息标准化的几点建议

3.1　从供应链的源头抓出版物信息的规范化与标准化

信息的标准化和规范化不仅是技术问题，更是与观念、管理和制度相关的问题。作为整个行业的主管部门的新闻出版总署应该一如既往地重视这个问题，下大气力抓这个问题。出版社和书店的管理者在筹建信息管理系统时，首先应该重视建立信息标准。当前我国出版业正在进行出版集团(或发行集团)和连锁书店的建设，在进行配套信息管理系统整合时却存在误区，以为实现信息资源共享就是采用统一的管理软件，这种看法是不正确的。近几年我国出版业正在热火朝天地“造大船”，这股浪潮涉及的单位已经习惯于自己建立的信息管理系统，如果一味要求统一软件，不仅会使他们觉得增加了操作难度，还要新增统一软件的投资，数据库中原有的数据也需要花大气力转换处理，由于担心软件与数据资源的浪费，广大出版发行企业在推广信息标准化工作中积极性不高。如果把书业企业的注意力集中到统一数据信息标准上来，努力开发不同单位信息管理系统间数据信息传递与交换时的格式转换软件，则出版业信息化建设的进程会大大加快。

出版业信息标准化不是哪一个出版发行企业的事，需要整个出版供应链上下游企业共同努力去建设。所以出版社和书店应从长远利益出发，积极开展信息标准的制定工作，不可观望等待、相互推诿，影响出版业信息化建设工作。书店处于出版发行产业链的下游，是出版物信息的主要接受者，不规范的出版物信息直接影响到他们的经营管理和业务活动，所以书店对实现出版信息标准化的呼声较高。反观处于产业链的上游一方的出版社，他们对实现信息标准化的积极性明显不高。对出版社来说，ISBN是否唯一、版权页上有无CIP数据、给出的CIP数据是否准确，对每种出版物的销售并无太大影响，所以出版社对信息标准化问题普遍没有书店重视。我们认为，出版社的这种认识是一种短视行为，因为信息标准化对出版社同样具有重要意义。只要出版社能够保证向书店、图书馆、其他信息服务机构提供规范化的出版物信息，就能使自己得到更多的订数，也才能及时从这些单位获得准确的反馈需求信息，从而为出版社的科学决策创造条件。一些努力为图书馆提供标准化书目数据的书店，往往能够获得图书馆的较大订数就是明证。所以，出版社应充分认识到自己作为出版产业链信息源头的责任，认清自己是信息标准化建设中的主导力量。一方面，出版社应规范自身的经营行为，认真履行一书一号的规定，严格按照目前国家制定的有关标准和条例行事；另一方面，出版社应该重视 CIP 数据的编制工作，对编目人员进行培训，或聘请社外的书目专家为本社出版物编制 CIP 数据，保证 CIP 数据的可靠性和准确度。新闻出版总署可以根据各个出版社的规模和出书质量，适当放宽书号控制，逐步缓解书号供应上的矛盾。对书店来说，可明确要求其按国家书目信息著录标准对现行的征订目录进行改造，最终的目标是直接按国家书目标准格式和著录规则加工征订目录，目前可以采用的办法是编制专门的转换软件，实现各书店书目信息格式与国家标准书目信息格式的互相转换，为逐步实现书店征订目录信息格式、出版社 CIP 数据格式与图书情报部门普遍采用的国家书目著录标准格式的整合与统一创造条件。

3.2 制定出版物的规范和标准应注意前瞻性和兼容性

加入 WTO 意味着我国已进一步融入世界经济体系，与国外出版业的交流与合作也会继续向纵深发展，国内外出版业信息标准的兼容问题也已提上议事日程。书目信息标准化有利于书目信息的通用与兼容，因此，我们不能自顾自关起门来制定自己的书目信息标准，应该向在新技术应用与书业信息标准方面比我们成熟的国外出版业学习。为此，我们在制订书目信息标准时应与国际标准接轨，要参考发达国家的书目信息标准，要与国际书目标准兼容。此外，制订标准时要充分考虑信息技术的发展，顾及各种新的出版形态，使制订的标准既能方便利用计算机进行处理，又有利于利用网络环境传递与共享信息，使信息规范化充分体现兼容性与前瞻性的要求。

1999 年，美国书商协会(AAP)与巴诺书店、英格拉姆、亚马逊网上书店等共同创制了一种新的美国标准数据格式——在线信息交换标准(ONIX：online information exchange)，并已在英、法、德、韩等许多国家推广，成为一种事实上的国际性标准。出版商可以通过网络用 ONIX 标准格式向图书批发商、图书网络销售商、图书零售商或其他的出版商分发自己出版图书的电子信息。在 ONIX 标准中规定了 200 个数据单元，通过它们可详细地描述出版物的多方面信息，譬如 ISBN、著者、书名等必要的书目数据单元和书评、封面设计、作者照片等可选择数据单元，且后者多是多媒体文件，充分展现出该标准表现形态的多样性。ONIX 标准要求出版商统一用 XML 语言和文件类型规则(ONIX DTD)编写出版物数据文件，以保持数据格式的统一性和规范性。该标准的显著特点在于：A. 它专门支持图书信息在网上传输的数据交换标准。ONIX 文件可以以邮件附件或 FTP 文件的形式在局域网和因特网上传送，接收者收到的图书信息就是自己所要的数据格式，因此 ONIX 标准格式有利于书业电子商务的开展；B. 它提供多媒体数据单元和电子出版物类型代码。因此 ONIX 标准格式除了适用于印刷型出版物，还是传输电子图书元数据(metadata)的理想标准；C. 它与图书馆使用的 MARC 机读数据格式完全兼容。因此，ONIX 标准格式使出版商、书商提供的出版物信息能被图书馆及其他信息服务机构直接转化为本部门的书目信息(读者也可联机利用这些信息)，实现出版发行部门与图书情报部门的书目信息资源共享。所以我们认为，我国的出版界与图书情报界可从本国国情出发，在充分协商的基础上，选择 ONIX 标准格式作为我国书目信息的规范标准。

3.3　加强宏观控制是制定出版物信息标准的关键

ONIX 标准是由美国书商协会和泛欧书业 EDI 组织（EDItEUP）等行业协会制定和实施的一个国际性标准，它采用的方法目前在我国可能不一定适用。中国的书刊行业协会是一个民间组织，既缺乏政府机构的强制性行政干预力量，也缺乏对图书市场进行监控的有力的经济管理手段。由行业协会来承担制定书业信息标准这样一个全国性的系统工程很明显是不合适的。出版信息标准化工作牵涉到出版业上下游单位各方面的利益，只有依靠新闻出版主管机关的力量，才能集中人力、物力、财力、信息力等多方面的资源，兼顾出版社、书店、读者及信息服务机构各方的利益进行统筹规划。所以，需要成立专门的出版信息标准的研制机构，在新闻出版总署的领导下开展标准的制定工作，争取尽快拿出书目信息标准的草案，边试行边修改，在执行的过程中不断对标准进行完善。

针对目前我国出版业信息标准化建设中存在的种种问题，我们特提出如下建议：

① 新闻出版总署组织力量着手建立全国标准书目数据库。目前，要求全国所有的出版社完全按照一号一书的规范行事有诸多困难，放开书号又涉及改变国家现行出版管理政策，难度较大。所以我们认为集中力量建立标准书目数据库是更为切实有效的方法。它是指在 ISBN 之外为各个图书品种另外分配一个独立的唯一编号。各相关机构在录入出版物信息时，先直接复制该出版物在标准书目数据库中的数据，再将其对应的独立编号作为附加信息保存下来；各机构在相互通信时，就以该编号作为出版物信息检索与识别的依据。

② 新闻出版总署可根据书业企业的经营特点，在《中图法》的基础上制订出适合出版发行行业的出版物分类标准，使出版社与书店在对出版物进行分类管理时有据可依，避免当前传统出版发行及网络出版发行中出版物分类五花八门的现象出现。

③ 新闻出版总署可集中国内专家的智慧，成立专门的出版物信息机读目录信息格式制定机构，在借鉴有关的国外（或国际性）标准的基础上，根据国内现有的几家主要的信息生产、流通、检索和利用部门的数据格式来制定出版物信息交换用机读目录信息格式，使不同部门信息平台的数据能够相互兼容，减少推行新标准的阻力。在制定这一标准时，可以参考我们在上面推荐的 ONIX 标准格式。

3.4　执行与推广出版物信息标准需要主管机构采用强有力的措施

目前我国出版业信息标准化的推广工作因种种原因进展缓慢，虽然近几年新闻出版总署已经制订了一系列相关的规则与条例，但在推行中却遇到种种困难，以致于推出的规则与条例形同虚设。因此，我们建议今后要强化主管部门的作用，各级新闻出版管理机构应借助行政手段强化信息标准化的推广工作，不仅全力制定出版信息标准，更重要的是有关规定与条例的贯彻执行，用制度和配套措施来规范出版社和书店的行为。对不认真按照《图书在版编目数据》标准著录 CIP 的出版社，不仅需要严格给予行政警告和经济处罚，而且要扣减该出版社的书号数量。可以规定从某一天（譬如 2004 年 1 月 1 日）起全国各出版社的新出版物信息都必须按规范化的书目标准进行著录、存储与传递，否则不予出版；还可以规定从某个时刻（例如 2005 年 1 月 1 日）开始，全国所有出版发行部门必须逐步将本单位的历史出版物信息按照新标准重新组织与著录，尽快更新原有的出版信息数据库，使全国出版业信息标准化工作取得阶段性成果，并在此基础上稳步推进，使我国出版业真正成为规范化和标准化工作成绩突出、信息化建设飞速发展的产业。当然，我们的这些建议有较多的计划经济时期强调行政手段作用的意味，但这也是适合当前国情的无奈选择，一旦出版业信息化建设工作走上正轨，出版社、书店、图书情报机构从出版信息标准化中尝到甜头，则按照信息标准著录与组织出版物信息就会成为各单位的自觉行动，采用行政干预与强制性措施的需要就会越来越少。

参考文献：

[1]黄凯卿. 关于整合我国图书馆与出版发行部门书目信息的思考[J]. 情报学报，2000(04).

[2]肖希明. 我国书目信息标准化的现状与发展对策[J]. 图书馆论坛，2000(12).

[3]董永霞. 非标准化：影响连锁经营的几个具体操作问题[J]. 出版发行研究，2002(09).

[4]宋迎秋. 疾呼加速书业信息化建设[N]. 中国图书商报，2003-02-28.

[5]黄凯卿，赵琴. 关于整合我国书目信息的几点看法[J]. 中国图书馆学报，1999(05).

[6]Frank Daly. ONIX：The Metadata Standard for the Information and Entertainment Industries[J]. *Publishing Research Quarterly*，2002(summer).

[7]黄凯卿. 网络环境下书目信息资源共享的思考[J]. 图书情报知识，2003(02).

19

2004 年

马大川　杨红平

信息资源的集成整合研究*

摘要　信息资源集成的目的，是对若干个信息制作、管理单位中分散存储和管理的各类信息资源，利用计算机技术、数据通信技术、网络技术和数据库技术进行统一管理，实现信息资源的数据共享。它要遵循实用性原则、用户至上原则、系统性原则、标准化原则等。图 3。参考文献 15。

关键词　信息资源　资源集成　资源整合　信息资源建设

分类号　2G53

Abstract　The objective of the integration of information resources is to manage separately stored and managed various information resources in a single system by using computer technology, communications technology and network technology, to realize the sharing of information resources. We should adhere to the principles of practicality, "user is the god", systematicness and standardization. 3 figs. 15 refs.

Key Words　Information resources. Integration of resources. Development of information resources.

Class Number　G253

1. 问题的提出

随着信息化浪潮在全世界的兴起，信息资源的重要性越来越明显。在我国，信息资源建设与应用技术也有一定的发展，但由于缺乏完整的理论体系、统一的思想认识、相应的标准和规范、科学的规划和组织，目前存在以下问题：

(1)信息资源建设缺乏整体规划。目前的一些信息资源加工项目，建设思路仍未摆脱传统的窠臼，信息资源建设偏重于文艺、外语、计算机、经济等方面的书刊报资料。

(2)学科内容不均衡，信息资源建设缺乏连续性，资源分布不成体系并缺乏科学性，整个资源体系杂乱无章，没有条理。信息应该从广度和深度两个方面进行高度集成化，否

* 本文系教育部人文社会科学重点研究基地重大项目(02JAZJD870003)的研究论文之一。

则不足以形成资源，不足以形成市场。

(3)资源再生性与二次利用率差。资源的再生性和二次利用率是考察信息资源建设成败与否的一个关键指标。片面追求数量和速度，不考虑资源的再生性与二次利用，不利于信息资源的可持续发展和高效共享。

(4)缺乏信息资源使用的增殖意识。

(5)信息资源地域分布不均衡，存在大量重置和浪费现象；信息资源基础设施软、硬件平台不统一，造成资源不能共享。

(6)资源关联度差，信息资源库、应用系统异构程度高，造成大量“信息孤岛”[1]。

由此不难看出，传统的建设模式带来的结果是：一方面解决问题，另一方面制造信息孤岛；一方面各级管理部门苦于基础数据库没有信息、没有信息渠道和更新渠道，而另一方面大量已掌握的第一手、真实的数据又没有被充分有效地利用。这种状况不仅使人们投资建设的许多信息采集、通信和应用系统没有充分发挥作用，也制约了应用的进一步发展。

资源集成整合是突破现状的惟一途径。怎样才能突破目前的局面，实现信息资源建设的可持续发展呢？若将现有系统推倒重来，建设综合的新系统，是不可能也是不现实的。现阶段要花钱少、见效快地大幅度提高行业信息化和信息资源建设质量和信息技术应用水平的惟一途径就是整合、集成现有资源。

2. 信息资源集成整合的原则、特点和意义

集成是一种理念，它有多种称谓，如：“集成”“整合”“一体”“综合”等。所谓集成，是指某一系统或某一系统的核心把若干部分、要素联接在一起，使之成为一个统一整体的过程。从管理的角度来说，集成是一种创造性的融合过程，只有当构成一系统的要素经过主动的优化、选择搭配、相互之间以最合理的结构形式结合在一起，形成一个有适宜要素组成的、优势互补的有机体，才能被称为集成。信息资源的集成不是信息资源的堆积或信息载体的物理堆积，其本质是一种竞争性的互补关系，即各种要素通过竞争冲突，不断寻找、选择自身的最优功能点，在此基础上进行互补匹配[2-3]。信息资源集成的目的，是对若干个信息制作、管理单位中分散存储和管理的各类信息资源，利用计算机技术、数据通信技术、网络技术和数据库技术进行统一管理，实现信息资源的数据共享。在集成过程中，还必须保证共享资源库中数据冗余最小。

2.1 信息资源集成整合的原则

在数字化的条件下，由于网络传递的便利性，使得信息资源集成建设的特色性原则显得更为重要，除了要遵循一般信息资源的建设原则诸如实用性原则、用户至上原则、系统性原则、新颖性原则外，还应具备一些适应数字化网络化环境的特定原则。它们是：

(1)整体性原则。是指要保持信息资源对象学科的完整性。整合后的资源系统应涵盖各子系统内部功能，反映数据对象间的内在关系。

(2)标准化原则。信息资源集成的标准化主要包括数据格式的标准化、描述语言的标

准化、标引语言的标准化，还有通讯协议的标准化、安全保障技术的标准化，以及数据管理软件、硬件的标准化，以保证信息资源的共建共享。

(3)优化性原则。是指运用一定的技术手段和方法，使信息资源得到合理组合，取得最好的组织结构和组织功能。

(4)安全性原则。计算机病毒、黑客、软件炸弹、信息垃圾、存储设备故障等方面的问题给信息资源集成带来了极大的安全威胁。在信息资源的集成建设中，应采取必要的安全保障措施来保证信息资源的安全[4]。

2.2 信息资源集成整合的特点

信息资源集成建设采取科学、合理的整体规划，资源能连续更新。它将各种数据库、光盘资源、网上信息资源、电子格式文献、印刷型文献以及视觉类信息等不同种类文献真正融合在一起，便于读者检索使用。

采用大型数据库、新型检索技术、智能代理、全文搜索引擎等重新整合信息，提高显现知识含量，采用自然语言理解技术提高文本存储和检索结构的精度，采用网络技术、COM组件技术等保证系统的开放性扩充，实现信息表现、传输、加工的智能化、自动化和规模化，都是信息资源集成的特点。概括而言：

(1)整合后的资源来自不同学科的数据库，因而知识覆盖面较广，能够提供系统的学科知识。

(2)整合后数据对象间具有统一性和有机关联性，体现了资源的系统性。这种关联性反映了知识间的内在联系。

(3)整合后的信息资源具有相同的组织结构和组织功能，提供统一的用户界面和共同的检索方法。

(4)整合后的信息资源在结构功能上的统一性便于数据的更新和扩充[5]。

2.3 信息资源集成整合的意义

(1)解决信息资源分散性与读者信息需求综合性的矛盾。当今，科学和技术向高度专门化和综合化发展。这种高度专门化与综合化的趋势，使读者的信息需求呈现综合化的特点。读者信息需求的综合化表现在：一是信息需求内容的综合化；二是信息需求的全方位发展。这两个方面的要求集中体现为读者愈来愈需要得到内容全面、类型完整的信息。但是信息资源分布的规律是：“大量该学科的文献相对地集中在一定数量的杂志上，而剩余部分的文献则依次分散在其他大量的相关杂志上。”特别是现有的网络检索工具，搜索范围覆盖面广，专指性差，人们在检索学术信息时，往往从专门学科入手，而网络检索工具却不以专业划分，在查询某一特定学科网络信息时，一方面没有专门的网络检索工具，另一方面又是任何一个网络检索工具都可以用，致使检索的完整性可靠性都较差，难以实现对网络资源的有效过滤和筛选。整合的目的就是要使信息用户速获取知识[6]。

(2)提高了信息资源的利用率，实现了信息的增殖服务。丰富的数字化资源，高速的网络传输，使用户可以在世界上的任何地方任何时间查询多个分布式信息资源，大大缩短了信息传递时间，拉近了信息提供者和使用者的距离，加快了信息交流与反馈的速度，提高了信息资源的利用率，实现了信息的增殖服务，创造了规模化经济收益和社会收益。

(3)实现最大程度的资源共享。真正从信息用户出发，突破信息资源地域和时间上的限制，建立数字信息资源的协调化、集成化体系，解决有限的信息收藏和无限的用户信息需求之间的矛盾，最终实现资源共享。

3. 信息资源集成整合的实现

3.1 应用系统的集成

信息资源服务结构的系统构建包括软件和硬件。软件包括支持硬件运行的系统软件以及工具性的和应用性的软件。如浏览器软件、多媒体应用软件、搜索引擎软件等。硬件包括网络通讯设备、PC 及各种接入输出设备等。信息资源系统随计算机硬件的发展而发展，由最初的集中式系统不断加入新的计算机和工作站，进而发展为网络系统。这样，就必然同时存在着大型机、PC 和 SUN 工作站，运行着 Win3x、Win9x、WinNT 以及 UNIX 等操作系统和 Sybase、SQL Server 等各种数据库。利用网络互联，就可能共存着以太网、令牌环网、PSTN、FDDI 网、ATM 网等，以及应用于其上的各种通迅协议，包括 TCP/IP、IPX/SPX、NetBEUI 等。应用系统的集成就是要在异构计算机、异构网络环境下实现交互操作，方便信息的共享和访问。

当前的主流集成技术大多采用面向对象的多层客户机/服务器(C/S)模型。该模型将分布在网络上的资源都按对象的概念组织，每个对象都有明确的访问接口。基于 C/S 模型的 CORBA 技术很好地解决了系统异构的问题。

对象管理组织(Object Management Group，OMG)于 1991 年提出的通用对象请求代理体系结构(Common Object Request Broker Architecture，COR-BA)的技术规范，就是为了解决软硬件协同工作而提出的很好的方案。CORBA 借助于客户/服务器计算模式和面向对象技术，为分布异构环境下各类应用系统的集成，实现应用系统之间的信息互访、知识共享和协同工作提供了良好的可遵循的规范技术标准。其结构如图 1 所示[7-10]。

图 1　CORBA 结构示意

CORBA的核心是对象请求中介(ORB)，它定义了异构环境下对象透明地发送请求和接收响应的机制，客户机不需要知道请求对象的位置、使用的编程语言、通讯协议等，它所关心的是找到某个对象实现这个请求，然后传递参数和方法，并将结果返回给服务器对象。接口定义语言(IDL)独立于编程语言，用于描述对象和操作。IDL提供了对成员系统的封装和成员系统之间的隔离，任何成员系统作为一个对象，可通过IDL对其接口参数进行定义和说明，就能连接到ORB上，为其他系统提供服务或向其他系统提出请求，方便地实现了跨平台的通讯和客户机/服务器对象间透明交互的能力。CORBA提供了软件总线(Software Bus)机制，支持组件对象的即插即用，具有跨网络的互操作能力与可移植性，可以并行地运行在多个系统平台上，能够实现多目标系统间的无缝连接。

目前各计算机厂家纷纷提出了符合CORBA标准的ORB产品，如OEC公司的ObjectBroker、HP公司的ORB，Plus、IBM公司的DSOM、Iona公司的Orbix等。

3.2　资源数据库的整合

由于互联网自由、开放的特点，导致网络信息资源的混乱、无序。由于原创网络信息资源的贫乏和分布结构的不平衡，类型的异构，网络信息资源存在大量的重复、过时、凌乱的问题。对信息资源数据库进行整合，就是要处理各种不同结构的数据，即结构化、半结构化和非结构化的数据类型。

解决上述数据库资源类型异构的问题，一种方法是采用基于中间件的代理技术，如图2所示。中间代理包括接受用户查询请求，定位相关信息源发送请求等。当传送一条查询请求时，中间代理把它发送给相邻代理，如果该代理不能处理，转发给下一代理，直到能够处理[11-12]。另一种方法是建立实际资源数据库与资源概念数据库的映射规则。集成体系结构如图3所示[13]。所谓资源概念数据库就是资源数据库的视图；数据库转换器通过

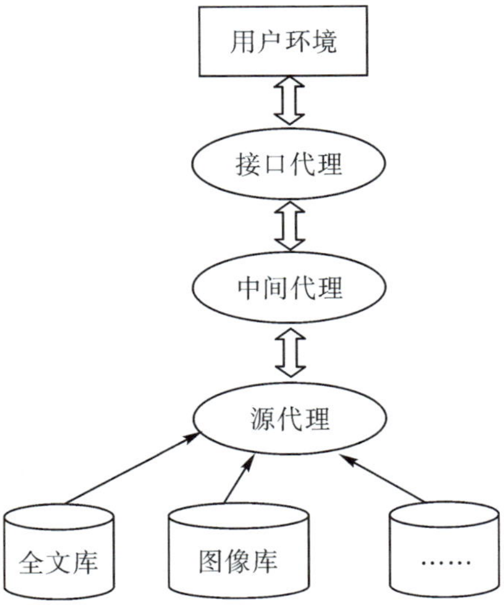

图2　基于代理的集成结构

映射规则，读取相应的映射描述文件，转换后反映到相应的应用系统数据库中。这样，通过对数字资源数据的抽象建立实际资源数据库到资源概念数据库的映射规则，提供一个统一的数据视图，具体资源数据库的结构和表示方式对用户透明，屏蔽了不同数据表示差异对应用的影响。对用户来说，得到的是一个整体的数字资源库，各种查询和访问都可以针对这个整体资源库进行，从而实现了不同数据库的集成。

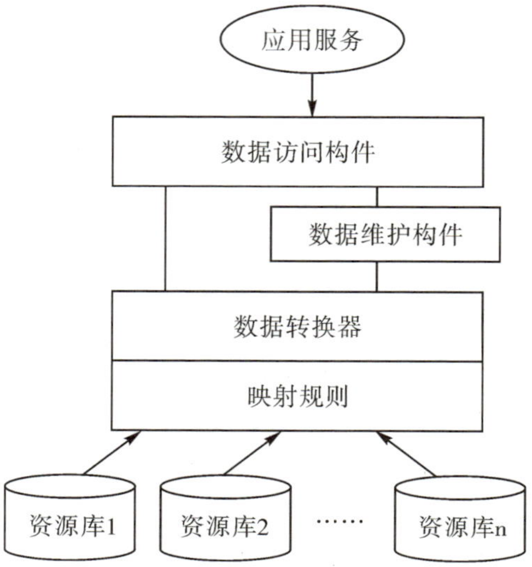

图3　异构数据库的集成

3.3　建设人才的整合

信息资源集成是科技含量很高的知识创新工程，技术性很强，必须组建一支高素质的，能支撑整个系统运行的，具有深入探索研究能力的专业技术队伍。需要有多方面知识结构的人才，特别是在计算机、自动化和网络方面具有坚实基础的专家，和在数字资源开发、组织和提供利用方面具有丰富经验的管理人员。因此建议采取以下策略：(1)树立以人为本的管理观念，把对人的能力的培养和积极性的发挥放在头等重要的位置。(2)改变组织结构，从传统的金字塔型组织结构改造成网络时代更能体现效率的扁平化的组织结构。(3)加大培训力度，树立长远的教育战略思想，形成一套科学的教育培训计划。(4)完善激励机制，包括人才配置机制、付酬机制、培养机制、奖励机制等[14]。

信息资源整合程度的高低不单单取决于人们的技术高低，更重要的是信息服务人员有没有整合的意识。只有培养和造就一批高素质、高水准的信息服务人员，才能随时为用户提供个性化、及时性的帮助服务，培养用户获取信息与知识的能力，帮助用户了解掌握网上资源的组织结构与方式，熟悉网络资源库的分布状况，发挥网络信息导航员的作用；或接受用户委托，代为检索加工信息，为用户提供智能化的成果型的知识产品；或为用户开展不同层次的培训，提高用户的信息素质，发展信息用户，促进信息资源的利用。

3.4 信息资源的安全管理

信息资源集成后既要保证信息的安全和保障信息资源拥有者的权益，又能使用户方便地完成数据检索和传输。这就要从法律道德、基础设施、电磁保护、网络结构、网络设备、软件系统、网络管理、密码体制、密钥保障等各方面入手，构造基于环境安全、网络安全和密码安全3个层次的完善的信息安全体系。

应当指出，以上这些层次的整合并不是各自孤立的，而是一项一体化工程。整合的最终结果应是为个人信息消费者、社会各级政府部门、企事业单位、社会服务机构等提供一个信息交流、内部协作、强化规范管理、提升原有资源价值的平台，以实现信息资源的高度共享和增殖服务。

4. 信息资源集成整合的标准化和规范化

信息资源集成的标准化和规范化需要全国范围内很多图书情报档案机构、各种信息中心和文化设施等众多部门和单位共同参与；它所涉及的信息和知识囊括了所有学科，数量极其巨大，类型特别繁多，而且包括了文字、表格、图像、音频等多种多媒体的数字化表达和无缝连接，组织极其复杂。如何将众多的力量协调组织起来，实现网络的互联互通、资源的共建共享、管理的井然有序，从技术管理的角度考虑，关键就在于标准化。标准化和规范化是信息资源集成与共享的一个十分突出的问题，并成为实现信息资源集成与共享的前提和根本保证。应当在充分调研的基础上，逐步推出比较完善的标准，如信息资源的储备、描述与标识、检索查询、交换和使用的标准与规范等，并使之成为标准体系的重要基础。架构信息资源集成的标准体系，可从以下几个方面进行考虑：(1)数字化信息采集标准。(2)数字化信息组织与存储标准。如文本信息的表示和存储、多媒体信息的存储、数字化信息的著录分类和标引、多媒体信息的压缩、网络环境信息资源标识、元数据标准等。(3)信息检索标准。如全文数据库检索、多媒体信息检索、异构系统的互操作标准等。(4)网络与网络资源标准。如传输控制及互联协议、信息资源网站评价、网络信息资源组织标准等。(5)信息的权限管理和安全标准。如加密、水印技术、指征鉴别等。(6)其他标准。如信息文献工作应用软件评价及评价指标体系、文献信息系统质量管理和质量认证体系等[15]。

5. 结束语

建立信息资源集成整合机制，这首先是由资源本身的多元化决定的，现有文献信息资源除了传统的印刷型载体外，还有电子资源和网络资源。其次是由读者的需求决定的，随着网络技术的发展，信息用户总是要求在一个地方即可查到所需要的各种类型的文献信息，这就要求文献信息管理由传统的“多站式”向“一站式”发展。只有整合信息资源，为读者提供的服务才会更主动更方便。

通过信息资源的集成整合，可以最大限度地实现资源共享，尽可能地减少中间环节，缩短信息传递与反馈的速度，提高使用效率；从全社会来说，能够减少信息处理的费用，降低信息与信息服务的成本，也有利于充分发挥信息资源的整体效益和规模效益。

参考文献

[1]黄波. 信息资源数字化建设与应用技术[J]. 现代图书情报技术，2003(01).

[2]李宝山，刘志伟. 集成管理——高科技时代的管理创新[M]. 北京：中国人民大学出版社，1998.

[3]霍国庆，杨英. 企业信息资源的集成管理[J]. 情报学报，2001(01).

[4]顾英，席建平. 数字化信息资源建设若干问题的探讨[J]. 现代情报，2003(07).

[5]马文峰. 数字资源整合研究[J]. 中国图书馆学报，2002(04).

[6]冯花朴. 高校图书馆数字化信息资源的开发[J]. 情报科学，2003.

[7]刘成山，赵捧未，窦永香. 系统集成技术在数字图书馆中的应用[J]. 情报理论与实践，2003(02).

[8] Vinoski S. CORBA：Integrating Diverse Application within Distributed Heterogeneous Environments[J]. *IEEE Communications Magazine*，1997(02).

[9]隋秀凛. 基于 CORBA 的制造企业信息集成系统研究[J]. 情报科学，2003(03).

[10]张维明等. 信息系统集成技术[M]. 北京：电子工业出版社，2002.

[11]Birmingham W，et al. The Distributed Agent Architecture of the University of Michigan Digital Library[J]. *IEEE Computer*，1996(05).

[12]徐彬荣. 多数据源集成新技术[J]. 情报杂志，2003(01).

[13]周善儒. 基于 CORBA 中间构件的数字图书馆异构资源集成方法研究[J]. 现代图书情报技术，2003(02).

[14][15]张凤斌. 数字图书馆的集成化管理研究[J]. 情报科学，2003(02).

20

2004 年

袁 琳　徐 璟

论图书馆实时解答服务的特点及发展趋势*

摘要　随着信息技术的广泛应用，虚拟参考咨询服务成为当前图书馆服务的重要方式，如 E-mail 服务、BBS 讨论组、实时解答服务等深受用户喜爱，发展迅速。其中实时解答服务成为当前图书馆参考咨询服务发展的主要方向。实时解答服务具有实时性、交互性、能动性、人工智能性等特点。实时咨询软件的研究与发展利用将成为图书馆网上参考咨询服务的主要发展趋势。参考文献 9。

关键词　网上参考咨询　实时解答服务　图书馆信息技术　图书馆服务

分类号　G252.6

Abstract　With the wide application of library information technology, virtual reference services are becoming an important way of library services. Among them there are e-mail services BBS discussion groups, real-time query-answering services, which are popular and rapidly developing. In this paper, the authors analyze the characteristics of real-time query-answering services, and think that they will become a main trend of online library reference services. 9 refs.

Key Words　Online reference services. Real-time query-answering services. Library information technology. Library services.

Class Number　G252.6

随着信息技术的广泛应用，图书馆信息服务发生了多方面变化，用户的信息需求也逐步向社会化、综合化、集成化、高效化发展。针对这一变化，各类型图书馆在参考咨询服务方面做了许多新的尝试，如：E-mail 服务、BBS 讨论组、电子表格 E-form、留言板 Message Board 等。但这些服务方式远远不能满足用户的需求。随着数字图书馆建设的迅猛发展，图书馆参考咨询服务的信息查询空间不断扩大，如何最大限度、最快地满足用户需求，并“随时随地”地为用户提供交互式服务，已成为当前数字图书馆建设及参考咨询服务发展的主要目标。

---

* 本文为武汉大学资助课题项目成果之一。

1. 实时解答服务成为图书馆网上参考咨询的主要发展方向

实时解答服务也称为实时交互式参考咨询服务(Interactive Reference Service, IRS)。它是在数字化、网络化的环境下,充分应用现代信息技术,随时解答图书馆信息用户咨询问题的一种服务方式。随着图书馆社会功能的加强,社会信息需求的增长,图书馆服务活动更加注重与信息用户之间的交互作用和影响作用。因此,交互式参考咨询服务应运而生。交互式参考咨询服务是图书馆与信息用户之间对特定知识信息的双向交流过程,它能够及时解答信息用户提出的各种问题,这种交互式服务的最大特点体现在它的实时性与互动性。它突破了传统的服务模式,成为数字图书馆建设中信息服务的重要形式。

目前,国内外图书馆已有许多开展实时网上参考咨询服务(Real-time Virtual Reference Services)的实例,如美国教育部推出的虚拟参考咨询台(Virtual Reference Desk, VRD)、美国国会图书馆和美国 OCLC 推出的合作数字参考咨询服务(Collaborative Digital Reference Service, CDRS)、哥伦比亚大学图书馆的 Ask us Now 服务、美国密歇根大学 Shapiro 学院图书馆的 CU-SeeMe 网络会议、上海交通大学的 VRS 实时解答系统、武汉理工大学图书馆的虚拟咨询服务系统、上海图书馆的合作网上咨询服务项目等。

第五届 VRD 数字参考服务年会于 2003 年 11 月 17—18 日在美国得克萨斯州举行,我们期待着此次年会后数字参考服务能有更大的进展[1]。

2. 实时解答服务的主要特点

2.1 及时性

网上参考咨询服务分为实时服务(real-time service)与异步服务(asynchronous service)即非实时服务两种。实时解答服务较异步服务方式(如 E-mail 服务,电子表格 E-form 等)而言,其及时性主动性表现得非常突出。例如 E-mail 服务具有不确定性和延时性,并且 E-mail 的"静态服务"使图书馆员无法获知与读者面对面时可捕捉到的"动态提示",从而限制了参考馆员的思维空间和服务来源多样化的选择[2]。因此,为了充分而及时地了解和满足信息用户的文献需求,有必要将静态服务和动态服务结合起来,将异步咨询服务和实时解答服务结合起来。实时解答服务不受时间和地点的限制,为实现每周 7 天,每天 24 小时的服务模式提供了可能。目前,美国新泽西州图书馆的 Q and A NJ 服务就实现了一天 24 小时,一周 7 天的服务[3]。

2.2 交互性

目前,国外开发的一些实时咨询软件具有很强的交互功能,如文字交谈、网页推送、同步浏览、咨询日志归档、请求转发等功能。比较通用的软件有由美国 Library System & Service LLC(LSSI)公司开发的 Virtual Reference Toolkit(VRT)、CCLC 美国国会图书馆共同开发的 Question point、洛杉矶公共图书馆联盟(Metropolitan Cooperative Library, MCLS)开发的 24/7 Reference。

由于许多信息用户习惯于用网上聊天的方式向图书馆提出自己的问题，所以很多图书馆采用了 Mirabilis 有限公司研制的 ICQ(ISEEK YOU)交互性软件来解答用户咨询。ICQ 的交互性操作特点可以使用户与图书馆之间开展多种形式的交流，信息用户可以任意选择合适的方式在 ICQ 和 ICQ 之间，ICQ 与 E-mail 之间，ICQ 与网页之间交互利用与交流。因此，它的许多功能都被借鉴到图书馆网上实时咨询服务中来，如：接收和发送文件(包括语音文件)、实时性在线对话、传递 URL 等。国内一些高校图书馆也采用了中文版的 OICQ 软件来进行网上实时参考咨询服务，如中南大学、上海交通大学等。哥伦比亚大学图书馆在 2002 年 5 月推出了 Ask Us Now 服务，这种服务是基于 Chat Reference 的服务。使用聊天软件进行参考咨询服务增强了参考咨询系统与用户之间的互动性，信息用户与工作人员之间可以随时就含糊不清的需求表达进行澄清，及时了解信息资源的内容及使用方法，提高服务的准确性。

此外，还有一种 Chat Reference 的服务方式—web call center 在美国已深入人心，具有非常强的交互性。它所利用的网页推送技术和 Co-browsing 技术为用户提供了更方便、快捷和实时的交流途径，并能够记录保存与用户交流的内容，还提供多语种的交流[4]。

2.3　能动性

实时解答系统的又一特点是能够充分调动参考馆员和用户的能动性与积极性。许多用户不愿意接受面对面的参考咨询服务，而更愿意以匿名的方式进行交流，这样就可以摆脱由图书馆员控制的面对面交流所产生的约束感[5]。针对这一问题，图书馆便使用 Chat Reference 来设计图书馆的参考咨询服务，让用户与馆员在网上进行“面对面”的交流。同时，也让参考馆员更切实、充分地从用户的角度考虑，根据用户年龄、学科、性别、职业、需求方面的差异，提供适合用户需求的服务，从而相互促进和影响。

2000 年 4 月南佛罗里达大学图书馆的 Florida Distance Learning Reference & Referral Center(RRC) 就开展了 RRChat 的服务，为远程用户提供实时的参考服务。RRC 在选择 chat 软件时非常注重软件技术上的限制和易操作性，使用户无需下载或安装任何软件就能使用，这种 chat 服务是免费的，受到许多用户的欢迎[6]。

许多图书馆采取了不同方式来吸引用户，满足用户需求。这也就带来了每个图书馆参考服务工作的不同特色，从而极大地调动了信息用户参与的积极性。1999 年 12 月，美国 Temple 大学图书馆与 Temple 大学计算机信息科学学院(Computer and Information Sciences, CIS)的两名学生共同研发了 TalkNow 软件，并于 2000 年初建立了交互式参考服务项目(Interactive Reference Project)的网站(www. library. temple. edu/ref/interactref. html)，用户可以从该网站下载 TalkNow 软件。由于该软件是由 Temple 大学的学生和图书馆自行开发的，不但减轻了经费方面的负担，还满足了他们自己的特定需求，开展自己的个性化服务。该软件使用后一年当中就收到了来自用户的 2000 多条对改进服务有建设性的意见，效果显著[7]。

2.4　人工智能性

一些图书馆运用了 Co-browsing 信息推送技术，针对一些用语言不能简单回答的问题，参考馆员在必要时向用户推送所推荐的页面，使用户能够跟着参考馆员的思路，顺着此页面循序渐进，获得最终的解答，自动完成对所需信息的处理并将服务延伸到桌面，给用户以形象、直观的感受，便于理解。

北卡罗来纳州立大学图书馆使用了 LSSI 公司提供的虚拟参考咨询台的服务。其中就采用了 Co-browsing 推送技术。它可以使参考馆员提供任何类型的文件给用户，如：Word 文档，PDF 文件，Powerpoint 文件等。每个咨询过程结束后，馆员和用户都可以获取所有访问过的网址的记录[8]。上海交通大学的 VRS 实时解答服务系统也采用了 Co-browsng 技术的网页推送，并将考虑视频压缩和传送技术，在必要时，图书馆参考馆员可以切换窗口让信息用户看到馆员的整个操作过程，包括鼠标的移动、点击，文字的输入等[9]。

3. 实时解答服务的发展趋势

就目前国内外图书馆虚拟参考咨询服务的情况来看，实时解答服务的主要形式是网上解答。为满足用户需求，实现真正的实时服务，国外许多图书馆已经开始研究新的软件，进行实时解答服务的尝试。实时咨询软件的研究与发展利用成为实时解答服务的主要发展趋势。Chat Reference 的服务方式，使实时服务的尝试取得了初步成效。

到目前，较成熟的实时咨询的软件有美国 LSSI 公司开发的 VRT、OCLC 和美国国会图书馆共同开发的 Question Point 等。VRT 具有实时聊天与自动网页推送功能，而且将网页推送与实时交谈集成在同一界面上，使文字交谈和资料提供可以同时进行，可以提供 Web 网页、图片、PDF、格式文件、Word 文档等多种用户需求的文件。VRT 还具有 OPAC 和网络数据库的同步浏览技术，具有提问转发的咨询管理日志功能，可以满足图书馆联盟合作咨询的要求。它基本上具备了上述实时解答服务的主要特点。和 VRT 功能基本相同的有洛杉矶公共图书馆联盟开发的 24/7 Reference，但由于它由非营利性机构开发，所以在技术更新上不如 VRT。

Question Point 是 2001 年 OCLC 与美国国会图书馆合作，对 CDRS 管理系统进行的二次开发，并于 2002 年 6 月正式投入使用。它具有实时交谈的功能，并具有数量大、知识含量高的提问/答案知识库，提高了馆员回答问题的速度，它还有比 VRT 更强大的请求转发功能。它通过视频流和基于 IP 网络的语音传输、实时对话和软件共享，以实现虚拟的面对面交流。从整体上说，Question Point 还是目前较完善的实时咨询软件。目前已有全球范围内 300 多家公共图书馆、大学图书馆、专业图书馆、虚拟咨询服务机构参加。北京大学图书馆也于 2002 年 7 月以成员馆和 CALIS 集团管理员的双重身份加入此系统，同时使用了 Question Point 的全球、地区、本地三级服务体系。

4. 开展实时解答服务应注意的问题

(1)加强技术支持。使用户使用方便，无需掌握复杂的命令，并增强对 Page Pushing (网页推送)技术，Co-browsing 技术等的利用。

(2)增强个性化，吸引用户。针对本馆的特色，根据不同用户不同需求开展个性化服务。

(3)有FAQ数据库支持。将用户的问题汇总、整理、分类，建立数据库，可以提高实时解答服务效率，节约时间。

(4)对开展实时解答服务加大宣传力度，扩大在用户中的影响力。

(5)加强参考咨询人员素质的培养。提高参考咨询人员的综合素质，理解用户真正需求。

(6)开展合作化服务。加强各分馆间、各图书馆间的合作咨询服务。

参考文献

[1]http：//www.vrd2003.org/index.cfm，2003-5-15.

[2]赵凤.虚拟参考(VR)的发展及几种方式的应用[J].大学图书馆学报，2002(03).

[3]http：//www.qandanj.org/about.htm，2003-5-15.

[4]郭晶，林浩明.关于图书馆利用Chat软件开展实时参考咨询服务的探讨[J].大学图书馆学报，2002(06).

[5]初景利.网络环境下文献信息服务的若干创新点[J].图书情报工作，2002(02).

[6] Rechel Viggiano，Meredith Ault. Online library instruction for online students [J]. *Information Technology and Libraries*，2001，20(03).

[7] Sam Stormont. Going where the users are：Live Digital Reference [J]. *Information Technology and Libraries*，2001，20(03).

[8]Joshua Boyer. Virtual reference at North Carolina State：The first one hundred days[J]. *Information Technology and Libraries*，2001，20(03).

[9]黄敏，杨宗英.网上咨询服务的主要形式与发展趋势[J].大学图书馆学报，2003(01).

21

2005 年

胡昌平

图书情报事业的社会化发展战略*

——国家可持续发展中的图书情报事业战略分析(1)

摘要 在新的社会环境和条件下，以知识信息的组织开发和服务为内容的图书情报事业，其公益性和服务的社会性，决定了它在国家可持续发展中的战略地位。处于转型期的我国图书情报事业面临新的挑战和面向社会的发展现实，决定了它的社会化发展战略机制、战略导向、战略构建和战略实现。参考文献 11。

关键词 图书情报事业　发展战略　可持续发展　社会化

分类号 G250

Abstract In the new social environment and conditions, library and information services have the characteristics of public welfare and sociality, which determine their strategic status in the national sustainable development. The challenges and reality facing the Chinese library and information services determine their strategic mechanisms, directions, structures and realization in their socialization development. 11 refs.

Key Words Library and information services. Development strategy. Sustainable development. Socialization.

Class Number G250

现代条件下的国家可持续发展不仅依赖于物质资源和环境，而且愈来愈依赖于知识创新和社会信息资源的深层开发与利用。物质资源的稀缺和大规模消耗，提出了进行信息资源的社会化配置，促进资源流通，提高资源利用效率和深层开发问题。以知识创新为依托的研究发展，已成为社会发展的可持续作用要素。在新的环境下，以知识信息管理、开发、组织和服务为内容的图书情报事业，其公益性与社会性以及在国家科技进步、经济繁荣和文化发展中的关键作用决定了它在国家可持续发展中的战略地位。

---

* 本文系国家社会科学基金重点项目“国家可持续发展中的图书情报事业战略研究”(02ATQ002)成果之一。

技术环境和信息环境的变革，国际经济整体化发展的全球竞争趋势，对各国的图书情报事业提出了新的挑战。我国图书情报事业正处于社会转型的发展时期，其社会定位的变化，服务业务的拓展和管理机制的变革，决定了图书情报事业的战略构建以及面向社会发展的重任。

1. 图书情报事业社会化组织机制的形成

从战略上看，一个国家的图书情报事业组织机制由社会发展的需要和基础所决定。当前，国家可持续发展、创新体系的确立以及社会、经济的全面信息化决定了图书情报事业组织机制的变革。

在现代图书情报事业组织中，图书馆的文献收藏、文化功能、社会教育和信息服务功能的发挥，取决于知识信息组织的基本模式和体制；科学信息机构面向科学研究、技术发展和应用的知识信息服务，由国家科学研究与发展体制、体系和组织机制决定。二者在功能和服务组织上相互协调、分工，构成了面向知识生产、传播和应用的图书馆情报服务体系。

我国的图书馆事业和科技情报事业，长期以来实行以部门、系统为主体的组织发展体制，其服务在部门、系统基础上进行。在这一体制下，我国的图书馆，由文化部进行统一业务管理。按图书馆所属系统，区分为公共图书馆、专业图书馆、部门图书馆和单位图书馆；按行政区域管理，又分为国家和地方图书馆系统。我国的图书馆形成了条块结合的，由公共图书馆系统、科学图书馆系统、学校图书馆系统以及部门、单位图书馆构成的社会体系。我国的科技情报事业机构和社会科学情报机构与经济和其他信息机构有明确的分工，基本上按主体业务内容与部门的关系组建；按其服务的系统和部门，由国家和地方综合性科技信息机构(中国科技信息研究所和各省、市(区)科技信息机构)以及从属于各部(委)，且与国家科技、经济体制相适应的情报(信息)机构组成。图书馆和科技信息与社会科学情报机构的隶属关系和管理与服务体制，决定了事业组成和图书情报事业组织按系统、部门的发展模式。从总体上看，图书情报机构与国家经济信息系统和其他信息机构协调，形成了相对完整的系统、部门体系结构。

我国图书情报事业在几十年的发展中与计划经济体制下的需求相适应；按系统构建的事业组织具有各自的定位和分工，与我国当时的社会信息形态相一致。然而，随着国际信息环境的变化、知识创新组织的社会化，以及市场经济中企业体制的变革与完善，图书情报事业按部门组织的发展模式受到了来自各方面的挑战，从而提出了战略管理上的图书情报事业转型问题。

(1)知识创新主体的社会化决定了图书情报事业面向社会的发展方向。国家的知识创新体系是由多个相对稳定的系统结合而成的一个系统网络，其中的各个组成部分既有分工，又有协作，从而决定了国家的知识创新体系框架结构。长期以来，我国计划体制下的国家创新体系由分工明确的科学院系统、国防科技系统、各部(委)属研究机构所组成的系统、高等院校系统以及各地的研究机构和企业构成。在以科学研究与发展为主体内容的知识创新中，除利用公共图书情报机构(主要是公共图书馆系统和综合性科学情报机构)

所提供的知识信息服务外，其创新信息保障主要依赖于各部门、各系统内的图书情报机构。由此决定了图书情报机构的部门化、系统化和专业化发展格局。这种发展模式适应了国家以科学技术为主体的知识创新体系的建立与制度安排。在市场经济体制下的面向国际社会信息化的发展中，我国相对封闭的知识创新系统结构发生了根本性变化，随着科技体制和经济体制改革的深入，以系统、部门为主体的创新正向开放化、社会化、市场化、协同化方向发展。在知识创新推进中，部门、系统的界限逐渐被打破，国家科学研究和发展机构与企业研究和发展结合，开始重构国家知识创新大系统。这意味着，知识创新已从部门组织向社会化组织发展。在这一背景下，条块分割的图书情报发展模式必须改变，以图书情报资源共建共享和开放服务为特征的图书情报事业的社会化发展战略必须确立。

(2)政府机构改革和职能转变导致所属信息(情报)机构的组织关系变化。政企分开以适应社会主义的经济发展，是我国从中央到地方的政府机构改革和职能转变的重要内容。通过改革，我国传统的通过设立行业部(委)，管理企业和经济的组织形式，已成功地过渡到政府宏观调控，按现代市场规律管理企业和经济的形式。在国务院机构设置中，各个行业部(委)的撤销和商务部的组建，标志着新的国家经济管理体制的进一步完善。在大市场运行中，原从属于各专业部(委)的企业以新的国有企业的面貌出现在社会主义的大市场，它们与非国有企业构成了社会主义市场经济主体。在体制变革中，按行业部门设立的国家行业信息(情报)机构已不再从属于相应部(委)，而需要进行两方面转变：一方面，并入国家面向全社会的综合性信息(情报)机构，实现面向社会的服务；另一方面，进行体制变革，实现市场化信息服务。显然，这种社会转型必须纳入战略管理的轨道。

(3)用户信息需求的全方位和综合化决定了图书情报服务面向社会大众的开放化组织模式。今天，作为知识创新主体用户的信息需求已经发生了根本变化，出于职业工作的需求和知识积累与更新的需要，他们迫切需要通过图书情报机构提供的服务，获得从事创新活动所需的内容全面、类型完整、形式多样、来源广泛的知识信息，要求图书情报机构为他们提供全程性、全方位的知识信息保障，以满足他们多方面、系统化和综合化的业务要求。另一方面，科学技术发展中的学科、专业领域的交叉源于自然科学技术与社会科学的结合，使得专业化的图书情报机构的知识信息收集存储愈来愈困难，因此必然求助于各专业图书情报机构的合作和协作。这种合作化和协作关系的发展，要求在管理体制上对相对封闭的专业化机构进行整体的整合与调整，形成面向多方面用户的服务体系。在战略发展上，我们将其归纳为面向社会大众的开放化图书情报体系的构建与发展。

(4)信息技术的进步和信息网络的发展使跨机构的知识信息组织与开发成为可能。传统图书情报机构的知识信息服务受地域、范围限制和时间约束，很难面向范围外用户开展系统性服务。究其原因，一是信息组织上的困难；二是难以及时地向远距离用户提供他们所需的原始资料。信息组织和处理的数字化、基于标准化的数据库资源共享以及信息传递、提供与服务的网络化，从根本上解决了图书情报机构的信息资源共建共享问题。出于信息的社会化组织和网络化传播要求，在图书情报事业管理中，图书情报网络组建必须社会化。基于网络的数字信息资源组织的社会化和图书情报网络服务的社会化是传统的图书情报组织模式的创新和发展，只有适应于技术和网络的组织模式，才能适应现代图书情报事业社会化发展的需要。

(5)图书情报事业的可持续发展要求实现事业的社会化组织。图书情报事业社会化组织的基点是，突破部门、系统的图书情报事业与公共图书情报事业(主要是公共图书馆)结合的分工模式，实现政府主导下的，以公共平台为基础的面向社会的多元化结构构建模式，即以国家调控、计划为主线，以社会化投入为基础，将社会与经济效益结合，实现图书情报事业宏观投入、产出的合理控制，使图书情报事业在社会发展中形成自我发展与完善的运行机制。显然，在社会开放条件下，如果图书情报事业体系仍然是部门化的，就不可能有效地实现社会的运作，这也是长期困扰我国图书情报事业发展，导致经费短缺的一个重要因素。因此，有必要从根本上解决图书情报事业良性发展的问题，从体制上确立其社会化组织体系，使之与社会信息化和经济整体发展相协调。

2. 图书情报服务的社会转型与战略导向

图书情报事业的社会化组织决定了其基本的发展战略，而服务业务的拓展、深化和由此决定的转型则决定了图书情报事业的业务组织战略。

从图书情报服务业务的组织看，用户知识信息需求及其利用的满足是最终目的，文献信息资源的组织与开发是基础，而技术平台的建设与服务的技术实现是基本条件。这几个方面决定了图书情报事业战略的基本导向。从战略组织的角度看，应从以下几方面进行综合考虑。

(1)从文献信息服务向知识服务发展。长期以来，图书情报服务以文献信息的提炼、组织和文献提供为主体，文献内容服务基本上限于文献载体本身，用户向图书情报服务部门索取的往往是与自己需求吻合的文献信息，其深层利用则需要自行消化、发掘。当前，用户的知识信息需求已发生深刻变化，就创新活动而论，包括两方面需求，即显性知识需求与隐性知识需求。显性知识的需求，是对文献信息需求的深化，它要求图书情报机构面向用户，进行文献内容的深层发掘，将以分类、主题为主体的文献信息服务，发展成为以文献中知识信息的关联组织、揭示、提供为主体内容的知识集成服务。隐性知识需求则是用户对存储于社会他人头脑中的知识和存在于他人社会活动中的知识需求。由于信息网络的发展，图书情报用户可通过网络渠道进行知识信息交流，这是前苏联情报学家米哈依诺夫所指的“无形的学院”在新的技术与信息环境中的体现，它要求实现图书情报用户的知识交流与联网服务。

传统的图书情报部门所开展的文献服务向社会化的知识服务发展已成为必然，在战略构建上，它要求从知识信息资源的组织与服务的结合上，进行整体规划，构建图书情报部门面向知识创新的全方位知识服务体系。

(2)从信息资源的分散组织服务向资源整合服务发展。图书情报部门的信息资源组织经历了文献互借、文献资源协调建设、文献信息资源共建共享和信息资源整合几个发展阶段，其组织模式基本上体现了从分散到整合的发展历程。在发展中，文献信息的共享始终为基本原则，然而，各个阶段的文献信息组织，在客观上是由资源、用户、技术和体制几方面决定。

在最初的信息资源的关系组织中，由于图书情报部门的文献信息资源建设大多限于系统内部的利用，在文献服务上不能做到适时共享，其文献建设战略往往限于传统文献收藏的协调，就科技文献信息资源而论，局限于科学院、高等学校和其他系统的协调规划。随着信息网络化与数字化信息技术的发展和应用，信息资源的数字化共享已成为现实。在需求的促动下，文献信息资源共享战略随之从分散协调向大范围内的共建共享和面向社会用户的资源整合方向发展。这说明，从信息资源组织角度看，资源整合服务是一种基本的信息资源建设战略导向。从需求角度看，基于信息资源数字化组织的整合，有效地解决了文献信息资源数量、类型、分布变化与需求之间的矛盾，确保了面向用户的信息组织的实现。

(3)从满足用户表层信息需求向满足深层信息服务需求发展。传统的图书情报服务基本上以用户表达出来的信息需求为依据，如根据用户的要求提供所要的文献，依据用户明确的主题进行专题文献检索，面对用户提问开展文献咨询服务等，服务中的用户调查往往限于问卷式的需求调研。在服务组织上则以用户能够认识到并得以准确表达的需求满足为原则；对于用户未能认识或虽然能够认识，但未能表达的信息需求，却难以有效满足。这种表层服务模式与传统的文献信息组织方式和水平相对应，文献组织依据的是文献的表层信息，如类型、主题、来源等，其基点是用户各种信息服务要求(即表达出的信息需求)的满足。

随着社会进步对用户职业工作影响的不断扩大，在新的信息环境和技术条件下，用户对信息服务的要求趋于深层化，文献信息的组织也随之深入到知识层面。在这种情况下，面对庞大的、来源广泛的信息，用户正确认识和准确表达其客观需求愈来愈困难，因此必然要求图书情报服务针对用户认识层次，甚至客观层次需求进行组织，而不再是表层的表达需求的满足。实际上，基于网络的信息服务在这一背景下的开展，信息推送服务、智能代理、数据挖掘和个性化服务的推进已成为信息服务的必然趋势。如何有效地组织面向用户深层信息需求的服务，理应成为一种基本的图书情报服务战略导向。

(4)从图书情报专网服务向多网合作服务发展。从20世纪90年代初期全球范围内开始的图书情报网络建设与服务的推进意味着图书情报事业一个新的发展阶段的开始。虽然在图书情报网络发展中，各国的水平有很大差异，但就其组织而言，必然经历从局部服务向多网合作服务的发展阶段。

我们所说的图书情报专网是指图书馆和情报(信息)机构建立的专门性图书情报网络，如美国的俄亥俄图书馆网络、国内的中国科技网以及基于网络的中国高等教育文献保障系统、国家科技图书文献中心和数字图书馆网络等，其服务以文献信息提供和保障为主体内容。然而，由于用户所需信息的分散性，仅靠专门网络本身的资源组织已无法满足用户愈来愈广泛的信息需求，致使用户在利用专门图书情报网所提供的服务的同时，不得不寻求更广范围的网络信息的获取和利用，因此基于多网合作的图书情报网络信息组织与服务已成为必然。事实上，国内外已开始着手这方面的合作与协调服务。为了有效地从整体上推进这一工作，有必要形成明确的战略导向。

上述4方面的问题也是图书情报事业发展所面临的现实问题，在战略决策中应充分重视。

3. 基于可持续发展的图书情报事业战略构建与实施

基于可持续发展的图书情报事业战略构建的基点，一是国家科技、经济和社会的可持续发展，二是图书情报事业本身的可持续发展。应根据社会发展基础、条件、要求，将战略构建与实施作为一个有机联系的系统工程进行考虑。

3.1 关于战略构建

图书情报事业发展的战略构建，应面向未来，面向社会和机构发展中的实际问题的解决，适应国家可持续发展对图书情报事业的要求。总体说来，应包括以下基本内容：

(1)面向社会的发展战略。这是图书情报事业的基本发展战略，战略的基点在于推进图书情报事业从部门主导向社会主导发展，从国家发展的整体上确立图书情报事业的社会地位。由于图书情报服务的社会化直接关系到国家信息化建设，因此，应根据国家信息化进程进行战略安排，使事业和社会发展相适应。

(2)协调发展战略。图书情报机构作为公益性知识信息服务机构，其事业效益体现在社会大众和其他行业的收益上。从投入—产出关系上看，图书情报事业的公益性决定了用户(社会大众和其他行业组织)通过它的公益性服务而受益，最终表现为基于知识创新和产业发展的国民经济增长，而经济增长又要求以图书情报事业的更大投入作保证。因此从战略上，图书情报事业必须与社会经济、科技和文化发展相协调。

(3)资源整合战略。图书情报机构的资源整合并不是简单的各单位之间的信息资源共享和基于共享的共建，而是从机构、技术、人力资源和信息资源等相关要素和服务出发的全面整合。整合目的是解决图书情报机构的一体化建设、网络信息服务的整体化组织、各部门和系统的业务协调，实现图书情报资源的整体化、社会化、全方位配置，以适应用户跨系统、跨部门的集成化信息服务的发展需要。从全局看，整合战略的实施直接关系到资源效益的提高。

(4)服务平台战略。信息资源数字化共享是搭建信息服务平台的基本思想，实现基于网络的信息服务平台构建和服务集成，不是简单地推行统一的信息组织标准和提供单一的通用工具或技术，而是从战略角度构建面向用户的公用平台，使各类用户可以通过服务平台充分而有效地利用图书情报资源和服务。国家的信息服务平台建设，涉及平台环境、基础设施的利用、平台技术发展、平台业务规范和共建平台的实现等方面的战略性问题。

(5)技术推进战略。图书情报事业发展中的技术推进，旨在解决图书情报资源的数字化建设与面向社会的服务技术问题。它要求与现代信息技术的发展同步，其战略基点是确立行之有效的技术研发机制，以利于组织基于网络的数字化信息管理技术的应用，推进数字图书馆、图书情报网络的技术标准的实施。在我国的战略组织中，东西部信息技术发展与应用的协调，以及国内外数字鸿沟和东西部数字鸿沟的消除，是目前应优先考虑的技术战略重点。技术推进战略还包括图书情报网络与其他网络的配合和新一代互联网中的信息资源建设技术发展战略等方面的实际问题。

(6)管理创新战略。图书情报事业发展应以科学的管理作保证，要求进行图书情报事业体制、组织和协调与控制等方面的创新。例如，20 世纪 90 年代上海图书馆与上海科技情报研究所的合并和整合后发展，从战略上构建了上海区域性的社会化图书情报服务主体，以此为起点的业务重组，较好地适应了社会化信息服务整合的需要和服务业务拓展要求，可见这种创新管理十分必要。现代条件下，图书情报管理创新涉及面广，其战略实施要求是：充分发挥图书情报服务的社会效益和经济效益，对国家可持续发展进行信息服务保障。

3.2 关于战略实施

图书情报事业社会化发展战略的实施是一项复杂的社会系统工程，涉及国家宏观管理、机构协作、服务组织和技术推进等环节。在战略实施中，除坚持以社会化需求为导向、以现代技术为依托、以社会发展为基础的一般原则，还有以下几方面的问题必须解决。

(1)图书情报事业战略实施主体调整。我国图书情报事业在发展中从属于不同的政府主管部门，如文化部负责图书馆工作、科技部负责科技信息(情报)机构管理，而与图书情报事业基础建设相关的信息网络则归属信息产业部等国家部门管理。这种分散化的政府管理使得基于信息化的图书情报事业的社会化发展受到限制。就当前管理体制而言，要推进一项系统建设工程必须由多个平行部门协调(如 NSTL 项目的推进就由有关方面联合负责协调)。这样不仅效率低，而且难以统一规划。可在现有体制的基础上，将图书情报事业的宏观管理纳入国家信息化建设的轨道，作为社会信息化和信息服务社会化的一个方面，归为国家信息化领导小组统筹管理，以此为前提，实现多部(委)协调和社会共建。

(2)进行图书情报社会化发展战略目标的合理选择与定位。图书情报事业社会化是一项较长期的任务，在战略实施中宜采用分阶段推进的原则，既制定长期发展计划，也考虑分阶段目标的选择和定位。例如，社会化的数字图书馆工程推进，就必须按试验发展阶段、重点推进阶段、全面推进阶段和全面普及阶段，根据基础、现状、需求与发展进行组织。从全局看，图书情报事业社会化发展战略目标选择与定位的依据包括：社会发展基础条件，社会化的图书情报服务需求，图书情报事业所依赖的社会基础设施，图书情报事业发展的国际信息环境，文献信息资源结构与分布，国家政策与国家信息化战略目标规划等。在局部社会化发展中，则应从局部出发，在与全局协调的基础上进行定位。

(3)图书情报社会化战略实施组织。这包括战略实施体系构建、战略实施导向、战略实施监督与评估等基本环节。实施中，首先应明确战略实施的基本组织要素、技术要素、资源要素，明确实施主体的基本工作与任务；其次，在明确基本战略要素的前提下，寻求基本的战略实施路线，目前可供选择的路线有用户需求导向、技术组织导向、资源与市场化管理导向等，其要点是从某一基本问题着手，进行全面组织。同时，战略实施应有基本的监督与评估保障，目的在于及时发现问题、反馈信息、调整计划，以达到优化目标的目的。

(4)图书情报事业社会化战略实施的政策、法律保障。国家信息政策和法律是实现图书情报事业社会化发展的基本保证，也是图书情报事业战略的制定和实施依据，任何一个国家图书情报事业的发展都离不开政策导向和法律支撑，如美国基于政府导向、多元投入、法规保障的组织模式，法国的集中管理政策与法律支撑体系，英国的分部管理、集中推进的政策框架等，都是针对各自具体问题而形成的政策、法规体系。他们的共同点是，将图书情报事业发展纳入国家信息管理的总体战略和法律体系。国外的成功经验值得我们重视，在具体问题的处理上，我国必须考虑图书情报社会化发展政策与国际信息化环境的适应性，以及与国家总体政策和信息立法的相容性，以此为前提，在组织和管理上全面推进社会化。

参考文献

[1] Neil Jarvis. Enterprise Information Management in the Digital Economy[EB/OL]. http://www.eds.com.
[2] Robert Hawley, Nigel Home. A practical Agenda for the Information Age[EB/OL]. http://www.unisys.com/execmag/1997-08.
[3] 关家麟，刘绿茵. 建设国家科技文献信息资源共建共享体系的若干思考[A]. 信息化与信息资源管理学术研讨会议文集[C]. 北京：科学技术文献出版社，2003.
[4] 程鹏. 社会信息化与可持续发展关系分析[J]. 情报学报，1997(06).
[5] 何丽珈. 可持续发展战略对 21 世纪图书馆发展的启示[J]. 图书馆论坛，2002(02).
[6] 胡昌平，谷斌. 网络信息资源的社会化组织与开发构想[J]. 中国图书馆学报，2002(04).
[7] 王勇. 网络信息资源开发中的多网合作模式[J]. 中国图书馆学报，2002(05).
[8] 黄如花. 国内外信息组织研究述评[J]. 中国图书馆学报，2003(04).
[9] 贾君枝. 市场环境中网络信息资源配置影响因素[J]. 中国图书馆学报，2003(02).
[10] 王翠萍. 我国网络信息资源分布[J]. 情报科学，2004(02).
[11] 胡昌平，杨曼. 国家网络信息资源组织的系统化实施[J]. 情报杂志，2003(01).

22

2005 年

张煜明

2004 年档案学刊[①]档案学基础理论研究佳作回眸

摘要 2004 年，档案学研究在深入拓展，突出创新方面，取得了令人欣喜的进步，本文从档案学刊佳作中挑选出一批文章进行评论，这些文章从多个方面充实和完善了档案学的基本理论，对档案学学科建设起到了重要作用。

关键词 2004 年 档案学 理论研究

一

档案学者一般认为，中国档案学形成于 20 世纪 30 年代，相对于文、史、哲、政、经、法来说，它还是一门年轻的学科。也许正是基于这一特点，档案学者在档案学基础理论研究方面着力最多。因为档案学所具有的地位和价值、档案学的完善和成熟，在很大程度上取决于基础理论研究的状况。在过去的 2004 年中，档案学基础理论研究、档案学应用理论研究、档案应用技术研究在深入拓展、突破创新方面，取得了令人欣喜的进步，发表的文章洋洋洒洒、蔚为大观，呈现出了百花齐放满园春的景象，其中又以基础理论研究最为引人瞩目，成为最大的亮点和看点。从总体上考察，基础理论研究的深入挖掘日渐成为档案学者的共识，既有前瞻性的研究，也有实务疑难的剖析解惑，涉及档案学原理、档案管理学、档案馆学、比较档案学、档案术语学、档案学史学等诸多内容。它们的问世，对档案学学科建设起到了重要作用。

二

在《档案学》上收录的档案学基础理论研究的文章中，给我印象最为深刻的要数胡鸿杰的《论中国档案学的评价机制》②、覃兆刿的《从“档房”到“档案馆”——关于中国档案事

---

① 本文所指 2004 年档案学刊佳作，是中国人民大学书报资料中心出版之文摘刊物《档案学》学刊作品，本文所选佳作，实是作了第二次遴选。

② 胡鸿杰：《论中国档案学评价机制》，《档案学》2004 年第 4 期、原刊《档案学通讯》2004 年第 2 期。

业近代化的反思》①、李财富的《中国档案学史论》②、陈兆祦的《谈谈文件论》③、冯惠玲的《电子文件与纸质文件管理的共存与互动》④、傅荣校的《档案鉴定理论发展规律论》⑤、刘国能的《中国档案事业的形成阶段》⑥。

中国档案学需要有自己的评价机制，否则，就很难做出对中国档案学的正确判断，就无法理性地把握学科的发展，甚至不能说明学科的基本属性。在《论中国档案学的评价机制》中，作者首先定义了中国档案学的评价机制，即中国档案学的评价机制，就是选择或制定一定的评价标准，对该学科进行评价。作者接着指出：(1)对中国档案学理论的评价不宜采用事实评价，即要求理论与事实相符合。因为采用事实评价“存在逻辑的困境”“存在操作的困难”。科学评价一种理论状态，“仅靠事实评价不可能得出正确的结果”。因此，需要一种根据理论的“内部的状况去说明理论价值的方法”，“这种方法就是爱因斯坦等所推崇的理性评价的方法”。因为其“是一种通过学科本身特征去分析和说明学科状态，进而揭示这一学科对科学理论本身的贡献的评价机制”。(2)中国档案学在科学体系中的定位取决于“中国档案学的研究对象的层次和中国档案学与其领属学科的关系”。中国档案学已经具备了科学发展正常状态的基本特征，即“中国档案学已经成为一种科学”。若按库恩的理论“对一门学科发展状态的认定，是看其是否具备‘范式’”，即要有公认的“科学准则和规范”，要有围绕着这种科学准则和规范而形成的“具有共同信念的科学家集团”，就会产生一些忧虑。我国档案学界所认定的这门学科究竟是正在突破已有的范式，还是根本就没有形成真正的范式，这“是中国档案学取得资质的症结所在”。更重要的是，“它自身能够认识并找到一种自我发展的正确模式，才是一门学科真正走向成熟的标志”。

《从“档房”到“档案馆”——关于中国档案事业近代化的反思》的作者娴熟地运用翔实的史料，阐述了近代档案思想的产生和中国档案事业的近代化，即从古代作为政治附庸的“档房”模式向近代公共文化性质的“档案馆”模式转变，以及早期的萌芽是“近代社会的科学求真精神与实证主义的影响，公共的爱国心的滋养和近代文化事业如图书馆、博物馆事业的拉动，传统史学的积淀与‘新史学’对档案信息价值的凸显，以及来自欧美的档案专业见识等，共同促成了我国档案事业的近代化。”……该文是其专著《双元价值观的视野：中国档案事业的传统与现代化——兼论过渡时期的档案思想》(下简称《双元》)一书的重要阶段性成果之一。《双元》因其视角独到、体系建设及资料翔实而受到国内同行高度评价，并被全国哲学社会科学规划办公室组织鉴定为优秀国家社会科学基金项目成果。

中国档案学史的研究，有利于提高档案学的科学水平，完善档案学理论与学科体系、丰富档案学的研究内容。同时可以帮助我们反思我国档案学发展过程中的经验教训，扬长避短，增强档案学理论的针对性、适用性，更好地发挥档案学理论对档案工作实践的指

---

① 覃兆刿. 从“档房”到“档案馆”——关于中国档案事业近代化的文化反思[J]. 档案学，2004(05).

② 李财富. 中国档案学史论[J]. 档案学，2004(01).

③ 陈兆祦[J]. 谈谈文件论[J]. 档案学，2004(05).

④ 冯惠玲. 电子文件与纸质文件管理的共存与互动[J]. 档案学，2004(01).

⑤ 傅荣校. 档案鉴定理论发展规律论[J]. 档案学，2004(01).

⑥ 刘国能. 中国档案事业体系的形成阶段[J]. 档案学，2004(06).

导、规范作用。《中国档案学史论》的作者将档案学史划分为“孕育时期”“创立时期”“发展时期”“停止与倒退时期”与“恢复与繁荣”时期。指出其发展规律为：(1)档案工作实践的需要是档案学发展的内在动力；(2)结构合理的科研队伍是档案学发展的关键因素；(3)稳定的政策是档案学发展的根本保证；(4)经济、科技、文化是档案学发展的必要条件。并指出了档案学发展的方向：(1)档案学研究范围将进一步拓宽；(2)档案学的研究内容将逐步深入；(3)档案学研究的集约化程度将不断提高；(4)档案学研究的综合性、系统性将更加明显；(5)基础理论研究和应用理论与应用技术之间互相交错、互相转化的趋势将日渐突出；(6)档案学研究将逐步融入国际档案的洪流之中。最后指出：解决当前档案学研究存在的问题的办法：(1)建立学术规范；(2)健全科研管理体制、研究发展战略；(3)加强学术评论；(4)改善档案学研究系统的外部环境；(5)建立、健全文献检索体系。

《谈谈文件论》是对以往关于文件的性质、功能、形成与运动规律、文件的综合管理以及与档案关系讨论的总结，对于“文件论”经常受到质疑的问题具有澄清、解惑的作用。(1)文件论虽吸收了外国有关文件的一些理论，但主要还是在我国文书学、档案学研究基础上发展起来的；(2)文件论的核心思想是对文件要有个新的认识，需要有个新定义；(3)文件与其他信息记录材料(或文献)的区别在于制作或形成信息记录材料的目的不同(文件制作或形成文件的目的是为了“办事”)；(4)档案的定义是“保存起来以便查考的文件”或“保存备查的文件”；(5)档案与文件有着极不同的管理工作，人类根据千百年来的经验积累，形成了文件和档案两个不同的词汇和概念，从目前来看可以继续使用，不必取消其中的一个，档案与文件完全不分是不可取的；(6)档案来源于文件，档案由文件组成；(7)文件管理的重点是对现行文件的管理，档案管理的重点是对档案的管理。最后作者说道：文件与档案是紧密相连的两门学科，我不主张将档案学放到“大文件学”内，或将文件放在“大档案学”内，因为它们都不利于学科的建设和发展。

档案鉴定理论是档案学特色理论之一，这几年一直是讨论的热点问题。档案鉴定理论的发展呈现出一定的特点和规律，研究这些规律有助于透彻地理解档案鉴定理论，并为探索新的理论模式奠定基础。《档案鉴定理论发展规律论》阐明了档案鉴定理论的发展特点和规律为：(1)与来源原则的结合；(2)史学影响的消退；(3)职能鉴定的回归；(4)鉴定标准的实用化；(5)效益标准的日显作用。档案鉴定理论的发展是一个动态的、规律的过程。了解这些规律，掌握这些规律，使我们用全面的、发展的眼光看待档案鉴定理论的每一次变化，跟其他管理环节相联系，不断调整档案鉴定标准，以适应档案工作发展的客观要求。

电子文件的出现，纸质文件的传统理念和管理方式受到冲击，传统理论的适应性受到挑战。我们该如何认识和应对？《电子文件与纸质文件管理的共存与互动》作出了正确的回答：电子文件的管理推动了纸质文件管理的改革，如文档一体化和实体管理的简化；纸质文件管理的经验和信息技术促成了电子文件管理的完善。电子文件与纸质文件管理共存的二元格局将会持续相当长时间，趋向是纸质文件管理功能的弱化和电子文件管理功能的强化。因此，我们的态度应该是：一方面因势利导，以纸质文件的管理政策进军电子文件管理领域，从管理制度、方法、技术层面帮助电子文件建立威信，以至于建立法律地位；

另一方面稳扎稳打，坚守“社会记忆保护者”的职责，在没有充分把握保障电子文件长久真实性时，不轻言放弃纸质文件阵地，充分有效地利用两种文件的特点实现管理优势互补，有利于我们在文件、档案管理的重大变革时期最大限度地把握主动。

《中国档案事业体系的形成阶段》告诉我们，我国档案事业体系“经历了档案——档案工作——档案事业——档案事业体系四个阶段，经历了奴隶社会、封建社会、半封建半殖民地社会以及社会主义社会这样一个漫长的历史过程”，于 20 世纪 90 年代，国家档案事业体系的组成部分和框架——“档案行政管理(包括管理机构、法规等)、机关单位档案工作(档案室)、各级各类档案馆、档案科研、档案教育、档案宣传出版、档案学术理论研究(档案学会)、档案外事共 8 个方面最终形成了一个较完整、系统地在国际档案界颇具影响的国家档案事业体系”。

三

上述的这些文章或是强调理论与实务的沟通与衔接，或是注重创新与传统的平和过渡，提倡科学研究的独立学术品格，充满了理性和思辨色彩，反映了档案学者所特有的对档案学构建、档案学发展的深刻关怀的立场，代表了档案学研究的进步，凸显了当今档案学研究的鲜活生命力，构筑了中国档案学逐步走向成熟进程的坚实基础，将对我们的档案学界、档案学研究产生积极而深远的影响。如果把档案学比作一棵正在成长的树木，那么这些文章就是树的根系，有了发达的根系，树的基础就会坚牢，继而树干粗壮了，枝繁叶茂了，整棵树就伟岸挺拔了，档案学就能屹立于学科之林。

这些文章的作者或是前档案局长，校、院长、系主任，或是博士、教授，都是档案学学科带头人，他们在写作上虽然风格各异，但都有着共同的特点，那就是文章结构严谨、行文流畅、旁征博引、娓娓道来、深刻耐看、绝不晦涩，反映着作者敏锐的洞察力和深厚的学术底蕴。其中的选题或是国家基金项目的成果，或是参与国际会议的演讲稿，可以说都是作者的力作，是档案学研究的范文。

我们盼望，也有理由相信，今年将会有更多的佳作问世。

23

2007 年

傅西平

从 Google 趋势看国外数字图书馆编目的未来

摘要 本文探讨了 Google 时代编目的现状、技术手段、查询习惯。统计发现用 Google 比图书馆目录更便捷，克服传统编目的局限性，是当今的研究课题：编目值得详细地描述吗？怎样探询更有效的方法？编目需要解决哪些问题？

关键词 Google 数字图书馆 编目

文献编目一贯被中外图书馆视为重要的职能部门，可其重要性在国外很大程度上，是与国会图书馆联系在一起才充分显露，从财政支出上看：国会图书馆一年投资在编目的开支就达 4, 400 万美元，可谓数额巨大。

但如果这笔开支，能使世界各地图书馆获益多多，人们会认为 4, 400 万的代价是值得的，然而在电子信息时代，数字关键词及各种网络检索，在迫使人们重新思索编目行为的构建，如何更加行之有效，有人提出既然 Google 提供了数字信息资源的搜索功能，人们自然而然地会走进 Google 网上电子目录查询时代。

当然，这并不意味着现在已不需要专业人员分编，因为人们清楚地看到，国会图书馆创制的书目文档，还在源源不断地满足本国和世界各地的图书馆及读者的需求，况且任何改革，都要考虑潜在的因果，譬如网络环境下版权的归属与合理使用的界线。

1. Google 与数字图书馆利用对比

编目的变革有许多必须全方位共同面对的课题：如数字时代用户如何查阅资料等。美国一些小型图书馆读者的做法是：在网站上搜寻所属的图书馆的数字资源的同时，更频繁地是搜寻各种网络资源，网上资源主要有 14 个 EBSCOhost 全文数据库，即学术期刊集成全文数据库（Academic Search Premier，简称 ASP）和商业性资源集成的全文文档数据库，此数据库每日由 EBSCOhost 更新，还有 BSP 全文数据库，它也是世界上最大的全文商业数据库，提供了近 3600 种学术性商业杂志的全文，为现今全球最大综合学科类数据库之一，涵盖多元化的学术研究领域包括：政治、信息科学、物理、化学、科技、工程、教育等等；另有 13 个来自 CPAC 的 First-Search，即 OCLC 的联机参考服务系统，通过该系统可检索到 70 多个数据库；还有 11 个 Infotrac 联机数据库，5 个 Lexis Nexis 全文联机数据库，3 个 Proquest 联机数据库，9 个其他类型的联机资源，包括百科全书、字典、电子图书和当今研究进展资料数据库网站，因此，可以说图书馆联机检索的用户，所需要的数以百计的学术期刊和其他学术领域的广泛议题，都可以Google为切入口，在相关的数据库中寻求答案。

昔日读者需要学位论文，要到图书馆获取；而如今可直接上网查阅学位论文电子版，比如过去查“Fillmore”（美国第13任总统）的资料，先查阅百科全书、查卡片找“Fillmore”，再按照索书号，在书架上找有关Fillmore图书，然后审核图书内容，或通过索引找到相关内容；如今查“Fillmore”一词可以在宿舍里，通过网上资料做学术研究，这些皆降低了目录的使用频率和功效

事实上，美国越来越多的学生和研究者，首选Google查询服务，而不是图书馆目录，美国互联网调查机构“皮尤网络与美国生活项目”（Pew Internet and American Life Project,）发布报告称：互联网拓展了人们的社交领域，因而使用频率在节节攀升；“网上计量研究”（Counting on the Internet）报告显示：如今美国有60%的人是通过网上检索查阅资料，40%上网历史3年以上，当然，网民关注频率高的是新闻、卫生健康、电子商务、政府服务。报告说：“多数人是期待从Google找到关键信息，而一旦得到满足，日后用Google查询资料就是他们的首选。”

学生的搜寻过程亦大多是如此，去年十一月，美国信息科学技术协会成员获悉一篇题名为“我宁愿要Google”的论文，文章报道了研究生和本科生课题小组的研究状况，通过Google和大学校园的OPACS进行用户检索对比分析，得出Google用户居多的结论。

早些时候，OCLC也发表了“大学生阅览新闻习惯的白皮书”，文中在聚焦校园图书馆网站和其他网络资源使用报告后指出，评价图书馆网站的需求信息和精准程度，人们第一反应是：图书馆网站提供的电子版或纸版可用信息仍严重短缺。报告声称：首次入选图书馆的网络资源，大多是搜索引擎，如Google、Alta Vista（Alta Vista搜索引擎是Digital公司1995年推出的，是目前最优秀的搜索引擎之一，每天访问量超过1亿人次），其次是一些查询网络检索入口，如MSN，AOL，以及Yahoo。

总之，人们查阅资料离Google越来越近，离图书馆目录愈来愈远。

2. 审视数字化内容特征

当然，并不是什么都可以转化为数字形式，只能说数字化对象可以涵盖许多文献载体，包括图书馆古老的文献和其他文献资料，其中不少是来自19世纪的出版物，有些著作权归属的时间已经终止，但这些材料仍是有用的或正在被使用。图书馆资料在转化成数字化文本后，人们惊奇地发现，文献一旦放到网上，比存放在书架上的利用率高出许多。此外，大量新的有价值的参考材料非常有助于学生、教师、学者做学术研究，还有其他通过许可证获准的电子资源，包括商业杂志出版物、电子图书、数据库或非专利文件档案，如期刊存储（JSTOR），这是一个对过期期刊进行数字化的非营利性机构。目前，越来越多的文献可在网上访问，因而逐步形成一种趋势：许多情况下，搜索信息查找资料，首先不是图书馆目录，而是上网或通过电子邮箱，向图书馆咨询部发出网上查询的需求以获取答案。

技术驱使下发展起来的商业模式，正轰轰烈烈地推动着数字化运作大步跨越，变化周期通常是几个月内就出现大的飞越。从亚马逊网站的辅助机构 A9. com 搜索引擎上显示的观点获悉：自动化发展的早期，正是因为革新技术，提高了亚马逊网站电子商务软件的应用水平，同时亚马逊网站也揭示了图书内容特征，并允许潜在的用户用关键词检索。如此运作也带来了另一种入口途径，人们可以选择从亚马逊网上购买图书，如今亚马逊网站给人们提供了检索成千上万图书的功能。

近期 Google 还提出了包括关键词检索等五方面数字化内容的研究课题，其一是 2004 年 12 月 14 日，Google 宣布与哈佛大学图书馆、斯坦福大学、密西根大学、牛津大学和纽约公共图书馆合作，将其所收藏的书籍进行数字扫描，使全球用户可以在 Google 中搜索。Google 还承诺贡献数字化专长技术，将十几年来图书馆成百上千万页的文献数据，通过协议上网，这将涵盖多达 1500 万册图书和其他文献资料。

还有些优秀的印刷物亦值得关注。当然 Google 也面临数字图书馆本身的一些障碍，用户在用 Google 搜索时，将会发现一些引起质疑的图书，点击相关主题，Google 用户也只可在网页上浏览公开的著作全文，或主要摘录以及有版权资料的书目数据。

还有很多文献资料，除非出版商同意版权出让，一般 Google 是无权提供读者检索数字图书馆的全部信息的，如哈佛或斯坦福图书馆的有些文献资料。新空间的拓展还需要契机与图书馆长期磨合，从“Google 的目标”一文的热情报告到“一切在指尖进行，世界尽在掌控中”还有一段距离。目前，Google 企业，正计划更多地参与图书馆文献的数字化建设，意欲超过图书馆的数字馆藏、超过馆藏期刊的数量，做图书馆所做不到的。眼下 Google 的数字化是在向手稿文献进发。

不过 Google 是要盈利的企业，上 Google 检索新的数字文献会发现不少的广告词，检索相关书名的出版商能显示“图书买卖链接点”。美国《新闻周刊》(*Newsweek*)评论指出，“目前如何将世界信息转换到一个环境下仍有许多障碍”，如涉及诸多版权归属问题。

而参与到数字图书馆环境中，你却会发现广告是很少的，包括关注图书馆利益的广告也不多见，如密西根大学校长所说：“人们应该相信，对世界印刷品普遍的检索，是当今大学的非常使命，因为这是一次飞越，人们已经做到了对多年的文本数字化了，现在是要使他们更加容易检索和查询。只是图书和期刊还有不少受财政和技术的限制，在使用范围上遭到封锁；所以 Google 的做法：先成就小批量的数字输出，类似小规模服装专卖店的范围，待时机成熟，名声打开之后，再进行真正的产业行动。”人们将看到铺天盖地的数字化信息，会彻底改变着图书馆固有的编目模式，来势定将势不可挡。

3. 从狭义走向广义的数字编目

狭义图书馆编目有着悠久并值得骄傲的历史，一路走过的从手工编目、在版编目(CIP)、MARC 记录，到网络控制所有的馆藏，这些都给读者带来了明显的利益和功效。正如美国匹兹堡大学图书情报教师阿林·泰勒(Arlene Taylor)认为：“公众除了应该能浏览文献的主要摘录或书目数据，还应能浏览大众领域的完全文本，当然，编目记录的语音材料，文献的分类需求还会持续”；《纽约时报》对 Google 的描述是，Google 在相当长的时间里，是属于大步走向地球前沿的虚拟图书馆，Google 正计划伴随自身“可检索型图书馆”，创制“数字卡片目录”。当然现在问世还有版权归属的纠纷，但迟早会超越当今图书馆书目控制的程度和范围，即然 Google 已经宣布它的“使命”，那么“组织世界的信息”的日子就不会太遥远。到那时，图书馆编目会从相对狭义的数字图书馆走出，迈向以 Google 为核心的全球信息资源加工的广义虚拟图书馆，在互联网的范围内进行图书编目与组织信息资源，并承载起整个人类文明的海量信息传递。

尽管如今数字化可以提供全文文本，数不胜数的用户可以检索到从图书外壳到内容到索引的各种信息，各种指标一览无余，可人们应该承认，学校图书馆从 19 世纪末开始，编目就一直是图书馆的中心工作，只是目前图书馆编目的功能正在萎缩之中。

4. 编目检索点的改变

国会图书馆工作人员已意识到，充当检索工具的编目在提供检索点上有了很大的变化，致使编目程序上也变更了许多，现在编目要鉴别现成的元数据，或利用现成描述编目数据，以及各种检索点。有很多文献载体的编目数据，可直接从国会图书馆的编目数据库下载或进行套录，如今人们还在采用大量复合系统处理传统图书馆编目信息，同时辅以文摘索引网上参考工具等手段。

国会图书馆成员在对检索等级的重视程度上，焦点明显放在了主题检索上；而这种转变，对经常变化的数字资源是很有用的。在国会图书馆内部，职员们正在寻找数字资源自我描述的方法，充分使用网络系统获取其他的书目信息，同时，加强与出版商、软件商的联系，共同开发各种有用的元数据。

同时人们也在反复和思考编目这项工作，究竟何种机构承担更为合适，因为，随着更多自动的复合技术投入，或许有一天，人们一直耗资的描述性编目不再被证明是适用的。因此，人们又在思考是否这个描述性的编目任务，一定得由技术部门的人员承担，果真如此，那么重组编目员就要花费更多的时间，去应对权威控制、主题分析，并配备信息技术部门对其描述资源进行鉴定和评价。为此，国会图书馆在本部经常主持小型的、正式的文献编目评估，以探询更加经济有效的书目控制方案。

5. 结语

总之，未来的编目有可能不再会是由国会图书馆、小型图书馆集团，或任何机构单独操作，相反是图书馆、出版商以及众多数字化领域的相关机构合作承担，集体解决编目中的问题。以下是当今需要讨论解决的一些关键问题：

(1)如果现有的普通书刊能方便上网，是否应该考虑用搜索引擎手段获取他们，这样更能达到简单易行和检索的一步到位？

(2)各地图书馆数字化，是否能投入地方特殊资料统一编目，而不仅局限在有规律的图书和期刊？

(3)世界各地的图书馆已经普遍使用了英美编目规则和 MARC，剩下的问题是如何有步骤地进行创新变革？

(4)最后，还有一个更专业的问题：人们是否还需要在变化很大的环境下继续进行ACR3的研究？

当然，无论怎样回答这些问题，世界许多图书馆都已经意识到，网络图书馆是未来人们更多从事信息开发和检索的阵地，无论是Google、还是自己的网站、或是两者兼而有之。

最近，网上登载了雅虎集团的一篇新闻稿，题名为《网络掠夺研究》。文章告诉读者如何用网络阅读，并引用"生命不能没有网络"24项软件开发研究，来诠释网络阅读的乐趣。统计资料表明，网上大批用户对网络有着"情感依恋"，几乎近半数网民认为生命中不能没有网络，所有参与者的研究结果表明，没有网络，人们面临的困难比预期更难想象。报告认为：大批用户认为离开网络，就意味着感情的流失、挫败和完结。

而业内人士们则认为应该取消自我服务的文档，用科学的态度看待网上机构的夸张之说。编目还有许多问题有待人们去开发和解决。图书馆现在仍被人们作为可以信赖的权威信息机构，只是编目的未来正面临着巨大的变革。Google在人们心目中，占据检索资料的份量显然是越来越重，不过在短时间内，图书馆的编目仍然是图书馆技术中心和读者赖以进行文献信息检索的门户之一，但编目的大变革终究是不可避免的。

参考文献

[1] Deanna B. Marcum. The future of cataloging[J]. *Library Resources Technical Services*, Vol. 50, No. 1, 2006.

[2] John B. Horrigan and Lee Rainie. Counting on the internet[EB/OL]. Accessed July 1, 2005, www. Pewinternet. org/pdfs/PIP-Expectations. pdf.

[3] Google. Google Cheeks out Library Books[EB/OL]. http://search. epnet. com.

[4] A9. Com[EB/OL]. Accessed July 1, 2005, http://A9. com/-/company.

[5] Google, Google Checks out Library Books [EB/OL]. press release, Dec. 14, 2004. Accessed July 1, 2005, www. Google. com/intl/en/press/pressrel/pt/nt-library, html.

[6] Yahoo! Media Relations. Yahoo! And OMD Reveal Study Depicting Life without the Internet[EB/OL]. press release, Sept. 22, 2004 ~ Accessed July 1, 2005, http://docs.

[7] Steven Levy. Google's Two Revolutions: The Goal Is to Have Everything at Your Fingertips, Instantly Available to Anyone Who Wants to See It[J]. *Newsweek* 145 (Dec. 27, 2004/Jan. 3, 2005): 70.

[8] OCLC Online Computer Library Center. OCLC White Paper on the Information Habits of College Students: How Academic Librarians Can Infuence Students' Web-based Information Choices" [EB/OL]. June 2002. Accessed July 1, 2005, www5. oclc. org/downloads/community/infon-nationhabits.

[9] http://www. google. com.

24

2009 年

董慧　王菲　姜赢　高巾　翁丹丹　曾杰

基于数字图书馆的本体应用环境研究*

摘要　语义 Web 框架虽已提出多年，但大部分应用都只是系统模型，很少投入实际的商业运作。为此，笔者从实用的角度提出本体应用环境的概念与框架。本体应用环境以本体技术为核心，以知识管理为目标，较好地解决了各领域知识管理中的各种问题，如知识组织、知识检索和知识推理等。目前，本体应用环境已经成功应用于数字图书馆、数字档案馆等领域，为语义 Web 的发展提供了一种可行的思路。图 4。参考文献 15。

关键词　本体应用环境　本体　本体分子　知识管理　语义 Web

分类号　G250. 76

Abstract　This paper analyzes the absence of Killing Application in Semantic Web, and advances a theory as well as a framework named Ontology Application Environment (OAE) from the aspect of real applications. Aiming at knowledge management, OAE makes ontology as the key technology. It resolves such knowledge management problems in many application domains as knowledge organization, knowledge retrieval, knowledge inference, etc. This paper describes OAE in detail, from its construction, back-end, foregrounding and web environment; and also puts forward Ontology molecule, which suits for static and dynamic knowledge management. OAE has been applied successfully in the domain of Digital Library and Digital Archives, which provides a feasible approach for the development and the future of Semantic Web. 4 figs. 15 refs.

Key Words　Ontology application environment. Ontology. Ontology molecule. Knowledge management. Semantic web.

Class Number　G250. 76

* 本文系国家自然科学基金资助项目“基于数字图书馆的本体演化和知识管理研究”（批准号：70773087）成果之一。

1. 研究背景

语义 Web 的概念由 Tim Berners-Lee 在 1998 年首次提出[1]。他认为"语义网(Semantic Web)并非是另外一个独立的 Web，而是现在的 Web 的延伸。"2000 年秋，国际万维网联盟(W3C)在美国波士顿召开会员大会。在此届年会上，W3C 总裁 Tim Berners-Lee 宣布语义网是 W3C 的三大研究主题之一[2]。随后 W3C 制定了语义 Web 体系结构标准，它是一个层次结构(Layer Cake)，如图 1 所示，自底向上主要包括：

①URI/IRI：国际编码提供世界各种语言和符号的编码库，统一资源标识保证网上资源的唯一性。这两个不仅仅是语义 Web，而且已经是当前 Web 实现的基础技术保证。

②XML：XML Schema 解决数据类型并定义数据结构的问题(Datatype and structure)。

③RDF/RDFS：RDF 利用三元组的方式定义和描述网络资源和元数据。RDFS 在 RDF 基础上为其提供基本词表，它是一种原始的本体定义框架。

④OWL，Ontology：OWL 以描述逻辑作为数学逻辑基础，并在 RDFS 基础之上，提供更加强大复杂的基本词表，比如关于类、属性、关系的约束[3]。

⑤Unifying Logic：提供逻辑推理，即对于没有显式定义的知识进行推理。

⑥Proof：提供逻辑验证。它跟踪逻辑推理过程，对逻辑推理结果的正确性进行验证。

⑦Trust，Digital Signature：对下层所有的内容进行数字签名，使得用户信任语义 Web 处理的结果和质量。

⑧User Interface：应用级别的用户接口，或者与领域相关的应用程序。

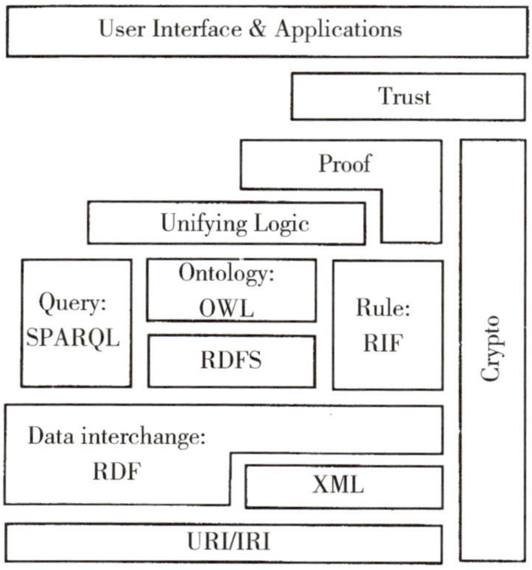

图 1　语义 Web 框架

1999 年，W3C 的研究小组提出了资源描述框架(Resource Description Framework, RDF)标准草案[4]。2001 年，W3C 又开始着手制定 OWL(OWL Web Ontology Language)标准。2004 年 2 月 10 日，W3C 万维网联盟发布了 RDF 推荐标准和 OWL 推荐标准[5]。本体

和语义 Web 的关系可以描述为：本体是语义 Web 体系结构中的一个层，语义 Web 利用本体解决 Ontology 层的语义问题。我们通常所说的本体层，指的是 OWL 层，而 OWL 和 RDF/RDFS 都能在一定程度上表达语义，所以也可以说 RDF 和 RDFS 属于本体层。

语义 Web 的框架已经提出若干年了，但是目前其他领域却鲜有基于语义 Web 的典型应用[6]。大部分应用都只是系统模型，很少投入实际的商业运作。例如 Foaf 这类的模型能让人们感觉语义 Web 的新鲜，但是真正的语义 Web 离我们还比较遥远[7]。我们认为，语义 Web 框架在实际应用中存在一些问题：①语义 Web 框架是一个理论模型，它趋于完善，但仍侧重于理论框架结构而非应用。②语义 Web 框架中有一些层次，如 proof 层和 trust 层，很少在实际中用到，不利于语义 Web 框架的实际应用。③语义 Web 框架侧重于对现有 Web 的扩展，而对于非 Web 应用内容的知识管理涉及较少。④语义 Web 框架对于知识抽取、知识可视化、动态知识管理等实际问题没有提出相应的解决方案。

为此，我们提出本体应用环境的理论与框架，并在数字图书馆和数字档案馆等领域得到了应用。实践证明，本体应用环境的理论与框架具有可行性、可操作性和科学性。

2. 本体应用环境

本体应用环境以本体技术为核心，以知识管理为目标，较好地解决了各领域知识管理中的各种问题，如知识组织、知识检索、知识管理和知识推理等。其框架如图 2 所示。

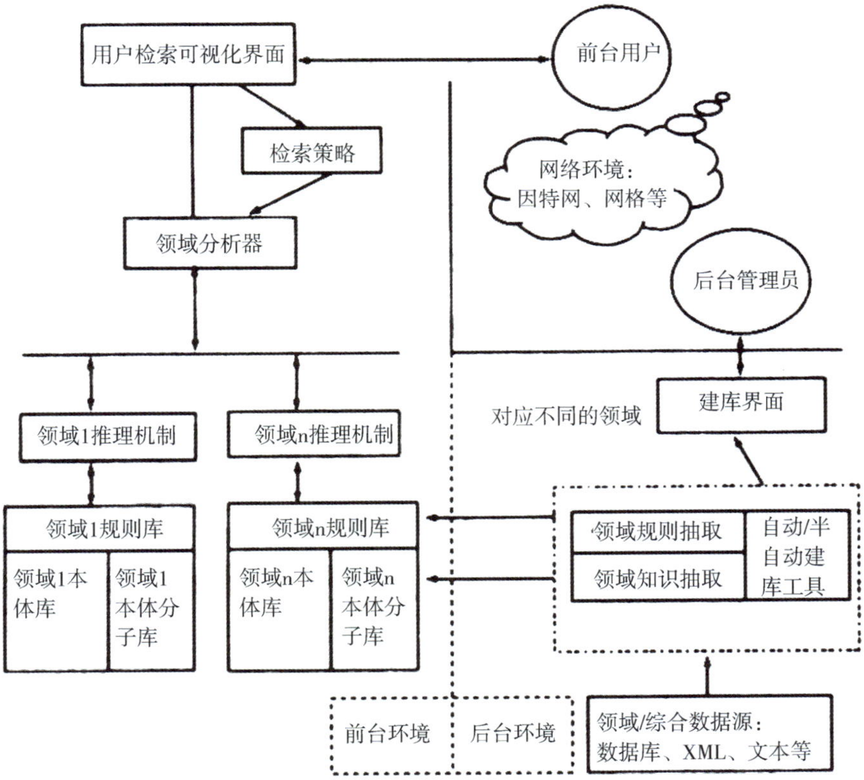

图 2 本体应用环境框架

2.1 框架结构

图 2 所描述的本体应用环境不同于语义 Web 框架单向的层次结构，它分为前台和后台两种应用环境。后台环境为后台管理员提供本体库等的建立、维护工作。前台环境为用户提供检索策略和手段，以及可视化显示；为了实现多领域知识检索，需要提供领域知识分析器。

2.2 后台环境

后台环境是为管理员提供本体库的建立和维护、领域规则库的建立和维护、领域知识抽取等功能。我们采用 Protégé 开发组件作为各功能模块的插件[8]。

2.2.1 数据源

本体应用环境支持的数据源可以是自由文本、XML、数据库、TIFF 图片、PDF 文档、Word 文档、Web 网页等。

2.2.2 知识库与规则库

为了解决动态知识的管理和控制，我们提出了本体分子理论。本体分子是指在本体基本元素(本体实例、三元组)的基础上，根据语义或者语用划分，用唯一标识符标注的、无缺失的、最小冗余的本体知识单元。本体分子是本体基本元素和本体库之间的一个平衡点，它使得动态知识管理成为可能。一个本体分子由两个部分组成：核子和离子。本体分子通过核子来描述不变部分，通过离子来描述可变部分，能够较好地展现领域中的动态知识的演化过程和演化结果。一个本体分子可以没有离子，但是必须有且仅有一个核子。

规则库是存储本体推理规则的地方。推理规则是针对特定领域而制定的、描述领域隐性知识的规则。在本体应用环境中，我们用 Jena 自定义推理规则实现。

2.2.3 半自动建库工具

我们开发了基于 XML 模式匹配的中文本体半自动构建系统——OntoLTCn[9]，它是本体应用环境中进行领域知识工具抽取的工具[10]。

OntoLTCn 运用了中文词法分析技术，针对中文语言特点，利用统计学的方法，建立了适合于中文文本的 XML 模式的匹配规则。插件从上至下分为三个逻辑层：数据预处理层、本体抽取层和领域专家人工干预层。下层的处理步骤要依赖上层的处理结果，半自动建库过程由上向下依次进行[11]。

2.3 前台环境

前台环境是为用户提供服务的窗口。我们设计的环境符合 J2EE 标准的 MVC 体系结构，以及 B/S 模式的 Web 开发，也符合 W3C 制定的 Web 设计标准。用户能在前台环境下通过友好的界面方便快捷地进行知识检索[12]。

2.3.1　检索可视化

检索可视化是为用户提供丰富多样、形象生动的过程结果描述，使用户操作更加直观、便捷。

检索可视化采用了 Touchgraph 的 TG 图形组件[13]。它能显示大量数据所需要的技术：缩放(Zoom)与摇动(Pan)，焦点/背景(Focus/Context)及递增性导航(Increamental Navigation)等。

本体分子可视化的目标是提供领域动态知识演变过程的可视化。我们采用 Prefuse API[14]。为解决不同对象的转换问题，可视化模型在 Prefuse 的基础上添加了数据对象映射层，负责本体和本体分子对象与 Prefuse 数据对象的互相映射转换。数据模型层沿用 Prefuse 本身的内容。抽象可视化数据模型层进行了二次开发，加入了本系统特有的颜色、字体、动画等抽象数据类。

2.3.2　检索策略

检索策略(retrieval strategy)是检索步骤的科学安排。它是为实现检索目标而制订的全盘计划或方案，指导整个检索过程。本体应用环境在前台环境中提供多种检索途径，用户可以从中选择合适的检索策略进行检索。

2.3.3　领域分析器

本体一般解决的是某个领域问题，它通过描述领域内部知识进行知识组织和知识检索。但一般用户在使用基于本体的综合领域检索系统时，往往并不知道自己要检索的内容属于哪个具体领域，或是否是跨领域知识。对于这些问题，本体应用环境应该提供领域分析器的解决方案。

领域分析器的实现可以分为几个级别层次：

(1)初级实现：系统提供一个领域列表，用户可以根据自己的理解选择特定的一个或若干个领域进行检索，检索的结果是这些领域所得结果的并集。

(2)中级实现：系统后台有一个领域词表，它是领域和领域叙词的映射表。用户输入的关键词通过这个词表进行匹配，找到相应的领域之后，领域分析器再把检索请求分发到这个领域进行检索。

(3)高级实现：系统后台配备一个语义智能分析器，可以根据用户输入判断它所属的领域，甚至多个领域，然后把请求发送到相关领域进行分别检索，最后将检索结果返回给前台用户。

领域分析器的实现层次可以根据应用的需要进行选择，或者采取逐步实现的方式。

2.3.4　本体推理

推理是按某种策略由已知判断推理出另一种判断的过程。本体知识推理是展示领域知识中所蕴涵的大量事实和复杂关系，对本体库进行维护、更新、检测和知识发现的一个十分重要的技术手段。

本体推理主要包括基于描述逻辑的推理和基于规则的推理。

我们采用了基于 TABLEAU 和 RETE 算法的推理机制。其主要功能有：本体推理引擎、本体逻辑检测分析器、本体推理路径回溯分析器。

2.4 网络环境

网络环境是整个本体应用环境所需的网络基础条件，还包括用户和管理员在本体应用环境下进行实际操作的条件。本体应用环境所支持的网络环境可以是因特网、局域网甚至网格环境[15]。

3. 本体应用环境的应用

本体应用环境是一个完整且可组装的架构，它能够有效指导基于本体的应用系统的设计与实现，而且可根据应用环境的具体领域，进行灵活组装。例如，只有静态知识的系统，本体分子库就是本体库，和开发一般的本体应用系统一样；对于既有静态知识又有动态知识的系统，就需要加入扩展部分的框架。下面介绍的两个实例正是这两种应用的代表。

3.1 基于本体的数字图书馆信息检索模型研究

“基于本体的数字图书馆信息检索模型研究”，是国家自然科学基金资助项目(批准号：70373047)。该项目研究以历史领域(国共两党第二次合作时期)为突破口，将本体应用环境应用于数字图书馆领域，解决了对人物、事件等复杂关系的揭示与检索问题；通过推理机制丰富了本体库的内涵，完善了知识发现、组织、管理功能，提高了知识检索深度；而且还提供静态和动态的可视化方式，使用户操作更加直观、便捷。

该研究从知识管理角度看，由于历史资源是一个不变的知识集合，所以它要解决的只是静态知识的管理问题，因此，系统的本体应用环境框架，是一个无本体分子的静态知识管理模型，如图 3 所示。

后台环境中的数据源来自《国共合作通史五卷本》和《中国革命历史文献采集标准》等，近百万余字。这些数据的特点是：

(1)国共合作领域知识属于人文历史学科，这个学科内的知识大部分都是已经发生过的静态知识。

(2)国共合作历史时期时间跨度长，有 90 年之久，内容繁多，史料浩瀚，为了集中表现合作特点，我们选择了第二次合作期间的人物和事件。

(3)国共两党关系纷繁复杂，牵扯甚广。

为了描述这段特定历史阶段的知识，项目采取 OWL 本体技术构建了本体知识库，并通过 Jena 自定规则技术构建了推理规则库。

本体库包括了 167 个本体类、108 个关系属性、100 个推理属性和 13838 个实例。其中，本体类中有六个核心类：事件(Event)、资源(Resource)、组织(OrgActor)、人物(IndiviActor)、时间(Time)、地点(Location)；实例中有事件本体实例 769 个，资源本体

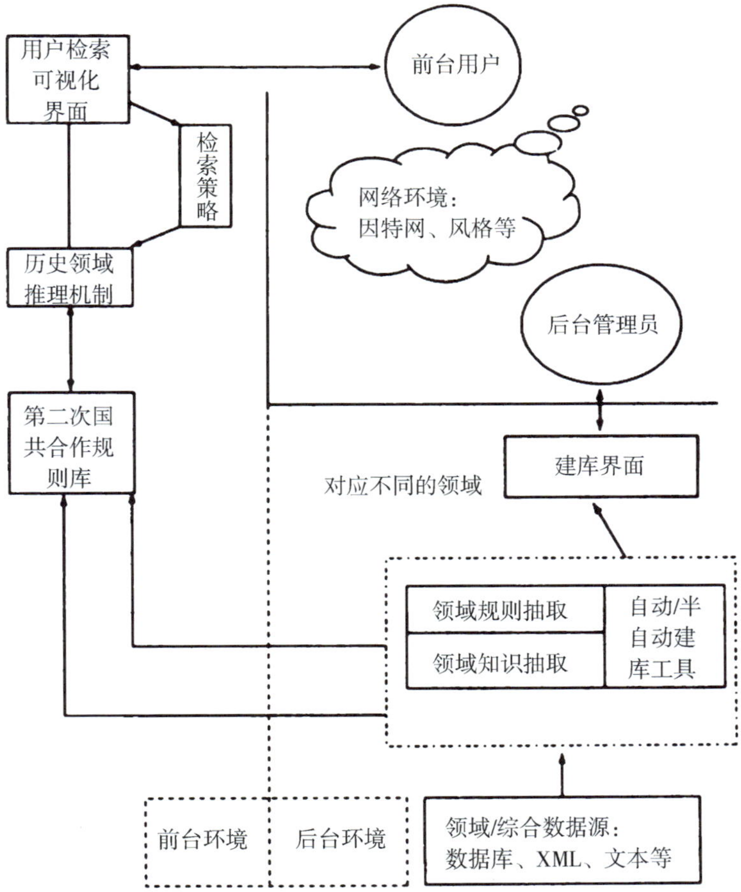

图3 基于领域静态知识管理的本体应用框架

实例683个，组织本体实例984个，人物本体实例2137个，地点本体实例1026个，时间本体实例3645个，角色类实例2838个，其他类实例4567个。平均关系复杂度为5。推理规则库包含静态规则102条，动态规则5条，其中人物关系推理规则54条，地理方位关系推理规则15条，事件发展演变关系推理规则14条，资源关系推理规则4条，与时间有关推理规则16条，组织演变规则4条。

在知识推理方面，根据本体的推理机制可在基于逻辑的领域知识检测推理和基于关系的蕴涵知识发现推理这两类中进行选择。基于逻辑的领域知识检测推理，主要是在OWL语言的逻辑基础(描述逻辑)的基础上，运用TAB-LEAU算法，对我们前期所构建的国共关系领域的概念层次、声明的实例以及实例间复杂的语义关系进行检测，以保证本体库结构的逻辑一致性和知识描述的正确性，为后续的蕴涵知识推理、本体库的拓展以及与其他领域本体库的集成提供逻辑保证。

基于关系的蕴涵知识发现推理的主要思想，就是在国共合作领域本体库的概念层次与属性关系的基础上，采取规则推理策略，在本体库中进行模式匹配。在推理过程中，主要考虑概念与概念之间关系(超类、子类、成员、部分等关系)、概念与个体关系(实例关系)、实例与实例的关系(亲缘、同事、相关、包含等关系)以及对象属性关系(父子、传递、互逆、对称等关系)。在蕴涵知识发现推理中，可以判断个体是否是某个或多个类的实例，确认某个类中所有的实例、推断两个实例之间的关系，判断与某个实例有特定关系的实例、类(属性)的层次体系结构推理等，根据本项目的特点和领域专家的建议，我们选择了基于关系的蕴涵知识发现推理，并建立了 107 条推理规则。

前台环境的检索入口主要包括：列表检索、本体检索、关系检索(可选择关系的深度为 1 到 5)、推理检索、回溯检索等。

由于本项目是针对历史这个特定领域，不需要采用领域分析器将检索请求分配到各个领域。

本体推理检索是本系统最有特色的一种检索方式，这种知识层次的推理是以往任何一种信息层次的数据库系统所无法做到的。系统除了提供本体推理检索的结果之外，还对本体推理路径进行回溯，即利用文本和可视化相结合的方式展现推理过程。另外，在展开推理关系之后，在系统中还显示出“推理路径回溯”的相关文字说明，主要包括“推理规则”和“推理依据”。

3.2　基于数字图书馆的本体演化和知识管理研究

基于数字图书馆的本体演化和知识管理研究(批准号：70773087)是国家自然科学基金资助项目，该项目以数字图书馆在电子政务中的应用为背景，研究电子公文应用过程中的知识管理及其演变。该项目与前一个项目相比是不同的，其对不同类型的知识进行管理，且知识管理的内容不仅有静态知识，还包括动态知识，即需采用本体分子理论开展知识管理，其本体应用环境框架如图 4 所示。

本项目关于静态知识的采集、组织、存储等与一般本体库的建设一样，所不同的是关于动态知识采集、组织和存储的方法及措施。本项目提出了“知识组织四层模型 MRID”，即元数据层、知识表示层、推理层和动态知识层。动态知识主要由动态三元组、三元组标识符和三元组维度构成。根据本体分子理论开发了一个本体分子建库的工具 OMProtegePlugin，该工具具有：本体分子持久化，本体分子建库工程，动态三元组，核子、离子和本体分子等管理功能。这些功能较好地完成了对动态知识的管理，并建立了动态与静态知识间的互动机制。以上研究内容在本系列论文Ⅱ—动态知识组织中，进行了详细论述，在此不再赘述。目前，本项目的电子政务公文本体库包含了 25 个本体类、17 个关系属性和 26128 个实例，案例中包括文件类 11887 个、条目类 13821 个、问题类 7 个、组织机构类 402 个、问题反映类 11 个；电子政务公文本体分子库包含了 45 个本体分子、25 个核子和 45 个离子，核子中的三元组个数平均约为 20 个，离子中的三元组个数平均约为 50 个。

数字图书馆在电子政务中的应用，其知识管理必须遵循该领域的规则。规则是制定推理机制的核心。例如，中央下发的文件(本项目研究的文件属非密级文件)省级政府是无权进行任何修改的，省级制定的文件在执行中可进行修改、补充，甚至对整个文件或某些条文进行更正等。根据规则，中央文件和省级政府贯彻中央文件精神可构成一个本体

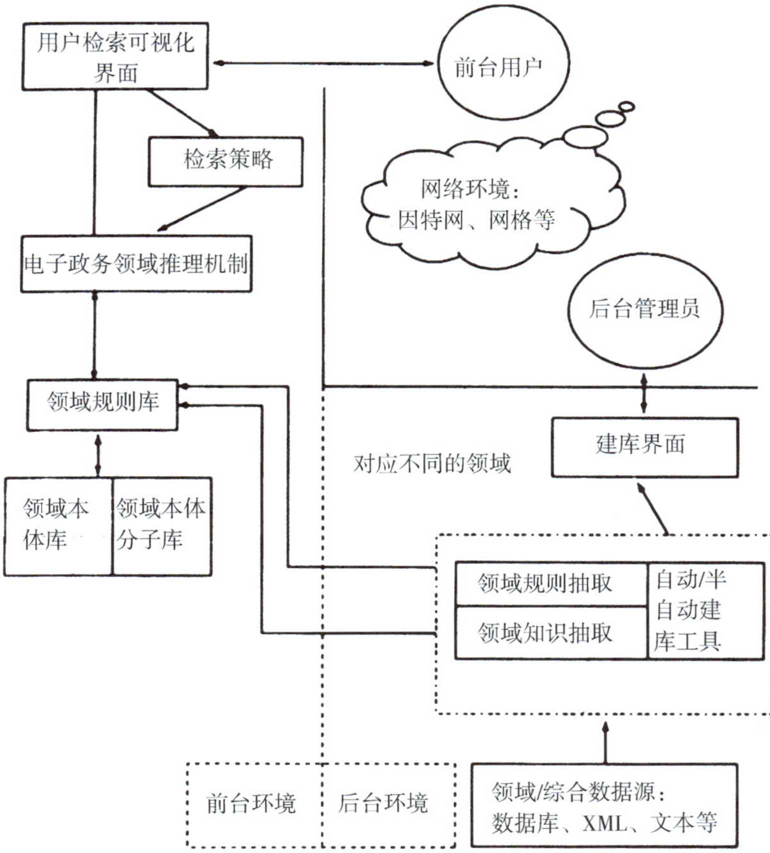

图 4 基于一个领域动态知识管理的本体应用框架

分子。

对于前台检索策略，用户可以选择"一般检索"和"高级检索"两种方式检索文件。一般检索是采用关键词匹配文件名，高级检索则进行更多的元数据匹配（如发布者、检索号、责任人等）。用户检索到文件之后，还可以选择"文件关系检索""条目检索""条目关系检索""文件阶段演变检索"和"条目演变检索"等。其中，"文件关系检索""条目检索""条目关系检索"等都是针对知识库中静态知识的检索，而后两种针对动态知识的检索。

"文件阶段演变检索"是指对于本体分子描述的文件动态的变化过程的检索。例如，对于"再就业"问题，中央以及湖北省制定了相关政策和规定，它包括三个演化阶段：

· 2003-05-12：中央制定了《国务院办公厅关于加快推进再就业工作的通知》。

· 2003-11-18：湖北省在"再就业"这个问题上，贯彻了中央制定的《国务院办公厅关于加快推进再就业工作的通知》精神，结合本地特殊情况制定了《省工商局关于执行再就业扶持政策有关问题的通知》。

· 2004-04-09：湖北省由于某些原因，制定了《省工商局关于执行再就业扶持政策有关问题的补充通知》，对上一个文件作了补充。

用户通过点击选择时间限制，进而检索出关于“再就业”问题各个不同时间阶段电子公文的演化过程。

针对电子公文会随时间变化在原来基础上产生相应变化的情况，系统提供“条目演化检索”检索功能。整个过程运用不同的线条颜色代表了保留、继承、修改、删除等多种文件间的关系。

4. 结论

从两个应用项目可以看出，不论是静态知识还是动态知识，本体应用环境都能够较好地建立整个应用系统。本体应用环境的主要优势在于：①本体应用环境是一个完整的体系结构，不仅包括理论基础，还包括可实际应用的 API 组件。②本体应用环境中的本体分子理论和组件可以很好地解决动态知识问题，它是对本体理论的补充和扩展。③本体应用环境面向实用，不要求框架中所有组件的全部实现，用户可以根据领域需求自主选择和组装部分组件。这种松散耦合的灵活架构能够满足大部分领域应用。

参考文献：

[1] Berners-Lee T, Hendler J, Lassila O. The semantic web[J]. *Scientific American*, 2001, 284(5): 34-43.

[2] W3C. Semantic Web Activity Statement. W3C publication[OL]. [2007-07-05]. http://www.w3.org/2001/sw/Activity.

[3] OWL web ontology language reference[OL]. [2007-07-05]. http://www.w3.org/TR/owl-ref/.

[4] Lassila O, Swick R. Resource Description Framework (RDF) model and syntax specification [OL]. [2007-07-05]. http://www.w3.org/TR/rdf-syntax-grammar/.

[5] McGuinness DL, Van Harmelen F. OWL web ontology language overview[OL]. [2007-07-05]. http://www.w3.org/TR/owl-features/.

[6] Davies J, Van Harmelen F, Fensel D. *Towards the Semantic web: Ontology-driven Knowledge Management*[M]. New York: John Wiley & Sons, 2002.

[7] Brickley D, Miller L. FOAF: the 'friend of a friend' vocabulary [OL]. [2008-01-02]. http://xmlns.com/foaf/0.1/.

[8] Knublauch H, Fergerson R W, Noy N, et al. The protégé OWL plugin: An open development environment for Semantic Web Applications[G]//ISWC. In Third International Semantic Web Conference, 2004.

[9] Buitelaar P, Olejnik D, Sintek M. OntoLT: A protege plug-in for ontology extraction from text[G]//ISWC. Proceedings of the International Semantic Web Conference, 2003.

[10] Celjuska D, Vargas-Vera M. Ontosophie: A semi-automatic system for ontology population from text[G]//ICON. International Conference on Natural Language Processing, 2004.

[11] Soderland S. Learning to extract text-based information from the World Wide Web[G]//

Third international conference on Knowledge Discovery and Data Mining, 1997.

[12] Zeldman J. *Designing with web standards* [M]. Thousand Oaks: New Riders Publishing, 2003.

[13] TouchGraph LLC. TouchGraph[OL]. [2008-01-02]. http://www.touchgraph.com/.

[14] Heer J. Prefuse: toolkit structure introduction[OL]. http://prefuse.org/doc/manual/introduction/structure/, 2007-02-25.

[15] Libick M. *Who Runs What in the Global Information Grid: Ways to Share Local and Global Responsibility*[M]. Santa Monica: RAND, 2000.

25

2009 年

朱玉媛　曹晖　彭潇敏　王玉珏

改革开放30年来我国档案学基础理论研究的主要成就

摘要　本文回顾了改革开放30年来我国档案学基础理论研究的主要成就。作者认为，这些成就除了表现在档案学基础理论的研究内容不断丰富、研究领域更加拓展、与档案工作实践的结合更加紧密、研究方法更加多元化、在有关问题上基本达成共识以外，还产生了一些具有独创性和中国特色的档案学基础理论，建立了一支较强的档案学基础理论研究队伍，形成了一批较有影响的档案学基础理论研究成果。

关键词　档案学　基础理论　档案学理论

中图分类号　G270

文献标识码　A

文章编号　1003-2797(2009)04-0022-05

Abstract　This article analyzes the main achievements of the basic theories research of archival sciences tudy in China since its reform and open policy in 1978 by the following aspects: its research contents has become richer; its research fields has become wider; its research work has becomes closer to the practice; its research methods has become more multiple; many conclusions have been reached; some creative basic theories with characteristics have been set up; a group of researchers have grown up and some influential fruits have been brought into being.

Key Words　Archival science. Basic theories. Archival science theories

1978年12月18日至22日，党的十一届三中全会在北京举行。这次全会彻底否定"两个凡是"的方针，重新确立"解放思想、实事求是"的指导思想，要求在社会政治、经济、文化、艺术与科学领域得到贯彻实施，为拨乱反正之后的中国开启了改革开放和现代化建设的新纪元。此后，高等学校教育从"文革"中形成的极左思潮中得以认真清理和重新觉醒，我国各项事业重新焕发了生机与活力，教育和高校人文社会科学研究工作逐步走上了正轨，研究机构、研究力量有了较大发展，研究领域不断扩大、研究成果不断涌现，开始出现了一个比较繁荣的局面。

档案学基础理论作为档案学的一个重要分支，也得到了较大的发展。尽管目前对于档案学基础理论的界定及其所框定的内容存在着不同的看法，甚至是迥异的观点，但一般认为，档案学基础理论是从宏观的角度，揭示和研究档案、档案工作、档案事业、档案学科的基本概念、特点、作用、原则、规律，并对历史事实和实践经验进行抽象的概括和升华，为档案学其他分支学科的发展、档案工作的实践和档案事业的繁荣提供基本理论和方法。围绕这一界定，透过改革开放三十年来我国档案学基础理论研究的内容，我们发现，这一时期我国档案学基础理论研究硕果累累，主要成就表现在以下几个方面：

1. 档案学基础理论的研究内容不断丰富

改革开放初期，我国档案学者主要遵循国家恢复整顿档案工作的方针政策，研究档案工作基本原则、国家档案全宗、档案学科性质、档案教育与人才培养、档案管理体制、历史档案的开放等问题。这一阶段较典型的著作主要是《档案学理论与历史初探》[1]。该著作对档案学的学科地位、档案学的产生与形成、档案的性质与特点、档案工作矛盾运动及其规律等基础理论问题进行了阐释与总结，在我国档案学界产生了很大的影响。

及至 20 世纪 80 年代中后期，随着改革开放进程的加快，我国档案学基础理论研究中除对上述问题进一步研究之外，还对档案的价值与作用、档案学科体系、档案学研究方法、档案学与其他学科的关系、档案法规建设、档案工作的性质、档案工作与实践的关系等问题，作了较深入的研究。特别是这一时期还大量引进了西方档案学理论研究成果，文件中心、文件生命周期理论、全宗理论、档案价值理论等被成功引进，使得我国档案学基础理论研究内容不断增多。

进入 20 世纪 90 年代后，随着我国市场经济的发展，档案学基础理论研究中开始研究档案信息的商品属性，产生了对档案商品属性的争议，部分学者认为档案具有商品属性，更多的学者辩证地看待此问题，认为档案本身没有商品属性，但档案信息产品具有商品属性，大力开发档案信息产品有助于经济建设的发展。此后，档案界学者们对于档案学基础理论展开了全方位的研究，关于文件生命周期理论、文件连续体理论、全宗理论、档案的本质属性、档案价值与作用、档案信息资源开发利用、档案产业化、档案工作原则、档案工作管理体制、档案事业发展战略、档案事业体系、档案事业发展规律、档案馆的性质、档案馆的主体地位与功能模式、档案室的基础地位、档案学研究方法、档案学学科体系、档案学学科属性、数字档案与数字档案馆理论与原则、公共档案馆建设、档案信息化建设理论、数字时代档案学理论创新、数字时代的档案学教育、电子政务环境下的档案信息管理与利用、政府信息公开对档案工作的影响等问题都展开了研究。笔者以“文件生命周期理论”“文件连续体理论”“全宗理论”“档案的本质属性”“档案的价值与作用”“档案产业化理念”“档案馆性质职能”“档案学基础理论本身”“档案学术规范与评价”“档案学与其他学科的关系”“档案工作发展理论”“档案学理论与档案工作实践的关系”“档案学教育”“档案事业发展规律与发展战略”“档案学基础理论其他相关内容”等为检索词，分别从《全国报刊索引》和《档案学、档案事业核心期刊(2004 年版)》上刊登的论文中查询，获得了一定的数据，反映出这一阶段我国档案学基础理论研究内容非常丰富，见表 1。

表 1　我国档案学基础理论研究论文主题内容分布

主题分布＼文献来源	全国报刊索引		13 种核心期刊[2]	
	文献量(篇)	百分比(%)	索引文献量(篇)	索引百分比(%)
文件生命周期理论和文件连续体理论	164	12.0	102	10.1
全宗理论	64	4.7	38	3.8
档案的本质属性	9	0.7	8	0.8
档案的价值与作用	71	5.2	48	4.7
档案产业化理念	3	0.2	2	0.2
档案馆性质职能(包括公共档案馆)	120	8.8	78	7.7
档案学基础理论本身	66	4.7	61	6.0
档案学术规范与评价	13	0.9	9	0.9
档案学与其他学科关系	47	3.4	27	2.7
档案工作发展理论	61	4.5	30	3.0
档案学理论与工作实践的关系	16	1.2	14	1.4
档案学教育研究	257	18.7	229	22.7
档案事业发展理论	260	19.0	181	17.8
档案学基础理论其他内容	218	16.0	184	18.2
总计	1369	100	1011	100

2. 档案学基础理论研究领域进一步被拓展

我国档案学基础理论研究在 20 世纪 80 年代主要是对档案、档案工作、档案事业、档案学科本身的研究。从 20 世纪 90 年代开始，该领域的研究拓展到了知识管理、公共管理、电子政务、电子商务等领域，主要研究内容包括档案信息资源的知识含量、电子政务及电子商务活动中电子档案的概念与作用、政府信息公开背景下的档案工作理念、政府信用档案管理理论、档案管理工作从档案实体管理向知识管理的演变、知识管理与数字档案馆、知识管理与企业档案资料的开发利用、电子政务信息资源与档案信息资源的合作共建、我国电子政务信息资源的共建与共享等。

3. 档案学基础理论研究与档案工作实践的结合更趋紧密

从 20 世纪 80 年代开始，我国档案学基础理论研究中已经非常注重与档案工作实践相结合。《档案学理论与历史初探》[3]、《档案学论衡》[4]等著作，都用大量篇幅阐述档案学理论研究与档案工作实践的关系。许多论文涉及档案学理论与档案工作实践的关系问题。还有不少课题是联系档案工作实践来立项并开展研究的。如国家档案局项目中的“公共档案馆理论与实践研究”“家庭档案服务体系与管理模式研究”“档案管理与社区管理一体化研究”等，都是档案学基础理论与档案工作实践结合研究的课题。

4. 档案学基础理论研究方法更趋多元化

档案学理论的建立必须借助于一定的方法论，而档案学理论的成熟与否，其重要标志就是它有无自己的研究方法体系。20世纪80年代以前，我国档案学研究方法比较贫乏，传统的研究方法主要有观察方法、调查研究方法、历史方法、定性方法等。之后，定量方法、统计方法、信息论、系统论等新的方法大量移植和引进，使得档案学基础理论研究水平发展到一个新的高度。例如，吴宝康先生的《档案学概论》中，率先采用系统论的方法，分析了档案工作系统的结构与功能、档案工作系统内部结构之间的关系、档案工作系统与外部环境的关系[5]。《档案学基础》中对档案事业系统进行了分析与论证[6]。《国家档案全宗控制系统论》[7]、《国家档案管理系统分析与探索》[8]等论著中也都采用了系统论研究方法，取得了较好的研究成果。

5. 档案学基础理论研究就有关问题基本达成共识

档案学基础理论研究主要在档案学的理论基础和指导思想、档案学的学科地位、档案学方法论体系、档案的本质属性与价值、档案馆的性质等方面基本达成共识。关于档案学的理论基础和指导思想虽然没有专文研究，但有不少学者的论文中涉及这一内容。他们认为，档案学的理论基础和指导思想是马克思、列宁主义及毛泽东思想。关于档案学的学科地位，普遍认为它是一门独立的学科，由若干分支学科构成；关于档案学研究方法论体系，不少学者认为由哲学方法、一般方法、专门方法构成；关于档案的本质属性，认为是原始记录性的观点占主流地位；关于档案的价值，大多认为具有凭证价值和情报价值[9]。关于档案馆属于文化事业机构，具有永久保存性、文化性、科学性等性质的观点，一直受到业界的普遍认同。

6. 产生了一些具有独创性和中国特色的档案学基础理论

改革开放前，我国档案学基础理论中产生的独创性研究成果主要有20世纪30年代产生的文书档案连锁法，50年代产生的档案自然形成规律[10]、档案管理体制与原则。改革开放后，20世纪80年代产生了文件档案一体化管理理论[11]，与西方的文件连续体理论基本相通。这一时期还产生了主客体全宗理论[12]。20世纪90年代产生了文件运动规律[13]、档案二元结构论[14]等。

7. 建立了一支较强的档案学基础理论研究队伍

我国档案学基础理论研究队伍主要由两大部分人员构成。一是档案学高校教师，二是档案部门的领导及研究人员。这两部分研究人员各有一定特色：档案学高校教师的研究成果具有较强的系统性、逻辑性、前瞻性，理论观点带有浓厚的思辨性色彩，对于提高档案学科的知名度和学科地位，增强档案学研究的理论性、学术性等方面起到了重大作用。还有一些高校教师针对档案工作实际问题开展研究，也取得了较好的成果。档案实际部门的领导及研究人员在档案学基础理论研究中，善于紧密结合实际工作中的现实问题开展研究，研究课题的针对性非常强，其研究成果除了具有较强的理论性、逻辑性之外，还具有很强的实用性，对档案工作实践具有非常强的指导意义。近 30 年来，在档案学基础理论研究方面影响较大的主要是曾三、吴宝康、陈兆祦、丁永奎、和宝荣、邓绍兴、陈智为、冯子直、刘国能、王德俊、任遵圣、赵越、冯惠玲、张辑哲、何嘉荪、宗培岭、林清澄、乔健、胡鸿杰、王英玮、张斌、陈永生、傅荣校、丁海斌、潘连根、潘玉民、金波、谭琤培、周毅、张照余、丁华东、丁光勋、桑毓域、李财富、宫晓东、赵爱国、姜之茂、李国庆、薛匡勇、严永官、覃兆刿、黄世喆、王恩汉、任宝兴等学者。

8. 取得了一批较有影响的档案学基础理论研究成果

改革开放 30 年来，我国档案学基础理论研究成果主要体现在四个方面：其一，档案学刊物上发表了若干学术论文。其二，出版了一些有影响的档案学论著，例如，《档案学理论与历史初探》[15]、《档案学理论新探索》[16]、《档案学概论》[17]、《档案学论衡》[18]、《中国档案学的理念与模式》[19]、《档案学研究进展》[20]、《档案学基础》[21]、《档案学理论与历史研究》[22]、《档案学若干问题研究》[23]、《档案学理论与实践新探索》[24]、《档案学研究文集》[25]等。其三，国家档案局、中国档案学会主持与召开了档案学基础理论研讨会，例如，1987 年、1988 年、1991 分别在长春、昆明、山西等地召开了档案学理论研讨会，对我国档案学基础理论诸多方面进行了研究。中国档案学会召开的 6 次全国档案学术研讨会中，有不少内容属于档案学基础理论研究的范畴。地方各级档案学会召开的档案学学术会议中也有一些属于档案学基础理论研究内容。其四，国家社科基金项目、国家教育部人文社会科学项目、国家档案局项目中也有属于档案学基础理论的内容，如国家社科基金项目“档案所有权理论与实践研究”“全国档案馆网设置与布局研究”“档案服务社会化研究”“二元实践下的档案学理论体系变革研究”“中国档案传统与档案事业现代化之间的关系”等。在此，笔者对 1978 年 12 月至 2008 年 12 月之间我国档案学基础理论研究成果进行了较系统的统计，见表 2。

表 2 档案学基础理论研究成果形式与数量的统计

成果形式	数量
档案学基础理论研究论	1369 篇
文档案学基础理论研究著作与教材	56 种
全国性的档案学学术会议(含括属于档案学基础理论研究的范畴)	6 次
全国专门性档案学基础理论研讨会议	3 次
青年学者档案学理论研讨会	3 次
国家社科基金项目中档案学基础理论研究课题	5 项
教育部人文社科研究项目	4 项
国家档案局科技项目	2 项

为了更详细地看到改革开放 30 年间我国档案学基础理论研究的数据，我们进一步对上述研究成果中学术论文进行了统计分析。

改革开放第一个十年(1979—1988 年)我国档案学基础理论研究论文在《全国报刊索引》上分别为 1、0、1、1、2、9、18、15、20、15 篇，总数为 82 篇；在 13 种核心期刊索引篇数分别刊载的论文数量为 1、0、1、1、2、1、18、13、17、14，总数为 68 篇。各年度论文变化情况见图 1。

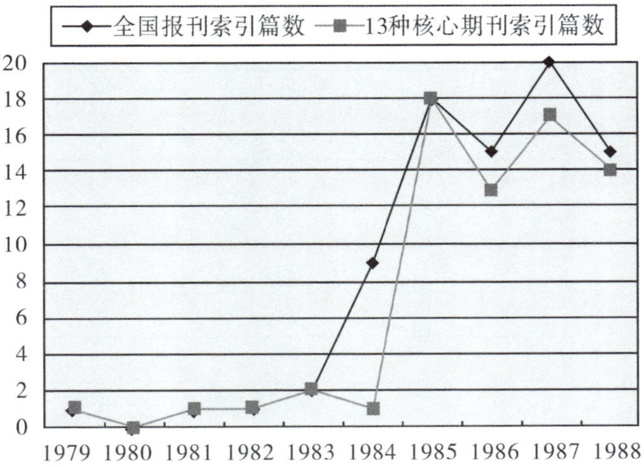

图 1 改革开放第一个十年档案学基础理论研究论文年代分布

改革开放第二个十年(1989—1998 年)我国档案学基础理论研究论文在《全国报刊索引》上分别为 32、24、30、22、41、38、45、44、59、59 篇，总计 394 篇；在 13 种核心期刊索引篇数分别刊载的论文数量为 23、20、20、22、29、27、37、34、32、41 篇，总计 285 篇。各年度论文变化情况见图 2。

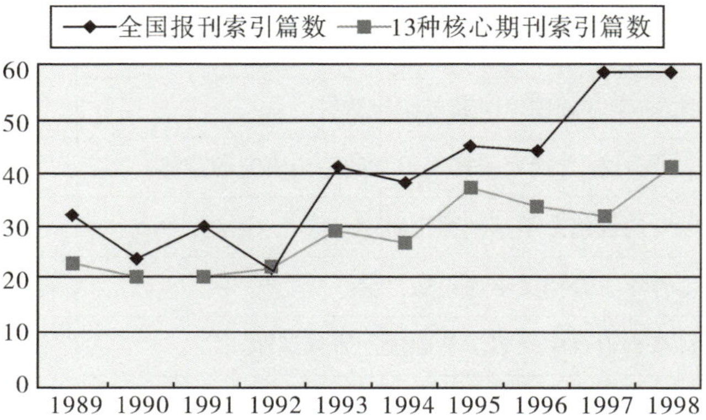

图 2　改革开放第二个十年档案学基础理论研究论文年代分布

改革开放第三个十年（1999—2008 年）我国档案学基础理论研究论文在《全国报刊索引》上分别为 72、65、72、80、87、99、102、102、104、110 篇，总计 893 篇；在 13 种核心期刊索引篇数分别刊载的论文数量为 58、48、46、65、63、72、65、73、81、87 篇，总计 658 篇。各年度论文变化情况见图 3。

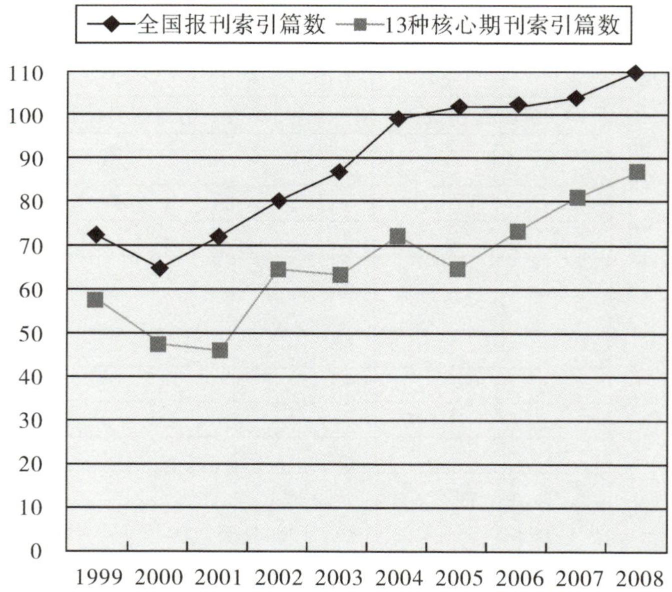

图 3　改革开放第三个十年档案学基础理论研究论文年代分布

从图 1—图 3 中可以看到，改革开放 30 年来，《全国报刊索引》论文和《档案学、档案事业核心期刊》刊载论文分别为 1369 和 1011 篇。第一个 10 年分别是 82 和 68 篇。此后的

10 年，分别为 394 和 285 篇，分别增长了 4. 8 和 4. 1 倍。最近的 10 年，分别是 893 和 685 篇，较之第一个十年分别增长了 10. 81 和 10. 07 倍。通过这种数量比较，可以看到我国档案学基础理论研究的发展与壮大趋势。

将《全国报刊索引》篇数和 13 种核心期刊索引篇数作一个总的比较性的分布图，可以直观地看到改革开放以来我国档案学基础理论研究主要研究论文总的数量与分布情况，见图 4。

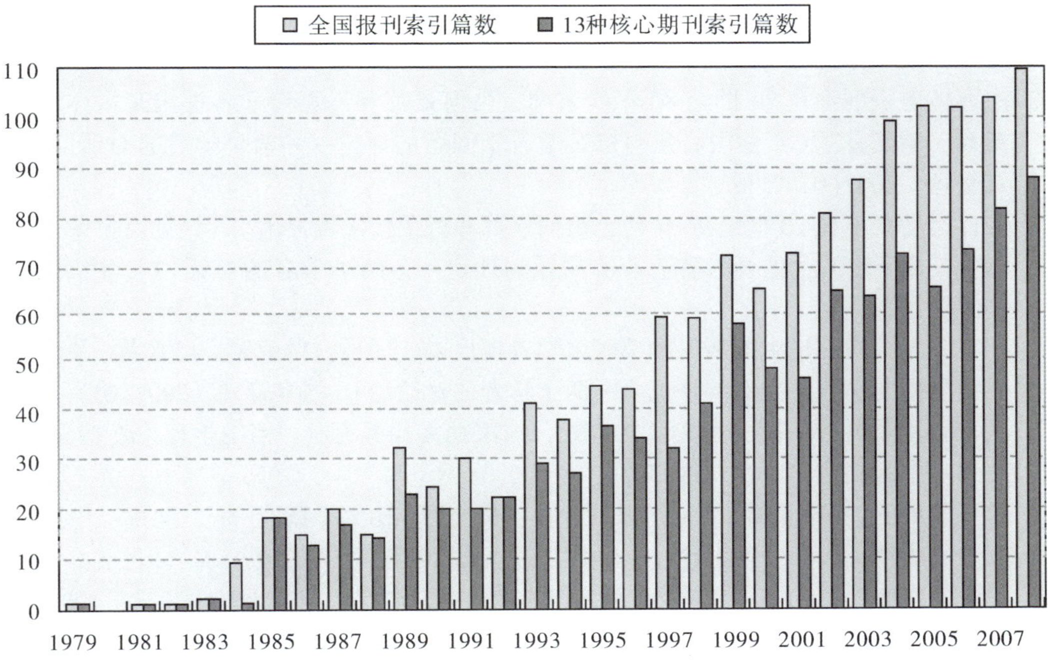

图 4　全国报刊索引与档案学核心期刊研究文献增长状况

综上所述，从对改革开放 30 年来我国档案学基础理论研究的分析不难看到，我国档案学基础理论研究的内容与领域不断拓宽，研究的问题愈来愈深刻，研究的道路越来越宽广，研究队伍越来越壮大，充分表明了我国档案学基础理论研究的成绩。这不仅是过去改革开放 30 年来的基本总结，也为未来档案学研究的发展奠定了厚实的基础。

参考文献

[1][3][15]吴宝康. 档案学理论与历史初探[M]. 成都：四川科学技术出版社，1986.

[2]十三种核心期刊是指档案学、档案事业类中文核心期刊，根据 2004 年《中文核心期刊目录总览(第四版)》的排列顺序，G27. 档案学的期刊为 13 种，分别为：《档案学通讯》、《中国档案》、《档案学研究》、《档案与建设》、《浙江档案》、《档案管理》(原《河南档案》)、《兰台世界》(《辽宁档案》)、《山西档案》、《档案》、《北京档案》、《上海档案》、《四川档案》、《档案时空》(原《湖南档案》)。

[4][18]陈永生. 档案学论衡[M]. 北京：中国档案出版社，1995.
[5][9]吴宝康. 档案学概论[M]. 北京：中国人民大学出版社，1988.
[6][21]朱玉媛. 档案学基础[M]. 武汉：武汉大学出版社，2008.
[7]郭东升. 国家档案全宗控制系统论[J]. 山西档案，2004(05).
[8]郑鸽. 国家档案管理系统分析与探索[A]. 吴宝康. 当代中国档案学论[M]. 北京：中国档案出版社，1988.
[10]20世纪60年代，时任国家档案局局长的曾三在一篇报告中提出来。详见：冯惠玲，张辑哲主编. 档案学概论(第二版)[M]. 北京：中国人民大学出版社，2006.
[11]文件档案一体化管理理论于20世纪80年代在成都会议上提出。
[12]主客体全宗理论在20世纪80年代末期，由何嘉荪和冯惠玲学者提出来。详见：付荣校，何嘉荪. 关于建国后我国档案学若干问题的评论——两个学者的对话[J]. 档案管理，2007(01).
[13]文件运动规律在20世纪90年代，由何嘉荪和付荣校学者提出来. 详见：付荣校，何嘉荪. 关于建国后我国档案学若干问题的评论——两个学者的对话[J]. 档案管理，2007(01).
[14]档案二元结构理论由刘新安和桑毓域学者提出来。详见：付荣校，何嘉荪. 关于建国后我国档案学若干问题的评论——两个学者的对话[J]. 档案管理，2007(01).
[16]国家教育委员会高教一司文科教育处，国家档案局教育处. 档案学理论新探索[M]. 北京：中国档案出版社，1987.
[17]这里所讲的《档案学概论》是指以下3种：吴宝康. 档案学概论[M]. 北京：中国人民大学出版社，1988；冯惠玲，张辑哲主编. 档案学概论(第二版)[M]. 北京：中国人民大学出版社，2006；任遵圣. 档案学概论[M]. 南京：南京大学出版社，1989.
[19]胡鸿杰. 中国档案学的理念与模式[M]. 北京：中国人民大学出版社，2005.
[20]朱玉媛. 档案学研究进展[M]. 武汉：武汉大学出版社，2007.
[22]丁海滨. 档案学理论与历史研究[M]. 香港：香港同泽出版社，1997.
[23]潘玉民. 档案学若干问题研究[M]. 香港：香港同泽出版社，1996.
[24]乔健. 档案学理论与实践新探索[M]. 成都：四川大学出版社，1998.
[25]辽宁大学历史文化学院. 档案学研究文集[M]. 沈阳：辽宁大学出版社，2004.

26

2011 年

张玉峰　何 超

基于 Web 挖掘的网络舆情智能分析研究*

摘要　本文在分析、比较和综合国内外网络舆情信息分析处理技术的基础上，将 Web 挖掘技术引入舆情智能分析处理中，构建了基于 Web 挖掘的舆情信息智能分析模型，并通过系统实例介绍了 Web 挖掘在网络舆情智能分析中的具体应用。

关键词　网络舆情　网络挖掘　智能分析

Abstract　Based on the analysis, comparison and summary of information analysis and processing technologies of net-mediated public sentiment at home and abroad, this paper introduces Web mining technologies into intelligent analysis and processing of public sentiment, constructs an intelligent information analysis model of public sentiment based on Web mining technologies, and describes the specific applications of Web mining technologies in intelligent analysis of net-mediated public sentiment with some system examples.

Key Words　Online public opinion; Web mining; Intelligent analysis

舆情是由个人以及各种社会群体构成的公众在一定的历史阶段和社会空间内，对自己关心或与自身利益紧密相关的各种公共事务所持有的多种情绪、意愿、态度和意见交错的总和，是实现社会调控管理不可缺少的制约力量[1]。网络舆情作为一种十分重要的舆情表现形式，是公众在互联网上对某种社会现象或社会问题公开表达的具有一定影响力和倾向性的共同意见。随着互联网在全球范围内的飞速发展以及我国信息技术和信息基础设施建设的不断完善，接触和使用互联网的公众数目和比例也在不断上升。根据中国互联网络信息中心(CNNIC)最新发布的数据显示，截至 2010 年 6 月底，我国网民规模已达 4.2 亿，互联网普及率也进一步提升，达到 31.8%[2]。网民规模的持续扩大以及网络普及率的平稳上升，尤其是以 Web2.0 和语义 Web 为代表的泛在知识环境中新的信息交流模式的出现，为公众内隐的情绪和态度的表达提供了开放、快速、交互的渠道，为社会个体自由表

* 本文为国家自然科学基金项目(项目编号：71073121)和教育部人文社会科学重点研究基地重大项目(项目编号：08JJD870225)的研究成果之一。

达个人意见、参与公共事务讨论提供了便利，对社会突发事件的解决起到了积极的推动作用。然而，这些变化也为一些有害信息、杂音和噪音的传播提供了渠道。大量负面信息和谣言利用聊天工具、个人网页、电子邮件、论坛等形式在网上广泛传播，对我国社会稳定和文化安全构成了威胁。因此，如何加强网络舆情信息的分析处理、及时发现舆情热点以及正确引导民意走势，已成为网络舆情监督部门和决策者亟待解决的问题。

近年来，国内外许多专家学者和研究机构从不同领域和多个角度对网络舆情信息分析处理技术进行了多样化的探讨，并取得了一定进展。例如，文献[3-6]对网络舆情的内在演变规律进行了研究，并根据不同发展阶段的特点采取不同的分析处理方法；文献[7-8]从社会行为学和传播学的角度对网络舆情的分析处理技术进行了研究；文献[9-10]从网民的角度来分析网络舆情信息的形成机制和处理措施；文献[11]根据互联网的物理结构、网站结构以及网络舆情的网络结构分析，得出网络舆情的结构化模型，为网络舆情信息的准确性分析和监测奠定了基础；文献[12-13]利用统计学的相关技术来研究舆情信息内容的深度分析模式；文献[14-17]从技术的角度探讨了实现舆情信息智能分析处理的关键技术；文献[18-19]分别将 Web 信息挖掘和文本挖掘技术引入到舆情信息分析处理过程中，利用数据挖掘技术处理海量信息的优势来增强舆情分析的深度和精度。这些研究虽然在一定程度上增强了相关职能部门对舆情信息的监控和引导能力，但仍存在一些不足。首先，由于网络的信息量十分巨大，仅仅依靠人工的方法难以应付海量信息的收集和处理，而自动化、智能化的舆情收集和分析处理技术的研究甚少；其次，舆情信息分析的深度不够，仅仅停留在相关数据的统计层面，没有深入挖掘数据背后隐含的深层知识，虽然已经开始借助人工智能和 Web 挖掘技术实现网络舆情智能分析，但大部分的研究均无法涉及舆情信息的语义层次，无法实现舆情信息的智能化分析和预测。

本文在分析、比较和综合国内外网络舆情信息分析处理技术的基础上，将 Web 挖掘技术引入到舆情信息分析处理中，研究并提出了基于 Web 挖掘的舆情信息智能分析模型。该模型利用 Web 挖掘技术采集和分析海量信息资源的优势，从语义层面挖掘隐藏在大量网络舆情信息中的模式和趋势，推导舆情信息的内容、指向和强度，达到服务决策活动的目的。

1. Web 挖掘

Web 挖掘是把互联网、万维网和数据挖掘结合起来的一种新兴技术，运用自然语言处理技术、人工智能、数据挖掘等智能信息处理技术，从 Web 超链接、网页内容和使用记录中挖掘探寻特定用户感兴趣的、有用的信息或知识，其结果可以为用户决策所使用。根据挖掘对象的不同主要分为 3 个方面：Web 内容挖掘、Web 结构挖掘和 Web 使用挖掘。与传统的网络舆情分析方法，例如抽象分析、比较分析、相关分析和内容分析法等相比，Web 挖掘可以得到指定时间段内网络舆情的状况和走向以及与之关联的热点问题，为网络舆情的深层次分析提供了技术支持和解决方案。因此，如何在网络舆情信息采集和分析领域利用好 Web 挖掘技术值得深入研究。

1.1 Web 内容挖掘

Web内容挖掘是指从Web文档内容及其描述信息中获取潜在的、有价值的知识和模式的过程，主要包括对网页的内容特征进行提取、基于内容的网页分析/聚类、网页间内容的关联规则发现等。网页的文本内容包含最丰富的信息，然而其表达方式复杂，不利于计算机理解。Web内容挖掘可以有效地对大量文本内容进行总结、分类、聚类、关联分析以及利用Web文本进行趋势预测等。Web内容挖掘是数据挖掘技术在网络信息处理中的应用，不仅能够处理来自数据库的结构化数据，还能够处理半结构化数据和无结构化的自由文本，还有图像、图形、视频、音频等多媒体数据，可以全方位、多角度地对舆情信息内容进行深入分析。

1.2 Web 结构挖掘

在整个Web空间中，有用的知识不仅包含在Web页面内容中，也包含在Web页面结构和Web超链接结构中。Web结构挖掘主要是通过分析Web组织结构和链接关系，挖掘出潜在的有用的知识，其目的是获得与主题高度相关的链接以及链接逻辑结构的语义知识，这些知识可以帮助舆情监管部门从中找到有价值的权威页面、中心页面。Web结构挖掘应用于网络舆情分析系统中，能够帮助舆情监管部门获取与舆情信息发布者、传播者以及传播环境最相关的链接，可揭示权威网页之间的关联，揭示蕴涵在这些文档结构信息中的有用模式，有助于从多个维度和层面挖掘舆情信息。

1.3 Web 使用挖掘

Web使用挖掘就是对用户访问Web时在服务器上留下的访问记录进行挖掘，获取用户访问Web页面的模式。由于挖掘的对象是服务器上的日志信息，因此也称为Web日志挖掘。这些信息包括网络服务器访问记录、代理服务器日志记录、浏览器日志记录、用户简介、注册信息、用户对话或交易信息、用户提问式等。通过分析和探究Web日志记录中的规律，可以识别用户的访问模式和行为偏好，从而预测其行为。

2. 基于Web挖掘的网络舆情智能分析模型

本文提出的基于Web挖掘的网络舆情智能分析模型见图1。

2.1 数据层

舆情信息采集的主要任务是选择性地从舆情传播的主要载体中对那些与预定义主题相关的页面进行自动化、智能化的收集，并进行有效的过滤和存储，为下一步的舆情挖掘与分析提供优质素材。该过程通过5个步骤完成。

步骤1：确定主题和选择采集起点。舆情信息采集的首要问题就是如何将信息需求以主题的形式描述出来，它的好坏会直接影响采集的效果。目前，最常见的是基于关键词的主题描述。这种方法简单、易用，但不能准确地对主题进行定位，容易造成“主题漂移”。

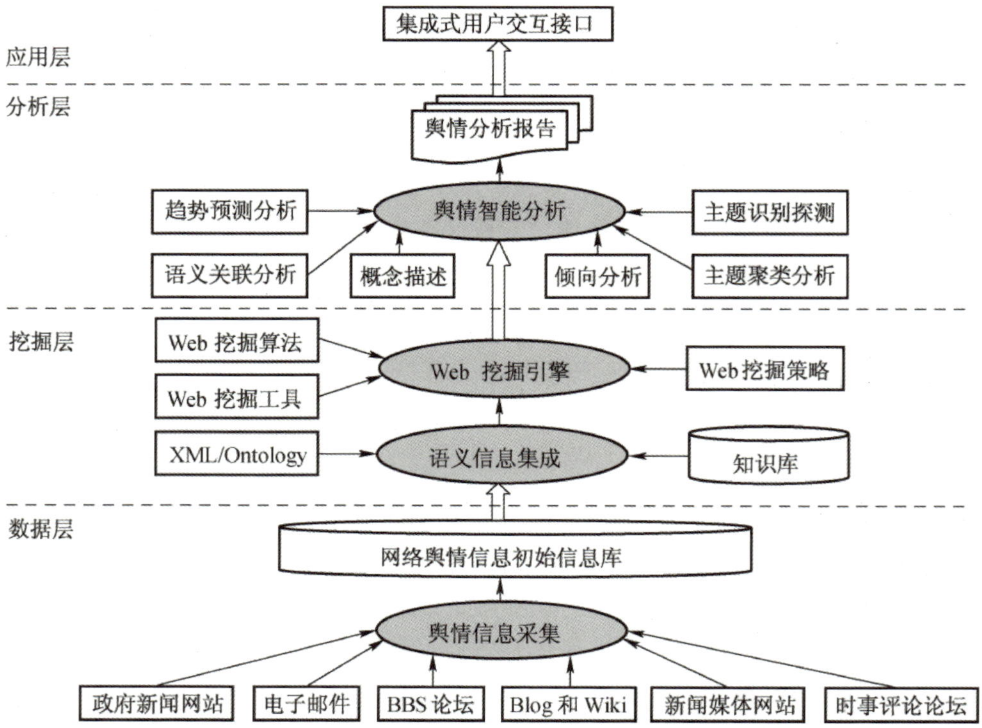

图 1　基于 Web 挖掘的网络舆情智能分析模型

利用本体技术对相关领域中的概念以及这些概念间关系的集合进行系统化和抽象化的描述，不但能够很好地描述主题内容，而且还可以揭示概念间的语义关系，提高主题描述的准确度。信息采集的起点是从一个种子 URL 集出发，通过 Web 协议向所需的页面扩展。根据 Linkage/Sibling Locality[20] 特性，需要选择质量较高的主题 URL 作为初始种子 URL 集。

步骤 2：利用自动采集软件 Spider 采集。Spider 主要通过各种 Web 协议自动采集网络上的相关信息，并将 Web 页面下载到本地进行分析。

步骤 3：页面分析。在页面采集完后，对页面进行解析，从中获取链接及其上下文数据、正文、标题、摘要，以便进行后续的过滤和其他处理。

步骤 4：URL 与主题的相关性判断。为有效提高主题 Web 信息采集的可靠性和效率，在采集过程中综合扩展元数据和链接分析来增加过滤机制。

步骤 5：页面过滤。为进一步提高采集页面的准确性，对已采集的页面进行主题相关性评价，剔除小于预设阈值的页面，提高所采集主题页面的准确率。该过程利用基于本体的向量空间模型来评价页面内容的主题相关性。通过将词汇映射到概念一级，从词所表达的语义层次对文本进行相关性分析，突破关键词匹配局限于语法层次的缺陷。

2.2　挖掘层

挖掘层主要由语义信息集成和 Web 挖掘引擎两部分组成，前者可为后者提供经预处理后的结构化信息，简化并加速Web挖掘处理。

2.2.1　语义信息集成　由于数据层的原始数据来自不同的媒介，在结构和语义上都存在较大的差别，需要对其进行统一处理，并根据需要利用自然语言理解等智能信息处理技术进行深层次的预分析，为提高挖掘引擎的效能和健壮性奠定基础。借助XML或Ontology技术，在本体库、元数据库、文献知识库、语言知识库等基本知识库的协助下进行语义抽取、标注和描述，可将异构数据转换成具有统一语法和语义格式的通用数据模型，减少挖掘阻力及提高通用性。

2.2.2　Web挖掘引擎　Web挖掘引擎是整个舆情分析模型的动力所在，通过定义Web挖掘模型语言，选用合适的挖掘算法和工具，执行Web挖掘任务。由于Web挖掘的主要目的在于从大量的网络舆情信息中提取出可理解的模式或规律，预测事件发展的趋势，因此，需要根据决策的需要和网络舆情信息源的特点，从多个维度和层面进行深层次的挖掘处理。

(1)基于Web内容挖掘。主要关注信息元素本身的内容与意义，以文本、图片、音频、视频或者结构记录等信息内容为对象，从中挖掘知识内容和语义关联模式。常用的挖掘方法有概念分析、特征提取、属性归纳、分类分析、聚类分析等。基于Web内容的挖掘处理可融合文本挖掘与本体技术，实现多层次的尤其是深层次的知识获取。

(2)基于Web结构挖掘。主要以Web超链接这种信息结构关联元素为对象，从中挖掘链接逻辑结构模式，获得有关网页间的相似度及关联度信息，从而辅助舆情监管部门找到有价值的权威页面、中心页面。通过分析Web页面的链接信息，推导链接之间的蕴涵、引用或者从属关系，从而挖掘出潜在的有用的知识。

(3)基于Web使用挖掘。主要以信息交流与传播过程中的服务器日志信息为对象，透过数据表象分析信息活动相关主体的行为特征，动态获取信息来源背景、信息发布频率、信息发布者和站点浏览者的行为模式等深层知识。

2.3　分析层

分析层是整个模型的核心层面，关键技术在于舆情信息的智能分析，主要功能是将经过挖掘处理后的模式和知识进行形式化描述，生成舆情分析报告并提交给决策机构辅助决策。

(1)主题聚类分析。主题聚类分析将经过处理的海量舆情信息按照其内在的性质自动划分为不同的类别，从而发现与某一主题相关的所有信息和具有相似特性的用户群。然后，经过统计处理就可以发现目前网络上的舆情及其构成，判断该信息反映哪类社会问题及公众的基本态度，有利于相关部门采取进一步的行动。

(2)语义关联分析。语义关联分析可分为简单语义关联分析和序列关联分析。简单语义关联分析主要用于识别同类事件或记录中不同概念属性组合之间的关联性，如Web挖掘可以从海量舆情信息中分析不同事件之间的关联性，监控关联事件的发展规律和趋势，明确舆情信息发布者与舆情信息内容特征之间的关联性，判定舆情信息的真实性。序列关联分析主要用于识别具有先后次序的不同事件之间的关联性，如根据页面间的链接，发帖时间及地点等信息，可以发现它们之间的链接结构和发布的先后顺序，追溯舆情信息的来源等。利用语义关联分析，可以在语义层面把一条新闻和相关的新闻、BBS评论、博客评论等信息关联起来，帮助相关职能部门多方位地了解新闻的进展情况以及相关的网民评论等信息，为进行网络舆情综合分析提供帮助。

(3)概念描述。通过主题聚类分析或者语义关联分析得到的结果，可能是表层的、粗糙的或散乱的知识，甚至受到一些杂点的干扰。因此需要利用概念描述，分析其深层的本质特征，同时对其进行除杂和整合，获取网络舆情总体概括的描述性信息，发现并追踪社会热点和焦点内容。

(4)趋势预测分析。通过对某个主题在不同的时间段内被关注的程度进行跟踪，可以获取舆情随时间的发展变化趋势或规律，实现对舆情环境的监控和预警，进行适时控制和疏导。产生突发事件的原因是多方面的，从某种程度来说也是不可避免的，如果事先制定有效的舆情监控和预警机制，就能够及时对舆情的发展进行趋势分析和正确引导，避免事件向消极的方向发展[19]。

(5)主题识别探测。主题识别探测分析包括热点话题、敏感话题等主题识别和主题探测跟踪。主题识别分析可以根据舆情信息出处的权威性、评论数量、发言时间密集程度等参数，运用语义分析和关键词布控相结合识别出给定时间段内的热门话题和敏感话题；主题探测跟踪主要分析网络上新发表的新闻文章和论坛帖子，关注话题是否与已有主题相同或类似[21]。

(6)倾向性分析。由于网络的虚拟性和匿名性，网络舆情信息在大多数情况下真实地表现出了公众对热点事件的观点和情绪，如果将这些信息自动聚合并利用文本聚类和观点挖掘技术进行褒贬倾向性分析，归纳公众的主要观点并统计公众的褒贬倾向分布情况，可以明确公众对相关热点事件所持有的态度和倾向，如通过网站所发布的对时政问题的讨论，可以推断其观点和立场。这种分析方法可以更准确有效地帮助相关政府职能部门了解社情民意，进而作出及时的反馈。

2.4 应用层

模型中设置应用层一方面是方便与用户进行交互。用户可以通过一定的软件环境指导舆情信息的采集、挖掘和分析处理过程以及查看挖掘分析结果，可以应用可视化技术动态直观地展现海量舆情信息中所隐含的规律和发展趋势，深入理解多维数据中的复杂模式，更加易于舆情信息的理解和分析结果的运用。另一方面，也是非常重要的一个方面，就是为后续工作提供接口。由于计算机不能完全代替人脑的工作，尤其对随机出现的各种警情的判断，仍需要各个方面专家进行分析，形成最终的舆情分析结果。通过提供系统交互接口，就可以将智能分析结果作为专家分析的输入参数，然后充分利用专家的主观判断，实现人机智能化互动，使预测意见更逼近实际情况，提高舆情分析的准确率。

3. 基于Web挖掘的网络舆情智能分析系统实例分析

目前，针对网络舆情分析和挖掘的软件产品比较多，较典型的有Autonomy网络舆情聚成系统、Goonie互联网舆情监测系统、TRS互联网舆情信息监控系统、方正智思舆情预警辅助决策支持系统等。下面以方正智思舆情预警辅助决策支持系统为例[22]，探讨 Web 挖掘技术在网络舆情智能分析中的实际应用。

方正智思舆情预警辅助决策支持系统以中文信息处理技术与 Web 挖掘技术为核心技术，采用 B/S 结构，利用先进的 J2EE 技术框架，实现基于浏览器的瘦客户、服务器模式。系统技术框架如图 2 所示，用以辅助相关职能部门解决在互联网传播环境下所面临的难题，提高各级政府应对突发事件能力，全面掌握舆情。

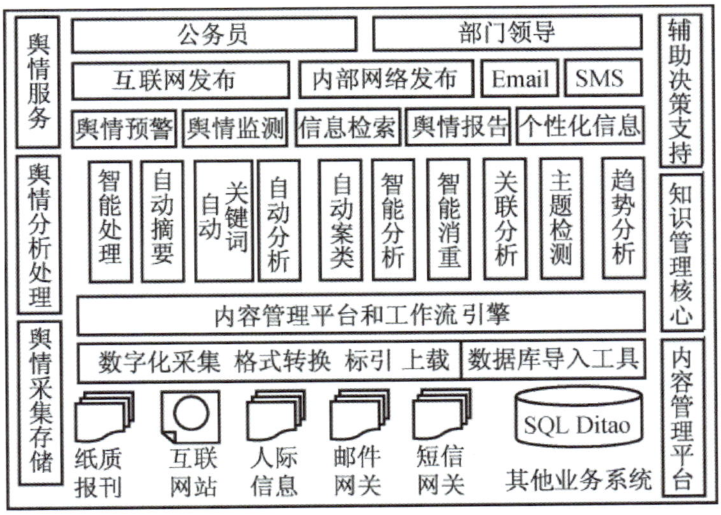

图 2　方正智思舆情预警辅助决策支持系统技术架构图

3.1　主要功能

方正智思舆情预警辅助决策支持系统是一款中文智能信息挖掘与处理的平台软件，它是以北大方正技术研究院多年积累的中文信息处理技术、图形图像处理技术和中文自然语言处理技术为基础，融合最新的人工智能、信息检索、文本数据挖掘、Web 挖掘和互联网技术的研究成果，实现对海量文本、图片、视音频等数字化内容进行智能采集、智能处理和智能分析的功能。

(1)全方位舆情信息智能采集。支持静态页面和动态页面的抓取以及页面的特征分析和区块抓取，支持与舆情相关的图片表格数据等信息的智能识别和抓取；提供数字化文字识别，图像识别工具和自动著录数字化上载；与现有的内部办公系统和业务系统数据互通，支持政府内部人员通过邮件、短信、远程登录等多种方式为系统提供人际交流所产生的隐形舆情信息。

(2)舆情信息智能分析处理。提供多/同义词、上/下位词、多/同音词等舆情信息的智能检索；提供基于本体学习的信息自动分类与基于规则的信息自动分类；提供对单个舆情信息的自动摘要功能与一系列舆情信息自动摘要功能；对文本信息进行智能分词处理，自动获取文本概念特征；对突发事件进行跨时空的综合分析，获知事件发生的全貌并预测事件发展的态势；对系统的关联规则、聚类规则、分类规则等提供人工知识输入手段，并提供在使用中通过实例进行反馈学习的功能；对舆情信息分析结果以可视化的方式提交给决策机构辅助决策。

3.2 运用 Web 挖掘技术优势

方正智思舆情预警辅助决策支持系统整合 Web 挖掘技术和智能信息处理技术，运用知识管理的方法，对互联网海量信息进行自动抓取、自动分类、自动聚类、主题检测、专题聚焦，实现用户的网络舆情监测和新闻专题追踪等信息需求，形成简报、报告、图表等分析结果，为相关职能部门全面掌握网络舆论动态，作出正确舆论引导，提供分析依据。

(1)实时响应。利用 Web 挖掘技术辅助海量舆情信息采集和分析，提高工作效率，改善人工舆情分析的误差，利于形成高标准、高质量的分析结果。对于突发事件的网络信息，在第一时间进行挖掘分析，获取事件背后隐藏的深层知识，为政府启动应急指挥预算提供决策支持。

(2)智能分析。Web 挖掘技术结合内容管理技术、知识管理技术及互联网相关技术，能够对一段时间范围内新出现的社会舆论热点进行自动化、智能化的采集和分析，生成智能舆情报告，便于相关部门快速了解社会思想动态，及时掌握舆情爆发点和事态发展趋势，为制定相对应的执行方案提供可信的分析依据。

(3)辅助倾向性判断。通过人工判断标注信息属性，对某一社会突发事件的网络新闻和评论的正面负面信息进行动态挖掘分析，用直观的图表反映网络新闻热点的发展趋势和公众的态度，并利用中文语义理解技术从海量信息中过滤出诸如反动信息、色情信息等有害公众视听的个别煽动性信息。

4. 结束语

研究表明，将 Web 挖掘技术应用于网络舆情分析中，可以有效地从互联网上自动地、智能化地获取并分析相关舆情信息，能够从海量舆情信息中快速、准确地分析和发现舆情热点，重组和优化舆情信息处理的业务流程，提高了舆情信息的处理效率和质量，实现了舆情信息的智能采集和智能分析处理，达到了动态预警和辅助决策的目的。然而，网络舆情智能分析涉及 Web 数据自动采集、Web 数据自动分析、统计分析、数据挖掘和人工智能以及复杂社会网络等技术，是一个复杂而新颖的研究领域，仍需进一步的研究和深化。

参考文献

[1]刘毅．网络舆情研究概论[M]．天津：天津人民出版社，2007：48-54.

[2]http：//research. cnnic. cn/img/h000/h12/attach20100715135-8080. pdf.

[3]聂哲，李粤平，温晓军．个体间相互影响的网络舆情演变模型[J]．计算机工程与应用，2009，45(14)：220-222.

[4]方薇，何留进，孙凯，等．采用元胞自动机的网络舆情传播模型研究[J]．计算机应用，2010，30(3)：751-755.

[5]史波．公共危机事件网络舆情内在演变机理研究[J]．情报杂志，2010，29(4)：41-45.
[6]曹劲松．网络舆情的发展规律[J]．新闻与写作，2010(5)：45-47.
[7]刘毅．突发性群体事件中舆情信息的汇集与分析[J]．学术交流，2005(10)：131-135.
[8]刘毅．内容分析法在网络舆情信息分析中的应用[J]．天津大学学报：社会科学版，2006(7)：307-310.
[9]毕宏音．舆情视野中的网民上网行为分析[J]．广西社会科学，2007(4)：157-160.
[10]方付建，王国华，徐晓林．突发事件网络舆情片面化呈现的形成机理——基于网民的视角[J]．情报杂志，2010，29(4)：26-30.
[11]曹效阳，曹树金，陈桂鸿．网络舆情的结构与网络特征分析[J]．情报科学，2010，28(2)：231-238.
[12]谢海光，陈中润．互联网内容及舆情深度分析模式[J]．中国青年政治学院学报，2006(3)：95-100.
[13]班成英：增强统计挖掘应用实现舆情分析预警[EB/OL]．[2010-07-05]．http://www.stats.gov.cn/tjyj/tjggyj/t20071210_402451127.htm.
[14]戴媛，程学旗．面向网络舆情分析的实用关键技术概述[J]．信息网络安全，2008(6)：62-65.
[15]杨震，段立娟，赖英旭．基于字符串相似性聚类的网络短文本舆情热点发现技术[J]．北京工业大学学报，2010，36(5)：669-673.
[16]郑魁，疏学明，袁宏永．网络舆情热点信息自动发现方法[J]．计算机工程，2010，36(3)：4-6.
[17]杨超，冯时，王大玲，等．基于情感词典扩展技术的网络舆情倾向性分析[J]．小型微型计算机系统，2010，31(4)：691-695.
[18]梅中玲．基于Web信息挖掘的网络舆情分析技术[J]．中国人民公安大学学报(自然科学版)，2007，54(7).
[19]黄晓斌，赵超．文本挖掘在网络舆情信息分析中的应用[J]．情报科学，2009，27(1)：94-99.
[20]许鑫，章成志．互联网舆情分析及应用研究[J]．情报科学，2008，26(8)：1194-1200.
[21]http://news.ccidnet.com/art/955/20050530/259157_3.html.

27

2012 年

罗紫初

数字出版时代编辑出版专业高等教育的再思考

摘要 随着数字出版时代的到来，编辑出版专业高等教育也进入了数字化转型期。本文从编辑出版专业学生应具备的能力、课程体系以及培养方式三个方面对如何数字化转型进行了论述。

关键词 数字出版时代；编辑出版专业；能力；课程体系；培养方式

我国编辑出版专业高等教育自 20 世纪 80 年代起步，经过近 30 年的发展，培养了一大批优秀的出版人才。近 30 年的发展中，经历了“萌芽时期、启动时期、低谷时期、发展时期、高潮时期”[1]之后，数字出版的迅猛发展促使了编辑出版专业高等教育进入数字化转型期。

目前，“有近 40 所高校在传播学、印刷工程、编辑出版学等专业目录下开设了电子出版、数字传媒、数字印刷、数字媒体艺术、新媒体、软件工作(新媒体)等数字出版教育专业方向，每年招生 20～60 人左右，形成了一定的教育规模”[2]。除了武汉大学于 1997 年开设电子出版专业，北京印刷学院于 1999 年开设数字传媒专业外，“其他多数院校则是在 2004 年、2005 年及以后才设立相关专业方向或开设相关课程”[3]。因此，我们认为，编辑出版学高等教育随着数字出版产业的发展自 2004 年进入了转型期，由定位于传统纸介质出版运作的层面向多种介质出版运作层面发展。然而，面对数字出版时代，编辑出版学高等教育转型还处于摸索阶段，长期以来存在的培养与需求脱节的问题没有得到有效解决，甚至还越来越突出：一面是编辑出版专业的毕业生屡遭“冷遇”，一面是出版业对高素质的复合型人才，特别是数字复合出版人才求贤若渴。那么，数字出版时代，编辑出版专业高等教育如何迎接数字出版带来的挑战，如何抓住数字出版赐给的机遇成功转型，如何培养适合出版业发展需要的编辑出版人才？就此，以下从三个方面谈谈看法，以期引来众多的金玉良言。

一、数字出版时代编辑出版专业学生应具备的能力

我国出版业健康、快速、持续地发展离不开人才的支持。数字出版时代对高素质、创新型人才的渴求达到前所未有的高度，业界曾有的“师徒式”人才培养模式再也无法满足出版产业的发展要求，因而培养人才的重担就由编辑出版专业高等教育来承担。那么，培

养什么样的人才能符合出版实践的需要，这是我们首先要回答的问题。出版业随着技术的发展而发展，因而出版实践对人才的需求也是不断变化的。计划经济体制下，出版业对人才的需求更多地体现为具有文字加工能力的文字编辑、校对以及美术编辑等人才类型；市场经济体制下，则更多地要求出版人具有市场意识、竞争意识等现代经营意识。2000 年之后，新浪、搜狐、网易三大门户网站相继上市，我国以互联网为代表的数字技术开始驶入快速发展的航道，并于 2003 年开始进入繁荣期，随着网民人数的激增而渗入到社会生活的方方面面。[4]数字技术的快速发展给出版业营造了一个崭新的空间，创造了内容的数字化、编辑制作的数字化及营销、物流与消费等一系列数字化趋势。这些数字化趋势对编辑出版人才的要求又有了很大变化，不仅要具有能胜任传统出版工作的能力，更重要是要具有胜任数字出版工作的能力。

当前，“复合型”“创新型”“立体型”等人才类型的表述，都显示了数字出版时代出版业呼唤编辑出版人才的高要求。根据数字出版时代出版业对人才的高要求，编辑出版专业高等教育也应以高要求来培养学生，而对学生的培养要求应该主要体现在能力培养方面。数字出版与传统出版不能截然分开，它“包括传统出版数字化的全部过程和结果，同时也包括新兴的数字媒体”[5]。在数字出版迅速崛起的过程中，“媒体聚合”特征将会越来越明显，行业的保护壁垒将日益消失，“大出版”“全媒体”概念将越来越清晰。面对出版产业发展的变化与趋势，编辑出版专业高等教育应使学生具备哪些能力，才能符合数字出版时代的需求？我们认为，数字出版时代对编辑出版专业学生培养的能力结构是“多维复合型”，如图 1：

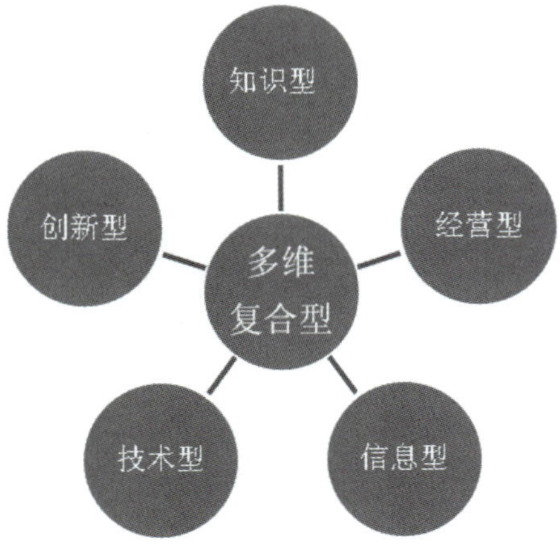

图 1　“多维复合型”能力结构图

能力结构指“能力系统中各因素之间的耦合关系。”[6]从功能上看，它是各种符合某方面专业需要的能力组合，具体到出版工作，即编辑出版专业学生要有符合出版工作需要的能力组合。多维，强调数字出版时代编辑出版专业学生应必备的能力之多，从图中可看出，数字出版时代编辑出版专业学生的“多维复合型”能力结构至少由知识型、实践型、信息型、经营型、创新型等类型组成。需要指出的是，由这些能力类型组成的结构并不是封闭的，而是呈开放状态，即随着出版新技术、新业态的不断涌现，对学生培养的能力类型也会改变。在“多维复合型”的能力结构中：

知识型，指学习知识和应用知识的能力。数字出版时代，尽管数字技术改变了出版形态、出版流程等多个方面，但仍然无法改变出版积累和传承文化的崇高使命。对从事文化事业的编辑出版人才来说，具有广博的知识要求在任何时代都不可能改变。广博知识的获得不仅需要教师的传授，更重要地是让学生具有学习知识和运用知识的能力。另外，编辑出版专业知识单一性与出版业所需学科知识多样性的矛盾，曾引发编辑出版“有学”与“无学”之争，至今都有人持编辑出版学“无学”的观点。我们认为，培养学生的知识能力是解决专业知识单一性的有效途径，正所谓“授之以鱼，不如授之以渔”。因而，培养编辑出版专业学生学习知识和应用知识的能力，不仅符合出版业的特性，也是解决编辑出版专业知识单一性与出版业学科知识多样性之间矛盾的重要对策。

创新型，指创新的能力。数字出版时代，是一个把理想变成现实的时代。“媒介聚合”给出版人提供了无限想象的空间，拥有创造力的出版人才能在激烈的出版市场竞争中游刃有余。数字出版时代，创造的范围与形式是如此多样，不仅在出版内容上创新，还可以在出版的形式上创新；不仅在出版营销上创新，还可以在出版的技术上创新，等等。

信息型，即信息能力。信息能力，“指人们在社会生活及科研活动中捕获、选择、加工、传递、吸收、利用信息的能力，以及将信息物化为精神产品和物质产品的能力”，[7]分为专业信息能力和普通信息。编辑出版专业学生的信息能力属于普通信息能力的范畴，包括信息识别能力、信息获取能力、信息利用能力。具有一定的信息能力不仅对其专业的学习很有帮助，而且对将来适应出版实践工作和出版业的发展都显得至关重要。

技术型，指应用技术的能力。出版技术应用能力是编辑出版专业学生将来从事出版业的重要专业能力，在就业时最具竞争力的重要能力之一。以数字技术为主要特征的数字出版，要求编辑出版人才具有数字出版基础技术的应用能力是最起码的要求。具体来说，包括计算机技术、网络技术、多媒体技术、数字出版物版权技术等应用能力。

经营型，这里指驾驭出版物生产和流通的能力。出版物供求关系是构成出版市场的基本矛盾，买方市场条件下经营者需要掌握出版物供求规律，认识出版物市场的变化规律。数字出版技术的发展改变了出版的生产流程和营销手段，因而数字出版时代应主要培养学生的数字跨媒体运作能力和进行数字化营销的经营能力。

二、数字出版时代编辑出版专业课程体系构建

学科课程体系的建设，是高等院校专业办学的最基本的要求。编辑出版专业之所以能成为一门独立的学科，是因为它具有独特的知识体系，而这一知识体系正是通过一系列的专业课程体现出来的。通过一系列专业课程的开设，使编辑出版专业的学生具有独特的知识结构，适应出版实践的需要。从这种意义上讲，课程体系的构建，能为编辑出版专业学生创造就业条件，关系到本专业毕业生的就业问题。因此，正处于转型期的编辑出版专业高等教育科学地构建适应数字出版时代编辑出版人才需要的课程体系至关重要。

1. 数字出版时代编辑出版专业课程体系的构建要求

课程体系构建的要求由数字出版时代出版产业发展的特点与编辑出版学专业的特性决定，具体体现在以下几点要求：

一是要紧紧围绕专业的培养目标来构建。1998 年，国家教育部颁布了新的《普通高等教育本科专业目录》，在一级学科新闻传播学之下设置了编辑出版学，并将培养目标明确为："具备系统的编辑出版学理论与技能，宽广的文化与科学知识，能在书刊出版、新闻宣传和文化教育部门从事编辑、出版、发行的业务与管理工作以及教学与科研的编辑出版学高级人才。"这是对本科层次的编辑出版学的培养目标官方表述。其中明确两层含义，即不仅要具备系统的出版学理论与技能、宽广的文化与科学知识，还要具有从事出版行业等方面的能力，最终的落脚点是要为出版业培养所需的实践应用型人才。数字出版时代，出版业的发展发生了翻天覆地的变化，但出版实践中所需要的应用型人才没有改变。因此，数字出版时代，构建课程体系时依旧要紧紧围绕专业这一培养目标，将出版业发展中的实际需要的各项专门知识列为专业课程，构成编辑出版专业的核心课程体系。

二是要充分反映出版实践所需要的能力要求。能力，意指"能胜任某项任务的主观条件"[8]。数字出版时代，编辑出版专业学生的能力培养不仅要使其具有能胜任传统出版工作的能力，更重要是要具有胜任数字出版工作的能力。面对数字出版时代，根据"多维复合型"的能力结构，应主要培养学生获取知识和应用知识的能力、出版创新的能力、信息能力、数字出版技术的应用能力以及数字跨媒体运作和进行数字化营销的经营能力。

三是要处理好课程体系稳定性与动态性的关系。学科课程体系的建设关系到专业本身的生存与发展，经过近 30 年的发展历程，开办编辑出版学专业的 100 余所高校一般都有了较稳定的课程体系，有的还根据出版业发展的需要开设了数字出版方面的课程，如武汉大学开设了数字媒体技术、网络传播、新媒体等数字出版核心课程。但我们应该看到：由于目前学科归属还没有统一，学科课程体系没有形成规范，再加上数字出版产业的蓬勃发展，编辑出版教育远远地落后于产业，脱离于产业实践的现状是不争的事实。这表明，数字出版时代，构建编辑出版专业课程体系既要吸收原有课程体系的优点，又要根据出版产业的发展需要进行及时调整，做到其构建处于稳定与动态相结合的状态中，使之更好地为出版实践提供应用性人才。

2. 数字出版时代编辑出版专业课程体系的具体构想

学科课程体系的确立需要明确课程体系的结构（即由哪几个板块组成）、课程体系的核心课程以及课程体系的专业自主课程。遵循数字出版时代编辑出版专业课程体系的构建要求，以下对其构建的三大因素进行具体阐述。

（1）课程体系的结构。出版业既是具有经济性的产业，又是具有文化性的事业。由此决定了出版业从业人员应具有有别于其他行业人员的独特知识结构。我们坚持认为，"这种独特的知识结构，由三大知识模块组成：一是以编辑工作为中心的编辑业务知识及相关的文化素质类知识；二是以出版物经营为中心的市场营销知识及相关的经济学知识；三是以出版管理为中心的资源组织与行政管理知识"[9]。由此，可以确定课程体系的出版应用板块由编辑业务、出版营销和出版管理三个部分组成。需要强调的是，数字出版时代这种独特的知识结构的主体不会改变，但因数字技术的出现改变了编辑业务、出版经营与出版管理的内涵，使得其知识结构变得丰富起来。另外，其出版史、理论与技术层面的专业课也不容忽视，特别是技术层面的数字出版技术专业课程提高了前所未有的高度。由此，数字出版时代编辑出版专业课程体系的结构设计如下(见图2)：

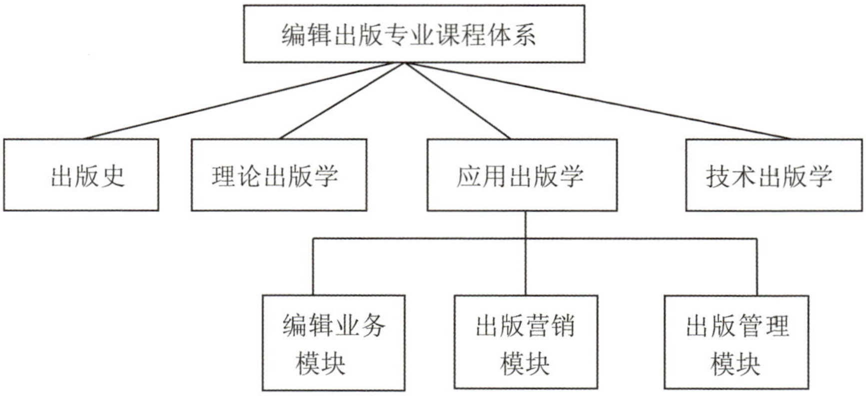

图2　编辑出版专业课程体系结构图

(2)专业核心课程。学科课程体系的结构确定后，再来决定专业核心课程。专业核心课程是指能够反映一个专业基本特征的课程，是维持课程体系稳定性的决定性因素。关于确定专业核心课程的依据，我们重申此观点："其一，必须是以出版业从业人员所必需的核心知识为主要内容的课程；其二，必须是具有编辑出版学专业特色的课程，也即其他学科没有开设的课程；其三，必须是课程内容的知识层次适合层次教育教学要求的课程；其四，必须是编辑出版学专业的各个专业方向都需要开设的专业普及课程。"[10]根据上述四条标准，结合数字出版时代编辑出版人才的实际需求，我们认为以下几门课程适宜作为编辑出版学专业的核心课程：出版学基础、中国出版史、编辑理论、出版物营销学、出版企业管理、出版法律基础、数字出版技术。

(3)专业自主课程。如果专业核心课程是编辑出版学专业的特质体现，需要规范与统一，那么专业自主课程则是学校办学特色化的主要标志，是不需要规范与统一的。专业自主课程承担着培养学生就业核心竞争力的重要任务，设置的科学与否将直接影响学生的就业。因此，各学校在拥有自主权的前提下，专业自主课程的设置需要遵循一定的原则：一是要以出版业发展的人才需求并结合学校的资源优势为前提，二是以自身特色的培养目标为基础；三是专业自主课程的设置必须突出学生能力培养要求。目前，在开设编辑出版学专业的100余所高校中，有一部分特色非常鲜明，如武汉大学凭借资源优势，形成了培养发行营销管理人才的特色；清华大学则以学校资源为优势，形成了以培养科技编辑为主的办学特色。这些办学特色的形成为编辑出版专业高等教育发展指明方向，但需要注意的是，在特色办学的前提下还应在专业自主课程的设置上突出学生能力培养的要求。

三、数字出版时代编辑出版专业的培养方式

数字出版技术的迅速发展，从根本上改变了出版业的发展环境，对编辑出版人才也提出了新要求。这些新要求必定需要科学的培养方式，这样才能培养适合出版业发展需要的出版人才。我们认为，编辑出版专业教育可以采取以下三种培养方式。

1. 合作式培养

合作式培养，对编辑出版学高等教育并不陌生。早在1983年，武汉大学与新华书店总店联合办学，在武汉大学图书情报学院创办图书发行管理学专业。这个专业的设立“不仅填补了我国高等院校专业建设中的空白，同时为院校与企业联合办学开创了一条新路”[11]。数字出版时代，合作式培养越来越凸显了它的作用，不仅可以增强高校的办学实力，如获得资金，而且可以加强高校与业界的联系，为学生创造实习条件。合作式培养的途径很多，主要有以下三种：

一是与出版企业合作培养。出版企业是编辑出版专业学生需求的主体，脱离主体需求的封闭式培养是盲目的，只会导致其毕业生就业无门。从这个意义上讲，加强与出版企业的合作培养显得尤为重要。另外，与出版企业合作还可以为高校增强师资力量。师资力量与学科发展状况是相辅相成、相互促进的，一支高素质的编辑出版学师资队伍是培养优秀学生的前提与基础。然而，编辑出版学高等教育因发展较晚，师资力量薄弱一直是阻碍其发展的重要原因，特别是随着数字出版时代的到来，有些教师知识结构陈旧、缺乏实践经验、不懂数字出版技术等问题越来越凸显。基于此种状况，与出版企业合作，聘请出版企业中经验丰富的出版人作为教师资源不失为一条可行的途径。

二是与政府合作。学科的建设与成长是多方力量推动的结果，其中，政府是学科发展中不可或缺的角色。当前，编辑出版专业的学科归属问题一直都没有得到有效解决，严重阻碍了学科的发展。此种情况下，更加需要政府的理解与支持。加强与政府合作办学，可以获得政府的政策支持。

三是与其他院校合作。对于起步较晚的编辑出版专业这个新兴的学科来说，需要与其他院校合作，理由有三：其一，需要借鉴其他学科培养人才的成功经验；其二，可以在一定程度上弥补编辑出版专业学生学科知识单一性的缺陷；其三，可以快速地培养出具有其他学科知识背景的出版人才。我们认为，在“编辑业务模块”“出版营销模块”以及“出版管理模式”三大知识结构中，应该鼓励学生根据自己的兴趣爱好和职业定位去选修其他院校的专业。特别是立志要当编辑的学生，更应该通过学习经济、法律、数学、外语等专业成为业界需求量大的编辑人才。同时，编辑出版专业也可以选拔其他专业的学生学习编辑出版课程，并授予相应的学位。

四是与国外出版机构合作。全球化背景下，出版产业需要国际化人才，出版教育也需要学习国际成功的出版教育经验，并不断探索与国际出版教育接轨的人才培养模式。目前，据统计已有9所大学与国外一些有名的大学开展合作办学。然而，与国外出版企业联合办学的大学目前还寥寥无几，今后可考虑这方面的合作模式。

2. 差异化培养

出版是一个涉及面极广的产业，因而需要的出版人才类型也是多种多样的，这需要以差异化方式来培养。差异化培养方式，已有许多学校的编辑出版专业教育采用，并形成了自己的特色，如武汉大学出版营销管理人才；北京师范大学的中文编辑；清华大学的科技编辑；复旦大学的版权贸易、出版资本运营等方面的出版人才。

面对数字出版时代的到来，编辑出版专业教育更需要采用差异化培养方式，特别是针对数字出版产业所需要的出版人才培养。尽管目前部分高校也开设了关于数字出版的课程，然而所培养的学生却不太符合数字出版产业实际需要的人才。其原因是，各高校的专业定位大多侧重在网络出版方面。我们知道，数字出版是出版业发展的必然趋势，其发展态势何其迅猛。2010 年 7 月，中国出版科学研究所发布了《2010 年中国数字出版年会年度报告》，报告指出，“2009 年我国数字出版产业的收入达 799.4 亿，比 2008 年增长 50.6%，继续保持高增长速度”[12]。这又一次证明数字出版迅猛发展的态势。这种迅猛发展的态势对人才的需求量是显而易见的，可以说，由“著作权人—内容提供者—数字出版者—技术提供商—终端设备提供商—网络运营商—电信运营商—金融服务提供者—网络传播者—读者”[13]组成的数字出版产业链，每一个节点都在呼唤编辑出版人才。因此，编辑出版专业教育必须紧跟其步伐，针对数字出版产业链各个节点上所需要的出版人才进行差异化培养。

3. 实践式培养

实践是提高学生动手能力最直接、最有效的手段，可以说是培养应用型、技术型人才的必由之路，也是满足出版界对人才需求的特殊性的重要途径。实践式培养方式的缺位正是造成编辑出版专业教育与出版界人才需求之间矛盾的重要原因，因此，采用实践式培养方式是解决矛盾的核心和关键。

实践式培养方式主要针对本科层次的编辑出版学生，这是实现其本科层次培养目标的有效途径。就武汉大学的情况而言，大学本科实习实践环节的教学，大体可分为四类：“一是课程实习，这是根据课程教学需要安排的以巩固课堂学习内容为目的的实习；二是阶段实习，这是在学完几门主要专业课程后的本科学习中段安排的以实际运用这几门专业课程所学知识为目的的实习；三是毕业实习，这是在学完本专业全部专业课程后安排的以将本科阶段所学全部课程知识综合运用于实际工作的实习；四是社会实践，这是为提高学生社会适应能力而组织学生通过各种方式了解社会、接触社会的实践活动。”[14]针对出版业大量需要实践应用型人才的情况，以及编辑出版专业学生普通存在实践能力弱的现象，我们认为，加强实践式培养已势在必行了，呼吁各学校应采取有效措施加强实践式培养。

另外，需要强调的是，数字出版技术已渗透到出版产业的各个环节，数字出版时代对人才的要求更加强调实践能力。因此，编辑出版学专业的实践式培养急需包括数字出版技术应用这方面的内容，以符合出版数字化的发展趋势。

参考文献：

[1]李文邦. 我国编辑出版专业研究生教育发展研究[D]. 湖南师范大学，硕士论文，

2008：9.
[2]郝振省. 2007—2008 中国数字出版产业年度报告[M]. 北京：中国书籍出版社，2008：318.
[3]郝振省. 2007—2008 中国数字出版产业年度报告[M]. 北京：中国书籍出版社，2008：323.
[4]肖东发，张文彦. 从“印刷文明”走向“数字时代”进程中编辑出版教育的变革[J]. 北京联合大学学报(人文社会科学版)，2007(04)：89.
[5]郝振省. 2007—2008 中国数字出版产业年度报告[M]. 北京：中国书籍出版社，2008：3.
[6]李书慧. 能力结构浅谈[J]. 职业时空，2009(05)：7.
[7]魏华，陈献兰. 论如何培养大学生的信息意识和信息能力[J]. 高教论坛，2008(05)：123.
[8]中国社会科学院语言研究所词典编辑室. 现代汉语词典：第 5 版[M]. 商务印书馆，2006：990.
[9][10]罗紫初. 构建编辑出版学专业本科课程体系[J]. 出版广角，2004(01)：14.
[11]谢苏. 出版教育“开放式”办学模式探索[J]. 中国出版，2006(08)：52.
[12]程晓龙，李淼. 2009 年中国数字出版产业收入达 799. 4 亿元[N]. 中国新闻出版报，2010-07-21.
[13]陈邦武. 政府与市场在数字出版中的为与不为——试论数字出版产业链建设[J]. 出版发行研究，2010(04)：16.
[14]罗紫初. 论数字时代出版人能力之培养[J]. 出版科学，2009(01)：33.

附录　所有文章原刊载出处

1. 文华图专教师代表作

[1]沈祖荣 在文华公书林过去十九年之经验[J]. 武昌文华图书科季刊，1929，1(2)：159-175.
[2]胡庆生，沈祖荣. 中学图书馆几个问题[J]. 河南教育公报，1926，5(2)：1-16.
[3]裘开明，章新民. 世界民众图书馆概况：中国[J]. 文华图书馆学专科学校季刊，1934，6(2)：42-49.
[4]查修. 图书馆教育组：中文书籍编目问题[J]. 新教育，1924，9(1-2)：191-207.
[5]桂质柏. 大学图书馆之标准[J]. 图书馆学季刊，1932，6(1)：1-6.
[6]田洪都，刘同琪. 图书馆行政问题[J]. 教育学报(北平)，1937(02)：115-119.
[7]皮高品. 经书分类的研究[J]. 说文月刊，1944(04)：399-402.
[8]严文郁. 目录学与“事”同“人”的关系[J]. 图书馆学报，1945，1(1)：54-62.
[9]徐家麟. 论图书馆作业之学术化与事业化[J]. 文华图书馆学专科学校季刊，1933，5(2)：179-186.
[10]董明道. 现代公共图书馆之特征[J]. 安徽省立图书馆季刊，1929，1(2)：1-7.
[11]钱亚新. 类名标题目录[J]. 女师学院期刊，1934，2(2)：1-25.
[12]毛坤. 档案序说[J]. 武昌文华图书科季刊，1935，7(1)：113-127.
[13]曾宪文. 儿童图书之分类与编目[J]. 武昌文华图书科季刊，1929，1(4)：371-379.
[14]徐家璧. 图书馆专业之研究[J]. 武昌文华图书科季刊，1930，2(1)：71-87.
[15]吴鸿志. 档案整理方法[J]. 图书馆学季刊，1935，9(2)：169-177.
[16]陈颂. 图书馆之任务与其在中国之地位[J]. 武昌文华图书科季刊，1929，1(1)：7-18.
[17]张葆箴. 中国图书馆运动[J]. 文华图书馆学专科学校季刊，1932，4(2)：119-138.
[18]李钟履. 图书馆与儿童[J]. 图书馆学季刊，1933，7(2)：319-335.
[19]于震寰. 图书馆选择书籍之原则[J]. 中华图书馆协会会报，1931，7(2)：7-8.
[20]陈鸿飞. 佛教典籍分类之研究[J]. 海潮音，1932，13(9)：103-119.
[21]吕绍虞. 图书馆生活的十年[J]. 职业与修养，1940，3(2)：26-27.
[22]汪应文. 综论读书方法[J]. 今文月刊，1942，1(3)：126-136.

[23]李景新. 图书馆学能成一独立的科学吗？[J]. 文华图书馆学专科学校季刊，1935，7(2)：263-302.
[24]张遵俭. 中西目录学要论[J]. 东方杂志，1944，40(10)：51-55.
[25]邢云林. 集中编目法与合作编目法[J]. 文华图书馆学专科学校季刊，1937，9(2)：173-179.
[26]喻友信. 图书馆法律论[J]. 图书馆学季刊，1937，11(2)：189-205.
[27]舒纪维. 儿童读物及其分类之商榷[J]. 学风，1934，4(2)：1-6.
[28]程长源. 档案整理法述要[J]. 文华图书馆学专科学校季刊，1936，8(2)：261-264.

2. 已故教师代表作

[29]廖廷唐. 建国以来我国图书馆推荐目录工作的评述[J]. 图书馆学通讯，1957(03)：57-63.
[30]孙冰炎. 美国图书馆学教育与图书馆简况介绍[J]. 高校图书馆工作，1983(02)：11-19.
[31]查启森. 中国书史研究纵览[J]. 图书情报知识，1983(04)：53-59.
[32]周继良. 图书分类学导论(纲要)[J]. 四川图书馆学报，1985(04)：27-31.
[33]张琪玉. 关于《中图法》增加组配成分的可能性和方法的探索[J]. 国家图书馆学刊，1985(03)：22-38.
[34]杨元生. 论图书馆改革中的三大变革[J]. 图书馆理论与实践，1987(01)：27-30.
[35]张天望. 我国远古第一部档案文件汇编——《尚书》[J]. 图书情报知识，1987(04)：56-57.
[36]傅椿徽. 图书馆文献编目[M]. 武汉：武汉大学出版社，1989.
[37]陈光祚. 论“图书情报学虚拟图书馆”的建设[J]. 中国图书馆学报，2000(01)：19-23.
[38]黄宗忠. 论图书馆的新模式——复合图书馆[J]. 图书情报知识，2002(03)：10-15.

3. 退休教师代表作

[39]周绍萍. 文献分类标引系统中的模糊性及其实用价值[J]. 图书情报知识，1988(02)：20-23.
[40]王秀兰. 西方社会科学检索刊物的发展[J]. 四川图书馆学报，1990(04)：35-42.
[41]李建民，孙更新. 武汉大学图书情报学院七十年来学术成果的统计分析[J]. 图书情报知识，1991(01)：14-17.
[42]邱均平. 我国图书馆学情报学研究主题趋势的定量分析[J]. 中国图书馆学报，1991(03)：3-11.
[43]曹之. 英山毕昇考[J]. 历史研究，1996(05)：167-169.
[44]郭星寿. 我国信息资源管理(IRM)人才建设工程重点课题研究构想[J]. 图书情报知识，1997(02)：19-23.
[45]黄葵. 论阅读心理过程及各种心理因素[J]. 图书与情报，1998(01)：48-50.

[46]刘荣. 全盘自动化——21世纪初中国图书馆自动化的发展目标[J]. 中国图书馆学报，1999(03)：38-44.
[47]谢灼华. 论20世纪前半叶的中国图书馆[J]. 大学图书馆学报，1999(06)：22-28.
[48]周宁，林蓉. 信息资源索引数据库的研究[J]. 情报学报，1999(05)：436-441.
[49]焦玉英. 从文献检索到信息检索——网络环境下检索课教学内容与方法的调整[J]. 中国图书馆学报，2000(04)：13-15.
[50]詹德优. 20世纪中国参考咨询服务：发展历程、成就与局限[J]. 高校图书馆工作，2000(01)：1-7.
[51]彭斐章. 文华图专和中国图书馆学教育的发展[J]. 图书馆，2001(02)：2-6.
[52]沈祥兴，余传明. 图书情报学信息网页数据库设计及实现[J]. 情报学报，2001(01)：105-111.
[53]俞君立. 20世纪上半叶中国文献分类法理论与实践的发展及其历史经验[J]. 中国图书馆学报，2002(02)：68-72.
[54]刘家真. 我国图书馆、档案馆与博物馆资源整合初探[J]. 中国图书馆学报，2003(03)：35-37.
[55]孙更新. 我国文献信息编目工作标准化发展述略——纪念《文献著录总则》颁布20周年[J]. 图书馆杂志，2003(08)：2-5.
[56]黄凯卿，李艳. 我国书目信息标准化剖析——再论网络环境下整合我国书目信息的问题[J]. 情报学报，2004，23(05)：590-594.
[57]马大川，杨红平. 信息资源的集成整合研究[J]. 中国图书馆学报，2004(03)：38-42.
[58]袁琳，徐璟. 论图书馆实时解答服务的特点及发展趋势[J]. 中国图书馆学报，2004(04)：42-44.
[59]胡昌平. 图书情报事业的社会化发展战略——国家可持续发展中的图书情报事业战略分析(1)[J]. 中国图书馆学报，2005(01)：5-9.
[60]张煜明. 2004年档案学刊档案学基础理论研究佳作回眸[J]. 档案学研究，2005(02)：28-30.
[61]傅西平. 从Google趋势看国外数字图书馆编目的未来[J]. 图书馆工作，2007(02)：43-45.
[62]董慧，王菲，姜赢，等. 基于数字图书馆的本体应用环境研究[J]. 中国图书馆学报，2009，35(05)：52-58.
[63]朱玉媛，曹晖，彭潇敏，等. 改革开放30年来我国档案学基础理论研究的主要成就[J]. 图书情报知识，2009(04)：22-26.
[64]张玉峰，何超. 基于Web挖掘的网络舆情智能分析研究[J]. 情报理论与实践，2011，34(04)：64-68.
[65]罗紫初. 数字出版时代编辑出版专业高等教育的再思考[C]. 第三届数字时代出版产业发展与人才培养国际学术研讨会，武汉，2012：241-248.

图书在版编目(CIP)数据

世纪华章：信息管理学院教师代表性学术论文专辑.上/吴江，陆泉，杨思洛主编.—武汉：武汉大学出版社，2020.9

武汉大学信息管理学院百年纪念丛书/方卿，傅兴荣主编

ISBN 978-7-307-21644-0

Ⅰ.世…　Ⅱ.①吴…　②陆…　③杨…　Ⅲ.①图书情报学—文集　②档案管理学—文集　Ⅳ.①G250-53　②G270-53

中国版本图书馆 CIP 数据核字(2020)第 129373 号

责任编辑：郭　静　　　责任校对：汪欣怡　　　整体设计：涂　驰

出版发行：**武汉大学出版社**　(430072　武昌　珞珈山)

(电子邮箱：cbs22@whu.edu.cn　网址：www.wdp.com.cn)

印刷：武汉市金港彩印有限公司

开本：787×1092　1/16　印张：41.75　字数：980 千字　插页：2

版次：2020 年 9 月第 1 版　　2020 年 9 月第 1 次印刷

ISBN 978-7-307-21644-0　　定价：188.00 元